7

DZIEŁA

Bronisław
MALINOWSKI

7

DZIEŁA

Bronisław MALINOWSKI

Mit, magia, religia

Przełożyły
Barbara Leś i Dorota Praszałowicz

Redakcja naukowa
Andrzej K. Paluch

Warszawa 1990
Państwowe Wydawnictwo Naukowe

Tytuły oryginałów

patrz s. 520 - 521

Projekt obwoluty, okładki, wyklejki i stron tytułowych
MAREK ZALEJSKI

Redaktor
EWA PAJESTKA-KOJDER

Redaktor techniczny
BOŻENA SIEDLECKA

Korektorzy
BARBARA GRONEK, EWA ROSIK

ISBN 83-01-01172-6 ISBN 83-01-09290-4 t. 7

SPIS TREŚCI

NOTA REDAKCYJNA

Mit, magia, religia — podobnie jak problematyka poprzedniego, szóstego tomu *Dzieł* — należą do klasycznych przedmiotów zainteresowań antropologii społecznej. I podobnie jak poprzednim, Malinowski poświęcił tym zagadnieniom wiele uwagi, poczynając od swojej pierwszej, drukowanej jeszcze w języku polskim książki *Wierzenia pierwotne i formy ustroju społecznego* (tom pierwszy *Dzieł*) po jedną ze swoich najgłośniejszych prac *Ogrody koralowe i ich magia* (tomy czwarty i piąty *Dzieł*). Uzupełnieniem i rozwinięciem tych zainteresowań są studia zgromadzone w niniejszym tomie.

Problematyka zawarta w tomie zawsze pociągała swą ezoterycznością, tajemniczością, barwnością. Nie to jednak w profesjonalnych kręgach stanowiło o popularności badań mitów, wierzeń religijnych czy praktyk magicznych. Nie na tym też opierały się nadzieje badaczy podejmujących to tak złożone zagadnienie. Doszukiwano się w nim pierwocin i podstaw myśli ludzkiej, w której ostatecznie zapanowało tak zwane myślenie naukowe operujące naiwnym schematem magia—religia—nauka. Warto o tym pamiętać czytając szkice zgromadzone w siódmym tomie *Dzieł* Bronisława Malinowskiego. Otóż sądzono, że badania wierzeń mitycznych i religijnych pozwolą poznać zarówno prawidłowości, jak i możliwości działania umysłu ludzkiego, prawdy ludzkiej psychiki, że w ich wyniku otworem staną drzwi do najbardziej człowieczych cech gatunku. Zwolennikiem takiego stylu uprawiania antropologii był między innymi jeden z wielkich mentorów Malinowskiego, sir James George Frazer. Malinowski natomiast, można by rzec, chciał sprowadzić cały problem na ziemię. Zgodnie ze swoją koncepcją kultury pytał o funkcje społeczne wymienionych zjawisk. Magia czy religia interesowały go nie tyle ze względu na przekazywane wierzenia, ile ze względu na funkcję, jaką pełnią w systemie kultury. „Studiuj rytuał, nie studiuj wierzeń" — skomentował ktoś podejście Malinowskiego. Swoistość magii czy religii nie była dla Malinowskiego argumentem za ich odrębnością, traktował je jako uniwersalne aspekty zachowania kształtujące właściwy człowiekowi sposób bytowania w jego środowisku.

Aczkolwiek mit, magia i religia to różne rodzaje zjawisk, łączy je jedno: wykraczają poza empiryczne i techniczne doświadczenie człowieka. Wielkie filozoficzne problemy transcendencji, a także genezy i eschatologii znajdują w nich takie czy inne rozwiązania. Również niepewność i przypadkowość ludzkiego losu odnajduje w nich swój sens. Oczywiście znakomita większość społeczeństw obywa się bez dyskursywnych systemów teologicznych i filozoficznych, bez kapłanów i ludzi profesjonalnie zajmujących się zgłębianiem zagadki bytu człowieka. Pozaempiryczne doświadczenie jest jednak powszechne, jest zawarte w tradycji kulturowej, w rytuale, w aktywności odwołującej się do świata nadprzyrodzonego; w różnych kulturach przybiera różnorakie formy. Celem antropologii społecznej jest zdanie z tego sprawy i Malinowski uznawał taki właśnie program tej dyscypliny. Uważał siebie za agnostyka, wykorzystując jednak własne obserwacje terenowe i lekturę sprawozdań innych, ujmował i magię, i religię jako wielkie siły witalne kultury, a w micie dostrzegał poszukiwanie sensu codziennych poczynań człowieka.

Tak zwana funkcjonalna koncepcja kultury leży u podstaw rozwiniętej przez Malinowskiego teorii mitu i teorii magii. Mit, uświęcając tradycję, nadaje sens działalności ludzkiej. Mit nie jest quasi-historią, ale istotnym czynnikiem integracji społecznej. Podobnie magia nie jest pseudonauką, ale siłą kontrolującą stosunki między człowiekiem i światem zewnętrznym, jak również między poszczególnymi jednostkami. W sytuacjach, których wynik jest niepewny, magia ukierunkowuje postępowanie człowieka, będąc — jak lubił to określać Malinowski — działalnością na wskroś pragmatyczną i utylitarną. Jej racjonalne uzasadnienie jest nieistotne. Ważne są jej autentyczne funkcje społeczne.

Studia Malinowskiego nad religią nie są już tak jednoznaczne, a jego koncepcja rodzi więcej trudności niż propozycji satysfakcjonujących rozwiązań. Religia — według niego — wyrasta z tych samych źródeł co magia, ale jest wartością samą w sobie; nie ma charakteru instrumentalnego, chociaż umożliwiając wyjście z sytuacji kryzysowych, może być zrozumiała w swoich psychologicznych uwarunkowaniach. Niewiele z tego slangu antropologicznego wynika. Nie wiemy, czym dla Malinowskiego jest religia pojmowana jako integralna część kultury, a jego rozważaniom nad religią daleko do błyskotliwości analiz mitów i magii. W analizach tych umiał odsłonić znaczenie i rolę mitów i magii w działaniu systemu kultury, którego są nieodzowną częścią składową.

Tom poświęcony problematyce mitu, magii i religii otwierają komentarze i krytyki prac Jamesa George'a Frazera, który — jak sam Malinowski pisał w zamieszczonym tutaj szkicu *Mit w psychice człowieka pierwotnego* — swoimi badaniami skierował jego zainteresowania ku antropologii społecznej. Stosunek Malinowskiego do dzieła Frazera jest szczególny. Frazer napisał specjalny wstęp promujący *Argonautów Zachodniego Pacyfiku* (tom trzeci *Dzieł*), a w wiele lat po śmierci sir Jamesa Malinowski oddał mu hołd na kartach *Naukowej teorii kultury* (która wejdzie w skład dziewiątego tomu *Dzieł*). Obecny tom zawiera pisane przez Malinowskiego recenzje dzieł Frazera dotyczących różnych zagadnień mitu, magii i religii traktowanych jako szczególne zjawiska kulturowe. Otwiera je jedna z jego pierwszych w ogóle prac naukowych, pisane po polsku obszerne studium *Totemizm i egzogamia* drukowane w latach 1911 - 1913 w trzech kolejnych tomach zasłużonego czasopisma „Lud". (W niniejszym, drugim, wydaniu, które w zasadzie nie różni się od tekstu wydania poprzedniego, uwspółcześniono pisownię i interpunkcję, wprowadzono ciągłą numerację przypisów w obrębie całego studium oraz — tam, gdzie to było możliwe — uzupełniono zawarte w nich opisy bibliograficzne. Drobne uzupełnienia tekstu i brakujące dane bibliograficzne ujęto w nawiasy kwadratowe. Ta ostatnia uwaga odnosi się również do pozostałych tekstów wchodzących w skład tomu.) Następne recenzje zostały przetłumaczone z języka angielskiego: *Nauka i przesąd u ludów pierwotnych* jest recenzją jednej z najsławniejszych książek antropologicznych, *The Golden Bough: A Study in Magic and Religion*. Recenzja Malinowskiego była drukowana w „Nature" w 1923 roku i przedrukowana w zbiorze jego prac *Sex, Culture and Myth* wydanym w Nowym Jorku przez wydawnictwo Harcourt, Brace and World w 1962 roku. *Pogłębiona krytyka «Biblii»* jest recenzją wydanej w 1918 roku pracy Frazera *Folk-Lore in the Old Testament. Studies in Comparative Religion, Legend and Law*. Drukowana była w tym samym czasopiśmie „Nature" w 1924 roku i przedrukowana w wymienionym wyżej zbiorze prac Malinowskiego. Wreszcie *Jeszcze raz o totemizmie* (tytuł ten, podobnie jak i tytuły dwu następnych recenzji, pochodzi od redaktora naukowego tomu) to recenzja pracy Frazera z 1937 roku *Totemica: A Supplement to Totemism and Exogamy*. Drukowana była również w „Nature" w 1938 roku i przedrukowana we wspomnianym zbiorze.

Kolejna recenzja omawia pracę innego z wielkich badaczy, którzy oddziałali szczególnie na twórczość Malinowskiego. Idzie tu o książkę Émile'a Durkheima *Elementarne formy życia religijnego* (1912). Recenzja drukowana była w dwudziestym dziewiątym tomie „Folk-Lore" w 1913 roku i przedrukowana w *Sex, Culture and Myth*.

Ostatnia z publikowanych w niniejszym tomie recenzji, *O studiach mitologicznych*, to omówienie czwartego tomu książki Uno Holmberga z 1927 roku *The Mythology of All Races*, które ukazało się w „The Saturday Review of Literature" w 1928 roku i zostało przedrukowane w cytowanym już kilkakrotnie zbiorze.

Baloma — duchy zmarłych na Wyspach Trobrianda to pierwsze sprawozdanie Malinowskiego z badań trobriandzkich. Studium to zostało opublikowane w czterdziestym szóstym tomie „The Journal of the Royal Anthropological Institute of Great

Britain and Ireland" w 1916 roku. Łatwiej dostępne jest w wielokrotnie wznawianym zbiorze prac Malinowskiego *Magic, Science and Religion and Other Essays* wydanym po raz pierwszy przez Free Press w Nowym Jorku w 1948 roku ze specjalnym wstępem Roberta Redfielda.

Polowanie na duchy na Morzach Południowych to praca opublikowana w drugim tomie „The Realist" w 1929 roku.

Mit w psychice człowieka pierwotnego ukazał się po raz pierwszy jako osobna książeczka w wydawnictwie Kegan Paul w Londynie w 1926 roku. Podobnie jak *Baloma*, został włączony do zbioru *Magic, Science and Religion and Other Essays*. Był już tłumaczony na język polski przez Teresę Święcką i drukowany pod tytułem *Mit w psychologii ludów pierwotnych* w zbiorze prac Malinowskiego *Szkice z teorii kultury*, wydanym w 1958 roku przez Książkę i Wiedzę oraz opatrzonym wstępem Konstantego Judenki. Obecnie drukujemy nowe tłumaczenie polskie *Mitu w psychice człowieka pierwotnego*.

Mit jako dramatyczna forma dogmatu jest niedatowanym szkicem wykładu Malinowskiego, którego maszynopis nosi nagłówek *Lecture I*. Nie wiadomo też, czy i gdzie wykład ten był wygłoszony. Tekst po raz pierwszy został opublikowany w 1962 roku w zbiorze *Sex, Culture and Myth*.

Magia, nauka i religia to artykuł drukowany w zbiorowej książce *Science, Religion and Reality* pod redakcją Josepha A. Needhama przez wydawnictwo Macmillan w Nowym Jorku w 1925 roku. Przedrukowany był w *Magic, Science and Religion and Other Essays*. W tłumaczeniu Teresy Święckiej praca ta ukazała się w *Szkicach z teorii kultury*. W niniejszym tomie publikujemy nowy przekład.

Nauka i religia to radiowy wykład Malinowskiego przygotowany dla British Broadcasting Corporation i drukowany w dwóch częściach w „The Listener" w 1930 roku. Przedrukowany był w zbiorze *Sex, Culture and Myth*.

Ostatnią z zamieszczonych w niniejszym tomie prac jest cykl specjalnych wykładów Malinowskiego wygłoszonych w ramach tak zwanych Riddell Memorial Lectures na University of Durham w 1935 roku pod tytułem *Podstawy wiary i moralności. Antropologiczna analiza pierwotnych wierzeń i zachowań ze szczególnym odniesieniem do głównych problemów religii i etyki.* Wykład ten został opublikowany w Londynie przez Oxford University Press w 1936 roku. Przedrukowany był w *Sex, Culture and Myth.*

Andrzej K. Paluch

Luty 1988 r.

TOTEMIZM I EGZOGAMIA

(Z powodu książki J. G. Frazera D. C. L., L. L. D., F. B. A.: *Totemism and Exogamy*, 4 vols., London 1910)

I

Czterotomowy traktat o totemizmie i egzogamii profesora Jamesa George'a Frazera jest niewątpliwie najważniejszą publikacją z dziedziny nauk społecznych, jaka się pojawiła w języku angielskim w przeciągu lat ostatnich. Nie tylko bowiem sam przedmiot jest jednym z najciekawszych zagadnień etnologicznych, ale i autor wymienionego traktatu posiada wielkie kwalifikacje naukowe, a imię jego jest związane niejako z historią tego problemu.

Jakkolwiek bowiem prof. Frazer z właściwą sobie skromnością w przedmowie do wymienionego dzieła wymienia socjologa szkockiego Johna F. McLennana jako pierwszego, który zwrócił uwagę uczonych na zjawiska totemiczne, jednak pierwszy systematyczny traktat o totemizmie został wydany w 1887 roku przez prof. Frazera. Niewielka ta książka była aż do pojawienia się obecnego dzieła klasycznym opracowaniem zjawisk totemicznych, zwróciła na nie ogólną uwagę uczonych, wywarła zasadniczy wpływ na późniejsze badania i była nieoszacowanym źródłem faktów i spostrzeżeń. Jak wiadomo, totemizm jest pewną formą wierzeń pierwotnych, a istotną treść tych wierzeń stanowi wyobrażenie, że istnieje ścisły związek i wzajemna zależność między daną grupą ludzi a danym zwierzęciem, rośliną lub martwym przedmiotem. Związek ten i zależność mogą być różnego rodzaju. Czasem spotykamy wyobrażenia, że klan, czyli grupa ludzi tego samego totemu, i zwierzę, które jest totemicznie z tą grupą związane, pochodzą od wspólnego przodka. Czasem znów istnieje wierzenie o bliskim pokrewieństwie zwierzęcia czy rośliny i grupy ludzkiej nie wynikającym jednak ze wspólności pochodzenia. Czasem znów zwierzę lub roślina doznaje czci i jest rodzajem bóstwa. Ogólnikowe te określenia totemizmu będziemy mogli wypełnić omawiając niżej przykłady cytowane przez prof. Frazera; na razie wystarczy zauważyć, że totemizm jest zarówno wyobrażeniem religijnym, jak i instytucją społeczną.

Wszyscy ludzie spowinowaceni z tym samym zwierzęciem lub rośliną są tym samym spowinowaceni i między sobą, stanowią jednostkę społeczną: klan totemiczny.

Obok innych właściwości te jednostki społeczne mają jeszcze i tę cechę, że członkom danej grupy, którzy uważają się za powinowatych, nie wolno w przeważającej liczbie wypadków żenić się między sobą; innymi słowy, klany totemiczne są zazwyczaj jednostkami ègzogamicznymi. Toteż w ogóle totemizm i ezogamia uważane były i są przez wielu uczonych za zjawiska nierozłączne, a jakkolwiek w obecnym swym dziele prof. Frazer uważa, że zjawiska te pierwotnie powstały niezależnie, niemniej opracowuje on oba te szeregi zjawisk równolegle i stara się wykazać, w jaki sposób doszły do stanu wzajemnej zależności, w jakim je obecnie prawie wszędzie spotykamy.

Nowe dzieło profesora Frazera, o którym właśnie mówimy, składa się z trzech części. Pierwszą stanowi przedruk pierwotnego traktatu o totemizmie (z 1887 roku) oraz przedruk dwóch artykułów dotyczących początków religii i totemizmu (z 1899 i 1905 roku), przedruki te zajmują sto siedemdziesiąt dwie strony tomu pierwszego. Druga część to geograficznie ułożony, bardzo szczegółowy i kompletny przegląd zjawisk połączonych z totemizmem i egzogamią na obszarze kuli ziemskiej. Obejmuje ona dalszą część tomu pierwszego (s. 175 - 579), tom drugi i trzeci. Część trzecią tworzy tom czwarty, który zawiera teoretyczne badania autora odnoszące się do opracowanego przedmiotu, głównie teorie autora o początkach totemizmu i egzogamii (s. 1 - 169). Dalsza część tomu czwartego (s. 173 - 319) zajęta jest przez dopełnienia i poprawki przeważnie odnoszące się do przedruków dawnych dzieł zawartych w tomie pierwszym. Z tych trzech części niewątpliwie najważniejsza i mająca największe i najtrwalsze znaczenie jest część druga. Niepospolita erudycja autora, jego wielka zdolność oświetlania faktów i wykazywania między nimi istotnych związków, niedostrzegalnych na pierwszy rzut oka — zalety tak świetnie rozwinięte w klasycznym dziele *The Golden Bough* [1] — nadają niezaprzeczoną wartość i temu zbiorowi faktów. Dodać do tego należy niezwykle piękny i pociągający styl oraz okoliczność, że w dziele tym zebrana jest olbrzymia liczba nie wydanych dotąd najświeższych materiałów etnograficznych, które znakomici etnografowie z całego świata złożyli do osobistego użytku wielkiego uczonego. Toteż zbiór ten, tak jak wszystkie inne dzieła prof. Frazera, będzie nieocenioną skarbnicą i kopalnią faktów dla całego zastępu uczonych, którzy mając świetnie zebrany materiał ułożony w sposób uwypuklający niejedną zależność między zjawiskami, potrafią może nieraz sformułować ściślejsze i bardziej naukowe teorie niż pierwotny autor. Teorie bowiem prof. Frazera wyłożone w obecnym dziele nie mogą wytrzymać poważniejszej krytyki, jak się to postaramy udowodnić poniżej. Są one jednak niezmiernie ciekawe z punktu widzenia metodologicznego, mają bowiem wszelkie zalety i wady szkoły antropologicznej angielskiej i można na nich wykazać zarówno zalety, jak i słabe strony metody, którą się ta szkoła posługuje.

Rozpocznijmy obecnie systematyczny przegląd trzech części omawianego dzieła. Celem przedrukowanego traktatu o totemizmie było określenie, czym jest właściwie totemizm, i podanie wszelkich jego właściwości [2]. Mamy tu do czynienia ze świetnym empirycznym traktowaniem przedmiotu, które stanowi tak wy-

---

[1] Pierwsze, dwutomowe, wydanie dzieła J. G. Frazera *The Golden Bough: A Study in Magic and Religion* ukazało się w 1890 r. W 1900 r. ukazało się wydanie drugie, obszerniejsze, składające się z trzech tomów. Trzecie, najobszerniejsze — dwunastotomowe — wydanie opublikowano w latach 1911 - 1915. W 1922 r. sam Frazer przygotował wydanie skrócone, wielokrotnie wznawiane, które stało się podstawą polskiego przekładu. *Złotą gałąź*, w tłumaczeniu H. Krzeczkowskiego i z przedmową J. Lutyńskiego, opublikował PIW w 1962 r. (wydanie drugie tego przekładu ukazało się w 1965 r., wydanie trzecie — w 1969, wydanie czwarte — w 1971, piąte — w 1978 r.).

[2] Traktat ten powstał z rozszerzenia pierwotnego artykułu encyklopedycznego, którego celem było określenie wyrazu *totemism*.

bitną zaletę antropologicznej szkoły angielskiej. Każde twierdzenie objaśnione jest znaczną liczbą przykładów zebranych z wszelkich dziedzin etnografii. Na wstępie autor określa wyraz totem tak mniej więcej, jak to uczyniliśmy powyżej [3], po czym rozróżnia totem klanowy, totem osobisty i totem zależny od płci; u pewnych bowiem plemion ludność męska posiada inne zwierzę lub roślinę jako swój totem, żeńska zaś połowa ludności ma totem inny. Jednakowoż znaczenie socjologiczne mają prawie wyłącznie totemy klanowe. W rozdziale o religijnej stronie totemizmu profesor Frazer rozpatruje cały szereg wierzeń odnoszących się do zwierzęcia, rośliny lub przedmiotu totemicznego. Szeroko rozpowszechnione jest wyobrażenie o wspólnym pochodzeniu członków klanu oraz ich totemu, rośliny lub zwierzęcia, od wspólnego mitycznego przodka, który czasem jest zwierzęciem lub rośliną, czasem zaś istotą ludzką. Członkowie klanu są obowiązani do okazywania szacunku swemu totemowi, do oszczędzania go i opiekowania się nim. Często nie wolno członkom klanu zabijać, tępić lub jeść swego totemu lub używać przedmiotu totemicznego. Niektóre plemiona obchodzą żałobę po zwierzęciu totemicznym. W innych wymienianie nazwy zwierzęcia jest zabronione. Wszelka obraza totemu pociąga za sobą złe skutki, jak śmierć, chorobę itd. Totem nawzajem otacza opieką spowinowaconych ze sobą ludzi. Członkowie klanu nieraz starają się naśladować swój totem i ściślej się z nim połączyć, ubierając się w jego skóry czy pióra, tatuując jego wizerunek na ciele lub używając jego podobizny jako odznak klanowych. W różnych uroczystościach, jak urodziny, małżeństwa, pogrzeby, totemizm odgrywa rolę ważną, najważniejszą jednak przy wtajemniczaniu, czyli inicjacji młodzieńców dochodzących do dojrzałości płciowej. Wszystkie te strony wyobrażeń totemicznych profesor Frazer ilustruje licznymi przykładami. W rozdziale o społecznej stronie totemizmu rozpatruje głównie prawne i egzogamiczne funkcje klanu totemicznego. Ponieważ poglądy tam zawarte są po większej części przestarzałe,

[3] J. G. Frazer, *Totemism and Exogamy*, t. 1, London 1910, s. 3.

gdyż świeży, w przeciągu ostatnich dwudziestu lat nagromadzony materiał zmusza do ich zmiany, nie będziemy więc wchodzili w szczegółowy ich rozbiór, zwłaszcza że i sam autor je zmienił: w dopiskach i poprawkach na końcu tomu czwartego znaczna część poglądów wypowiedzianych w pierwotnej rozprawie jest zmieniona lub odwołana. Dalszą część przedruku w tomie pierwszym stanowią dwie rozprawy o początkach totemizmu i religii, o których będziemy mówić, krytykując teorie tomu czwartego.

Obecnie więc przejdźmy do części drugiej dzieła, to jest do systematycznego przeglądu zjawisk totemicznych. Zjawiska te spotykamy, poza Europą, we wszystkich częściach świata. Do czwartego tomu dzieła Frazera dołączona jest mapa kuli ziemskiej, na której czerwoną farbą oznaczono obszary zamieszkane przez plemiona totemiczne. Zajmują one cały kontynent Australii, połowę Nowej Gwinei, wyspy Melanezji i część wysp polinezyjskich, prawie cały kontynent Ameryki Północnej i znaczne obszary w Afryce. Nadto znajdujemy ślady totemizmu w Indiach, na Wyspach Sundajskich i w Ameryce Południowej.

Profesor Frazer daje nam opis totemizmu i egzogamii tych wszystkich ludów na tle ogólnej ich charakterystyki, tak że dzieło jego z zajęciem może być czytane jako barwna antropogeografia. Co nas jednak uderza w systematycznym zestawieniu faktów, to brak jasno sformułowanej, świadomej celu metody; brak postawienia problemu i wytknięcia drogi badań. Autor po prostu zaczyna opisywać fakty, dając tu i ówdzie teoretyczną dygresję. I niewątpliwie ów brak metody daje się odczuć dość często, jak się to postaramy wykazać. Tak ogólny przegląd faktów, jak ten, który mamy przed sobą, porusza i nasuwa wszelkie możliwe zagadnienia z dziedziny etnologii porównawczej; między innymi zagadnienie, czy dana instytucja społeczna, wierzenie lub zwyczaj, które spotykamy rozsiane po całym świecie, powstały samorodnie w różnych miejscach, czy też zostały rozpowszechnione przez naśladownictwo lub przez przeniesienie, innymi słowy przez wzajemne oddziaływanie ludów na siebie. Dalej, podstawowe zagadnienie teorii rozwoju: czy dana instytucja miała jednakowy przebieg rozwoju wśród różnych daleko od siebie mieszkających ludów, innymi słowy, czy możemy różne formy tej samej instytucji spotykane u różnych ludów z odmiennymi stopniami kultury ustawić w jednolity szereg rozwojowy? Ten postulat prostolinijnego i jednakowego przebiegu rozwoju, jakkolwiek formalnie przez uczonych zarzucony, w wielu naukowych pracach odgrywa dziś ważną rolę jako milcząco przyjęte założenie. Tego rodzaju ukryte założenia są zawsze niebezpieczne i utrudniają ocenę i krytykę przedłożonych teorii i wniosków. Dlatego też autor tak obszernego i zasadniczego traktatu powinien zająć w stosunku do wszystkich podstawowych problemów jasno określone stanowisko, ażeby ułatwić czytelnikowi orientację nie tylko co do swych teorii, ale i co do ujęcia faktów i sposobu ich opisania, co stoi zawsze w istotnym związku z teoretycznymi poglądami. Im mniej hipotetycznych założeń i postulatów znajduje się w danym opisie faktów, tym większa jest wartość tego opisu, ale ponieważ każdy ścisły opis faktów wymaga ścisłych pojęć, a te dać może tylko teoria, każdy więc opis i klasyfikacja muszą być z konieczności oparte na teoretycznej podstawie.

Mając dany przegląd zjawisk totemicznych, możemy wymagać, aby tenże pozwolił nam przede wszystkim wykryć istotne cechy i ogólne formy tych zjawisk i pozwolił wydobyć zasadnicze związki między zjawiskami totemicznymi i innymi formami życia zbiorowego. Ścisłe pojęcie totemizmu, jak i wszystkie pojęcia empiryczne, zdobywamy dopiero na drodze indukcji, porównywania zjawisk: badając starannie cechy totemizmu w każdym szczególnym wypadku i biorąc to, co jest wspólne we wszystkich tych wypadkach, jako ogólne pojęcie totemizmu. Ale aby ten cel osiągnąć w sposób nienaganny, konieczne jest ścisłe sformułowanie metody porównawczej dla zjawisk etnograficznych. Łatwo dostrzec, że opracowanie takiej metody zmuszałoby autora do zajęcia jasnego stanowiska w stosunku do wyżej wymienionych i innych zasadniczych zagadnień. Przede wszystkim trzeba by się zapytać, jak należy porównywać fakty analogiczne, spotykane u ludów stojących na różnym stopniu kultury. Czy stosownie do teorii prostolinijnego rozwoju należy fakty te uważać za formy tej samej instytucji w różnych fazach, czy też należy przypisać bardzo poważny wpływ czynnikom lokalnym, dającym każdej instytucji swoiste piętno wyróżniające ją zasadniczo od pokrewnych form w innych miejscowościach. Profesor Frazer nie daje nam rozwiniętej metody porównawczej i my też nie możemy szerzej tych problemów poruszać; postaramy się jednak dać parę wytycznych punktów. Tymczasem przejdźmy do przeglądu konkretnych faktów podanych przez profesora Frazera.

Autor rozpoczyna od opisu totemizmu australijskiego. Australijczycy są najpierwotniejszymi z ludów, u których znajdujemy wierzenia totemiczne, a zatem i ich totemizm jest najpierwotniejszy. Toteż autor spodziewa się, iż u nich znajdzie klucz do rozwiązania zasadniczych pytań. Etnografia australijska rozróżnia cztery grupy autochtonów: 1) plemiona południowo-wschodnie, które zamieszkują Wiktorię, Nową Południową Walię i część stanu Australia Południowa; 2) plemiona centralne i północno-centralne zamieszkujące środkową część kontynentu; 3) plemiona północno-wschodnie zamieszkujące stan Queensland; 4) plemiona Australii Zachodniej.

Plemiona środkowej Australii są najlepiej znane i opisane przez Baldwina Spencera i Francisa J. Gillena. Obaj ci mężowie spędziwszy długi czas między tubylcami opisali ich dokładnie w dwóch klasycznych dziełach[4]. Rezultaty ich badań poddał sumiennemu sprawdzeniu misjonarz niemiecki, Carl Strehlow, który nawet zna język miejscowy. Prace Strehlowa[5] potwierdziły w głównych zarysach rezultaty badań Spencera i Gillena; żałować więc wypada, iż Frazer dzieło niemieckiego autora całkiem ignoruje[6]. Plemiona środkowoaustralijskie zajmują dość znaczną prze-

[4] B. Spencer, F. J. Gillen: *The Native Tribes of Central Australia*, London 1899; *The Northern Tribes of Central Australia*, London 1904.

[5] C. Strehlow, *Die Aranda und Loritja-Stämme in Zentral Australien* [Frankfurt am Mein] 1907 - 1910, 3 t. Tom pierwszy ukazał się w roku 1907, drugi w 1908, trzeci w 1910.

[6] W ogóle zasadniczą wadą dzieł prof. Frazera jest zupełna dowolność. Uważa za wiarygodne dzieła Spencera i Gillena, dzieła Howitta i tych autorów, których ci panowie uznają; wszelkie zaś źródła im przeciwne pomija milczeniem. Do tych należą [prace] C. Strehlowa, L. Schultze, R. H. Mathewsa i p. Parker.

strzeń kontynentu i stosunkowo mało różnią się między sobą. To, co o totemizmie mówić będziemy, odnosi się głównie do plemienia Arunta (według Gillena i Spencera), czyli Aranda (według Strehlowa), które to plemię najlepiej jest znane.

Charakterystycznym rysem plemion środkowych jest niezmierny rozwój podań o przodkach totemicznych, których w plemieniu Arunta zwą *alcheringa*. Nazwa ta obejmuje zarówno same osoby przodków, jak i ich czyny, dzieje i całą epokę, do której się owe podania odnoszą. Epoka ta sięga czasów najbardziej zamierzchłych, stworzenia świata, ludzi itd. Oczywiście należy się wystrzegać przypuszczenia, iż umysł pierwotny jest zdolny do jakichkolwiek ścisłych i określonych pojęć, jak następstwo w czasie, nieskończoność, epoki itp. Prawdopodobnie jednak podania ich dadzą się ułożyć w pewne następstwo [7], ale następstwo to jest wyrażone w sposób niezmiernie nieokreślony [8]. Najdawniejsze podania odnoszące się do powstania ziemi, do powstania, a raczej zrobienia ludzi, do złych istot *oruncha* mniej są interesujące i ważne przy opisywaniu totemizmu, dla którego ma wartość jedynie część podań wyjaśniająca, na czym polega istotne powinowactwo czy częściowa identyczność owych przodków z ich totemicznymi zwierzętami. Spencer i Gillen wyrażają się, że istoty pierwotne, które powoli zostały przerobione w ludzi, były etapami, stopniami w przeobrażaniu zwierząt i roślin w ludzi; stąd też ci ludzie, którzy właśnie byli *alcheringa*, naturalnie mają w swej naturze coś z dane-

---

[7] Por. B. Spencer, F. J. Gillen, *The Native Tribes*, s. 381 i nast.

[8] Wszelka interpretacja myśli pierwotnej jest niezmiernie trudna. Nasze pojęcia i wyrazy są zasadniczo niewspółmierne z psychiką ludów pierwotnych i jakkolwiek nie można twierdzić, abyśmy całkiem nie byli w stanie pojąć ich i zrozumieć, to możliwe jest to tylko przez dosłowne oddanie ich opowiadań, przez ilustrowanie niezmierną liczbą przykładów (jak to czyni Strehlow) i przez porównywanie wierzeń z instytucjami społecznymi.

Takie streszczenie, do jakiego jestem tu zmuszony, naraża zawsze piszącego na niejasności, czytelnik więc pragnący uchwycić istotę myśli pierwotnego Australijczyka musi się zapoznać z pracami źródłowymi Spencera i Gillena, Strehlowa i innych. Ja tu podaję tylko myśl tę w szerokich zarysach.

go zwierzęcia czy danej rośliny [9]. Strehlow twierdzi, że zwierzęca i roślinna natura tych przodków, przejawia się w ich zdolności przyjmowania do woli postaci zwierząt lub roślin, a także w zdolności wytwarzania tychże [10]. Prawdopodobnie Australijczycy sami nie mają żadnych jasnych pojęć co do tego i po prostu identyfikują w swoim mistycznym, mglistym sposobie myślenia swych przodków z ich totemicznymi zwierzętami [11]. Ci przodkowie o pół ludzkiej, a pół zwierzęcej naturze wędrowali w bandach złożonych z osób tego samego totemu i przechodzili przez różne części terytorium, na którym dziś ich potomkowie mieszkają. Dzieje przodków *alcheringa* stanowią rodzaj pisma świętego plemienia Arunta. Cała organizacja społeczna, wszystkie formy kultu i wszystkie wierzenia są w ścisłym związku z wydarzeniami, wędrówkami i czynami przodków. Toteż można powiedzieć, że tradycje te są typem podań, *mitów* w najściślejszym znaczeniu tego wyrazu, a są one bardzo rozwinięte i bogate [12]. Oczywiście życie przodków jest tego samego typu i treści, jak to, co stanowi treść życia obecnych mieszkańców i dziedziców bohaterskich przodków *alcheringa*. Przodkowie mordowali się wzajemnie, wykonywali różne ceremonie, polowali, odbywali wędrówki, tak samo jak dziś ich potomkowie [13]. Ale są niektóre ważne szczegóły odnoszące się do ich dziejów i organizacji społecznej, którymi odróżniają się od żyją-

---

[9] B. Spencer, F. J. Gillen, *The Native Tribes*, s. 389.

[10] C. Strehlow, *Die Aranda*, t. 1, s. 3, 4.

[11] Sposób ujęcia psychologii ludów pierwotnych spotykany często u etnografów pozostawia wiele do życzenia. Traktują oni umysł pierwotny jakby był zupełnie logiczny i uporczywie starają się wydobyć z niego konkretne i jasno sformułowane teorie. Tymczasem człowiek pierwotny nie poddaje swych wyobrażeń próbie praw logicznych. Teoria psychologii człowieka pierwotnego rozwinięta jest w doskonały sposób w niedawno wydanym, zajmującym dziele L. Lévy-Bruhla *Les fonctions mentales dans les sociétés inferieures* (Paris 1910).

[12] Spencer i Gillen zapełnili nieledwie całe dwa tomy tymi podaniami i ich wpływem na socjologię australijską. Strehlow również poświęcił im dwie części swego dzieła.

[13] B. Spencer, F. J. Gillen, *The Native Tribes*, rozdz. 10, 11, s. 119 i nast.

cych obecnie następców. Chodzili oni zawsze w bandach tego samego totemu i była to jedyna forma ich organizacji społecznej [14]; żenili się między sobą [15], w swojej hordzie, i zazwyczaj żywili się swym totemem [16]. Do punktów tych wrócimy omawiając teorie profesora Frazera, a teraz przejdźmy do kwestii, w których tradycje *alcheringa* łączą się bezpośrednio z obecną organizacją i obecnym stanem społecznym plemienia Arunta. Zmęczeni długimi wędrówkami przodkowie totemiczni *alcheringa* kończyli swoją ziemską karierę wchodząc pod ziemię, a w miejscu, w którym znikali, pozostawał jako znak tak ważnego wydarzenia jakiś wielki kamień, drzewo, staw lub skała. Miejsca takie mają niezmiernie wielkie znaczenie w oczach tubylców. Są one zapłodnione duchami dzieci (*spirit children* Spencera i Gillena, *Kinderkeime* Strehlowa), które przebywają tam pozostawione przez przodków *alcheringa* i oczekują sposobności, aby się wcielić na nowo. W jaki sposób ci mityczni przodkowie zniknęli z powierzchni ziemi, w jaki sposób na tych miejscach wytworzyły się owe duszyczki i jaka jest natura tych ostatnich, o tym wszystkim wyobrażenia Australijczyków są bardzo niejasne i skomplikowane. Świadczy o tym wielka różnorodność wersji podanych przez Spencera i Gillena, a szczególnie przez Strehlowa [17]. Dla nas to jest istotne, że istnieją takie miejsca rozsiane po całym terytorium, a w każdym takim centrum totemicznym znajdują się istotki dziecięce, *ratapa*, należące do tegoż totemu, co i owo centrum, i oczekujące reinkarnacji [18]. Jeżeli jakaś kobieta, zwłaszcza młoda, znajdzie się w pobliżu takiego miejsca, a nawet tylko w obrębie danego okręgu totemicznego, a istotka dziecięca upatrzy ją sobie, to po prostu wchodzi w nią, wciela się i wówczas rodzi się dziecko należące do tego samego totemu, do którego *ratapa* należała; innymi słowy, każdy człowiek należy do tego totemu,

---

14 *Ibid.*, s. 392.
15 *Ibid.*, s. 392 - 394.
16 *Ibid.*, s. 208; B. Spencer, F. J. Gillen, *The Northern Tribes*, s. 321.
17 B. Spencer, F. J. Gillen, *The Native Tribes*, s. 123, 124.
18 *Ibid.*, s. 123 - 126; C. Strehlow, *Die Aranda*, t. 1, s. 5, t. 2, s. 53.

w którego okręgu matka jego spostrzegła, że zaszła w ciążę. Ta wiara w nadnaturalne wcielenie jest niezmiernie głęboko zakorzeniona w umyśle mieszkańców środkowej Australii. Przysłania im ona zupełnie poznanie naturalnego procesu rozmnażania się, a związek przyczynowy między kopulacją a poczęciem jest im całkowicie nieznany. Jest faktem niezmiernie ważnym dla etnologii, iż znajdują się jeszcze teraz na powierzchni ziemi ludy, które poza tym, że nie znają naturalnego sposobu schodzenia z tego świata, nie wiedzą również, iż wchodzimy w życie bez pomocy sił nadnaturalnych [19]. Wyobrażenia takie z konieczności muszą wywierać zasadniczy wpływ na szereg instytucji społecznych. Przede wszystkim w kwestii organizacji rodziny mamy do czynienia z ludem, który nie zna węzłów krwi między ojcem a dzieckiem. Poza tym wyobrażenia konceptualistyczne są podstawą jedności klanowej. Widzieliśmy bowiem powyżej, że duchy czy istotki dziecięce przebywające w danym centrum totemicznym pochodzą zawsze od wspólnej grupy przodków *alcheringa*, są więc tego samego totemu, a wszyscy ludzie będący reinekarnacją tych duchów, to jest wszyscy poczęci w tym samym obwodzie totemicz-

---

[19] Odkrycie to i pierwsze podanie go do wiadomości przez Spencera i Gillena rozwinęło całą specjalną literaturę. Prof. Frazer uważa ten brak świadomości Australijczyków za „istotę" i „początek" totemizmu. Zarówno on, jak i wielu innych uczonych twierdzi, że niegdyś cała pierwotna ludzkość znajdowała się w podobnym stanie nieświadomości. Por.: E. Sidney Hartland, *Primitive Paternity* [London 1909 - 1910]; A. Van Gennep, *Mythes et legendes d'Australie* [Paris 1905]; F. von Reitzenstein, *Der Kausalzusammenhang zwischen Geschlechtsverkehr und Empfängnis in Glaube und Brauch der Natur — und Kulturvölker*, „Zeitschrift für Ethnologie" [1909], t. 41, s. 644 i nast.

Z drugiej strony A. Lang w *Anthropological Essays Presented to Edward Burnett Tylor in Honour of His 75th Birthday* [Oxford 1907] twierdzi, iż wyobrażenia dominujące w środkowej Australii są wynikiem wysoko rozwiniętej animistycznej filozofii i nie uważa ich za prymitywne. Zdanie jego podziela W. Schmidt w artykule *Die Stellung der Aranda unter den australischen Stämmen* („Zeitschrift für Ethnologie" 1908, t. 40, s. 886 i nast.) i M. von Leonhardi w przedmowie do trzeciego tomu *Die Aranda* C. Strehlowa.

nym, tworzą klan totemiczny. Jedność klanu jest więc w środkowej Australii oparta na wyobrażeniach o wspólnym pochodzeniu od grupy przodków tego samego totemu. Należy też zaznaczyć, iż mamy tu do czynienia z wiarą w reinkarnację, w każde bowiem dziecko wciela się pewien przodek totemiczny, ten właśnie, od którego dana *ratapa* pochodzi [20]. Ciekawym rysem totemizmu australijskiego jest niezmierna waga, jaką autochtoni przywiązują do tak zwanych czuring. Są to płaskie, podłużne kawałki drzewa lub kamienia owalnego kształtu, przywiązane sznurkiem w jednym końcu w taki sposób, aby mogły być w szybki ruch wprawiane, przy czym wydają dźwięk charakterystyczny. Każdy przodek *alcheringa* nosił ze sobą takie czuringi i każdy *spirit child* (duch dziecka) jest w mistyczny sposób z pewną czuringą związany; przedmioty te odgrywają bardzo ważną rolę w kulcie totemicznym plemion tubylczych.

Najdonioślejszą funkcją społeczną wszystkich tych wierzeń jest niewątpliwie to, że na nich oparta jest łączność klanu totemicznego, jednostki bardzo ważnej w organizacji społecznej plemion środkowej Australii. Jak widzimy, wszyscy członkowie klanu uważają się za spokrewnionych, bo są wcieleniami *ratapa* tego samego totemu. Ponieważ Australijczycy zwykle trzymają się tej samej miejscowości, a wędrówki swe odbywają w obrębie własnego terytorium, większość więc osób pewnego plemienia należy przeważnie do tego samego totemu. Klany totemiczne środkowej Australii są jednostkami lokalnymi, a od wszystkich innych klanów, zarówno w Australii, jak i poza nią, wyróżniają się tym, że *nie są egzogamiczne*.

Obok klanów totemicznych opisywane plemiona dzielą się jeszcze na klasy, czyli fratrie (nazwy nadane przez badaczy),

---

[20] Spencer i Gillen nadto twierdzą, że każdy człowiek co pewien czas po śmierci znowu powraca do życia, innymi słowy twierdzą, że wiara w reinkarnację w najszerszym tego słowa znaczeniu panuje w Australii. Strehlow temu kategorycznie zaprzecza, ale informacje jego wydają się oparte na dość słabych podstawach (por. *Die Aranda*, t. 2, s. 56).

a ten podział ma na celu normowanie małżeństw. Klasy są egzogamiczne, członkom więc tej samej klasy nie wolno się żenić między sobą (w plemieniu Arunta jest osiem takich klas). System klas egzogamicznych nie ma nic wspólnego z klanami totemicznymi, które są lokalne i do których przynależność określa fakt wcielenia nadprzyrodzonego. Przynależność do klasy określa się według tego, do jakiej klasy należał ojciec danego osobnika. Stosunki klas egzogamicznych są tak zawiłe i skomplikowane, iż mówić o nich dłużej nie będziemy, nie mając zamiaru zbyt szczegółowo zajmować się egzogamią.

Przejdźmy więc obecnie do organizacji społecznej klanu. Każdy klan totemiczny ma przewodnika czy naczelnika, który jednak posiada bardzo szczupły zakres władzy, ograniczonej prawie wyłącznie do przodownictwa w uroczystościach religijnych swego klanu. *Alatunia* (tak zwie się ów naczelnik) ma w swej opiece skład czuring, a miejsce, gdzie je chowa, jest uważane za święte. On decyduje, kiedy mają się odbyć ceremonie kultu, i on im przewodniczy. Niezmiernie bogaty rozwój tych ceremonii stanowi obok mitów i tradycji główną cechę charakterystyczną totemizmu środkowej Australii. Ceremonie te są zawsze istotnie związane z tradycją przodków i wyraźnie wykazują ideę łączności ze zwierzętami i roślinami oraz wzajemną zależność tych istot i ludzi od siebie. Zwykle są to dramatyczne przedstawienia różnych zdarzeń z życia owych przodków [21]. Jakikolwiek jest w danym wypadku cel ceremonii totemicznych, mają one zawsze charakter dramatyczny. Zawsze występują w nich aktorzy ucharakteryzowani na zwierzęta lub rośliny totemiczne. W tych przedstawieniach sztuka plastyczna dzikich doszła do stosunkowo wysokiego poziomu i różnorodności. Ich stroje i ozdoby, pokazane na licznych fotografiach przez Spencera i Gillena i przechowywane w niektórych muzeach, są zadziwiająco bogate w pomysły w stosunku do całej ich kultury. Udekorowani i ucharakteryzowani w sposób, który w mistycznej wyobraźni widzów identyfi-

[21] Por. B. Spencer, F. J. Gillen, *The Northern Tribes*, s. 33, 177.

kuje ich z danym zwierzęciem totemicznym, dzicy aktorzy przedstawiają nieraz dość skomplikowane widowiska, związane treścią z myślą o przodkach. Mimicznie naśladują ruchy zwierząt i ich głosy w sposób czasem doskonały. Cała historia czasów *alcheringa* jest uwieczniona i uplastyczniona w szeregu tych pierwotnych dramatów historycznych. Przedstawienia te mają jednak zawsze określony wyraźny cel, odgrywają doniosłą rolę w ramach danej organizacji społecznej. I tak stanowią one ważną część ceremonii wtajemniczenia. Jak wiadomo, w całej Australii każdy dorosły mężczyzna musi przejść przez cały szereg inicjacji, które dopuszczają go do korzystania z pełni praw plemiennych, a zarazem do ezoterycznych tajemnic, ukrywanych przed kobietami i dziećmi. Tajemnice te to tradycje z czasów *alcheringa*, znajomość czuring, ceremonii i miejsc świętych, w których czuringi są przechowywane. Główną treścią takich ceremonii inicjacyjnych są właśnie przedstawienia totemiczne. Przy tym starzy mężowie pouczają młodzież o tradycjach plemiennych, o prawach i o moralności, wszystko to zaś oparte jest na dziejach *alcheringa* i z nich zaczerpnięte. Podania te zawierają również usprawiedliwienie krwawych i wstrętnych rytów obrzezania, przypiekania, wybijania zębów, a zwłaszcza strasznego rytu subincyzji, które stanowią najważniejsze zewnętrzne fakty inicjacji. Poza tym przedstawienia odbywają się jako tak zwane ceremonie *intichiuma*, które nadają totemizmowi plemion centralnych charakter kooperatywy magicznej utworzonej w celach ekonomicznych. Zadaniem tych ceremonii jest pomnożenie danego gatunku totemicznego zwierząt czy roślin, a spełniane są one przez ten klan, którego totemem jest właśnie dane zwierzę lub roślina. Przodkowie *alcheringa* mieli władzę pomnażania, a nawet wytwarzania swego zwierzęcia totemicznego, ceremonie *intichiuma* są niejako spuścizną tej władzy; w tańcach i przedstawieniach totemicznych zawarta jest magiczna siła, która zmusza zwierzę lub roślinę do rozmnażania się. Z ceremoniami *intichiuma* jest połączone rytualne jedzenie totemu, którego poza tym członkom odnośnego klanu spożywać nie wolno, chyba w ostateczności, a i wtedy jeszcze w ilościach niewielkich[22]. Spencer i Gillen, chcąc określić jasno stosunek ludzi do swych totemów, mówią, iż tubylcy po prostu identyfikują się ze swym totemicznym zwierzęciem, mówiąc na przykład „kangur to to samo, co ja" [23].

Na tym kończymy przegląd totemizmu plemion centralnych. Totemizm innych plemion znamy znacznie mniej dokładnie; badania nad nimi były prowadzone mniej metodycznie i jednolicie, same też plemiona wydają się mniej jednolite niż plemiona centralne. Dlatego, aby nie nagromadzać szczegółów, często nawet niepewnych, wystarczy ogólnikowy przegląd tych plemion. W ogóle można powiedzieć, iż znamy w nich stosunkowo lepiej stronę społeczną totemizmu, a bardzo mało wiemy o ich wierzeniach, tradycjach i wyobrażeniach. W dziele profesora Frazera przy opisie tych plemion na pierwszym planie występuje egzogamia, stosunki rodowe i klasowe, a o właściwym totemizmie czytamy bardzo mało. Ponieważ nie mamy zamiaru wchodzić w szczegóły egzogamii[24], zaznaczamy tylko, że każde plemię jest podzielone na dwie, cztery lub osiem grup ściśle egzogamicznych. Podział ten reguluje prawa zawierania małżeństw, a zarazem stanowi podstawę systemu pokrewieństwa. W środkowej Australii klasy te nie mają nic wspólnego z klanami totemicznymi, tak że członkowie tego samego klanu rozsiani są po wszystkich klasach (czterech lub ośmiu), natomiast we wszystkich innych plemionach australijskich klany totemiczne znajdują się zawsze w jednej i tej samej fratrii. Podział klanowy odpowiada podziałowi klasowemu, czyli innymi słowy klany totemiczne są jednostkami zawsze egzogamicznymi.

*

* *

---

[22] B. Spencer, F. J. Gillen, *The Native Tribes*, s. 202, 203; C. Strehlow, *Die Aranda*, t. 3, s. 1 i nast.

[23] B. Spencer, F. J. Gillen, *The Native Tribes*, s. 202.

[24] We wszystkim, co dotyczy organizacji rodzinnej i pokrewieństwa u pierwotnych Australijczyków, prof. Frazer ściśle trzyma się teorii Morgana, które do etnologii australijskiej zostały zastosowane przez Fisona i Howitta (por. L. Fison, A. W. Howitt, *Kamilaroi and Kurnai* [Melbourne 1880]).

Plemiona południowo-wschodnie są znacznie mniej jednolite niż te, które zamieszkują środek kontynentu, i dlatego musimy rozróżnić kilka poddziałów. Plemiona Urabunna, Dieri i pokrewne sąsiadują z grupą centralną, mają też podobny totemizm[25]. Znane są niektóre podania o przodkach, ich czynach i wędrówkach, bardzo zbliżone do dziejów *alcheringa*. Przodkowie ci, *mura-mura*, tak samo schodzili pod ziemię po skończeniu wędrówek i tworzyli w tych miejscach centra totemiczne, gdzie *spirit children* (duchy czy istotki dziecięce) pozostały po nich i oczekują wcielenia. Tylko takie centra są zamieszkane zazwyczaj przez *spirit children* kilku totemów, a więc totemizm nie ma tutaj cechy wybitnie lokalnej, jak u plemion centralnych. Dalej każdy *spirit child* przy wcieleniu się zmienia swój totem i przybiera totem matki, po śmierci zaś wraca do swego najpierwszego totemu, aby znów przy nowych narodzinach zmienić totem, klasę i płeć. W plemionach tych istnieją również ceremonie typu *intichiuma* mające na celu pomnożenie gatunku totemicznego[26]. Człowiekowi nie wolno jeść swego totemu, ale wolno go zabić i dać przyjaciołom. Jak widzimy więc, totemizm ten przedstawia duże podobieństwo z totemizmem plemion centralnych. O totemizmie pozostałych plemion grupy południowo-wschodniej wiadomo jeszcze mniej; nie znaczy to jednak, aby totemizm w tych plemionach był mniej bujnie rozwinięty, ale nie było nikogo, kto by potrafił go zbadać, póki ludy te jeszcze istniały. Teraz nie czas już na dopełnienie tego braku w naszej wiedzy, bo plemiona te są albo całkiem wytępione, albo dogorywające ich szczątki zapomniały tradycji, wierzeń i obyczajów przodków, których znajomość

---

[25] Prawdopodobnie różnice w totemizmie plemienia Dieri i plemienia Arunta są mniejsze, niż by to wynikało z opisów, które posiadamy. Są one raczej wynikiem różnicy w sposobie badania. Plemię Arunta badał i opisywał B. Spencer, profesor uniwersytetu w Melbourne, a plemię Dieri S. Gason, policjant, i wielebny Siebert, misjonarz.

[26] A. W. Howitt, *The Native* [*Tribes of South-East Australia*, London 1910], s. 783; A. W. Howitt, O. Siebert, *Legends of the Dieri and Kindred Tribes of Central Australia*, „The Journal of Anthropological Institute" 1904, t. 34, s. 124 i nast.

stracona jest dla nas na zawsze. Skąpe tylko i nie ujęte w całość szczegóły zostały o totemizmie niektórych plemion zachowane. I tak z pewnych plemion doszły nas podania o przodkach, znana jest także organizacja egzogamiczna większości tych plemion, a jak wiemy, w tej grupie organizacja ta jest ściśle połączona z totemizmem. Pozostała też przynajmniej część nazw totemicznych, ale szczegóły te nie pozwalają nam wejrzeć głębiej w istotę organizacji i wierzeń totemicznych.

Grupa plemion północno-wschodnich znana jest stosunkowo dobrze dzięki sumiennym badaniom Waltera E. Rotha[27]. Czy jednakowoż badacz ten niedostateczną zwrócił uwagę na totemiczną stronę wierzeń i organizacji, czy też totemizm jest u nich naprawdę mniej rozwinięty, w każdym razie z dzieł Rotha pozostaje wrażenie, iż plemiona te nie są totemiczne, co też i autor wprost stwierdza. Mniej jeszcze wiemy o plemionach zachodnich; z pewnych danych można wnioskować, że totemizm istniał u nich, ale ogólnikowe te wiadomości mają małą wartość. Należy zauważyć, że wiara w nadprzyrodzone poczęcie, to znaczy nieznajomość zupełna naturalnego związku między *coitus* a *conceptio*, rozpostarta jest na większej części kontynentu. Wiemy, iż tak jest między plemionami północnymi i północno-wschodnimi, a prawdopodobnie jest tak i wśród plemion zachodnich i wschodnich. Ale w Queensland wyobrażenia o wcielaniu się dzieci są zupełnie odmienne od wyobrażeń plemion centralnych i nie mają nic wspólnego z totemizmem.

Na tym kończy się nasz ogólnikowy przegląd faktów związanych z totemizmem; wystarczy on nam jednak do zrobienia paru uwag krytycznych co do sposobu, w jaki profesor Frazer przedstawia totemizm australijski.

Przede wszystkim należy przypomnieć, iż to, co tu zostało powiedziane, nie jest streszczeniem Frazerowskiego dzieła. Zebrane tu są fakty z książek źródłowych, a rezultaty prac Spencera

---

[27] W. E. Roth: *Ethnological Studies* [*among the North-West-Central Queensland Aborigines*], Brisbane 1897; *North Queensland Ethnography*, Brisbane 1901 - 1909.

i Gillena dopełnione wynikami obserwacji innych autorów, których Frazer częściowo lub całkiem nie używa. Po wtóre prawie całkiem pominęliśmy tu milczeniem cały szereg zagadnień połączonych głównie z socjologią rodziny i rodu, które Frazer szeroko traktuje; byłoby to zbytecznym komplikowaniem tego krótkiego szkicu zajmującego się wyłącznie totemizmem.

Głównym i zasadniczym zarzutem, jaki można zrobić metodzie profesora Frazera, jest to, iż nie daje on nam jasnego i obiektywnego obrazu stanu rzeczy, niezależnie od wszelkich hipotez i teorii. Przeciwnie, opisując fakty, Frazer posługuje się ciągle pojęciami zaczerpniętymi z czysto hipotetycznych i niejako osobistych założeń i dogmatów. Nie ma u niego jasnej linii demarkacyjnej między faktami a wnioskami z faktów, nie ma wyraźnie wymienionych założeń, należy je samemu odszukać, aby móc poddać je krytyce. To właśnie postaramy się teraz zrobić w skrócie. Wszelkie hipotezy i założenia profesora Frazera odnoszą się do zasadniczego problemu początków i rozwoju totemizmu, dlatego też i fakty australijskie stara się on ułożyć w szereg rozwojowy i tu otwiera się pole do zasadniczej krytyki, ponieważ z wielu względów materiał australijski nie da się wtłoczyć w szereg ewolucyjny. Wiadomości nasze o plemionach australijskich są w wysokim stopniu niejednolite. Jak widzieliśmy powyżej przy przeglądzie totemizmu, znamy dobrze pod względem totemicznym tylko jedną grupę plemion (plemiona centralne). O innych nie wiemy albo nic, albo bardzo mało. Tak się też rzecz ma i pod innymi względami; u jednych plemion znamy dokładniej organizację społeczną, u innych wierzenia, u innych jeszcze kulturę materialną. Nie ma ani jednej cechy, ani jednej strony ich kultury, na której można by przeprowadzić jednolite porównanie wszystkich plemion. Dlatego też badania porównawcze są bardzo trudne, szeregi zaś ewolucyjne wydają się zupełnie niemożliwe. Układanie takich szeregów jest tym łatwiejsze, im bardziej różnią się kultury porównywane, o Australijczykach zaś wiemy z pewnością tylko tyle, że jeżeli są jakieś różnice co do ich kultury, to różnice te są niezmiernie małe. Tylko gruntowna znajomość całego szeregu plemion oparta na jednolitych i systematycznych badaniach grupy tych samych właściwości mogłaby służyć za podstawę do badań ewolucyjnych. Obecny stan etnografii australijskiej nie daje dostatecznej podstawy do rozwiązywania zagadnień i zagadek ewolucyjnych; w rzeczywistości wszelkie próby w tym kierunku są widocznie bardzo niezadowalające. Ponieważ obecnie etnografia australijska jest przedmiotem bardzo aktualnym, a metody etnologiczne oparte są na ewolucjonizmie, wielu wybitnych uczonych starało się o rozstrzygnięcie kwestii: które plemiona australijskie stoją na najniższym szczeblu kultury, które wyżej, a które najwyżej. Każdy uczony jednak ustawia plemiona w inny szereg rozwojowy i uzasadnia to w inny sposób. Co zaś najbardziej wzbudza nieufność do ich rezultatów, to fakt, że każdy taki szereg, dziwnym zbiegiem okoliczności, zgadza się z apriorycznymi poglądami i hipotezami autora. U profesora Frazera szereg jego odgrywa bardzo ważną rolę. Prymitywność plemion centralnych, a szczególniej plemienia Arunta, jest kamieniem węgielnym wszystkich jego teorii. Dlatego też uzasadnieniu tego twierdzenia poświęca autor znaczną część swej pracy [28] i stara się udowodnić argumentami trochę ogólnikowymi, jakkolwiek dość wymownymi, „prymitywność" Aruntów. Ponieważ środkowa Australia jest krajem nieurodzajnym, skalistą i piaszczystą pustynią, ponieważ kontynentalny klimat, ze swą krańcowością upału i zimna, posuchy i rzadkich, ale ulewnych deszczów, robi z tej części kontynentu jedno z najbardziej niegościnnych i niesprzyjających życiu ludzkiemu środowisk; ponieważ z drugiej strony warunki klimatyczne i urodzajność gleby na wybrzeżach Australii stanowią, iż ten zakątek ziemi jest jednym z najbardziej wyposażonych w bogactwa żywej przyrody, nie należy się dziwić, że plemiona centralne musiały mniej się rozwinąć niż pobrzeżne. Ogólne to swoje rozumowanie popiera profesor Frazer szeregiem przykładów. Plemiona centralne chodzą zupełnie nago; mając skóry zwierzęce, nie potrafią zabezpieczyć się nimi od zimna

---

[28] Poza tym, że udowadnia on to w wielu miejscach, poświęca specjalne ustępy tej kwestii (por. *Totemism and Exogamy*, t. 1, s. 89 - 138, 175, 314 - 349).

dochodzącego niekiedy do mrozów. Nie umieją budować trwałych schronisk, zabezpieczają się od wiatru i deszczu zaledwie zasłoną utkaną z chrustu i gałęzi. Natomiast plemiona zamieszkujące wybrzeża budują trwałe domy z drzewa i kamienia, tak duże, iż dwanaście osób może się w nich pomieścić, i umieją przyrządzać skóry zabitych zwierząt, aby im służyły za ciepłe okrycia. Równolegle z postępem w kulturze materialnej profesor Frazer wymienia fakty świadczące o postępie w urządzeniach społecznych. Dzicy z pustyń centralnych nie mają wcale wodzów, a władza plemienia spoczywa w rękach najstarszych ludzi. Wiele zwyczajów związanych z małżeństwem świadczy także o wielkiej prymitywności tych plemion. Plemiona z nadbrzeży morskich mają wodzów, a formy ich małżeństwa i rodziny odpowiadają wyższym stopniom kultury. Jednakowoż ani ogólne rozumowanie Frazera, ani fakty, które przytacza, nie wytrzymują krytyki. Ogólne rozumowania są zawsze dowolne w odniesieniu do organizacji społecznej i kultury, spośród zaś faktów Frazera niektóre (rząd, wodzowie, sposób budowania mieszkań) oparte są na niepewnych danych, inne zaś są interpretowane i zużyte w sposób zupełnie dowolny. Zamiast wchodzić dalej w meritum dowodów Frazera, wymienimy pokrótce kilka zdań innych autorów o kwestii szeregu rozwojowego plemion australijskich. Niezmiernie ścisłe, jakkolwiek nie przekonywające, są argumenty profesora Émile'a Durkheima [29]. Twierdzi on, że wszystkie dane wskazują na znacznie wyższy stopień kultury plemion centralnych, zwłaszcza plemienia Arunta, w porównaniu z innymi plemionami Australii [30]. Durkheim opiera się głównie na cechach organizacji społecznej i na twierdzeniu, że liczenie pokrewieństwa przez matkę jest pierwotniejsze niż liczenie pochodzenia przez ojca. Jak więc widzimy, poglądy te są wprost przeciwne poglądom Frazera. Po stronie tego ostatniego stoi wybitny uczony francuski Arnold Van

---

[29] É. Durkheim: [*Sur le totémisme*], „L'Année Sociologique" 1900/1901, t. 5, s. 82 - 121; [*Sur l'organisation matrimoniale des sociétés australiennes*], „L'Année Sociologique" 1903/1904, t. 8, s. 118 - 148.

[30] Por. „L'Année Sociologique", głównie t. 5.

Gennep i znajduje zwłaszcza w wierzeniach plemienia Arunta cechy wielkiej pierwotności [31]. Natomiast Andrew Lang jest zdania, że plemię Arunta jest dalekie od stanu pierwotnego, że jest jednym z najbardziej rozwiniętych w Australii, a poglądy totemiczne na koncepcję są wynikiem skomplikowanej filozofii animistycznej [32]. Znani badacze Spencer i Gillen stoją stanowczo po stronie Frazera; widzą oni w plemieniu Arunta najniżej stojących przedstawicieli ludzkości, a w każdym razie najmniej rozwinięte z plemion australijskich. Inny nie mniej wybitny etnograf australijski Alfred W. Howitt układa znów inny szereg ewolucyjny, a plemię Arunta stawia w środku. Ojciec Wilhelm Schmidt [33] dowodzi, że plemię Arunta ma bardzo skomplikowaną i w stosunku do innych plemion wysoką kulturę.

Podaliśmy ten szereg przykładów, aby pokazać, jak niezmiernie wielka różnorodność zdań panuje w omawianej kwestii. Pokazuje to, jak niepewne muszą być podstawy i sposób sformułowania problemu, jeżeli zdania uczonych są tak podzielone, a nawet rozstrzelone. Jeżeli tylu uczonych zajmuje się tą kwestią bezpodstawną i nieokreśloną, to powodem tego jest prawie wyłączne obecnie panowanie ewolucjonizmu w socjologii i etnologii, a przy tym fakt, że szereg ewolucyjny raz ułożony daje każdemu uczonemu szerokie i wdzięczne pole do spekulacji. Przyjrzyjmy się niektórym wnioskom, które profesor Frazer wyciąga ze swoich założeń ewolucyjnych. Przyjmując za pewnik, że plemiona centralne stoją na najniższym stopniu kultury, uważa on, że znajdujemy u nich obraz „czystego i pierwotnego" totemizmu. Stąd wszystkie cechy i ogólny wygląd tego totemizmu można przyjąć za formy pierwotne, z których rozwinęły się wszelkie inne formy spotykane u ludów stojących na wyższym stopniu kultury. Jedynym więc zadaniem jest przejść po kolei wszelkie cechy totemizmu plemion centralnych, uwypuklić ich „pier-

[31] A. Van Gennep, *Mythes et legendes*, s. XIII.

[32] A. Lang: *The Secret of the Totem* [London 1905], s. 59 - 90; artykuł w zbiorze *Anthropological Essays*, s. 210 - 218.

[33] W. Schmidt, *Die Stellung der Aranda*, s. 886 i nast.

wotność", wykazać, na czym ona polega, i zakreślić linię rozwojową tych cech. Jak widzieliśmy powyżej u plemion centralnych, totemizm i egzogamia są od siebie niezależne. Profesor Frazer uważa to za zjawisko pierwotne, które prawdopodobnie istniało u wszystkich ludów ziemi, a potwierdzenie swego poglądu widzi w fakcie, że w legendach plemienia Arunta przodkowie *alcheringa* żenili się wyłącznie w swoim klanie totemicznym [34]. Legendy zaś te uważa Frazer za wierne oddanie prawdy historycznej; innymi słowy: totemizm i egzogamia powstały niezależnie od siebie, a egzogamia jest zjawiskiem późniejszym [35]. Jest ona wynikiem reform społecznych dokonywanych przez ludzi pierwotnych w sposób świadomy celu [36]. Pogląd ten opiera Frazer na niektórych legendach plemienia Dieri, zwłaszcza zaś na fakcie, że reformy społeczne i dziś jeszcze powstają w plemionach centralnych z inicjatywy mężów starych, doświadczonych i wpływowych, jak to podają Spencer i Gillen [37]. Celem tej świadomej reformy społecznej jest zapobiegnięcie małżeństwu pomiędzy bliskimi krewnymi [38]. Tu nasuwa się pytanie, jakie mogły być pobudki skłaniające ludzi pierwotnych do zwalczania kazirodztwa [93]. Nie można przypuszczać ani naturalnego wstrętu do kazirodztwa, gdyż liczne przykłady stwierdzają, iż wstrętu takiego wśród ludzi pierwotnych nie ma, ani też obawy przed złymi skutkami takich związków dla potomstwa. Biologia do dziś dnia nie wypowiedziała ostatniego słowa w tej kwestii, cóż by więc o niej mogli wiedzieć ludzie zupełnie prymitywni? Frazer przypuszcza, że zło, którego się obawiali owi pierwotni reformatorzy, jest magicznej natury [40]. Tak więc widzimy, że egzogamię, która zawsze występu-

---

[34] J. G. Frazer, *Totemism and Exogamy*, t. 1, s. 103.

[35] *Ibid.*, s. 162.

[36] *Ibid.*, s. 350.

[37] B. Spencer, F. J. Gillen: *The Native Tribes*, s. 12; *The Northern Tribes*, s. 26.

[38] J. G. Frazer, *Totemism and Exogamy*, t. 1, s. 161 - 163, 166 - 259, zwłaszcza zaś t. 4, s. 136 i nast.

[39] *Ibid.*, t. 4, s. 154.

[40] *Ibid.*, s. 158.

je w połączeniu z totemizmem i dlatego była uważana za istotną cechę totemiczną, profesor Frazer uznaje wyłącznie na podstawie zebranych faktów w środkowej Australii za instytucję niezależną i późniejszą, za wynik świadomej celu reformy. Poza egzogamią zasadniczym rysem totemicznym jest w ogólc *tabu* totemiczne, bezwzględny zakaz zabijania i jedzenia zwierzęcia totemicznego. Jak widzieliśmy, zakazu takiego w całej pełni i surowości nie ma w środkowej Australii, podania zaś świadczą, że przodkowie *alcheringa* zawsze żywili się swoim zwierzęciem lub rośliną totemiczną. Profesor Frazer w tym właśnie widzi dowód, że najdawniejszy totemizm nie znał totemicznego tabu [41]. Pierwotność żywienia się totemem Frazer tłumaczy tym, że prymitywni ludzie w ten sposób identyfikowali się ze swym totemem [42]. Tabu zaś totemiczne mogło powstać jako chęć ubłagania i pozyskania sobie zwierzęcia [43]. Jak widzieliśmy, charakterystyczną cechą totemizmu są ceremonie *intichiuma*, w których każdy klan stara się o rozmnożenie swego totemu. W tej funkcji na pół magicznej, na pół ekonomicznej Frazer widzi również jeden z najbardziej prymitywnych rysów totemizmu. Idea kooperatywy magicznej jest według niego prosta i naturalna dla myśli pierwotnej [44]; jest ona zdolna do rozwoju, tak że u wyższych ludów totemicznych spotykamy bardziej rozwinięte jej formy [45]. W ten sposób profesor Frazer przechodzi przez wszelkie objawy totemizmu plemion centralnych, na każdym stara się wykazać jego pierwotność i naszkicować dalsze linie rozwoju.

Plony, które profesor Frazer zbiera z materiału australijskiego, są bardzo bogate, trudno je jednakowoż uważać za pewny dorobek naukowy. Podstawowe założenie szeregu australijskiego jest niepewne, ale i w szczegółach można by robić liczne zarzuty teoriom Frazera. Zupełnie bez krytyki uważa on legendy za prawdy historyczne, jego zaś teoria egzogamii nadaje się do krytyki z wielu

---

[41] *Ibid.*, t. 1, s. 102, 103.
[42] *Ibid.*, s. 118 - 120.
[43] *Ibid.*, s. 121, 122.
[44] *Ibid.*, s. 104.
[45] *Ibid.*, s. 118.

względów. Przede wszystkim zasadniczo błędne wydaje się przyjmowanie jakichkolwiek świadomych reform społecznych na wielką skalę u ludów bardzo pierwotnych. Mogą u nich zachodzić drobne zmiany w zwyczajach z inicjatywy indywidualnej, ale niepodobna przypuścić wprowadzenia dzięki nim zasadniczych zmian w organizacji społecznej. W szczegółach Frazer opiera swoją teorię na bardzo ubogim zasobie faktów, często tylko na domysłach. Na koniec niezależność totemizmu i egzogamii w środkowej Australii jest zjawiskiem całkiem wyjątkowym, należałoby więc przede wszystkim udowodnić, że wyjątek ten nie jest anomalią, zanim się na nim oprze całą teorię [46].

Tyle o metodach i teoriach prof. Frazera. Ażeby lepiej jeszcze oświetlić krytykę, którą zastosowaliśmy do jego poglądów, dobrze byłoby wskazać inne metody i sposoby ujęcia, które by można zastosować do materiału australijskiego, a także wskazać, jakie rezultaty można by na tej drodze osiągnąć. Przede wszystkim należy zaznaczyć, że celem nauki ścisłej jest nie tyle budowanie teorii i hipotez odnoszących się do jakichś dziedzin znajdujących się poza granicami doświadczenia, ile ścisły i dokładny opis faktów. Zainteresowanie badacza powinno się skupiać na zrozumieniu i wniknięciu w mechanizm i istotę zjawisk społecznych, tak jak obecnie istnieją i są dostępne obserwacji, nie zaś na tym, aby te zjawiska miały służyć za klucz do rozwiązywania zagadek przedhistorycznej przeszłości, o której doświadczalnie nic wiedzieć nie możemy. Hipotezy rozwojowe mają znaczenie i wartość, ale o tyle tylko, o ile nie podporządkowuje się im wszelkich innych form poznania. Ostatecznym celem wszelkiego badania naukowego są fakty, poznanie związków i zależności między nimi, a co za tym następuje, zdolność ścisłego i wszechstronnego opisu i ujęcia ich pod każdym względem. Wszystko to byłoby banalną prawdą dla badacza nauk przyrodniczych, ale w naukach socjologicznych interesujące, lecz nieścisłe pogadanki o początkach różnych instytucji społecznych

---

[46] Prof. É. Durkheim w swoim artykule *Sur le totémisme* podaje szereg przekonywających racji, które skłaniały do przypuszczenia, iż pierwotnie u plemion centralnych egzogamia była ściśle połączona z totemizmem.

i wierzeń należałoby nareszcie zastąpić mniej ponętnymi, ale bardziej ścisłymi poszukiwaniami praw socjologicznych. W jakim kierunku trzeba tych praw szukać i jak by się przedstawiały metody socjologii, o tym rozstrzygnąć mogą tylko badania specjalne. Filozofowanie metodologiczne bez podstawy w postaci faktów równie mija się z celem, jak bezkrytyczne zbieranie faktów i budowanie teorii, nieraz nieistotnych.

Aby więc konkretniej przedstawić te ogólne uwagi, objaśnimy je paru przykładami z dziedziny totemizmu australijskiego. Profesor Frazer w swym dziele podaje szczegółowy przegląd zjawisk totemicznych u wszystkich ludów, u których się one znajdują. Pierwszym zadaniem takiego opisu, jak to zauważyliśmy na wstępie, jest jak najwierniejsze oddanie cech charakterystycznych i specyficznych występujących u każdej osobnej grupy plemion. Chodzi o to mianowicie, aby w każdym pojedynczym wypadku uwypuklić te rysy, które w tym właśnie wypadku odgrywają istotną rolę. Widzimy więc, że stosownie do naszych ogólnych uwag powyżej wypowiedzianych badacz powinien się starać nie tylko o to, aby mu hipotetyczne teorie nie mieszały się z faktami, ale nadto, aby znajomość ogólnych cech totemizmu nie przysłaniała bardziej indywidualnych rysów u danego plemienia.

W podanym powyżej krótkim opisie faktów totemicznych występujących wśród plemion centralnych zostały uwypuklone istotne rysy totemizmu. Tak więc z jednej strony widzieliśmy, że istotną cechą wierzeń i wyobrażeń totemicznych jest cały szereg tradycji odnoszących się do przodków *alcheringa.* Z drugiej strony istotną cechą społeczną totemizmu jest to, że klan totemiczny służy głównie do celów kultu magicznego czy religijnego. Każdą jednostkę społeczną określa się funkcjami, jakie pełni w społeczeństwie; funkcje zaś klanu w Australii mają wyłącznie charakter religijny. Te dwa punkty, na które położyliśmy nacisk, zawierają w sobie odpowiedź na dwa zasadnicze pytania połączone z totemizmem, a mianowicie: jaki jest stosunek człowieka do jego totemu; jaki jest stosunek człowieka do jego klanu totemicznego. Jak jednak zaznaczaliśmy niejednokrotnie przy opisie faktów, odpowiedź na oba te pytania można uzyskać tylko przez szczegółowe nagromadzenie faktów odnoszących się do każdego z tych punktów, a ogólną formułę osiągnąć jedynie jako rezultat starannego badania szczegółów. Wszelkie ogólnikowe i aprioryczne określenia, jak na przykład, że stosunek człowieka do jego totemu lub klanu totemicznego jest stosunkiem braterstwa czy pokrewieństwa, są bezwartościowe. Podobne określenie musi się opierać na psychologii zbiorowej danego społeczeństwa. I tak, naszym zdaniem, należałoby tu powiedzieć, iż stosunek człowieka do totemu w Australii określa się 1) wiarą w reinkarnację; 2) wiarą w magiczną moc rozmnażania swego totemu. Każdy człowiek identyfikuje się do pewnego stopnia ze swoim przodkiem, ten zaś identyfikował się ze swym totemem o tyle, że żywił się nim, miał władzę wytwarzania go i przyjmowania jego kształtu. Wszystko to w pierwotnym umyśle Australijczyka przeobraża się w mglisty obraz identyczności, rozciągającej się na niego samego, jego przodków, totem i członków klanu.

Poza tym ogólnym problemem istnieje jeszcze wiele innych zagadnień, które mają na celu również tylko głębsze wniknięcie w zjawiska totemiczne. Jak każda instytucja społeczna, tak i totemizm jest połączony z wieloma zjawiskami społecznymi, a śledzenie tych związków i zależności, zwłaszcza u ludów pierwotnych, a więc mało zróżnicowanych, pozwala rozszerzyć nasze wyobrażenia co do tych zjawisk, a nawet odkryć nowe prawa socjologiczne. Widzieliśmy, że węzły łączące członków tego samego klanu są węzłami pewnego rodzaju powinowactwa; nasuwa się więc pytanie, jaki jest stosunek totemizmu australijskiego do rodziny i innych form organizacji rodowej. Tu widzimy, że przede wszystkim wyobrażenia totemiczne uniemożliwiają uznanie jakichkolwiek węzłów krwi pomiędzy ojcem i dzieckiem, ponieważ zasłaniają naturalny proces rozmnażania. Według tych wyobrażeń kobieta bywa zapłodniona duszyczkami totemicznymi *ratapa*, a z tego wypływają właśnie węzły łączności klanowej. Widzimy więc, że o ile pokrewieństwo z ojcem w innych społeczeństwach oparte jest na fakcie zapłodnienia, o tyle w środkowej Australii wytwarza tylko węzły klanu. Niemniej jednak indywidualny stosunek ojca do dziecka istnieje u tych plemion, ale oparty jest na zupełnie odmiennych wyobrażeniach niż w innych społeczeństwach. I tu wierzenia australijskie otwierają nowe horyzonty, niezmiernie doniosłe dla historii rodziny pierwotnej. Zagadnienia te porusza mimochodem i profesor Frazer w swoim dziele, ale ani on, ani nikt dotąd gruntownie kwestii tych nie opracował.

Jak widzieliśmy, główne funkcje klanu polegają na odbywaniu ceremonii kultu totemicznego, i tu więc można zapytać, czy ceremonie te należy zaliczyć do religijnych czy magicznych. Taka dyskusja zmusza przede wszystkim do postawienia ścisłej definicji tych dwóch pojęć, a tym samym do ściślejszej klasyfikacji i ujęcia faktów [47].

Totemizm pełni również funkcje ekonomiczne, bo jak widzieliśmy, każdy klan odbywając ceremonie *intichiuma*, pracuje nad pomnożeniem zapasów żywności dla całego plemienia. Jak dalece więc można uważać te ceremonie za czynności gospodarcze i czy w ten sposób nie dałoby się znów odkryć ciekawych zależności między zjawiskami ekonomicznymi a zjawiskami typu religijno-magicznego? W tym celu należy zaznaczyć, że ceremonie *intichiuma* przedstawiają jedyny w Australii przykład systematycznej, regularnej, świadomej celu pracy społecznej skierowanej ku pomnożeniu żywności, a więc ku celom ekonomicznym. Odbywają się one w porze roku, kiedy po długiej i uporczywej suszy mają nastąpić deszcze, a jeżeli ulewy się rozpoczną, cała postać ziemi jak pod dotknięciem różdżki magicznej zmienia się na krótki czas ze skalistej i piaszczystej pustyni w bujną i urodzajną krainę. W takiej krytycznej chwili każdy klan pod przewodnictwem swego *alatunia*, czyli kierownika totemicznego, odbywa te ceremonie, które w nadnaturalny sposób mają zmusić całą naturę, deszcze, rośliny i zwierzęta do osiągnięcia jak największej bujności i wydajności. Ze wszystkich szczegółów ceremonii widać jasno, że cel ten

---

[47] Dyskusja taka została już przeprowadzona, a wynikiem jej jest wiele cennych prac. Przede wszystkim wymienić tu należy traktat pp. H. Huberta i M. Maussa *Esquisse d'une theorie generale de la magie* („L'Année Sociologique" [1902/1903], t. 7), por. też: É. Durkheim, *Sur la définition des phénomènes religieux*, „L'Année Sociologique" [1897/1898], t. 2; J. G. Frazer *The Golden Bough*.

stoi wyraźnie przed oczyma dzikich. Przy tych ceremoniach rozwijają oni niezwykły dla nich zapas pracy i trudu. Przygotowania zabierają im zwykle parę dni, a podczas wykonywania pracy często poszczą i upuszczają nieraz wielkie ilości krwi, która odgrywa poważną rolę magiczną i służy im poza tym do przygotowania placu i przylepiania puchu i piór, którymi się stroją. Przy tym należy pamiętać, że Australijczycy nie znają żadnej innej pracy zbiorowej, bo nawet polują pojedynczo lub w małych grupach złożonych z dwóch lub trzech ludzi. Widzimy więc, że w środkowej Australii jedyna forma zbiorowej ekonomicznej pracy odbywa się pod wpływem religijno-magicznych wyobrażeń. Wpływ tych wyobrażeń na kształtowanie niektórych właściwości gospodarczych w nie zróżnicowanych społeczeństwach już nieraz był stwierdzany; zwłaszcza idee w rodzaju *tabu* (czegoś, co jest nietykalne, święte i niebezpieczne) u wielu ludów (zwłaszcza melanezyjskich i polinezyjskich) stanowią podstawę ochrony zwierząt i roślin, składania zapasów żywności i zaoszczędzania ich na przyszłość. Przy ceremoniach *intichiuma* w Australii wyobrażenia religijno-magiczne organizują w społeczeństwie pracę zbiorową i świadomą celu.

Wszystkich poruszonych tu zagadnień naturalnie rozwijać nie możemy. Zaznaczyliśmy je jedynie w tym celu, aby wykazać, że poza naiwnie postawionym problemem ewolucji jest jeszcze cały szereg zagadnień socjologicznych, które mają pewniejsze podstawy, a których teoretyczna doniosłość nie jest mniejsza.

Po dopełnieniu przeglądu totemizmu i w innych częściach świata na podstawie dzieła Frazera będziemy mogli ocenić krytycznie również ogólne jego teorie odnoszące się do totemizmu, a wypowiedziane w tomie czwartym.

II

Totemizm australijski, o którym poprzednio była mowa, musiał zająć nieco dłużej naszą uwagę, przede wszystkim dlatego, że zjawiska totemiczne w Australii przedstawiają istotnie typ ciekawy i rozwinięty, dają więc pole do wielu ogólnych uwag i spostrzeżeń; a także i dlatego, że Frazer poświęca im wyjątkowe miejsce w swym dziele zarówno w systematycznym przeglądzie, jak i w teoretycznym opracowaniu tychże zjawisk. Obecnie, trzymając się porządku, w jakim profesor Frazer opisuje różne ludy, pobieżniej już przejrzymy fakty totemiczne w innych częściach świata.

Jak powyżej zaznaczyliśmy, przegląd Frazera jest bardzo chaotyczny. Przy każdym ludzie lub plemieniu, o którym wspomina, podaje mnóstwo ogólnych opisów, jak warunki geograficzne, zarysy kultury materialnej, organizacji społecznej i politycznej danego ludu, wyczerpująco zaś omawia zwłaszcza szczegóły organizacji rodowej i pokrewieństwa.

Organizacją rodową i pokrewieństwem musi się Frazer obszerniej zajmować, gdyż znajomość tych faktów jest konieczna jako tło do opisu zjawisk egzogamii będącej drugim przedmiotem jego traktatu. Same jednak fakty totemiczne, które nas przede wszystkim zajmują, giną w powodzi innych szczegółów, tak iż trudno jest je wydobyć i powiązać w jakąś organiczną całość. Autor nie zbiera ich w sposób systematyczny, nie grupuje według żadnego schematu, nie poddaje ściślejszej analizie, porównaniu lub zestawieniu z innymi faktami.

Dla łatwiejszej orientacji w zjawiskach totemicznych utworzymy prowizoryczny schemat, który można będzie już skonstruować na podstawie faktów australijskich wyjątkowo pełnych i przedstawiających prawie wszystkie cechy totemizmu.

Jak zaznaczyliśmy poprzednio, totemizm jest zbiorem wierzeń stojących w ściślejszym związku z organizacją społeczną, można więc rozróżnić w totemizmie stronę wierzeniową i stronę społeczną. Do pierwszej należą wierzenia, legendy i obrzędy kultu totemicznego, rozważane ze względu na treść, czyli na wyobrażenia, które w nich są zawarte; druga zaś strona, społeczna, określa się formą organizacji klanu totemicznego i wszystkimi funkcjami społecznymi, jakie on pełni. Mówiąc mniej ściśle, stronę wierzeniową określa stosunek człowieka do totemu, społeczną zaś wzajemny stosunek członków klanu względem siebie oraz wzajemny stosunek klanów jako jednostek społecznych [48].

Oczywiście organizacja kultu i wpływ społeczny wierzeń należą do drugiej kategorii cech totemizmu, gdyż w religijnych objawach totemizmu trzeba odróżnić treść wierzeń, należącą do pierwszej części naszego schematu, od formy funkcji społecznych, w której się te wierzenia uzewnętrzniają [49]. Obie te strony, tam gdzie występują równocześnie, na przykład w Australii, są ze sobą organicznie związane. Tradycja totemiczna jest podstawą organizacji klanu, a funkcje społeczne w znacznej mierze ograniczają się do kultu religijnego, są więc związane z systemem wyobrażeń tradycyjnych. Niemniej jednak te dwie strony, te dwa profile tego samego zjawiska są od siebie niezależne, mogą istnieć jedna bez drugiej lub są tak nierównomiernie rozwinięte, iż bezwzględnie na pierwszy plan wysuwa się charakter totemizmu raz jako systemu wierzeń czy wyobrażeń nie mających prawie wpływu na organizację społeczną, raz znów jako czystej formy ustroju społecznego.

Na północ od Australii, a na południe i wschód od Nowej Gwinei ciągnie się archipelag małych wysp położonych w Cieśninie Torresa i zwanych właśnie wyspami Cieśniny Torresa [50]. Ludność tych wysepek stanowi pod względem antropologicznym przejście od Australijczyków do Papuasów, ich kultura jest znacznie wyższa od australijskiej, a że kultura i ustrój społeczny zostały dokładnie zbadane, więc i wyspy są szczególnie interesujące dla etnologii [51].

---

[48] Por. pierwszą część tego artykułu, s. 13 - 14. Problem ścisłej definicji totemizmu będzie jeszcze omawiany poniżej.

[49] Schemat tu zaznaczony nie pokrywa się z podziałem zjawisk totemicznych na religijne i społeczne, tak jak go Frazer przeprowadził w pierwszym swoim studium o totemizmie. Religia jest zarówno formą organizacji społecznej, jak i zbiorem wierzeń i wyobrażeń, dlatego nie można przeciwstawiać zjawisk religijnych zjawiskom społecznym, gdyż te pierwsze właśnie zawierają w sobie zarówno zjawiska społeczne, jak i wierzenia danego ludu.

[50] O totemizmie na wyspach Cieśniny Torresa pisze J. G. Frazer na s. 1 - 24 drugiego tomu *Totemism and Exogamy*.

[51] Etnologia zmuszona jest, niestety, w badaniach swych stosować się nie tylko do czysto rzeczowej wartości danego ludu czy plemienia dla danej

Na wyspach położonych w części zachodniej totemizm jest wyraźnie zarysowany. Na każdej wysepce istnieje po parę klanów totemicznych, a członkowie każdego klanu mają po kilka (aż do siedmiu) totemów; zawsze jednak jeden z nich jest totemem głównym [52]. Klany są przywiązane do danej miejscowości, tak iż członkowie każdego klanu zamieszkują pewien obszar ziemi; są też egzogamiczne; totem dziedziczy się w linii męskiej, to znaczy, że dziecko należy zawsze do klanu ojca. Klany dzielą się na dwie części, z których jedna ma za totemy zwierzęta lądowe, druga zaś morskie. Pomiędzy członkami każdego klanu istnieje ścisła solidarność i przyjaźń, a prawo gościnności obowiązuje nie tylko członków zamieszkujących tę samą miejscowość, ale także przybywających z innej wyspy, gdyż jeden i ten sam klan może istnieć na kilku wysepkach. Podział na klany, charakterystyka funkcji społecznych klanu, egzogamia, obowiązki gościnności stanowiące o lokalnym charakterze klanu odnoszą się do społecznej strony totemizmu.

Co do strony wierzeniowej, to jest co do wierzeń i wyobrażeń, które określają stosunek człowieka do jego totemu, etnologowie z Cambridge znaleźli potwierdzenie ogólnego spostrzeżenia, że istnieje silnie odczute i głęboko zakorzenione przekonanie o mistycznym powinowactwie między człowiekiem a jego totemem. Zda-

---

kwestii, ale i do jakości zebranego materiału. Często ludy, których znajomość z wszelkim prawdopodobieństwem rzuciłaby najwięcej światła na niektóre podstawowe zagadnienia wiedzy o człowieku, zginęły lub zwyrodniały, zanim powierzchownie nawet zrobiono nad nimi spostrzeżenia. Te ludy, które zostały dobrze opracowane, choć nawet może mniej ciekawe, zawsze będą musiały odgrywać nieproporcjonalną rolę w etnografii, co jest zresztą jednym z jej zasadniczych kalectw. Wyspy Cieśniny Torresa zostały zbadane przez uczonych etnologów uniwersytetu w Cambridge, przy czym wielka wartość ich dzieła może posłużyć za dowód, jak płodny jest przyrodniczy sposób myślenia w zastosowaniu do zagadnień i obserwacji z dziedziny kultury ludzkiej.

52 Ponieważ organizacja totemiczna tych plemion znajduje się w częściowym upadku, należałoby właściwie mówić o niektórych szczegółach w czasie przeszłym, o innych w czasie teraźniejszym. Dla wygody i uproszczenia używamy z tym zastrzeżeniem wszędzie czasu teraźniejszego.

nie: „*Agud* (totem) — to samo, co krewny; należy do rodziny" było często powtarzane przez krajowców, gdy była mowa o totemizmie. Ta nieomal identyfikacja człowieka z totemem jest przedmiotem silnej, ogólej wiary. Członkowie klanu czują w sobie, a zarazem i wmawiają w siebie to pokrewieństwo do tego stopnia, iż klany mające za totem zwierzę dzikie i drapieżne, na przykład rekina, krokodyla lub węża, uchodzą za dzikie i wojownicze, łagodne natomiast są te klany, których patronem jest zwierzę nieszkodliwe. Krajowcy starają się też i zewnętrznie upodabniać i łączyć węzłem mistycznym ze swym totemem. Niektórzy noszą na sobie jakąś część swego totemu, na przykład pióra lub zęby, inni wypalają, tatuują lub wycinają sobie na skórze podobizny lub symbole swego totemu. Powinowactwo i łączność z totemem wyrażają się także i w tym, że krajowcy w miarę możności nie zabijają i nie jedzą swoich totemów, gdy zaś widzą, jak ktoś inny je zabija, „martwią się tym". Do kultu jednak zwierząt totemicznych z małymi wyjątkami nigdzie nie dochodzi. Doktor Alfred C. Haddon, który specjalnie zajmował się badaniem wierzeń krajowców, wyraźnie zaznacza, że totemy nie były obiektami żadnego kultu religijnego. Zwierzęta należące do rodzaju totemicznego danego klanu były otaczane pewną czcią i opieką ze strony członków swego klanu, ale był to raczej stosunek rodzinnej sympatii i przyjaźni niż religijnej czci. Tylko na jednej z wysp zaobserwowano wobec dwóch zwierząt totemicznych ceremonie podobne do wyżej opisanych ceremonii *intichiuma* w środkowej Australii. Każdego roku w czasie, gdy się rozpoczyna połów na żółwie, mężowie klanu żółwia odprawiają obrządki magiczne, których celem jest zwiększenie płodności żółwi. Ceremonia ta, dość prosta w wykonaniu, nie była otoczona żadną tajemnicą, niemniej jednak obecni przy niej mogą być jedynie mężowie klanu żółwia. Podobne obrzędy odbywają też mężowie klanu diugonia celem zmuszenia tej ryby, aby w wielkiej ilości płynęła ku wyspie. Ceremonie te treścią swą przedstawiają wyobrażenie związku człowieka z totemem. Jako akty publicznego i regularnego kultu są niewątpliwie funkcjami religijnymi odpowiednich klanów.

Właściwy kult religijny mieszkańców tych wysp skierowany jest ku czci bohaterów czy bogów, którzy mają jednak w sobie coś z charakteru zwierzęcego. Na wyspie Yam istnieje świątynia dwóch takich bohaterów, dwóch braci, z których jeden ma w sobie coś z natury krokodyla, drugi zaś jest w części rekinem. W świątyni tej odbywają się corocznie uroczyste tańce wykonywane przez mężów klanów krokodyla i rekina, a uczestnicy tańców mają zapewnione zwycięstwo w walkach. Na innej wyspie (Mabuiag) przez wszystkie klany czczony jest bohater Kwaian, który nie ma w sobie wyraźnych rysów zwierzęcych.

Z podanego tu w skrócie opisu totemizmu na wyspach Cieśniny Torresa widać od razu, że istnieje wiele analogii między totemizmem plemion środkowej i północnej Australii. I tu, i tam klany totemiczne mają charakter lokalny, w podobny sposób identyfikują się ze swym totemem, okazują mu pewną życzliwość i szacunek i w zasadzie wstrzymują się od niszczenia go i spożywania. Na wyspach Cieśniny Torresa klany są egzogamiczne, tak jak i u plemion północnej Australii, ale nie u plemion środkowej Australii. Najciekawszą być może analogią jest istnienie na obu tych obszarach etnograficznych obrzędów magicznych wykonywanych przez członków odpowiedniego klanu, których celem jest pomnożenie, wzmocnienie bądź też przynęcenie totemu (zwierzęcia, rośliny, w niektórych wypadkach nawet przedmiotu).

Poza wspólnymi rysami można się też dopatrzeć różnic w totemizmie australijskim i mieszkańców wysp Cieśniny Torresa, choćby już z tego powodu, że ci ostatni stoją na znacznie wyższym stopniu kultury [53]. Ludy środkowej Australii mają bogato rozwinięty system tradycji plemiennych mających doniosłe znaczenie dla ich ustroju społecznego. Na tych tradycjach opiera się organizacja grupy lokalnej i rozliczne jej funkcje, przeważnie natury religij-

---

[53] Różnica kultury między mieszkańcami wysp Cieśniny Torresa a Australijczykami jest tak wyraźna i opiera się na tak niezaprzeczonych kryteriach, że nie ma mowy tutaj o trudnościach porównania, jakie się nasuwają przy porównaniu kultury różnych plemion australijskich.

nej. Tradycje te również określają stosunek człowieka do jego totemu (wiara, że każdy jest wcieleniem protoplasty totemicznego). Tak rozwiniętych tradycji totemicznych nie mają wyspiarze z Cieśniny Torresa. Jakkolwiek doktor Haddon zebrał wielką liczbę bajek, opowiadań i tradycji, znamy tylko kilka legend o charakterze właściwego mitu z wyspy Yam i z wyspy Mabuiag, o czym powyżej wspominaliśmy mówiąc o kulcie bohaterów. Legendy australijskie i wysp Cieśniny Torresa wykazują pewne analogie, lecz te ostatnie są mnie rozwinięte, a odpowiadają wyższemu poziomowi rozwoju umysłowego. Tu i tam legendy odnoszą się do bohaterów-reformatorów (typ nazwany po niemiecku *Kultur-Heroen*), których się czci i szanuje, a w Australii nawet opiewa i przedstawia ich dzieje. Frazer widzi zasadniczą różnicę między kultem bohaterskich przodków na wyspach Cieśniny Torresa a australijskim kultem totemicznym w tym, że pierwszy jest kultem religijnym, drugi zaś magicznym. Ten pogląd jednakże nie ma wartości, gdyż oparty jest na bardzo powierzchownym i nieistotnym rozróżnieniu zjawisk religijnych i magicznych [54]. Jeszcze ważniejszą różnicą jest to, że totemiczny, czyli zwierzęcy charakter herosów z wysp Cieśniny Torresa jest bardzo mało wyraźny, a bohater Kwaian nie ma w sobie nic prawie ze zwierzęcia, cześć zaś jego nie jest wyłączną własnością żadnego klanu. W Australii kult totemiczny nieporównanie głębiej sięga w treść życia społecznego i łączy się ze znacznie większą liczbą zjawisk społecznych, jest więc dla socjologii ważniejszy. Obok tego jest on zależny od tradycji plemiennych i na nich się opiera, a bohaterowie są zawsze przodkami totemicznymi, od których pochodzi cały klan. Ci przodkowie *alcheringa* mają niekiedy podwójny charakter, bohaterów-reformatorów i protoplastów klanu. Dzieje ich wywierają wpływ na obrzędy australijskie, szczególnie na inicjacje młodzieży męskiej, oraz na ceremonie *intichiuma* ściśle związane z odpowiednimi mitami. Bohaterowie wysp Cieśniny Torresa nie mają charak-

---

[54] Por. niżej, s. 58 - 60, szersze omówienie tego przedmiotu.

teru rodowego, nie są niczym związani z klanem, a część ich nie jest oparta na żadnych tradycjach totemicznych; tym się też zasadniczo różnią od bohaterów australijskich. Łączność klanu australijskiego, tak silnie zaznaczona w tradycjach kultu totemicznego, słabo tylko występuje w kulcie wyspiarzy. Zarówno pod względem ilościowym, jak i pod względem treści i znaczenia społecznego system legend australijskich jest czymś zasadniczo odmiennym od podań wyspiarzy. W samej też rzeczy tak silnie rozwiniętego i mającego tak doniosły wpływ społeczny systemu legend totemicznych nie spotykamy u innych ludów totemicznych poza Australią.

Profesor Frazer w swoim opisie wysp Cieśniny Torresa nie omawia wcale poruszonych tu zagadnień porównawczych. Podaje po prostu streszczony opis faktów i robi jedyną uwagę, że ceremonie magiczne żółwia i diugonia odpowiadają ceremoniom *intichiuma* w Australii, nie analizując zresztą, jak daleko sięga analogia. Główne stanowisko zajęte przez Frazera ogranicza się do ogólnej uwagi, że kult bohaterów z wysp Yam i Mabuiag jest formą przejściową między kultem magicznym, jakim być musi wedle Frazera każdy kult totemiczny, a kultem religijnym. Czy słuszne jest takie stanowisko, pobieżnie zresztą tylko przez autora zaznaczone, pokaże się z poniżej przeprowadzonej analizy Frazerowskiego pojmowania religii i magii.

Kultura olbrzymiej wyspy Nowa Gwinea sąsiadującej z archipelagiem Cieśniny Torresa jest podobna do tej, jaką na tym ostatnim znajdujemy [55]. Zachodnia część Nowej Gwinei zamieszkana jest przez Papuasów, wschodnia przez plemiona melanezyjskie,

---

[55] Opis totemizmu [na] Nowej Gwinei znajduje się w książce J. G. Frazera *Totemism and Exogamy*, t. 2, s. 25 - 62. Najnowsze i najdokładniejsze wiadomości o angielskiej i holenderskiej Nowej Gwinei zawiera dzieło angielskiego etnologa, dr. C. G. Seligmana *The Melanesians of British New Guinea* [Cambridge 1910]

Wiadomości o plemionach pigmejskich przywieźli członkowie angielskiej wyprawy naukowej, por. „Reports of the British Association for the Advancement of Science. Section H — Anthropology", Portsmouth Meeting 1910.

środek zaś jest górzysty i mało znany i w jednej tylko jego części niedawno odkryto plemiona pigmejskie. Na Nowej Gwinei niewątpliwie istnieje totemizm, ale tak mało znana jest etnologia plemion gwinejskich, że nie mamy jasnego i dokładnego obrazu totemizmu w żadnym z nich. Ludność okręgów nadmorskich podzielona jest na klany totemiczne. Każdy klan zamieszkuje wspólnie (ale tylko sam, z wyłączeniem wszystkich do klanu nie należących) długie domy komunalne, rodzaj pierwotnych falansterów. Ten zwyczaj nadaje klanowi niezmiernej spoistości, zamienia go w rodzaj rodziny rozszerzonej, w jedną organiczną całość i odróżnia zupełnie od tych ludów, w których członkowie jednego klanu, rozproszeni po całym plemieniu, jedność swą zaznaczają tylko przy specjalnych funkcjach i w wyjątkowych okolicznościach. W miejscowości Mawatta każdy klan posiada jeden główny totem, zwykle zwierzę, i jeden lub dwa totemy poboczne, roślinne. Tabu totemiczne jest bardzo ściśle przestrzegane i między krajowcami zdarzają się nieraz sprzeczki i walki, jeżeli ktoś zabije totem drugiego. Nie wolno zabijać i spożywać zwierząt totemicznych, nie wolno z drzew i roślin totemicznych budować domów, pleść mat, robić naczyń lub jeść ich owoców. W miejscowości Mawatta jest osiemnaście totemów zwierzęcych i dziesięć roślinnych, w Kiwai zaś, gdzie ludność zajmuje się przeważnie rolnictwem, cztery zwierzęce i dziesięć roślinnych. W ogóle mamy mało wiadomości o totemizmie plemion Nowej Gwinei, a żadnych szczegółów o ich wyobrażeniach, o stosunku człowieka do zwierząt; stosunek ten znamy tylko z zakazów totemicznych i z przywiązania człowieka do totemu, a więc tylko z symptomów zewnętrznych.

Łańcuch wysp ciągnący się wielkim łukiem od północno-wschodnich krańców Nowej Gwinei aż ku Nowej Zelandii, zamieszkany przez ludność tworzącą antropologicznie i kulturalnie dość jednolitą całość, zwany jest ze względu na ciemną karnację mieszkańców Melanezją. Frazer dzieli cały ten wielki archipelag na cztery grupy, z których każda ma odmienną formę totemiczną. Najciekawsze i najważniejsze zjawiska spotykamy w grupie południowej, przeważnie na archipelagu Santa Cruz i na Wyspach Banksa [56]

Na wyspach Reef, należących do archipelagu Santa Cruz, ludność podzielona jest na osiem egzogamicznych klanów, a w każdym z nich jedno lub kilka zwierząt czy przedmiotów jest tabu, to znaczy zabronione; każdy też klan ma swoją specjalną nazwę. Zwierzę tabu jest zwykle zwierzęciem morskim, jadalnym, takim jak żółw, węgorz i różne ryby. Ciekawe jest, że jeden z klanów przestrzega tabu żółwia tylko w czasie panowania jakiejkolwiek zarazy. Mieszkańcy wysp Reef mają jakąś niejasną wiarę w pochodzenie od zakazanych zwierząt.

Na wyspach tych, jak w ogóle w Melanezji, kwitną stowarzyszenia klubowe, a każdy klan totemiczny posiada wspólne męskie domy klubowe. Obserwacje co do totemizmu na wyspach Reef prowadzone przez doktora Riversa stosują się prawdopodobnie i do całego archipelagu Santa Cruz.

Na wyspie Vanicolo, leżącej na południe od Santa Cruz, jest dziesięć klanów noszących nazwy swych totemów. Sześć spomiędzy totemów to ryby morskie, których członkom klanu jeść nie wolno; jeden jest trawą, po której nie wolno chodzić. Inne są wodą, której z pewnych źródeł pić nie wolno; rodzajem naczynia, w którym gotowanego pokarmu jeść nie wolno, i ogniem, który nie jest tabu. Wszyscy wyprowadzają swe pochodzenie od swego totemu, a więc ci, którzy należą do klanów ryb od ryb, członkowie klanu ognia od ognia, prawdopodobnie wulkanicznego, inni od wody, a ci, którzy mają za totem garnek, twierdzą, iż pochodzą od dziecka, które w takim właśnie garnku niegdyś na wyspę przypłynęło. Na wyspie Efate istnieje dziesięć czy nawet więcej klanów egzogamicznych. Osiem z nich jest roślinnych, a dwa zwierzęce, wszystkie zaś totemy są jadalne, ale czy się do nich stosuje jakieś tabu, tego nie sprawdzono.

Dla totemizmu w ogóle, zwłaszcza zaś dla takiego, jak go pojmuje Frazer, niezmiernie ważne i ciekawe są spostrzeżenia dokonane przez doktora Riversa na niektórych wyspach archipelagu

---

[56] Opis Melanezji i tamtejszego totemizmu znajduje się w książce J. G. Frazera *Totemism and Exogamy*, t. 2, s. 63 - 150.

Banksa. Na wyspie Mota istnieją ludzie, którym nie wolno jeść pewnych zwierząt lub owoców albo dotykać pewnych drzew. Powodem pojawienia się takich izolowanych tabu jest wiara, że dana osoba jest identyczna, a przynajmniej blisko spokrewniona z pewnym zwierzęciem czy rośliną, ponieważ te istoty wywarły na jej matkę, gdy ta była w ciąży, bardzo silny wpływ. Zazwyczaj rzecz dzieje się w ten sposób, że kobieta chodząc po lesie lub nad morzem, spostrzega na sobie, w fałdach ubrania, jakąś roślinę lub zwierzątko, zabiera je więc ze sobą, lecz po pewnym czasie istotka owa znika, co znaczy, że weszła w wybraną przez siebie kobietę. Doktor Rivers twierdzi, że nie jest to wiara w fizyczne zapłodnienie ani też wyobrażenie, że zwierzę weszło w kobietę w swej materialnej postaci; takie zwierzątko jest czymś nadprzyrodzonym, jest to duch zwierzęcy, *spirit animal*, który w sposób nadprzyrodzony wcielił się w kobietę. Zazwyczaj kobieta oddaje później rodzaj czci domowej temu zwierzęciu i buduje mu kapliczkę z kamienia.

Fakty takie, jak wyżej opisany, nie zdarzają się zbyt często, ale zawsze stanowią mieszaninę autosugestii, rzeczywistości i tradycji, to jest taką mieszaninę, jaka jest podstawą wszystkich wierzeń ludowych. Gdy dr Rivers badał wyspę Mota, świeże było w pamięci ludzkiej następujące zdarzenie: pewna kobieta znalazła na sobie zwierzątko, zabrała je więc, aby pokazać we wsi, ale gdy otworzyła ręce, zwierzęcia nie było; zdążyło więc wejść w nią podczas krótkiej drogi.

Pomimo tych wierzeń fizjologiczna rola ojca względem dziecka jest dobrze znana i ludność wie, iż nawet przy takich nadprzyrodzonych wcieleniach współudział ojca jest również konieczny, jak i w tych razach, gdy dziecko przychodzi na świat nie wzbudzając swą osobą zainteresowania u żadnego ducha zwierzęcego. Dziecku związanemu ze zwierzęciem lub rośliną nie wolno pod karą śmierci jeść tego zwierzęcia czy owocu ani dotykać drzewa czy rośliny. Jako psychiczny motyw tych zakazów dr Rivers skonstatował wstręt do jedzenia czegoś, co jest tym samym, co spożywający, co byłoby więc rodzajem kanibalizmu. Z tego widać wyraźnie, że człowiek w tym wypadku identyfikuje się z owym zwierzem czy rośliną. Ten sam zasadniczy pogląd przebija się i w wierze, iż każdy człowiek otrzymuje pewne psychiczne właściwości od swego patrona, zwierzęcia lub rośliny. Następujące zwierzęta wywołują podane poniżej cechy u osób z sobą związanych: wąż morski i węgorz — powolność, słabość i brak energii; krab pustelnik — gwałtowność temperamentu; jaszczurka — łagodność i delikatność; indyk — dobroć; dzikie malajskie jabłko — wielkie brzuchy; a owoc *womara-kuraquat* — łagodne, dobre usposobienie. Kobiety pragnące mieć dziecko o pewnym charakterze chodzą na miejsce, gdzie mogą spotkać zwierzę o usposobieniu, jakiego sobie życzą dla potomstwa.

Wierzenia te, odnoszące się do niektórych tylko osobników, określają stosunek człowieka do zwierzęcia czy rośliny w dwóch zasadniczych punktach: tabu i podobieństwa. Nie są one też dziedziczne.

Przy porównaniu tych wierzeń z analogicznymi wierzeniami innych ludów uderza nas wielkie podobieństwo między faktami opisanymi na Wyspach Banksa a znanymi w Australii, które są jednak znacznie mniej proste. Australijskie pojęcie ducha dziecka (*spirit child*), który wchodzi w kobietę, aby ją zapłodnić, jest bardzo skomplikowane i nie całkiem jasne. Poza tym łańcuch, który łączy człowieka ze zwierzęciem, jest dłuższy, bo w Melanezji zwierzę samo wprost łączy się z kobietą, tu zaś duch dziecka jest pozostawiony przez przodków *alcheringa*, którzy byli pół ludźmi i pół zwierzętami; w łańcuchu więc między człowiekiem a zwierzęciem jest parę ogniw. Ale i pod względem społecznym różnica tych dwóch rodzajów faktów jest wielka, bo jedne odgrywają rolę w życiu tylko niektórych osobników, lecz nie stanowią podstawy żadnej organizacji społecznej, nie określają wzajemnych stosunków członków żadnej grupy; drugie zaś przenikają całą organizację społeczną i są podwaliną całego ustroju.

Doktor Rivers wypowiada pogląd, że gdyby na Wyspach Banksa totem uzyskany w sposób, o którym mówiliśmy powyżej, był dziedziczny, powstałby tam totemizm. Uczony ten w ten sposób omija podstawowe zagadnienie dotyczące rozwoju: w jaki sposób z wierzeń odnoszących się do pojedynczych osobników powstają wierzenia będące podstawą organizacji grup. Totemizm taki, jaki spotykamy w Australii, nie jest tym samym, co wiara mieszkańców Wysp Banksa w połączeniu z zasadą dziedziczności. Różnica polega nie tylko na tym, że w jednej z tych miejscowości wierzenia odnoszą się do pojedynczych osób, w drugiej zaś do całych grup. Zasadnicza różnica polega na tym, że w Australii totemizm jest formą organizacji społecznej mającej swoje dogmaty, a więc wierzenia przenikające całkowicie tę organizację, podczas gdy na Wyspach Banksa nie ma żadnej organizacji, wierzenia więc są z socjologicznego i psychologicznego punktu widzenia czymś całkowicie odmiennym. Chodzi tu o podstawowe rozróżnienie socjologiczne. Z jednej strony mamy system dogmatyki mitologicznej będącej podstawą nader doniosłej i skomplikowanej organizacji społecznej, z drugiej mamy wierzenia określające pewne strony postępowania niektórych osób w stosunku do danego zwierzęcia czy rośliny, a więc wierzenia, które nawet nie mają cechy powszechności, czyli że nie mogą być uważane za część etyki społecznej. Fałszywe jest więc przypuszczenie, iż wprowadzając dziedziczność do łączenia się zwierząt z ludźmi w Melanezji, stworzyłoby się tam totemizm całkowity. Odnosząc pojęcia i wierzenia autochtonów do naszego schematu, można powiedzieć, że na Wyspach Banksa istnieje strona wierzeniowa totemizmu. Równocześnie jednak widzimy, że same wierzenia różnią się tak dalece pod względem socjologicznym od wierzeń połączonych z organizacją społeczną, że z korzyścią teoretyczną możemy ograniczyć pojęcie totemizmu do tego drugiego stanu rzeczy i powiedzieć, że w wypadkach dopiero co opisanych totemizmu nie ma.

Frazer całej tej dyskusji nie przeprowadza, a wierzenia, o których mowa, uważa za totemizm. Do zrozumienia psychologicznej podstawy wierzeń totemicznych ważny jest jeszcze fakt, któremu znakomity etnograf badający Melanezję, biskup Codrington, przypisuje bardzo ogólne i doniosłe znaczenie. Chodzi tu niejako o odwrócenie wierzeń totemicznych, o typ wierzeń bardzo zresztą szeroko rozpowszechnionych na ziemi, o to, co nazywamy „metampsychozą". Mieszkańcy południowych grup wysp melanezyjskich wierzą, że dusze wielkich wodzów i naczelników plemion przechodzą po śmierci w jakąś roślinę czy zwierzę. Gatunek takich zwierząt czy roślin staje się wtedy *buto* dla pewnej miejscowości czy plemienia i jest dla nich tabu. Związek między grupą osób a gatunkiem tych istot oparty jest więc nie na wierzeniu w to, iż zwierzę wcieliło się w człowieka, ale odwrotnie, na przekonaniu, iż dusza ludzka przeszła w zwierzę lub roślinę. Wierzenia takie nie są oparte na zdarzeniach mitycznych i metampsychozie przodków, nie są więc tylko legendą, przeciwnie, są one rzeczywistością, która się zdarzała i zdarza, a na wyspie Florida w świeżej pamięci ludności jest wypadek przejścia duszy potężnego naczelnika w drzewko bananowe. Przekonanie mieszkańców o tym fakcie opiera się na tym, że ów wódz umierając przepowiedział powrót swej duszy i wcielenie jej w drzewko bananu.

Na Archipelagu Salomona jest sześć klanów egzogamicznych, z których każdy ma jeden lub więcej przedmiotów tabu; nie wolno ich zatem ani jeść, ani dotykać. Te istoty zakazane pozostają w bliskim związku z przodkami klanu, panuje tu bowiem ogólne w Melanezji przekonanie, dopiero co wzmiankowane, że człowiek znakomity zmienia się w zwierzę lub roślinę, dzięki czemu stają się one tabu dla potomków.

Północna Melanezja, którą Niemcy nazywają obecnie Archipelagiem Bismarcka, składa się z dwóch wielkich wysp: Nowej Brytanii i Nowej Irlandii i z małej Wyspy Księcia Yorku. W każdym z kilku plemion tych wysp ludność dzieli się na dwie sekcje czy klany egzogamiczne. Każda para tych sekcji czy klanów ma swoich patronów, a ci zależnie od plemienia są albo dwoma owadami, albo dwoma ptakami, albo dwiema istotami mitycznymi. Jedna z tych istot jest uosobieniem dobra, druga zaś zła. Członkowie klanu okazują swoim patronom wiele czci i wszystko, co istnieje w naturze, jest podporządkowane tym dwóm istotom i poklasyfikowane według ich cech. Członków klanu łączy silne poczucie solidarności, tak że nawet w walkach dwóch plemion członkowie tej samej sekcji unikają się wzajemnie. Podział plemion na dwie wielkie grupy egzogamiczne jest bardzo rozpowszechniony na całym świecie. Ma on zupełnie odmienny charakter socjologiczny niż podział na wielość klanów tego typu, jak klany totemiczne środkowej Australii czy na wyspach Cieśniny Torresa.

Z funkcji społecznych klanu totemicznego pozostała w pierwszym przypadku tylko egzogamia jako jedyna i najważniejsza cecha sekcji. Stosunek takiej sekcji do jej zwierzęcia-patrona jest bardzo niejasny i brak w nim podstawowych cech totemizmu, to jest tabu odnoszącego się do patrona. Nie ma też wierzeń o łączności człowieka z totemem. Być może zresztą, że brak nam tylko informacji dotyczących tych faktów, lecz w ogóle totemizm fratrii (to znaczy dwóch sekcji czy klanów, na które całe plemię jest podzielone) wydaje się formą mniej wyraźną, w której związek klanu z totemem jest tylko słabo zaznaczony.

Na mniejszych archipelagach północnej Melanezji (Wyspy Admiralicji, wyspy Tang i Aneri) istnieją klany z totemami czy patronami, przeważnie zwierzęcymi, które na wyspach Tang i Aneri nie są tabu. Na Wyspach Admiralicji panuje tak ścisła solidarność między członkami klanu, że nie walczą ze sobą, a nawet nie okradają się nawzajem.

Melanezyjczyków znacznie przewyższają pod względem rozwoju kultury mieszkańcy Polinezji, małych wysp rozrzuconych w kilku archipelagach po środkowym Oceanie Spokojnym. Ci wyspiarze, zagubieni wśród olbrzymich obszarów otaczającego ich morza, rozwinęli do bardzo wysokiego poziomu niektóre strony życia społecznego i niektóre działy kultury, zwłaszcza zaś sztukę [57].

Na prawie wszystkich archipelagach spotyka się wierzenia i urządzenia wykazujące pewne podobieństwo do totemizmu, najwyraźniej jednak spotykamy to na wyspach Samoa, gdzie istnieje ciekawa forma kultu oddawanego bogom o naturze zwierzęcej lub roślinnej. Tych bogów są dwa rodzaje, jedne są indywidualne bądź rodzinne, gdyż każda rodzina oddaje cześć patronowi ojca rodziny, drugie zaś właściwe dla danej wsi lub miejscowości. Zacznijmy od bogów osobistych, które są także bogami rodziny danego człowieka. Każdy człowiek ma swego boga czy ducha opiekuńczego, którego dostaje przy narodzeniu. Gdy na świat przychodzi dziecko, ojciec modli się i wzywa na pomoc ducha. Jeżeli poród jest ciężki

[57] Por. *ibid.*, s. 151 - 184; Samoa opisana jest [w] *ibid.*, s. 151 - 167.

i jeden duch nie pomaga, wzywa drugiego, a nawet trzeciego. Ponieważ ojciec zawsze najpierw wzywa pomocy swego ducha opiekuńczego, a potem dopiero boga swej żony lub jeszcze innego, przeto kult jest zazwyczaj dziedziczny w linii męskiej; bywa jednak dziedziczny i w linii żeńskiej. Każdy bóg czy duch opiekuńczy jest ściśle skojarzony z jakimś zwierzęciem, rzadziej rośliną, czasem przedmiotem lub wieloma przedmiotami; każdy ma też jakąś nazwę, jak na przykład Dziecię Księżyca, Czerwona Wątroba lub inne w tym rodzaju. Totemami, z którymi ci bogowie bywają połączeni, są na przykład księżyc, stonoga, dziki gołąb, końce liści, węgorz, ośmiornica, krab, żółw, węgorz morski, jaszczurka, ptactwo domowe oraz różne ryby i zwierzęta morskie. Z małymi wyjątkami wszystkie totemy przytoczone przez Frazera są zwierzętami lub roślinami jadalnymi. Frazer wymienia przeszło dwadzieścia bóstw, a każde z nich ma jedną lub parę inkarnacji totemicznych. Inkarnacje te są przedmiotem czci, jednocześnie istnieje cały system zakazów (tabu) z nimi związanych. Zarówno jednak tabu, jak i kult dotyczą zawsze totemicznych wcieleń tych bogów. Księżyc nie jest przedmiotem żadnych zakazów, ale ludzie, którzy go mają za totem, w pewnych okolicznościach modlą się do niego. Totemów zwierzęcych stanowczo jeść nie wolno, a kto ma za totem końce liści, musi obcinać końce traw i jarzyn zanim ich użyje na pokarm. Ludzie, którzy mają wcielenie swego boga w rybie (płaszczce), bronią jej i starają się ją uwolnić, nawet gdy zostanie schwytana przez innych. Każda rodzina modli się do swego boga-totemu. Modlitwę odprawia zwykle wieczorem ojciec rodziny — czasem zaś urządza się domową uroczystość na cześć boga, który niekiedy nawet przemawia przez usta swego kapłana, to jest ojca rodziny. Niektóre totemy, jak na przykład stronoga i węgorz, znane są jako przynoszące ulgę i pomoc w chorobach. Tabu pokarmowego zawsze się ściśle przestrzega, panuje bowiem przekonanie, że przekroczenie zakazu sprowadza ciężką chorobę. Jeżeli jednak znajdzie się ktoś, kto złamie tabu i dopuści się przekroczenia, to aby go ratować w niebezpieczeństwie i uchronić od skutków grzechu, kładzie się go do pieca i udaje, że się go piecze.

Obok bogów rodzinnych istnieją u Samoańczyków bogowie czy

duchy opiekujące się wioskami. Każda miejscowość ma takiego boga, który z kolei ma poświęconą sobie świątynię. Odbiera cześć i jest przedmiotem regularnego kultu ze strony specjalnego kapłana modlącego się i składającego ofiary. Patron wioski także ma do pewnego stopnia charakter zwierzęcy lub roślinny, a zwierzę czy roślina, z którymi dany bóg jest skojarzony, są też święte i nietykalne dla mieszkańców wioski. Przykładami takich totemów są: węgorz morski, jaszczurka, błyskawica, chmura, koncha, muszla, nietoperz i różne gatunki ryb. Niektórzy bogowie są wcieleni w pewne kamienie, inni w mityczne postacie, jednym z bogów jest legendarny ludożerca. Niektórzy bogowie miejscowości są identyczni z bogami rodzin i mają takie same wcielenia, przy czym jeden bóg może mieć parę inkarnacji. Zwierzęta i rośliny totemiczne są zawsze tabu, a jedzenie ich sprowadza ciężkie choroby. Śmierć zwierzęcia opłakują mieszkańcy całej wioski. Bogowie miejscowości mają świątynie, kapłanów i odbierają ofiary. I tak bogowi wcielonemu w kamienie składa się ofiary, aby uzyskać od niego pogodę. Innych bogów uważa się za sprowadzających deszcz, pomyślny połów, yamy, owoce chlebowe, orzechy kokosowe itd. Niektóre totemy, jak chmury, błyskawice i jaszczurki, służą za wyrocznię, funkcję wyroczni pełnią także bogowie zupełnie innej kategorii: bogowie wojny, wcieleni zwykle w ptaki. Wyruszając na wyprawę wojenną, Samoańczycy odgadują z lotu ptaków przyszłe swe powodzenie.

Ten krótki zarys wierzeń samoańskich, porównany z definicją totemizmu i podanym powyżej schematem, wskazuje jasno, iż wierzenia na wyspach Samoa są wyraźną formą totemizmu o dość ograniczonym zakresie wpływów społecznych. Stosunek człowieka do totemu nie wydaje się określony żadnym systemem legend, nie ma też wiary w pochodzenie danej grupy od totemu. Stosunek do totemu zarówno rodzinnego, jak i miejscowego można odczytać z całego systemu zakazów, żalu, jaki członkowie klanu okazują zabitemu zwierzęciu, pomocy, jaką je otaczają i jakiej w zamian sami doznają od niego, z czci oddawanej totemowi jako bogu, ofiary i modlitw. Przynależność totemiczną członków szerszej grupy (wioski) wynika z faktu urodzenia w tejże wiosce, klany są więc lokalne, a zasada przynależności zupełnie prosta. Takież same klany lokalne w środkowej Australii oparte są na niezmiernie skomplikowanym systemie wierzeń i legend. Totem członków rodziny jest dziedziczny, a dziedziczność ta jest ograniczona do pewnego stopnia przypadkowym przebiegiem porodu. Funkcje społeczne grupy związane z totemami są dość ciasne, polegają wyłącznie na kulcie religijnym. Funkcje te są bardziej zróżniczkowane, wyspecjalizowane, a tym samym mają bardziej ograniczone znaczenie społeczne niż odpowiednie funkcje totemiczne w środkowej Australii. W Australii kult totemiczny, będący też pewną formą religii, wyznacza prawie całe życie publiczne plemienia, podczas gdy na wyspach Samoa istnieje cały szereg funkcji publicznych nie mających nic wspólnego z religią i totemizmem. Tutaj socjologiczny charakter totemizmu jest bardzo zmodyfikowany tym, iż klany totemiczne nie są jednostkami specjalnymi, ale pokrywają się bądź to z rodziną, bądź też z jednostką lokalną, to znaczy z wioską. Co do charakteru samego totemu, to George Turner, a za nim James Frazer używają wszędzie wyrazu „bóg" i mówią o jego wcieleniach zwierzęcych lub roślinnych. Z opisów jednak widać wyraźnie, że ów „bóg" nie istniał całkiem poza swymi wcieleniami i że właściwie pozostaje tylko niezależność nazwy, w której nie wyraża się jego zwierzęca natura. Wszystkie przepisy postępowania, wszystkie wierzenia, cała etyka i dogmatyka odnoszą się do totemicznych postaci bóstwa. Jako forma religii jest to więc niewątpliwie totemizm, w którym zawsze totem ma obok zwierzęcej także i ludzką postać, co jest zresztą powszednim objawem totemizmu.

Profesor Frazer odmawia jednak wierzeniom i urządzeniom samoańskim prawa do nazwy „totemizm". Pisze on: „Z poprzedniego szkicu widać wyraźnie, że samoański kult zwierząt, roślin i innych naturalnych przedmiotów nie był czystym totemizmem, bo w czystym totemizmie nie ma nic, co by można określić jako kult totemów. Nie składa się im ofiar, nie buduje świątyń, nie naznacza kapłanów ani nie wznosi modłów. To, co nazywamy totemem we właściwym słowa tego znaczeniu, nie jest więc nigdy bóstwem, ale tylko pewnym rodzajem przedmiotów naturalnych, połączonych z grupami ludzi jakimś ścisłym a mitycznym węzłem.

Ale w samoańskim społeczeństwie istoty czczone są wyraźnie bogami. Ludzie modlą się do nich i czynią im ofiary, naznaczają święta na ich cześć, budują i utrzymują świątynie dla ich kultu [...]. Uważamy też za bardzo racjonalną hipotezę, że bogowie samoańscy, a przynajmniej większa ich część, rozwinęli się z totemizmów".

To rozumowanie wydaje się nam niezadowalające. Dlaczego totem ma przestać być totemem z chwilą, gdy mu zaczynają oddawać cześć, budować świątynie, stawiać ołtarze i składać na nich ofiary? Ścisłego określenia tak skomplikowanego i wielostronnego zjawiska jak totemizm można dokonać tylko *a posteriori*, po gruntownym poznaniu i analizie całego szeregu systemów totemicznych, ale nie wolno autorowi prawie na początku przeglądu odnośnych faktów i bez głębszego uzasadnienia nakładać omawianemu zjawisku jakichś apriorycznych ograniczeń i twierdzić, że totemizm nie może mieć pewnych cech. Poza tym nasuwa się jeszcze i inne doniosłe pytanie: Czy wymienione przez Frazera cechy sięgają tak głęboko w istotę zjawisk, ażeby mogły służyć za kryterium podstawowej klasyfikacji socjologicznej?

Tok myślenia Frazera można zrozumieć tylko na tle ogólnych jego poglądów na istotę religii i magii. Uważa on bowiem kult i cześć, ofiary, świątynie, modlitwy za zasadnicze wskaźniki przy odróżnianiu religii od magii, odmawia też totemizmowi nazwy religii i uważa go wyłącznie za formę magii. Ponieważ kwestia różnicy między religią a magią jest bardzo ważna dla zrozumienia istoty totemizmu i ponieważ poglądy Frazera na tę kwestię wydają mi się zupełnie błędne, pragnąłbym dokładniej tę sprawę omówić, jakkolwiek Frazer obszerniej ją rozbiera nie w swoim traktacie o totemizmie, ale w dziele *The Golden Bough*, którego obecnie wychodzi trzecie wydanie i dotąd ukazało się siedem tomów [58].

Określając zjawiska religii i magii, Frazer rozpoczyna od rozbioru istoty magii, a następnie wskazuje, na czym polega różnica

---

[58] Chodzi tu o dwunastotomowe wydanie *The Golden Bough* (por. przyp. 1, s. 15 niniejszego tomu).

między religią a magią. Istota magii, według Frazera, daje się ująć w dwóch zasadniczych prawach: „Najpierw, że podobne wywołuje podobne, czyli że skutek podobny jest do swej przyczyny; a następnie, że rzeczy, które były kiedyś w styczności ze sobą, nadal działają na siebie na odległość, nawet wtedy gdy fizyczna styczność zostanie zniesiona" [59]. Z pierwszej z tych zasad, to jest z prawa podobieństwa, czarnoksiężnik wnosi, iż może wywołać każdy skutek, jakiego pragnie, jedynie naśladując tenże skutek; z drugiej znów zasady wnosi, że cokolwiek by uczynił przedmiotowi, który był niegdyś w styczności z daną osobą lub stanowił część jej ciała (włosy, paznokcie), to wszystko owa osoba odczuje jakby jej było to czynione [60]. Frazer twierdzi, że „magia jest błędnym systemem praw przyrodniczych, jak i złudnym sposobem postępowania; jest tak samo fałszywą nauką, jak poronioną sztuką" [61]. I mówi dalej, że „te dwie wielkie zasady magii są, jak się okazuje, po prostu dwoma fałszywymi zastosowaniami kojarzenia się wyobrażeń" [62].

Trudno się zgodzić na tę analizę procesów psychicznych, z których magia ma czerpać swe soki. Czarnoksięstwo, czy to ludów pierwotnych, czy też wyżej rozwiniętych, nie jest tylko czysto teoretyczną spekulacją. W jej skład wchodzi mnóstwo czynników natury emocjonalnej, które się nie dadzą sprowadzić do kojarzenia wyobrażeń ani do czysto myślowych procesów [63]. Ale obecnie chodzi nam nie tyle o psychologiczne podłoże magii, ile o jej stosunek do religii.

„Przez religię — mówi Frazer — rozumiem błaganie lub przejednywanie potęg wyższych od człowieka, o których się wierzy, że kierują i kontrolują bieg natury i życia ludzkiego. Według tej definicji religia polega na dwóch czynnikach: teoretycznym, czyli

---

59 *Ibid.*, t. 1: *The Magic Art and the Evolution of Kings*, s. 52.

60 *Ibid.*

61 *Ibid.*, s. 53.

62 *Ibid.*

63 Krytykę poglądów Frazera, opartą na świetnym zrozumieniu i na ciekawym zestawieniu faktów, znajdzie czytelnik w artykule H. Huberta i M. Maussa *Esquisse d'une theorie.*

na wierze w potęgi wyższe od człowieka, i praktycznym, a więc na usiłowaniu zjednania sobie tych potęg i przypodobania się im" [64]. Element praktyczny może być albo rytuałem, albo etyką [65]. W ten sposób zdefiniowana religia „przyjmuje, że bieg natury jest do pewnego stopnia elastyczny i zmienny i że możemy przekonać lub nakłonić potężne istoty, które nim kierują, aby ów bieg wypadków odwróciły na naszą korzyść z koryta, którym by one inaczej popłynęły" [66]. I tu leży właściwie różnica między magią a religią, bo zawarta w religii wiara w „elastyczność czy zmienność natury jest wprost przeciwna zasadom magii i nauki, które obie przyjmują, że przebiegi przyrody są sztywne i niezmienne [...]. Różnica między obu przeciwnymi poglądami na świat obraca się wokół odpowiedzi, którą daje na zasadnicze pytanie: czy siły, które rządzą światem są świadome i osobiste, czy nieświadome i nieosobiste [...], bo pojednanie nigdy nie bywa stosowane wobec rzeczy, które się ma za martwe, ani wobec istot, o których zachowaniu się w danych okolicznościach wiadomo, że jest ono określone z bezwzględną pewnością" [67]. Autor wprawdzie przyznaje, że w wielu razach magiczne praktyki skierowują się ku opanowaniu i zmuszeniu duchów, a nawet bogów do pewnych działań, ale uważa on to za pomieszanie w praktyce dwóch elementów, które w istocie swej są zasadniczo odmienne i które myślowo należy ściśle odróżnić.

Pośród licznych przykładów, które Frazer przytacza, aby objaśnić naturę wierzeń magicznych, ważne są dla nas ceremonie *intichiuma*, które w obecnym artykule zostały zaliczone do praktyk kultu religijnego, a które Frazer uważa za typowe formy czarnoksięstwa [68]. Do tego przedmiotu później jeszcze powrócimy.

Poddajmy obecnie krytyce poglądy Frazera na religię i czarnoksięstwo, czyli magię. Na pierwszy rzut oka teorie jego, jakkol-

---

64 J. G. Frazer, *The Golden Bough*, t. 2, s. 222.

65 *Ibid.*, s. 223.

66 *Ibid.*, s. 224.

67 *Ibid.*

68 Por. *ibid.*, rozdz. 3: *Sympathetic Magic*, s. 52 - 219, gdzie autor ilustruje swoje niezmiernie proste teorie olbrzymią liczbą faktów.

wiek nie dają ścisłego określenia, czym jest istota całego kompleksu zjawisk magicznych i religijnych, zawierają w sobie przynajmniej jasne, konsekwentne i ścisłe rozróżnienie obu tych dziedzin. Przy bliższym rozpatrzeniu jednak mało co da się przyjąć z tych teorii. Już powyżej zaznaczyliśmy, że fałszywe jest określenie magii jako poglądu na świat, który przyjmuje istnienie niezmiennych praw przyrody. Ujęcie to stoi w sprzeczności zarówno z zasadniczym charakterem myślenia pierwotnego, jak też i zasadniczą cechą magii, która polega na nierozróżnianiu tego, co w przyrodzie jest stałe, niezmienne, co jest prawem, od tego, co się da pokierować bardzo ogólnym i zasadniczym rozważaniem psychologii człowieka pierwotnego, a nawet człowieka w ogóle, bo nie ma chyba umysłu, który by zupełnie wyrósł ponad przesądy i nigdy w postępowaniu nie kierował się zabobonem i magią.

Teorie Frazera nie dadzą się utrzymać zarówno z powodu określenia natury całego kompleksu zjawisk magiczno-religijnych, które *implicite* jest zawarte w przytoczonych ustępach, jak i z powodu kryteriów odróżnienia religii od magii. Jeżeli ściśle zbadamy, jaka jest istota tych kryteriów, to okaże się, iż jest ona określona postawą psychiczną, którą człowiek przybiera wobec przedmiotu kultu; tym, czy uważa ten przedmiot za coś osobistego i świadomego, czy nieosobistego i nieświadomego. Postawa ta jest wyrazem niezmiernie skomplikowanych procesów psychicznych, do których określenia trzeba by znać cały szereg wyobrażeń oraz czynników emocjonalnych i subiektywnych. Nauka ma za zadanie i powinna dążyć do obiektywizmu, takie więc przesunięcie zasadniczych kryteriów klasyfikacji w kierunku najbardziej skomplikowanych, najbardziej subiektywnych i nieuchwytnych studiów psychicznych musi być uważane za zasadniczą wadę. Już nawet w odniesieniu się wierzącego osobnika wyższej kultury do religii zasadnicza postawa wobec bóstwa i ujęcie jego istoty zmieniają się na niezmiernie rozległej skali. Nawet w filozofującej dogmatyce Bóg może być pojęty raz ściśle osobowo, antropomorficznie, innym zaś razem jako bezosobowy absolut, podlegający konieczności i nie kierujący bynajmniej dowolnie elastycznym biegiem świata. Jeżeli weźmiemy kilku ludzi należących do tej samej religii, ale różniących się stopniem kultury, to nieścisłość klasyfikacji Frazera wystąpi tym wyraźniej. Czy na przykład wieśniak kalabryjski, który kijem okłada świętego czy madonnę, ponieważ nie wysłuchali jego modlitwy, i w ten sposób, karząc za winę, stara się zapewnić sobie życzliwsze ich postępowanie w przyszłości, czyż ten wieśniak stoi w stosunku religijnym czy magicznym do swego bóstwa? Proceder, który stosuje do osiągnięcia swych celów, nie „wyraża" karnej postawy błagającego o pomoc ani przeważnej części cech przypisywanych przez Frazera religijnemu światopoglądowi. W tym wypadku równie trudno odnaleźć stronę teoretyczną religii, „wiarę w potęgi wyższe od człowieka", jak i jej stronę praktyczną, „usiłowanie pojednania tych potęg czy przypodobania się im". Wprawdzie Frazer sam wymienia przykłady czarnoksięstwa, które głęboko zapuściło korzenie w wiarę i praktykę kościołów chrześcijańskich, ale skonstatowanie tej trudności i próba ominięcia jej nie wytrzymują krytyki. Rozróżnienie Frazera doprowadza do nieprzezwyciężonych trudności, ponieważ opiera się na kryteriach, których określenie jest rzeczą wprost niemożliwą, a także ponieważ w łonie tego samego systemu wierzeń i praktyk pozwala na podporządkowanie zjawisk raz religii, a raz znów magii.

Pierwsza z tych trudności staje się tym wyraźniejsza, im niżej zstępujemy po drabinie kulturowego rozwoju. Niesłychanie trudno określić w przybliżeniu nawet postawę wewnętrzną choćby naszego chłopa wobec przedmiotu jego kultu. Toż samo jest już absolutnie niemożliwością w wypadku człowieka dzikiego. W jego psychologii nie orientujemy się prawie całkiem, o ile chodzi o głębsze, istotniejsze jej ujęcie, i nie ma zgody co do poglądów na najogólniejszą nawet kwestię: czy umysł dzikiego ma zasadnicze cechy wspólne z naszym i czy możliwe jest dla nas dokładne zrozumienie i odtworzenie podstawowych rysów jego sposobu myślenia [69]. O tym, aby móc wniknąć w najbardziej ukryte, najbardziej skomplikowane i subiektywne stany psychiczne dzikiego, naturalnie nie może być mowy. Obserwatorzy najdokładniej obeznani z danym plemieniem nie są w stanie tego uczynić, tym mniej można się tego

[69] Por. L. Lévy-Bruhl, *Les fonctions mentales.*

spodziewać po etnologicznych obserwacjach robionych dorywczo, bez dostatecznej znajomości ludności i bez teoretycznego przygotowania. Toteż dla etnologii klasyfikacja Frazera jest całkiem nieużyteczna, bo kryteria jej z natury rzeczy umykają wszelkiej obserwacji nawet w najlepszych warunkach. Definicje zaś dla użytku etnologii należy opierać na faktach obiektywnych, konkretnych i łatwo dających się zaobserwować.

Jak widzieliśmy powyżej, definicja Frazera ma jeszcze jedną i to bardziej zasadniczą wadę metodyczną. Na podstawie tego określenia dany system wierzeń może być podporządkowany religii lub magii zależnie od tego, czy będziemy obserwowali jej odbicie w psychologii jednego lub drugiego osobnika. Zarzut ten można sformułować w ten sposób, że Frazer przy określaniu całego kompleksu zjawisk magiczno-religijnych ma przed oczyma zjawiska psychologiczne, nie zaś fakty socjologiczne. Przeglądając cytowane powyżej z dzieła Frazera ustępy o religii, spostrzegamy łatwo, że do sklasyfikowania pewnych zjawisk wedle Frazera nie potrzeba zupełnie zwracać się do społecznej strony tychże zjawisk; wystarczy się zastanowić nad ich treścią, nad jakością wyobrażeń w nich zawartych. Frazer, co prawda, w wielu miejscach swego dzieła wymienia fakty socjologiczne, w których wyraża się różnica między religią i magią [70]. Stosownie do jego twierdzenia częściami składowymi religii są: instytucja kapłańska, ofiara, modlitwa; do magii należą: czarnoksiężnik, rytuał, zaklęcie. Ale tutaj przesunięcie kryteriów w sferę obiektywnych zjawisk socjalnych jest czysto pozorne, bo pomiędzy kapłanem a czarnoksiężnikiem różnica według Frazera polega na tym, że pierwszy błaga osobowe bóstwa, drugi zaś zmusza nieosobowe siły magiczne. Między ofiarą a obrzędem również niepodobna przeprowadzić linii granicznej opartej na jakichś zewnętrznych obiektywnych danych. Również i tutaj kryterium stanowi intencja czy postawa człowieka spełniającego rze-

---

[70] Ale nie czyni tego w rozdziale 4 (*Magic and Religion*) pierwszego tomu cytowanego dzieła, gdzie omawia to zagadnienie systematycznie i zasadniczo. Z tego już widać, jak małe znaczenie przywiązuje do socjologicznej strony problemu.

czony akt. Modlitwa jest kornym błaganiem, zaklęcie wyniosłym rozkazem w rozróżnieniu Frazera. Tu widać jeszcze jaśniej, że na podstawie zewnętrznych obiektywnych cech mało można powiedzieć i że tylko rozplątanie zawiłych procesów wewnętrznych może dać jakąś określoną odpowiedź, jeśli odpowiedź taka jest możliwa. W ogóle Frazer kryteriów socjologicznych zupełnie nie uwzględnia i to jest stanowczo błędem. Religia jest zarówno formą organizacji społecznej, jak i zbiorem wierzeń, a i te ostatnie są u każdego człowieka uwarunkowane jego współżyciem z innymi członkami społeczeństwa. Jeżeli przy definicji zjawisk religijnych ma się przed oczyma tylko odbicie wierzeń w duszach ludzkich, to z konieczności definicja taka będzie sprzeczna i fałszywa.

Zdefiniowanie religii, choćby tylko pobieżne, jest w tym miejscu tym bardziej konieczne, ponieważ totemizm został w artykule Frazera ujęty jako systemat religijny i tylko na tle porozumienia się co do religii może być to ujęcie zrozumiałe.

Przy określeniu religii i jej stosunku do magii nie można posługiwać się wyłącznie pojęciami psychologicznymi. Niewątpliwie religia jest wynikiem zasadniczych własności duszy ludzkiej. W stosunku do otaczającego świata człowiek znajduje się zawsze w położeniu zupełnie bezradnym. Wszędzie dążenia i najgorętsze pragnienia ludzkie rozbijają się o bezwzględnie sztywne zapory konieczności i w przeznaczeniu swoim człowiek — na jakimkolwiek stopniu kulturalnego czy indywidualnego rozwoju by się znajdował — musi widzieć zasadnicze zaprzeczenie tych celów, do których cała jego istota zdaje się stworzona. Z drugiej strony człowiek w groźbie świata zewnętrznego dostrzega karę za własne przewinienia, widzi skutki niedoskonałości swego własnego postępowania, które by go zabezpieczyły od winy i kary ze strony tajemniczych i mściwych sił zewsząd go otaczających. Ale jakkolwiek źródła tej twórczości ludzkiej leżą w duszy indywidualnej i tylko dzięki osobistym doświadczeniom i przeżyciom mogą być rozumiane, rezultaty są wynikiem pracy pokoleń skrystalizowanej w utwory socjologiczne i obiektywne. Człowiek swoje doświadczenia w tych sprawach przekazuje innym i owoc doświadczeń licznych pokoleń i wieków w sposób wspólny wszystkim nabytkom kultury ludzkiej gromadzi i krystalizuje w wielkie systemy religijne, które każde społeczeństwo, najdziksze nawet, posiada i które w każdym odgrywają pierwszoplanową socjologiczną rolę. W każdym takim systemie możemy rozróżnić z jednej strony zbiór wierzeń, legend, aktów rytualnych, przez które człowiek stara się wejść w związek z „nadprzyrodzonymi" siłami świata i stara się w sposób uroczysty i poważny siłami tymi pokierować; z drugiej strony normy postępowania ściśle i organicznie połączone z wierzeniami i aktami kultu.

Akty religijne nie są jednak społeczne wyłącznie i jedynie z tego powodu, że jak wszelki dorobek kultury istnieją w społeczeństwach i przez społeczeństwa. Mają one społeczny charakter także i dlatego, że spełnianie aktów i przepisów religijnych jest do pewnego stopnia rzeczą przymusową, nad której wykonaniem społeczeństwo czuwa.

Ponieważ w religii chodzi o najżywotniejsze interesy ludzkie, bo o utrzymanie stosunku z siłami nadprzyrodzonymi, od których zależy los człowieka tu i po śmierci, dalej, ponieważ poczucie solidarności i wzajemnej odpowiedzialności członków grupy wobec tych sił jest niezmiernie silnie rozwinięte i to tym bardziej, im niższa jest kultura, stanowisko człowieka wobec religii nie jest zostawione jego woli i uznaniu. Praktykowanie przepisów religii, zarówno aktów kultu, jak i spełniania norm etycznych, są to obowiązki, nad których spełnieniem ogół czuwa i do których zmusza jednostki.

Ta strona religii występuje tym silniej, im bardziej oddalamy się od współczesnego pojmowania religii jako kwestii czysto indywidualnej, jako sprawy zbawienia własnej duszy. Bogowie ludów pierwotnych mają znacznie bardziej kolektywistyczny światopogląd i za winy jednostek karzą całe grupy, mszczą się na rodzinie, niszczą miasta i tępią całe plemiona. Dlatego też grupa musi we własnym interesie pilnować, aby żaden z jej członków nie naraził się bóstwu, bądź to zaniedbując obowiązki kultu, bądź też nie zachowując przepisów moralnych.

Hasło wolności sumienia jest bardzo świeżym wynalazkiem, a pośród większości ludów, u których religia jest najpierwszym obowiązkiem publicznym, hasło takie wydawałoby się podstawowym paradoksem. Nie trzeba też zapominać, że droga od hasła politycznego do faktu socjologicznego jest daleka!

Religia jako społeczny wyraz wszystkich transakcji człowieka ze światem nadprzyrodzonym przenika też wszystkie dziedziny życia społecznego i to tym szerzej, im niżej zstępujemy ku ludom pierwotnym. Człowiek dziki nie oddziela tak wyraźnie rzeczy codziennych od nadprzyrodzonych i przy każdej sposobności gotów jest niepokoić wyższe potęgi o użyczenie mu „chleba naszego powszedniego" i wielu innych potrzeb codziennych. Wyobrażenia religijne przenikają więc prawie wszystkie społeczne akty żywotne i doniosłe; nadają ramy i wykończenie wszystkiemu, co w oczach człowieka jest ważne, bo tym wszystkim siły z tamtego świata kierują według swej woli.

Z drugiej strony, obok aktów kultu istnieją ściśle z nimi połączone normy etyczne. Są one także przymusowe, połączone z organizacją społeczną i ujęte w organiczną całość. Tak jak akty kultu muszą przedstawiać jedność — niewątpliwie nie logiczną, ale organiczną według swoistej logiki dogmatycznej — tak samo normy etyczne muszą być zebrane w pewien całokształt i muszą być powiązane z systemem dogmatyki i kultem. Bo zarówno normy etyczne, jak i akty kultu odnoszą się do tych samych potęg i dążą do tego samego celu, muszą więc być wewnątrznie konsekwentne ze względu właśnie na ten cel wspólny.

Jeśli chodzi o normy religijne, to trzeba zwrócić uwagę na to, że ponieważ normy te istnieją celem nienarażenia się wyższym istotom, sankcja tych norm jest z natury rzeczy przede wszystkim nadprzyrodzona. Przekroczenia pociągają automatycznie karę z ręki potęg wyższych, a choć społeczeństwo może na własną rękę ukarać grzesznika, to pierwsza i najwyższa sankcja, ta która odróżnia przepisy etyczne od prawnych, jest nadprzyrodzona. Oczywiście, tak jak zaznaczyliśmy powyżej, im baczniej zstępujemy po drabinie kultury, im pierwotniejsze są ludy, z którymi mamy do czynienia, tym wyraźniej obie sankcje występują równolegle i równoważnie. Niemniej normy religijne różnią się tym od norm czysto prawnych, że w pierwszych obok sankcji społecznej istnieje też sankcja nadprzyrodzona, automatyczna.

Zbierając powyższe uwagi w krótką definicję, możemy powiedzieć: religią nazywamy każdy zbiór wierzeń i praktyk odnoszących się do sił nadprzyrodzonych i powiązanych w organiczny system, który wyraża się w życiu społecznym szeregiem aktów kultu regularnego, publicznego i przymusowego, opartego na tradycji (mitologicznej w niższych społeczeństwach, a teologiczno-dogmatycznej w wyższych) i szeregiem norm postępowania określonych również tradycją, ściśle powiązanych z dogmatami kultu i dysponujących obok społecznej także sankcją nadprzyrodzoną. Kryteriami w ten sposób określonej religii są obiektywne fakty społeczne i dlatego względnie łatwo dostępne ścisłej obserwacji, nawet u dzikich ludów.

Takie określenie religii jest niewątpliwie bardzo ogólne i może się nawet wydawać ogólnikowe, zwłaszcza w porównaniu z niezmiernie konkretną definicją Frazera. Ale właśnie przy określaniu tak ogólnych i podstawowych zjawisk jak religia konieczne jest utrzymanie ich w dostatecznie szerokich ramach. Religia jest zjawiskiem przenikającym wszystkie strony duszy ludzkiej; w jej przejawach socjologicznych ta wielostronność też się odbija, niepodobna więc przy określeniu religii stawiać daleko idących ograniczeń.

Z drugiej strony, religia zawiera w sobie czynniki zupełnie swoiste, nie dające się sprowadzić do żadnych elementów prostszych, a więc nie dające się określić. Takie jest na przykład pojęcie świata „nadprzyrodzonego", które zawarliśmy w określeniu religii. Ogólna definicja religii powinna tylko wskazywać drogę, na której szukać należy zjawisk religijnych, a bliższe określenie tak zasadniczego zjawiska można podać jedynie wyliczając fakty. Trzeba się tylko wystrzegać apriorycznych ograniczeń, sztucznych konstrukcji, zwłaszcza zaś skierowania badań na faktyczne pola, co niewątpliwie czyni definicja Frazera.

A teraz spróbujmy zastosować nasze określenie religii do faktów znanych nam z życia dzikich ludzi. Przede wszystkim widzimy, że australijski totemizm jest formą religii, zawiera bowiem system organicznie powiązanych tradycji przenikających całą organizację społeczną (organizacja grupy lokalnej, klanu totemicznego i podziału egzogamicznego).

Na tych tradycjach oparty jest także kult publiczny, przymusowy i regularny (ceremonie *intichiuma* i pokrewne). Tradycje są tłem, na którym odbywają się wszystkie doniosłe akty życia Australijczyków, zarówno inicjacje młodzieży męskiej, jak i ceremonie pogrzebowe, gdyż wszystko łączy się zawsze w tym samym systemie wierzeń i tradycji totemicznych o przodkach *alcheringa*. Normy totemiczne, głównie tabu, również są tradycyjnie uzasadnione: ponieważ przodkowie postępowali w taki sposób, więc trzeba teraz tak samo postępować; albo też, kiedy indziej, wprost przeciwnie — logika mitu i tradycji nie jest jednoznacznie określona. W wierzeniach samoańskich znajdujemy najzupełniej analogiczny stan rzeczy.

Gdybyśmy teraz zechcieli zastosować teorie Frazera do faktów totemicznych australijskich i samoańskich, napotkalibyśmy nieprzezwyciężone trudności. Przy ceremoniach *intichiuma* śpiewane są pieśni opowiadające dzieje przodków. Czy wedle Frazera taki śpiew jest modlitwą czy zaklęciem? Wszak w wielu innych religiach, a między innymi i w naszej, istnieją pieśni nabożne opowiadające zdarzenia z życia świętych i wielkich w kościele ludzi, a jednak nawet na podstawie kryteriów Frazera nikt nie mógłby uważać pieśni tych za magiczne zaklęcia. Ażeby śpiewy australijskie zaliczyć do zaklęć magicznych, tak jak to czyni Frazer, trzeba by dzikim śpiewakom przypisywać umiejętność dokonywania niezmiernie skomplikowanych i subtelnych rozróżnień, o których nie mamy żadnych danych i których najbieglejszy obserwator nie mógłby sprawdzić.

Jeszcze parę słów należy dodać o różnicy między religią a magią. Obok ujętych w organiczną całość wierzeń, w których tradycja łączy się z kultem i etyką nierozerwalnymi węzłami, istnieją wierzenia poszczególne, luźne, przekazywane tradycją, które nie wszyscy ludzie podzielają i do których tylko w pewnych warunkach się stosują. Wierzenia te nazywamy przesądami lub zabobonami, praktyki czarnoksięstwem czy czarownictwem, zbiór zaś wierzeń i praktyk — magią. Praktyki magiczne nie są oparte na organizacji społecznej, nie są przymusowe ani powiązane w organiczną całość kultu i etyki.

Te uwagi, do których usprawiedliwienia i dowiedzenia potrzebny byłby cały traktat, mają na celu jedynie zaznaczenie stanowiska zajętego w tej kwestii w niniejszym artykule. Definicji magii nie dajemy, gdyż nie jest to zadanie obecnego artykułu. Jest to tym bardziej zbędne, ponieważ w tej kwestii można się odwołać do doskonałego artykułu Huberta i Maussa o magii [71]. W ogóle stanowisko tu zajęte, jakkolwiek nie pokrywa się zupełnie, odpowiada jednak do pewnego stopnia poglądom Durkheima, Huberta i Maussa [72]. Materiał etnologiczny, na którym opierają się ci badacze, zaczerpnięty jest w znacznej części z obszernych prac Frazera.

W dalszym przeglądzie zjawisk totemicznych musimy pominąć lub wspomnieć tylko pobieżnie te ludy, u których albo ze względu na izolację, albo ze względu na zarodkową formę totemizm do ujęcia w zwięzły szkic mniej się nadaje. Na Archipelagu Sundajskim zjawiska totemiczne spotykamy u ciekawego ludu Bata na Sumatrze [73]. Ci tubylcy o dość wysokiej kulturze uprawiają ludożerstwo, mają organizację totemiczną. Są podzieleni na klany. Każdy klan jest związany z jakimś zwierzęciem lub rośliną, których spożywanie i niszczenie jest jego członkom zabronione. Zakazy te motywowane są tradycjami o pochodzeniu klanu od zwierzęcia lub rośliny totemicznej albo też wiarą, że dusze ludzkie po śmierci przejdą w dany totem, albo, na koniec, podaniami, że przodek klanu doznał od danego zwierzęcia jakiegoś dobrodziejstwa. Funkcje klanu są określone poczuciem solidarności członków, obowiązkiem wzajemnej pomocy i egzogamią. Poza Batakami totemizm spotykamy jeszcze u innych ludów Indonezji. U ludów drawidyjskich, zamieszkujących górzyste i lesiste wnętrze Półwyspu

---

[71] H. Hubert, M. Mauss, *Esquisse d'une theorie.*

[72] *Ibid.*; É. Durkheim [*Sur la définition des phénomènes religieux; Sur le totemisme*].

[73] Por. J. G. Frazer, *Totemism and Exogamy,* t. 2, s. 185 - 217 (totemizm w Indonezji), s. 185 - 197 (specjalnie o Sumatrze).

Indyjskiego, znajdują się również urządzenia i wierzenia o charakterze wyraźnie totemicznym. Niestety, szczegóły tego totemizmu są bardzo mało znane. Frazer podaje szereg opisów, ale w każdym z nich niewiele więcej ponad wyliczenie totemów, wśród których jest stosunkowo bardzo dużo roślin. Są one tabu, a zarazem dzicy okazują im pewną cześć, nie wolno ich dotykać ani patrzeć się na nie, niektóre zaś zwierzęta doznają rodzaju kultu od członków swego klanu [74].

Trochę dłużej trzeba się będzie zatrzymać nad zjawiskami totemicznymi w Afryce, na tym bowiem kontynencie są one szeroko rozpowszechnione i mają w niektórych przypadkach formy wyraźne i charakterystyczne, o których posiadamy dobrą informację [75]. Frazer stwierdza istnienie totemizmu, mniej lub bardziej jasno zarysowanego, w trzech grupach ludów afrykańskich: u plemion rasy Bantu zamieszkujących południową Afrykę, u Bantów środkowej i wschodniej Afryki oraz u czystych Negrów zachodniego wybrzeża.

Zaczynając od ludów Bantu południowej Afryki: istnieje totemizm u licznego plemienia Hererów, czyli Domarów, w którym ważną rolę odgrywa bydło domowe, odpowiednio do pasterskiej natury tego plemienia. Istnieją u nich dwie formy klanów. W jednej z nich klany mają charakter bardziej socjalny, nie ma ani zakazów totemiczych, ani oznak specjalnych określających związek z totemem i tym samym przynależność do klanu, ani wyobrażeń o pokrewieństwie czy związku między totemem a człowiekiem. Klany te są kojarzone ze słońcem, deszczem, źródłem, krzewem, drzewem itp., nie ma między nimi żadnego zwierzęcia. Legendy stwierdzają tylko luźny związek między totemem i członkami klanu. I tak na przykład klany słońca i deszczu opowiadają, że były trzy siostry, które miały iść na pogrzeb; ponieważ słońce świeciło niezmiernie silnie, jedna siostra nie poszła na pogrzeb, a dwie inne

---

[74] Totemizm w Indiach, patrz *ibid.*, s. 218 - 335.

[75] Totemizm w południowej Afryce, patrz *ibid.*, s. 354 - 393; we wschodniej i środkowej Afryce, *ibid.*, s. 394 - 542.

poszły. Klan, który pochodzi od tych dwu ostatnich, jest połączony ze słońcem; klan pochodzący od pierwszej siostry ma deszcz za swój totem. Klany te nie są lokalne i są rozsiane po całym plemieniu. Własność dziedziczona jest w linii żeńskiej, innymi słowy pozostaje stale w klanie macierzystym. Klany te są egzogamiczne.

Obok tych klanów istnieją i miejscowe, o wyraźniej zaznaczonym charakterze totemicznym. Przynależność do nich jest dziedziczona w linii męskiej, w tym systemie więc dziecko należy do klanu ojca. Pośród przedmiotów, według których klany te są nazwane, figuruje też bardzo mało zwierząt. Każdy klan natomiast posiada tabu odnoszące się głównie do bydła. Członkom klanu zakazane jest jako żywność bydło specjalnie znaczone, mające specjalny kształt rogów albo kolor skóry; nie wolno im używać mleka niektórych krów ani używać skór takich bydląt do przyodziewku. Ważne z punktu widzenia ekonomicznego jest też to, że tabu obejmuje również zakaz trzymania, hodowania danego bydła.

U Beczuanów, ludu także pasterskiego, większość klanów nazwana jest według zwierząt. Natomiast pasterski sposób życia nie miał widocznego wpływu na ich ustrój totemiczny, gdyż między ich totemami nie ma bydła hodowlanego. Klany ich są lokalne. Totem każdego klanu jest tabu, nie wolno go jeść ani używać na ubranie, ani nawet patrzeć na niego lub dotykać się go. Członkowie każdego klanu tańczą i śpiewają pieśni na cześć swego totemu, ale nie wykonują żadnego rytuału ani nie składają ofiar. Klan krokodyla uważa go za ojca swego i naczelnika i okazuje mu zawsze cześć. Członkom klanu nie wolno patrzeć na krokodyla, gdyby zaś który z nich został ugryziony przez tę bestię albo skropiony wodą, którą krokodyl rozprysnął swym ogonem, taki uchodzi za zhańbionego i musi iść na wygnanie. Członkowie klanu jeżozwierza ochraniają go i okazują zmartwienie i żal, gdy ktoś zabije to zwierzę. Mięso tego zwierzęcia jest tabu, którego przekroczenie sprowadziłoby nieuchronną śmierć na grzesznika. Za zabicie lwa członkowie jego klanu muszą odbyć ekspiację, bo inaczej straciliby wzrok. Nie jedzą oni jego mięsa ani nie ubierają się w jego skórę. Tak samo członkowie klanów bawołu i koziorożca nie jedzą tych zwierząt ani nie używają ich skór. Klan żelaza nie obrabia tego metalu, a klan motyki używa tego narzędzia tylko do niezbędnie potrzebnych funkcji.

Teoretycznie ważny jest wyraźny wpływ zajęć pasterskich Herérów na ich totemizm. Fakt podwójnego systemu ich klanów, u Beczuanów zaś lokalny charakter klanu, który pokrywa się tam z plemieniem, wykazują, że pod względem morfologii społecznej klany nie są bynajmniej czymś określonym, ale że przyjmowane przez nie formy zmieniają się w bardzo szerokim zakresie. Trzeba też zaznaczyć, że legendy Hererów o powstaniu klanów są całkiem odmiennego typu od tradycji totemicznych ludów Oceanii i Australii. Opowiadania Hererów są po prostu bajkami, które mają i mogą wyjaśnić, jak klany powstały, zadowolić teoretyczną niejako ciekawość. Ale widać z ich treści, że nie mogą wywrzeć żadnego wpływu na kult, ponieważ nie opowiadają zdarzeń świętych ani doniosłych, które by mogły być naśladowane w obrzędach religijnych. Nie mogą też stanowić podstawy etyki, ponieważ zdarzenia w nich opowiedziane nie odnoszą się do dziedzin, w których by postępowanie bohaterów tradycji mogło służyć za pierwowzór. Tak więc widać, że na podstawie samej treści tych tradycji można odmówić im charakteru mitu we właściwym znaczeniu tego słowa, przez które rozumiemy legendy wywierające ważny wpływ społeczny na kult i etykę.

Znacznie ciekawsze formy posiada i odgrywa donioślejszą rolę w mechanizmie społecznym totemizm u ludów rasy Bantu zamieszkujących środkowo-wschodnią Afrykę. Spośród wielu plemion, które Frazer opisuje, najlepiej będzie wybrać jedno, a mianowicie to, o którym najwięcej wiemy i którego wierzenia są prawdopodobnie typowe dla totemizmu tej gałęzi Bantów.

Naród Baganda, zamieszkujący królestwo Uganda, jest kulturalnie i antropologicznie najwyższym przedstawicielem rasy Bantu. Ustrój polityczny państwa, kultura i zalety osobiste stawiają go bezsprzecznie wyżej od wielu plemion ościennych, a także od Bantów innych części Afryki. Mamy zaś o nim doskonałe informacje dzięki pracom wielu badaczy, w pierwszej linii dzięki niedawno ogłoszonym obserwacjom angielskiego misjonarza Johna

Roscoe, który poza tym liczne dodatkowe materiały oddał do rozporządzenia profesora Frazera [76].

Frazer daje barwny opis pięknego i żyznego kraju Uganda o wysokim stanie uprawy ziemi, która tam polega głównie na plantacji bananów, o pięknie zbudowanych domach, malowniczo rozrzuconych wioskach i sieci dróg łączących wszystkie części kraju i przecinających nieraz niedostępne bagniska na długości kilku mil angielskich. Bagandowie mają wysoko rozwinięty przemysł rękodzielniczy, osobiście zaś odznaczają się niezwykłą dzielnością i inteligencją. Formą rządu jest monarchia, z niezwykle rozwiniętym ceremoniałem dworskim.

Ludność jest podzielona na wiele klanów totemicznych. Każdy taki klan jest egzogamiczny; zakaz zaś małżeństwa wewnątrz klanu motywują oni tym, że wszystkie kobiety należące do klanu są siostrami. Członkom klanu nie wolno spożywać zwierzęcia czy rośliny totemicznej; panuje przekonanie, że przekroczenie tego zakazu spowodowałoby ciężką chorobę lub nawet śmierć. Członkowie klanu poczuwają się i są zobowiązani do ścisłej solidarności. Każdy klan ma swoje posiadłości rozrzucone po różnych częściach kraju. Na najlepszym z takich kawałków ziemi mieszka zazwyczaj naczelnik, „ojciec" klanu. Legendy i tradycje totemiczne odnoszące się do powstania i początków klanu i do zakazów spożywania totemu nie są natury narodowej. Nie ma tam wyobrażeń o wspólnym pochodzeniu od przodków zwierzęcej czy roślinnej natury. W ogóle cała mitologia Bagandów odnosi się do czasów króla Kintu, pod którego wodzą mieli oni, jak głoszą podania, przyjść i zawojować swoją obecną ojczyznę, stworzyć organizację społeczną i założyć królestwo Uganda. Oto podania totemizmu opowiadają, że za czasów tego króla Kintu było mało zwierzyny i ażeby jej oszczędzać, zakazano niektórym klanom jeść pewne gatunki, przy czym trzymano się zasad, rzec można, higienicznych: jeżeli członkom jakiegoś klanu nie służył dany pokarm, to stawał się on dla nich tabu, a tym samym gatunek ten, zwierzęcy lub roślinny, stawał się totemem danego klanu.

---

[76] Opis totemizmu Bagandów, *ibid.*, s. 463 - 513.

U Bagandów strona społeczna totemizmu jest znacznie wyraźniej rozwinięta niż strona wierzeniowa. Każdy klan, którego podstawę ekonomiczną stanowią posiadłości specjalne, pełni wiele szczególnych funkcji społecznych, głównie w życiu politycznym koncentrującym się wokół dworu królewskiego. Natomiast nie ma prawie całkiem pewnych totemów, a obok totemizmu istnieją inne formy wierzeń, mające swój kult i etykę. John Roscoe, który niedawno badał ten lud, podaje jeszcze jedno ciekawe spostrzeżenie odnoszące się, rzec można, do fizjologii totemizmu: każdy klan ma swój wyraźny typ fizyczny, po którym na pierwszy rzut oka można poznać, do którego klanu człowiek należy. Jest to tym bardziej dziwne, że przynależność do klanu dziedziczy się po ojcu, nie po matce, klany zaś są egzogamiczne, tak że w danym klanie wszystkie matki muszą pochodzić z innych klanów. Frazer stara się fakt ten, niezmiernie dziwny, nieprawdopodobny nawet, a jednak podany przez inteligentnego i sumiennego badacza, wytłumaczyć wpływem, jaki na kobiety wywiera otoczenie przed ciążą i podczas ciąży. Ponieważ w Ugandzie kobieta od młodości przebywa w klanie swego przyszłego męża, typ więc tego klanu najsilniej wbija się w jej wyobraźnię i podczas ciąży formuje rysy i budowę dziecka. Czy tłumaczenie to da się utrzymać, czy w ogóle obserwacja, o której mowa, zasługuje na bezwzględną wiarę — to pytanie trzeba będzie zostawić otwarte, bo wprowadziłoby obecne rozważania w dziedziny biologii, specjalnie w zagadnienia dziedziczności.

Totemizm innych plemion Bantu środkowo-wschodniej Afryki znany jest mniej szczegółowo. Jakkolwiek Frazer wymienia wiele plemion, niewiele więcej o nich wiemy niż nazwy totemów. Tabu totemiczne jest i tu także tą cechą, która jako najwyraźniejsza, najczęściej była obserwowana. U plemienia Angoni, w którym totemy są przeważnie zwierzęce, nie wolno ich zabijać, niszczyć; nie wolno spożywać zwierząt czy roślin, bo za karę spotka choroba, nie wolno też używać skór zwierząt totemicznych na ubrania. U plemienia Akamba zwierzęta totemiczne są tabu; jeśli zaś totemem jest zwierzę oswojone, domowe, nie wolno go trzymać. Ważna jest ogólna u tych plemion wiara w transmigracje dusz ludzkich w zwierzęta po śmierci. Ale brak jest ścisłych ogniw między tą wiarą a totemizmem.

Porównując totemizm ludów Bantu z faktami omawianymi poprzednio, widzimy, że strona religijna jest tu mniej rozwinięta, przynajmniej jeżeli chodzi o akty kultu religijnego, którego prawie całkiem nie ma. Wszędzie natomiast istnieją zakazy totemiczne mające wyraźny charakter norm religijnych, ponieważ sankcja ich jest nadprzyrodzona i automatyczna. Zakazy te przybierają u tych ludów, stojących na wyższym stopniu rozwoju ekonomicznego, charakter wyraźniej ekonomiczny niż u ludów Oceanii lub u prymitywnych łowców Nowej Gwinei i Australii.

Wielką różnorodność form totemizmu spotykamy na kontynencie amerykańskim, zwłaszcza zaś w północnej jego części, gdyż w Ameryce Południowej istnieją tylko ślady wierzeń totemicznych [77]. W Ameryce Północnej totemizm istnieje, a raczej istniał u plemion Indian czerwonoskórych zamieszkujących dawniej olbrzymie prerie i dorzecza wielkich rzek i jezior. Dziś plemiona te po części wyginęły doszczętnie, po części dogorywają w rezerwatach. Odmienną kulturę, a więc i odmienne formy totemizmu mają plemiona Indian północno-zachodnich zamieszkujących Alaskę i Kolumbię Brytyjską. Trzecią grupę stanowią Indianie zamieszkujący niektóre stany południowe, zwani Pueblo, ponieważ prowadzą życie osiadłe i zamieszkują kamienne, a nawet warowne osady [78]. Natomiast totemizm nie istnieje u najmniej cywilizowanych plemion czerwonoskórych koczujących w południowo-zachodnich lasach Kalifornii. Frazer zwraca uwagę na ten fakt i zaznacza, że w Ameryce Północnej totemizm oznacza niejako wyższe stadium rozwoju kulturalnego [79].

Jeśli chodzi o jakość informacji, które mamy o totemizmie

---

[77] Frazer poświęca trzeci tom swego dzieła totemizmowi ludów Ameryki, por. s. 1 - 250 (totemizm czerwonoskórych Stanów Zjednoczonych i Kanady); s. 251 - 369 (totemizm Indian z północno-zachodniej Ameryki); s. 370 - - 456 (instytucja duchów opiekuńczych).

[78] Po hiszpańsku *pueblo* znaczy wieś, osada.

[79] J. G. Frazer, *Totemizm and Exogamy*, t. 3, s. 2, 3.

w Ameryce Północnej, to niewątpliwie totemizm stwierdzono u bardzo wielu plemion, ale w większości wypadków niewiele więcej o nim wiemy niż nazwy totemów i niektóre funkcje społeczne klanu. Nawet tabu totemiczne, o którym zazwyczaj wiemy najwięcej u wszystkich innych ludów, tu zostało zanotowane w niewielu tylko przypadkach. W ogóle można powiedzieć, że wiemy znacznie więcej o stronie społecznej totemizmu. Dotyczy to w pierwszej linii wschodnich Indian Prerii, od których też rozpoczniemy tu opis totemizmu. Frazer przypuszcza, że jest to spowodowane głównie okolicznością, iż badacze amerykańscy, którzy opisywali te plemiona, zajmowali się przede wszystkim problemami ustroju społecznego, mniej zwracali uwagę na formy wierzeń i tradycji totemicznych. Czy przypuszczenie to jest słuszne, nie można odpowiedzieć na pewno. Wydaje się to jednak bardzo prawdopodobne, zwłaszcza że w jednym z plemion indiańskich, Omaha, w którym totemizm badany był dokładnie, znaleziono i opisano wiele wierzeń totemicznych, szczególnie zakazy odnoszące się do spożywania totemu. Otóż jest rzeczą wręcz nieprawdopodobną, ażeby wierzenia i zakazy totemizmu Omahów były faktem izolowanym, zwłaszcza że plemię to pod żadnym innym względem się nie wyróżnia.

Plemię Omaha należy do wielkiej rodziny plemion Siuksów, czyli Dakotów, zamieszkujących dorzecza Missisipi i oba brzegi Missouri [80]. Omahowie żywność swą czerpią częściowo z rolnictwa (uprawiają kukurydzę, groch, dynie, melony), częściowo zaś z polowania na bawoły, jelenie, bobry i wydry. Pośród ich totemów jest jedenaście zwierząt, jedna roślina i cztery przedmioty martwe. Wyraźnie więc przeważają totemy zwierzęce. Dwanaście totemów jest jadalnych, dwa stanowią przedmioty użytkowe, pozostałe dwa to grzmot i czerwona ziemia. Klany totemiczne, których jest dziesięć (niektóre są podzielone na podklany z osobnymi totemami, stąd piętnaście totemów) dzielą się na dwie grupy, czyli fratrie. Przy rozbijaniu obozowiska fratrie te rozkładają się w dwa pół-

---

[80] Por. *ibid.*, s. 85 - 117.

kola, jedna po lewej, druga po prawej stronie linii marszu, a każdy klan ma określone miejsce w kole tak utworzonym. Tak więc podział na klany ma podkład lokalny, pomimo że plemię prowadzi żywot koczowniczy. Ta lokalna podstawa ma oczywiście charakter czegoś sztucznego, zrobionego, geometrycznego, niemniej jednak, a może nawet tym bardziej, zaakcentowano lokalny związek członków klanu, a także podział plemienia na grupy mniejsze. Każdy klan ma pewną liczbę imion osobistych odnoszących się do zwierzęcia totemicznego. I tak w klanie bawołu były różne imiona określające fizyczne i moralne własności bawołu. Niektóre klany przechowują święte przedmioty, jak na przykład fajkę świętą i inne insygnia plemienne.

Przejdźmy teraz od ściśle społecznych cech totemizmu do wierzeń i tych funkcji klanu, które określają stosunek człowieka do totemu. Plemię Omaha jest jedynym, jak zaznaczyliśmy powyżej, co do którego mamy względnie obfite informacje w tym punkcie. Przede wszystkim wiemy, że każdy klan miał pewne określone tabu; i tak na przykład klan czarnych ramion miał zakazane spożywanie niektórych części bawołu. Inny klan miał zabronione jedzenie jelenia, inny zaś niedźwiedzia. Można powiedzieć, że zarówno te zwierzęta, które były najbardziej niebezpieczne na polowaniu, jak i te, które ekonomicznie były najważniejsze dla plemienia, były przedmiotem zakazów totemicznych. Sam bawół w różnych swych częściach i organach był tabu dla siedmiu klanów. Spotykamy więc tu analogiczny stan rzeczy, jak w plemieniu Hererów w południowej Afryce, a mianowicie, że zwierzę stanowiące podstawę ekonomiczną plemienia odgrywa najważniejszą rolę w systemie zakazów totemicznych, ale równocześnie tabu albo ogranicza się tylko do części zwierzęcia, jak to ma miejsce u Omahów, albo też do specjalnie określonych egzemplarzy, jak to widzieliśmy u Hererów.

Omahowie mają również tradycje o powstaniu swych klanów. Tak na przykład klan czarnych ramion wierzy, że przodkowie jego byli bawołami i żyli pod wodą, podobne tradycje, które znamy jednak tylko ogólnikowo, istnieją i u innych klanów.

Stosunek między członkami klanu a totemem jest poza tym zaznaczony rozmaitymi faktami. Członkowie każdego klanu noszą włosy ułożone w imitację swego totemu. Istnieją różne ceremonie, których celem jest upodobnienie, zidentyfikowanie człowieka z jego totemem. Przy urodzeniu dziecka z klanu jelenia malują plamy na dziecku, ażeby je uczynić podobnym do małego jelonka. Przy śmierci człowieka z klanu czarnych ramion istnieje rytuał pogrzebowy, którego celem jest wyprawienie ducha zmarłego na tamten świat, ażeby się połączył z przodkami-bawołami. Poza tym każdy klan posiada władzę wykonywania pewnych, zresztą bardzo prostych ceremonii magicznych celem osiągnięcia danego praktycznego rezultatu, na przykład przeciw plagom szkodliwych ptaków lub robaków. Jeden klan wykonuje znowuż pewną ceremonię przy pierwszym piorunie, ażeby go unieszkodliwić.

Widać więc stąd, że tradycja co do pochodzenia klanów, ceremonie przy urodzeniu i śmierci, imiona osobiste związane z totemem, sposób noszenia włosów naśladujący pewne cechy totemu, ceremonie magiczne, dające członkom niektórych klanów władzę nad pewnymi elementami przyrody (jakkolwiek nie wyłącznie nad totemem) — to wszystko wyraża związek między człowiekiem a totemem. Związek ten zaś, jak widać, określony jest tu w sposób bardzo zbliżony do innych form totemizmu. Tak jak zawsze, tutaj też na pierwszy plan występują zakazy totemiczne. Mają one niewątpliwie duże znaczenie ekonomiczne; przestrzeganie ich zaś, połączone z trudnościami i prywacjami, jest nieomylnym symptomem, że związek człowieka z totemem jest rzeczą ważną dla tego ludu. Szczególnie ważna jest forma, jaką u Omahów przybierają tabu totemiczne, charakterystyczna dla rozwoju, któremu podlegają zakazy totemiczne w wyższych stadiach ekonomicznej organizacji. Ogólnie mówiąc, tabu obejmuje najdonioślejsze źródła pokarmu, ale ogranicza się do pewnych, specjalnych części totemu bądź też do specjalnych obozów.

Do rodziny Dakotów należy także plemię Ponka. Jest ono podzielone na szesnaście klanów totemicznych, których ustrój, a także wierzenia regulujące go są bardzo zbliżone do totemizmu Omahów — o ile wiadomo, znacznie bowiem mniej o nich wiemy. Klany Ponków też są podzielone na dwie fratrie układające się w obozowisku kołem, w którym każdy klan ma swoje stałe miejsce.

Bawół, który odgrywa wielką rolę w ekonomicznym życiu Ponków, jest u nich również jednym z najważniejszych totemów, gdyż jego tabu obejmuje aż osiem klanów.

Podział klanów na dwie fratrie i stały układ tychże w obozowisku istnieje także u plemion Siuksów, Kansas i Iowa. U pierwszych z nich istnieją pewne ceremonie magiczne, których celem jest wstrzymanie śnieżycy lub burzy, a więc ceremonie typu *intichiuma*; u drugich znamy tradycje o pochodzeniu klanu od zwierzęcia totemicznego. U innych Siuksów, mianowicie u Mandanów — o których totemizmie mało wiemy poza tym, że istnieje, to znaczy że plemię podzielone jest na klany — godne uwagi są ceremonie magiczne typu *intichiuma* odnoszące się do zwierzęcia ekonomicznie najważniejszego dla tego plemienia, do bawołu, i do najważniejszego pokarmu roślinnego, do kukurydzy. Ceremonie te nie są jednak ściśle totemiczne, ponieważ biorą w nich udział wszyscy członkowie plemienia. Każdy dorosły mężczyzna musi mieć skórę z głowy bawołu z rogami i być stale w pogotowiu, aby na dany znak ją przywdziać i w takim przybraniu rozpocząć taniec na placu publicznym. Niektórzy tancerze noszą całkowite skóry bawole z rogami, kopytami i ogonem. Rozkaz do rozpoczęcia tańca wodzowie wydają wtedy, kiedy od dłuższego już czasu nie widać bawołów i głód zaczyna dokuczać mieszkańcom. Wówczas dziesięciu do piętnastu mężczyzn w przebraniu ze skóry bawolej rozpoczyna taniec, w którym naśladuje ruchy i dźwięki tych zwierząt, czyniąc to aż do kompletnego wyczerpania. Gdy który z tancerzy czuje się już zupełnie wyczerpany, słania się w tańcu, wówczas jeden z wojowników stojących naokoło strzela doń z łuku tępą strzałą. Tak ugodzony tancerz pada na ziemię, a towarzysze wyciągają go poza koło tańczących; natychmiast miejsce jego zajmuje kto inny i tak taniec trwa bez przerwy aż do osiągnięcia skutku, to jest aż do chwili, kiedy wojownicy rozstawieni na czatach dadzą znać, że bawoły już nadciągają. Przez cały czas tańca bije się w bębny, śpiewa i krzyczy, wszystko po to, aby tym silniej przyciągnąć zwierzynę. Ta ceremonia nie jest wykonywana w określonym sezonie ani też periodycznie, ale zawsze wówczas, gdy okazuje się ku temu potrzeba. Natomiast Mandanowie wykonują periodycznie, na wiosnę, inną ceremonię, której celem jest podniesienie płodności bawołów. Tutaj treścią ceremonii jest przedstawienie aktu rozrodczego przez ludzi przebranych w skóry bawołu. Ceremonia ta jest pełna wielu groteskowych rytów, a nawet towarzyszą jej fakty rzeczywistej rozwiązłości.

Również na wiosnę Mandanowie odbywają ceremonię magiczną, której celem jest zapewnienie obfitego zbioru kukurydzy. W ceremonii tej uczestniczą głównie stare kobiety, tańcząc i jedząc rytualnie suszone mięso i kukurydzę.

Podobne ceremonie związane z użyźnieniem kukurydzy wykonują członkowie innego plemienia Siuksów, Minnetaree. Ceremonie te, jakkolwiek nie ściśle totemiczne, bo żaden klan nie ma na nie monopolu, są ciekawe jako analogia ceremonii *intichiuma*. Istnienie ceremonii tak bardzo zbliżonych u ludów tak oddalonych i w warunkach tak odmiennych, jak w Australii i w Ameryce Północnej, dowodzi, że są one wyrazem pewnych głębokich właściwości natury ludzkiej, których zbadanie i głębsza analiza rzuciłaby niewątpliwie ciekawe światło na obie strony tych ceremonii: ekonomiczną i magiczno-religijną.

Spośród innych narodów indiańskich na specjalną uwagę zasługują Irokezi z powodu wysokiego stopnia swej kultury i dokładnych informacji, które o nich posiadamy, głównie dzięki badaniom sławnego etnologa amerykańskiego Lewisa H. Morgana. Ale właśnie być może z powodu jednostronnego zainteresowania się tego badacza wyłącznie organizacją społeczną nic nie wiemy o wierzeniowej stronie totemizmu Irokezów. Naród ten, składający się z sześciu plemion, dzieli się niezależnie od tego podziału na osiem klanów. Klany niedźwiedzia, wilka, bobra i żółwia stanowią jedną fratrię; klany jelenia, bekasa, jastrzębia i sokoła — drugą. Ścisła solidarność łączy członków klanu poprzez różnice plemienne. Każdy klan ma specjalne imiona, które nadaje się jego członkom. Imiona te nie stoją jednak w żadnym związku ze zwierzęciem totemicznym klanu. Przynależność do klanu, własność, stanowisko społeczne, tytuły — wszystko to jest dziedziczone w linii żeńskiej. Bardzo wyraźnie zarysował się podział na dwie grupy, czyli fratrie. Są one przede wszystkim egzogamiczne. Członków fratrii obowiązuje solidarność w razie, gdyby ktokolwiek spośród nich został skrzywdzony. Na całej fratrii ciąży obowiązek wykonania wendety bądź też pokojowego załatwienia sprawy przez zadośćuczynienie ze strony winnego. Jedność fratrii wyraża się również w ceremoniach pogrzebowych, podczas narady plemiennej, przy wyborze sachemów (wodzów), nawet przy grze w piłkę. Każda fratria ma swoje własne rytuały religijne i sprawuje je na własną rękę, ale o tych *medecine lodges* bardzo mało co wiemy.

W ogóle więc znamy dobrze społeczną stronę totemizmu Irokezów. Nic prawie natomiast nie wiadomo o jego wierzeniowej stronie. Prawie nic nie wiemy o religijnych funkcjach fratrii, nic zaś zupełnie o religijnych funkcjach klanu. Nie znamy żadnych *mitów* we właściwym tego słowa znaczeniu o pochodzeniu klanu od jego totemu, bo odnośne opowiadania nie odgrywają, o ile wiadomo, żadnej roli społecznej. Imiona własne, które ma każdy klan, nie mają, jak zaznaczono, nic wspólnego z totemem. Najważniejszy jednak jest tutaj zupełny brak informacji o zakazach totemicznych, o których u Irokezów, tak jak i u prawie wszystkich innych plemion indiańskich, nic nie wiemy. Stosunek więc między człowiekiem a totemem u Irokezów jest dla nas całkiem nieokreślony i nie wiadomo zupełnie, jak im się ten stosunek przedstawia, czy mają w ogóle jakiekolwiek wyobrażenia o nim, czy też nazwy zwierzęce są wyłącznie etykietami klanów, zwierzę zaś jest z klanem związane tylko przez nadanie tej nazwy, to znaczy faktycznie całkiem nie związane.

Totemizm podobny do totemizmu Irokezów mają Huroni, plemię Irokezom pokrewne. Podzieleni są na dwanaście klanów, których wszystkie totemy są zwierzętami i które rozpadają się na dwie egzogamiczne fratrie. Pięć z tych dwunastu klanów ma za totemy żółwie, co ma związek z tym, że żółw odgrywa bardzo wielką rolę w mitologii Huronów i w całej ich organizacji społecznej. Każdy klan ma specjalne imiona. Widać stąd, że o ile nam wiadomo, totemizm Huronów, jakkolwiek znacznie mniej znany, jest bardzo podobny do totemizmu Irokezów.

Nie opisujemy już totemizmu innych plemion zamieszkujących prerie, ponieważ to, co zostało powiedziane o plemionach Dakota,

Irokezach i Huronach, jest wystarczające dla zilustrowania totemizmu Indian Prerii.

Odmienny typ natomiast przedstawia totemizm Indian północno-zachodniej części kontynentu. Plemiona te zamieszkują częściowo wilgotne i ciepłe wybrzeża Kolumbii Brytyjskiej osłonięte od wschodu grzbietem Gór Skalistych i ogrzewane ciepłym prądem japońskim, częściowo zaś mroźne przestrzenie Alaski i suche, nieurodzajne wnętrze kontynentu na wschód od Gór Skalistych. Żyją one głównie z myślistwa i rybołówstwa. Plemię Tlingit, mieszkające na wybrzeżu południowej Alaski, podzielone jest na dwie fratrie totemiczne, kruka i wilka, które znowuż rozpadają się na osiemnaście klanów mających totemy wyłącznie zwierzęce. Fratrie są egzogamiczne. Każda z nich wywodzi się od mitycznego bohatera; fratria kruka od bohatera Jehl, fratria wilka od bohatera Kanook. Klany totemiczne nie są lokalne, żyją pomieszane ze sobą. W klanach nie ma wyraźnych tradycji o pochodzeniu od poszczególnych bohaterów, jakkolwiek istnieją dość nieokreślone wierzenia o tym. Najbardziej charakterystyczny dla totemizmu plemienia Tlingit, jak i innych plemion północno-zachodnich w ogóle, jest niezmierny rozwój sztuki heraldycznej. Istnieje u nich cały system odznak czy herbów totemicznych rzeźbionych w drzewie, które odgrywają ważną rolę w życiu społecznym tych plemion. Każdy klan Tlingitów ma swój herb, który zazwyczaj przedstawia część jego zwierzęcia totemicznego. Takie herby są wyrżnięte lub wymalowane na domach, łodziach, wiosłach, kołdrach, przedmiotach codziennego użytku, tarczach itd., a przy uroczystych okolicznościach, jak pogrzeby, tańce, święta pamiątkowe, ludzie często występują kompletnie przebrani za swoje totemiczne zwierzęta. Herby te i odznaki nie są ściśle zlokalizowane w klanie, ta sama odznaka może być używana w kilku klanach, a ludzie bardzo bogaci mogą używać tylu herbów, ile im się podoba. Niemniej jednak członkowie każdej fratrii mają prawo do pewnych motywów zwierzęcych, a także każdy klan ma swój herb, który specjalnie ceni. Herby te są także wymalowane na twarzach mężczyzn. Najciekawszą jednak i najlepiej znaną formą plastycznego przedstawiania totemów w północno-zachodniej Ameryce są słupy totemiczne.

Są to pnie drzewne nieraz niezmiernej wielkości, na których od góry do dołu rzeźbione są na przemian figury zwierząt i ludzi jako przedstawienie totemicznych przodków człowieka. Słupy takie mogą być dwojakiego rodzaju. Albo stoją one w pobliżu domu i wówczas są po prostu inną formą znaków heraldycznych, albo też mieszczą one w sobie prochy zmarłego człowieka i wówczas są rodzajem grobowca i pomnika zarazem. W ogóle wszystkie znaki totemiczne, wszystkie plastyczne przedstawienia totemów mają swoją legendę, w której jest wyjaśnione ich powstanie i znaczenie.

Plemię Haida, zamieszkujące Wyspy Królowej Charlotty, ma bardzo podobne formy totemizmu. Plemię to rozpada się na dwie fratrie, kruka i orła, podzielone znowuż na pewną liczbę klanów totemicznych, z których każdy nazwany jest wedle jakiegoś zwierzęcia. I u nich wybitną rolę odgrywają znaki heraldyczne, których każda grupa totemiczna ma po kilka, istnieją też legendy o powstaniu herbów totemicznych. Plemię Kwakiutlów, zamieszkujące część wyspy Vancouver i przylegające wybrzeże Kolumbii Brytyjskiej, podzielone jest na pięć klanów: bobra, osła, wilka, kruka i delfina. Są one egzogamiczne i każdy klan ma jeden lub więcej znaków heraldycznych i legendy wyjaśniające ich znaczenie. W niektórych z tych legend przodek klanu spotkał zwierzę totemiczne i zaprzyjaźnił się z nim, w innych samo zwierzę jest przodkiem klanu. Nie wiadomo, jak dalece te legendy są związane z funkcjami społecznymi klanu. Tabu totemiczne nie zostało stwierdzone u wymienionych plemion, natomiast wiadomo, że istnieje u plemienia Tsimszian. U tegoż plemienia istnieją tańce ceremonialne, które są przedstawieniami dramatycznymi mitów.

W ogóle wiadomości, które Frazer podaje o tych plemionach, są bardzo skąpe i niewystarczające do tego, ażeby można było wniknąć bądź w wierzeniową, bądź w społeczną stronę totemizmu. Niewiele wiemy o społecznej stronie ich mitologii, z drugiej zaś strony klany totemiczne przedstawiają się niejasno, ponieważ mało wiemy o ich funkcjach społecznych.

Jeszcze mniej głęboko możemy wniknąć w istotę totemizmu na podstawie wiadomości, które posiadamy o wierzeniach i organizacji Indian Pueblo [81]. Zamieszkują oni płaskowzgórze stanów Arizona i Nowy Meksyk poprzerzynane olbrzymimi przepaściami, kanionami, jak je tam nazywają. Na wystających zrębach skał, na samotnie stojących szczytach budują oni wioski obronne, ażeby uchronić się od napaści swych wojowniczych sąsiadów, Apaczów i Nawahów. Żyją z rolnictwa, głównie z hodowli kukurydzy.

Wioski plemienia Hopi położone są na samoistnych blokach piaskowca, wzniesionych jakieś pięćset do ośmiuset stóp nad najbliższymi źródłami, z których wodę kobiety muszą przynosić w dzbankach na głowach, wchodząc po wąskich i spadzistych schodkach. Domy wznoszą się tarasami jedne nad drugimi. Indianie ci mają pewną formę totemizmu. Klany ich są niezmiernie małe, liczą zazwyczaj tylko po parę osób i ugrupowane są w większe jednostki społeczne, fratrie. Dawniej fratrie te były egzogamiczne, dziś nawet członkowie tego samego klanu żenią się między sobą. Zarówno majątek, jak i przynależność do klanu dziedziczne są w linii żeńskiej. Mieszkańcy wioski Wualpi, należącej do plemienia Hopi, podzieleni są na dwanaście fratrii, które znów rozpadają się na mniejsze klany. Każdy z takich klanów jest bardzo nieliczny, jest ich bowiem przeszło sto; ponieważ zaś wioska liczy około trzystu mieszkańców, więc na każdy klan przypadają średnio trzy osoby. Większość totemów stanowią zwierzęta i rośliny, poza tym jest parę zjawisk przyrody, jak grzmot, śnieg i deszcz, i parę przedmiotów domowego użytku. Każdy klan ma swoją tradycję i pewne ceremonie mające dość duże znaczenie w życiu społecznym. Nic jednak określonego o tym wszystkim nie wiemy, tak że fakty te mało pogłębiają nasze wiadomości o totemizmie.

Na zakończenie przeglądu zjawisk totemicznych trzeba parę słów wspomnieć o specjalnej formie, jaką wierzenia o związku człowieka ze zwierzęciem przyjmują u niektórych plemion Ameryki Północnej [82]. Istnieje u nich wiara w duchy opiekuńcze (*guardian spirits*, jak je nazywa Frazer) — coś, co by można w przy-

---

[81] *Ibid.*, s. 195 - 241.

[82] O totemizmie w Ameryce Południowej jest bardzo mało do powiedzenia. Frazer załatwia się z tymi faktami w trzech krótkich rozdziałach, por. *ibid.*, s. 557 - 583.

bliżeniu określić jako totemy indywidualne, stoją one bowiem w związku nie z grupą społeczną, klanem, ale z pojedynczym człowiekiem. Instytucja ta ma bardzo wiele cech wspólnych z właściwym totemizmem, jeśli chodzi o stronę wierzeniową. I tu, i tam z totemem wiąże się tabu. Przy tym trzeba jeszcze pamiętać, że we właściwym totemizmie właśnie w Ameryce Północnej nic nie wiemy o tabu, z wyjątkiem plemienia Omaha. Gdy zwierzę będące duchem opiekuńczym jest ważnym źródłem pokarmu, wówczas tabu rozciąga się tylko na pewne jego części; jest to rys spotkany już przy totemizmie. W wypadku duchów opiekuńczych istnieje wiara, że duch przekazuje swoje własności swemu pupilowi, tak samo jak totem nadawał je klanowi w wielu wypadkach. Zasadnicza różnica leży oczywiście w społecznej stronie: duch opiekuńczy jest patronem danego indywiduum, totem jest patronem grupy społecznej. Stąd wynika, że totemizm ma ważny i rozgałęziony wpływ na życie społeczne, reguluje stosunki wzajemne członków wewnątrz grupy i zewnętrzne stosunki grup jako całości. Wiara zaś w duchy opiekuńcze nie odgrywa prawie żadnej roli w organizacji społecznej. Ta różnica jest oczywiście zasadnicza, tak że lepiej wraz z Frazerem ograniczyć pojęcie i termin „totemizm" do zjawisk o społecznym wpływie, a wierzenia indywidualne inaczej nazwać i podkreślić tym ich odmienny charakter. Ważna różnica między tymi dwoma instytucjami polega też na tym, że totem się dziedziczy, duch opiekuńczy zaś jest zawsze osobiście pozyskany przez człowieka, który mu podlega. W plemieniu Algonkinów na przykład chłopiec w wieku lat czternastu, piętnastu czerni twarz i udaje się do samotnego i oddalonego miejsca, gdzie przez parę dni pozostaje sam, zupełnie nic nie jedząc i oddając się kontemplacjom. Wyczekiwanie oparte na przesądnej wierze, zmęczenie i głód robią swoje, we śnie doznaje wizji przeróżnych, w których najczęściej i to na pierwszym planie pokazuje mu się pewne zwierzę albo przedmiot. Otóż rzecz ta, będąca główną treścią jego snów, staje się na resztę życia duchem opiekuńczym człowieka. Stoi ona w ścisłym związku z jego charakterem, usposobieniem bądź też przyszłym powołaniem. Człowiek predestynowany na wojownika będzie śnił prawdopodobnie orła lub niedźwiedzia, myśliwy — wilka, szaman — węża itd. Przez całe życie Indianin nosi przy sobie jako rodzaj amuletu rzecz, którą śnił, albo też jej część: kawał kości, pióro, skórę węża, kłak sierści itp. Indianin oddaje temu patronowi rodzaj kultu, składa mu ofiary z tytoniu, dziękuje mu w pomyślności, zwraca się doń w nieszczęściu. Wizje więc tej decydującej chwili, kiedy młody chłopiec wśród postu i samotności szuka swego ducha opiekuńczego, odgrywają ważną rolę w dalszych losach człowieka. Pewien wódz Dakotów, jakkolwiek pochodził z rodziny wojowników, nigdy nie był na wojnie, ponieważ we śnie inicjacyjnym śnił o antylopie, która była duchem pokojowym jego plemienia. Pomimo to był on wielce szanowany w plemieniu i nikt nie podejrzewał go o tchórzostwo.

Na pierwszy rzut oka widać, że instytucja, o której mowa, nie będąc totemizmem, ma z nim dużo wspólnego i rzuca nań ważne i ciekawe światło. Będziemy mieli sposobność krótko jeszcze wspomnieć o tym przedmiocie przy omawianiu teorii totemizmu, do której się obecnie zwracamy, kończąc przegląd faktów totemicznych.

III

W poprzednich dwóch częściach tego artykułu podaliśmy krótki przegląd faktów totemicznych. Obecnie przystąpimy do przedstawienia Frazerowskiej teorii totemizmu.

Jak kilkakrotnie zaznaczaliśmy powyżej, przegląd zjawisk totemicznych podany przez Frazera jest zestawieniem opisów czerpanych ze źródeł i powtórzonych *in crudo*, tak jak je autor tam znalazł. Jest to po prostu kompilacja dokonana z niezmierną erudycją, bardzo wartościowa dla studiującego, ale nie przetrawiona i nie ujęta w ramy teoretyczne. Nie ma tam żadnego opracowania faktów, zebrania ich w jakiś schemat, wyodrębnienia typowych form i istotnych elementów, nie ma podziału na grupy ani nawet ogólnej charakterystyki totemizmu w różnych prowincjach etnograficznych. Autor właściwie niczym nie ułatwia orientacji, jasnego i szybkiego rozejrzenia się w faktach. Jeżeli zadanie nauki widzimy w ścisłym i zwięzłym opisie i ujęciu faktów osiągniętym przez dokładną ich klasyfikację, stworzeniu uogólnień i podciągnięciu pod tak utworzone pojęcie faktów specjalnych, w takim razie dzieło Frazera, które nic z tego nie daje, nie jest we właściwym słowa znaczeniu dziełem naukowym.

Pisane pięknie i pełne interesujących dygresji, czyta się łatwo, ale ciężko się przyswaja i bynajmniej nie jest łatwe pojęciowe strawienie materiału tam zawartego. Można by się przynajmniej spodziewać, że w części teoretycznej autor wynagrodzi te braki, przedstawi retrospektywnie nić wiążącą fakty i drogę odbytą wśród chaosu zjawisk luźnie zebranych, spojrzeniem wstecz pozwoli ujrzeć je w zwięzłej i organicznie związanej perspektywie. Tak jednak nie jest. Teoretyczna część, zawarta w czwartym tomie, jest bardzo krótka — w tym nie byłoby jeszcze nic złego! — ale jakościowo jest zupełnie niedostateczna. Składa się ona z trzech rozdziałów. W pierwszym, najkrótszym [83], zawarte są uwagi ogólne o niektórych właściwościach totemizmu i egzogamii. W rozdziale drugim [84] podane są badania autora i innych nad początkami totemizmu. W trzecim na koniec [85] mowa jest o początkach egzogamii. W tych dwu ostatnich rozdziałach badane są problemy specjalne, nie mogące rzucić światła na systematykę zjawisk totemicznych, jedynym więc miejscem, w którym autor mógł był poświęcić parę słów temu ważnemu zadaniu, jest czterdzieści stron rozdziału pierwszego; ale jak się przekonamy, nawet tam nie ma tego, czego by się można spodziewać.

Rozpocznijmy od rozdziału trzeciego — o początkach egzogamii — ponieważ przedmiot ten nie będzie nas dłużej interesował, trzeba się więc z nim od razu szybko uporać [86].

---

[83] Pod tytułem *Totemism and Exogamy*, s. 1 - 40.

[84] *The Origins of Totemism*, s. 40 - 71.

[85] *The Origins of Exogamy*, s. 71 - 169.

[86] Poglądy Frazera na egzogamię zostały podane w paru słowach już wyżej przy omawianiu faktów australijskich. W samej rzeczy czytając wywody zawarte w trzecim rozdziale czwartego tomu ma się wrażenie, że autor miał przed oczyma wyłącznie tamte fakty. Tutaj rozwija on swoje poglądy tylko trochę szerzej i dlatego raz jeszcze trzeba do nich na krótko powrócić.

Po krytyce i odrzuceniu teorii McLennana, Westermarcka i Durkheima o początkach egzogamii Frazer przyjmując mniej więcej poglądy Morgana, rozwija następnie swoje, pokrewne. Według Frazera egzogamia powstała jako świadoma reforma przeprowadzona w czasach, kiedy ludzkość znajdowała się w stadium promiskuityzmu, to znaczy ogólnej, niczym nie uregulowanej kohabitacji [87]. Celem tej reformy, dokonanej przez jakichś pierwotnych a mądrych prawodawców, było zapobieżenie kazirodztwu. Frazer bowiem przyjmuje, że wstręt do kazirodztwa wytworzył się i był bardzo wyraźny przed zaprowadzeniem reformy.

Skąd jednak się ten wstręt wziął i jaką rację mieli ludzie, ażeby przeprowadzić tak skomplikowaną i daleko idącą reformę? Frazer sam jasno rozumie i przyznaje, że nie mogło to być uświadomienie sobie przez dzikich jakichś praw biologicznych, co do których zresztą nawet współcześni uczeni nie są całkiem w zgodzie; ani, tym mniej, jakieś moralne wyobrażenia, które są zawsze skutkiem społecznego stanu rzeczy, nigdy jego przyczyną. Ażeby wywikłać się z tej trudności, Frazer robi przypuszczenie, że wstręt do kazirodztwa spowodowany był zabobonną wiarą w jego szkodliwy wpływ na płodność ludzi i zwierząt. Przypuszczano, że stosunki bliskich krewnych wywołują w plemieniu bezpłodność i zagrażają ogólnym źródłom żywności, przeszkadzając zdolnym zwierzętom rozmnażać się i jadalnym roślinom rozrastać się, czyli, krótko mówiąc, przypuszczano, że skutkiem kazirodztwa jest bezpłodność kobiet, zwierząt i roślin [88]. Podobne przesądy istnieją obecnie u wielu ludów.

---

[87] Jak wiadomo, taki stan społeczny postulowany był przez L. H. Morgana, którego teorie o pierwotnych formach rodziny i ich rozwoju Frazer na ogół akceptuje. Teorie te były nieraz poddawane zasadniczej krytyce, zwłaszcza zaś hipoteza pierwotnego promiskuityzmu, w którą dziś już mało kto wierzy. Najszersza i najbezwzględniejsza krytyka poglądów Morgana znajduje się w klasycznym dziele E. A. Westermarcka *History of Human Marriage* [1 wyd. 1891, 5 wyd. London 1921, 3 t.] (istnieją przekłady niemiecki i francuski).

[88] J. G. Frazer, *Totemism and Exogamy*, t. 4, rozdz. 3.

Każda taka teoria, podana w skróceniu, pozbawiona siły argumentów szczegółowych i materiału faktycznego przytoczonego na jej poparcie, musi tracić i wydawać się słabsza, niż jest w istocie. Teoria Frazera jednak niewiele zyskuje przy czytaniu jej *in extenso*. Teoria ta jest szeregiem hipotez o pierwotnym promiskuityzmie, o świadomie przeprowadzonej wielkiej reformie społecznej, o wstręcie do kazirodztwa, o zabobonnym źródle tegoż — hipotez, które odnoszą się wszystkie do „pierwotnego" stanu ludzkości, a są tak bardzo specjalne i konkretne, że nie dadzą się ani udowodnić, ani nawet uczynić prawdopodobnymi przez ogólne rozważania o naturze człowieka pierwotnego. Pomimo to mogłyby mieć wartość jako hipotezy czyste, gdyby otwierały teoretycznie szersze horyzonty, gdyby w ich świetle można było ugrupować fakty w jakiś nowy, organicznie powiązany sposób. Tak jednak nie jest, teoretycznie nie dają one nic nowego i nie pozwalają na głębsze ujęcie faktów. Gorzej, są zupełnie fałszywe z ogólnych względów. Główny pogląd Frazera — egzogamia jako wynik świadomej reformy — jest całkowicie przeciwny naukowym zasadom, według których wszelkie zasadnicze zmiany społeczne muszą się odbywać powoli, pod działaniem różnorodnych sił jako wynik zarówno świadomych, rozmyślnych czynów grup czy jednostek, jak też zmian zupełnie automatycznych i niedostrzeżonych przez społeczeństwo, przy czym ten drugi czynnik odgrywa niewątpliwie znacznie donioślejszą rolę. Wybrać tedy jeden z najmniej ważnych czynników społecznych przemian i powiedzieć: „w tym wypadku świadoma reforma była wyłączną przyczyną wszystkiego, co się stało" — jest gorzej, niż nic nie powiedzieć. Przyjęcie hipotezy pierwotnego promiskuityzmu jest co najmniej naukowym anachronizmem. Co się zaś tyczy przypuszczenia, że wstręt do kazirodztwa oparty jest na zabobonnych wierzeniach w jego szkodliwość — to jest nie mniej naiwne. Wstręt taki, jeżeli istniał, musiał być niewątpliwie wskaźnikiem ważnych instynktów, ugruntowanych biologicznie, które mogły krystalizować się w rozmaite wyobrażenia zabobonne. Ale istotny był biologiczny stan rzeczy, wtórnym zaś zjawiskiem jego wyraz w wyobrażeniach dzikich. Frazer, szukając w tych przesądnych wyobrażeniach ostatecznej przyczyny egzogamii, odwraca w swej konstrukcji istotny porządek i dlatego ta teoria, czyli ten szereg hipotez przez niego postawionych, jest ze wszech miar do odrzucenia.

Egzogamia jest bez kwestii problemem biologicznym i tylko ogólne biologiczne rozważania mogą rzucić światło na istotę zagadnienia. Opinie biologów, przytoczone przez Frazera[89], wykazują dość duże różnice i rozbieżności w poglądach na tę sprawę. Jeżeli jednak, idąc za większością zdań, wolno przyjąć, że egzogamia przedstawia formę życia płciowego korzystniejszą dla gatunku niż nieograniczona endogamia, to istotna część zagadki jest rozwiązana: wiemy bowiem, jakiej natury są siły, które prowadzą ludzkość w tym kierunku. Badanie dróg, którymi postępowała ewolucja, może dać bardzo ciekawe rezultaty.W każdym wszakże razie trzeba by zrzec się przede wszystkim uprzedzenia, że taka droga była jedna, że wszystkie grupy przebiegały ją jednakowo i że wyobrażenia, które u dzikich wytworzyły się jako odpowiedniki pewnych instynktów, były wszędzie te same.

Nie rozwodząc się bardziej nad problemem egzogamii, przechodzimy do streszczenia i krytyki pierwszego rozdziału, w którym zamieszczone są ogólne uwagi o totemizmie. Zagadnieniem, które Frazer stawia najpierw, jest zasadnicze pytanie, czy wszystkie fakty opisane pod nazwą totemizmu są odmianami właściwie jednego i tego samego zjawiska. Czy „totemizm" ma u wszystkich ludów, wśród których go spotykamy, dostateczną liczbę cech wspólnych, ażeby widzieć w nim coś zasadniczo jednolitego?

Pytania te Frazer zadaje, ale nie docenia bynajmniej ich doniosłości i formułuje je w sposób całkiem niedostateczny; są one zaś niezmiernie ważne. W samej rzeczy, ponieważ różne formy totemizmu bardzo różnią się między sobą, a całkiem identycznych form nie spotyka się nigdzie, dalej, ponieważ w ogóle spotykamy formy rudymentarne, niedoskonale rozwinięte, a raczej fragmenty

---

[89] *Ibid.*, s. 160 - 169.

totemizmu, w niewielu zaś tylko wypadkach Frazer stwierdzał istnienie totemizmu rozwiniętego w pełni i czysto — pytanie więc zasadnicze narzuca się samo przez się: czy różnice są istotne czy powierzchowne; czy zbiór cech, które uważamy za totemizm pełny i czysty, nie jest przez nas skonstruowany dowolnie i sztucznie? Otóż Frazer dotykając tego pytania, właściwie je omija i zbywa cały problem paru powierzchownymi uwagami. Pisze on po prostu: „Każdego, kto uważnie śledzi przedstawiony powyżej przegląd faktów, uderzy zasadnicze podobieństwo wierzeń i zwyczajów odkrywanych po kolei u różnych plemion należących do ras rozmaitych i mówiących odmiennymi językami w wielu bardzo odległych częściach świata. Co prawda miały miejsce też i różnice — czasem nawet znaczne — w szczegółach, ale w ogóle podobieństwa stanowczo przeważają, są tak liczne i bliskie, że zasługują na to, abyśmy je objęli jedną wspólną nazwą"[90]. Oto wszystko, co Frazer ma do powiedzenia o tym podstawowym problemie badania porównawczego!

Z dala od faktów, nie bawiąc się w porównania, nie wymieniając nawet konkretnie, co uważa za te „zasadnicze podobieństwa". a co za „różnicę w szczegółach", gołosłownie twierdzi, że zjawiska te zasługują na wspólną nazwę. Kiedy tu chodzi o rzecz zupełnie innej wagi, bo o to, czy zjawiska te mogą być podciągnięte pod jedno i to samo pojęcie! Po tak krótkim załatwieniu się z tym, co by właściwie wymagało traktatu porównawczego nad zjawiskami totemicznymi we wszystkich szczegółach, dalsza droga jest łatwa Pierwszym krokiem jest podanie definicji, innymi słowy określenie „czystego totemizmu". Sposób, w jaki Frazer do tego dochodzi, jest też w najwyższym stopniu naiwny. Szuka on po prostu „najprymitywniejszego" z ludów, u których spotykamy totemizm, i tam znalezioną formę uważa za „typową" i „czystą".

Ponieważ „najpierwotniejszym" z ludów totemicznych są Australijczycy, spośród nich zaś, według Frazera, plemiona central-

[90] *Ibid.*, s. 3.

ne, zwłaszcza plemię Arunta, tam więc trzeba się zwrócić celem znalezienia totemizmu czystego *par excellence*[91]. Mając australijski totemizm przed oczyma autor daje definicję: „Totemizm jest to ścisły związek między grupą ludzi spokrewnionych z jednej strony i gatunkiem naturalnych lub sztucznych przedmiotów z drugiej"[92]. Zdanie takie może być dobre na początku traktatu naukowego jako prowizoryczne określenie terminu, ale nie jako ścisła definicja, jako ostateczny wynik tak mozolnej pracy!

W dalszym ciągu omawianego rozdziału Frazer powtarza ulubione swoje twierdzenie, że totemizm nie jest religią, że jest tylko „zbiorem przesądów i praktyk magicznych"[93]; określa stosunek człowieka do totemu jako formę przyjaźni i powinowactwa[94] i twierdzi, że z wyobrażeń tych (o pokrewieństwie czy powinowactwie) wypłynął system zakazów zabijania i spożywania totemu, tabu totemiczne[95]. Totemizm jest dawniejszy od egzogamii i te dwa zjawiska nie są właściwie związane ze sobą, powstały niezależnie jedno od drugiego[96]. Następnie Frazer bada wpływ totemizmu na niektóre strony życia społecznego, przede wszystkim na rozwój organizacji ekonomicznej, i tu dochodzi do rezultatów negatywnych. Wprawdzie niektóre zjawiska totemiczne są w pewnym stopniu podobne do faktów ekonomicznych w ścisłym znaczeniu tego wyrazu, ale podobieństwo to jest tylko zewnętrzne. Właściwie wpływ totemizmu na rozwój gospodarki jest prawie

---

[91] Frazer w miejscu, które obecnie streszczam, nie rozumuje *explicite* w sposób tu przedstawiony (por. *ibid.*, rozdz. 1), ale rozumowanie takie jest zawarte *implicite* w całym ujęciu totemizmu. Por. pierwszą część niniejszego artykułu o totemizmie australijskim i J. G. Frazer, *Totemism and Exogamy*, t. 1, s. 89 - 172. W rozdziale, o którym mowa, gdziekolwiek autor chce określić jakąś cechę czystego totemizmu, przytacza fakty ze środkowej Australii — plemię Arunta (por. *Totemism and Exogamy*, t. 1, s. 4 - 7 i passim).

[92] J. G. Frazer, *Totemism and Exogamy*, t. 4, s. 3, 4.

[93] *Ibid.*, s. 5, 6.

[94] *Ibid.*, s. 4, 5.

[95] *Ibid.*, s. 6 - 8.

[96] *Ibid.*, s. 8 - 11.

żaden [97]. Następnie autor rozwija wpływ totemizmu na ewolucję sztuki [98], na ewolucję religii, przy czym znajduje, że z totemizmu prawie nigdzie nie rozwinęła się religia [99]. Ale cały ten ustęp o religii i magii spaczony jest znowuż stanowiskiem zajętym przez autora w kwestii odróżnienia religii od magii [100]. Największą zasługę totemizmu dla rozwoju ludzkości znajduje Frazer w wytworzeniu solidarności klanowej, którą można uważać za podstawę wszelkiej organizacji społecznej [101]. Na tym kończą się ogólne teoretyczne rozważania Frazera o totemizmie jako o zjawisku socjologicznym i psychologicznym, o jego stosunku do pokrewnych zjawisk społecznych, o jego wartości dla rozwoju organizacji społecznej i kultury — w ogóle wszystko, co autor miał do powiedzenia o tym zjawisku, poza specjalnym problemem jego „początku". Jak widać, jest to trochę za mało!

W drugim rozdziale czwartego tomu Frazer rozpatruje specjalne, ale nie mniej zasadnicze zagadnienie „początku totemizmu". Najprzód podaje on przegląd szeregu dawniejszych teorii (Spencera, Lubbocka, Haddona i paru innych, mniej znanych etnologów amerykańskich) oraz krytykę tych teorii. Potem Frazer przedstawia swoje trzy teorie początków totemizmu, które kolejno rozwijał był i odrzucał. Obecnie uznaje tylko trzecią z nich.

---

97 Frazer w tej dyskusji mówił prawie wyłącznie o ceremoniach *intichiuma*, o których była mowa przy opisie totemizmu australijskiego. Frazer jednakowoż nie widzi właściwej strony ekonomicznej tych ceremonii. Powyżej, w pierwszej części tego artykułu, s. 26, 39, pokrótce zaznaczyłem, do jakiego stopnia można by mówić o ekonomicznym znaczeniu tych obrzędów. Uwagi swoje opracowałem szerzej w artykule *The Economic Aspect of the «Intichiuma» Ceremonies* (w: *Festskrift tillägnad Edward Westermarck i Anledning av hans femtioårsdag den 20 november 1912*, Helsingfors 1912 [s. 81 - 108]).

98 J. G. Frazer, *Totemism and Exogamy*, t. 4, s. 24 - 27.

99 *Ibid.*, s. 27 - 38.

100 Por. drugą część tego artykułu, s. 58 - 69.

101 J. G. Frazer, *Totemism and Exogamy*, t. 4, s. 38 - 41.

Pierwsza teoria Frazera [102] podporządkowuje pojęcie totemizmu ogólniejszej koncepcji „duszy zewnętrznej". W wielu wierzeniach ludów pierwotnych można odnaleźć wyobrażenie, że dusza człowieka, jego życie, szczęście czy zdrowie są ściśle związane i uzależnione od jakiegoś przedmiotu zewnętrznego. Istnienie tego wyobrażenia Frazer wraz z kilku innymi badaczami wykazał w wielkiej liczbie przypadków [103].

Totem — zwierzę, roślina lub przedmiot — jest według pierwszej teorii Frazera specjalnym przypadkiem takiej „duszy zewnętrznej". Według pierwotnych wyobrażeń totemicznych człowiek „[...] wierzy, iż dusza jego umieszczona jest dla bezpieczeństwa w jakimś zewnętrznym przedmiocie, takim jak zwierzę lub roślina; nie wiedząc jednak, które indywiduum danego gatunku jest naczyniem jego duszy, oszczędza cały gatunek, bojąc się, ażeby właśnie nie wyrządzić szkody temu osobnikowi, z którym los jego jest związany" [104]. Nie wdajemy się nawet najogólniej w krytykę tej niezmiernie naiwnej teorii, ponieważ sam autor ją odrzuca.

W drugiej swej teorii Frazer stara się wyprowadzić istotę totemizmu z ceremonii *intichiuma* [105]. Totemizm był według niego systemem kooperatywy magicznej zaprowadzonej na podstawie wyobrażeń, że niektórzy ludzie czy grupy ludzi mają magiczną władzę rozmnażania pewnych zwierząt. W ten sposób totemizm zaprowadził podział pracy pomiędzy pewnymi grupami, na które plemię zostało podzielone, i tak stworzył klany totemiczne. I tę drugą teorię Frazer z czasem odrzucił.

W swej ostatniej teorii, jedynej, którą obecnie uznaje, Frazer dopatruje się początków totemizmu w wyobrażeniach i przesądach

---

[102] Pierwotnie przedstawiona w *The Golden Bough* (t. 2, s. 322 i nast.) [chodzi tu o wydanie drugie z 1900 r.].

[103] Por. J. G. Frazer, *Totemism and Exogamy*, t. 4, s. 53, a także odnośniki 1 i 2, gdzie Frazer przytacza opinie E. Clodda i G. A. Wilkena i bibliografię przedmiotu.

[104] *Ibid.*, s. 54.

[105] Por. pierwszą część tego artykułu o totemizmie australijskim, s. 19 - - 29, i mój artykuł *The Economic Aspect of the «Intichiuma» Ceremonies.*

pierwotnych o nadprzyrodzonym wcielaniu się ludzi. Innymi słowy, szuka klucza do rozwiązania zagadki totemizmu w wierzeniach plemion środkowej Australii, o których szeroko mówiliśmy powyżej. Frazer przyjmuje, że ongiś nieświadomość o rzeczywistym przebiegu prokreacji była ogólna — hipoteza, którą ze wszech miar trzeba uważać za uzasadnioną [106]. Wyobrażenia zaś o tym, w jaki sposób człowiek przychodzi na świat, były mniej więcej zbliżone — tak mówi Frazer — do tych, jakie dziś znajdujemy u niektórych plemion australijskich: skoro kobieta poczuje po raz pierwszy, że zaszła w ciążę, wyobraża sobie, że w tej chwili coś weszło, wcieliło się w nią. Według wierzeń Australijczyków wcielają się *spirit children*, co do których zresztą istnieją u różnych plemion różne, ale wszędzie bardzo określone i szczegółowe poglądy [107]. Otóż Frazer przypuszcza, że te wierzenia nie są zupełnie „pierwotne", ponieważ, jego zdaniem, wyobrażenia o *spirit children* są już wynikiem dość długiej ewolucji. Wśród zupełnie pierwotnych ludów, u kolebki totemizmu, wyobrażano sobie — powiada Frazer — że wcielały się wprost zwierzęta, rośliny bądź inne przedmioty, te właśnie, które z biegiem rozwoju musiały się stać totemami. Dlatego doniosłe jest odkrycie takich właśnie wierzeń u mieszkańców Wysp Banksa dokonane przez doktora Riversa [108]. To odkrycie jest, według Frazera, owym brakującym ogniwem w łańcuchu faktów totemicznych, na których opiera się jego teoria. W wierzeniach plemienia z Wysp Banksa odnajdujemy ten stan rzeczy, który był właściwie pierwotnym i istotnym totemizmem, takim jaki kiedyś wyznawała cała ludzkość.

Znając te wierzenia możemy wszystko zrozumieć i objaśnić wszystkie cechy totemizmu. Zgodnie z wierzeniami pierwotnymi każdy człowiek był uważany za wcielenie jakiegoś przedmiotu, zwierzęcia lub rośliny; stąd wynika ogólna identyfikacja człowieka z danym gatunkiem, a jako dalsza konsekwencja zakazy zabija-

---

[106] Por. co o tym powiedziałem w pierwszej części tego artykułu, s. 22 - 23.

[107] Por. *ibid.*

[108] Por. drugą część tego artykułu, s. 50.

nia, jedzenia, w ogóle niszczenia tego gatunku, czasem znów odwrotnie, nakaz spożywania gatunku totemicznego, ażeby się z nim łatwiej identyfikować. Teoria ta tłumaczy także, według Frazera, niezwykle rozległy zakres gatunków totemicznych, jak również i to, dlaczego czasem spotykamy wyobrażenie o magicznej władzy członków klanu nad gatunkiem totemicznym i o podobieństwie członków klanu ze zwierzęciem totemicznym. Ten ostatni punkt prowadzi nas do biologicznej podstawy, którą Frazer stara się skonstruować dla swojej teorii. Naiwna wiara ludów totemicznych w podobieństwo między członkami klanu i ich totemami nie jest, według Frazera, całkiem bezpodstawna. Jest faktem ogólnie znanym, że kobiety podczas ciąży łatwo podlegają wpływowi silnych wrażeń, które niekiedy w specyficzny sposób odbijają się na płodzie. Jest to tak zwane u nas zapatrzenie się. Otóż te fakty mogły być, według Frazera, przyczyną wierzeń we wcielenie się zwierząt, roślin lub przedmiotów w kobiety. W samej rzeczy, jeżeli w wielu wypadkach ludzie prymitywni zauważyli jakiś wyraźny wpływ wywarty przez daną rzecz na płód, mogli na tym oprzeć pogląd, że każde dziecko jest związane w jakiś mistyczny sposób z danym zwierzęciem, rośliną lub przedmiotem. Ponieważ zaś ludzie dzicy mają tendencję do ujmowania pojęć abstrakcyjnych w sposób konkretny, ogólny, więc związek został pojęty jako fizyczne wcielenie.

Ta biologiczna strona teorii Frazera byłaby niezmiernie interesująca i stawiałaby cały pogląd w zupełnie odmiennym świetle, gdyby nie okoliczność, że wisi ona zupełnie w powietrzu, opiera się bowiem na faktach biologicznych, o których poza domysłami nic pewnego nie wiemy. Zdaje się też wynikać z przytoczonych przez Frazera przykładów, że wpływ taki obserwowano tylko bardzo rzadko, w odosobnionych wypadkach, których interpretacja jest niewyraźna i że te fakty nie były nigdy dostatecznie naukowo zbadane. W każdym razie, mając nieliczne przykłady takiego przypadkowego wpływu, nie możemy mówić o „biologicznej podstawie totemizmu"! Ale ta biologiczna podstawa nie jest niezbędna dla teorii Frazera, której istotna część jest czysto psychologiczna i opiera się na tym mianowicie, że totemizm powstał na podstawie nieznajomości faktu ojcostwa oraz wiary we wcielanie się w kobiety zwierząt, roślin, a nawet niektórych rzeczy martwych, niezależnie od tego, czy wiara taka ma jakąś podstawę w fizjologii „zapatrzenia się", czy też jest czystym przesądem.

Przejdźmy obecnie do krytyki tej teorii w jej części istotnej. Głównym zarzutem, jaki można zrobić, jest ten, że opiera się ona na niewłaściwym postawieniu pytania, a to znów jest w związku ze sposobem, w jaki Frazer pojmuje totemizm [109]. Krytyka zasadnicza musi się więc odnieść do samego postawienia problemu i wykazać, gdzie problem się znajduje. Na razie jednak chcielibyśmy pokazać, że nawet jeśli staniemy na gruncie teorii Frazera i przyjmiemy jego własne postawienie problemu, to w jego poglądach znajdziemy wiele sprzeczności wewnętrznych i poglądy te nie wytłumaczą całej masy zjawisk, które według założenia autora tłumaczyć powinny.

Chodzi nam tu o jasne określenie, jak Frazer stawia zasadniczy problem „początków totemizmu", jakie są twierdzenia i hipotezy, za pomocą których stara się ten problem rozwiązać, jakie zjawiska, jakie zagadki autor w swoim mniemaniu rozwiązuje, a w końcu chodzi o wykazanie, jakie sprzeczności i trudności rozwiązanie jego w całą kwestię wprowadza.

Ponieważ według Frazera totemizm jest organiczną całością zjawisk, które spotykamy wszędzie w zasadniczo tej samej postaci, które są wszędzie tym samym, więc zjawiska te musiały mieć też wszędzie identyczny „początek" [110]. Ten „początek" należy określić i to jest podstawowy problemat. Czym jednak jest dla Frazera pojęcie „początek"? Przyjmując nawet za autorem, że dana instytucja — tutaj totemizm — powstała wszędzie w jednakowy sposób,

---

[109] Por. co powyżej mówiono o definicji totemizmu i o pominięciu przez Frazera zasadniczego problemu porównawczego. Teoria jego nic nie tłumaczy, nie rozszerza horyzontu, nie jest ani prawdziwa, ani fałszywa, lecz po prostu bezwartościowa.

[110] Por. J. G. Frazer, *Totemism and Exogamy*, t. 4, s. 42. Frazer zastanawia się nad możliwością hipotezy przeciwnej — odmiennego, niejednakowego początku — i odrzuca ją.

to do objaśnienia tego zjawiska, do wykrycia początków można iść różnymi drogami, można szukać ich w rozmaitych kierunkach. Powstanie instytucji tak wielostronnej, tak skomplikowanej, jak totemizm, musiało odbywać się w sposób bynajmniej nie prosty i musiało zależeć od niezmiernie różnorodnych okoliczności. Frazer nie stara się, przynajmniej w zasadzie, o odtworzenie tych warunków, nawet takich, które uważa za istotne, a to byłoby przecież jedyne naukowe rozwiązanie zagadnienia początków totemizmu. Frazer nie idzie tą drogą, nie zastanawia się zupełnie nad ogólną metodą badania zagadnienia i nie formułuje jej *explicite* ani dla siebie, ani dla czytelnika i nie wiemy, co właściwie rozumie przez „początek". Ponieważ zaś w samym opracowaniu problemu zawarte są *implicite* takie sprzeczności i wady, niewątpliwe jest, że brak jasno sformułowanej metody nie wynika z niechęci do formalizmu i zbytecznego schematyzowania myśli, ale że sięga głębiej, do samej istoty myślenia autora.

Jako na „początek" totemizmu Frazer wskazuje na pewne określone wierzenie, to jest na wiarę w inkarnację. Ludzie pierwotni wierzą, iż zwierzęta, rośliny, a nawet niekiedy i przedmioty martwe mogą się wprost wcielać w kobiety, i z wiary tej jako prosta logiczna konsekwencja wynikają wierzenia totemiczne, identyfikacja człowieka z totemem, a jako dalsze następstwa — tabu spożywania totemu, ceremonie na jego cześć, a także chęci rozmnożenia totemu i wszystkie inne cechy totemicznego pochodzenia. Cała instytucja staje się w ten sposób zrozumiała, bo wszystkie jej cechy są logicznymi konsekwencjami podstawowego wierzenia [111]. Takie pojmowanie „początków totemizmu" jest iluzoryczne. Jeżeli je weźmiemy w ścisłym znaczeniu, to jest jeżeli w wierzeniach tych, które Frazer uważa za najpierwotniejsze, będziemy się starali dojrzeć *przyczynę* powstania totemizmu, to zauważymy od razu, że tłumaczenie Frazera zawiera w sobie *implicite* pogląd, iż totemizm— forma organizacji społecznej niezmiernie zasadnicza i skomplikowana — powstał jedynie w drodze logicznej de-

---

[111] *Ibid.*, s. 60, 61.

dukcji z danego wierzenia i że ludzkość wyciągając konsekwencje logiczne z pewnego poglądu zbudowała wielki gmach totemiczny w stadiach odpowiadających poszczególnym wynikom tej dedukcji. Teoria taka nie zasługuje na dyskusję z wielu względów; przede wszystkim nie czyni zadość socjologicznej stronie totemizmu. Wierzenia totemiczne są ściśle połączone z ustrojem społecznym, a powstanie instytucji społecznych wymaga określenia warunków socjalnych, w których się te instytucje rozwijają; natomiast z teorii Frazera wynikałoby, że instytucja społeczna powstała z pewnego wierzenia w drodze dedukcji logicznej.

Jeżeli teoria, którą obecnie analizujemy, ma nam tylko objaśnić wewnętrzną konstrukcję wierzeń, nie kusząc się o genezę tychże, to znaczy nie dając „początków", to przy bliższym zastanowieniu się widzimy, że nie jest ona niczym innym jak tautologią. Każde wierzenie, które zawiera w sobie identyfikację człowieka z totemem, musi mieć jako logiczną konsekwencję wszystkie właściwości totemiczne (tabu, wyobrażenie o pokrewieństwie ludzi ze zwierzętami i inne) z tego prostego powodu, że wszystkie te poszczególne wierzenia i akty totemiczne nie są niczym innym niż tylko określeniem stosunku człowieka do totemu i wyrażają treść tej identyfikacji. Gdy w drodze indukcji porównamy to, co te poszczególne kanony totemiczne wyrażają, dojdziemy w przeglądzie faktów totemicznych do wniosku, że istotą totemizmu jest wiara w niezmiernie bliski stosunek człowieka z totemem, identyfikacja człowieka z totemem. Teoria zaś odwracająca na końcu indukcyjnego zbierania faktów bieg rozumowania i z ostatniego rezultatu dedukująca na odwrót dane, z których ten rezultat powstał, nie zasługuje na dalszą dyskusję. Cała zasługa teorii Frazera polegałaby więc na tym, że wyprowadza identyfikację człowieka z totemem z wierzeń australijskich o wcieleniu i stawia te wierzenia u podstawy totemizmu nie genetycznie (takie pojęcie, jak widzieliśmy, nie miałoby sensu), lecz logicznie. Czy jest to jednak rezultat mający wartość czy nie, nad tym nie ma się co zastanawiać, gdyż Frazer niewątpliwie nie zamierzał dać swej teorii tego znaczenia. Uważa on swe tłumaczenie za genetyczne i jako takie poddamy je jeszcze poniżej krytyce. Z porównania jego trzech kolejnych teorii wypływa niezbicie, że Frazer nie zdaje sobie sprawy z tego, co właściwie chce wyjaśnić, że nie wie, co rozumie przez „początek" totemizmu. W pierwszej teorii stara się on znaleźć „początek totemizmu" w wierzeniach o „zewnętrznej duszy". Jak już powyżej zaznaczyliśmy, jest to tłumaczenie przez sprowadzenie do wierzeń ogólniejszych. Ten sposób tłumaczenia nie daje jednak genezy wierzeń totemicznych ani tym bardziej instytucji totemiczno-społecznych, klasyfikuje tylko te wierzenia i rzuca na nie pewne światło.

Druga teoria Frazera ma znów zupełnie inny charakter. Według niej totemizm był wprowadzony jako instytucja nieracjonalna w swych środkach, ale świadoma swego celu. Tu więc mamy istotnie podaną genezę totemizmu: ludzie pierwotni mieli pewien cel ekonomiczny i pewne wyobrażenia, jak cel ten najlepiej osiągnąć, stworzyli więc instytucję, w której cel i środki znajdują pełen wyraz. Cokolwiek by można tej teorii zarzucić, zwłaszcza co do pojęcia celowego zaprowadzania zasadniczych reform i urządzeń przez ludzi pierwotnych [112], nie da się zaprzeczyć, że teoria ta podaje genezę totemizmu i to nie jednostronnie, samych wierzeń, ale pełną genezę totemizmu jako instytucji społecznej. Trzecia teoria znowuż nie podaje pełnej genezy socjologicznej i zajmuje się jedynie wierzeniami totemicznymi. Zresztą, jak widzieliśmy, albo jest ona pozbawioną treści tautologią, albo jest zupełnie błędna. Tak więc żadna z trzech teorii Frazera nie jest zadowalająca z metodologicznego punktu widzenia.

Nawet jednak jeżeli się zapomni o zasadniczych zarzutach metodycznych czy filozoficznych, to i tak ostatnia teoria Frazera, która jedynie nas tu obchodzi, nic nie wyjaśnia, powoduje natomiast wiele sprzeczności i stwarza wiele skomplikowanych zagadnień zupełnie przez autora nie poruszonych. Podajemy parę przykładów takich sprzeczności i trudności.

Dlaczego te wierzenia, które Frazer uważa za najpierwotniejsze, znajdujemy u mieszkańców Wysp Banksa, to znaczy u ludu sto-

---

[112] Por. co powyżej powiedziałem o Frazerowskiej teorii egzogamii, s. 89.

jącego na znacznie wyższym stopniu kultury niż Australijczycy? Jeżeli te wierzenia były tak silne i żywotne, że przetrwały na Wyspach Banksa wszystkie zmiany i przeobrażenia społeczne, dlaczego nie spowodowały powstania totemizmu? Jakeśmy powyżej z naciskiem zaznaczyli [113], odosobnione i społecznie mało ważne zjawiska na Wyspach Banksa nie mogą w żaden sposób być uważane za totemizm. I tu przychodzimy do bardziej uzasadnionej trudności powyżej już wspomnianej. Skąd się biorą w tych pierwotnych wierzeniach totemicznych siły, które stwarzają klan i w ogóle całą społeczną stronę totemizmu? Teoria, którą krytykujemy, zawiera w sobie pogląd, że wierzenia odnoszące się wyłącznie do indywiduów, określające stosunek niektórych indywiduów do otaczającej przyrody były źródłem skomplikowanego zjawiska społecznego obejmującego grupy społeczne, nie zaś indywidua. Pogląd taki, aby miał w ogóle jakiekolwiek znaczenie, musiałby być rozwinięty w pełni i szczegółowo, czego u Frazera nie znajdujemy. Im głębiej wnikamy w naturę faktów socjologicznych, tym jaśniej widzimy, że między zjawiskami indywidualnymi i społecznymi nie ma bezpośredniej i oczywistej ciągłości rozwojowej. Grupy społeczne nie tworzą się przez prostą sumację lub uogólnienie zjawiska indywidualnego. Wierzenia, przepisy, zwyczaje, wyobrażenia dotyczące postępowania jednostek, a nie mające żadnego wpływu na życie społeczne, mogą się stać zasadą kształtowania się grup tylko dzięki skomplikowanemu procesowi integracji społecznej.

Budując schemat ewolucyjny, trzeba proces taki określić szczegółowo, ściśle i konkretnie, nie zaś pozostawić domyślności czytelnika. W wypadku, o którym mowa, nie jesteśmy zupełnie w stanie sobie wyobrazić, w jaki sposób totemizm mógł powstać z „najpierwotniejszych wierzeń". Przypuśćmy, że w danym społeczeństwie każdy człowiek uważa się za wcielenie jakiegoś przedmiotu, to od takiego stanu rzeczy droga bardzo daleka do organizacji totemicznej z określonym stosunkiem klanu do plemienia, z szeregiem funkcji wiążących członków w jedną grupę i spajających

---

[113] Patrz s. 51 - 52 niniejszego tomu.

klany w wyższą jedność plemienną. Droga bardzo daleka i bynajmniej nie prosta, choćby dlatego, że według wierzeń mieszkańców Wysp Banksa nie ma powodu, aby się nie wcielała w kobiety jak największa rozmaitość przedmiotów, i w związku z tym nie ma powodu, aby się tworzyła ograniczona liczba totemów, a tym samym, aby ograniczona była liczba członków tego samego totemu, którzy by byli materiałem na klan. I tu napotykamy nową trudność: teoria ta nie tłumaczy faktu, że totemami nie są byle jakie przedmioty, że niektóre klasy przedmiotów, najpierw zwierzęta a potem rośliny, częściej występują niż inne. Czy ten fakt nic nie znaczy, czy nic nie wyraża? Frazer nie daje na to pytanie zadowalającej odpowiedzi, bagatelizując je zupełnie. Gdy mówi o punktach, które jego teoria wyjaśnia, dodaje: „Tłumaczy ona niezmiernie szeroki zakres totemów, zaczynając od zwierząt i roślin aż do najwyższych dzieł przyrody z jednej strony i najpodrzędniejszych wytworów człowieka z drugiej, a to dlatego, że od promieni słońca, księżyca i gwiazd nie ma nic aż do najdrobniejszych przedmiotów użytku domowego, co by nie mogło wywrzeć wpływu na wyobraźnię kobiet w krytycznej epoce i zostać utożsamione przez nią z dzieckiem w jej łonie" [114]. To już jest wprost fałszywe. Wedle tego na podstawie najprostszych rozważań o prawdopodobieństwie można by sądzić, że różne przedmioty z bezpośredniego otoczenia powinny być równomiernie reprezentowane między totemami. Dalej, że na pierwszy plan powinny przede wszystkim występować przedmioty, z którymi kobiety mają wiele do czynienia. Fakty najdosadniej zadają kłam obu tym wnioskom. Z prostego przeglądu porównawczego zjawisk totemicznych wynika, że istnieje wyraźna przewaga zwierząt, i to takich zwierząt, które wprawdzie odgrywają ważną rolę w życiu mężczyzn, ale które tylko niezmiernie rzadko mogły wywrzeć wrażenie na kobiecie ciężarnej. Przedmioty natomiast, z którymi kobiety są w stałej styczności i których używają, stanowią wyraźną mniejszość między totemami. Tak na przykład w totemizmie australijskim przedmioty co-

---

[114] J. G. Frazer, *Totemism and Exogamy*, t. 4, s. 61.

dziennego użytku kobiet, jak kije do kopania korzeni i robaków ziemnych, naczynia i inne rzeczy, nie są zupełnie i nigdy totemami, a spośród zwierząt najliczniejsze i najważniejsze między totemami są te, które stanowią przedmiot polowania wyłącznie mężczyzn.

Nie warto mnożyć zarzutów i uzasadniać ich, skoro odrzucamy zasadniczo stanowisko Frazera. Zaznaczyliśmy tylko parę sprzeczności, które jego teoria za sobą pociąga, aby wykazać, że w żadnym razie teorii tej nie można uważać za dokładnie przemyślaną i czyniącą zadość faktom.

Obecnie przechodzimy do zasadniczej krytyki stanowiska Frazera i jego teorii. Podstawowym błędem Frazera jest, jak to już powyżej zostało wykazane, że uważa on totemizm za integralną całość, za jedność kulturalną powstałą jakby z jednego odlewu. Że Frazer w ten sposób totemizm pojmuje i przedstawia, widzieliśmy powyżej; zresztą takie pojmowanie przebija się w całym jego dziele.

Wszędzie mówi on „o przeżytkach" właściwego totemizmu, o jego „rudymentach", o formach totemicznych „niedostatecznie rozwiniętych" lub już „przekwitłych", tak jakby rzeczywiście istniał idealny totemizm i różne formy, które się mniej lub więcej do niego zbliżają. Stanowisko Frazera w tym względzie nie jest odosobnione, w ten sam bowiem sposób pojmuje totemizm większość uczonych, uważając, że jest to zbiór organicznie i stale ze sobą połączonych cech.

Ażeby dać sobie radę z faktycznym stanem rzeczy, w którym nie spotykamy nic takiego, jak „pełny totemizm", uczeni na równi z Frazerem muszą się z konieczności uciekać do bardzo wygodnego arsenału pojęć ewolucyjnych, jak „przeżytek", „początek", „rudyment" itp. Inni autorowie czując, że totemizmu nie można uważać za sztywny, jednolity zbiór różnorodnych zjawisk, biorą za istotę totemizmu jedną z jego cech, na przykład tabu lub totemiczne nazwy klanów, lub jeszcze pochodzenie od przodków zwierzęcych lub roślinnych. I ten pogląd znacznie upraszcza teoretyczną stronę totemizmu i zmniejsza konieczność ściślejszego opisu, jest jednak niestety zupełnie błędny! W każdym razie większość etnografów zajmujących się tą kwestią uważa totemizm za normalny szczebel religijnego rozwoju ludzkości, przez który każda jej gałąź w pewnych stadiach kultury przejść musiała. Niektórzy, jak Jevons, Reinach i Durkheim, uważają totemizm za religię pierwotną *par excellence* i starają się wyprowadzić cały rozwój religii z totemizmu [115].

Takie ujęcie totemizmu i postulowanie go jako fazy organicznej w rozwoju ludzkości od razu budzi pewną nieufność, co jest odruchem zdrowego rozsądku. Bo cokolwiek by powiedzieć o postulacie jednakowej ewolucji, przez którą cała ludzkość we wszystkich swych odłamach przeszła, jedno jest pewne, że kultury i instytucje ludów znajdujących się na tym samym stopniu rozwoju mogą być do siebie podobne tylko o tyle, o ile będziemy brali pod uwagę najbardziej ogólne ich cechy. Jednym słowem, ludzkość w każdej swej gałęzi przechodziła stadia do siebie podobne, ale nigdy identyczne i im bardziej byśmy wchodzili w szczegóły instytucji czy wierzeń, tym mniej moglibyśmy te szczegóły przed-

---

[115] Do pierwszej kategorii uczonych należą oprócz Frazera dr W. H. R. Rivers (por. „The Journal of Anthropological Institute" 1909, nr 39), dr A. C. Haddon (por. *Presidential Address*, „Reports of the British Association for the Advancement of Science. Section H — Anthropology" Belfast Meeting 1902, s. 738 - 752), F. B. Jevons (por. *Introduction to the History of Religion* [London 1896]), W. Robertson Smith (por. [*Lectures on the*] *Religion of Semites* [1889]), J. F. McLennan (por. [*The Worship of Animals and Plants*], „Fortnightly Review" 1869 [t. 6, s. 407 - 427 (cz. 1), s. 562 - 568 (cz. 2)], „Fortnightly Reviev" 1870 [t. 7, s. 194 - 216 (cz. 3)]), F. Graebner (por. [*Totemism as a Cultural Entity*], „Reports of the British Association for the Advancement of Science. Section H — Anthropology" 1911, s. 505 - 506), S. Reinach (por. *Cultes, Mythes and Religion* [London 1912], wstęp), É. Durkheim (por. [*La prohibition de l'inceste et ses origines*], „L'Année Sociologique" [1896/1897, t. 1, s. 1 - 70] i nowo wydana [1912] książka [*Elementarne formy życia religijnego. System totemiczny w Australii*, tłum. A. Zadrożyńska, Warszawa 1990]). Do drugiej, mniej licznej kategorii uczonych należą: W. Schmidt, C. Hill Tout i J. W. Powell.

Na stanowisku podobnym do naszego stoją: A. A. Goldenweiser (por. [*Totemism: An Analitical Study*], „The Journal of American Folk-Lore" 1912, t. 23, s. 179 - 298) i A. Van Gennep (por. „Revue de l'Historie des Religions", t. 58, s. 34 i nast. oraz [*Qu'est-ce que le totémisme?*], „Folk-Lore" 1911, t. 22. s. 93 - 104).

stawić jako konieczne fazy rozwoju. Możemy śmiało przyjąć, że przodkowie każdej gałęzi ludzkości obrabiali niegdyś surowy krzemień, tak jak to czynili w XIX wieku Tasmańczycy i dziś jeszcze czynią niektóre plemiona australijskie. Później zaczęli ten krzemień polerować, jak go polerują niektóre ludy Oceanii, następnie dopiero przeszli do wyrobów z brązu i żelaza. Ale czy formy i sposób robienia były wszędzie takie same, czy proceder obróbki krzemienia był wszędzie jednakowy i jednakowo się rozwijał i doskonalił, co do tego można mieć poważne wątpliwości, a w żadnym razie nie można tego twierdzić i na takim postulacie budować całej teorii.

Jeżeli teraz od kultury materialnej przejdziemy do kultury duchowej, do religii, obyczajów, wierzeń, to musimy być jeszcze znacznie ostrożniejsi. Przy obrabianiu kamienia natura materiału, cel przedmiotów i bardzo ograniczone środki techniki pierwotnej stanowią zbiór warunków, które bardzo ściśle określają wytwory tej epoki. Im bardziej oddalamy się od czysto materialnych czynności, tym bardziej skomplikowane i nieuchwytne stają się warunki przystosowania człowieka do przyrody. Toteż religia, niezmiernie zróżniczkowana forma przystosowania, nie może być we wszystkich swych szczegółach identyczna dla ludów danego stadium kultury. Tylko najogólniejsze typy wyobrażeń religijnych, jak na przykład to, co Tylor nazwał „animizmem", mogą być właściwościami całej ludzkości stojącej na pewnym szczeblu rozwoju. Przechodząc jednak do bardziej szczegółowych form wierzeń, dodając do ogólnych cech „animizmu" bardziej wyspecjalizowane cechy, coraz bardziej konkretne formy, widzimy od razu, jak do ogólnych właściwości duszy ludzkiej dodają się specjalne warunki: wpływ otoczenia, klimatu, fauny, flory, stosunków ekonomicznych itd. Ponieważ zaś te wszystkie warunki były różne dla rozmaitych odłamów ludzkości, byłoby więc błędne przyjmować, że konkretne formy wierzeń są określone jednoznacznie stadiami ewolucji. Totemizm „pełny i czysty", tak pojęty jak go pojmuje Frazer i jemu podobni, jest właśnie taką niezmiernie konkretną formą wierzenia, ma wiele cech szczegółowych, jest zbiorem właściwości, które na pierwszy rzut oka wydają się możliwe w tym połączeniu tylko dziwnym i przypadkowym zbiegiem warunków. Trudno uwierzyć, aby w całej ludzkości w pewnej fazie rozwoju występował zawsze taki sam zbieg okoliczności albo taki niezmiernie skomplikowany zbiór warunków, które by jednakowo kształtowały tak wysoce wyspecjalizowany i skomplikowany produkt, jakim jest totemizm.

Dla Frazera totemizmem „czystym i pełnym" jest totemizm australijski. Po najbardziej pobieżnym przyjrzeniu się tej formie widzimy w niej od razu mnóstwo cech lokalnych, tak iż trudno przyjąć, aby to było stadium, przez które niegdyś przeszła cała ludzkość, a z nią i nasi przodkowie. I w samej rzeczy głębsza analiza potwierdza ten odruch zdrowego rozsądku i prowadzi do odrzucenia Frazerowskiego ujęcia totemizmu, jak i jego sposobu tłumaczenia.

Naukowe ujęcie totemizmu wymaga przede wszystkim wyczerpującej odpowiedzi na zasadnicze pytania: Czy totemizm w ogóle istnieje? Odpowiedź musi się oprzeć na analizie faktów, które wykażą, czy istnieją cechy totemiczne stale występujące i jakie są te cechy. Czy totemizm jest kompleksem takich stale występujących cech, czy też istota jego da się określić jedną cechą dominującą itp.? Rozwiązanie tych zagadnień i określenie istoty totemizmu pozwoli dopiero przejść do systematycznego badania jego genezy. Pytania te jednak przekraczają zakres niniejszego artykułu [116].

---

[116] Próbę rozwiązania zagadnień odnoszących się do istoty i genezy totemizmu i religii pierwotnych w ogóle znajdzie czytelnik w mojej pracy o wierzeniach pierwotnych i zróżniczkowaniu społecznym, która zapewne niedługo ukaże się w druku [chodzi tu o książkę wydaną w Krakowie w 1915 r. *Wierzenia pierwotne i formy ustroju społecznego. Pogląd na genezę religii ze szczególnym uwzględnieniem totemizmu*, drugie wydanie tej pracy ukazało się w pierwszym tomie *Dzieł* B. Malinowskiego w 1980 r.]

NAUKA I PRZESĄD
U LUDÓW PIERWOTNYCH

The Golden Bough [1] pióra sir Jamesa Frazera stanowi pod wieloma względami osiągnięcie najwybitniejsze w antropologii, nauce na tyle młodej, iż ciągle jeszcze pozwala na dokonanie szybkiego przeglądu prac prowadzonych w jej ramach i wskazanie wartości dla niej najistotniejszych. Książka ta, jak żadna inna, jest wcieleniem ducha nowoczesnego humanizmu, związku nauki w jej wydaniu klasycznym z etnografią i antropologią. Antyczne legendy i mity spowito w marmurowe kształty po to, by mogły użyczyć swego piękna zarówno prymitywnym i dziwacznym obyczajom dzikich, jak i zwyczajom nieokrzesanego chłopstwa. W zamian za to bogowie i bohaterowie Olimpu otrzymują od swych skromniejszych, lecz prawdziwiej istniejących partnerów orzeźwiające tchnienie życia i jego realiów.

Trudno jest oceniać nową wersję pracy w sposób ogólnie przyjęty. Wyrazem zarozumialstwa byłoby orzekanie o znacznej wartości rozprawy powszechnie uznanej za dzieło sztuki literackiej i pozycję klasyczną w dziedzinie nauki. Zbędne jest także podkreślanie zasięgu jej oddziaływania, którego ogromu świadom jest każdy kulturalny człowiek, wielkiego wpływu, jaki wywarła na różne dziedziny wiedzy, a także na powstanie nowych dróg badań naukowych. I choć zbyteczne jest chwalenie pracy, tak jak i objaśnianie jej zawartości, pojawienie się skróconego wydania wy-

[1] J. G. Frazer, *The Golden Bough: A Study in Magic and Religion* (pełny opis tej pracy znajduje się w przypisie pierwszym na s. 15 niniejszego tomu).

daje się dobrą okazją dla nas, antropologów, do pewnej refleksji nad tą klasyczną już pozycją. Przyznajemy wszyscy, że mamy znaczny dług wdzięczności wobec autora *The Golden Bough*, a także wobec samej rozprawy. Lecz czy my sami wywiązaliśmy się należycie ze spłaty długu, czy faktycznie daliśmy w zamian tyle, ile się należało? Chodzi o to, czy rzeczywiście przyswoiliśmy sobie i wykorzystali wszystko to, co nam ofiarowano. Czy poszliśmy wskazaną nam drogą aż do samego jej końca, czy spenetrowaliśmy każdy rejon oświetlonego w *The Golden Bough* obszaru?

Różnica między ekonomicznym a duchowym porządkiem rzeczy polega na tym, że w pierwszym z nich dobrze jest dostawać, a znacznie gorzej, mówiąc szczerze, rozdawać dobra materialne, podczas gdy w drugim z układów to dawanie sprawia radość, natomiast znacznie trudniejsze jest przyjmowanie, ponieważ wymaga bezinteresownego poddania się duchem, posłuszeństwa, dyscypliny i cierpliwości.

Stwierdzając ogromny wpływ, jaki ta i inne prace Frazera wywarły na współczesną literaturę humanistyczną, możemy mieć jednak wrażenie, iż owa kopalnia pomysłów i danych, pomimo że przebogata, musi obecnie być prawie wyczerpana. W istocie, dosłownie połowa spośród spornych i kontrowersyjnych tematów nowoczesnej antropologii została poddana przez Frazera pod dyskusję: totemizm, problematyka tabu, geneza pokrewieństwa i przywództwa, pierwotne pojęcia duszy i życia pozagrobowego; wnikając w coraz to dalsze szczegóły, przykłady można by mnożyć w nieskończoność. Wszystkie szkoły antropologiczne funkcjonujące w Wielkiej Brytanii, Francji, Niemczech i Stanach Zjednoczonych wyrosły i gwałtownie rozwinęły się (dokładnie w tej kolejności) na gruncie, który został po raz pierwszy zaorany i uprawiony właśnie przez Frazera. Wystarczy wymienić nazwiska: Ernest Crawley, Robert R. Marett, Émile Durkheim, Henri Hubert i Marcel Mauss, Arnold Van Gennep, Wilhelm Wundt, Sigmund Freud i jego szkoła (w zakresie ich prac antropologicznych) — prace tych uczonych, niektóre najwyższej jakości, powstały pod większym lub mniejszym wpływem Frazera i jego inicjatywy. Wszelako łatwo można wykazać, iż w całej rozległej i w najwyższym stopniu wartościowej literaturze Frazerowskiej, nawet w *The Golden Bough*, znajdują się wciąż jeszcze obszary gotowe do dalszej uprawy.

Jako badacz terenowy, chcę podejść do tego wielkiego dzieła nie od strony teorii, lecz od strony badań prowadzonych obecnie wśród ludów pierwotnych. Sprawdzianem każdego naukowego osiągnięcia jest jego zdolność antycypacji i umiejętność prorokowania. Solidna teoria musi poprzedzać konkretne odkrycia empiryczne, musi zapowiadać istnienie nowych faktów, nie potwierdzonych jeszcze przez obserwację. Niewątpliwa i bez zarzutu jest wartość teorii nie wtedy, gdy autor mówi o tym, co mieliśmy już okazję sami dostrzec, lecz wtedy, gdy na podstawie swoich badań może on przewidzieć wystąpienie nieoczekiwanych zjawisk, naprowadzić nas na odkrycie w pewnych faktach niespodziewanych wartości, przenieść nasze badania w nieodkryte jeszcze rejony. O tym, że tak właśnie jest, dobrze wiadomo w naukach przyrodniczych, w których wartość teorii jest wyznaczona stopniem, w jakim może być wykorzystana jako przewodnik w badaniach laboratoryjnych i terenowych. W dziedzinie humanistyki i historii przywilej wygłaszania przepowiedni został zarezerwowany dla najmłodszej pociechy, jaką jest antropologia. Wprawdzie historia nigdy się nie powtarza, jeśli przyglądać się jej z bliska, śledząc w stosunkowo krótkim czasie szczegółowy przebieg przypadkowych zdarzeń; wszelako potraktowana w sposób całościowy ewolucja kultury podlega określonym zasadom i regułom. W środowiskach różnych cywilizacji i na różnych etapach rozwoju natura ludzka, ogólnie rzecz biorąc, pozostaje w istocie taka sama, jest podporządkowana pewnym prawom i przez to możliwa do przewidzenia.

Z perspektywy powyższych kryteriów *The Golden Bough* odniosła triumf, robiąc wielką karierę. Elementy konstrukcyjne spektakularnej budowli, która wydawała się wzniesiona wyłącznie mocą wyobraźni autora, okazały się autentyczne. Odnajdywano je i lokalizowano kolejno, sięgając w badaniach nad ludami pierwotnymi po podstawowy materiał faktograficzny. Najfantastyczniejsza cecha rytuału u plemienia Aricia — obejmowanie sukcesji w konsekwencji dokonania mordu — naprowadziła autora na teorię zabijania świętych królów. Powyższa praktyka u niektórych dzikich ludów miała zapobiec odejściu władcy na skutek choroby lub dolegliwości starczych. Przedstawiona po raz pierwszy teoria znajdowała tylko częściowe i dość skromne uzasadnienie w znanych badaczom faktach. Całkowite jej potwierdzenie we wszystkich szczegółach przyniosło dopiero wspaniałe odkrycie doktorostwa Seligmanów dokonane wśród ludu Szylluk. Okres sprawowania władzy przez świętego króla kończy się u tego ludu gwałtownie, na ogół na skutek zadania władcy śmiertelnej rany, a ciągłość władzy zapewnia przekazanie duszy, co stanowi rodzaj duchowej sukcesji. Dalsze badania terenowe przyniosły i przynoszą nadal dowody świadczące w sposób wystarczający o tym, iż w studiach Frazera została objawiona funkcjonująca wśród pierwotnych ludów instytucja o najwyższym znaczeniu.

Sir James Frazer jako pierwszy ogłosił pogląd, iż okres, w którym ludzkość zaczęła otaczać czcią istoty duchowe, był poprzedzony etapem wierzeń i rytuałów magicznych w swej istocie, gdy człowiek zakładał, iż ustalony porządek Natury podlega władzy pewnych zaklęć i obrzędów. Prowadzone wśród dzikich nowoczesne badania, w miarę jak wnikają coraz głębiej i z coraz większym zrozumieniem w pojęcia i idee krajowców, zmierzają do ustalenia, iż trafne jest nie tylko ogólne założenie istnienia w ewolucji etapu magii, lecz także wszelkie szczegóły zaproponowanej przez sir Jamesa teorii psychologii magii. Istota pierwotnej władzy królewskiej i władzy w ogóle, ogromna rola odgrywana przez tabu i psychologia tabu, znaczenie, jakie mają dla dzikich obrzędy i uroczystości dożynkowe — wszędzie tu można łatwo wykazać, jak bogate wyniki zebrano w najnowszych badaniach terenowych dzięki czerpaniu z *The Golden Bough* pomysłów i inspiracji.

Niezbitym, choć w pewnym sensie zewnętrznym dowodem słuszności tego twierdzenia jest stale wzrastająca w kolejnych wydaniach objętość rozprawy. Stanowi to rezultat ciągłego powiększania się rejestru przykładów uzasadniających niektóre z podstawowych propozycji autora, propozycji w niewielkim stopniu udokumentowanych wcześniej ze względu na brak materiałów.

Wspomnę tylko inne dzieło sir Jamesa Frazera, *Totemism and*

Exogamy [2]: mała książeczka rozrasta się po trzydziestu latach w cztery opasłe tomy dzięki temu, iż krocząc śladem teoretycznych przepowiedni autora, zebrano bogaty plon danych faktograficznych. Zaobserwowana po raz pierwszy przez Baldwina Spencera i Francisa J. Gillena w jednym tylko plemieniu nieświadomość ojcostwa natychmiast została uznana przez Frazera za niezmiernie ważną cechą wczesnych postaci wierzeń totemicznych, a także organizacji społecznej i pokrewieństwa. Tutaj także przepowiednia została potwierdzona, nie tylko w wyniku dalszych badań sir Baldwina Spencera na północy Australii, lecz także przez odkrycia doktora Williama H. R. Riversa na Nowych Hebrydach i w wyniku badań prowadzonych przez piszącego te słowa wśród pewnej liczby plemion papuasko-melanezyjskich we wschodniej Nowej Gwinei. Okazuje się, że na tych terenach nieświadomość ojcostwa odgrywa decydującą rolę w kształtowaniu matrylinearnych idei i instytucji tubylców, a ponadto jest ściśle związana z ich totemizmem.

Wydaje się, iż istnieje potrzeba podkreślenia empirycznej płodności rozprawy, albowiem w tym właśnie zawiera się jej autentycznie naukowa wartość. Tymczasem wielkie uznanie, które wzbudza *The Golden Bough* jako dzieło sztuki literackiej oraz klasyczna pozycja z zakresu historii porównawczej, etnografii i archeologii, przesłania jak gdyby jej zasługi w organizowaniu badań terenowych i kierowaniu nimi. Źródłem tych zasług jest nie tylko rozległa wiedza sir Jamesa czy mistrzostwo stosowanej przez niego formy, ale przede wszystkim genialna zdolność rozumienia podstaw natury ludzkiej, a szczególnie natury człowieka niecywilizowanego, takiego jakim jest prosty chłop lub dziki człowiek. Nie istnieje żadna inna praca świadcząca o równie gruntownym zrozumieniu sposobu myślenia i zachowania ludzi dzikich, o równie niezawodnej zdolności interpretacji obyczajów, poglądów i tradycji tych ludzi z ich punktu widzenia, o równie wieszczej intuicji w określaniu tego, co jest dla tubylców rzeczywiście istotne, a co drugoplanowe. I dlatego też żadne inne studium z dziedziny teorii

---

[2] J. G. Frazer, *Totemism and Exogamy*, London 1910, 4 t.

antropologii nie zyskało tak wspaniałego potwierdzenia w prowadzonych później badaniach terenowych, żadne też nie stymulowało dalszych badań w tak wielkim stopniu.

Aby skonkretyzować ostatnie stwierdzenie, chciałbym wskazać na jeszcze jeden przykład świadczący o wielkiej sugestywności Frazerowskich teorii. Mam na myśli prawdziwy lejtmotyw rozprawy, jakim jest rola kultu roślin w prymitywnej magii i religii oraz ogromna troska ludów pierwotnych o urodzajność gleby i sprzyjające jej warunki atmosferyczne: słońce, deszcz i pogodę. W trakcie długich i okrężnych objaśnień rytuału obowiązującego w Nemi coraz to natykamy się na magię niebios i ziemi, na cześć oddawaną drzewom, na wiarę w to, iż seks warunkuje urodzaj, na dożynkowe obyczaje i przesądy, na bogów i boginie niezliczonych sił Natury.

Czytelnik pozostaje pod wrażeniem, iż zainteresowanie światem roślin wywiera wszechstronny wpływ na kształtowanie się magicznych i religijnych wierzeń oraz rytuałów, że wszystko to, jak bujny płaszcz zieleni spowijający naszą ziemię, wyrasta ze związku niebios z urodzajną glebą.

W rzeczywistości pogląd ten nie jest udziałem autora. We wstępie do obecnego, skróconego wydania Frazer odrzuca całkowicie ekstremalną formę, w jakiej usiłowano mu przypisywać opinię, iż wszelkie religie wywodzą się z czci oddawanej drzewom. „Jestem do tego stopnia daleki od postrzegania kultu drzew jako najważniejszego elementu ewolucji religii, iż traktuję to zjawisko jako w pełni podporządkowane innym czynnikom". Jest to oczywiście prawda, jeśli jednak w miejsce kultu drzew podstawimy szerszy kompleks zjawisk religijnych, na przykład kult roślin lub raczej kult urodzaju i jego czynników, otrzymamy wtedy jeden z elementów stanowiących sam rdzeń rozwoju religii. A przynajmniej ja jestem skłonny w pełni taki właśnie pogląd głosić. Uznaję ponadto, iż powyższy aspekt teorii Frazerowskich toruje badaniom empirycznym nową drogę w kierunku najbardziej obiecującym i najważniejszym.

Pod tym względem *The Golden Bough* przedstawia nam człowieka takiego, jakim jest on w rzeczywistości. Nie jest on bezradnym widzem spoglądającym bezczynnie na ogromne i zróżnicowane widowisko Natury, refleksyjnie rozwijającym jakiś rodzaj spekulatywnej filozofii o jej znaczeniu i pochodzeniu, lecz zapalonym aktorem odgrywającym rolę w swym własnym interesie, usiłującym wykorzystać wszystkie siły i środki w celu zaspokojenia swych potrzeb i pragnień: zapewnienia żywności, schronienia, okrycia, zaspokojenia ambicji społecznych i pragnień seksualnych, zadowolenia pewnych potrzeb estetycznych, a także potrzeby sportu i rozrywki. Jest zainteresowany wszystkim, co służy powyższym celom, a zatem może być bezpośrednio użyteczne. Krzątając się wokół tego, rozwija nie tylko dziedzinę techniki, narzędzia, broń i środki pomocne w odnoszeniu ekonomicznych korzyści, lecz także i mity, zaklęcia, obrzędy i ceremonie, cały aparat pierwotnej nauki i przesądu.

Spośród wszystkich użytecznych człowiekowi sił Natury uprzywilejowaną i szczególną pozycję zajmuje w umyśle dzikiego człowieka urodzajność ziemi. Życie roślin przedstawia się dość regularnie i systematycznie w corocznym cyklu aktywnej płodności i względnego odpoczynku w tropikach, rozwoju i obumierania w strefach zimnych i umiarkowanych, bezpłodności i żyzności na niektórych okresowo nawadnianych pustyniach. Mogłoby się wydawać, że przyczyny i siły napędowe, od których zależny jest ten system, leżą w sferze kontroli człowieka, jednak wszelkie jego wysiłki co pewien czas okazują się daremne, a to stale podtrzymuje żywotność jego zainteresowań, nadziei i i obaw. Tam gdzie samowystarczalność człowieka całkowicie go zawodzi, choć pojmuje on jasno porządek rzeczy; na tej ziemi, tak dla niego drogiej, a jednocześnie stanowiącej pole gry jakichś zewnętrznych reguł i sił, tam właśnie najgwałtowniej kształtują się przekonania magiczne i religijne stanowięce zawsze mieszaninę refleksji i emocji. Rozwój magii zrównuje się z rozwojem techniki szczególnie wtedy, gdy człowiek przystępuje do energicznego modyfikowania sił Natury w dziedzinie uprawy ziemi. Wówczas właśnie magia staje się czynnikiem sprawczym o niezwykle istotnym znaczeniu.

Dość oczywiste byłoby zatem przypuszczenie, że wśród dzikich ludów rozpowszechniona jest magia urodzaju i że z socjologicznego punktu widzenia nadaje ona kierunek wczesnym formom przywództwa i władzy królewskiej, natomiast z punktu widzenia wierzeń prowadzi do istotnego rozwoju rytuałów i kultu.

Tu dochodzimy do socjologicznego aspektu Frazerowskich teorii wczesnej magii. Autor wyraźnie stwierdza, że istnieje pewna klasa ludzi, którzy dzięki znajomości magii mogą zdobyć ważną pozycję społeczną. „Czarownik danej społeczności zajmuje w niej dającą duże możliwości wpływu pozycję, z której, jeśli jest człowiekiem zdolnym i rozważnym, może się wspiąć szczebel po szczeblu na stanowisko wodza lub króla". Autor dalej ukazuje nam, jak bardzo ważna jest rola wykwalifikowanych czarowników, zarówno ze względu na usługi, które świadczą całej społeczności, tworząc w ten sposób siłę integrującą, jak i ze względu na to, iż stanowią pierwszy w ewolucji ludzkości przykład specjalistów mogących poświęcić się jednemu zawodowi, a to dzięki uwolnieniu się od zwykłych obowiązków i zajęć będących udziałem ich współplemieńców. Dowody, które może przytoczyć sir James na potwierdzenie swojej teorii magii publicznej i jej socjologicznego znaczenia, są dość liczne, lecz niezupełnie dobrze dobrane do należytego uzasadnienia wszystkich jego teorii. Wśród odmian magii publicznej sir James znajduje jedynie przykłady odnoszące się do słońca, deszczu i pogody. Nawet jednak ten materiał nie jest wystarczający do przedstawienia w szczegółach, w jaki sposób władza polityczna i autorytet społeczny wynikają ze sprawowanych funkcji magicznych. Prowadzi to do zastrzeżenia: skoro kult roślin i urodzaju jest tak ważny, to dlaczego nie wiemy nic o istnieniu czarowników specjalizujących się w tym zakresie? Dlaczego czarownik wspólnoty steruje wyłącznie warunkami urodzaju, a nie samym urodzajem? W jaki sposób wpływy magiczne mogą przerodzić się we władzę polityczną? Na pierwszy rzut oka wydaje się, że pytania te osłabiają i dyskwalifikują Frazerowskie teorie pierwotnej władzy królewskiej i magii. A jednak także i tutaj ostatnie wyniki badań wśród ludów tubylczych rozwiewają owe wątpliwości i zastrzeżenia. Decyduje to o ponownym triumfie rozprawy, która wykracza poza materiał będący w zasięgu autora.

W badaniach etnograficznych prowadzonych wśród plemion papuasko-melanezyjskich we wschodniej Nowej Gwinei znalazłem się, tak jak to postuluje *The Golden Bough*, w samym sercu układów społecznych i psychologicznych. W plemionach tych urząd wodza zlewa się z urzędem czarownika wspólnoty. Ogromną część swej władzy wykonawczej zawdzięcza wódz dysponowaniu deszczem i słońcem i ta właśnie zdolność wzmacnia jego pozycję, a także zmusza poddanych do poszanowania jego woli. Będąc wierny naukom zawartym w *The Golden Bough*, skierowałem uwagę na instytucje związane z rolnictwem. I tutaj stopniowo dostrzegać począłem, iż Frazerowskie teorie spoczywają na znacznie solidniejszych fundamentach, niż on sam był w stanie sobie uświadomić na podstawie materiału, którym dysponował, a także że nie wychodząc wcale poza obręb rozprawy, można to udowodnić na przykładzie kultu roślin. Chodzi o teorię socjologii magii, teorię roli odgrywanej przez czarownika wspólnoty oraz teorię specjalizacji w zakresie magii władającej siłami natury. W badanych plemieniach istnieje wydzielona sfera magicznych obrzędów urodzaju, które zajmują pozycję najwyższą, dystansując nawet obrzędy pogody, a osobą odprawiającą je jest zawsze sam wódz. Na tej właśnie podstawie można odtworzyć to, co najważniejsze — socjologiczny mechanizm zdobywania przez czarownika ogrodowego władzy politycznej.

Każda społeczność ma swego czarownika ogrodowego, który odprawia magiczne ceremonie na użytek całej wspólnoty. Funkcję czarownika ogrodowego pełni zawsze przywódca społeczności. W wiosce będącej stolicą regionu i z tej racji zarządzanej bezpośrednio przez wodza praktyki magii urodzaju spełnia sam wódz. Odgrywając tę rolę przywódca wspólnoty lub wódz wzbudza wielki szacunek jako ten, kto trzyma w swym ręku siły urodzaju i kto dokładnie wie, kiedy i jak dać im ujście. Ponadto dysponuje rzeczywistą władzą, kierując działaniami praktycznymi, którym towarzyszą zabiegi magiczne. Obrzęd magiczny bowiem jest bardzo blisko związany z konkretną pracą, narzuca regularność jej wykonywania oraz zmusza ludzi do działania w ramach zorganizowanych grup i wedle ustalonego porządku. Dotyczy to różnych form magii: budowy czółna, rybołówstwa, wypraw zamorskich, ale nade wszystko magii ogrodowej. Przez okrągły rok czarownik kieruje pracą całej wspólnoty, dając sygnały do rozpoczęcia poszczególnych jej etapów, mając prawo udzielania reprymendy i nakładania kary. Czarownik występuje jako osoba odpowiedzialna za wynik pracy, zarówno za sukces, jak i za porażkę, i z tej racji otrzymuje od swych współplemieńców daninę.

Także i tutaj zatem badania terenowe prowadzą do ważnych i interesujących odkryć dzięki temu, iż wzięto w nich za punkt wyjścia jedną z zaproponowanych w *The Golden Bough* teorii, która wybiegała daleko poza posiadany materiał. W tym wypadku rozprawa wiedzie do studiów nad prymitywną gospodarką, obszarem w znacznym stopniu zaniedbanym przez podróżników i etnografów-amatorów, a nawet przez specjalistów. Jest to jednak obszar bardzo obiecujący, nie mam bowiem wątpliwości, że po udokumentowaniu przeze mnie na ograniczonym terenie etnograficznym teorii sir Jamesa niewątpliwie w różnych zakątkach świata nastąpią dalsze ważne odkrycia.

The Golden Bough nie jest bynajmniej pozycją klasyczną w tym sensie, iż osiągnęła już szczyt sławy i zasługuje teraz na zaszczytny odpoczynek. Jest to rozprawa, która ma nadal przed sobą ważne zadania do spełnienia w badaniach terenowych. Jest to książka, która winna znajdować się w torbie podręcznej każdego etnografa-poszukiwacza. Nowoczesny etnograf musi przeprowadzając badania wśród dzikich i czyniąc swe obserwacje pozostawać w nieustannym kontakcie z literaturą teoretyczną, by czerpać z niej inspirację i wskazówki. Szczególnie wtedy, gdy decyduje się na intensywne badania terenowe, gdy chce i może spędzić miesiące i lata w jednym plemieniu oraz prowadzi badania posługując się językiem tubylców i osobiście biorąc udział w życiu plemiennym. Prowadząc badania tego właśnie rodzaju, ja sam stale czerpałem inspirację i korzyści z prac takich autorów, jak Edward A. Westermarck, Karol Bücher, Frederich Ratzel, Robert R. Marett, Henri Hubert i Marcel Mauss, Ernest Crawley i William H. R. Rivers. Niektóre z nich rzeczywiście ponownie przeczytałem w trakcie pobytu w terenie, inne w przerwach między ekspedycjami. Niestety w tym czasie dwanaście tomów *The Golden Bough* stanowiło ciężar zbyt wielki i zbyt cenny, by dźwigać je przez bagna porośnięte palmami sagowymi, by przewozić je wywrotnym kajakiem, którym przebywałem laguny, lub by trzymać je w namiocie czy też w szałasie krytym strzechą nie chroniącymi w żadnym razie ani przed deszczem, ani przed robactwem. Znacznie bardziej uprzywilejowany pod tym względem jest obecnie badacz terenowy, który może bez trudu zabrać ze sobą nowe, jednotomowe, skrócone wydanie, aby stale mieć je pod ręką i z niego korzystać.

W bibliotece badacza skrócone wydanie będzie z pewnością jedynie podręcznym przewodnikiem lub rodzajem precyzyjnego streszczenia, dla początkującego będzie to wstępne wprowadzenie do tematu. Badaczowi nieodzowna jest znajomość pełnej wersji, która także i dla laika stanowi najbardziej fascynującą i pouczającą lekturę. Niewątpliwie też wielu spośród tych, którzy byli początkowo zbyt nieśmiali, by zabrać się do przeczytania *The Golden Bough*, w skróconym wydaniu znajdzie pomost do lektury rozprawy w jej pełnej postaci, rozprawy będącej nie tylko najważniejszym osiągnięciem sir Jamesa Frazera, ale ponadto ostatnim słowem nowoczesnej nauki antropologicznej.

POGŁĘBIONA KRYTYKA *BIBLII*

Największym i najbardziej oryginalnym osiągnięciem sir Jamesa Frazera pozostanie na zawsze *The Golden Bough* [1], natomiast najbardziej istotny wkład autora w naukową antropologię i socjologię stanowi *Totemism and Exogamy* [2]. Jednak nowa książka poświęcona kwestii folkloru w *Starym Testamencie*, skrócona obecnie do jednego tomu, w jeszcze większym stopniu niż wszystkie inne znajduje odźwięk w ogólnych i filozoficznych zainteresowaniach czytelnika. Mówi ona bowiem o najistotniejszym fakcie w całej ludzkiej tradycji i literaturze, o fakcie, z którym wiążą się pewne intymne osobiste doświadczenia każdego z nas. W dziedzinie najwyraźniej wyjałowionej niemal całkowicie przez krytycyzm, a także przez bezkrytyczne spekulacje sir James znajduje sposób na ożywienie martwych pytań i ukształtowanie na nowo pewnych faktów i sytuacji, które choć dobrze znane, pozostawały jednak niezrozumiałe, aż nie nadano im nowego znaczenia w świetle antropologii porównawczej. W pracy tej uczony autor ponownie dopomina się, by przyznać antropologii przywilej najzdolniejszego tłumacza wszystkich dokumentów ludzkiej tradycji i kultury.

W rozdziałach otwierających pracę sir James omawia mit mitów — biblijną historię stworzenia, historię, która stanowiła głębokie przeżycie dla każdego z nas. Każdy jej obraz, każdy szczegół wiążą się z głębokimi skojarzeniami emocjonalnymi od naj-

[1] J. G. Frazer, *The Golden Bough: A Study in Magic and Religion* (pełny opis tej pracy znajduje się w przypisie pierwszym na s. 15 niniejszego tomu).

[2] J. G. Frazer, *Totemism and Exogamy*, London 1910, 4 t.

wcześniejszego dzieciństwa, gdy traktowano je jako wspaniałą baśń, aż do momentu, gdy dosłowny sens należało dokładnie objaśnić, być może nawet w końcu całkowicie odrzucić. A jednak w żadnym okresie życia człowieka, ani w chwilach wiary, ani w chwilach zwątpienia, szczegóły tego mitu nie były zwykłymi wydarzeniami z opowieści czy fikcji literackiej. Dziecinna, naiwna wizja raju, obawa przed karą, nadzieje wybawienia; wszystko to wiąże się z wielkim dramatem Raju Utraconego.

Patrząc wstecz w młodzieńcze czasy, gdy wysoko strzelał płomień wiary i gdy głębokie bezkrytyczne wierzenie czyniło postacie raju żyjącymi i obracającymi się w świecie realnym, bliskim nam, możemy jednak dostrzec pewne przemykające cienie, pewne skazy na jasnym obrazie. Obok zrozumiałej i kochanej naówczas postaci Boga w słonecznym ogrodzie, w którym czuliśmy się całkiem u siebie z naszymi pierwszymi rodzicami, rośnie jednak dziwne drzewo obsypane niebezpiecznymi owocami, a wokół niego pełza wąż. Dochodzi tu do tak bezceremonialnych zabiegów, jak lepienie Adama z gliny czy przekształcenie małej kości w naszą pierwszą matkę, a także do innych wydarzeń ukazujących dziwną niespójność postaci Boga, jego nieustępliwą mściwość, wahania twórcze i mroczne wątpliwości.

W tym miejscu sir James jeszcze raz przywraca nam niejasne obawy naszej młodości, ożywia nasze wątpliwości i formułuje na nowo nasze pytania. Idąc za nim w różne rejony tego świata, gdzie Drzewo Życia rośnie na swej rodzimej glebie, gdzie pierwsza istota ludzka powstaje w naturalny sposób z czerwonej gliny, gdzie wąż kusi praprzodków człowieka mając po temu wystarczający powód i wyraźny cel, zaczynamy stopniowo rozumieć te wszystkie zdarzenia, które ukazują się w *Biblii* we fragmentarycznej formie i w specyficznym zestawieniu. Przede wszystkim sam Bóg pojawia się w jaśniejszym świetle, w którym porusza się z większą godnością, działa bardziej spójnie, a cele, jakimi się kieruje, są bardziej łaskawe.

Znamię Kaina, przymierze Abrahama, sztuczki Jakuba i Józefa, zmienne dzieje Mojżesza, Sędziów i Królów, Wróżki z Endoru, wszystkie ich tajemnicze praktyki, ich małe kolizje z kodeksem etycznym oraz prostolinijna uczciwość są analizowane w pozostałych rozdziałach książki. Niekiedy sir James pokazuje nam, iż narrator świadom był pewnego socjologicznego i obyczajowego kontekstu opowieści biblijnych i zakładał, że jest on naturalny i zrozumiały dla czytelników, podczas gdy dla nas kontekst ów musi być w każdym wypadku troskliwie rekonstruowany przez wykwalifikowanego antropologa. Niekiedy jakiś szczegół, dość mroczny sam w sobie, może zostać w kategoriach antropologicznych zreinterpretowany, jak wtedy, gdy uświadomimy sobie, że znamię Kaina stanowiło być może ukrytą oznakę wyższości lub że koźlęca skóra Jakuba może się wiązać z obrzędem nowych narodzin.

Przeprowadzona przez sir Jamesa głębsza krytyka nie zmierza bynajmniej do wybielenia biblijnej opowieści. Skazy na *Biblii* nie zostały zatuszowane, lecz wręcz przeciwnie — przedstawono je w ich pierwotnej, pełnej formie, odmalowując je w ostrych, kontrastowych kolorach zapożyczonych przez autora u ludów różnych ras, różnych stref klimatycznych i różnych etapów rozwoju cywilizacyjnego.

Nie ma pracy, w której zachwycający styl sir Jamesa, jego dyskretne poczucie humoru i prawdziwy humanizm służyłyby sprawie o większej wadze niż tu przedstawiana. Trudno na podstawie jego bezstronnej i powściągliwej postawy orzec, czy podchodzi do zagadnienia jako racjonalista, jako mistyk czy też jako nowoczesny agnostyk odrzucający zarówno fanatyczne poszukiwanie związku przyczynowego, jak i zaborcze wpływy mistycyzmu. Zarówno dogmatyczny wyznawca, bigot, jak i skrajny racjonalista mogą być niezadowoleni z tonu tej książki. Natomiast ci, którzy studiują *Biblię* w poszukiwaniu religijnej inspiracji, jak również i ci, którzy traktują ją po prostu jako materiał antropologiczny, odniosą z lektury nie tylko korzyść, ale i estetyczną satysfakcję. Okażą oni zainteresowanie i wdzięczność z powodu usunięcia absurdów, z powodu zapisania na biblijny rachunek pełniejszego i głębszego znaczenia, z powodu przybliżenia człowiekowi Boga, tworowi — jego Stwórcy, niezależnie od tego, którego z nich uznamy za pierwszego, a którego za drugiego. W dzisiejszych czasach, gdy współczesny wierzący poszukuje raczej objawienia w rzeczywistości niż rzeczywistości w objawieniu i gdy współczesny agnostyk zaprzestaje przeczyć istnieniu jakiejkolwiek rzeczywistości w objawieniu, obaj mogą się przyjaźnie spotkać i życzliwie skonsultować poglądy w antropologicznym warsztacie sir Jamesa Frazera.

W ten właśnie sposób można sobie uświadomić, jak wielka odległość dzieli angostycyzm w jego współczesnym wydaniu od tego, który był udziałem poprzedniego pokolenia. Najdłuższy rozdział całego tomu zajmuje wygłoszony przez Frazera *Huxley Memorial Lecture* w Royal Anthropological Institute w 1916 roku. Poruszony jest tu temat potopu, temat, któremu sam Huxley poświęcił słynny esej. Wielki agnostyk i naturalista długo musiał zwalczać dosłowną interpretację opowieści biblijnej, ukazując jej absurdalność w świetle geologii i nauk przyrodniczych. Prawdą jest, iż nawet i dzisiaj niektórzy nadal wierzą w istnienie płaskiej ziemi i w światowy potop, lecz publikacje Huxleya osiągnęły swój cel i jest mało prawdopodobne, by teraz pisał on tym samym stylem, co wtedy.

Współczesny agnostyk nie musi się kłopotać zbytnio o udowodnienie, iż opowieści biblijne są absurdalne w ich dosłownym rozumieniu, nie niepokoi go także absurdalność samych wierzeń. Czasami zaczyna nawet wątpić, czy jego własna niewiara jest mniej absurdalna i bardziej racjonalna niż wiara będąca udziałem jego przeciwnika. Wie jedynie, iż absolutnie niezdolny jest do tych aktów wiary, które jego sąsiadowi znajdującemu się w znacznie korzystniejszym położeniu dają tylc szczęścia, które wydają się jednać go z wszelkimi podejmowanymi w życiu wysiłkami dzięki niewątpliwie bezcennym obietnicom przyszłego życia i kompensacji duchowej. Wie on, że różnicy tej nie można zniwelować ani za pomocą myślenia w kategoriach związku przyczynowo-skutkowego, ani też za pomocą racjonalnych wywodów. Zalega ona głęboko w emocjonalnej konstytucji człowieka i oddziela czarne owce od białych przepaścią niemożliwą do pokonania.

Właśnie powyższa różnica stanowi przedmiot zainteresowania współczesnego niewierzącego. Jest on nie zaszokowany, lecz zafascynowany zjawiskami religijnymi, które kontempluje i studiuje z tak głębokim zainteresowaniem, niemal z taką samą miłością i czcią, jak czyni to człowiek religijny. Absurdalność potopu jest dla niego oczywista i nie zamierza wcale jej dowodzić. Chce natomiast odnaleźć podstawy tego wierzenia w głębokich pokładach natury ludzkiej lub też w zmiennych kolejach dziejów ludzkości. I w tym właśnie Frazerowskie ujęcie kwestii potopu jest bardziej aktualne i nowoczesne od ujęcia Huxleyowskiego, choć nie wybitniejsze czy wspanialsze, gdyż to jest niemożliwe! Obaj uczeni położyli kamienie milowe na drodze naukowego i filozoficznego postępu, a prace ich stanowią podsumowanie epoki w dziejach związku nauki i religii.

JESZCZE RAZ O TOTEMIZMIE

Pół wieku temu, w 1887 roku, pojawiła się w Edynburgu mała książeczka zatytułowana *Totemism*. Miała ona odegrać znaczną rolę w nauce o człowieku, zajmując w niej drugie miejsce po innym arcydziele tegoż autora — mam na myśli oczywiście Frazerowską *The Golden Bough* [1]. Bardzo szybko obie prace wywarły wrażenie na uczonych w kraju, a także wśród pracujących na tym polu za granicą. Obie zdążyły się już pojawić w znacznie pełniejszej formie, pierwsza jako *Totemism and Exogamy* [2], a druga jako dwunastotomowy cykl publikacji pod wspólnym tytułem *The Golden Bough*.

Obie też zostały zaopatrzone ostatnio w cenne epilogi: *Aftermath: A Supplement to the Golden Bough* oraz *Totemica: A Supplement to Totemism and Exogamy* [3] — ostatnie pociągnięcie pędzlem we Frazerowskich obrazach totemizmu. Przez nas, którzy główną inspirację w pracach całego swego życia zawdzięczamy Frazerowi, obie najnowsze publikacje zostały gorąco przyjęte i ocenione jako niezwykle znaczące. Ich pojawienie się daje świadectwo nie tylko energii i twórczej pasji autora, ale też wartości i żywotności brytyjskiej szkoły antropologicznej.

To właśnie Frazer bardziej niż ktokolwiek inny sprawił, iż nauka o człowieku stała się powszechna w środowiskach kultural-

---

[1] J. G. Frazer, *The Golden Bough: A Study in Magic and Religion* (pełny opis tej pracy znajduje się w przypisie pierwszym na s. 15 niniejszego tomu).

[2] J. G. Frazer, *Totemism and Exogamy*, London 1910, 4 t.

[3] Oba wydano w Londynie, pierwszy w 1936, drugi w 1937 r.

nych na całym świecie. Literacki wdzięk jego stylu i dogłębna wnikliwość to te zalety, którym w znacznym stopniu należy zawdzięczać, iż książki antropologiczne mają duży zasięg, są cenione i lubiane. Także Frazer, w stopniu większym niż ktokolwiek inny, przerzucił pomost między antropologią a nauką w jej wydaniu klasycznym. Nie jest przypadkiem, że pierwszą systematyczną i planową ekspedycję naukową przedsięwzięto w Cambridge, w siedzibie zawodowej i prywatnej Frazera. Prace Baldwina Spencera i Francisa J. Gillena w środkowej Australii, badania Johna Roscoe w plemieniu Baganda, klasyczne prace afrykanistyczne Williama Robertsona Smitha i Andrew M. Dale'a, Roberta S. Rattraya i Henri Junoda dają świadectwo geniuszu i przenikliwości Frazera.

Nie mniej godne uwagi jest piętno odciśnięte przez Frazera bezpośrednio na teorii antropologicznej. Zwróćmy uwagę na szeroki zakres tematyki: magia i pokrewieństwo, organizacja społeczna i system klanowy, władza polityczna i zagadnienia wczesnej nauki, obrzędów i religii — wszędzie widać co najmniej inicjatywę Frazera, a w większości przypadków także najpełniejsze i najbardziej adekwatne opracowanie problemu. Gdy wielki Francuz, Émile Durkheim, formułował swą teorię pierwotnej religii, miał w *The Golden Bough* nie tylko encyklopedię faktów, z której można czerpać bez końca, ale także kompendium inspirujących go wskazówek teoretycznych. Gdy Sigmund Freud uczynił wysiłek, by zastosować psychoanalizę do „człowieka jaskiniowego" oraz jego zbrodniczego i kazirodczego potomstwa, sięgnął po Frazerowski *Totemism and Exogamy* oraz *The Golden Bough*. Większość nowoczesnych szkół w antropologii — „funkcjonalizm" czy „strukturalizm", poszukiwanie „wzorów kultury" czy polowanie na „plemienne demony" — w znacznym stopniu jest uzależniona od inspiracji Frazera.

Obecna praca stanowi przegląd dokumentacji na temat totemizmu zebranej od roku 1910. Materiał przedstawiono w układzie geograficznym, przyznając główne miejsce oczywiście Australii, „[...] ponieważ to właśnie Australię z jej zróżnicowanymi i najbardziej pierwotnymi postaciami totemizmu musimy traktować jako obszar podstawowy, jeśli chcemy kiedykolwiek znaleźć klucz do problematyki pochodzenia i znaczenia tej instytucji"[4]. Pewne nowe i istotne dane zostały poddane analizie w badaniach terenowych prowadzonych na tym kontynencie przez profesora Alfreda Reginalda Radcliffe-Browna i jego następcę, doktora Adolphusa P. Elkina z Sydney. Niektóre z tych odkryć, na przykład te, których dokonali Ralph Piddington i Phyllis M. Kaberry, William E. H. Stanner i Ursula McConnel, rzuciły nowe światło na nasze teoretyczne koncepcje totemizmu.

Czytelnicy Frazera, to znaczy wszyscy antropologowie, z zainteresowaniem odnotują, że nowe dane dowodzą szerokiego występowania dwóch faktów: nieświadomości fizycznego ojcostwa i magicznych ceremonii związanych z pomnażaniem gatunków totemicznych. Właśnie na podstawie tych dwóch faktów natury etnograficznej sformułował Frazer hipotezy dotyczące początków totemizmu.

Równie bogate i interesujące są dane pochodzące z Oceanii. Od czasów Roberta H. Codringtona wiadomo, że zarówno rozwinięte formy totemizmu, jak i jego podstawy można odnaleźć w Melanezji. Ich istnienie wśród Polinezyjczyków, przewidziane przez Williama H. R. Riversa, zostało potwierdzone dzięki ostatnim badaniom doktora Raymonda W. Firtha i doktora H. Iana Hogbina. Materiały pochodzące z Afryki i Indii, które Frazer mógł zanotować, pomimo swej wagi nie wnoszą rewelacji do naszej wiedzy. Ameryce, kontynentowi, na którym totemizm został po raz pierwszy odkryty, poświęcił jedynie dwanaście stron.

W przedstawionej pracy Frazer trzyma się z dala od kontrowersji, nie posuwa także dalej swych teorii. Znaczną pokusę stanowi jednak możliwość sprawdzenia, do jakiego stopnia owe teorie zostały wzmocnione lub zmodyfikowane dzięki ostatnim odkryciom i osiągnięciom doktryny antropologicznej. W swej pierwotnej teorii, ogłoszonej w pracy z 1887 roku, Frazer stwierdza, iż genezą totemizmu są rozpowszechnione wierzenia w istnienie duszy zewnętrznej. W wierzeniu tym człowiek pierwotny łączy

[4] J. G. Frazer, *Preface*, w: *Totemica*.

kwestie dobrobytu i przeznaczenia z pewnym przedmiotem mającym znaczenie symbolu. Dzięki organizacji wspólnoty na zasadzie powiązania całego klanu z gatunkami zwierząt lub roślin wierzenie staje się istotą totemizmu.

Sam Frazer odrzucił ten pogląd jako teorię pochodzenia totemizmu. My jednak nie możemy pominąć jego znaczenia, wprawdzie nie w wyjaśnieniu konstytucji społeczeństwa pierwotnego, lecz w zrozumieniu pierwotnych tendencji symbolicznych. Zewnętrzny symbol wydaje się nieodzowny dla integracji grup pierwotnych, a w gruncie rzeczy także i cywilizowanych. Rozwijający bardziej wyczerpująco Frazerowskie teorie Durkheim słusznie podkreślał funkcjonalną wartość zarówno australijskiej czuringi, jak i naszej współczesnej flagi, zarówno średniowiecznej tarczy herbowej, jak i korony i berła współczesnych monarchów. Dzięki zrozumieniu znaczenia symboliki społecznej i koncepcji duszy zewnętrznej w szerszym jej rozumieniu odsłaniają się nam wytwory pierwotnego, to znaczy w swej istocie bardzo ludzkiego umysłu, a także efekty integracji grupowej na wszystkich szczeblach rozwoju. Rozwój cywilizacji bowiem polega na tym, że byty duchowe odciskają swe piętno na materii, podczas gdy zmieniona materia kształtuje z kolei procesy duchowe. Istotę symboliki w myśleniu, mowie i piśmie, w liturgii i sztuce stanowi w końcu nie co innego, lecz właśnie pojęcie „dusza zewnętrzna" rozwijane i udoskonalane nie do rozpoznania, choć jak dotąd bez naruszania ciągłości. Pierwszą hipotezę Frazera można zatem traktować jako punkt wyjścia pewnych najistotniejszych dróg rozwoju badań nad kulturą.

Druga teoria, sformułowana przez Frazera na podstawie sensacyjnych odkryć Baldwina Spencera i Francisa J. Gillena w Australii, wiąże bezpośrednio totemizm z magią. Plemię Arunta oraz plemiona sprzymierzone z nim obchodzą magiczne uroczystości pomnażania gatunków totemicznych, podczas których wszystkie klany współdziałają w szeroko zakrojonym przedsięwzięciu mnożenia jadalnych i w inny sposób użytecznych gatunków zwierząt i roślin. Środki prowadzące do tego praktycznego przecież celu wydają się nam najzupełniej fikcyjne, co bynajmniej nie zmniejsza ich wartości społecznej, a nawet wychowawczej. Uświadamiają bowiem uczestnikom wagę współpracy, konieczność podporządkowywania się pewnym regułom i przestrzegania tradycji plemiennych. Ten właśnie aspekt życia obrzędowego przedstawił profesor Alfred R. Radcliffe-Brown w drugiej części swojej pracy *Andaman Islanders* [5].

Na wyższych szczeblach rozwoju niż ten, który reprezentują Australijczycy i Andamanie, widać jeszcze wyraźniej, iż magia odgrywa rolę nader ważnej siły organizującej i integrującej. Na Wyspach Trobrianda czarownik ogrodowy na mocy mistycznej władzy sprawowanej nad Naturą staje się przywódcą i organizatorem przedsięwzięcia, pełniąc funkcję eksperta i nadzorcy prowadzonych prac rolnych [6]. Podobnie osoba sterująca wichrem i pogodą, mająca w swej mocy niebezpieczeństwa otwartych mórz oraz kapryśne nastroje partnerów handlowych występuje z tego tytułu w charakterze kapitana czółna i przywódcy zamorskiej ekspedycji [7]. Na obszarze Polinezji związek magii z działaniami praktycznymi został udokumentowany przez doktora Raymonda W. Firtha w pracy *Primitive Economics of the New Zealand Maori* [8].

W swej trzeciej i ostatniej teorii genezy totemizmu Frazer dowodzi znaczenia pierwotnej nieświadomości fizjologicznego ojcostwa. Także i w tym wypadku na istnienie powyższego faktu naprowadzają nas tubylcy ze środkowej Australii. Wierzą oni, iż poczęcie następuje na skutek wejścia totemicznego ducha dziecka

[5] A. R. Radcliffe-Brown, *The Andaman Islanders*, Cambridge 1922.

[6] Patrz B. Malinowski, *Ogrody koralowe i ich magia. Studium metod uprawy ziemi oraz obrzędów towarzyszących rolnictwu na Wyspach Trobrianda* (oryg. 1935), *Dzieła*, t. 4: *Opis ogrodnictwa*, tłum. A. Bydłoń, Warszawa 1986; *Dzieła*, t. 5: *Język magii i ogrodnictwa*, tłum. B. Leś, Warszawa 1987.

[7] Patrz B. Malinowski, *Argonauci Zachodniego Pacyfiku. Relacje o poczynaniach i przygodach krajowców z Nowej Gwinei* (oryg. 1922), tłum. B. Olszewska-Dyoniziak, S. Szynkiewicz, *Dzieła*, t. 3, Warszawa 1980.

[8] R. W. Firth, *Primitive Economics of the New Zealand Maori*, London 1929.

do łona kobiety. Uważają, iż duchy nie narodzonych dzieci przebywają w świętych miejscach, wewnątrz czuring, w których mityczni przodkowie, półludzcy, półtotemiczni, pozostawili swe dusze i swój magiczny sprzęt. Wierzenie to, jak dowodzi Frazer, w wystarczającym stopniu wyjaśnia przyczynę, dla której człowiek pierwotny uważał się za mistycznie związanego ze zwierzęciem, rośliną lub przedmiotem nieożywionym. Wpływa ono także na formowanie się więzi klanowej oraz wyjaśnia, w jaki sposób, na podstawie totemicznego pokrewieństwa ze światem natury, pierwotny człowiek rości sobie prawo do władania za pomocą magii procesami i przedmiotami przyrodniczymi.

W czasie, gdy Frazer przedstawiał swoją teorię, jego uogólnienia w rzeczy samej były śmiałe, ktoś mógłby nawet powiedzieć — zbyt śmiałe, jeśli wziąć pod uwagę, że czyniono je na podstawie materiału ograniczonego do niewiele znaczącego plemienia na pustyniach środkowej Australii. W tym wypadku jednak geniusz Frazera ponownie dał znać o sobie, antycypując przebieg przyszłych odkryć. Animistyczne wierzenia dotyczące poczęcia od tego momentu odkrywano po kolei w plemionach australijskich, aż mapa ich rozmieszczenia pokryła prawie cały kontynent. Zjawisko to sygnalizował także William H. R. Rivers z Melanezji, piszący te słowa ze wschodniej Nowej Gwinei oraz doktor H. Ian Hogbin z Polinezji.

Z zainteresowaniem należy odnotować fakt, iż równocześnie z pracą *Totemica* pojawiła się monografia poświęcona kwestii pochodzenia totemicznego wśród rdzennej ludności Australii[9]. Praca ta stanowi prawdziwy pomnik Frazerowskiej intuicji i wizji, świadczy też o wartości sformułowanych przez Frazera teorii totemizmu. W zakończeniu autor pisze, iż poza nielicznymi i nieistotnymi wyjątkami wedle „ortodoksyjnej doktryny każdego plemienia" w Australii „dzieci rodzą się na skutek tego, iż do kobiety przybywa duch dziecka, którego pochodzenie sięga odległej

---

[9] M. F. A. Montagu, *Coming into Being among the Australian Aborigines*, London 1937.

przeszłości mitologicznej [...] Dzięki temu właśnie wierzeniu we wchodzenie w kobiety duchów dzieci zostaje zapewniona właściwa przynależność dziecka do grupy totemicznej i odpowiedniej połowy plemienia"[10].

Ujmując każdą z trzech hipotez osobno, można by sądzić, iż żadna nie wystarcza, by dać świadectwo początkom i istocie totemizmu; wzięte wszystkie razem dają jednak pełne i właściwe wyjaśnienie zjawiska. Wszystkie trzy skupiają się wokół koncepcji, niemal definicji, totemizmu, która przewija się przez Frazerowskie rozważania teoretyczne i nadaje właściwą perspektywę wspaniałej konstrukcji: totemizm stanowi obrzędowy i mitologiczny przejaw selektywnie ukierunkowanych zainteresowań człowieka pewną liczbą gatunków zwierzęcych i roślinnych, odsłania głębokie przeświadczenie człowieka pierwotnego, iż jest on w swym ciele i umyśle podobny do odpowiednich elementów środowiska. Na mocy pokrewieństwa sprawuje nad nimi magiczną władzę i przestrzega wobec nich pewnych zasad wynikających z religijnej czci i kultu.

W każdej teorii totemizmu musimy przede wszystkim zwrócić uwagę na związek między człowiekiem a siłami i prawami rządzącymi w środowisku. W swej trzeciej koncepcji Frazer wysuwa istotną sugestię, iż nieświadomość fizjologii reprodukcji wraz z wiarą w inkarnację duchów dzieci stanowią pierwotną podstawę totemicznego pokrewieństwa człowieka z Naturą. Związek ten traktowany był przez człowieka pierwotnego nie tyle jako intelektualna afirmacja czy wyraz sentymentu, ile przede wszystkim jako środek działania. Zainteresowanie człowieka otoczeniem było typowo pragmatyczne, chodziło bowiem głównie o pożywienie oraz inne równie utylitarne cele. Ponieważ zaś najwcześniej osiągniętą władzę nad otoczeniem zawdzięczano magii, zatem główna funkcja wierzeń totemicznych zawartych w obrzędach totemicznego pomnażania była skierowana na użyteczne i istotne w kategoriach praktycznych cechy środowiska. Przez umieszcze-

[10] *Ibid.*, s. 199.

nie pierwszej hipotezy w kontekście pierwotnej myśli, uczuć i działań w nieunikniony sposób zostaliśmy przywiedzeni do hipotezy drugiej.

Takie terminy i pojęcia, jak „podstawy urodzaju" czy „użyteczne elementy środowiska", wykraczają poza intelektualne horyzonty człowieka pierwotnego. Człowiek pierwotny musi używać symboli konkretnych i wyrazistych, w sensie zarówno obrzędowym, jak i psychologicznym. Podstawa rytualnego symbolizmu, czyli wierzenie w istnienie duszy zewnętrznej, na które Frazer kładzie nacisk w swej pierwszej teorii, jest koniecznym następstwem naszego rozumienia magicznych funkcji totemizmu i jego podstaw pojęciowych. I tak na przykład australijska czuringa stanowi prototyp duszy zewnętrznej. W świetle wierzenia tubylców jest to także główny „zbiornik" duchów dzieci. W uroczystościach totemicznego pomnażania jest ona głównym instrumentem skuteczności działań magicznych. W tym małym przedmiocie zawiera się skrócona wersja Frazerowskiej hipotezy o genezie totemizmu, a trzeba pamiętać, że dla tubylca ze środkowej Australii czuringa stanowi najświętszy i najważniejszy w całym świecie przedmiot. Reprezentuje bowiem dla niego, w skondensowanej, lecz wszechmocnej formie, tradycję, siłę magiczną oraz społeczną jedność klanu, zastępuje długi szereg przodków, daje człowiekowi środki gwarantujące dobrobyt i powodzenie, jest źródłem ludzkiej płodności. W „śpiewach" do swojej czuringi, w swych mitologiach i czynnościach obrzędowych Australijczyk ze środkowej części kontynentu stanowi praktyczne świadectwo intuicji i wnikliwości wielkiego historyka totemizmu.

Teorie Frazera wyjaśniają nie tylko początki totemizmu, ale także jego funkcje. Z perspektywy walki o przeżycie ważne jest, by zainteresowanie człowieka praktycznie nieodzownymi mu gatunkami nigdy nie osłabło, by jego wiara w zdolność władania nimi dawała mu siłę i wytrwałość w przedsięwzięciach, a także by zachęcała go do obserwacji, do poznawania zwyczajów i natury zwierząt i roślin. W świetle teorii Frazera totemizm jawi się jako udzielone przez religię błogosławieństwo wysiłkom człowieka pierwotnego w oddziaływaniu na użyteczne mu środowisko, w jego

„walce o byt". Równocześnie człowiek rozwija kult zwierząt i roślin, od których jest uzależniony, wobec których czuje się zobowiązany, a których zniszczenie jest koniecznością.

Frazerowska interpretacja totemizmu nadal daje nam najlepszy wgląd w najwcześniejsze etapy rozwoju religii, w nabożną postawę człowieka świadomego swego uzależnienia, w jego wczesne poszukiwanie stałych, namacalnych wartości, w jego instynkt, w jego istotę duchową i moralną. W ramach Frazerowskiej refleksji śledzimy, jak w totemizmie rozwijają się początki postaw etycznych dzięki magicznemu współdziałaniu członków klanu oraz klanów na rzecz całej społeczności. Frazer ukazał także, iż totemizm w swym nacisku na materialny symbolizm zawiera zapewne najwcześniejsze zasady świętej metafory, to znaczy abstrakcji, ze wszystkimi możliwościami jej rozwoju: z jednej strony w rytuał, a z drugiej w naukę.

Zasługi Frazera były niezmiernie ważne zarówno ze względu na rozwój badań terenowych, jak i ze względu na wpojenie nam teoretycznego zrozumienia dla człowieka pierwotnego. Ponadto w swych wielkich dziełach, *The Golden Bough*, *Totemism and Exogamy*, *The Fear of Dead*, *The Belief in Immortality* oraz *Folk-Lore in the Old Testament* [11], przedstawił nam szkic trwałej filozofii kultury, której artybutem jest zdolność nieskończonego rozwoju.

Niezwykłe zrozumienie i rzetelność, z jakimi przewodzący szkole brytyjskiej traktował pierwotne szlaki ludzkich myśli i działań, jego fundamentalny humanizm, naukowa przenikliwość i artystyczna intuicja pozwoliły mu odkryć większość problemów, którymi zajmuje się dzisiejsza antropologia. W swej wizji zdołał przewidzieć główny bieg odkryć empirycznych, a także położyć podwaliny porównawczej nauki o kulturach ludzkich.

---

[11] J. G. Frazer: *The Fear of Dead in Primitive Religion*, London 1933; *The Belief in Immortality and the Worship of the Dead*, London 1913 - 1924, 3 t.; *Folk-Lore in the Old Testament. Studies in Comparative Religion, Legend and Law*, London 1918, 3 t.

O STUDIACH ÉMILE'A DURKHEIMA

Zbyteczne jest zwracanie badaczom uwagi na znaczenie nowej pracy profesora Émile'a Durkheima, albowiem pojawienie się obszernego tomu pióra przewodzącego francuskiej szkole socjologicznej stanowi prawdziwe wydarzenie naukowe. Grupa uczonych związanych z „L'Année Sociologique" odniosła widoczny sukces w rozważaniach nad problematyką pierwotnej religii. Szczególnie gorące podziękowania winniśmy złożyć panom Henri Hubertowi i Marcelowi Maussowi za ich eseje na temat ofiary i magii, panu Émile'owi Durkheimowi za artykuły dotyczące definicji zjawiska religijnego, klasyfikacji myśli pierwotnej i totemizmu oraz panu Robertowi Hertzowi za pracę o obrzędach pogrzebowych.

Dla profesora Durkheima „religijne" oznacza *par excellence* „społeczne". Specyficzne cechy zjawisk społecznych i religijnych są praktycznie zbieżne. „Społeczne" zdefiniowane jest w *Zasadach metody socjologicznej* [1] w kategoriach „zewnętrzności wobec umysłów jednostkowych" oraz „nieuniknionego wpływu" na umysły jednostek. „Religijne", oznaczające także „zewnętrzne" wobec pojedynczych umysłów, zdefiniowane jest w kategoriach „przymusu" [2]. Wydany obecnie tom ma, co oczywiste, znaczenie szczególne, ponieważ zawiera systematyczny i ostateczny wykład stanowiska najlepiej zorganizowanej szkoły socjologicznej, stano-

---

[1] É. Durkheim, *Zasady metody socjologicznej*, tłum. J. Szacki, Warszawa 1968.

[2] Patrz É. Durkheim, *Sur la définition des phénomènes religieux*, „L'Année Sociologique" [1897/1898], t. 2.

wiska zajętego w kwestii wyjątkowo ważnej i wyjątkowo dobrze przestudiowanej w obrębie tej właśnie szkoły.

Jest też jeszcze inna przyczyna, dla której praca winna wzbudzić szczególne zainteresowanie socjologów. Jest nią podjęcie przez profesora Durkheima po raz pierwszy „problemu genezy" tak podstawowego i powszechnego zjawiska społecznego, jakim jest religia. W swej metodologicznej pracy *Zasady metody socjologicznej* autor zawzięcie obstaje przy tym, by zjawiska społeczne traktować „jak rzeczy", głosząc też konieczność wyłączania z socjologii wszelkich form wyjaśnień psychologicznych [3]. Wielu badaczom, a szczególnie brytyjskim antropologom, którzy preferują psychologiczne wyjaśnienia przyczyn zjawisk, postulowana zasada niewątpliwie wyda się nieco sztuczna i bezpłodna w praktycznym zastosowaniu. Prezentowany tom umożliwia nam ocenę, w jakim stopniu przedstawiona metoda odnosi sukces.

Rozprawa ma wiele aspektów, służy też wielu celom. Zmierza do określenia istotnych i podstawowych elementów religii, zawierając tym samym rewizję sformułowanej poprzednio przez autora definicji „religijnego", śledzi początki religii, przedstawia teorię totemizmu, intencją jej jest wnieść istotny wkład w rozwój filozofii.

Wszystkie te problemy pan Durkheim usiłuje rozwiązać w drodze analizy wierzeń praktycznie jednego plemienia — Arunta. Jego bystre oko dostrzega w faktach, których znajomość zawdzięczamy panom Baldwinowi Spencerowi i Francisowi J. Gillenowi, wiele elementów bynajmniej nie oczywistych dla umysłu mniej przenikliwego, a przestudiowanie dwóch tomów obu autorów [4], a także materiałów zebranych przez pana Carla Strehlowa [5] przynosi mu obfite żniwo rezultatów teoretycznych. A jed-

---

[3] É. Durkheim, *Zasady, Przegląd treści: Rozdział 2.*

[4] B. Spencer, F. J. Gillen, *The Arunta: A Study of a Stone Age People*, London 1927, 2 t.

[5] C. Strehlow, *Die Aranda und Loritja-Stämme in Zentrale Australien*, Frankfurt am Main 1907 - 1910, 3 t.

nak sformułowanie najdalej wybiegających wniosków teoretycznych na podstawie praktycznie pojedynczego przykładu wydaje się narażać pracę na poważne zastrzeżenia ze strony czytelników. Bardzo niebezpieczne jest uznanie jakiegokolwiek ludu za „absolutnie pierwotny typ ludzki" lub za „najlepszy przykład elementarnych form organizacji społecznej i wierzeń" bez potwierdzenia sformułowanych wniosków innymi dostępnymi danymi. Tytułem przykładu: gdy poszukując podstawowego aspektu religii pan Durkheim odnajduje go w uniwersalnym i wiecznym dychotomicznym podziale ludzi, rzeczy i idei na *sacrum* i *profanum*[6], mógłby odwołać się do dobrze znanych fragmentów prac etnograficznych z obszaru Australii[7]. Faktem jest, że ostry podział wszystkich rzeczy na religijne i niereligijne wydaje się bardzo znamienną cechą życia społecznego tubylców ze środkowej Australii. Lecz czy jest to zjawisko uniwersalne? W żadnym razie nie jestem o tym przekonany. W tekście przygotowanej przez doktorostwo Seligmanów szczegółowej monografii na temat Weddów nie ma wzmianki o istnieniu rozgraniczenia tego typu wśród badanych, których można uznać za ludzi w bardzo znacznym stopniu pierwotnych. Także trudno byłoby utrzymywać, iż zjawisko to występuje wśród ludów Melanezji, choć materiał, którym dysponujemy na ich temat, można potraktować jako wyczerpujący. Nawet gdyby założyć, iż w naszych informacjach istnieje luka, nie usprawiedliwia to wcale procedury budowania systemu teoretycznego na podstawie zwykłych założeń, zamiast prawdziwej wiedzy.

Nieprzekonywające jest także założenie, iż totemizm stanowi elementarną formę religii[8], szczególnie że wykorzystane badania ponownie okazują się ograniczone do wierzeń tubylców ze środkowej Australii.

---

[6] É. Durkheim, *Elementarne formy życia religijnego. System totemiczny w Australii*, tłum. A. Zadrożyńska, Warszawa 1990, s. 31 i nast.

[7] B. Spencer, F. J. Gillen, *The Northern Tribes of Central Australia*, London 1904, s. 33.

[8] É. Durkheim, *Elèmentarne formy*, ks. 1, rozdz. 4: *Totemizm jako religia elementarna.*

Teoria totemizmu profesora Durkheima głosi, że istota totemizmu leży w symbolu totemicznym oraz w znaku totemicznym i że świętość totemu pochodzi od świętości znaku. Ponowne rozważenie problemu totemizmu z powyższego punktu widzenia, choć niezbyt atrakcyjne z przyczyny występującego ostatnio zjawiska „totemicznej nadprodukcji", nie może nie być stymulujące. Pan Durkheim i jego szkoła akceptują, jak dobrze wiadomo, teorię animizmu doktora Roberta R. Maretta. Zasada totemizmu, siła totemizmu stanowią w oczach profesora Durkheima w swej naturze coś w rodzaju *mana*. Owa zasada, nierozerwalnie złączona przede wszystkim z totemicznym znakiem i symbolem, a dalej z gatunkiem i w końcu z przedstawicielami klanu, jest objaśniona w następujący sposób: „A więc bóg klanu czy pierwiastek totemiczny muszą być jedynie tym, co sam klan, lecz ich hipostaza jawi się w wyobraźni w postaci realnych gatunków roślin lub zwierząt, stanowiących totemy" [9]. Jest to niewątpliwie bardzo interesująca koncepcja religii zapowiadana już we wcześniejszych pracach, w których autor kładł tak duży nacisk na społeczną naturę tego, co religijne — tu jednak po raz pierwszy przedstawił ją w pełni.

Dalej pan Durkheim ukazuje, jak się to stało, iż społeczeństwo stanowi prawdziwą istotę, *materia prima* ludzkiej koncepcji świętości: „[...] społeczeństwo jest niewątpliwie w stanie, choćby tylko dzięki swemu oddziaływaniu na umysły, wywołać w nich doznanie bóstwa, dla swych członków bowiem jest ono tym, czym bóg dla wiernych" [10]. I dalej: „Jego własna natura, odmienna niż natura jednostki, każe mu zmierzać do także wyłącznie dla niego specyficznych celów. Mogąc jednak osiągnąć je tylko za naszym pośrednictwem, kategorycznie wymaga naszego współuczestnictwa" [11]. Zauważmy, że społeczeństwo traktowane jest tu jako podmiot logiczny wypowiedzi, jest to aktywny byt wcielony w prag-

[9] *Ibid.*, s. 199.
[10] *Ibid.*
[11] *Ibid.*, s. 199 - 200.

nienia, cele i żądania. Uznając, że nie jest to jedynie figura stylistyczna (pan Durkheim najwyraźniej nie traktuje tego w ten sposób), jesteśmy zmuszeni stwierdzić, że jest to koncepcja w pełni metafizyczna. Pojęcie społeczeństwa jako bytu zbiorowego, wyposażonego we wszystkie cechy świadomości jednostkowych, zostanie odrzucone nawet przez tych socjologów, którzy dopuszczają istnienie „świadomości zbiorowej" w znaczeniu sumy różnych świadomości (na przykład panowie William McDougall, Charles A. Ellwood, Kingsley Davis, a także częściowo Georg Simmel i Wilhelm Wundt). Lecz kilka stronic dalej dochodzimy do wypowiedzi, która wydaje się zezwalać na inną interpretację. Mówiąc o „[...] sposobach oddziaływania, do których społeczeństwo już wystarczająco przywykło [...]", autor stwierdza, że „[...] wszystkie te nasze wyobrażenia, które są ich wyrazem, osiągają takie natężenie, jakiego nie mogłaby uzyskać świadomość stanów wyłącznie osobistych. W nich bowiem zawarła się siła nieskończenie wielu wyobrażeń indywidualnych, będących ich tworzywem. To właśnie społeczeństwo przemawia ustami tych, którzy nam je wyjawiają [...]" [12]. Stajemy tu przed dylematem: albo zdanie to oznacza, iż „wyobrażenia społeczne" mają pewien specyficzny charakter dzięki temu, że jednostka, która je tworzy, jest świadoma poparcia ze strony społeczeństwa i opinii społecznej (w tym wypadku jest to stwierdzenie o charakterze w pełni empirycznym), albo zdanie to zawiera koncepcję nieempirycznego oddziaływania społeczeństwa na świadomości jednostkowe (w tym wypadku jest ono pozbawione naukowego sensu).

Autor wyraża własną opinię co do tej kwestii z genetycznego punktu widzenia: „[...] wówczas gdy mamy do czynienia z publicznym osądem, siła, z jaką oddziałuje wyobrażenie każdej jednostki o przedmiocie osądzanym, pochodzi z jego źródeł, z okoliczności, w jakich powstało; a siłę tę czują nawet ci, którzy się jej nie podporządkowują [...]" [13]. W tym miejscu autor staje wobec prawdzi-

---

[12] *Ibid.*, s. 200 - 201.
[13] *Ibid.*, s. 201.

wego problemu. Czym są owe specyficzne warunki społeczne, z których wyrasta „świadomość społeczna", a w konsekwencji także i wyobrażenia religijne? Odpowiedź brzmi, iż warunki te są spełnione zawsze, gdy społeczeństwo jest rzeczywiście zgromadzone, czyli we wszystkich dużych zgromadzeniach społecznych: „Wśród zgromadzonych ludzi ożywionych wspólną namiętnością i my stajemy się podatni na uczucia i skłonni do czynów, do których nie bylibyśmy zdolni o własnych siłach. A kiedy zgromadzenie się skończy, kiedy znów jesteśmy sami, wówczas wróciwszy na poziom zwykłości możemy ocenić, jak bardzo zostaliśmy wyniesieni ponad samych siebie" [14].

Odpowiedź ta jest nieco rozczarowująca. Przede wszystkim trochę nieufnie traktujemy teorię, która przyczyn religii dopatruje się w zjawiskach tłumu. Taki punkt widzenia wprawia nas też w pewne zakłopotanie. Powyżej rozważaliśmy (choć nie bez trudności) istnienie transcendentnego bytu zbiorowego, „[...] społeczeństwa będącego twórcą religijnych przekonań [...]: nawet dziś, jak dawniej, można zobaczyć, że społeczeństwo nieustannie dokonuje całkowitej kreacji tego, co sakralne" [15]. Zatem społeczeństwo samo jest świętością, to znaczy nie tylko twórcą, lecz także i przedmiotem twórczych działań lub co najmniej w tym przedmiocie się odbija. Społeczeństwo jednak nie jest tu już logicznym i gramatycznym podmiotem metafizycznych twierdzeń ani nawet nie jest ich przedmiotem. Dostarcza ono tylko warunków zewnętrznych, z których wyobrażenia świętości mogą i muszą brać początek. Wynika z tego, że w poglądach profesora Durkheima zarysowują się podstawowe sprzeczności. Społeczeństwo jest źródłem religii, przyczyną świętości, lecz czy jest to „przyczyna" w tym sensie, iż „podmiot zbiorowy [...] wymyśla i kreuje idee religijne"? Byłaby to metafizyczna koncepcja pozbawiona jakiegokolwiek znaczenia empirycznego. Czy może samo społeczeństwo jest „bogiem", jak sugeruje stwierdzenie, iż „podstawą totemizmu jest klan", tyle że

---

[14] *Ibid.*, s. 202.
[15] *Ibid.*, s. 205.

występujący pod postacią totemu? Przypomina to nieco Heglowski Absolut, który „sam się myśli" w tej czy innej postaci. Czy też, w końcu, społeczeństwo w postaci tłumu stanowi jedynie coś w rodzaju atmosfery, w której *jednostki* tworzą wyobrażenia religijne? Tylko ten ostatni wariant reprezentuje dopuszczalną naukowo interpretację tajemniczego sposobu, w jaki pan Durkheim wykłada istotę swych teorii.

Przyjrzyjmy się, w jaki sposób autor boryka się z prawdziwymi i konkretnymi problemami, a także, którą z trzech przedstawionych wersji „początków" stosuje do autentycznych faktów australijskiego totemizmu. Wychodzi on od wcześniej już cytowanej uwagi o podwójnym cyklu życia społecznego tubylców ze środkowej Australii. Krajowcy przechodzą przez dwie cyklicznie zmieniające się fazy: rozproszenia i skupienia. Druga z nich składa się niemal wyłącznie z uroczystości religijnych. Jest to zgodne ze wspomnianym powyżej stwierdzeniem, iż tłum daje początek religii: „[...] już sam fakt zgromadzenia się ludzi działa jak wyjątkowo silny bodziec. Bliskość zgromadzonych ludzi wyzwala pewien rodzaj energii, która błyskawicznie wynosi ich do poziomu wyjątkowej egzaltacji. [...] Można bez trudu pojąć, że doszedłszy do stanu takiego uniesienia człowiek zupełnie siebie nie poznaje. Czuje, że owładnęła nim i porwała go jakaś zewnętrzna potęga, która mu nakazuje myśleć i działać inaczej niż zazwyczaj. I wówczas oczywiście ma wrażenie, że już nie jest sobą. Wydaje mu się, że stał się kimś nowym: założone ozdoby i coś w rodzaju maski, zakrywającej twarz, uzewnętrzniając tę wewnętrzną przemianę, pogłębiają ją jeszcze bardziej [...], więc wszystko przebiega tak, jakby naprawdę przeniesiono człowieka do świata niezwykłego, zupełnie odmiennego niż świat jego codziennej egzystencji [...]. Wydaje się więc, że tu właśnie, w środowiskach społecznych skłonnych do ekscytacji oraz z owej ekscytacji zrodziła się idea religii. A prawdziwość takiego początku zdaje się potwierdzać fakt, że w Australii prawie cała aktywność religijna przypada na czas takich zgromadzeń" [16].

[16] *Ibid.*, s. 208, 211.

Podsumowując, teorie dotyczące jednego z najbardziej podstawowych aspektów religii nie mogą bez wzbudzenia zastrzeżeń opierać się na analizie jednego plemienia, które opisano właściwie tylko w jednej pracy etnograficznej. Należy też odnotować, iż prawdziwie empiryczna wersja tej teorii genezy nie stanowi w żadnym razie realizacji metody „obiektywnej", zgodnie z którą pan Durkheim zaleca traktowanie faktów społecznych jako rzeczy, z uniknięciem indywidualnych wyjaśnień psychologicznych. W rzeczywistości jednak używa on w swej teorii właśnie na wskroś indywidualnych wyjaśnień psychologicznych. Za źródło „religijnego" przyjmuje modyfikację świadomości jednostkowej pod wpływem wielkiego zgromadzenia, „umysłową ekscytację". „Święte" i „boskie" to kategorie psychologiczne rządzące wyobrażeniami stworzonymi przez inspirowany religijnie tłum. Wyobrażenia te są zbiorowe tylko o tyle, o ile są powszechne, to znaczy wspólne wszystkim członkom tłumu. Ponadto do zrozumienia natury tych zjawisk dochodzimy przez analizę indywidualną, przez psychologiczną introspekcję, a nie przez traktowanie ich jako „rzeczy". Wreszcie upatrywanie genezy wszelkich zjawisk religijnych w manifestacjach tłumu wydaje się wielce zawężać postrzeganie zarówno form społecznego wpływu na religię, jak i źródeł, z których człowiek może czerpać swą religijną inspirację. „Umysłową ekscytację" podczas wielkich zgromadzeń z trudem można uznać za jedyne źródło religii.

Czując się w obowiązku krytyki pewnych istotnych wątków pracy profesora Durkheima, muszę jednak dodać, iż zawiera ona w swej stosunkowo niewielkiej objętości niezwykle rzetelną analizę teorii faktów religijnych, a wśród nich wielu teorii pierwszej ważności, stanowiących oryginalny wkład profesora Durkheima i jego szkoły. Analizy takiej mógł dokonać tylko jeden z najbardziej przenikliwych i błyskotliwych współczesnych socjologów i sam ten fakt czyni książkę pozycją stanowiącą niezwykle istotny przyczynek do rozwoju nauki.

O STUDIACH MITOLOGICZNYCH

Mit przystrajający brutalne i nagie piękno pierwotnej myśli w dostojeństwo tradycji i majestat świętości ma osobliwy powab zarówno dla człowieka cywilizowanego o wyrafinowanych zainteresowaniach, jak i dla człowieka prostego, nieuczonego. Mieszanina nie dających się pogodzić skrajności, tego, co haniebne i tego, co święte, pełne wdzięku i prostackie, cielesne i duchowe, tragiczne i błazeńskie, spowija mit w atmosferę tajemną i nadaje mu sens, który zawsze inspirował artystów i wprawiał w osłupienie badaczy. Z mitu i opowieści ludowej biorą początek najwcześniejsze, a jednocześnie i najdojrzalsze wytwory sztuki: odgrywanie mitu przez dzikich podczas ceremonii inicjacji i uroczystości plemiennych, starożytne tragedie greckie, teatr elżbietański i Wagnerowskie dramaty muzyczne. W prymitywnym, pogańskim, a także i w chrześcijańskim malarstwie i rzeźbie mit dostarczał nie tylko większości tematów, ale też stwarzał klimat.

Prezentowany tom [1], przecierający szlak do jednego z najwspanialszych, a także z wielu powodów najmniej znanych regionów folkloru, zostanie równie gorąco przyjęty przez uczonych, jak i przez literatów. Jest to bowiem obszerny przegląd mitologicznego *Weltanschauung* ludów syberyjskich i ugrofińskich. Powstanie tej pracy zawdzięczamy wielojęzyczności i rozległej wiedzy autora, a także przeprowadzonym przez niego osobiście badaniom terenowym. Będzie ona stanowić ważny wkład w dziedzinę mitologii

---

[1] U. Holmberg, *The Mythology of All Races*, t. 4: *Finno-Ugric, Siberian*, Boston 1927.

ogólnej, o której materiałów mamy wprawdzie pod dostatkiem, ale nie są one odpowiedniej klasy.

Oszałamiająca i zniechęcająca jednocześnie jest wielka różnorodność teorii funkcjonujących w mitologii porównawczej oraz szeroki wachlarz poglądów co do prawdziwej natury świętej przypowieści. Wynika z tego, że trudno jest zrozumieć czysto teoretyczny problem wyłaniający się z owych opowieści, które przybywają z odległej przeszłości, w których zdają się brzmieć nuty i obce, i bliskie, niemal niezrozumiałe przekazy, wciąż jeszcze przynoszące jakiś dogłębny i nieunikniony sens. Istnieją teorie zmieniające folklor w bagnistą naukę przyrodniczą, istnieją też psychoanalityczne interpretacje kojarzące mit z marzeniem obciążonym kazirodczym pożądaniem. Istnieją opinie traktujące legendy jako nieco zmodyfikowaną historię plemienną, wedle jeszcze innych mit jest wytworem nieokiełznanej wyobraźni. Niekiedy mit bywa odrzucany jako mistyfikacja podsunięta przez zakłamany kler bądź jako prymitywne *lapsus linguae* — samookłamywanie się pierwotnego umysłu przez samorodną metaforę.

Większość teorii zakłada zbyt dużą skłonność dzikiego człowieka do filozofowania zza biurka, przypisując mu jednocześnie zbyt dziecinne poglądy. W rzeczywistości dziki nie jest ani tak głupi, ani tak naiwny, by personifikować byty przyrodnicze lub by lekceważyć różnicę między ludźmi i zwierzętami, przedmiotami ożywionymi i nieożywionymi. Nie łatwiej niż człowiek cywilizowany nabiera się na swoje metafory. Z drugiej strony ani nie jest wystarczająco refleksyjny, ani też nie dysponuje taką ilością wolnego czasu, by spędzać go na fantastycznych, półpoetyckich wyjaśnieniach i rapsodiach, by ujednolicać swe marzenia lub utrwalać dzieje plemienia. Niezwykle słabo rozumie znaczenie ścisłości danych historycznych, nie interesuje go też w zasadzie rekonstrukcja przeszłości, o czym świadczy całkowity brak materiałów historycznych z niedalekiej przeszłości, a także zupełna niewiarygodność opowieści w rodzaju tych, które można znaleźć w europejskich kronikach. Co do koncepcji wyjaśniania mitów przez marzenia, teoria psychoanalityczna przeżywa wzloty i upadki związane z założeniem „pamięci rasowej" i „nieświadomości rasowej" akceptowanym tylko przez niewielu antropologów, którzy pozostają poza gronem żarliwych freudystów.

W rzeczywistości uczeni starej daty i natchnieni psychologowie, a także energiczni zwolennicy „metody historycznej" masowo zalewają nas swoimi poglądami na temat tego, co ma na myśli dziki powtarzając swą opowieść, dlaczego ją opowiada, w jaki sposób odnosi mityczno-poetyckie fantazje do rzeczywistości. Nie widzą natomiast powodu, by zwrócić się z pytaniem do samego dzikiego człowieka lub by poszukiwać odpowiedzi w konkretnych faktach.

W kulturze pierwotnej mity opowiada się w określonym celu, są one głęboko osadzone w zainteresowaniach człowieka, w jego organizacji społecznej i kulturze. A jednak więzy łączące wiedzę ludową z pozostałymi elementami życia tubylców, nitki tej wiedzy, z których utkana jest społeczna materia, są nie tylko całkowicie lekceważone przez etnografa, lecz wręcz zostają przez niego zerwane. Opowieści wyrywa się z kontekstu kulturowego i umieszcza w notesie etnografa z dala od informacji o życiu krajowców. Dość niedawno opublikowano prace, w których najprzedniejsi etnografowie przedstawiają teksty w taki sposób, jak gdyby od samego początku wiodły monotonne i bezbarwne życie na papierze [2].

Trudno jest znaleźć jakiekolwiek doniesienia z badań terenowych, w trakcie których systematycznie przestudiowano by funkcje mitu, legendy i opowieści ludowej, w których etnograf śledziłby wszechstronny wpływ świętej przypowieści na organizację społeczną, prawo, porządek i rytuał.

Do objaśnienia wytworu kulturowego niezbędna jest jego znajomość. A znać — w wypadku myśli i przeżyć — oznacza doświadczyć. W analizach mitologii konieczne jest uchwycenie, w jaki sposób krajowcy *żyją* swymi mitami. Utrzymuję, iż świętej przypowieści nie przytacza się dla zabawy czy też dla zwykłej rozrywki. „Święte" we wczesnych społeczeństwach ludzkich nie jest czczym przedstawieniem ani grą pozorów wymyśloną dla zaspokojenia cie-

[2] Patrz np.: F. Boas, *Tsimshian Mythology* [„Annual Reports of the Bureau of American Ethnology" 1916, t. 31]; R. S. Rattray, *Ashanti* [Oxford 1923].

kawości, nie jest nawet potrzebą emocjonalną. „Święte", zarówno jako postawa duchowa, jak i sposób bycia, stanowi dynamiczną podstawę kultury regulującą niektóre spośród najistotniejszych sfer działalności ludzkiej: magię, religię, moralność i organizację społeczną. W magii „święte" — siła, która istnieje w słowach i skuteczności właściwych gestów — pozwala człowiekowi osiągnąć w sposób ponadnaturalny to, czego nie zdołał osiągnąć przy użyciu znanych mu praktycznych środków i własnych zdolności: zesłanie choroby na wroga, przywrócenie zdrowia przyjacielowi, zwiększenie własnej siły w trakcie walki i zastraszenie przeciwnika, zapewnienie obfitości w polowaniu, rybołówstwie i rolnictwie, osiągnięcie sukcesu w miłości i spełnienie społecznych ambicji. W religii „święte" funkcjonuje jako siła życiowa zespalająca członków grupy, a także, przez ustanowienie wartości moralnych, jako element integrujący przekonania jednostki w chwilach przełomowych — śmierci, osiągnięcia dojrzałości płciowej, małżeństwa, narodzin. W rządzeniu i sprawach organizacyjnych „święte" sankcjonuje wartości, zasady i prawa.

A zatem, jaką rolę odgrywa mit w magii, religii i etyce? W każdej sferze *sacrum* człowiek zobowiązany jest działać, często ze znacznym poświęceniem, w celu osiągnięcia pewnego ideału lub celu. Musi przejść przez ciężkie próby, przestrzegać tabu, obchodzić się bez wygód, cierpliwie znosić ubóstwo — często z korzyścią dla innych, zawsze dla celów, których osiągnięcie nie jest ani pewne, ani natychmiastowe. Narzucenie przykazań religii lub magii wymaga silnej wiary w to, że prawdziwe są obietnice i groźby sankcjonujące przykazania. Człowiek jednak jest bardziej skłonny wierzyć w przyszłość, jeśli ma jakieś gwarancje z przeszłości, jest bardziej skłonny działać pod wpływem obietnicy, jeśli istnieje precedens ją potwierdzający. Nie ma najmniejszych wątpliwości co do tego, iż główna kulturowa funkcja mitologii polega na ustanowieniu precedensu, na dowiedzeniu prawdy magii, na powiązaniu sił moralności i prawa, na rzeczywistej wartości religijnego rytuału. Funkcja ta spełniana jest przez odwołanie się do wydarzeń, które miały miejsce w mglistej przeszłości, w dawno minionym Złotym Wieku, gdy na świecie było więcej prawdy, wszystko działo się w większym stopniu pod wpływem świętości, gdy było więcej cnót i szczęścia. Pochodzący z autentycznej przeszłości mit jest precedensem zawierającym obietnicę lepszej przyszłości pod warunkiem, że obecne złe moce zostaną pokonane. Zwykle wskazuje on także, w jaki sposób można przezwyciężyć teraźniejszość za pomocą rytuału, religii i przekazywanych z przeszłości zasad moralnych.

Jeśli pamiętając o tych zasadach przyjrzymy się uczciwie naszej własnej religii, wyraźnie dostrzeżemy, w jaki sposób opowieść o Raju, o Grzechu, o Wygnaniu, o Obietnicy Odkupienia, a w końcu o samym Odkupieniu nadaje życie moralności chrześcijańskiej, sakramentom, a także tym rytuałom, których część spośród nas przestrzega. Ani dzicy z Australii, ani Melanezyjczycy, ani Murzyni afrykańscy czy plemiona Bantu nie różnią się od nas pod tym względem. Mając jakiekolwiek systematyczne dane dotyczące religii i magii powiązane z opisami folkloru, możemy zobaczyć, jak głęboko obie te sfery są wzajemnie powiązane. Możemy też sobie uświadomić, że mit w swej podstawowej funkcji nie jest ani wyjaśnieniem, ani „spełnieniem pragnień", ani opisem historycznym, lecz w swej istocie precedensem wspierającym wierzenia religijne i magiczne bądź podtrzymującym porządek społeczny i moralny.

Podsumowując możemy powiedzieć, iż żaden mit, żaden element folkloru nie może nigdy być rozumiany inaczej, niż tylko jako żywotna siła kulturowa. Badacz terenowy nie może zatem po prostu zbierać opowieści wyrwanych z kontekstu, lecz musi śledzić wpływ mitu na strukturę społeczną, na podstawy władzy człowieka nad przyrodą, tak jak jest to w micie wyrażone. Krótko mówiąc, musi badać równolegle z samymi opowieściami wpływ idei mitologicznych na moralność, prawo, magię i na uroczystości religijne.

Praca doktora Holmberga stanowi istotny krok naprzód w kierunku przedstawiania mitu z takiej właśnie perspektywy. Zawiera ona dość mało opowieści, być może nawet zbyt mało, składa się natomiast głównie z relacji o różnych wierzeniach, praktykach i instytucjach, które obejmują mitologiczny świat ludów syberyjskich i ugrofińskich. Żywy, przekonywający i dobrze udokumentowany obraz materialnego i duchowego świata krajowców przykuje uwagę zwykłego czytelnika od początku do końca, okaże się także bezcennym materiałem źródłowym dla specjalisty. Z naukowego punktu widzenia najistotniejsze są te partie książki, w których doktor Holmberg przedstawia kulturowy żywot świętych przypowieści i idei, objawiając w ten sposób prawdziwą istotę i funkcję mitu. I tak rozpowszechniona wśród pewnych ludów syberyjskich niezwykła kosmologiczna koncepcja Filara Świata podtrzymującego niebo i trzymającego na uwięzi gwiazdy jest przedstawiona w powiązaniu ze starożytnymi formami kultu religijnego. Także w relacji o szamanizmie doktor Holmberg odnosi sukces, przedstawiając nową, oryginalną i dramatyczną wersję. Nie tylko bowiem opowiada nam o szamanie, ale czując niedosyt po wyliczeniu wierzeń krajowców na ten temat, ukazuje szamana przy pracy: przepowiadającego przyszłość, leczącego choroby, sprowadzającego niemoc, otoczonego bliskimi mu zwierzętami i duchami strażnikami, dzierżącego insygnia swego urzędu: młot, pierścień i bęben; a przy tym czerpiącego niemałe dochody z ponadnaturalnego handlu i cieszącego się znacznym prestiżem. Doktor Holmberg stwierdza ponadto istnienie wyraźnego związku między syberyjskim szamanizmem a totemizmem. Dowodzi, że oba typy wierzeń są zakorzenione w mitologicznym wyobrażeniu o tym, że zarówno rodowód szamana, jak i moce magiczne wywodzą się od ludzkich przodków, którzy uzyskali je od zwierząt.

Wszystkie te tematy znajdą jednakowy oddźwięk zarówno wśród uczonych, jak i wśród laików dzięki żywemu językowi doktora Holmberga i jego jasnym argumentom, a także dzięki temu, iż bohaterów swych opowieści i scenerię wydarzeń zna on z własnego doświadczenia. Opis arktycznej tundry, stepów, szerokich rzek Europy Wschodniej i Syberii stanowi właściwe tło dla podrygów szamana, dla Duchów Natury unoszących się nad karłowatymi sosnami i brzozami, dla Żywych Kamieni — lapońskie *Seide* — dla ofiar składanych przez Wotiaków i Czeremiszów bogom natury w pierwotnych lasach nadwołżańskiej równiny. Wszystko to doktor Holmberg widział na własne oczy i uzmysławia nam to barwnym opisem i doskonałymi przykładami.

Nacisk położony w przedstawianej pracy na prawdziwą naturę mitu i legendy, to znaczy na fakt, iż stanowią one zaczerpnięty z tradycji precedens wierzeń, zasad moralnych i organizacji społecznej, jest naturalnym rezultatem rzetelnej znajomości materiału. Powyższa metoda jest tym bardziej przekonywająca, że fiński autor wydaje się nieświadomy jej znaczenia teoretycznego. W istocie, choć jesteśmy zafascynowani tokiem narracji rozdziałów o syberyjskim Drzewie Życia i Górze Świata z jej różnorodnymi tarasami, brakuje nam jednak pełniejszych danych umożliwiających stwierdzenie, czy idee te stanowią część większego systemu, czy wywierają wpływ na rytuał, kult i zachowanie, czy też są po prostu fikcją literacką. Niepełne są także ugrofińskie relacje o duchach, niektóre opisy duchów natury, syberyjskich wierzeń w gwiazdy i grzmoty, w ogień i wiatr, w pochodzenie komarów, albowiem przedstawiono je bez pełnego kontekstu kulturowego. Chcielibyśmy wiedzieć, jak dalece mitologiczna wiara w siły natury jest związana z magiczną władzą nad naturą i jak to z kolei jest uzależnione od przedsięwzięć gospodarczych.

Dane dotyczące czczonych przez ludy ugrofińskie bogów rodziny, bohaterów, bogów domowych zyskałyby znacznie dzięki pełniejszej socjologicznej relacji o organizacji plemiennej. Trzeba jednak podkreślić, że powyższe uwagi krytyczne są jedynie rezultatem naszego uznania dla tego, co dała nam praca doktora Holmberga, i wyrazem pragnienia, by kontynuował swą podróż, w której obrawszy właściwą drogę zaszedł tak daleko. Można też powiedzieć, iż autor ukazując właściwy sposób podejścia do mitu, czyli przez analizę kontekstu kulturowego, przedstawił być może za mało sam mit. Nie ma w tekście dłuższych opowiadań, a nawet i skrócone historie są przytaczane z rzadka, tak że niemal można je policzyć na palcach. Z pewnością słusznie jest rozpocząć od kulturowego podejścia wobec mitu, lecz znalazłszy się w tym punkcie dobrze byłoby pozwolić sobie na szersze potraktowanie mitycznej opowieści. Czy mit nieodwołalnie skazany jest na to, by jedni przedstawiali go jako niezrozumiałą historię, a drudzy w zasadzie omijali?

Pomimo to przedstawiany tom stanowi jeden z najlepszych opisów pierwotnego *Weltanschauung* i niezwykle cenny wkład w naukę o micie wśród prac ostatnio opublikowanych. Praca ma wielką wartość, a jeszcze cenniejsza jest także i dlatego, że literatura dotycząca Syberii i Europy Wschodniej jest tworzona głównie w językach słowiańskich i ugrofińskich lub w najlepszym wypadku skandynawskich, co czyni ją niedostępną dla badaczy zachodnich. Ponadto rzadką sensacją antropologiczną jest lektura relacji o dzikich rasach spisana przez wysoce cywilizowanego przedstawiciela jednej z nich, nawet jeśli ta rasa osiągnęła najwyższy poziom rozwoju kulturalnego. Ludy zamieszkujące serce Azji i Europę Wschodnią wywierają różnoraki wpływ na historię i kulturę, częściowo ze względu na to, że przez stałe inwazje na bogatszych osiadłych sąsiadów — Chińczyków, Europejczyków, Semitów i Hindusów — wprowadzały element dynamizmu do historii i postępu, częściowo zaś dlatego, że stworzyły pomost między Starym i Nowym Światem.

BALOMA — DUCHY ZMARŁYCH NA WYSPACH TROBRIANDA [1]

I

Wśród krajowców z Kiriwiny śmierć jednego z mieszkańców daje początek dwóm seriom wydarzeń, które przebiegają w zasadzie niezależnie od siebie. Śmierć dotyczy zmarłej jednostki; jej dusza (*baloma* albo *balom*) opuszcza ciało i wędruje do innego świata, by wieść tam mroczną egzystencję. Śmierć jest także sprawą osieroconej społeczności. Jej członkowie lamentują, opłakują zmarłego i odprawiają nieskończenie wiele ceremonii. Z reguły są to uroczystości, w trakcie których podaje się surowe jadło, rzadziej

---

[1] Niniejszy artykuł zawiera część wyników prac etnograficznych, które prowadzono w Brytyjskiej Nowej Gwinei wraz z Robert Mond Travelling Studentship (University of London) oraz Constance Hutchinson Scholarship of London School of Economics (University of London) z pomocą Commonwealth Department of External Affairs w Melbourne.

Autor spędził około dziewięciu miesięcy od maja 1915 do marca 1916 r. w Omarakanie i sąsiednich wioskach Kiriwiny (Wyspy Trobrianda), mieszkając w namiocie wśród tubylczej ludności. Do października 1915 r. udało mu się osiągnąć taką znajomość języka kiriwińskiego, by obywać się bez pomocy tłumacza.

Autor chciałby wyrazić podziękowanie za pomoc, którą otrzymał ze strony p. A. Hunta, sekretarza The Commonwealth Department of External Affairs, oraz ze strony dr. C. G. Seligmana, profesora etnologii na University of London. Przez cały okres badań wielce pomocna była niewyczerpalna życzliwość i zachęta ze strony dr. Seligmana, a jego praca *The Melanesians of British New Guinea* [Cambridge 1910] stała się trwałą podstawą niniejszych dociekań. Sir B. Spencer, K.C.M.G., był uprzejmy przeczytać fragmenty manuskryptu oraz udzielić autorowi cennych porad w wielu istotnych punktach.

wydaje się prawdziwe uczty z gorącymi potrawami. Uczestnicy ceremonii zbierają się wokół ciała i łączą się we wspólnym opłakiwaniu zmarłego. Te społecznie wykonywane czynności i ceremonie nie mają jednak żadnego związku z duchem zmarłego, co jest istotne dla naszej relacji. Ich celem nie jest ani przekazanie balomie (duchowi) uczuć miłości i żalu, ani też powstrzymanie go od powrotu. Nie mają wpływu na jego pomyślność ani nie wywołują przychylności zmarłego dla osób pozostałych przy życiu.

Można zatem omawiać wierzenia tubylców w życie pozagrobowe niezależnie od kwestii żałoby i ceremonii pogrzebowych. W rzeczywistości opisanie tych ostatnich — a są one niezwykle złożone — nie jest możliwe bez gruntownej wiedzy o miejscowym systemie społecznym [2]. Zajmiemy się więc opisem wierzeń odnoszących się do duchów zmarłych i życia pozagrobowego.

Interesująco rysują się koleje losu ducha począwszy od momentu opuszczenia przezeń ciała zmarłego. Ogólnie biorąc, dochodzi do pewnego rodzaju rozdwojenia. W gruncie rzeczy mamy do czynienia z dwoma typami wierzeń, które choć niezgodne ze sobą, funkcjonują jednak równolegle. Wedle jednego z nich *baloma* (główna postać ducha zmarłego) wędruje „na Tumę, małą wyspę położoną o jakieś dziesięć mil na północny zachód od Wysp Trobrianda” [3]. Na wyspie tej, w dużej wiosce również zwanej Tumą mieszkają także żywi ludzie. Częstymi gośćmi są tam przybywający z głównej wyspy krajowcy. Zgodnie z drugim wierzeniem duch zmarłego wiedzie krótki i nietrwały żywot w pobliżu wioski, kręcąc się wokół domostwa i innych miejsc, w których często przebywał za życia, takich jak jego ogród, wybrzeże morskie, czy doły z wodą. Tę postać ducha nazywa się *kosi* (wymawiane czasami *kos*).

---

[2] W sprawie socjologii stosunków kiriwińskich patrz C. G. Seligman, *The Melanesians*, rozdz. 49 - 52, s. 660 - 707 i rozdz. 59 zawierający opisy praktyk pogrzebowych. Prof. Seligman szkicuje także wierzenia tubylców dotyczące życia pozagrobowego (rozdz. 55), a podane przez niego informacje, zebrane w różnych okolicach badanego rejonu, zostaną przytoczone w dalszej części pracy.

[3] *Ibid.*, s. 733.

Związek między *kosi* i balomą jest wielce niejednoznaczny, czym krajowcy bynajmniej się nie kłopoczą. Bardziej inteligentni spośród moich informatorów umieli pogodzić tę niezgodność, lecz ich „teologiczne" interpretacje kłócą się ze sobą i nie wydaje się, by którakolwiek z nich była powszechnie przyjęta [4]. Pomimo to oba wierzenia funkcjonują obok siebie, posiadają podobną moc dogmatyczną, są powszechnie uznane za prawdziwe, a ponadto w równym stopniu wpływają na działania jednostek i regulują ich zachowania. Wiara w *kosi* wywołuje autentyczne, choć niezbyt głębokie obawy, natomiast wiara w podróż ducha na Tumę i wyobrażenia dotyczące przebiegu tej podróży wyznaczają w pewnym stopniu przebieg obrządków żałobnych.

Zgodnie z rytuałem ciało przystraja się wszystkimi posiadanymi przez zmarłego kosztownościami, a obok ciała kładzie się różnorodne przedmioty świadczące o jego zamożności. Dzięki temu „istota" czy też „duchowa część" zamożności może zostać przeniesiona w zaświaty. Praktyka ta wyznaczona jest przez wiarę w Topiletę, miejscowego Charona, pobierającego „opłatę za przejazd" od duchów (co opisano poniżej).

Przez kilka dni od daty śmierci można spotkać *kosi*, ducha zmarłego, na drodze nie opodal wsi bądź dostrzec go w jego własnym ogrodzie, czasami zdarza się słyszeć jego pukanie do drzwi przyjaciół i krewnych. Ludzie czujnie wypatrują *kosi*, wyraźnie obawiając się spotkania z nim. *Kosi* nie napawa ich jednak prawdziwie wielkim przerażeniem. Jest to raczej lekkomyślny chochlik, który zabawia się dokonywaniem nieszkodliwych sztuczek i naprzykrza się otoczeniu. Straszy on ludzi w taki sposób, w jaki dla żartu jeden człowiek chce nastraszyć innego w ciemnościach. Niekiedy wieczorem *kosi* obrzuca małymi kamyczkami lub żwirem kogoś, kto znajduje się w pobliżu, niekiedy wywołuje jego imię.

---

[4] Patrz poniżej, gdzie omawiane są różne wersje. Będzie tam także poruszona kwestia natury *baloma* i *kosi* oraz tego, z czego są one „zbudowane": czy są cieniem, czy też odbiciem, a może posiadają ciało. W tym miejscu wystarczająca jest informacja, iż wedle powszechnego przekonania *baloma* zachowuje dokładnie taki wygląd, jaki miał człowiek za życia.

Czasami śmiech *kosi* dobywa się z ciemności nocnych. Nie czyni on wszelako żadnej krzywdy. Nikt nigdy nie został zraniony przez *kosi*, a tym bardziej zabity. Strasząc ludzi *kosi* nie budzi uczucia przerażenia ani grozy tak dobrze znanych z europejskich opowieści o duchach.

Przypominam sobie dobrze sytuację, w której po raz pierwszy usłyszałem o istnieniu *kosi*. Ciemną nocą w towarzystwie trzech krajowców wracałem z sąsiedniej wsi, w której ktoś zmarł tego dnia i został na naszych oczach pochowany. Maszerowaliśmy gęsiego, gdy nagle jeden z moich towarzyszy przystanął i wszyscy trzej zaczęli rozmawiać rozglądając się ciekawie wokoło, bez najmniejszego wszelako śladu przerażenia. Tłumacz wyjaśnił mi, że w ogrodzie, przez który akurat przechodziliśmy, usłyszano *kosi*. Uderzyła mnie beztroska, z jaką rozprawiano o tym nieprzyjemnym przecież wydarzeniu. Usiłowałem się zorientować, czy ludzie ci traktują poważnie domniemane objawienie i jaka jest ich emocjonalna reakcja na nie. Odniosłem wrażenie, że nikt nie żywi cienia wątpliwości co do prawdziwości samego zdarzenia. Później przekonałem się też, że pomimo częstego pojawiania się *kosi* nikt się nie boi iść samotnie do ciemnego ogrodu, w którym go właśnie słyszano. Nikt też nie przeżywa z tego powodu panicznego, niemal paraliżującego lęku, tak dobrze znanego tym wszystkim, którzy strachu przed duchami, w takiej postaci, w jakiej wyobrażamy je sobie w Europie, doświadczyli na własnej skórze bądź też znają to uczucie z lektury. Wśród tubylców nie funkcjonują żadne mrożące krew w żyłach „opowieści o duchach", a jedyne znane historyjki opowiadają o płatanych przez *kosi* figlach. Wygląda na to, że nawet małe dzieci nie boją się *kosi*.

Na ogół nie zauważa się zabobonnego strachu przed ciemnością ani obaw przed samotnymi wędrówkami w nocy. Pewnego razu posłałem mniej więcej dziesięcioletnich chłopców nocą w znacznie oddalone miejsce, by przynieśli coś, co celowo tam zostawiłem. Stwierdziłem wtedy, że chłopcy wcale nie okazywali strachu i za odrobinę tytoniu byli gotowi spełnić swe zadanie. Dorośli mężczyźni i młodzież wędrują samotnie nocą z jednej wioski do drugiej, często przemierzając kilka mil, bez obawy spotkania kogokolwiek.

Prawdę mówiąc, wyprawy takie związane są na ogół z zakazanymi przez kodeks etyczny romansami, a zatem trasa prowadzi nie drogą, lecz przez zarośla, by uniknąć wszelkich spotkań, a przez to także i niebezpieczeństwa rozpoznania. Pamiętam dobrze, iż jedyne kobiety, na jakie zdarzało mi się natknąć o zmierzchu na drodze, to były staruszki. Droga z Omarakany (i z wielu innych wiosek położonych niedaleko wschodniego wybrzeża) na plażę prowadzi przez *raiboag*, porośnięte drzewami pasmo koralowców, a ścieżka wije się wśród głazów i skał, ponad szczelinami i obok jaskiń. Nocą teren ten wygląda tajemniczo i niesamowicie. Pomimo to tubylcy często przemierzają samotnie ten dystans w obie strony. Oczywiście ludzie są różni, jedni bardziej, inni mniej odważni, lecz w gruncie rzeczy Kiriwińczycy raczej nie boją się ciemności [5].

A jednak śmierć we wsi powoduje znaczny wzrost zabobonnego strachu. Nie jest to strach przed *kosi*, ale przed istotami o naturze mniej „nadprzyrodzonej". Są nimi czarownice zwane *mulukuausi* — normalnie żyjące kobiety, które można spotkać na co dzień i rozmawiać z nimi. Kobietom tym przypisuje się moc stawania się niewidzialnymi, wysyłania ze swoich ciał „posłańca" lub przemieszczania się drogą powietrzną na znaczne odległości. W tej bezcielesnej postaci są potężne, wszechobecne i niezwykle złowrogie [6].

---

[5] Uderzyła mnie zaobserwowana w tym względzie wielka różnica między Północnymi Massimami i Mailu, plemieniem z południowego wybrzeża Nowej Gwinei, które odwiedzałem podczas sześciomiesięcznego pobytu w Papui (1914 - 1915). Mailowie wyraźnie się boją ciemności. Gdy pod koniec pobytu odwiedziłem wyspę Woodlark, już pierwszego wieczoru, który spędziłem w wiosce Dikoias, zaskoczył mnie zupełnie odmienny stosunek do ciemności tamtejszej ludności należącej do tej samej grupy, co i Kiriwińczycy (zwanej przez Seligmana Północnymi Massimami) Por. *The Natives of Mailu: Preliminary Results of the Robert Mond Research Work in British New Guinea*, „Transactions and Proceedings of the Royal Society of South Australia" 1915, t. 39 [s. 494 - 706].

[6] Patrz C. G. Seligman *The Melanesians*, rozdz. 47, w którym opisano podobnie złowrogie kobiety z innego obszaru (Południowi Massimowie). Nie chcę się tu wdawać w szczegóły wierzeń związanych z *mulukuausi*, odnoszę jednak wrażenie, iż krajowcy nie są zupełnie pewni, czy czarownica wypra-

Każda osoba narażona na spotkanie z nimi zostanie z pewnością zaatakowana.

Szczególnie niebezpieczne są na morzu. W czasie sztormu, gdy czółno jest zagrożone, *mulukuausi* udają się w jego stronę, czyhając na ofiary. Nie ma śmiałka, który odważyłby się zaplanować dłuższą podróż, na przykład na południe, na d'Entrecasteaux, lub na wschód na Wyspy Marshalla, bądź jeszcze dalej aż do wyspy Woodlark, bez uprzedniego opanowania *kaigau* — potężnej magii chroniącej przed *mulukuausi.* Nawet podczas konstrukcji *masawa* — czółna morskiego o dużych rozmiarach (zwykłe czółno to *waga*) — niezbędne jest wypowiadanie specjalnych zaklęć mających chronić przyszłą załogę przed zakusami tych strasznych kobiet.

Mulukuausi są równie groźne na lądzie, gdzie napadają na ludzi i wyjadają im języki, oczy i płuca (*lopoulo* tłumaczy się jako „płuca", ale słowo to oznacza także ogólnie „wnętrzności" człowieka). Informacje powyższe dotyczą problematyki czarów i czarnej magii, a krótka wzmianka o nich w tym miejscu wynika z roli odgrywanej przez *mulukuausi* w wierzeniach związanych ze śmiercią. *Mulukuausi* mają bowiem naturę wampirów. Gdy umiera człowiek, czarownice obsiadają go ze wszystkich stron i żywią się jego wnętrznościami. Pożerają *lopoulo,* język, oczy, a w końcu i całe ciało, po czym stają się jeszcze bardziej niebezpieczne dla żywych. Gromadzą się wokół domu zmarłego i starają się dostać do środka. W dawnych czasach, gdy na pół zasłonięte ciało wystawiano w tymczasowym grobie pośrodku wioski, *mulukuausi* obsiadały wszystkie drzewa we wsi i w jej pobliżu[7]. Zanosząc ciało do grobu, by je tam pochować, wypowiada się specjalne zaklęcia odstraszające czarownice.

---

wia na odległość „posłańca" — sobowtóra — czy też udaje, że załatwia swoje sprawy osobiście, aczkolwiek w niewidzialnej postaci. Patrz też B. Malinowski *The Natives of Mailu,* s. 653 oraz przyp. na s. 648.

[7] Ostatnio rząd zakazał praktyk wstępnego pogrzebu i grzebania zwłok w środku wioski.

Krajowcy kojarzą *mulukuausi* z wonią padliny. W opowieściach, których miałem okazję wysłuchać, wielokrotnie wspominali, jak to będąc w niebezpieczeństwie na morzu, odczuwali woń *burapuase* (padliny), niechybny dowód obecności czarownic.

Mulukuausi wywołują u tubylców prawdziwe przerażenie. Okolica, w której pochowano zmarłego, gwałtownie pustoszeje z nastaniem nocy. Znajomość z *mulukuausi* zawarłem w następujący sposób. Na samym początku pobytu w Kiriwinie byłem świadkiem ceremonii żałobnych nad grobem zmarłego. Po zachodzie słońca żałobnicy zaczęli się rozchodzić i usilnie namawiali mnie, bym także opuścił to miejsce. Oponowałem, przypuszczając, że chodzi o odprawienie jakiejś uroczystości bez mego udziału. Mniej więcej po dziesięciu minutach kilku mężczyzn wróciło po mnie, prowadząc mojego tłumacza, który wcześniej udał się do wsi. Ten dopiero wyjaśnił mi, o co chodzi, mówiąc bardzo poważnie o zagrożeniu ze strony *mulukuausi*. Znając jednak białych ludzi ze swych wcześniejszych kontaktów, nie troszczył się zbytnio o mój los [8].

Na terenie lub w okolicy wioski, w której ktoś zmarł, tubylcy obawiają się *mulukuausi* w najwyższym stopniu i wzbraniają się od wychodzenia o zmroku, nie chcą także kręcić się w ciemności po okolicznych lasach i ogrodach. Dopytywałem wielokrotnie krajowców, czego się boją chodząc samotnie o zmroku bezpośrednio po czyjejś śmierci, z uzyskanych odpowiedzi wynikało niedwuznacznie, że jedyne istoty wywołujące przerażenie to właśnie czarownice.

---

[8] Należy tu odnotować, iż w dawnych czasach grób był umiejscowiony dokładnie pośrodku wioski, a odbywające się nad nim troskliwe czuwanie motywowano między innymi koniecznością ochrony zwłok przed zakusami tych wampirzyc. Teraz, gdy grób jest poza wsią, z czuwania trzeba było zrezygnować i *mulukuausi* mogą do woli żerować na zwłokach. Wydaje się, iż istnieje pewien związek między *mulukuausi* a wysokimi drzewami, które lubią obsiadywać, dlatego też wyjątkowo wstrętne jest tubylcom obecne miejsce grzebania zwłok, znajdujące się właśnie wśród wysokich drzew lasu (*weika*) otaczającego każdą wioskę.

II

Przedstawiwszy *kosi*, łagodnego duszka, który znika po kilku dniach swego dziwacznego bytowania, oraz *mulukuausi*, upiorne, niebezpieczne kobiety żywiące się padliną i napadające na żywych ludzi, przejdziemy teraz do omówienia *baloma*, najważniejszej postaci, jaką przybiera duch zmarłego. Jest to forma najważniejsza, albowiem wiedzie rzeczywisty żywot na Tumie, a jego losy są tubylcom dobrze znane; od czasu do czasu powraca do rodzinnej wioski, można go zobaczyć i odwiedzić na Tumie zarówno we śnie, jak i na jawie. Także osoby, które znajdowały się już jedną nogą w grobie i w ostatniej chwili zostały przywrócone życiu, miały okazję spotkać balomę. Duch ten zajmuje istotne miejsce w wierzeniach magicznych, a nawet otrzymuje dary oraz pewien rodzaj ofiar. Bezpośrednim dowodem prawdziwości istnienia balomy jest jego powrót do miejsca, w którym żył — reinkarnacja stanowiąca o jego nieprzerwanej egzystencji.

Tuż po śmierci *baloma* opuszcza ciało i wędruje na Tumę. Wybiera tę samą drogę i sposób podróży, z jakich korzystają na tej trasie żywi ludzie. Tuma jest wyspą, a zatem konieczna jest przeprawa czółnem. *Baloma* z wioski położonej na wybrzeżu wsiada po prostu do czółna i żegluje do celu. Duch pochodzący z głębi wyspy musi maszerować do przybrzeżnej wioski, z której zwykle wyrusza się w morze. Tak więc duch zmarłego z Omarakany, wioski położonej w centrum północnej części Boyowy (głównej wyspy Trobriandów), wędruje do Kayboli, wsi znajdującej się na północnym wybrzeżu, skąd można łatwo przeprawić się na Tumę. Trasa morska zostaje szczególnie szybko pokonana w porze południowo-wschodnich pasatów, dzięki którym już po paru godzinach czółno przybija do brzegu Tumy. Pewnego razu odwiedziłem w okresie *Milamala* (dorocznego święta duchów) dużą wioskę Olivilevi na wschodnim wybrzeżu. Zdaniem uczestników uroczystości *baloma* obozowały na pobliskiej plaży. Przybyły tam na specjalnych czółnach, które można określić jako przedmioty natury „duchowej" i „niematerialnej", choć wyobrażenia krajowców na ten temat nie są aż tak złożone, jak zakres znaczeniowy powyższych terminów. Jedno jest pewne: żaden przeciętny człowiek w normalnych warunkach nie może ujrzeć takiego czółna ani czegokolwiek, co należy do balomy.

Zgodnie z tym, co powiedzieliśmy na początku, *baloma* opuszcza wioskę i swoich bliskich, odrywa się od nich, traci z nimi kontakt. Ich lamenty, przynajmniej przez pewien czas, nie dosięgają go, nie wpływają też na jego dalsze losy. Nad utratą najbliższych boleje także i *baloma*. Na brzegu Tumy znajduje się głaz zwany Modawosi, *baloma* siada na nim i płacze, patrząc żałośnie w stronę wybrzeży Kiriwiny. Słyszą go inne duchy. Wszyscy krewni i przyjaciele przychodzą na spotkanie i przycupnąwszy wokoło przyłączają się do lamentu. Przypominają sobie własną śmierć, tęsknią za domem i najbliższymi. Niektóre *baloma* płaczą, inne nucą monotonną, smutną pieśń, dokładnie tak samo, jak czynią to żywi w czasie uroczystości żałobnych (*iawali*). Później *baloma* udaje się do studni zwanej Gilala [9] i przemywa sobie oczy, co czyni go niewidzialnym [10]. Dalej idzie do Dukupuali, miejsca na *raiboag*, gdzie znajdują się dwa głazy Dikumaio'i. W oba głazy *baloma* musi zapukać. Pierwszy odpowiada donośnym brzmieniem (*kakupuana*), a odgłos drugiego jest tak potężny, że ziemia aż drży (*ioiu*). Wszystkie *baloma* przybywają na ten dźwięk, by powitać na Tumie przybysza [11].

Jednym z elementów tej ceremonii powitalnej jest spotkanie balomy z wodzem wioski zmarłych — Topiletą. Moi informatorzy nie umieli dokładnie określić, w którym momencie Topileta uka-

[9] Studnia ta znajduje się niedaleko brzegu, na *raiboag*, opasującym pierścieniem prawie każdą z mniejszych wysp archipelagu i zajmującym znaczną część dużej wyspy Boyowa. Wszystkie wymienione tu kamienie, a także i studnia naprawdę istnieją i zwykli śmiertelnicy mogą je zobaczyć.

[10] Ową właściwość wody Gilala wyjaśnił mi tylko jeden z informatorów, inni nie znali celu ablucji, choć wszyscy potwierdzili jej istnienie.

[11] Jest to sprzeczne ze stwierdzeniem, iż *baloma* zbierają się wokół przybysza i przyłączają do jego lamentów. W sprawie sprzeczności tego typu patrz część ósma niniejszej pracy.

zuje się przybyszowi. Prawdopodobnie następuje to dość wcześnie, gdyż Topileta mieszka niedaleko głazu Modawosi i pełni funkcję Cerbera czy też Świętego Piotra. On to przyznaje duchowi prawo wstępu w zaświaty i według panującego przekonania władny jest odmówić tego prawa. Decyzji tej nie warunkują jednak żadnego rodzaju względy etyczne. Chodzi tylko o to, czy otrzymana zapłata jest wystarczająco wysoka. Dlatego właśnie żałobnicy przystrajają ciało zmarłego wszystkimi możliwymi ozdobami, jakie posiadał, a obok układają inne *vaigu'a* (cenne przedmioty) [12], wśród których najważniejsze są ostrza rytualnego toporka (*beku*). Wedle ogólnego przekonania duch zabiera te wszystkie przedmioty, oczywiście w ich „duchowej" postaci, ze sobą na Tumę. Krajowcy tłumaczą to zjawisko następująco: „*Baloma* człowieka odchodzi, choć ciało pozostaje, tak samo *baloma* skarbów wędruje na Tumę, choć przedmioty pozostają" [13]. Niosąc owe precjoza w małym koszyczku, *baloma* jest odpowiednio wyekwipowany na spotkanie z Topiletą.

Opłatę uiszcza się w zamian za wskazanie dobrej drogi na Tumę. Przedtem jednak Topileta pyta przybysza o przyczynę jego śmierci. Krajowcy wyróżniają trzy jej rodzaje: śmierć spowodowaną działaniem czarnej magii, śmierć przez otrucie oraz śmierć na wojnie. Tym trzem typom śmierci odpowiadają trzy drogi prowadzące na Tumę i Topileta wskazuje właściwą. Wprawdzie żadna z dróg nie jest uznana za lepszą od innych, wszelako moi in-

---

[12] Krajowcy ściśle odróżniają *vaigu'a* (kosztowności) od *gugu'a* (innych, mniej cennych ozdób i przedmiotów użytkowych). Główne przedmioty zaliczane do *vaigu'a* wymienimy w dalszej części pracy.

[13] W rzeczywistości wszystkie cenne przedmioty zostają zdarte z ciała tuż przed pochówkiem. Widziałem, że nawet małe kolczyki z muszelek zdejmuje się z uszu zmarłego, choć jest to przedmiot, który tubylcy bez wahania odstąpiliby za pół laski tytoniu (trzy grosze). Pewnego razu pochowano małego chłopca pozostawiając przez zapomnienie na jego zwłokach bardzo mały i ubogi sznurek *koloma* (krążków z muszelek), stało się to przyczyną wielkiej konsternacji i poważnej dyskusji nad tym, czy należy ciało odkopać.

formatorzy jednomyślnie uważają, że zginąć na wojnie oznacza „ponieść dobrą śmierć", nieco gorsza jest śmierć przez otrucie, najgorzej jest umrzeć na skutek złych czarów. To wartościowanie oznacza, że człowiek woli umrzeć taką, a nie inną śmiercią. Nie stosuje się tu wprawdzie kryteriów etycznych, lecz śmierć na polu walki daje tytuł do chwały, natomiast śmierć spowodowana przez czary i chorobę wydaje się wyjątkowo straszna.

Do tego samego typu co śmierć poniesiona na wojnie zalicza się też samobójstwo popełniane przez rzucenie się z drzewa na ziemię (w języku tubylców — *lo'u*). Jest to jedna z dwóch tradycyjnie znanych w Kiriwinie form samobójstwa i jest praktykowana zarówno przez mężczyzn, jak i przez kobiety. Wypadki samobójstw są prawdopodobnie wśród tubylców bardzo częste [14]. Samobójstwo jest traktowane jako akt sprawiedliwości, ale nie wobec siebie, tylko wobec bliskiego krewnego, który dopuścił się występku. W tej postaci jest jedną z najważniejszych funkcjonujących w społeczności instytucji prawnych. Przesłanki psychologiczne tej tradycji są niezmiernie skomplikowane i trudno byłoby tutaj omówić dokładnie cały związany z nią zespół faktów.

Oprócz *lo'u* samobójstwo można popełnić przez zażycie trucizny, jest to specyficzna trucizna na ryby (*tuva*) [15]. Tacy samobójcy

---

[14] Podczas mego pobytu młody mężczyzna z sąsiedniej wioski popełnił samobójstwo metodą *lo'u*. Choć widziałem ciało w kilka godzin po śmierci i uczestniczyłem w ceremonii pogrzebowej, o tym, że przyczyną jego śmierci było samobójstwo, usłyszałem dopiero po kilku miesiącach i nigdy nie udało mi się ustalić jego motywów. Wielebny E. S. Johns, przełożony Misji Metodystów na Trobriandach, poinformował mnie, że zdarzało mu się odnotowywać aż dwa przypadki samobójstwa (przez otrucie) tygodniowo w Kavatarii, grupie dużych wsi położonych w bezpośrednim sąsiedztwie siedziby Misji. Wielebny Johns stwierdza, iż samobójstwa mają charakter epidemii, której rozwój przyspieszyło odkrycie przez krajowców, iż biały człowiek zdolny jest zapobiegać działaniu trucizny. Celem samobójstwa jest ukaranie żyjących, wszystkich lub niektórych.

[15] Truciznę tę przyrządza się z korzeni pnączy uprawnych. Jej działanie nie jest zbyt szybkie i jeśli środki wymiotne zastosuje się w odpowiednim momencie, zwykle udaje się ocalić życie.

oraz zamordowani żółcią jadowitej ryby, *soka*, wędrują drugą drogą do Tumy, drogą przeznaczoną dla otrutych.

Ci, którzy utonęli, zostają skierowani na tę samą drogę, co ofiary wojny, a utonięcie uważa się powszechnie za „dobrą śmierć".

Wreszcie dochodzimy do grupy tych, którzy ponieśli śmierć na skutek złych czarów. Krajowcy przyznają, iż możliwe są przypadki zwykłego rozchorowania się, bez ingerencji sił magicznych, i odróżniają je od wypadków choroby spowodowanej czarami. Jednak zgodnie z ich przekonaniem, tylko w drugim z tych przypadków następuje śmierć. Tak więc trzecią drogą wędrują do Tumy wszyscy zmarli „śmiercią naturalną" w naszym rozumieniu, to znaczy śmiercią, która nie nastąpiła na skutek wypadku. O takiej śmierci krajowcy sądzą, iż musiała zostać sprowadzona przez złe czary [16]. Duchy zmarłych kobiet wędrują tymi samymi trzema drogami co duchy mężczyzn, lecz wskazuje je tym razem żona Topilety, Bomiamuia. To wszystko na temat różnych rodzajów śmierci.

W bardzo trudnym położeniu jest ten, którego nie stać na uiszczenie odpowiedniej opłaty u progu zaświatów. Zostaje on wypędzony z Tumy i skazany na błąkanie się po morzu. W dodatku zmienia się jego postać, przybierając kształt *vaiaba* — mitycznej ryby o głowie i ogonie rekina, a tułowiu płaszczki. Tubylcy nie sądzą jednak, by taki los mógł im szczególnie zagrażać. Wręcz

---

[16] Wydaje się, że istnieje pewne prawdopodobieństwo śmierci ze starości, szczególnie w wypadku przeciętnych starych ludzi. Kilkakrotnie pytając o przyczynę śmierci konkretnej osoby, otrzymywałem odpowiedź: „On był już bardzo stary i słaby i po prostu umarł". Lecz kiedy zapytałem, czy przewiduje się szybką śmierć M'tabalu, bardzo starego i zgrzybiałego wodza Kasana'i, powiedziano mi, iż jeśli tylko nie zostanie na niego rzucone *silami* (złowrogie zaklęcie), to nie ma powodu, by nie mógł spokojnie żyć nadal. Należy pamiętać, iż *silami* należy do sfery tematów bardzo osobistych i rozmawiać o nim można wyłącznie z najbliższymi przyjaciółmi. Trzeba podkreślić, iż „nieświadomość naturalnej śmierci" jest typową, powszechną postawą, znajdującą wyraz w obyczajach i w istniejących prawnych i etycznych instytucjach, a nie arbitralnym, kategorycznym stwierdzeniem, wykluczającym wszelkie wątpliwości i sprzeciwy.

przeciwnie, indagowani stwierdzają, że podobne przypadki jeśli w ogóle się zdarzają, to niezwykle rzadko, i nie umieją wskazać żadnego przykładu. Zapytywałem, skąd zatem pochodzi ich wiedza na ten temat, na co odpowiadali: „starodawna gadanina" (*tokunabogu livala*). Tak więc po śmierci nie odbywa się żaden sąd, przed nikim nie trzeba rozliczać się z zakończonego właśnie życia, nie jest się poddanym żadnym próbom, a samo przejście z jednego świata do drugiego nie nastręcza w zasadzie najmniejszych trudności.

Profesor Seligman opisuje Topiletę następująco: „Topileta przypomina człowieka w każdym calu, poza jednym szczegółem — posiada mianowicie olbrzymie uszy, które stale trzepoczą. Topileta, zgodnie z relacją, jest członkiem klanu Malasi i wiedzie zwyczajne życie mieszkańca Trobriandów". Informacje te zebrano na sąsiedniej wyspie, Kayleuli (nazywanej przez profesora Seligmana Kadawagą), lecz są w pełni zgodne z tym, czego dowiedziałem się na temat Topilety w Kiriwinie. Dalej profesor Seligman pisze: „Posiada [Topileta] pewną siłę magiczną, może na przykład spowodować trzęsienie ziemi, a kiedy dochodzi do sędziwego wieku, sporządza lekarstwo, dzięki któremu przywraca młodość sobie, swojej żonie i dzieciom.

Przybyli na Tumę zmarli wodzowie zachowują nadal swe zwierzchnictwo. Topileta jest wprawdzie najważniejszą osobą na wyspie [...], ale różniąc się wielce od wszystkich innych wodzów, nie może sprawować zwykłych rządów nad zmarłymi i trudno stwierdzić, czy posiada faktycznie jakąkolwiek władzę w zaświatach" [17].

W rzeczywistości Topileta jest niezbędnym elementem Tumy, ale po wstępnej rozmowie z każdą przybyłą duszą, nie ingeruje już później w jej poczynania. Wodzowie zachowują w zaświatach dawną pozycję, lecz tubylcy nie są pewni, czy nadal sprawują

[17] C. G. Seligman, *The Melanesians*, s. 733.

władzę [18]. Co więcej, Topileta jest faktycznym właścicielem czy też raczej panem świata duchów na wyspie i w położonych na niej wioskach [19]. Na tamtym świecie są trzy wsie: Tuma, Wabuaima i Walisiga. Topileta jest *tolivalu* (panem wioski) wszystkich trzech, ale krajowcom nie wiadomo, czy rzeczywiście ma on coś do powiedzenia w ważnych sprawach, czy też jest to tylko tytuł honorowy. Trudno też stwierdzić, czy trzy wioski mają jakiś związek z trzema drogami prowadzącymi w zaświaty.

Po spotkaniu z Topiletą przybysz wędruje do wioski, w której będzie od tej pory mieszkał. Tam odnajduje zawsze jakichś krewnych, którzy dotrzymują mu towarzystwa aż do czasu wyszukania lub zbudowania domu dla niego. Zdaniem tubylców, proces ten przebiega identycznie, jak w świecie żywych, gdy ktoś przeprowadza się z jednej wsi do drugiej, co na Trobriandach zdarza się bynajmniej nierzadko. Przez pewien czas przybysz jest bardzo smutny i płacze. Inne duchy jednak, zwłaszcza przedstawiciele płci przeciwnej, nie szczędzą wysiłków, by uprzyjemnić mu nowe życie, nakłonić do wejścia w nowe związki i sprawić, by zapomniał o starych. Moi informatorzy (wyłącznie mężczyźni) jed-

---

[18] Bardzo istotne w socjologii stosunków kiriwińskich jest rozróżnienie pozycji i władzy. Członkowie gałęzi Tabalu klanu Malasi mają najwyższą pozycję. Przywódca klanu dzierży władzę nad wioską Omarakana i w pewien sposób także nad znacznym obszarem głównej wyspy i niektórymi pobliskimi wysepkami. Czy zatrzyma tę władzę na Tumie — po śmierci — To'uluwa, obecny wódz Omarakany, miał wątpliwości. Nie było natomiast najmniejszej wątpliwości co do tego, że zarówno on, jak i inni przedstawiciele Tabalu, a także wszyscy pozostali ludzie utrzymają swoją pozycję oraz przynależność do klanu i podklanu. Aby lepiej to zrozumieć, warto przeczytać doskonały opis trobriandzkiego systemu społecznego, patrz *ibid.*, rozdz. 49 - 53.

[19] Aby zrozumieć to stwierdzenie, czytelnik musi się zapoznać z kiriwińskim systemem społecznym (patrz *ibid.*). Istnieje bliski związek między każdą wsią a daną gałęzią klanu. Zazwyczaj, choć nie zawsze, gałąź klanu pochodzi od przodka wywodzącego się z danego obszaru. W każdym wypadku przywódca gałęzi klanu uważany jest za pana lub właściciela ziemi (*tolipuaipucaia*, od *toli*, przedrostka określającego zwierzchnictwo, posiadanie, oraz od wyrazu *puaipuaia*, oznaczającego ziemię, glebę, grunt).

nomyślnie twierdzili, że nowo przybyły jest wręcz osaczany przez przedstawicielki płci nadobnej, tak nieśmiałe i wstydliwe na tym świecie. Z początku duch chce w spokoju opłakiwać rozstanie z najbliższymi. Jego krewni rozumieją to i radzą innym: „Dajmy mu trochę czasu, niech się wypłacze". Jeśli zmarły był szczęśliwy w małżeństwie i pozostawił żonę, za którą tęskni, jego smutek trwa, co oczywiste, nieco dłużej. Ale wszystko na próżno! Na tamtym świecie jest bowiem (ponownie przytaczam opinię wyrażaną wyłącznie przez mężczyzn) o wiele więcej kobiet niż mężczyzn i one to okazują wyraźne zniecierpliwienie w wypadku przedłużającej się żałości. Nie mogąc dopiąć swego w inny sposób, zaczynają posługiwać się magią, wszechmocnym środkiem do zdobycia wzajemności. W sztuce uwodzenia przebywające na Tumie duchy kobiet nie są mniej biegłe od niewiast żyjących w Kiriwinie, nie są też bardziej od nich skłonne do skrupułów. Nowo przybyłego szybko opuszcza nastrój smutku i przyjmuje ofiarowany mu przez kobietę dar zwany *nabuoda'u* — koszyk wypełniony *bu'a* (orzech betelu), *mo'i* (sproszkowane liście betelu) oraz pachnącymi ziołami. Wręczając taki koszyk, wypowiada ona słowa: „*Kam paku*" i jeśli zyska akceptację, oboje należą odtąd do siebie [20]. Możliwe jest, że zmarły zechce zaczekać na przybycie swej żony, lecz zdaniem moich informatorów są to niezmiernie rzadkie przypadki. Całkowitą winą za to obarcza się piękności żyjące na Tumie

---

[20] Te zalecanki na Tumie można porównać — według słów moich informatorów — do kojarzenia się par w okolicznościach zwanych *katuyausi*. *Katuyausi* to miłosne wyprawy podejmowane przez niezamężne dziewczęta jednej wioski, które *en bloc* udają się do innej wsi, gdzie śpią z tamtejszymi chłopcami. Każdy kawaler, który upodoba sobie jedną z przybyłych dziewcząt, wręcza jej (przez pośrednika) jakiś drobny prezent (grzebień, krążki z muszelek lub pierścień ze skorupy żółwia); dając prezent wymawia się słowa „*kam paku*". Jeśli prezent zostanie przyjęty, tych dwoje należy do siebie najbliższej nocy. Wyprawom tym, choć są zakorzenione w tradycji i usankcjonowane obyczajem, przeciwstawia się ostro młodzież płci męskiej wsi, z której wyrusza *katuyausi*, i z reguły kończą się one w ten sposób, że chłopcy sprawiają powracającym dziewczętom tęgie lanie.

Ich magiczny urok ma być tak potężny, by nawet najwierniejszy małżonek nie mógł mu się oprzeć.

Tak więc duch osiedla się na Tumie, by szczęśliwie spędzić tu następne życie [21], aż do ponownej śmierci. Ta druga śmierć nie oznacza jednak wcale, jak się przekonamy za chwilę, całkowitego unicestwienia.

III

Zanim ponowna śmierć nastąpi, *baloma* z całą pewnością nie jest całkowicie odcięty od kontaktów ze światem żywych. Odwiedza od czasu do czasu rodzinną wioskę, przyjmuje też wizyty żyjących krewnych i przyjaciół. Niektórzy z nich posiadają zdolność docierania wprost do mrocznego świata duchów. Inni mogą jedynie dostrzec balomę w przelocie, usłyszeć go, zobaczyć ze znacznej odległości lub w ciemnościach, tak by móc go rozpoznać i uzyskać pewność, że jest to rzeczywiście *baloma.*

Tuma — miejsce zamieszkania żywych — jest wioską, do której Kiriwińczycy udają się co pewien czas. Na wybrzeżu Tumy i sąsiadujących z nią wysp morze wyrzuca obficie szylkret oraz ozdobne muszle (*ovulum ovum*). Ta mała wyspa jest przeto dla mieszkańców północnych i wschodnich wsi Kiriwiny głównym źródłem cennych przedmiotów ozdobnych [22]. Z tego właśnie powodu przybywają tam często ludzie z głównej wyspy.

Wszyscy moi informatorzy mieszkający w Omarakanie i w sąsiednich wioskach znają Tumę dość dobrze. Byłoby niezmiernie trudno znaleźć osobę, która nigdy nie przeżyła spotkania z balomą. Ktoś widział o zmroku cień cofający się przed zbyt bliskim spotkaniem, ktoś inny słyszał dobrze znany głos itp., itd. Reprezentujący podklan Tabalu czarownik ogrodowy Bagido'u, człowiek nadzwyczaj inteligentny, a zarazem najlepszy ze wszystkich moich informatorów w dziedzinie pradawnej wiedzy i tradycji,

---

[21] Czas „życia" jest niewątpliwie znacznie mniej precyzyjnie określony u krajowców niż u nas.

[22] Innymi takim ośrodkiem jest wyspa Kayleula.

wielokrotnie widywał duchy i nie miał żadnych wątpliwości co do tego, że osoba przebywająca na Tumie przez pewien czas zdołała bez większych trudności ujrzeć każdego spośród bliskich jej zmarłych. Pewnego razu nabierając wody ze źródła w *raiboag* (zalesiony grzbiet koralowy) na Tumie, Bagido'u uczuł, że *baloma* uderzył go w plecy, a odwróciwszy się zobaczył cień umykający w zarośla. Równocześnie usłyszał cmokanie, dźwięk, jakiego tubylcy używają dla zwrócenia na siebie uwagi. Kiedy indziej w trakcie pobytu na Tumie Bagido'u spał spokojnie, gdy nagle stwierdził, że coś unosi go z łóżka i opuszcza na ziemię.

Kiedyś liczna grupa mężczyzn z To'uluvą, wodzem Omarakany, na czele udała się na Tumę. Przybijając do brzegu nieopodal głazu Modawosi, dostrzegli stojącego tam mężczyznę. Natychmiast rozpoznali, że jest to Gi'iopeulo, zmarły ostatnio w wiosce oddalonej o nie więcej niż pięć minut drogi z Omarakany wielki wojownik, człowiek cechujący się niebywałą siłą i wielką odwagą. Zniknął, gdy podeszli bliżej, ale usłyszeli jeszcze wyraźnie jego słowa: „*bu kusisusi bala*" („wy zostaniecie, ja odejdę") — zwyczajową formę pożegnania, oznaczającą nasze „do widzenia". Inny z moich informatorów przebywając na Tumie pił wodę w jednej z wielkich grot wodnych, tak charakterystycznych dla *raiboag*. Wtem z głębi wód usłyszał głos dziewczyny Buava'u Lagim krzyczącej do niego i wołającej go po imieniu.

Miałem możność wysłuchania wielu opowieści o takich wydarzeniach. Trzeba zaznaczyć, iż we wszystkich przypadkach wyraźnie odróżniano balomę od *kosi*. Opowiadający nie mają żadnych wątpliwości co do tego, że widzieli lub słyszeli balomę, a nie *kosi*, chociaż żartobliwe zachowanie ducha (jak na przykład zrzucanie szacownego jegomościa z łóżka na podłogę lub też trącanie go w plecy), nie różni się w istocie od dokazywania *kosi*. Poza tym krajowcy nie przerażają się nagłymi spotkaniami z balomą ani płatanymi przezeń figlami, podobnie jak nie lękają się zanadto *kosi*. Obca jest im wszelka obawa przed *baloma*, która byłaby podobna do strachu Europejczyków przed duchami.

Poza przelotnym rzutem oka na życie duchów żywi mogą mieć znacznie bliższy kontakt z *baloma* dzięki pośrednictwu tych jednostek, które mają przywilej osobistego wstępu do świata zmarłych. Profesor Seligman pisze: „Istnieją osoby, które utrzymują, że zdarzyło im się odwiedzać Tumę i wrócić do świata żywych”[23]. Posiadający tę zdolność nie należą wcale do wyjątków, są to zarówno mężczyźni, jak i kobiety, choć oczywiście ich sława bywa bardzo różna. W Omarakanie, wiosce, w której mieszkałem, najbardziej znaną osobą posiadającą tę zdolność była kobieta, Bwoilagesi, córka zmarłego wodza Numakali, brata i poprzednika To'uluwy, obecnego wodza Omarakany. Odwiedzała ona w przeszłości i najwyraźniej nadal odwiedza Tumę, widując tam *baloma* i rozmawiając z nimi. To ona przyniosła z Tumy pieśń *baloma*, którą często śpiewają kobiety w Omarakanie.

Obok Bwoilagesi na Tumę udaje się też i przynosi stamtąd wieści od duchów pewien mężczyzna — Moniga'u. Choć znałem bardzo dobrze obie te osoby, niestety nigdy nie udało mi się wydobyć od nich szczegółowych informacji co do owych tajemniczych wędrówek. Ten temat wprawiał ich w wielkie zakłopotanie, a indagowani przeze mnie odpowiadali w sposób wymuszony, samymi ogólnikami. Odniosłem wrażenie, że nie byli w stanie ujawnić żadnych szczegółów, gdyż wszystko, co wiedzieli, rozpowiadali natychmiast wokoło i odtąd stawało się to własnością społeczną. Taką właśnie własnością publiczną była wspomniana wcześniej piosenka[24], a także osobiste treści przekazywane przez duchy ich rodzinom. W trakcie pewnej rozmowy toczącej się w obecności Tukulubakiki, którego uważam za jednego z najbardziej skromnych, inteligentnych i przyjaznych ludzi, jakich spotkałem wśród krajowców, Bwoilagesi, jego matka, powiedziała mi, że nigdy nie pamięta tego, co widziała, choć zawsze umie dokładnie odtworzyć to, co do niej mówiono. By dostać się na Tumę, Bwoilagesi nie musi wędrować ani też żeglować, lecz po prostu zasypia i przenosi się do świata duchów. Zarówno ona, jak i jej syn utrzymują, iż pieśń, którą rozpowszechniła, pochodzi od *baloma*. Rozmowa

[23] C. G. Seligman, *The Melanesians*, s. 734.

[24] Podobne piosenki zostały przyniesione z Tumy także przez innych.

na ten temat była jednak dla Tukulubakiki przykra, szczególnie gdy dopytywałem o detale. Nie udało mi się znaleźć żadnego dowodu na to, iż moja informatorka czerpie jakiekolwiek korzyści materialne z opisywanych przez siebie wypraw na Tumę, wyczyny te zdecydowanie jednak podnoszą jej prestiż, niezależnie od sporadycznych, choć wyraźnych, objawów sceptycyzmu.

Dwóch moich informatorów stwierdziło, że przypisywanie sobie zdolności wkraczania w świat *baloma* jest wierutnym kłamstwem. Pierwszy z nich, Gomaia — chłopiec pochodzący z wioski Sinaketa (położonej w południowej części wyspy) — powiedział, że do godnych uwagi osób podróżujących na Tumę należy pewien Mitakai'io z Oburaku; dodał jednak od razu, że nawet ten jest oszustem. Mitakai'io miał zwyczaj chełpić się tym, że wędruje na Tumę po to, by się tam najeść. „Chce mi się teraz jeść; pójdę na Tumę; tam jest mnóstwo jedzenia: dojrzałe banany, bulwy yamu, korzenie taro — tylko jeść; ryby i wieprze; obfitość orzeszków areki, a także pieprzu betelu; podczas każdej wyprawy na Tumę objadam się". Łatwo pojąć, jak dalece wizja ta przemawia do wyobraźni krajowców, jak podnosi prestiż chwalącego się i rodzi zazdrość ze strony żądnego podobnych przeżyć otoczenia. Najbardziej rozpowszechnionym przejawem ambicji i pychy krajowców są przechwałki dotyczące spożywanego jadła. Posiadanie wyjątkowej obfitości pożywienia lub zbyt świetnego ogrodu, a zwłaszcza nadmierne popisywanie się tym bogactwem można w wielu wioskach przypłacić życiem.

Gomaia, któremu nie podobały się przechwałki Mitakai'io, począł dociekać prawdy. Obiecał: „Dam ci funta, jeśli zabierzesz mnie na Tumę". Tamtemu wystarczała jednak skromniejsza zapłata. „Twoi rodzice żądają wciąż spotkania z tobą; chcą cię zobaczyć; daj mi dwie laski tytoniu, to pójdę tam, zobaczę się z nimi; dam im tytoń. Twój ojciec widział mnie; powiedział: «Przynieś tytoń od Gomaii»". Mitakai'io ociągał się wszelako z zabraniem Gomaii do świata zmarłych. Ten wręczył mu żądany tytoń, który wypalił sam magik. Odkrywszy to Gomaia okazał wielkie oburzenie i wzmógł nalegania, by Mitakai'io zabrał go na Tumę w zamian za obiecanego funta (miał go wręczyć tuż po powrocie). Wtedy Mitakai'io dostarczył mu trzy rodzaje liści i nakazał natrzeć nimi całe ciało, zlecił też przygotowanie następnej paczuszki. Gomaia wypełnił zlecenia, potem położył się i zasnął, ale nigdy nie dotarł na Tumę. To wzbudziło jego sceptycyzm, ale Mitakai'io, choć nie otrzymał nigdy obiecanego funta, ocalił swój prestiż.

Ten sam Mitakai'io zdemaskował kiedyś innego osobnika, który głosił, że odwiedza zaświaty. Był nim odwieczny adwersarz Mitakai'io, Tomwaya Lakwabulo, o którym ten pierwszy wyrażał się często w sposób pogardliwy. Ostatecznie koniecznością stało się przeprowadzenie próby prawdomówności. Tomwaya przyobiecał wybrać się na Tumę i przynieść stamtąd dowód, iż dotarł do celu. W rzeczywistości jednak poszedł do buszu i z terenu należącego do Mourady, *tokaraiwaga valu* (wodza wioski) Oburaku, skradł kiść orzeszków betelu. Następnie zjadł orzeszki, pozostawiając jeden na później. Wieczorem rzekł do żony: „Połóż moją matę na legowisku; słyszę śpiew *baloma*; niedługo przyłączę się do nich; muszę się położyć". Później zaczął śpiewać. Zgromadzeni na zewnątrz domu słyszeli ten śpiew i mówili między sobą: „To śpiewa tylko Tomwaya i nikt więcej". Powiedzieli mu to samo nazajutrz, lecz odparł, że niemożliwe jest, by słyszeli tylko jeden głos, ponieważ śpiewało wiele *baloma*, a on tylko przyłączył się do nich.

Nim nastał dzień, Tomwaya włożył pozostawiony w tym celu orzeszek do ust i wstawszy o świcie wyszedł z domu, wyjął orzeszek z ust i zawołał: „Byłem na Tumie; przyniosłem stamtąd orzeszek". Zrobiło to na wszystkich ogromne wrażenie, lecz Mourada i Mitakai'io, którzy bacznie obserwowali go poprzedniego dnia, znali tajemnicę kradzieży i wyjawili ją publicznie. Od tego czasu Tomwaya przestał rozprawiać o wędrówkach na Tumę. Zanotowałem tę opowieść dokładnie w takiej formie, w jakiej usłyszałem ją od Gomaii, i w takiej też przekazuję ją tutaj. Wszelako trzeba pamiętać, że krajowcy zatracają często w swych opowiadaniach właściwą perspektywę. Jest całkiem możliwe, że mój informator streścił w jednej relacji kilka różnorodnych wydarzeń.

Tak czy inaczej, udało mi się uchwycić to, co najbardziej istotne w tym miejscu, psychologiczną postawę tubylców wobec „spirytyzmu", to znaczy sporadyczny sceptycyzm nielicznych jednostek i trwałość wiary większości. Z opowieści tych wynika ponadto, na co też zwracali uwagę moi sceptycznie nastawieni informatorzy, iż głównym motywem wszystkich wędrówek na Tumę jest osiągana korzyść materialna.

Nieco inną formą kontaktu z duchami są krótkotrwałe ataki nerwowe, podczas których ludzie rozmawiają z *baloma*. Nie umiem nawet w przybliżeniu określić, jakie są psychologiczne czy patologiczne podstawy tego zjawiska. O tej formie dowiedziałem się niestety dość późno, bo dopiero pod koniec mego pobytu na wyspie. Stało się to dzięki przypadkowi na dwa tygodnie przed moim odjazdem. Pewnego ranka usłyszałem głośne i — jak mi się wydawało — kłótliwe wrzaski z przeciwległej części wioski. Zawsze czujny na socjologiczne dane, zapytałem mieszkańców mojego szałasu o powód tych krzyków. Odpowiedzieli, że to Gumguya'u, człowiek poważny i spokojny, rozmawia z *baloma*. Pospieszyłem do jego chaty, lecz przybyłem za późno, mężczyzna leżał wyczerpany na łóżku i najwyraźniej już spał. Incydent ten nie wzbudził żadnego poruszenia w wiosce, gdyż jak mi powiedziano, rozmowy z *baloma* należą do zwyczajów Gumguya'u. Dysputa musiała być żywa. Gumguya'u przemawiał głośno, wysokim tonem, a to, co mówił, brzmiało jak obelżywy monolog. Rozmowa miała dotyczyć uroczystych regat, które odbyły się dwa dni wcześniej. Regaty takie organizuje się za każdym razem, gdy konstrukcja nowego czółna zostaje zakończona. Obowiązkiem wodza będącego gospodarzem regat jest przygotowanie wielkiego *sagali* (uroczystego poczęstunku), nieodłącznej części uroczystości. *Baloma* w bezosobowy i niejasny sposób są zainteresowane tym świętem i pilnie czuwają nad obfitością jadła. Czują się wielce dotknięte, gdy zauważą jakikolwiek niedostatek, spowodowany czy to niedbalstwem organizatora, czy też po prostu pechowym zbiegiem okoliczności. Niezależnie od tego, czy organizator ponosi winę za to, czy też nie, *baloma* czynią mu ostre wyrzuty. Tak było i w tym wypadku, duchy przybyły do Gumguya'u, by wyrazić niezadowolenie z powodu zbyt skromnego przebiegu uroczystości. Gospodarzem regat był oczywiście To'uluwa, wódz Omarakany.

Wydaje się, że także i sny odgrywają pewną rolę w kontaktach między *baloma* i żyjącymi. Najczęściej *baloma* pojawiają się we śnie natychmiast po śmierci, by zawiadomić nieobecnych najbliższych o swym przejściu w zaświaty. Zdarza się również, że *baloma* obwieszcza we śnie kobiecie, iż wkrótce stanie się brzemienna. Szczególnie często zmarli odwiedzają swych najbliższych w snach podczas dorocznego święta *Milamala*. W pierwszym z tych przypadków (gdy zmarły zawiadamia nieobecnych krewnych i przyjaciół o swej śmierci) przekazywane we śnie treści tłumaczy się dość swobodnie i traktuje się je jako formy „symboliczne" — podobnie interpretowało się sny we wszystkich cywilizacjach na przestrzeni całej historii. Pewnego razu spora grupa chłopców z Omarakany udała się do pracy na plantacji w Milne Bay położonej na najdalej wysuniętym na wschód skrawku Nowej Gwinei. Wśród nich był Kalogusa, syn wodza To'uluwy, był też Gumigawa'ia — jeden z członków społeczności Omarakany. Pewnej nocy Kalogusa śnił, iż jego matka, stara kobieta, jedna z szesnastu żon wodza, mieszkająca obecnie w Omarakanie, przybywa do niego, by mu obwieścić swoją śmierć. Chłopiec był niepocieszony i opłakując matkę wyraźnie to okazywał (historię tę usłyszałem od jednego z jego towarzyszy). Wszyscy wiedzieli, że „coś musiało się stać w Omarakanie". W drodze do rodzinnej wioski chłopcy dowiedzieli się, że zmarła matka Gumigawa'ii, i to ich wcale nie zdziwiło, gdyż znaleźli w tym fakcie wyjaśnienie snu Kalogusy.

Pora już chyba na to, by omówić naturę *baloma* i stosunek *baloma* do *kosi*. Z czego zbudowane są te zjawy? Z takiej samej substancji czy też z różnych? Czy są to cienie, czy duchy, a może są postrzegane jako byty materialne? Krajowcom można zadawać wszelkie pytania tego typu. Najbardziej inteligentni zrozumieją bez trudu, o co chodzi, i w rozmowie z etnografem okażą niemałą wnikliwość i zainteresowanie. Jednak takie dysputy utwierdziły mnie w przekonaniu, że stawiając powyższe pytania oddalamy się od sfery wierzeń i wkraczamy w świat pewnych wyobrażeń całkowicie od wierzeń oderwanych. W tej dziedzinie tubylec raczej zmyśla, niż wierzy, swoich wymysłów nie traktuje nazbyt poważnie i zupełnie się nie troszczy, czy to co mówi, mieści się w ortodoksyjnej wykładni wierzeń. Tylko wyjątkowo inteligentne jednostki zagłębiają się w ten problem, prezentując wszelako prywatne opinie, a nie właściwe zasady. Ani w słownictwie, ani w wyobrażeniach nawet najbardziej inteligentnych krajowców nie istnieje pojęcie, choćby zbliżone, do naszej „istoty" czy „natury". Mają jedynie słowo *u'ula* znaczące mniej więcej tyle, co „przyczyna", „pochodzenie".

Można postawić tubylcom pytanie: „Jaki jest *baloma*? Czy jego ciało jest takie jak nasze, czy inne? I czym się różni?" Można dalej skierować rozmowę na kwestię pozostającego ciała i bezcielesnego balomy opuszczającego je. Usłyszymy wtedy niezmiennie, że *baloma* jest jak odbicie (*saribu*) w wodzie (lub zdaniem nowoczesnych Kiriwińczyków — w lustrze), a *kosi* jest jak cień (*kaikuabula*). Rozróżnienie takie jest dość częste, choć nie przez wszystkich podzielane. Zdarza się, że o obu postaciach mówi się jako o *saribu* lub jako o *kaikuabula*. Odpowiadając na pytania, moi rozmówcy posługiwali się — takie przynajmniej odnosiłem wrażenie — porównaniami, a nie interesującymi mnie definicjami. Chcę przez to powiedzieć, że tubylcy nie są bynajmniej pewni tego, czy *baloma* rzeczywiście jest uformowany z tej samej substancji co i odbicie. Wiedzą wszak, że odbicie to jest „nic", że odbicie to *sasopa* (kłamstwo), że nie ma w nim balomy. Lecz *baloma* to jest „coś takiego jak odbicie" (*baloma makawala saribu*). Sprowadzeni z metafizycznych wyżyn na ziemię pytaniami typu: „Jakże zatem może *baloma* nawoływać, jeść, kochać się, jeśli jest jak *saribu*? Jak może *kosi* pukać do domu, rzucać kamieniami lub poklepywać ludzi, jeśli jest jak cień?", bardziej inteligentni krajowcy udzielają wyjaśnienia, którego sens jest mniej więcej taki: „To prawda, że *baloma* i *kosi* są jak odbicie i jak cień, ale są one jednocześnie jak ludzie i zachowują się jak oni". W tej sytuacji trudno się z nimi spierać [25]. Mniej inteligentni bądź mniej cierpliwi rozmówcy wzruszają ramionami słysząc te pytania; inni znów dają się ponieść fantazji i prezentują zaimprowizowane poglądy, dopytują badacza o opinię lub też wdają się w swego rodzaju metafizyczne rozważania. W tych wymyślonych naprędce odpowiedziach nie zauważyłem wszakże śladów żadnej głębszej refleksji, raczej krążyły wokół powszechnie powtarzanych ogólnych opinii.

Trzeba sobie jednak uświadomić, że istnieją pewne przyjęte i potwierdzone przez wszystkich krajowców dogmaty. Nie ma najmniejszej wątpliwości co do tego, że *baloma* zachowuje podobieństwo do człowieka, którego jest odzwierciedleniem. Widząc balomę rozpoznaje się człowieka, który niegdyś żył. *Baloma* żyje życiem człowieka: starzeje się, je, śpi, kocha i to zarówno przebywając na Tumie, jak i odwiedzając rodzinną wioskę. Prawdziwości tych faktów tubylcy są najzupełniej pewni. Dogmaty te dotyczą czynności *baloma*, opisują ich zachowania, a niektóre z nich, jak na przykład wiara w to, że duchy potrzebują pożywienia, motywują ludzi do konkretnych działań (przedstawiłem to poniżej w opisie święta *Milamala*). Jedyny dogmat ogólniejszej natury to ten, wedle którego *baloma* jest jak odbicie, a *kosi* jest czymś takim jak cień. Warto podkreślić, że to zróżnicowanie odpowiada charakterystyce obu bytów: szczerej, jasno określonej, stałej naturze balomy i nieokreślonej, niestałej, nocnej naturze *kosi*.

Nie ma już wszelako zgodności opinii co do podstawowych relacji między *baloma* i *kosi*. Wątpliwości budzą nie tylko ich cechy, ale nawet prawdziwość istnienia. Wedle najogólniejszego poglądu *baloma* wędruje wprost na Tumę, natomiast *kosi* kręci się przez

[25] By się wyzbyć surowości osądu owej „niespójności" wierzeń krajowców, wystarczy wspomnieć, iż trudność tego samego rodzaju spotykamy we własnych przekonaniach o zjawach i duchach. Nikt spośród wierzących w duchy i zjawy nie wątpi, iż mogą one mówić, a nawet podejmować pewne działania, mogą pukać w stół lub stukać nogami stołu, unosić przedmioty itd.

krótki czas wokół miejsca zamieszkania zmarłego. Wizja ta dopuszcza dwie interpretacje: albo żyjący człowiek ma dwie dusze i obie opuszczają ciało w chwili śmierci, albo też *kosi* to pewien rodzaj wtórnej, dodatkowej postaci duszy, która jest nieobecna w żywym człowieku, a pojawia się w momencie śmierci. Krajowcy zrozumieją takie pytanie, jeśli sformułuje się je następująco: „Czy *baloma* i *kosi* przebywają cały czas w człowieku, czy też przeciwnie — *baloma* przebywa tam za życia człowieka, a *kosi* pojawia się dopiero w momencie śmierci?". Odpowiadają jednak w sposób niezdecydowany i sprzeczny, ta sama osoba wypowiada za każdym razem odmienne zdanie, co oznacza, że jest to dziedzina improwizowanych spekulacji.

Poza tym powszechnym poglądem istnieje ten inny, zgodnie z którym *kosi* jest pierwotną formą duszy, która po kilku dniach przekształca się w balomę. Mamy więc tutaj tylko jednego ducha, który przez kilka dni pozostaje w pobliżu domu zmarłego, a potem odchodzi. Pomimo znacznej prostoty i wiarygodności wersja ta cieszy się jednak znacznie mniejszą popularnością. Niemniej jest ona wystarczająco rozwinięta i niezależna, by uznać, że wizja przedstawiona wcześniej nie jest ani jedyna, ani nawet ortodoksyjna.

Interesującą odmianę pierwszej wersji (głoszącej równoczesne istnienie balomy i *kosi*), usłyszałem od Gomaii — jednego z moich najlepszych informatorów. Jego zdaniem *kosi* pojawia się jedynie po śmierci tych osób, które za życia były magami (*bwoga'u*). Zresztą wcale nie jest tak trudno być *bwoga'u*. Jest nim każdy, kto zna jakiekolwiek *silami* (złowrogie zaklęcie) i ma zwyczaj je stosować. Według Gomaii inni (zwykli ludzie) nie staną się *kosi*, staną się tylko balomą i odejdą na Tumę. Co do innych szczegółów, takich jak indywidualne cechy *baloma* i *kosi*, ich zachowanie oraz nietrwały byt, Gomaia zgadzał się z powszechnie akceptowanymi poglądami. Jego wersja jest wyjątkowo wartościowa, gdyż pochodzi od człowieka o dużej inteligencji, który ponadto wywodzi się z interesującej rodziny: jego ojciec był wielkim czarownikiem i *bwoga'u*, czarownikiem jest też jego *kadala* (wuj ze strony matki). Co więcej, wersja ta jest zgodna z wyobrażeniami, wedle których *bwoga'u* grasuje po nocach w poszukiwaniu ofiary i z wyjątkiem *mulukuausi* tylko on budzi nocą przerażenie. *Mulukuausi* nie są wprawdzie tak groźne jak *bwoga'u* (istota — podobnie jak i czarownice — ludzka, lecz jeszcze bardziej złośliwa i złowroga, a w dodatku biegła w sztuce czarnej magii), posiadają natomiast zdolność przemieszczania się na znaczne odległości w niewidzialnej postaci, dzięki wysyłaniu swego bezcielesnego „sobowtóra" czy „posłańca" — *kakuluwala*. Przekonanie to funkcjonuje jednakże równolegle z wersją przeciwną, wedle której czarownice podróżują w swej zwykłej, ludzkiej postaci.

Jak wynika z powyższych uwag, natura *baloma* i *kosi*, a także zależności między nimi nie są, ogólnie biorąc, ujęte w żadną jednolitą doktrynę, którą można by uznać za ortodoksyjną.

Relacja, w jakiej pozostaje *baloma* wobec ciała żyjącego człowieka, jest sprawą jeszcze mniej jasną dla krajowców. Nie umieją udzielić żadnej zdecydowanej odpowiedzi na pytania: „Czy *baloma* przebywa w konkretnej części ciała (w głowie, w brzuchu, w płucach)? Czy może opuścić ciało za życia człowieka? Czy to *baloma* odbywa wędrówki we śnie? Czy to właśnie *baloma* uprzywilejowanych jednostek dociera na Tumę?" Na dwa ostatnie pytania pada zazwyczaj odpowiedź twierdząca, jednak jest to oświadczenie raczej nieprzekonywające. Oczywiste jest też, że opinia ta nie ma poparcia w żadnej ustalonej doktrynie. Inteligencję, pamięć, mądrość umiejscawiają tubylcy w obrębie ciała człowieka i każdej z tych zdolności przypisują określone położenie, zupełnie nie potrafią wszakże umiejscowić balomy. Z tego też powodu skłaniam się do przypuszczenia, że zgodnie z wyobrażeniami krajowców po śmierci człowieka odłącza się od ciała jego bezcielesny sobowtór, a nie dusza, która przebywa w ciele za życia. Jestem pewien tylko tego, że wyobrażenia te nie są do końca skrystalizowane, że funkcjonują raczej jako odczucia niż jako określone pewniki, że dotyczą w większym stopniu działalności balomy niż natury i różnorodnych warunków jego istnienia.

Następny punkt, w którym natykamy się na trudności chcąc ustalić jednoznaczną i zgodną z dogmatem wersję, dotyczy rzeczywistej siedziby duchów. Czy przebywają one na powierzchni ziemi, na wyspie Tumie, a może pod ziemią lub jeszcze gdzie indziej? Opinii w tej kwestii jest wiele, a każda znajduje grono zagorzałych zwolenników. Zdaniem kilku moich informatorów, a między nimi także i Bagido'u, człowieka poważnego i ze wszech miar godnego zaufania, *baloma* zamieszkują wyspę Tuma. Ich wioski położone są gdzieś na jej terenie, podobnie gdzieś w okolicy wsi w Kiriwinie rozbity jest obóz *baloma* podczas ich dorocznych, przypadających na święto *Milamala* odwiedzin w rodzinnych stronach. Trzy wcześniej wymienione wioski duchów mieszczą się na obszarze wyspy wraz z Tumą, wioską zamieszkaną przez żywych ludzi. Ponieważ *baloma* i wszystko, co do nich należy, jest niewidzialne, zatem ich wioski na terenie wyspy nie mogą nikomu zawadzać.

Wedle innej wersji *baloma* zstępują do prawdziwego „podziemnego świata" i żyją tam w Tumaviace (Wielkiej Tumie). Wersja ta występuje w dwóch odmianach. Pierwsza z nich głosi istnienie czegoś w rodzaju „dwupiętrowego" podziemnego królestwa zmarłych. W wyniku śmierci następującej u schyłku pierwszego duchowego bytowania *baloma* schodzi na niższe piętro, czy warstwę, i dopiero stamtąd może kiedyś powrócić do świata materialnego (patrz niżej, część szósta o reinkarnacji). Większość odrzuca zdecydowanie tę teorię utrzymując, i to jest druga wersja, iż świat podziemny jest jednowarstwowy. Jest to zgodne ze stwierdzeniem profesora Seligmana: „Duchy zmarłych nie pozostają na powierzchni ziemi wespół z żyjącymi, lecz zstępują do świata podziemnego" [26]. Opinia ta, jak się wydaje, lepiej współbrzmi z powszechną w Kiriwinie ideą wyłonienia się pierwszych istot ludzkich z otworów w ziemi. Profesor Seligman otrzymał nawet informację, iż „świat został pierwotnie zasiedlony przez kobiety i mężczyzn z Tumy przysłanych na ziemię przez Topiletę, który sam pozostał pod powierzchnią" [27]. Nie spotkałem się nigdy osobiście z taką opinią i nic w tym dziwnego, albowiem przy wielkiej różnorodności poglądów na poszczególne sprawy problem natury Tumy i jej związku ze światem

---

[26] C. G. Seligman, *The Melanesians*, s. 733.
[27] *Ibid.*, s. 679.

żywych niczym szczególnym nie wyróżnia się wśród innych. Stwierdzenie Seligmana potwierdza opinię, iż „podziemna Tuma" mieści się w ramach bardziej ortodoksyjnej wersji, choć jak to już wcześniej zaznaczono, cała kwestia nie została przez krajowców ujęta w dogmaty.

IV

Powróćmy teraz do sprawy kontaktów między żywymi ludźmi i duchami. Wszystko, co powiedziano na ten temat powyżej, dotyczy spotkań w snach lub w widzeniach bądź też ukradkowych, krótkotrwałych mignięć ducha, dostrzeżonych przez człowieka podczas przebudzenia ze snu lub w normalnym stanie umysłu. Takie formy kontaktu można określić jako osobiste i dość przypadkowe. Nie są one wyznaczone regułami zwyczaju, wszelako mieszczą się w ramach pewnego schematu myślowego i muszą być zgodne z określonym rodzajem wierzeń. Kontakty te nie mają charakteru publicznego, członkowie społeczności nie uczestniczą w nich zbiorowo, nie towarzyszą im żadne ceremonie. Zdarzają się wszakże okazje, gdy *baloma* odwiedzają wioskę lub biorą udział w publicznych uroczystościach. Są wtedy podejmowane przez całą zbiorowość, która zgodnie z obowiązującą etykietą i obyczajem okazuje im specjalne względy. Wtedy też *baloma* pełnią specjalne funkcje w obrzędach magicznych.

Każdego roku po zakończeniu zbiorów, kiedy roboty w ogrodach ustają na pewien czas, jest bowiem jeszcze zbyt wcześnie na rozpoczęcie nowych upraw, nadchodzi *Milamala* — okres tańców, uczt i ogólnego świętowania. *Baloma* spędzają ten czas w swych rodzinnych wioskach, przybywając gremialnie z Tumy. Mieszkańcy wsi czynią specjalne przygotowania na ich przyjęcie: ustawiają podium, na którym *baloma* mogłyby się ulokować, oraz przygotowują dary, wręczane zgodnie z obyczajem. A kiedy skończy się pełnia księżyca, zgodnie z rytuałem, choć dość bezceremonialnie, duchy zostają z wioski przepędzone.

Ważna jest także rola *baloma* w obrzędach magicznych. Wypowiadając zaklęcia wymienia się imiona duchów przodków;

w gruncie rzeczy te inwokacje stanowią zapewne najbardziej istotny i trwały element owych zaklęć magicznych. Dawniej wierzono, że duchy przodków mogą dopomóc w osiągnięciu celu, dla którego odprawia się czary. Do dzisiaj składa się duchom ofiary, co jest pozostałością tych wierzeń. W rzeczywistości jest to obecnie jedyny rytualny (w węższym znaczeniu) element owych obrzędów, jaki zdołałem dostrzec [28].

Chciałbym tu jeszcze dodać, że nie ma żadnych skojarzeń między balomą zmarłego a szczątkami jego ciała, takimi jak czaszka, kość szczękowa, kości kończyn, włosy. Szczątki te używane są przez krewnych zmarłego do celów praktycznych: czaszka stanowi dobry kociołek na wapno, z włosów i kości szczękowej można zrobić naszyjnik, a z pozostałych kości — szpachelki do wapna. Podobne zwyczaje funkcjonują także wśród innych plemion Nowej Gwinei [29].

Przejdźmy teraz do przebiegu święta *Milamala*. Musimy poświęcić nieco miejsca szczegółowemu omówieniu związanych z nim faktów, uwzględniając magiczną rolę odgrywaną w tym okresie przez duchy.

Doroczne święto *Milamala* jest bardzo złożonym społecznym i magiczno-religijnym zjawiskiem. Można je nazwać „świętem zbiorów", ponieważ odbywa się, gdy żniwa yamu są zakończone, a spichrze zapełnione. Jednocześnie jednak podczas *Milamala* nie nawiązuje się, co znamienne, ani bezpośrednio, ani choćby pośrednio do pracy w polu. Świętowanie przypada w okresie, gdy stare ogrody wydały już plony, a nowych jeszcze nie zagospodarowano, lecz nie czyni się mimo to niczego, co przypominałoby zakończone właśnie prace w ogrodach ani też nie planuje się przyszłych upraw. *Milamala* jest okresem tańców, które trwają miesiąc, lecz mogą przeciągnąć się na miesiąc następny, a nawet na dwa. Takie prze-

---

[28] „Rytualny w węższym znaczeniu" w przeciwieństwie do zwykłego wypowiadania zaklęcia nad określonym przedmiotem.

[29] Na przykład wśród Mailów z południowego wybrzeża (patrz B. Malinowski, *The Natives of Mailu*, s. 696).

dłużenie nosi nazwę *usigula*. Prawdziwych tańców nie organizuje się o żadnej innej porze roku. Święto *Milamala* otwierają rytualne przedstawienia połączone z tańcami oraz pierwsze uderzenia w bębny. W tym tradycyjnym okresie świętowania i tańców następuje wyraźne wzmożenie aktywności seksualnej. Wtedy też mieszkańcy pobliskich wiosek składają sobie nawzajem wizyty, obdarowują się prezentami i zawierają transakcje polegające na kupnie i sprzedaży tańców.

Zanim przejdziemy do właściwego tematu, to znaczy do określenia roli *baloma* podczas *Milamala*, należy przedstawić ogólny przebieg tej uroczystości, w przeciwnym bowiem razie szczegóły dotyczące *baloma* mogłyby się wydać niejasne.

Milamala rozpoczyna się wkrótce po zakończeniu zbiorów. Już sama ta praca ma wyraźnie odświętny charakter, choć nie zawiera zwyczajowych elementów rozrywki. Przyniesienie plonu do własnego domostwa przysparza krajowcowi wiele radości. Jej źródłem jest umiłowanie ogrodu i poczucie prawdziwej dumy z osiągniętych wyników. Wcześniej, zanim zbiory zostaną złożone w specjalnych spichrzach, które są zresztą najbardziej rzucającymi się w oczy i malowniczymi budowlami w całej wiosce, istnieje wiele okazji po temu, by je zademonstrować publicznie. Po wydobyciu z ziemi bulw *taitu* (gatunek yamu) — najważniejszej w tej części świata rośliny uprawnej — każdą z nich oczyszcza się starannie i za pomocą muszli obcina pokrywające ją włoski. Następnie bulwy układa się w wielkie kopce o stożkowatym kształcie, a dla ich ochrony przed słońcem wznosi się w ogrodach specjalne osłony lub szałasy. W tej postaci zbiory prezentowane są po raz pierwszy. Pośrodku wznosi się ogromny kopiec, w którym umieszczono najpiękniejsze okazy, otoczony przez mniejsze stożki usypane z *taitu* gorszej jakości oraz z bulw, które będą użyte do sadzenia. Oczyszczanie i artystyczne układanie bulw w kopce zajmuje całe dni i tygodnie. Kształt kopca musi być doskonały geometrycznie, a powierzchnię powinny tworzyć wyłącznie najdorodniejsze sztuki. Pracę tę wykonuje właściciel ogrodu wraz z żoną, o ile takową posiada. Mieszkańcy wioski spacerują wokół ogrodów, odwiedzają działki sąsiadów i podziwiają uzyskane wyniki, a porównania i pochwały są tematem nie kończących się rozmów.

Tak wyeksponowane yamy pozostawia się w ogrodach przez kilka tygodni, po czym przenosi się je do wioski. Czynność ta ma bardzo uroczysty charakter, a osoby biorące w niej udział przystrajają się liśćmi, pachnącymi ziołami i malują twarze. Nie jest to jeszcze jednak „strój galowy" przywdziewany w czasie tańców. Na ogół drogę z ogrodów do wioski pokonuje się biegiem. Podczas wnoszenia *taitu* do wsi grupa wykrzykuje specjalną litanię: ktoś wymawia głośno słowa, a reszta odpowiada piskliwym wrzaskiem. Potem wszyscy uwijają się przy wznoszeniu dokładnie takich samych kopców, jak te, które stały w ogrodach. Układa się je wokół dużego placu znajdującego się przed wejściem do spichrza, gdzie ostatecznie bulwy zostaną zmagazynowane.

Nastąpi to jednak nie wcześniej niż po dwóch tygodniach, a w tym czasie yamy ponownie będą przedmiotem ocen i podziwu. Dla ochrony przed słońcem bulwy przykrywa się palmowymi liśćmi. Wreszcie następuje kolejna uroczystość we wsi — złożenie wszystkich bulw w specjalnych spichrzach. Poprzednie prace związane z przeniesieniem yamów do wioski trwały kilka dni, natomiast złożenie ich w spichrzu zostaje zakończone w ciągu jednego dnia. Powyższy opis oddaje chyba atmosferę wzmożonego tempa życia wsi w okresie zbiorów, zwłaszcza że część *taitu* jest przynoszona z innych wiosek, a to stwarza okazję do wizyt nawet w znacznie oddalonych miejscowościach [30].

Gdy żywność jest już zmagazynowana, w pracach ogrodowych następuje przerwa. Wtedy właśnie nastaje *Milamala*. Ceremonią inaugurującą uroczystości jest „poświęcenie" bębnów. Zanim to nastąpi, żadnego z nich nie wolno używać publicznie. Po inauguracji rozlegają się dźwięki bębnów i rozpoczynają się tańce. Jed-

---

[30] W tym krótkim, czysto opisowym sprawozdaniu ze żniw celowo unikałem socjologicznych wyrażeń fachowych. Złożony system wzajemnych świadczeń w pracach ogrodowych stanowi szczególnie interesującą cechę kiriwińskiej ekonomii społecznej i zostanie przedstawiony w innym miejscu.

nym z elementów uroczystości jest, podobnie jak podczas większości świąt kiriwińskich, podział jadła (*sagali*), przy czym podczas tej ceremonii podaje się jadło gotowane. Góry jedzenia piętrzą się na drewnianych półmiskach i w koszach. Od jednego do drugiego przechodzi przeznaczony do pełnienia tej funkcji mężczyzna i zatrzymując się przy każdym z nich, wywołuje imię któregoś z członków społeczności [31]. Żona lub inna krewna wywołanego mężczyzny zabiera całą tę wielką porcję jadła do domu. Obyczaj ten (zwany podziałem *sagali*) nie sprawia wrażenia prawdziwej uczty, głównie dlatego, że punkt kulminacyjny, którym zgodnie z wpojoną nam tradycją jest wspólny posiłek, następuje w zaciszu domowym. O odświętnym charakterze ceremonii decyduje uroczysty nastrój panujący w trakcie przygotowań, gromadzenia i sporządzania jadła, które staje się w ten sposób wspólnym dobrem (każdy jest zobowiązany do wniesienia wkładu do całości, którą następnie rozdziela się równo między uczestników), i w końcu w trakcie publicznego podziału. Tak wygląda otwarcie uroczystości *Milamala*. Po południu mężczyźni przebrawszy się w specjalne stroje inaugurują pierwszy taniec.

Teraz życie w wiosce ulega radykalnej zmianie. Nikt nie chodzi już do ogrodu, nikt nie wykonuje też żadnych innych codziennych czynności, jak łowienie ryb czy budowa czółna. Rano we wsi jest wyjątkowo gwarno, gdyż obecni są nie tylko mieszkańcy, którzy w zwykłe dni udają się do pracy, ale też przybyli z innych wiosek goście. Prawdziwe uroczystości zaczynają się nieco później, około trzeciej, czwartej po południu, gdy minie już największy upał. Mężczyźni przystrajają wtedy głowy, wtykając w gęste czarne włosy białe pióra kakadu. Pióra te, niczym kolce jeżozwierza, wystają z włosów na wszystkie strony, tworząc wokół głowy białą aureolę. Górujący nad nią pióropusz z czerwonych piór stanowi akcent kolorystyczny i jest zarazem dopełnieniem stroju. W prze-

[31] W tym przypadku, jak również w wielu innych, nie wdaję się w te szczegóły socjologiczne, które nie dotyczą bezpośrednio tematu niniejszego artykułu.

ciwieństwie do wspaniałej różnorodności pióropuszy używanych w innych częściach Nowej Gwinei Kiriwińczycy stosują do wszystkich tańców tylko jeden typ i stroją się weń wszyscy jednakowo. Wszelako wespół z czubami kazuarów, które zakończone czerwonymi piórami zatknięte są za pasy i naramienniki tancerzy, strój ten stanowi fantastycznie urokliwą całość. W regularnym rytmie tanecznych kroków strój ten zlewa się z ciałem tancerza, a czarne kity w czerwonym obramowaniu pięknie współgrają z brązową skórą. Biała aureola i brązowe ciała stapiają się w harmonijną i fantastyczną całość; wygląda to nieco dziko, ale ani trochę groteskowo. Cała figura balansuje rytmicznie w takt monotonnej, melodyjnej pieśni i górujących nad nią uderzeń bębna.

W niektórych tańcach mężczyźni biorą do rąk malowane tarcze bądź powiewają proporcami z liści pandanowca. Takie tańce cechują się wolniejszym tempem, a całe widowisko szpecą nieco (w kategoriach europejskiego smaku) wkładane na tę okazję przez tancerzy stroje: zrobione z traw kobiece spódniczki. Tańczący poruszają się wokoło, otaczając pierścieniem stojących pośrodku werblistów i śpiewaków.

Rytualne tańce w pełnych strojach kończą się wraz z nastaniem nocy. Gdy zachodzi słońce, mężczyźni rozchodzą się i zdejmują pióra. Bębny milkną na chwilę, nadchodzi czas głównego w ciągu dnia posiłku. Gdy zapada noc, ponownie rozlegają się uderzenia bębna, a tancerze, tym razem nie przystrojeni, ustawiają się wokoło. Czasami rozlega się spontaniczna piosenka taneczna, słychać rytmiczne takty wybijane na bębnach, a później na dobre rozpoczynają się tańce. Na ogół jednak, gdy pora jest późna, śpiew urywa się, tańce ustają i tylko głos bębna niesie się pośród nocy. Teraz przyłączają się też inni mężczyźni, kobiety i dzieci, spacerują dwójkami i trójkami wokół stojącej nadal w centrum grupy werblistów, kobiety niosą dzieci na ręku lub przy piersi, starcy prowadzą za ręce swe wnuki. Z niewyczerpaną wytrwałością posuwają się jedni za drugimi, zasłuchani w rytmiczne uderzenia bębna, bez celu i końca postępując wokoło. Od czasu do czasu intonują z przyśpiewem przedłużone „aa...a, ee...e", kładąc ostry akcent na koniec. W pewnym momencie werble milkną i krążąca karuzela wydaje się przez chwilę wyrwana ze swego zaczarowanego świata, nie zatrzymuje się jednak, a pierścień pozostaje nie przerwany. Wkrótce werbliści wznawiają wybijanie rytmu ku niewątpliwej radości spacerujących, lecz także ku rozpaczy etnografa, mającego przed sobą ponurą wizję nieprzespanej nocy. Zwyczaj ten, zwany *karibom*, daje dzieciom szansę do zabawy, do pląsania w podskokach między dorosłymi. Jest to także okazja dla osób starszych i kobiet do wzięcia udziału w czymś, co jest choćby namiastką tańca. Jest to wreszcie doskonała szansa dla młodzieży, by zdobyć doświadczenia miłosne i przeżyć pierwsze uczucia.

Tańce i *karibom* powtarzają się dzień w dzień i noc w noc. Wraz z przybywaniem księżyca świąteczny nastrój potęguje się. Z coraz większym zaangażowaniem, coraz częściej i coraz dłużej ustrojeni mężczyźni oddają się tańcom. Coraz wcześniej także rozpoczynają się pokazy, a *karibom* ciągnie się niemal przez całą noc. Całkowicie zmienia się atmosfera i temperatura wioskowego życia. Rzesze młodzieży obojga płci udają się w odwiedziny do sąsiednich wsi. Prezenty w postaci żywności przynoszone są czasami z daleka, a na drogach spotyka się ludzi obładowanych bananami, kokosami, kiśćmi orzechów areki, taro. Dodatkową atrakcję stanowią niezwykle ważne i uroczyste spotkania, gdy cała wieś, oficjalnie, z wodzem na czele, udaje się do którejś z pobliskich miejscowości. Czasami takie wizyty mają na celu zawarcie ważnych transakcji w rodzaju zakupu tańców. Tańce bowiem są objęte monopolem, a ich nabycie wymaga niemałej zapłaty. Transakcje sprzedaży i kupna tańców są przedmiotem wspomnień i gawęd, przekazywane przez całe lata, z pokolenia na pokolenie stanowią istotny fragment lokalnych dziejów. Miałem okazję być świadkiem takiego wydarzenia. Dopełnienie transakcji wymaga kilku spotkań, w trakcie których goście (występujący według zwyczaju w roli sprzedających) dają oficjalny pokaz tańca. Przedstawienia te umożliwiają publiczności przyswojenie sobie tańca, zwłaszcza że część oglądających przyłącza się do tancerzy.

Każdej większej oficjalnej wizycie towarzyszy bogate obdarowywanie gości przez gospodarzy. Z kolei gospodarze składają rewizytę i w rewanżu otrzymują prezenty od byłych gości.

Pod koniec święta *Milamala* odwiedziny między mieszkańcami dość odległych od siebie wiosek mają miejsce prawie codziennie. W dawnych czasach miały one niezwykle złożony charakter. Choć były to wizyty przyjacielskie i z taką właśnie intencją je składano, za plecami oficjalnej życzliwości czaiło się zawsze pewne niebezpieczeństwo. Goście przybywali uzbrojeni i przy takich okazjach cały arsenał „ceremonialnej" broni był wystawiany na pokaz. Zwyczaj noszenia broni nie został całkowicie zarzucony, jednak współcześnie na skutek kontaktów z białym człowiekiem służy wyłącznie do dekoracji i popisu. Do tego rodzaju broni należą wielkie drewniane miecze-maczugi, z których część ma piękne ornamenty w twardym drewnie, rzeźbione laski i krótkie zdobne włócznie, tak dobrze znane z muzealnych kolekcji pochodzących z Nowej Gwinei. Broń tego rodzaju w równej mierze służy celom handlowym, co i zaspokojeniu próżności. Albowiem próżność, popisywanie się posiadanym bogactwem, obnoszenie się z cennymi, misternie zdobionymi przedmiotami to największa namiętność Kiriwińczyków. „Pysznienie się" wielkim drewnianym mieczem, wyglądającym niezwykle groźnie, choć ładnie rzeźbionym i pomalowanym na czerwono i biało, to jedna z głównych radości młodzieńca. On sam jest także odświętnie pomalowany, demonstrując albo biały nos sterczący na tle całkiem czarnej twarzy, albo „podbite oko", albo też całą twarz pokrytą siecią różnorodnych linii. W dawnych czasach dochodziło często do sytuacji, w której konieczne było użycie broni, a i obecnie wielu chwyta za nią w porywach gniewu, gdy doprowadzi się ich do białej gorączki. Zaloty miłosne wymagają ściśle określonych zabiegów ze strony młodego człowieka, także i wtedy gdy wybranka wyraźnie mu sprzyja. Brak kwalifikacji w tej materii musi spowodować niepowodzenie. Wraz z ogólnym przyspieszeniem tętna plemiennego życia zwiększa się też urodzaj na wszelkiego rodzaju awantury i kłótnie między mieszkańcami wioski. Wybuchają one zazwyczaj za przyczyną kobiet bądź na skutek podejrzeń o stosowanie praktyk magicznych.

Gdy zbliża się pełnia księżyca, a ogólny entuzjazm dochodzi do szczytu, w wioskach urządzane są wystawy żywności, tak wielkie i bogate, jak to tylko możliwe. *Taitu,* choć pozostawione w spichrzach, jest jednak łatwo widoczne poprzez szpary w belkach tworzących konstrukcję ścian. Banany, taro i orzechy kokosowe ułożone są na zewnątrz. Sposób ich ułożenia jest nieprzypadkowy i w dalszej części pracy zostanie szczegółowo opisany. Na pokaz wystawiane są także *vaigu'a,* czyli przedmioty traktowane przez krajowców jako niezwykle drogocenne.

Zakończenie *Milamala* przypada na noc, gdy księżyc jest w pełni. Nie oznacza to, iż natychmiast milkną bębny. Całkowicie ustają natomiast wszelkie popisy taneczne, chyba że święto *Milamala* zostaje przedłużone o *usigula,* okres dodatkowych tańców. Zwykle montonny i bezbarwny pochód *karibom* ciągnie się miesiącami noc po nocy.

Święto *Milamala* przeżyłem dwukrotnie. Po raz pierwszy było to w Olivilevi, wiosce cieszącej się rangą „stolicy" Luby, regionu położonego w południowej części wyspy. W tym rejonie *Milamala* świętuje się o miesiąc wcześniej niż we właściwej Kiriwinie. Obserwowałem tam jedynie pięć ostatnich dni uroczystości, lecz w Omarakanie, głównej wiosce Kiriwiny, śledziłem przebieg całego święta od początku do końca. Wśród innych osobliwości miałem okazję obserwować oficjalną wizytę, którą składał To'uluwa w towarzystwie wszystkich mężczyzn z Omarakany w wiosce Liluta. Spotkanie to wiązało się z uroczystym zakupem tańca *rogaiewo* przez mieszkańców Liluty.

Przejdźmy teraz do aspektu święta *Milamala,* który bezpośrednio odnosi się do zagadnień stanowiących przedmiot niniejszej pracy, to znaczy do roli odgrywanej przez *baloma* w czasie uroczystości. W tym okresie świątecznym *baloma* systematycznie składają wizyty w rodzinnych wioskach.

Duchy dobrze orientują się, kiedy zbliża się święto, ponieważ odbywa się ono zawsze o tej samej porze roku, w pierwszej połowie miesiąca, który także zwany jest *milamala.* Miesiąc ten, podobnie jak i cały kalendarz krajowców, jest wyznaczony przez położenie gwiazd. Pełnia księżyca w miesiącu *milamala* przypada w Kiriwinie na drugą połowę sierpnia lub pierwszą połowę września [32].

W stosownym czasie *baloma* żeglują z Tumy do swych rodzinnych wiosek, wykorzystując każdy pomyślny podmuch wiatru. Nie jest rzeczą do końca wiadomą krajowcom, gdzie *baloma* mieszkają podczas *Milamala*. Prawdopodobnie zatrzymują się w domostwach *veiola*, to znaczy krewnych ze strony matki. Możliwe też, że duchy, wszystkie bądź niektóre, rozbijają obóz na plaży w pobliżu swych czółen, o ile plaża nie jest zbyt odległa od wioski. Dokładnie tak samo obozowaliby na plaży krewni przybyli z wizytą z innej wioski lub z innej wyspy.

---

[32] Ustalenie kalendarza na Wyspach Trobrianda utrudnia fakt, iż istnieją tu cztery regiony, a w każdym z nich początek roku, czyli koniec miesiąca *milamala*, przypada wedle lokalnych ustaleń w innym momencie. I tak na Kitavie, wyspie położonej na wschód od głównej wyspy, święto *Milamala* obchodzi się w czerwcu bądź w lipcu. Potem w lipcu i sierpniu święto obchodzi się w południowych i zachodnich rejonach Boyowy — głównej wyspy — oraz na kilku wyspach położonych na zachód (Kayleula i inne). W środkowych i wschodnich rejonach głównej wyspy, na obszarze zwanym przez krajowców Kiriwiną, święto przypada w sierpniu lub we wrześniu. Wreszcie na końcu mamy Vakutę, wyspę położoną na południe od Boyowy, gdzie *Milamala* świętuje się we wrześniu lub w październiku. A zatem okres świąteczny, a wraz z nim i cały kalendarz w tym regionie, przesuwa się w zależności od miejsca o cztery miesiące. Wydaje się, iż daty prac ogrodowych też się zmieniają zgodnie z kalendarzem. Podkreślali to z naciskiem krajowcy, ja jednak w przeciągu roku, który spędziłem na Boyowie, stwierdziłem, że uprawy były bardziej zaawansowane w Kiriwinie niż w rejonach zachodnich, choć kalendarz tych ostatnich wyprzedzał kiriwiński o miesiąc.

Czas, w którym przypadają miesiące, ustala się przez określenie położenia gwiazd i w tej astronomicznej sztuce celują krajowcy z Waweli, wioski położonej na wybrzeżu południowej części głównej wyspy. Wedle słów wielebnego M. K. Gilmoura na ustalenie miejscowego kalendarza wpływa, a nawet w sytuacjach niejasnych odgrywa decydującą rolę, pojawienie się *palolo* — morskich pierścieniowców, *eunice viridis* — na rafie nieopodal Vakuty. Robaczki te pojawiają się w określonych dniach poprzedzających pełnię księżyca, przypadającą na początek listopada lub koniec października, i wtedy też następuje w Vakucie okres *Milamala*. Tubylcy z Kiriwiny mają jednak wielkie zaufanie do astronomicznej wiedzy mieszkańców Waweli.

Tak czy inaczej w oczekiwaniu na ich przybycie czynione są w wiosce specjalne przygotowania. W wioskach należących do wodzów konstruuje się platformy o charakterystycznym kształcie, nieduże, lecz dość wysokie, zwane *tokaikaya*. Są one przeznaczone dla *baloma guya'u*, to znaczy dla duchów zmarłych wodzów. Ciekawe, iż wedle powszechnej opinii wódz winien być bardziej rosły od pozostałych członków wspólnoty. Jednak konstruowane dla duchów *guya'u* platformy mają około pięciu do siedmiu metrów wysokości i dlaczego są aż tak bardzo wysokie, pozostaje dla mnie zagadką [33]. Prócz budowy platform czynione są także i inne przygotowania w rzekomej intencji sprawienia przyjemności *baloma*. Są one związane z eksponowaniem kosztowności i jadła [34].

Pokaz drogocennych przedmiotów nazywa się *ioiowa*. Wódz każdej wioski — lub wodzowie, bo zdarza się, iż jest ich kilku — ma zazwyczaj w pobliżu domu odrębną małą platformę z zadaszeniem. Na takich platformach, zwanych *buneiova*, wystawiane są różne kosztowności i przedmioty zbytku, które w języku tubylców określa się jako *vaigu'a*. Wielkie błyszczące ostrza toporków, sznury okrągłych czerwonych muszli, wielkie naramienniki zrobione z muszli stożków, okrągłe zęby wieprzy lub ich imitacje — te przedmioty i tylko one stanowią prawdziwe *vaigu'a*. Wszystkie są umieszczone na platformie, a sznury *kaboma* (czerwonych okrągłych muszelek) wiszą pod daszkiem *buneiova* tak, by było je dobrze widać z każdej strony. Tam gdzie nie ma *buneiova*, miałem okazję oglądać skonstruowane w wiosce platformy z prowizorycznym zadaszeniem, które służą ekspozycji kosztowności. Pokaz dro-

---

[33] Podczas święta *Milamala*, w którym uczestniczyłem, ani w Omarakanie, ani w Olivilevi nie budowano *tokaikoya*. Obyczaj ten zaczyna zanikać, albowiem wzniesienie *tokaikaya* wymaga znacznego nakładu pracy i sprawia wiele kłopotu. Widziałem jedną taką konstrukcję w wiosce Gumilababa, gdzie mieszka wódz o najwyższej pozycji (Mitakata, *guya'u* mający pozycję Tabalu).

[34] Nie sposób dojść do tego, w jakim stopniu — poza tym rzekomym celem — próżność i motywy estetyczne skłaniają do urządzania pokazów.

gocennych przedmiotów ma miejsce podczas ostatnich trzech dni pełni księżyca. Przedmioty są wystawiane rano i zabierane z powrotem wieczorem. Składając wizytę w wiosce w czasie *ioiowa*, należy obowiązkowo obejrzeć wyłożone kosztowności, nawet dotknąć każdego przedmiotu, zapytać o nazwę (każda sztuka *vaigu'a* nosi własne miano), no i oczywiście wyrazić wielki zachwyt.

Obok ekspozycji kosztowności urządzana jest wielka wystawa jadła, nadająca wioskom wygląd bardziej „pokazowy" i odświętny. Przygotowania do wystawy polegają na wzniesieniu długich drewnianych rusztowań, zwanych *lalogua*, na które składają się kije długości około dwóch do trzech metrów pionowo wbite w ziemię i połączone jedną lub dwiema poziomo biegnącymi poprzeczkami. Do tych poprzeczek przymocowuje się kiście bananów, taro, szczególnie okazałe bulwy yamu i orzechy kokosowe. Konstrukcja taka otacza plac centralny (*baku*), będący w każdej wiosce ośrodkiem życia ceremonialnego i uroczystości świątecznych, a zarazem miejscem tańców. Mój pobyt na Boyowie wypadł w roku wyjątkowo niepomyślnym, dlatego też *lalogua* ciągnęły się przez nie więcej jak trzydzieści do sześćdziesięciu metrów, otaczając co najwyżej jedną trzecią *baku*. Jednak wielu moich informatorów twierdziło, że w roku urodzajnym rusztowania ciągną się nie tylko wokół placu centralnego, lecz także wokół uliczki okalającej pierścieniem *baku*, a nawet wychodzą poza obręb wioski w kierunku „gościńca", czyli ścieżki wiodącej do następnej wioski. *Lalogua* winny być na tyle okazałe, by zadowolić *baloma*, wiadomo bowiem, iż uboga wystawa jadła powoduje gniew duchów.

Wznoszenie *lalogua* służy wyłącznie ekspozycji produktów żywnościowych i dostarcza *baloma* satysfakcji czysto estetycznej. Duchy otrzymują ponadto bardziej konkretne dowody uczucia w postaci bezpośrednio darowanego im jadła. Po raz pierwszy otrzymują posiłek podczas *katakuala*, czyli uroczystości otwarcia *Milamala*, wraz z którą okres świąteczny naprawdę się rozpoczyna. Na ceremonię *katakuala* składa się podział gotowanego jadła, które jest dostarczane przez wszystkich mieszkańców wioski, a następnie zostaje wszystkim rozdzielone [35]. Ceremonia ta odbywa się w centralnym miejscu świątecznych obchodów, *baku*, a pokaz jedzenia w tym miejscu jest urządzany właśnie z myślą o duchach. *Baloma* uczestniczą w uczcie pochłaniając „duchową istotę" jadła, dokładnie w taki sam sposób, w jaki zabierają ze sobą na Tumę *baloma* kosztowności, którymi ozdabia się ciało zmarłego. Wraz z uroczystością *katakuala* (związaną również z inauguracją tańców) także dla duchów rozpoczyna się okres świąteczny. Platforma przygotowana dla nich jest lub winna być umiejscowiona na *baku*, gdyż według powszechnej opinii *baloma* ubóstwiają tańce i wielce się nimi rozkoszują. Zadziwiająco mało uwagi poświęca się jednak ich obecności.

Codziennie rano gotowana jest strawa, którą następnie w każdym domu wystawia się dla *baloma* na wielkich ozdobnych drewnianych półmiskach (*kaboma*). Mniej więcej po godzinie półmisek ze strawą zostaje zabrany i ofiarowany przyjacielowi lub krewnemu, który w zamian sprezentuje ofiarodawcy podobne danie. Przywilejem wodzów jest, iż mogą obdarowywać swych *tokay* (współplemieńców) orzeszkami betelu i wieprzami, za co z kolei otrzymują ryby i owoce [36]. Ofiarowana duchom strawa, którą na-

---

[35] Jest to jedna z niezliczonych uroczystości podziału jadła (o ogólnej nazwie *sagali*), które są związane z prawie każdym elementem życia społecznego na Trobriandach. Zazwyczaj jeden klan (lub dwa klany) organizuje *sagali*, a inne klany otrzymują poczęstunek. I tak podczas *katukuala* klan Malasi jako pierwszy rozdziela strawę, którą otrzymują Lukulabuta, Lukwasisiga oraz Lukuba. Po kilku dniach organizuje się następne *katukuala* i teraz poszczególne grupy występują w odmiennym porządku. Podział klanów na dwie grupy różni się w zależności od obszaru. W Omarakanie klan Malasi jest tak potężny, iż sam jeden stanowi połowę ludności, podczas gdy drugą połowę tworzą trzy pozostałe klany. Niestety niemożliwa jest w tym miejscu szczegółowa analiza społecznych mechanizmów i innych cech uroczystości *sagali*.

[36] Oczywiście wodzowie mają tyle świń, ile trzeba, by przeznaczyć je dla *tokay*. Charakterystyczne jest jednak, że przywileje wodza dotyczą w większym stopniu swobody dawania niż swobody konsumpcji. Próżność jest silniejszą pokusą niż chciwość — choć ta refleksja nie oddaje zapewne całej prawdy!

stępnie przekazuje się znajomym, nosi nazwę *bubualu'a*. Najczęściej półmisek z nią kładzie się na progu domu, a mężczyzna kładąc *kaboma* wymawia słowa: „*Balom'kam bubualua*". W Kiriwinie składaniu ofiar i wręczaniu darów zawsze towarzyszy wypowiadanie pewnych zwrotów.

Słowem *silakutuva* określa się danie sporządzone z oskrobanych orzechów kokosowych, które zostaje wystawione dla duchów (wraz ze słowami: „*Balom'kam silakutuva*"), a następnie ofiarowane komuś spośród żyjących.

Rzeczą znamienną jest, iż posiłek sporządzony dla duchów nigdy nie bywa spożyty przez osobę, która go ofiarowuje, lecz jest przekazywany innym, gdy *baloma* już się nim nasycą.

W popołudnie poprzedzające odejście *baloma* przygotowuje się pewną ilość jedzenia, a do podręcznego koszyka wkłada się orzechy kokosowe, banany, taro, bulwy yamu i *vaigu'a* (kosztowności). Usłyszawszy charakterystyczne uderzenia w bębny, składające się na obrzęd *ioba*, czyli odpędzania duchów, wszystko to wystawia się za próg. Zwyczajowi temu, który nosi miano *katubukoni*, przyświeca intencja, by duchy zabrały w pożegnalnym prezencie (*taloi*) *baloma* owych rzeczy. Wykładanie tego wszystkiego przed dom (*okaukueda*) nie jest całkiem konieczne, gdyż równie dobrze *baloma* mogą sobie to zabrać z wnętrza domu. Takie właśnie wyjaśnienie usłyszałem, gdy szukałem przed domami prezentów dla *baloma* i tylko w jednym miejscu (przed domem wodza) dostrzegłem kilka kamiennych toporków.

Jak już wspomniałem, obecność duchów w wiosce w czasie *Milamala* nie jest dla krajowców aż tak wyjątkowo istotna, jak fascynujące i absorbujące wszystkich tańce, uczty i swoboda seksualna, którymi tak nasycone jest święto. Nie oznacza to jednak całkowitego lekceważenia bliskości duchów, nie oznacza też, by odgrywały one wyłącznie rolę biernej publiczności, zachwycającej się biegiem uroczystości i zadowalającej się ofiarowanym jej jadłem. Wprost przeciwnie, *baloma* na wiele sposobów demonstrują swoją obecność. Zadziwiające, jak wiele orzechów kokosowych spada z drzew w okresie ich pobytu w wiosce, przy czym dzieje się to za sprawą duchów, a nie z powodu dojrzałości owoców. W Omarakanie podczas uroczystości *Milamala* dwie wielkie kiście orzechów kokosowych spadły dość blisko mojego namiotu. Najkorzystniejsze w owej aktywności duchów jest to, iż owoce przez nie zrzucone są traktowane jako wspólna własność. Tak więc także i ja mogłem dzięki duchom rozkoszować się otrzymanym bezpłatnie napojem kokosowym.

Nawet małe, niedojrzałe orzechy kokosowe spadają przedwcześnie w znacznie większej ilości w czasie *Milamala* niż w innych porach. I to jest właśnie jedna z form okazywania przez *baloma* niezadowolenia, a jego przyczyną jest zawsze niedostateczna ilość jadła. *Baloma*, gdy stają się głodne (ich głód określa się *kasi molu*), natychmiast to demonstrują. Grzmoty, deszcze, brzydka pogoda w czasie *Milamala*, które zakłócają uroczyste tańce i uczty, stanowią inny i to bardziej skuteczny sposób okazywania złego humoru. I rzeczywiście, podczas mojego pobytu na wyspie okres pełni, zarówno w sierpniu, jak i we wrześniu, był bardzo wilgotny, z dużą ilością burz i dni deszczowych. W ten sposób moi informatorzy mieli okazję, by bezpośrednio wykazać związek między niedostatkiem jadła i nieudanym świętem a gniewem duchów i brzydką pogodą. Duchy mogą się posunąć jeszcze dalej w swym gniewie i wywołać suszę, niszcząc w ten sposób także i następne zbiory. Jest to przyczyna, dla której bardzo często niepomyślne lata następują jedne po drugich. Zła pogoda i niewielkie zbiory uniemożliwiają właściwe zorganizowanie uroczystości świątecznych, co powoduje gniew *baloma* i ich zemstę w postaci zniszczenia następnych zbiorów i tak dalej, i tak dalej, jak w zaklętym kręgu.

Ponadto co jakiś czas w okresie *Milamala baloma* pojawiają się we snach. Bardzo często krewni, szczególnie ci, którzy zmarli niedawno, przychodzą we śnie z wizytą. Na ogół zwracają się wtedy o jedzenie i zadowala ich dar *bubualu'a* lub *silakutuva*. Czasami mają też do przekazania jakąś wiadomość. W Olivilevi, największej wiosce rejonu Luba, południowego okręgu Kiriwiny, święto *Milamala*, w którym brałem udział, było niezwykle ubogie, a pokaz jadła prawie żaden. I wtedy właśnie wodzowi Vanoi Kiriwinie przydarzył się sen. Śniło mu się, iż przyszedł na plażę (oddaloną od wsi o pół godziny drogi), gdzie zobaczył wielkie czółno z duchami płynące z Tumy w stronę brzegu. Wściekłe duchy rzekły do niego: „Cóż czynisz w Olivilevi? Dlaczego nie częstujesz nas jadłem i napojem kokosowym? Wysyłamy ten długotrwały deszcz jako wyraz naszego gniewu. Przygotuj na jutro dużo jadła; gdy je spożyjemy, nastanie ładna pogoda i będziecie tańczyć". Ów sen był całkiem prawdziwy. Następnego dnia każdy mógł obejrzeć na progu (*okaukueda*) *lisiga* (domu wodza) Vanoi garść białego piasku. Nie było jasne dla moich informatorów, wśród których był także sam Vanoi, jaki jest związek owego śladu ze snem. Nie umiano określić, czy piasek został przyniesiony przez duchy, czy też przyniósł go Vanoi z odbytej we śnie wycieczki. Jednakowoż było oczywiste, iż owa garść piasku stanowiła dowód zarówno gniewu *baloma*, jak i autentyczności snu. Przepowiednia ładnej pogody okazała się jednak całkowicie fałszywa i żadne tańce nie odbyły się z powodu deszczu. Być może ilość jadła ofiarowanego tego ranka duchom była niezadowalająca!

Mimo wszystko nie należy sądzić, iż *baloma* wykazują wyłącznie materialne zainteresowania. Duchy nie tylko zgłaszają zastrzeżenia co do niedostatku żywności i ubogich darów, ale także stoją na straży ścisłego przestrzegania obyczajów. Okazują niezadowolenie z najmniejszego uchybienia wobec uświęconych tradycją obyczajów, których powinno się przestrzegać w okresie *Milamala*. Mówiono mi, iż duchy wyraźnie potępiają ogólne niedbalstwo i beztroskę w obecnym stosunku do tradycji świątecznych. Dawniej podczas świąt nikomu nie przyszłoby do głowy pracować w polu ani wykonywać jakiejkolwiek innej pracy. By zadowolić *baloma*, wszyscy musieli brać udział w zabawach, tańcach i zalotach. W dzisiejszych czasach ludzie idą do ogrodu i grzebią w nim albo przygotowują drewno do budowy domów i czółen. Duchy tego nie lubią, a ich gniew, którego wynikiem są deszcze i burze, zakłóca przebieg *Milamala*. Tak właśnie stało się w Olivilevi, a później w Omarakanie. W Omarakanie ich gniew miał dodatkową przyczynę związaną z obecnością etnografa. Z tego powodu wielokrotnie byłem zmuszony znosić pełne wyrzutu aluzje i pretensje ze strony nie tylko starszyzny, ale i samego wodza To'uluwy. Chodziło o to, iż chcąc zobaczyć, jak wyglądają tańce *kaidebu*, odtwarzane ze specjalnymi tarczami o tej samej nazwie, nabyłem w różnych wioskach około dwudziestu takich tarcz. Moja ciekawość podyktowana była tym, iż w Omarakanie przedstawiano ówcześnie tylko jeden taniec, *rogaiewo*, którego koniecznym akcesorium jest *bisila* (proporzec z pandanowca). Mając więc *kaidebu*, rozdałem je w Omarakanie tutejszej złotej młodzieży, a urok nowości był tak silny (przez ostatnich pięć lat nie posiadano odpowiedniej liczby *kaidebu* do stosownego odtworzenia tańca), że od razu przystąpiono do *gumagabu*, czyli tańca wymagającego owych tarcz. Stanowiło to poważne naruszenie tradycyjnych obyczajów (choć wówczas nie byłem tego świadom), gdyż każda nowa forma tanecznych popisów winna być uroczyście zainaugurowana [37]. Niesubordynacja ta spotkała się z wielką dezaprobatą ze strony *baloma*, stąd też brzydka pogoda, spadające orzechy kokosowe itd. Opisane zdarzenie traktowano jako poważny zarzut pod moim adresem i często mi je wypominano.

Nacieszywszy się uroczystym przyjęciem przez dwa lub cztery tygodnie (dokładnie ustalony jest termin zakończenia *Milamala*, który przypada w drugim dniu po pełni, natomiast początek może nastąpić w dowolnym terminie między poprzednią pełnią a nowiem) *baloma* zmuszone są opuścić rodzinną wioskę i powrócić na Tumę [38]. Owo nieuniknione odejście następuje na sygnał *ioba*, czyli uroczystego przepędzania duchów. Drugiej nocy po pełni, mniej więcej na godzinę przed wschodem słońca, gdy śpiewa ptak *saka'u*, a na niebie wschodzi gwiazda poranna (*kabuana*), tańce, które trwały całą noc, ustają, a bębny dają sygnał specjalnym

---

[37] Tańce są wszędzie inaugurowane przez uderzenie w bębny (*katuvivisa kasausa'u*) związane z uroczystością *katukuala*. Tańce *kaidebu* muszą być zainaugurowane odrębnie przez *katuvivisa kaidebu*.

[38] Każdy dzień około pełni księżyca ma własną nazwę. I tak dzień (i noc) pełni nazywa się *yapila* lub *kaitaulo*. Dzień poprzedzający pełnię — — *yamkevila*, dwa dni przed pełnią — *ulakaiwa*. Dzień po pełni — *valaita*, następny — *woulo*. *Ioba* ma miejsce w noc *woulo*.

dźwiękiem, dźwiękiem *ioba*[39]. Duchy rozpoznają to uderzenie i przygotowują się do drogi powrotnej. Siła sygnału jest tak wielka, że gdyby ktoś uderzył w ten szczególny sposób w bębny o kilka dni za wcześnie, wszystkie *baloma* opuściłyby wieś udając się do siebie, do swego podziemnego świata. Sygnał *ioba* stanowi więc tabu dokładnie przestrzegane w okresie pobytu duchów w wiosce, w związku z czym nie zdołałem nakłonić chłopców w Olivilevi, by w okresie świątecznym zechcieli zaprezentować mi fragment tego sygnału. W innym terminie, gdy we wsi nie było duchów (na kilka miesięcy przed *Milamala*), udało mi się usłyszeć w Omarakanie prawdziwy koncert *ioba*. W rytm wybijanego na bębnach sygnału mieszkańcy wioski zwracają się do *baloma*, błagając je o oddalenie się i żegnając się z nimi słowami:

„*Baloma, O*!
Bukulousi, O!
Bakalousi ga
Yuhuhuhu......."
„O duchy, odejdźcie stąd, my nie odejdziemy (pozostaniemy)".

Ostatni dźwięk to coś w rodzaju wrzasku, który ma rozbudzić ociągające się *baloma* i przynaglić je do odejścia.

Uroczystość *ioba*, która odbywa się przed wschodem słońca w noc *woulo*, jest najważniejsza. Jej celem jest odegnanie duchów silnych, które mogą odbyć podróż pieszo. Następnego dnia przed południem odbywa się druga *ioba*, zwana *pem ioba* lub wygnanie ułomnych. Rytuał ten ma na celu uwolnienie wioski od duchów kobiet i dzieci, a także od duchów słabowitych i kalekich. Odprawiany jest tak samo, jak poprzedni, z tymi samymi słowami wymawianymi w takt specyficznego uderzenia bębna.

W obu przypadkach pochód rozpoczyna się na krańcu wsi naj-

---

[39] Bębny Kiriwińczyków składają się z dużego bębna (wielkości normalnego bębna, jaki spotyka się na Nowej Gwinei), zwanego *kasausa'u* lub *kupi* (to drugie określenie jest nieprzyzwoitym synonimem słowa *glans penis*), oraz małego bębna, wielkości jednej trzeciej dużego, o nazwie *katunenia*. Każde uderzenie w bębny składa się z dwóch dźwięków, które są kombinacją głosów *kupi* i *katunenia*.

bardziej oddalonym od miejsca, w którym droga z Tumy dochodzi do wioskowego gaju *weika*. Chodzi bowiem o to, by nie pozostawić w stanie „nieoczyszczonym" żadnego zakątka wsi. Następnie pochód przechodzi przez wioskę, zatrzymując się na chwilę na *baku* (placu centralnym), po czym rusza do miejsca, gdzie droga do Tumy wychodzi poza obręb wioski. Tutaj następuje zakończenie *ioba*, a o zamknięciu uroczystości informuje wybijany na bębnach rytm charakterystycznego tańca o nazwie *kasawaga* [40].

I to jest koniec święta *Milamala*.

Przedstawione powyżej informacje zebrałem i spisałem, zanim nadarzyła mi się okazja, by w Olivilevi wziąć osobiście udział w *ioba*. Opis ten jest całkowicie poprawny, pełny i szczegółowy. Od moich informatorów dowiedziałem się nawet, że na bębnach grają wyłącznie młodzi chłopcy i że starsi mężczyźni w niewielkim stopniu biorą udział w *ioba*. A jednak w trakcie moich badań terenowych nie zdarzył się przypadek, który by z równą siłą wykazał konieczność osobistego uczestnictwa w wydarzeniach, jak ten, gdy zdobywszy się na poświęcenie zerwania się o godzinie trzeciej nad ranem, wziąłem udział w obrzędzie. Byłem przygotowany na przeżycie jednej z najważniejszych i najpoważniejszych chwil w całym powtarzającym się rokrocznie cyklu wydarzeń. Bez najmniejszych wątpliwości oczekiwałem, iż krajowcy okażą wobec duchów postawę pełną nabożnej czci, szacunku itp. Sądziłem, iż

---

[40] Na Boyowie można wyróżnić dwa główne rodzaje tańców. Pierwszy typ to tańce w kręgu, gdzie orkiestra (werbliści i śpiewacy) stoi pośrodku, a tańczący krążą wokół niej, zawsze w kieruku przeciwnym do ruchu wskazówek zegara. Można je podzielić dalej na tańce *bisila* (proporce z liści pandanowca), w czasie których tancerze poruszają się powoli, *kitatuva* (dwa pęki liści), tańce w szybkim rytmie, oraz tańce *kaidebu* (drewniane malowane tarcze), utrzymane w równie szybkim tempie. W tańcach *bisila* mogą, choć tylko wyjątkowo, brać udział także kobiety, a wszyscy tańczą przystrojeni w kobiece spódniczki. Drugi typ to *kasawaga*, tańce wykonywane przez trzech mężczyzn imitujących ruchy zwierząt, choć w sposób bardzo umowny i nierealistyczny. Tańczący nie poruszają się w koło, nie towarzyszą im pieśni (z zasady), a orkiestra składa się z pięciu bębnów *kupi* i jednego *katunenia*.

ów moment przełomowy związany z określonymi wierzeniami przejawi się w takiej czy innej formie zewnętrznej, że wieś przeżyje „chwilę wielkiej doniosłości". Kiedy na pół godziny przed wschodem słońca zjawiłem się na *baku* (placu centralnym), było tam jeszcze kilkoro tancerzy, a na bębnach wybijano nadal melodię, w takt której tancerze poruszali się wokół grających. Nie był to już prawdziwy taniec, lecz rytmiczny spacer *karibom*. Gdy naszych uszu dobiegł śpiew ptaka *saka'u*, wszyscy rozpierzchli się po cichu, młodzi ludzie parami. Do pożegnania *baloma* pozostało na placu zaledwie pięciu lub sześciu smyków grających na bębnach, ja i mój informator. Poszliśmy w stronę *kudumalagala valu*, to znaczy miejsca, w którym droga do sąsiedniej wsi wychodzi poza osadę, i zabraliśmy się do przepędzania duchów. Biorąc pod uwagę, iż zwracaliśmy się do duchów przodków, trudno byłoby sobie wyobrazić widowisko bardziej pozbawione powagi! Trzymałem się na odległość, aby nie zakłócić przebiegu *ioba*, w rzeczywistości jednak mało co mogła zakłócić lub zniekształcić obecność etnografa! Chłopcy w wieku od sześciu do dwunastu lat bili w bębny, w pewnej chwili ci młodsi poczęli zwracać się do duchów słowami, które znałem z wcześniej uzyskanych informacji. W ich głosie brzmiała charakterystyczna mieszanina arogancji i nieśmiałości. W dokładnie taki sam sposób zwykli oni zwracać się do mnie prosząc o tytoń lub przedrzeźniając mnie. Było to typowe zachowanie chłopców z ulicy, których wybryki i dokazywanie uświęcone są obyczajem, tak jak to ma miejsce w trakcie corocznych obchodów Dnia Guya Fawkesa [41] lub przy podobnych

---

[41] „Guy Fawkes (1570 - 1606) angielski konspirator, uczestnik spisku katolików angielskich wymierzonego przeciw rządowi brytyjskiemu. Miał wysadzić w powietrze budynek parlamentu w czasie obecności w nim króla i jego ministrów. Do zamachu jednak nie doszło, Fawkes został aresztowany i skazany na śmierć. Na pamiątkę tego wydarzenia piątego listopada (planowany dzień zamachu) obchodzony jest dzisiaj w Anglii Dzień Guya Fawkesa ze zwyczajowym wystrzeliwaniem sztucznych ogni i paleniem kukły «guya»" (patrz: *Antropologia społeczna Bronisława Malinowskiego*, M. Flis, A. K. Paluch [red.], Warszawa 1985, s. 70).

okazjach. I tak przeszli przez prawie całkowicie opustoszałą wioskę. Jedyną oznaką odbywającej się ceremonii *ioba* były zawodzenia dobywające się z domu, w którym niedawno ktoś zmarł. Mówiono mi, iż jest rzeczą stosowną opłakiwać *baloma* bliskich, którzy właśnie opuścili wieś, w trakcie *ioba*. *Pem ioba* następujące dzień później miało charakter jeszcze bardziej niepozorny — chłopcy bezpośrednio biorący w nim udział pozwalali sobie na śmiechy i dowcipy, a starsi przyglądali się temu z uśmiechem, żartując z biednych, słabowitych duchów, które muszą precz kuśtykać ze wsi. Pomimo to jest rzeczą pewną, iż *ioba* ma istotne znaczenie i jako wydarzenie, i jako przełomowy punkt w życiu plemienia. I dlatego też ominięcie tego obrzędu jest absolutnie nie do pomyślenia [42]. Ponadto, jak już wspomniałem, niemożliwe byłoby urządzenie *ioba* w jakimkolwiek innym terminie poza ściśle wyznaczonym, a jego szczególnego rytmu nie wolno wybijać na bębnach dla rozrywki. Niemniej jako widowisko *ioba* charakteryzuje się tym, iż nie ma w nim krztyny świętości ani nawet powagi.

W tym miejscu konieczne jest uwzględnienie faktu, który pozostaje w związku z *ioba*. Istnienie tego rytuału może bowiem prowadzić do modyfikacji otwierającego niniejszą pracę ogólnego stwierdzenia o braku związku między ceremoniami pogrzebowymi a losem ducha, który opuścił ciało. Chodzi o to, iż ostatni rytuał ceremonii żałobnych (zwany „zmywanie skóry", *iwini wowoula*, co znaczy dosłownie „on lub ona myje swą skórę") następuje zawsze po święcie *Milamala*, nazajutrz po *ioba*. Kryjc się za tym być może idea kontynuacji żałoby podczas *Milamala* w intencji, by duch zmarłego obecny w wiosce w okresie świątecznym mógł być jej świadkiem. Po czym, jak tylko duch odejdzie ze wsi, „skóra zostaje zmyta". Jest jednak dość zastanawiające, iż krajowcy nigdy samorzutnie nie przedstawili takiej interpretacji ani nawet nie potwierdzali jej. W odpowiedzi na pytanie: „Dlaczego przy-

---

[42] Kiedy wieś jest w żałobie (*bola*) i gry na bębnach zakazuje tabu, w obrzędzie *ioba*, którego nawet w tych warunkach nie wolno zaniechać, używa się grzechoczących muszelek (*ta'uio*).

stępujecie do rytuału zmywania skóry tuż po *ioba*?", słyszy się niezmiennie to samo: „*Tokua bogwa bubunemasi*" (nasz stary obyczaj). Wtedy nieodzowne staje się przystąpienie do dłuższej rozmowy, w trakcie której główny temat owija się w bawełnę, a w końcu zadaje się pytanie sugerujące. Na to pytanie (jak na wszystkie tego typu pytania zawierające nieprawdziwe lub wątpliwe tezy) krajowcy zawsze odpowiadają przecząco. Czasem stwierdzają, iż opinia badacza jest dla nich nowa i rzuca światło na tę sprawę, lecz ocenę i aprobatę tego typu można odróżnić już na pierwszy rzut oka od szczerego potwierdzenia podsuniętej interpretacji. Rozpoznanie, czy uzyskana opinia jest zbieżna z tradycyjnym, dobrze ugruntowanym, zwyczajowym poglądem, czy też jest to w pojęciu krajowca koncepcja nowa, nie sprawiało nigdy najmniejszej trudności [43].

---

[43] Obawa przed „pytaniami sugerującymi", powtarzana w koło we wszystkich instrukcjach do etnograficznych badań terenowych, jest zgodnie z moim doświadczeniem jednym z najbardziej zwodniczych przesądów. „Pytania sugerujące" są niebezpieczne tylko w rozmowie z nowym informatorem, przez pierwsze pół godziny lub kilka godzin. Lecz żadna praca z nowym i przez to oszołomionym informatorem nie jest warta odnotowania. Informator musi zdawać sobie sprawę z tego, że oczekuje się od niego dokładnego i szczegółowego opisu faktów. Dobry informator już po kilku dniach będzie się sprzeciwiać pytającemu i poprawiać jego *lapsus linguae*, a zatem obawa przed niebezpieczeństwem pytań sugerujących jest w tym wypadku całkowicie bezpodstawna. Ponadto prawdziwa praca etnograficzna polega przede wszystkim na wyróżnieniu autentycznych szczegółów, których występowanie można stwierdzić w wyniku obserwacji, a więc unikając niebezpieczeństwa pytań sugerujących. Bezpośrednie indagowanie jest nieodzowne i stanowi jedyne narzędzie etnografa tylko wtedy, gdy chce on uzyskać interpretację uroczystości i opinię informatora o widocznym stanie rzeczy. Wtedy pytania sugerujące są absolutnie niezbędne. Oczywiście można zapytać krajowca, jaka jest jego interpretacja takiej to a takiej ceremonii, i czekać latami na odpowiedź (nawet gdy umie się sformułować pytanie w tutejszym języku). A zatem trzeba w większym lub mniejszym stopniu nakłonić tubylca, by przyjął postawę badacza i spojrzał na opisywaną rzeczywistość z perspektywy etnograficznej. Także w odniesieniu do faktów pozostających poza zasięgiem obserwacji, takich jak na przykład obyczaje wojenne czy pewne zarzucone już przedmioty użytkowe, absolutnie niemożliwa jest praca bez pytań

Po szczegółowym opisie wydarzeń przejdziemy teraz do kwestii ogólnej, jaką jest postawa krajowców wobec duchów podczas święta *Milamala*. Postawę tę określa sposób, w jaki tubylcy opowiadają o *baloma* i zachowują się podczas wszystkich ceremonii obrzędowych. Nie jest ona tak łatwo uchwytna ani tak prosta do opisania, jak elementy obyczaju, jest jednak faktem i należy koniecznie ją uwzględnić.

Podczas pobytu w wiosce *baloma* nie wywołują u krajowców ani strachu, ani też uczucia najmniejszego skrępowania. Psoty płatane przez duchy w celu okazania złego humoru itp. (patrz wyżej) mają miejsce w pełni dnia i nie ma w nich nic „niesamowitego".

Krajowcy nie boją się ani trochę iść samotnie w nocy z jednej wsi do drugiej, choć wyraźnie lękają się takiej wyprawy bezpośrednio po czyjejś śmierci (patrz wyżej). Jak wiadomo, okres świąteczny jest czasem miłosnych przygód, które wymagają samotnych wędrówek lub spacerów we dwoje. Okres najbardziej intensywnych wydarzeń świątecznych zbiega się z pełnią księżyca, gdy przesądny strach przed mrokiem nocy zredukowany jest w sposób naturalny do minimum. Radosne wrażenie sprawia cała okolica spowita blaskiem księżyca, rozbrzmiewająca pieśniami i rytmem wybijanym głośno na bębnach. Znajdując się poza obrębem jednej wioski, słyszy się muzykę dochodzącą z sąsiedniej wsi. Nie

sugerujących, chyba żeby się pogodzić z pominięciem wielu istotnych elementów. A ponieważ nie ma najmniejszego powodu unikania pytań tego rodzaju, odrzucanie ich jest krokiem z gruntu fałszywym. Dochodzenie etnologiczne różni się zasadniczo od przesłuchania sądowego tym, iż podczas przesłuchania świadek ma zazwyczaj wyrazić swoją własną, indywidualną opinię lub zrelacjonować swoje wrażenia, a treść jego wypowiedzi może łatwo ulec modyfikacji pod wpływem sugestii. Natomiast w dochodzeniu etnograficznym od informatora oczekuje się przekazania tak wybitnie skrystalizowanych i stężonych elementów wiedzy, jakimi są pewne zwyczajowe praktyki, wierzenia czy zestaw tradycyjnych przekonań. W takiej sytuacji pytania sugerujące są niebezpieczne tylko wtedy, gdy zadaje się je leniwym, prymitywnym i nierzetelnym informatorom — lecz wówczas najlepszym wyjściem jest po prostu rezygnacja z rozmowy.

ma tu nic z przygniatającej atmosfery miejsca nawiedzanego przez duchy, miejsca, w którym straszy. Wprost przeciwnie, nastrój tubylców jest radosny i dość frywolny, a panująca wokół atmosfera miła i pogodna.

Należy ponadto zaznaczyć, iż pomimo pewnych kontaktów żyjących z duchami, do których dochodzi na przykład we śnie, po tych ostatnich nikt nie spodziewa się żadnej poważniejszej ingerencji w sprawy plemienne. Nie widać najmniejszych śladów wróżenia czy też zasięgania porady od duchów, nie zdarza się również żadne uświęcone obyczajem porozumiewanie się z nimi w sprawach mających jakieś znaczenie.

Brak zabobonnego strachu przed duchami to jeszcze nie wszystko. Nie istnieją też żadne tabu odnoszące się do zachowania żyjących wobec duchów. Można by nawet zaryzykować stwierdzenie, iż nie darzy się ich nadmiernym szacunkiem. Na temat *baloma* krajowcy wypowiadają się bez cienia onieśmielenia, podobnie jak bez żenady przywołują imiona konkretnych duchów, przebywających przypuszczalnie naówczas we wsi. Jak już wspomniano, krajowcy stroją sobie żarty z duchów kalekich, ale nie tylko z nich. Wyśmiewają także i inne *baloma* oraz ich zwyczaje, nie przebierając przy tym wcale w dowcipach.

Wyraźny także jest brak osobistego, emocjonalnego stosunku do duchów poza okresem następującym tuż po czyjejś śmierci. Tubylcy nie wyróżniają w żaden sposób poszczególnych duchów ani nie organizują dla nich specjalnego przyjęcia — z wyjątkiem może ofiary z jadła, której konkretny duch domagał się we śnie.

Podsumowując — *baloma* powracają do swojej rodzinnej wioski, jak goście przybyli z sąsiednich miejscowości. W znacznym stopniu pozostawia się je samym sobie, choć przygotowuje się dla nich wystawy kosztowności i jadła. Ich obecność nie zaprząta stale uwagi krajowców, nie jest też głównym przedmiotem ich oczekiwań i przekonań związanych ze świętem *Milamala*. Rozmawiając z najbardziej cywilizowanymi tubylcami, dochodzi się do przekonania, iż nie żywią oni cienia wątpliwości co do tego, iż *baloma* rzeczywiście przebywają w wiosce podczas *Milamala*. Mimo to obecność duchów wywołuje niewielką reakcję emocjonalną.

To wszystko o dorocznych wizytach *baloma* składanych w okresie *Milamala*. Inną sferą wpływu duchów na życie plemienia jest ich udział w obrzędach magicznych.

V

Magia odgrywa ogromną rolę w życiu plemiennym Kiriwińczyków (podobnie dzieje się niewątpliwie wśród większości ludów tubylczych). Wszystkie ważne przedsięwzięcia gospodarcze, a zwłaszcza te, które pociągają za sobą ryzyko, niebezpieczeństwo i których powodzenie zależy od przypadku, są otoczone praktykami magicznymi. Uprawa ogrodu jest szczelnie spowita w magię, praktykowane przez krajowców małe polowania posiadają cały arsenał zaklęć, rybołówstwo także jest wyposażone w skomplikowany system magiczny, zwłaszcza gdy jest związane z ryzykiem i gdy pomyślny połów nie jest pewny, lecz zależy od szczęśliwego trafu. Konstruowaniu czółna towarzyszy długa lista zaklęć recytowanych na różnych etapach pracy: podczas ścinania drzewa, drążenia pnia na kształt czółna, a także pod koniec pracy, przy malowaniu, wiązaniu elementów konstrukcyjnych i przy wodowaniu. Lecz do magii tej tubylcy odwołują się wyłącznie przy budowie większych łodzi przeznaczonych do wypraw morskich. Natomiast całkowicie ignorowane są przez czarowników małe czółna przeznaczone do użytku na spokojnej lagunie lub przy brzegu, tam gdzie nie czyha żadne niebezpieczeństwo. Pogoda — deszcz, słońce i wiatr — musi stosować się do niezliczonych zaklęć, przy czym szczególnie powolne są żądaniom pewnych szacownych ekspertów lub raczej całych rodzin ekspertów uprawiających sztukę magii na zasadzie dziedzictwa rodowego. W czasach wojny — w okresie przed objęciem władzy przez białych, gdy jeszcze przytrafiały się walki — Kiriwińczycy korzystali z pomocy określonych rodów, które przejęły magię wojny w spadku po przodkach, byli to prawdziwi profesjonaliści w tej dziedzinie. Wreszcie dobrą kondycję fizyczną człowieka, jego zdrowie, można odebrać lub przywrócić za pomocą magicznych praktyk czarowników, którzy są zarazem także i zamawiaczami chorób. Jeśli życiu jednostki grozi niebezpieczeństwo ze strony *mulukuausi*, to istnieją zaklęcia, które mogą zapobiec ich zakusom, choć jedyną naprawdę skuteczną metodą jest odwołanie się do pomocy kobiety, która sama jest *mulukuausi*. Kobietę taką zawsze można znaleźć w jakiejś odległej wiosce.

Magia jest dziedziną tak rozpowszechnioną, iż żyjąc wśród tubylców wielokrotnie stykałem się całkiem niespodziewanie z praktykami magicznymi niezależnie od przypadków, gdy specjalnie przygotowywałem się do udziału w ceremonii. W Omarakanie o niecałe pięćdziesiąt metrów od mojego namiotu stała chata Bagido'u — czarownika ogrodowego. Przypominam sobie, iż jego śpiewne zaklęcia dotarły do moich uszu jednego z pierwszych dni pobytu, gdy mało co wiedziałem o istnieniu magii ogrodowej. Później zostałem dopuszczony do asystowania mu podczas zaklęć nad magicznymi ziołami; mogłem korzystać z tego przywileju, kiedy tylko miałem na to ochotę i nie omieszkałem kilka razy tego uczynić. W wielu ceremoniach ogrodowych nad niektórymi ziołami odśpiewuje się zaklęcie we wsi, w domu należącym do czarownika, a potem po raz drugi, zanim użyje się ich w ogrodzie. Rankiem takiego dnia czarownik samotnie udaje się do buszu, czasem bardzo daleko, w poszukiwaniu niezbędnych ziół. Do jednego obrzędu magicznego potrzeba aż dziesięciu różnych składników, z których prawie wszystkie są ziołami. Niektóre z nich można znaleźć jedynie na plaży, inne zbiera się na *raiboag*, po jeszcze inne trzeba iść do *odila*, czyli w okolicę porośniętą niskimi zaroślami. Czarownik wyrusza w drogę przed świtem, albowiem musi zebrać wszystkie zioła, zanim wzejdzie słońce. Następnie składa zioła w swoim domu, a około południa intonuje nad nimi magiczne zaklęcia. Na stelażu łóżka czarownik rozkłada matę, którą przykrywa drugą matą. Na połówce wierzchniej maty rozkłada zioła i zakłada na nie drugą, wolną połowę maty. W trakcie tej inauguracji obrzędu czarownik śpiewnie wymawia zaklęcia. Jego poruszające się wargi są zbliżone do kraju maty, tak by nie uronić ani jednego dźwięku; całe zaklęcie wpływa w rozwierającą się na jego przyjęcie matę, gdzie spoczywają zioła oczekujące, by nasycić się czarami. Troska o to, by nie roztrwonić głosu niosącego zaklęcie, przejawia się we wszystkich recytacjach magicznych. Gdy trzeba zakląć jakiś mały przedmiot, formuje się z liścia tubę, przedmiot umieszcza się po węższej stronie, a zaklęcie wypowiada się od strony szerszej. Powróćmy jednak do Bagido'u i jego magii ogrodowej. Czarownik odmawia zaklęcia przez około pół godziny lub nawet dłużej, powtarzając je stale od początku, powtarzając poszczególne sentencje, z których składa się zaklęcie, oraz różne słowa odgrywające szczególnie ważną rolę w poszczególnych sentencjach. Zaklęcie wygłasza cichym głosem, w specyficznej półmelodyjnej recytacji, która jest podobna w różnych rodzajach praktyk magicznych. Powtarzanie poszczególnych słów jest czymś w rodzaju wpajania zaklęcia w substancję poddawaną czarom.

Po zakończeniu uroków czarownik zawija liście w matę i odkłada cały pakunek, by niebawem użyć go w polu, zazwyczaj następnego ranka. Od tego momentu wszystkie praktyki magii ogrodowej są odprawiane w ogrodzie. Istnieje wiele różnych zaklęć, które recytuje się bezpośrednio w tym miejscu. Na rozbudowany system magii ogrodowej składają się wszak całe serie skomplikowanych i starannie zestawionych obrzędów, a każdemu z nich towarzyszy właściwe zaklęcie. Każda czynność związana z uprawą ziemi musi być poprzedzona stosownym rytuałem. I tak istnieje ogólny obrzęd inauguracyjny, poprzedzający rozpoczęcie wszelkich rolniczych zajęć, który należy odprawić osobno na każdej działce. Inny rodzaj obrzędu daje początek wycinaniu krzewów. Palenie ściętych i wysuszonych krzewów jest już samo w sobie uroczystością magiczną i wyzwala pomniejsze obrzędy odprawiane na każdej działce. Dopełnienie całego rytuału wymaga czterech dni. Wreszcie, gdy nadchodzi okres sadzenia, na scenie pojawia się nowa seria magicznych rytuałów, którym poświęca się kolejnych kilka dni. Także pielenie i okopywanie są inaugurowane w sposób magiczny. Wszystkie te obrzędy stanowią rodzaj ramy, w którą wpasowane są prace w ogrodach. Wszelkie okresy odpoczynku są dyktowane przez czarownika, którego decyzje posiadają moc obowiązującą. Jego czynności wyznaczają rytm pracy całej wspólnoty, zmuszając wszystkich jej członków do równoczesnej i równej aktywności, tak że nikt nie może ani pozostawać w tyle za innymi, ani też za bardzo ich wyprzedzać.

Udział *towosi* (czarownika ogrodowego) w pracach rolniczych traktowany jest z wielkim uznaniem przez całą społeczność i doprawdy trudno byłoby sobie wyobrazić jakiekolwiek zajęcie w ogrodzie podjęte bez jego współpracy [44].

Tak więc *towosi* ma wiele do powiedzenia w sprawie organizacji ogrodów, a jego porady są przyjmowane z dużym szacunkiem. Szacunek ów jest zjawiskiem czysto formalnej natury, albowiem niewiele jest kontrowersji czy choćby tylko wątpliwości co do uprawy ogrodów. Pomimo to krajowcy niezwykle wysoko sobie cenią formalne względy i mają uznanie dla tej władzy. Czarownik ogrodowy otrzymuje zapłatę, którą stanowi pokaźny dar z ryb ofiarowywany mu przez członków wspólnoty. Trzeba jeszcze dodać, iż godność wioskowego czarownika przypada zazwyczaj wodzowi wioski, choć istnieją tu pewne wyjątki. Z całą pewnością jednak wiadomo, iż tylko mężczyzna, który należy przez urodzenie do danej wsi i którego przodkowie ze strony matki zawsze byli panami tej wsi i tej ziemi, może „uderzać ziemię" (*iwoie buiagu*).

Pomimo wielkiej wagi, jaką przywiązuje się w Kiriwinie do magii ogrodowej, nie towarzyszą jej żadne otoczone surowym tabu uroczyste i święte ceremonie, które przygotowywano by z tak wielkim przepychem, na jaki stać krajowców. Wręcz przeciwnie, ktoś nieobznajomiony z formami kiriwińskich praktyk magicz-

---

[44] Charakterystycznej ilustracji dostarcza przypadek pewnego Szkota, który od lat żyje wśród tubylców, parając się handlem i skupem pereł. W żadnym razie nie stracił on „klasy" ani godności białego człowieka, wręcz przeciwnie, jest to niezwykle uprzejmy i gościnny dżentelmen, jakkolwiek przyswoił sobie specyficzne cechy i zwyczaje tubylców. Na przykład ma on zwyczaj żucia orzeszków areki, co stanowi rzadkość wśród osiedlonych tu białych. Ponadto jego żoną jest Kiriwinka. Aby zapewnić rozkwit swego ogrodu, korzysta on z pomocy mieszkającego w sąsiedniej wiosce *towosi* (czarownika ogrodowego) i zdaniem moich informatorów z tej właśnie przyczyny jego ogród jest znacznie okazalszy od ogrodów innych białych mieszkańców.

nych mógłby przejść obok odprawiających najważniejszy obrzęd, nie wiedząc wcale, iż właśnie odbywa się coś niezwykle istotnego. Mógłby natknąć się na mężczyznę skrobiącego kijem ziemię lub wznoszącego stosik z wysuszonych gałęzi i łodyg bądź też sadzącego bulwy taro i być może mamroczącego coś w trakcie swego zajęcia. Mógłby ów potencjalny widz przechodzić przez nowe pola uprawne, gdzie świeżo przekopana i oczyszczona ziemia pokryta jest laskiem łodyg i patyków zatkniętych pionowo w celu podtrzymania *taitu*, co przypomina w tym momencie zagon chmielu. Dalej w trakcie przechadzki przez pola nasz widz dostrzegłby grupę mężczyzn zatrzymujących się to tu, to tam i majstrujących coś w rogu każdej działki. Dopiero rozlegające się nad polami głośne zaklęcia zwróciłyby bezpośrednio uwagę obserwatora na magiczny charakter rozgrywających się wydarzeń. I tak oglądane zdarzenie, które wydawało się dość nieciekawe, okazuje się w nowym świetle podniosłe i pełne powagi. Na czele nieco oddalonej niewielkiej grupki można zobaczyć samotnego mężczyznę zwracającego się wielkim głosem do jakiejś niewidzialnej siły lub — co w pojęciu Kiriwińczyków jest bliższe prawdy — rozprzestrzeniającego na pola tę niewidzialną siłę, która spoczywa w zaklęciu nagromadzona w nim dzięki mądrości i pobożności całych pokoleń. Można też usłyszeć rozbrzmiewające ponad polami głosy nucące to samo zaklęcie, albowiem *towosi* nierzadko wzywa do pomocy asystentów, którymi mogą być jedynie jego bracia lub młodsi krewni ze strony matki.

Dla ilustracji przyjrzyjmy się jednej takiej uroczystości. Składa się na nią palenie wysuszonych gałęzi krzewów. Specjalne zioła, nad którymi odśpiewano już zaklęcia, zostają zawinięte w kawałek bananowego liścia aż po czubek, w którym lokuje się wysuszone listki kokosu. Przygotowane w ten sposób liście będą służyć jako pochodnia do rozniecenia ognia na polach. Przed południem (obrzęd, w którym uczestniczyłem w Omarakanie, odprawiano około godziny jedenastej) Bagido'u, *towosi* tej wioski, udał się do ogrodów w towarzystkie To'uluwy, swego wuja ze strony matki i wodza wioski, oraz kilku innych osób, między którymi była też Bokuioba, jedna z żon wodza. Dzień był upalny, wiał lekki wietrzyk; pola były suche, dzięki czemu wzniecenie ognia nie przedstawiało trudności. Każdy z obecnych wziął pochodnię, także i Bokuioba. Pochodnie zapalono bez najmniejszych ceregieli (za pomocą woskowych zapałek wyprodukowanych — nie bez poczucia winy — przez etnografa), po czym idąc wzdłuż pól od strony, z której wiał wiatr, wzniecano ogień i wkrótce wszystko stanęło w płomieniach. Kilkoro dzieci przyglądało się widowisku i nikt nie usiłował im tego zakazać. Także i w wiosce nie przejawiano zbytniego przejęcia odprawianym obrzędem. Minęliśmy całkiem sporą grupę młokosów i dzieci bawiących się między chatami i nie wykazujących najmniejszego zainteresowania rytuałem ani też chęci obejrzenia jego przebiegu. Uczestniczyłem też i w innych obrzędach, w których oprócz Bagido'u i mnie nikt nie brał udziału, choć nie istnieje żadne tabu zakazujące obecności osób trzecich. Naturalnie jeśli ktokolwiek przyłączał się do ceremonii, to widać było nieco większą troskę o zachowanie należytych form. Kwestia tabu różnie przedstawia się w różnych wioskach, z których każda posiada własny system magii ogrodowej. I tak w sąsiedniej wiosce uczestniczyłem w innej ceremonii wypalania (w dzień po wielkim wypalaniu, podczas którego na każdej działce podpala się poskładane w mały stosik badyle i zioła) i byłem świadkiem, jak *towosi* wpadł w gniew, albowiem jakieś dziewczęta patrzyły z dala na przebieg uroczystości. Jak mi powiedziano, zgodnie z tradycją owej wsi wszelkie imprezy tego typu są kobietom surowo zakazane. Obrzędy magiczne różnią się między sobą pod względem liczby osób w nich uczestniczących. W niektórych *towosi* występuje samotnie, w innych zazwyczaj bierze udział kilka osób, a w jeszcze innych konieczna jest obecność całej wsi. Uroczystość taka zostanie szczegółowo opisana poniżej, ponieważ ściśle wiąże się z zagadnieniem uczestnictwa *baloma* w obrzędach magicznych.

Przedstawiłem tu pewne elementy magii ogrodowej w zasadzie tylko po to, by jak najogólniej zobrazować naturę magii kiriwińskiej. Najbardziej widoczną sferą całej magicznej działalności jest bowiem właśnie magia ogrodowa i ogólne stwierdzenia sformułowane na jej przykładzie odnoszą się w znacznym stopniu także do wszelkich innych rodzajów magii. Cały powyższy opis służył zatem nakreśleniu ogólnego obrazu, który należy stale mieć przed oczami, aby móc właściwie zrozumieć uwagi odnoszące się do roli odgrywanej w praktykach magicznych przez *baloma*[45].

Trzon kiriwińskich zabiegów magicznych stanowią zaklęcia. Cała magiczna moc spoczywa w zaklęciach. Ryt tylko uruchamia zaklęcie, jest jedynym odpowiednim narzędziem przekazu. Ten pogląd podzielają wszyscy Kiriwińczycy, zarówno wtajemniczeni, jak i nie wtajemniczeni, i nawet krótka obserwacja rytuałów magicznych potwierdza jego słuszność. Kluczem do zrozumienia wyobrażeń związanych z magią są zatem odpowiednie formuły. I właśnie w formułach magicznych często wymienia się imiona przodków. Długa lista owych imion rozpoczyna bardzo wiele zaklęć, stanowiąc rodzaj inwokacji.

Wydaje się, iż niemożliwa jest odpowiedź na pytanie, czy taka lista jest właściwą modlitwą, której intencją jest wezwanie *baloma* przodków do przybycia i wzięcia udziału w rytuałach, czy też imiona przodków są zawarte w formule jedynie jako elementy tradycji — uświęcone i pełne mocy magicznej właśnie dzięki ich tradycyjnej naturze. W rzeczywistości oba te elementy występują jednocześnie: bezpośrednie odwoływanie się do duchów i przypisywanie tradycyjnego znaczenia samym imionom przodków. Informacje przedstawione poniżej winny umożliwić ściślejsze ustalenia. Ponieważ elementy tradycji są ściśle związane ze sposobem dziedziczenia formuł magicznych, przeto zaczniemy od tej kwestii.

Formuły magiczne są przekazywane z pokolenia na pokolenie, przechodzą z ojca na syna, po linii ojcowskiej, lub z *kadala* (wuja ze strony matki) na siostrzeńca, po linii matczynej, która wedle opinii krajowców jest prawdziwą linią pokrewieństwa (*veiola*). Te

---

[45] Uogólnień odnoszących się do kiriwińskiej magii ogrodowej nie należy traktować nawet jako ogólnego zarysu tej magii. Temat ten mam nadzieję przedstawić w innej pracy [chodzi tu o pracę *Ogrody koralowe i ich magia. Studium metod uprawy ziemi oraz obrzędów towarzyszących rolnictwu na Wyspach Trobrianda* (oryg. 1935), *Dzieła*, t. 4: *Opis ogrodnictwa*, tłum. A. Bydłoń, Warszawa 1986].

dwie formy dziedziczenia nie są w pełni równorzędne. Istnieje rodzaj magii, którą można określić jako lokalną ze względu na jej związek z daną okolicą. Ta klasa obejmuje wszystkie systemy magii ogrodowej [46], a także wszystkie zaklęcia związane z miejscami obdarzonymi właściwościami magicznymi. Do tego typu zaliczamy uprawianą w Kasana'i najpotężniejszą na wyspie magię deszczu, której należy dopełniać przy specjalnym dole z wodą znajdującym się w *weika* (gaju) należącym do Kasana'i. Zaliczamy tu również kiriwińską oficjalną magię wojenną związaną z *kaboma* (świętym gajem) znajdującym się w pobliżu wsi Kwaybwaga, której obrzędy powinny być odprawiane przez mężczyzn należących do społeczności wioskowej. Podobnie skomplikowane systemy magiczne istotne dla powodzenia w połowie rekina mogą być stosowane jedynie przez mieszkańców wsi Kaybola, a w połowie ryby *kalala* przez mieszkańców Laba'i. Wszystkie zaklęcia tego typu są dziedziczone w linii żeńskiej [47].

Znacznie węższa jest klasa magii, która nie jest związana z żadną okolicą i która może łatwo przejść z ojca na syna, a nawet być przekazana obcemu za godziwą cenę. Należą do niej przede wszystkim zaklęcia tutejszej medycyny, występujące zawsze

---

[46] Należy pamiętać, iż każda wieś ma własny system magii ogrodowej, ściśle związany z wioską i przekazywany w linii żeńskiej. Przynależność do społeczności wioskowej także jest przekazywana w linii matki.

[47] Nie mogę się tu wdawać w rozważania na temat powyższej zasady, od której najwyraźniej istnieje wiele wyjątków. Wątek ten podejmę w innym miejscu [por. np. *Życie seksualne dzikich w północno-zachodniej Melanezji* (oryg. 1929), tłum. J. Chałasiński, A. Waligórski, w: *Dzieła*, t. 2, Warszawa 1980]. Zamieszczone w tekście stwierdzenie winno być uzupełnione następująco: „dziedziczone w ostatecznym wyniku w linii żeńskiej". Bardzo często bowiem ojciec przekazuje magię synowi, który ćwiczy się w tej sztuce za jego życia. Jednak ten syn nie może przekazać tej sztuki z kolei swojemu synowi, chyba że ożeni się z dziewczyną pochodzącą z klanu jego ojca, ponieważ wtedy jego potomek ponownie będzie należał do klanu prawowitych właścicieli magii. Wynikające z tych i innych podobnych motywów małżeństwa między kuzynami są dość częste i uważa się je za wyjątkowo pożądane.

w diadach: *silami* — formule czarnej magii, której zadaniem jest wywołanie choroby — zawsze towarzyszy *vivisa*, czyli formuła znosząca działanie danej *silami* i tym samym lecząca chorobę. Inne odmiany takiej magii to magia *tokabitam* (rzeźbiarza) związana z udzielaniem umiejętności rzeźbiarskich, a także czary czynione podczas konstrukcji czółna. Do tej klasy zaliczamy też zaklęcia o mniejszym znaczeniu lub mniej tajemnicze, takie jak formuły magii miłości, magii zapobiegającej ukąszeniom przez owady, magii mającej zaradzić niebezpieczeństwu grożącemu ze strony *mulukuausi* (w tym wypadku zaklęcia magiczne są dość istotne), magii niwelującej szkodliwe efekty kazirodztwa itp. Jednakże nawet takie zaklęcia, choć nie są stosowane wyłącznie przez członków jednej wspólnoty, są zazwyczaj powiązane z okolicą, w której się ich używa. Bardzo często u podstaw danego systemu magicznego leży określony mit, a mit ma zawsze charakter lokalny [48].

A zatem liczniejsza i z całą pewnością ważniejsza jest klasa magii lokalnej (magia „matrylinearna") zarówno ze względu na specyfikę, jak i ze względu na sposób jej przekazywania. Natomiast wśród systemów magicznych należących do drugiego typu tylko część ma wyraźnie lokalny charakter. Dana miejscowość czy okolica jest w pojęciu Kiriwińczyków bardzo blisko związana z określoną rodziną lub podklanem [49]. W każdej miejscowości

---

[48] I tak np. *kainagola*, jedno z najpotężniejszych *silami* (złowrogich zaklęć), jest związane z mitem, którego kolebką są wsie Ba'u i Bwoytalu. Także pewna odmiana magii budowy czółna, zwana *wa'iugo*, zawiera odniesienia do mitu, którego akcja rozgrywa się na wyspie Kitava. Przykłady tego typu można by mnożyć.

[49] Krajowcy określają podklan słowem *dala* (patrz C. G. Seligman, *The Melanesians*, s. 678), a forma *dalela* to *dala* z przyrostkiem zaimkowym trzeciej osoby, czyli „jego rodzina". Seligman podaje nazwy *dala* należących do czterech klanów. Są to najważniejsze *dala*, ale istnieje jeszcze wiele innych. Jak twierdzi prof. Seligman, członkowie każdego *dala* doszukują się pochodzenia od wspólnego przodka. Przodek ów wyłonił się z otworu w ziemi w określonym rejonie. Z zasady *dala* mieszka w tym rejonie lub w jego pobliżu, bardzo często „otwór" znajduje się w lesie otaczającym wieś lub

w naturalny sposób głęboko zapada w pamięć krajowców ród mężczyzn, którzy kolejno piastowali przywódcze funkcje we wspólnocie i którzy z tej racji odprawiali także magiczne obrzędy decydujące o dobrobycie społeczności (jak na przykład magia ogrodowa). Potwierdza to prawdopodobnie wspomnianą tezę, iż znaczną rolę w zaklęciach magicznych odgrywają imiona przodków ze strony matki.

Na dowód można podać kilka przykładów, choć bardziej szczegółową dyskusję nad znaczeniem i rolą imion przodków trzeba odłożyć na inną okazję. Wymagałaby ona bowiem zestawienia tej cechy magii z innymi elementami powtarzającymi się w magicznych obrzędach, a do tego z kolei niezbędne byłoby odtworzenie wszelkich formuł magicznych. Zacznijmy od magii ogrodowej. Odnotowałem dwa systemy magii ogrodowej, jeden, zwany *kailuebila*, uprawiany w Omarakanie i uznany za najpotężniejszy, oraz drugi, zwany *momtilakaiva*, uprawiany w czterech małych wioskach: w Kupwakopuli, Tilakaywie, Yourawotu i w Wakayluwie.

W systemie magii ogrodowej znanej w Omarakanie funkcjonuje dziesięć zaklęć magicznych, a każde z nich jest związane ze ściśle określoną czynnością. Jedno wypowiada się odmierzając grunt pod nowy ogród, inne rozpoczynając wycinanie krzewów, jeszcze inne podczas uroczystego wypalania ściętych i wysuszonych krzewów itd. Wśród tych dziesięciu formuł magicznych są trzy, w których mówi się o *baloma* przodków. Jedno z tych trzech zaklęć odgrywa rolę najistotniejszą, wypowiada się je podczas kilku obrzędów: przy wycinaniu krzewów, przy sadzeniu itp.

Oto jego początek:

"*Vatuvi, vatuvi* (powtarzane wiele razy);
Vitumaga, imaga;
Vatuvi, vatuvi (wiele razy);

nawet w samej wiosce. Jamy te, zwane „domami" (*buala*), to obecnie albo doły z wodą, albo sterty kamieni, albo małe płytkie wgłębienia. Z jamy wspomnianej przez profesora Seligmana na s. 679 wyłoniło się wiele najbardziej arystokratycznych *dala*. Jest to jednak wyjątek, na ogół bowiem na jeden *buala* przypada jeden *dala*.

Vitulola, ilola:
Tubugu Polu, tubugu Koleko, tubugu Takikila,
Tubugu Mulabuoita, tubugu Kuaiudila,
Tubugu Katupuala, tubugu Buguabuaga, tubugu Numakala;
Bilumava'u bilumam;
Tabugu Muakenwa, tamagu Iowana..."

Po nim następuje dalsza część zaklęcia, bardzo długa, opisująca głównie pożądany stan rzeczy, który ma być osiągnięty właśnie dzięki owemu zaklęciu. Przedstawiony jest tu zatem wzrost płodów rolnych, uwolnienie roślin od szkodników, zarazy roślinnej itp.

Poprawny przekład zaklęć sprawia pewne trudności. Są w nich wyrażenia archaiczne, nie w pełni rozumiane przez krajowców, a nawet dla tych partii, które są zrozumiałe, niełatwo jest znaleźć właściwe odpowiedniki we współczesnym języku kiriwińskim. Zaklęcie w typowej postaci składa się z trzech części: 1) wstępu (zwanego *u'ula*, co oznacza dolną część łodygi, a także służy do określenia czegoś w rodzaju naszego pojęcia przyczyny); 2) korpusu zaklęcia (zwanego *tapuala*, co znaczy — tył, boki, zad); 3) końcowej części (*dogina*, co znaczy — czubek, koniec, szczyt; słowo to jest etymologicznie związane ze słowem *doga* oznaczającym kieł, długi ząb). Środkowa część zaklęcia, *tapuala*, jest na ogół łatwiejsza do zrozumienia i przekładu niż części pozostałe. Wezwanie przodków czy też — chyba bardziej poprawnie — lista ich imion jest zawarta zawsze w części pierwszej, *u'ula*.

W zacytowanym *u'ula* pierwsze słowo, *vatuvi*, bądź było niezrozumiałe dla mojego informatora, którym był sam Bagido'u, *towosi* Omarakany, bądź też nie umiał on mi go wyjaśnić. Ze względu na etymologię słowo to można by, jak sądzę, przełożyć jako „powodować" lub „czynić" [50].

---

[50] Jestem niemal pewien, iż jest to forma archaiczna związana z *vitu*, przedrostkiem wyrażającym związek przyczynowy. A zatem „pokazać drogę", „wyjaśnić", *vitu loki*, składa się z *vitu*, „powodować", oraz *loki*, „iść tam". Istnieje wiele takich przedrostków przyczynowych w języku kiriwińskim, a każdy ma swoisty odcień znaczeniowy. Oczywiście nie miejsce tu na dyskusję na ten temat.

Słowa *vitumaga imaga* składają się z dwóch przedrostków, *vitu* (powodować) oraz *i* (trzecia osoba liczby pojedynczej, przedrostek czasownikowy), i rdzenia *maga*, w którym *ma* to rdzeń czasownika „przyjść”, a *ga* przyrostek używany często w celu nadania wypowiedzi większej mocy. Słowa *vitulola*, *ilola* są w zasadzie symetryczne w stosunku do poprzednich, z tym, że rdzeń *la*, „iść” (podwojony w postaci *lola*), zajmuje miejsce *ma*, „przyjść”.

Przyglądając się liście przodków, zauważamy dwa charakterystyczne zjawiska. Wszystkie imiona są poprzedzone słowem *tubugu*, z wyjątkiem przedostatniego, które poprzedza słowo *tabugu*. *Tubugu* jest wyrazem w liczbie mnogiej i znaczy „moi dziadkowie” (*gu* to przyrostek zaimkowy pierwszej osoby), natomiast *tabugu* to słowo w liczbie pojedynczej, które znaczy „mój dziad”. Użycie liczby mnogiej stanowi konsekwencję lokalnej tradycji imion. W każdym podklanie występują określone imiona stanowiące jego własność; każdy członek podklanu musi nosić jedno z tych imion przodków, choć oczywiście można też nazywać go na co dzień innym, nie odziedziczonym imieniem, pod którym jest lepiej znany. Zatem na początku zaklęcia czarownik zwraca się nie do jednego przodka imieniem Polu, lecz wzywa: „Wszyscy moi przodkowie imieniem Polu, wszyscy moi przodkowie imieniem Koleko” itd.

Drugą cechą charakterystyczną wszelkich takich wyliczeń jest to, iż ostatnie imiona są poprzedzone słowami *bilumava'u bilumam*”, co oznacza mniej więcej (bez wchodzenia w analizy lingwistyczne) „wy, nowe *baloma*”, po czym następują imiona kilku ostatnich przodków. Bagido'u wymienia swego dziada, Muakenuvę, i swego ojca, Iowanę [51]. Jest to istotne, albowiem to jest właś-

[51] Stanowi to przykład wspomnianych wyżej odstępstw od zasady dziedziczenia pewnych zaklęć magicznych w linii matki. Iowana, ojciec Bagido'u, był synem Tabalu (tzn. jednego z członków rodziny, w której „posiadaniu” jest Omarakana). Magię przekazał mu jego ojciec, Puraiasi. Dzięki swemu małżeństwu z Kadu Bulami, kuzynką należącą do Tabalu, Iowana mógł przekazać wiedzę magiczną synowi, Bagido'u, i w ten sposób urząd *towosi* powrócił do podklanu Tabalu.

nie bezpośrednie zwrócenie się do jednego balomy: „O ty, balomo" (w słowie *bilumam' m'* jest przyrostkiem drugiej osoby). W świetle tych faktów imiona przodków wydają się figurować w zaklęciu bardziej jako wezwanie *baloma* niż jako proste wyliczenie, niezależnie od tego, iż same imiona posiadają wewnętrzną moc magiczną.

Cytowany fragment zaklęcia brzmi zatem, w wolnym przekładzie, następująco:

„Spraw! Zrób to! Bądź skuteczny!
Spraw przyjście!
Spraw pójście!
Moi dziadowie imieniem Polu itd....
I wy, ostatnie *baloma*, dziadku Muakenuvo i ojcze Iowano".

Takie wolne tłumaczenie również nie usuwa wielu niejasności, lecz trzeba wyraźnie powiedzieć, iż pełnej jasności nie ma także człowiek najlepiej obznajomiony z zaklęciem. Zapytany, co mianowicie ma iść, a co przyjść, Bagido'u odpowiadał swoimi domysłami. Raz twierdził, iż chodzi o rośliny, które mają wejść w glebę, kiedy indziej zaś uważał, iż to szkodniki roślin mają sobie pójść. Nie było też wcale jasne, czy czasowniki „przyjść" i „iść" mają być rozumiane jako przeciwstawne, czy też nie. Aby dokonać poprawnego tłumaczenia, należy podkreślić wielce niejasne znaczenie *u'ula*, będącego jedynie czymś w rodzaju inwokacji. Wśród krajowców rozpowszechnione jest przekonanie, iż w słowach zawiera się pewna ukryta moc i dla tej właśnie przyczyny są one wypowiadane. *Tapuala*, którego zrozumienie nie przedstawia większych kłopotów, wyjaśnia wyraźnie, jaki jest cel zaklęcia.

Warto też zwrócić uwagę na to, że *u'ula* dzięki rozmieszczeniu czterech grup słów wedle zasady symetrii zawiera elementy rytmiczne. Dalej, choć liczba powtórzeń słowa *vatuvi* bywa różna (co wiem z doświadczenia, gdyż wiele razy słyszałem recytację tego zaklęcia), to wymawiając formułę, słowo to powtarza się za pierwszym i za drugim razem z taką samą częstotliwością. Podobnie jak w innych zaklęciach, także i w tym liczba powtórzeń tych samych liter i sylab jest nieprzypadkowa.

Nad tym zaklęciem zatrzymałem się trochę dłużej, traktując je jako typowe, reprezentatywne dla innych formuł magicznych, które przytoczę poniżej już bez wnikania w szczegóły.

Drugie zaklęcie, w którym wymienia się imiona przodków, wymawiane jest podczas pierwszej uroczystości inaugurującej całą ich serię. Uroczystości następują kolejno, wedle ustalonego porządku, w ramach obrzędu *iowota*, gdy *towosi* uderza ziemię, na której powstaną nowe ogrody. Zaklęcie zaczyna się następująco:

„*Tudava, Tu-Tudava,*
Malita, Ma-Malita" itd.

Wymienione są tu imiona pradawnych bohaterów, którzy są głównymi postaciami całego cyklu mitologicznego. Istnieje przekonanie, że Tudava jest w pewnym sensie przodkiem Tabalu (najbardziej arystokratycznego podklanu, który panuje w Omarakanie), choć nie ma żadnych wątpliwości co do tego, iż Tudava należał do klanu Lukuba (podczas gdy Tabalu należy do klanu Malasi).

Do tych samych imion odwołuje się także inne zaklęcie wymawiane nad pewnymi ziołami, stosowanymi w magii ogrodowej, oraz nad specyficznymi konstrukcjami z drewna, noszącymi nazwę *kamkokola* i służącymi wyłącznie magicznym celom. Zaklęcie to rozpoczyna się od słów:

„*Kailola, lola; Kailola, lola;*
Kaigulugulu; kaigulugulu;
Kailalola Tudava,
Kaigulugulu Malita,
Bisipela Tudava; bisila'i otokaikaya" itd.

W wolnym przekładzie znaczy to:

Schodźcie w dół [o wy, korzenie]; wwiercajcie się [w ziemię, o wy, korzenie]; [pomóż im] zejść w dół, o Tudavo; [pomóż im] wryć się [w ziemię], o Malito; Tudava wspina się [dosłownie — zmienia się]; [Tudava] zasiada na *tokaikaia* [rodzaj platformy wzniesionej dla *baloma*].

Charakterystyczne, iż system magii ogrodowej znany w Omarakanie nie odwołuje się do żadnych świętych miejsc znajdujących się w pobliżu wioski[52]. Charakterystyczne jest też, iż jedyny w całej ceremonii element obrzędu pozostający w związku z *baloma* jest prawie bez znaczenia. Po wymówieniu właściwego zaklęcia nad pierwszą sadzonką taro w *baleko* (działka ogrodowa, jednostka o znaczeniu gospodarczym i magicznym w ogrodnictwie) czarownik buduje z suchych gałęzi miniaturową chatkę i płot. Konstrukcja taka nosi nazwę *si buala baloma*, czyli — „*baloma*, ich dom". Nie recytuje się nad nią żadnych zaklęć. Nie natrafiłem na żadne legendy ani nie zdołałem uzyskać bliższych informacji wyjaśniających zagadkę tego przedziwnego zwyczaju.

Znacznie ważniejszy element obyczaju związany z *baloma* daje się zauważyć poza ceremonią. Jest nim przeznaczona dla duchów wystawa lub ofiara z *ula'ula*, czyli opłata za magię. *Ula'ula* przynoszone *towosi* przez członków wspólnoty składa się zazwyczaj z ryb, ale mogą to też być orzeszki betelu, orzechy kokosowe a obecnie także i tytoń. *Ula'ula* wyłożone jest na pokaz we wnętrzu chaty; z ryby, o ile wiem, ugotowanej, demonstruje się tylko mały kawałek. Gdy czarownik recytuje w swej chacie zaklęcia nad liśćmi i przyborami magicznymi, zanim wyniesie je na pole, ofiarowane *ula'ula* powinno być wystawione w pobliżu substancji poddanych działaniu czarów. Darowanie duchom *ula'ula* nie jest charakterystyczne tylko dla magii ogrodowej uprawianej w Omarakanie albowiem zwyczaj ten panuje też we wszystkich innych systemach magicznych.

Inny, wspomniany już wcześniej, magiczny system *momtilakaiva* dysponuje wyłącznie jednym zaklęciem, w którym jest zawarte wyliczenie *baloma*. Nie omawiam tej formuły ze względu na to, iż z wyjątkiem odmiennej listy imion przypomina ona w znacznym stopniu zaklęcia już cytowane. Jednakże w tym właś-

---

[52] W rzeczywistości system ów został przeszczepiony z innej wioski, Lu'ebili, położonej na wybrzeżu północnym. Stąd też bierze się jego nazwa *kailuebila*. Zawiera on tylko jeden lub dwa odniesienia do pewnych miejsc w pobliżu wioski, lecz w Omarakanie nie wiadomo, czy są to miejsca święte, czy też nie.

nie systemie magicznym rola odgrywana przez *baloma* jest znacznie większa, albowiem w trakcie jednej z głównych uroczystości, zwanej *Kamkokola* od dużych masywnych konstrukcji z pali o tej samej nazwie, składa się duchom ofiarę. *Kamkokola* składa się z pionowego pala o wysokości około trzech do sześciu metrów i opartych o niego ukośnie kijów tej samej długości. Dwa boczne pale są oparte o rozwidlenia utworzone przez kikuty gałęzi sterczących z głównego pionowego pala kamkokoli. Widziana od góry konstrukcja tworzy kąt prosty, przypominając kształtem literę L, z głównym pionowym palem w wierzchołku. Natomiast z boku przypomina nieco grecką literę λ. Konstrukcje te nie mają żadnego znaczenia praktycznego, pełnią jedynie funkcje magiczne, stanowiąc jak gdyby magiczne prototypy słupków wbijanych w ziemię do podtrzymania pnączy *taitu*. Choć konstrukcja *kamkokola* nie ma żadnego praktycznego zastosowania, wzniesienie jej wymaga znacznego nakładu pracy. Bardzo często ciężkie słupy przynosi się z daleka. Niełatwo wszak znaleźć pnie o odpowiednich rozmiarach na pobliskim obszarze zarośniętym przez niskie krzewy wycinane systematycznie co cztery lub pięć lat. Całymi tygodniami mężczyźni zajęci są poszukiwaniem, ścinaniem i przynoszeniem do ogrodów materiału do budowy kamkokoli. Często też wybuchają spory na tle kradzieży drogocennych pali.

We wszystkich systemach magicznych rytuał *Kamkokola* ciągnie się przez kilka dni. Dochodzą do tego cztery lub więcej dni obowiązkowego odpoczynku od prac w polu w okresie bezpośrednio poprzedzającym odbycie praktyk magicznych. W systemie *momtilakaiva* pierwszy dzień praktyk jest poświęcony recytacji zaklęć na polach. Czarownik w towarzystwie jednego lub dwóch mężczyzn przechodzi przez całą parcelę ogrodową — w obrzędzie, którego byłem świadkiem, było to trzy czwarte mili — i na każdej działce powtarza zaklęcie, pochylając się nad jednym z ukośnych słupów kamkokoli. Staje on twarzą do działki i wypowiada formułę gromkim głosem, który unosi się nad całym jej obszarem. W sumie czarownik musi wygłosić swe zaklęcie trzydzieści lub czterdzieści razy.

Najbardziej istotna z punktu widzenia naszych zainteresowań

część uroczystości ma miejsce następnego dnia. Wtedy właśnie w ogrodach odbywa się ceremonia, w której bierze udział cała wieś i w której podobno uczestniczą także *baloma*. Celem obrzędu jest zaczarowanie specjalnych liści, które następnie zostaną złożone w ziemi u podnóża kamkokoli oraz w miejscu łączącym słup pionowy ze słupami ukośnymi. Rankiem tego dnia wszyscy mieszkańcy wioski mają ręce pełne roboty. Na wielkich kamiennych podporach umieszczone są gliniane naczynia służące do sporządzania jadła przy uroczystych okazjach. Gotująca się w nich strawa kipi i paruje pod okiem krążących wokół kobiet. Niektóre kobiety pieką *taitu* umieszczając je w ziemi między dwoma warstwami rozgrzanych do czerwoności kamieni. Ugotowane i upieczone *taitu* zostanie zaniesione w pole, gdzie nastąpi uroczysty podział jadła.

Tymczasem mężczyźni w poszukiwaniu ziół niezbędnych do praktyk magicznych udają się do buszu, inni schodzą wprost na brzeg morza, a jeszcze inni kierują się do *raiboag*. Zioła muszą być dostarczone całymi naręczami, albowiem po zakończeniu uroczystości zostaną rozdzielone między wszystkich mężczyzn i każdy zabierze ich część na własną działkę.

Około godziny dziesiątej rano wyruszyłem do ogrodów w towarzystwie Nasibowa'i, *towosi* Tilakayvy. Nasibowa'i miał zarzucony na ramię ozdobny toporek kamienny. W przeciwieństwie do Bagido'u z Omarakany, który nigdy nie posługuje się tym przedmiotem, Nasibowa'i faktycznie używa toporka przy niektórych uroczystościach. Po przybyciu zasiedliśmy na ziemi oczekując wszystkich pozostałych. Wkrótce jedna po drugiej zaczęły się schodzić kobiety. Każda niosła na głowie drewniany półmisek z *taitu*, a wiele z nich wiodło też za rękę dziecko, drugą ręką podtrzymując młodszą pociechę siedzącą okrakiem na jej boku. Miejsce uroczystości znajdowało się w punkcie, gdzie droga z Omarakany dochodzi do ogrodu Tilakayvy. Z tej strony otaczającego ogród płotu rozpościerał się obszar gęsto zarośnięty kilkuletnimi krzewami, z drugiej strony widniał pusty ogród z gołą ziemią, a w oddali zarośnięte zbocza *raiboag* i jakieś gaje widoczne poprzez dość gęsty lasek palików służących podtrzymywaniu pnączy *taitu*. Najładniejsze paliki wbite były wzdłuż ścieżki, tworząc naprzeciw mnie miły dla oka szpaler. Z tej strony rzędy palików kończyły się dwoma wyjątkowo okazałymi konstrukcjami *kamkokola*, u których stóp miała się odbyć uroczystość. Przyniesione w to miejsce zioła zostały zebrane osobiście przez czarownika.

Kobiety schodziły się stopniowo przez około pół godziny i zasiadały wzdłuż alejki i po obu stronach pól. Kiedy były już w komplecie, przygotowały z przyniesionego *taitu* specjalne kopce, po jednym dla każdego z obecnych mężczyzn. Każda z przyniesionych porcji została rozdzielona na poszczególne kopce. W tym czasie na miejsce uroczystości dotarli wszyscy mężczyźni, chłopcy, dziewczęta i małe dzieci i w obecności całej wsi przystąpiono do obrzędu. Uroczystość rozpoczęło *sagali* (podział): mężczyzna kroczy wzdłuż kopców z jadłem i przy każdym z nich wywołuje imię jednego z obecnych. Wtedy kobieta związana z wywołanym mężczyzną zabiera drewniany półmisek ze wskazaną porcją i zanosi go do wsi. W ten sposób kobiety powracają do wsi, zabierając ze sobą niemowlęta i dzieci. Ta część uroczystości jest odprawiana w pojęciu krajowców na cześć *baloma*. Rozdzielone jadło nazywa się *baloma kasi* (jedzenie *baloma*), gdyż duchy są ponoć wtedy obecne, biorą udział w wydarzeniach, a przygotowana na uroczystość strawa sprawia im dużą satysfakcję. Prócz owych ogólników nie dało się jednak uzyskać od żadnego z krajowców ani nawet od Nasibowa'i żadnych konkretnych czy bardziej szczegółowych informacji.

Po odejściu kobiet, przed przystąpieniem do właściwej uroczystości przepędzono ociągających się jeszcze malców. Nawet ja i moi „chłopcy" musieliśmy się cofnąć za płot. Obrzęd polegał po prostu na wymawianiu zaklęć nad ziołami. Wielkie ich naręcza złożono na rozpostartej na ziemi macie, a Nasibowa'i przykucnąwszy naprzeciw wygłaszał swe zaklęcia kierując głos wprost w liście. Gdy tylko skończył, mężczyźni rzucili się na stos, zabierając po garści ziół na własne działki, by umieścić je pod kamkokolą i na niej. To zakończyło uroczystość, która wraz z oczekiwaniem trwała ponad godzinę.

W tym samym systemie magicznym *momtilakaiva* jedno z zaklęć zawiera wzmiankę o „świętym gaju" (*kaboma*), zwanym Ovavavile. Gaj ten (gąszcz drzew z pewnością nie ścinanych przez całe pokolenia) jest położony dość blisko wiosek Omarakana i Tilakayva. Wejścia do gaju zakazuje surowe tabu, a za naruszenie go grozi kara w postaci wzdęcia genitaliów (*elephantiasis*?). Nigdy nie zapuszczałem się w ten gąszcz ze strachu nie tyle przed karą, ile przed małymi czerwonymi kleszczami (*scrub itch*) stanowiącymi prawdziwą plagę. Odprawiając jeden z obrzędów magicznych, *towosi* Tilakayvy udaje się do świętego gaju, gdzie w ofierze duchom składa na kamieniu wielką bulwę *kasi-iena*, odmiany yamu.

Zaklęcie odmawiane przy tym brzmi tak:

U'ula: „*Avaita'u ikavakavala Ovavavala?*
Iaegula'i Nasibowa'i,
Akavakavala Ovavavala!"
Tapuala: „*Bala baise akavakavala, Ovavavala Iaegula'i Nasibowa'i akavakavala Ovavavala; bala*
baise,
Agubitamuana, olopoulo Ovavavala; bala
baise
Akabinaiguadi olopoulo Ovavavala".

W formule nie występuje *dogina*, czyli tradycyjne zakończenie. Powyższe zaklęcie w przekładzie wygląda następująco:

„Kto pochyla się w Ovavavile[53]? To ja, Nasibowa'i (imię obecnego *towosi*), pochylam się w Ovavavile! Pójdę tam i pochylę się w Ovavavile; ja, Nasibowa'i, pochylę się w Ovavavile; pójdę tam i utrzymam ciężar (tu czarownik utożsamia się z kamieniem, na którym złożone jest *kasi-iena*) w *kaboma* Ovavavile. Pójdę tam i będę pęcznieć (teraz przemawia w imieniu zasadzonej bulwy) w gaju Ovavavile".

W tej ceremonii związek *baloma* z magią jest dość wątłej natury, niemniej istnieje, a zależność obrzędu od miejsca w bliskiej okolicy stanowi jeszcze jedno ogniwo łączące tradycję przodków i magię. Tyle o magii ogrodowej.

Duchy odgrywają też pewną rolę w dwóch najważniejszych systemach uprawianej w Kiriwinie magii połowu ryb. Chodzi o sta-

---

[53] *Ovavavala* jest archaiczną formą nazwy Ovavavile.

nowiącą własność wsi Kaybola magię połowu rekina oraz o magię połowu ryby *kalala* (cefal?) — własność wsi Laba'i. W obu tych systemach jedna z uroczystości polega na złożeniu duchom ofiary w postaci części *ula'ula*, czyli zapłaty, jaką otrzymuje czarownik od mieszkańców swej wioski. W magii połowu rekina jeden z obrzędów tego typu odbywa się w domu czarownika. Małe pakunki ugotowanej ryby (otrzymanej jako *ula'ula*) i kilka orzeszków betelu czarownik układa na jednym z trzech kamieni (*kailagila*) otaczających palenisko i służących do podtrzymywania wielkich kotłów. Następnie wypowiada taką formułę:

U'ula: „*Kamkuamsi kami Ula'ula kubukuabuia, Inene'i, Ibuaigana I'iovalu, Vi'iamoulo, Ulopoulo, Bowasa'i, Bomuagueda*".
Tapuala i dogina: „*Kukuavilasi poulo, kuminum kuaidasi poulo; okawala Vilaita'u; okawala Obuwabu; Kulousi kuvapuagise wadola kua'u obuarita, kulousi kuluvabouodasi kua'u obuarita kuiaioiuvasi kukapuagegasi kumaise kuluvabodasi matami pualalala okotalela Vinaki*".

U'ula można przetłumaczyć następująco:

„Jedzcie swoje *ula'ula* (dar, zapłatę za magiczne zabiegi), O niezamężne kobiety, Inene'i" itd. (wszystko to są imiona *baloma* kobiety).

W części *tapuala* występuje kilka słów, których nie zdołałem przetłumaczyć, lecz ogólna treść jest dość jednoznaczna:

„Popsuj nasze połowy, przynieś niepowodzenie naszym połowom" (do tego miejsca zaklęcie ma sens negatywny, podsuwając w trybie rozkazującym obraz sytuacji, której ma zapobiec); ——— (?) ——— (?); „Idź, otwórz paszczę rekina w morzu; idź, by spotkano rekina w morzu; pozostaw otwartą (rozwartą); przybądź; spraw, by spotkali rekina; twe oczy są (?); na plaży Vinaki".

Owo tłumaczenie, choć niepełne, pokazuje jednak wyraźnie, że *bili baloma* (liczba mnoga od *baloma* używana wtedy, gdy obecność duchów jest traktowana jako skuteczny czynnik zabiegów magicznych) niezamężnych niewiast są bezpośrednio wzywane po to, by przyłożyć rękę do działań mających zapewnić pomyślność połowu.

I dla moich informatorów, i dla mnie samego zagadką pozostaje, dlaczego to tak skutecznie w zabiegach magicznych oddziażywać mają duchy nie mężczyzn, lecz kobiet. Wiadomo jednak było, nie tylko czarownikowi, ale i wszystkim innym, że *baloma* kobiet są *tolipoula*, czyli „mistrzami połowu". Czarownik i kilku innych indagowanych sugerowali mi niepewnie, iż być może *baloma* mężczyzn wyruszają z żywymi na połów, pozostawiając w osamotnieniu *baloma* niewiast. Czarownik musi nakarmić opuszczone na brzegu duchy kobiet, gdyż w przeciwnym razie wpadłyby one w gniew. Ktoś zwrócił mi uwagę, iż w micie wyjaśniającym rozpowszechnioną w Kayboli tradycję połowu rekina ważną rolę odgrywa właśnie kobieta. Najwyraźniej jednak dla wszystkich moich informatorów fakt, że to kobiety są *tolipoula,* był czymś tak naturalnym, iż nigdy wcześniej nie zastanawiali się nad tym.

Rozpowszechniona w Laba'i tradycja połowu ryby *kalala* pozostaje w związku z mitycznym bohaterem Tudavą, którego łączą specjalne więzy z wioską. Tudava jest w pewnym sensie uważany za praprzodka obecnych władców wioski. Towarzyszące połowowi zabiegi magiczne są w zasadniczy sposób związane z mitycznymi czynami Tudavy. I tak Tudava mieszkał na plaży, gdzie odbywa się połów i gdzie wypowiada się najważniejsze formuły magiczne. Zwykł chadzać drogą prowadzącą z plaży do wsi i na tej drodze jest kilka miejsc upamiętnionych jego czynami. „Tradycyjną obecność" (jeśli można ukuć takie wyrażenie) bohatera odczuwa się we wszystkich miejscach połowu. W całej okolicy obowiązują tabu przybierające szczególnie na sile podczas trwania połowu. Połowy odbywają się co miesiąc i trwają około sześciu dni, poczynając od *yapila* (dzień pełni księżyca), gdy ryby przypływają w ławicach na płycizny między brzegiem a przybrzeżną rafą koralową. Wedle tutejszej tradycji Tudava nakazał rybom *kalala* żyć w „dużych rzekach" na archipelagu d'Entrecasteaux i raz na miesiąc przybywać na plaże wioski Laba'i. Podstawowym i nieodzownym warunkiem pojawienia się ryb jest jednak w dalszym ciągu wypowiedzenie specjalnego zaklęcia, które także pochodzi od Tudavy. Imię Tudavy wraz z imionami innych przodków figuruje w długim zaklęciu recytowanym na początku każdego okresu połowów. Obrzęd odbywa się na plaży, nieopodal wielkiego kamienia nazwanego Bomlikuliku i otoczonego tabu [54]. Zaklęcie rozpoczyna się tak:

„*Tudava kulu Tudava;*
Ibu'a kulu, Wa'ibua;
Kuluvidaga, Kulubaiwoie, Kulubetoto,
Muaga'i, Karibuiuwa" itd.

Tudava i Wa'ibua to mityczni przodkowie, obaj wywodzą się z wioski Laba'i. Pierwszy z nich, jak już wiemy, jest wielkim „bohaterem kulturowym" całej wyspy. Warto zwrócić uwagę na rolę, jaką ze względu na rytm odgrywa w zaklęciu imię Wa'ibua. W tej formule znów natykamy się na słowo, którego ani moi informatorzy nie umieją przetłumaczyć, ani też ja nie potrafię wyjaśnić jego znaczenia za pomocą etymologii. Chodzi o *kulu*, wyraz umieszczony między dwoma pierwszymi imionami, Tudava i Ibu'a, a później służący jako przedrostek trzech następnych imion. Po imionach wymienionych tutaj wylicza się w zaklęciu osiem dalszych imion bez określania rodzaju pokrewieństwa, a potem jeszcze szesnaście imion poprzedzonych słowem *tubugu* („moi dziadkowie"). Wreszcie na końcu tej listy występuje imię bezpośredniego poprzednika obecnego czarownika. Mój informator nie potrafił wyjaśnić, dlaczego niektóre imiona są poprzedzone terminem precyzującym stosunek pokrewieństwa, a inne nie. Był jednak przekonany o tym, że owe dwie klasy imion nie są równorzędne, a także że nie można ich stosować zamiennie.

W ciągu sześciu dni trwania połowu ofiary dla *baloma* są składane codziennie. Czarownik układa na kamieniu Bomlikuliku małe kawałeczki gotowanej ryby (mniej więcej wielkości włoskiego orzecha) oraz kawałki orzeszków betelu (obecnie także i tytoń) i wymawia przy tym formułę:

„*Kamkuamsi kami ula'ula, nunumuaia:*
Ilikilaluva, Ilibualita;
Kulisasisama" [55],

[54] *Bom* to skrót od *boma*, co oznacza tabu. *Likuliku* określa trzęsienie ziemi i odgrywa istotną rolę w słowniku magicznym.

[55] *Kamkuam*, „jeść"; *kami*, przedrostek drugiej osoby liczby mnogiej

co oznacza:

„Jedzcie swoje *ula'ula* (dar ofiarowany za zabiegi magiczne); O, stare kobiety: Ilikilaluva (imię), Ilibualita (imię); otwórzcie to".

Ta formuła magii rekina czy też wezwanie jest powtarzane codziennie przy składaniu ofiary. Codziennie przez sześć dni wymawia się też nad specjalnymi liśćmi inne zaklęcie zwane *guvagava*. *Guvagava* posiada moc przyciągającą ryby *kalala*. Zaklęcie rozpoczyna się od wyliczenia imion przodków, z których każde jest określone dodatkowo terminem „pradziad" lub „dziad".

Inną formułę wypowiada się tylko jeden raz, na początku połowu, a obrzęd odprawia się na drodze prowadzącej z wioski Laba'i na plażę. Zaklęcie wymawia się nad położoną w poprzek ścieżki rośliną *libu* wyrwaną z ziemi wraz z korzeniami. Jeden z fragmentów formuły brzmi następująco:

„Imuana iaegulo, Umnalibu
Tai'ioko, Kubugu, Taigala, Likiba" [56].

Jest to także lista imion osób, które podobno były przodkami obecnego czarownika.

Jeszcze inne zaklęcie, w którym pojawiają się imiona przodków, jest recytowane wtedy, gdy z początkiem okresu połowów czarownik zamiata podłogę w swoim domu. To zaklęcie zaczyna się od słów:

„Boki'u, Kalu Boki'u; Tamala, Kuri Tamala;
Tageulo, Kuritageulo".

---

używany w związku z pożywieniem; *nunumuaia*, liczba mnoga od *numuaia*, „stara kobieta". Charakterystyczne, że obydwa imiona własne *baloma* starych kobiet zaczynają się od *ili*, co najprawdopodobniej pochodzi od *ilia* — ryba. *Bualita* znaczy morze. Jest przeto całkiem możliwe, iż istnieją jakieś mityczne postacie związane z rybołówstwem, których tradycja zaginęła. Według mojej opinii zgadywanie takie jest jednak dość niewdzięczne i mało płodne.

[56] Imię pierwsze jest imieniem kobiety. *Iaegulo* znaczy „ja"; Iamuana uważana jest za matkę Umnalibu. Tutaj także imię podsuwa pewne skojarzenie z zaklęciem, które wymawia się nad rośliną *libu*. Przedostatnie imię, Taigala, znaczy dosłownie „jego ucho", lecz wedle przekonania występuje ono tu w roli imienia *bili baloma*.

Wszystko to są imiona przodków podklanu, do którego należy czarownik. Charakterystyczne jest tu powtarzanie imion z dodanym przedrostkiem: „*Boki'u, Kalu Boki'u* itd. Moi informatorzy nie mieli pewności co do tego, czy pierwsze słowo to prawdziwe imię, a drugie jego powtórzenie w upiększonej formie, czy też pierwsze to tylko skrócona druga sylaba właściwego imienia.

W omówionym systemie praktyk magicznych związanych z połowem ryby *kalala* proporcja zaklęć, w których wymienia się imiona przodków, do wszystkich wymawianych zaklęć wynosi pięć do siedmiu, a zatem jest bardzo wysoka.

Szczegółowa analiza pozostałych zapisanych formuł magicznych zajęłaby zbyt wiele miejsca. Jako podstawa krótkiego omówienia powinno wystarczyć krótkie zestawienie (patrz s. 223) [57].

Jak już uprzednio zaznaczyłem, w praktykach magicznych wyróżniają się dwa odrębne rodzaje: magia „matrylinearna" oraz magia „patrylinearna". Pierwsza jest związana z okolicą, druga bywa często przenoszona z miejsca na miejsce. Według innego podziału uprawianej w Kiriwinie magii praktyki stanowiące zwarte systemy magiczne odróżnia się od luźnych, niezależnie funkcjonujących zaklęć. Termin „system" może być użyty do określenia magii, w której pewna liczba zaklęć występujących zawsze w określonym porządku składa się na organiczną całość. Poza zaklęciami w skład takiej całości wchodzą też konkretne działania praktyczne, a każde z nich jest podporządkowane temu samemu celowi. Oczywiste jest, iż magia ogrodowa stanowi taki właśnie

---

[57] Trzeba tu powiedzieć, iż wiele z tych zaklęć przetłumaczono w sposób zadowalający. Bardzo często niemożliwe było zapewnienie sobie pomocy ze strony osoby odmawiającej zaklęcia. Niektóre zaklęcia zebrano podczas krótkich wizyt w odległych wioskach. W wielu wypadkach główny informator był za stary lub też zbyt głupi, by pomóc w tłumaczeniu archaicznych i skondensowanych formuł czy też w komentowaniu wszelkich związanych z nimi niejasności. Zresztą z punktu widzenia krajowców praca taka jest niezwykle trudna i kłopotliwa. W dodatku w zasadzie nie ma po co zwracać się do nikogo poza właścicielem zaklęcia o tłumaczenie i komentarz na jego temat. A jednak dzięki znajomości języka potocznego byłem w stanie uchwycić ogólne znaczenie wszystkich prawie formuł.

Rodzaj magii	Liczba wszystkich odnotowanych formuł magicznych	Liczba formuł, w których wymienia się imiona przodków	Liczba formuł, w których nie wymienia się imion przodków
1. Magia pogody	12	6	6
2. Magia wojny	5	—	5
3. Magia orzecha kokosowego (*kaitubutabu*)	2	1	1
4. Magia grzmotów	2	1	1
5. Czarna magia i lecznictwo	19	4	15
6. Magia budowy czółna	8	—	8
7. Magia handlu, wymiany dóbr (*muasila*)	11	—	11
8. Magia miłości	7	—	7
9. Magia *mulukuausi* (*kaiga'u*)	3	—	3
10. Magia zdolności rzeźbiarskich (*kabitam'*)	1	—	1
11. Magia połowów	3	2	1
12. Magia połowu płaszczki	1	—	1
13. Magia piękności (*wageva*)	2	—	2
14. Magia orzechów areki	1	—	1
15. Magia macierzyństwa [*child magic*] (*saikeulo*)	1	—	1

system. Każde jej zaklęcie jest związane z określonymi czynnościami w polu, a wszystko razem stanowi nieprzerwany łańcuch wydarzeń zmierzających do wyraźnie sprecyzowanego celu. To samo dotyczy zabiegów magicznych czynionych na różnych etapach sezonu połowów lub też obrzędów odprawianych w czasie kolejnych faz wyprawy handlowej. Pojedyncza formuła wyodrębniona z systemu magicznego byłaby całkowicie bezużyteczna. Zaklęcia należące do systemów magicznych muszą być wymawiane kolejno muszą należeć do jednego systemu, a ponadto każda formuła musi wyodrębniać jakiś etap danej działalności. Tymczasem magia miłości składa się z wielu zaklęć (w Kiriwinie znajdujemy je w niezliczonej ilości), z których każde stanowi niezależną całość.

Magia wojny (nr 2) stanowi również odrębny system. Wszystkie zaklęcia muszą być wypowiadane w powiązaniu z praktykami magicznymi wedle określonej sekwencji. Magia ta jest związana z określonymi miejscami i odwołuje się do owych miejsc (a także do innych miejsc), całkowicie natomiast pomija imiona przodków.

Magia pogody (nr 1) — głównie magia deszczu, lecz także, choć mniej ważna, magia ładnej pogody — to magia lokalna, związana z określonym mitem. Jej dwanaście zaklęć należy do jednej okolicy, a cały system cieszy się sławą najpotężniejszej na wyspie magii deszczu. Monopol na ów magiczny system posiadają wodzowie małej wioski Kasana'i, będącej właściwie częścią Omarakany. W porach suszy przynosi on miejscowemu czarownikowi znaczne dochody w postaci darów.

Na system magii *kaitubutabu* (nr 3) składają się dwa zaklęcia. Każde wypowiada się kiedy indziej, w okresie, gdy orzechy kokosowe objęte są tabu. Celem całej serii występujących naówczas obrzędów i rytuałów jest przyspieszenie dojrzewania owoców.

Magia grzmotów (nr 4) nawiązuje do tradycji mówiącej o mitycznym przodku i element ten znajduje odzwierciedlenie w jednym z dwóch zaklęć.

Niezmiernie istotne systemy magiczne tworzą magia budowy czółna (nr 6) i magia *muasila* (nr 7) warunkująca rozbudowaną procedurę handlu i wymiany dóbr (zwaną *kula*). W odnotowanych zaklęciach nie ma żadnej wzmianki o przodkach. Nie zapisałem niestety w całości żadnego systemu *muasila*, a jedynego zarejestrowanego systemu magii budowy czółna nie potrafiłem poprawnie przetłumaczyć. Oba systemy magiczne odwołują się do miejsc w okolicy, w żadnym z nich natomiast nie wspomina się przodków.

Trzy zaklęcia magii połowów (nr 11) należą do jednego systemu magicznego.

Pozostałe zaklęcia (nr 12 - 15) nie tworzą odrębnych systemów magicznych. W magii miłości nie ma, co oczywiste, żadnego odniesienia do imion przodków. Jedyne zaklęcia zawierające takie imiona to te, których celem jest bądź sprowadzenie na kogoś choroby, bądź też wypędzenie jej. Niektóre z tych uroków wiążą się z określonymi mitami.

Przedstawione fakty dotyczące roli odgrywanej przez przodków w praktykach magicznych muszą mówić same za siebie. Uzyskanie od krajowców jakichkolwiek dodatkowych informacji na ten temat było absolutnie niemożliwe. Odwołanie się do *baloma* stanowi w zaklęciach, w których występuje, część spójną wewnętrznie i bardzo istotną. Nie miałoby sensu pytanie krajowców, co by się stało, gdyby pominęli wezwanie *baloma*. Wprawdzie niekiedy pytania tego typu umożliwiają wykrycie konsekwencji i przyczyn określonych praktyk, jednakże nie odnosi się to do naszego problemu. Formuła magiczna stanowi bowiem spójny wewnętrznie i nienaruszalny element tradycji. Trzeba się jej dokładnie nauczyć i wiernie ją odtwarzać. Najmniejsze naruszenie tradycyjnej postaci czy to formuły, czy całego zabiegu magicznego czyni magię zupełnie nieskuteczną. Zrozumiałe zatem, iż wyliczenie imion przodków w zaklęciu nie może żadną miarą zostać pominięte. W odpowiedzi na pytanie wprost: „Dlaczego wymieniacie te imiona?" otrzymuje się sakramentalną odpowiedź: „*Tokunabogu bubunemasi*" (nasz stary obyczaj). Dyskutując z najbardziej inteligentnymi spośród krajowców, nie zdołałem dowiedzieć się na ten temat nic ponadto.

O tym, że imiona przodków są czymś więcej niż zwykłą wyliczanką, świadczy prezentacja *ula'ula* dokonywana we wszystkich ważniejszych systemach magicznych, które zostały uważnie przestudiowanie, a także składanie ofiar oraz opisany zwyczaj przygotowywania *sagali*. Składane ofiary i podział *sagali* niedwuznacznie dowodzą obecności *baloma*, co jednak nie oznacza wcale, by od duchów oczekiwano wpływu na osiąganie celu magicznych zabiegów. To nie przez duchy działa czarownik, nie do nich się odwołuje, nie za ich sprawą opanowuje zaklęcia i to nie duchy zrealizują w końcu określone magiczne zadania.

Tubylcy wyrażają jednak, choć nie bez rezerwy, pogląd, iż życzliwa postawa duchów jest wielce korzystna w ogrodnictwie i przy połowach. Twierdzą też, iż duchy mogłyby poważnie zaszkodzić w przypływie złego humoru. To ostatnie przeświadczenie jest bez wątpienia bardziej zdecydowane. W nieokreślony bliżej sposób *baloma* biorą udział w uroczystościach organizowanych na ich cześć i lepiej jest trzymać ich stronę, co nie oznacza wcale, by stanowiły główną siłę lub choćby nośnik jakichkolwiek działań [58]. Moc magiczna zawiera się bez reszty w samym zaklęciu.

Pomocne w zrozumieniu postawy krajowców wobec udziału *baloma* w magicznych zabiegach jest przypomnienie ich stosunku do duchów podczas święta *Milamala*. Duchy odgrywają wtedy rolę zarówno uczestników, jak i widzów, trzeba zabiegać o zaskarbienie sobie ich łask i z należnym szacunkiem traktować ich wymagania. *Baloma* nie zawahają się przed okazaniem dezaprobaty, a uważając, iż są niewłaściwie traktowane, będą się naprzykrzać i zgłaszać pretensje. Ich złość nie jest jednak ani trochę tak straszna, jak zwykłych istot nadprzyrodzonych, czy to dzikich, czy cywilizowanych. Podczas obchodów *Milamala baloma* nie przyczyniają się w żaden sposób do zachodzących wydarzeń. Ich rola jest wyłącznie bierna. Otrząsnąć się z tej bierności mogą tylko w przypływie złego humoru, kiedy to ujawniają swoje istnienie w, powiedzmy, formie negatywnej.

W tym miejscu należy uwzględnić jeszcze jeden aspekt funkcjonowania listy imion przodków w zabiegach magicznych. Chodzi o rolę, jaką w magii kiriwińskiej odgrywa cała tradycja, a szczególnie mit akcentujący znaczenie danego systemu magicznego. Kiedy owa tradycja ma zasięg lokalny i jak dalece skupia się przez to wokół tradycji rodzinnej określonego podklanu, wiemy z wcześniejszych rozważań. Wyliczanie w wielu zaklęciach imion przodków jest więc jednym z wyróżniających się elementów tradycji. Sakralna wartość tych imion, będących często ogniwem łączącym

[58] Pełniejszą dyskusję na ten temat trzeba odłożyć na później. Interesujące jest, iż w pewnej klasie *silami* (złowrogich zaklęć) zawarte jest bezpośrednie wezwanie istoty *tokuay* (duch drewna mieszkający w drzewach) do przybycia i dokonania złych czarów. Wszyscy zgodnie twierdzą, że to właśnie *tokuay* jest *u'ula* (podstawą, powodem, przyczyną) *silami*, że istota ta wkracza w ciało człowieka i niszczy jego wnętrzności.

osobę czyniącą zabiegi magiczne z jej mitycznym praprzodkiem i stwórcą, jest w oczach krajowców zupełnie wystarczającym *prima facie* powodem do recytowania ich. Jestem przekonany, iż tubylcy traktują je w taki właśnie sposób, nie zaś jako wezwanie duchów, nie jako zaproszenie ich do przybycia i wzięcia udziału w praktykach. Wyjątkiem są tu zapewne zaklęcia wypowiadane podczas ofiary *ula'ula*. Ten wyjątkowy przypadek nie jest jednak traktowany jako najistotniejszy czy decydujący ani też nie wyznacza ogólnej postawy krajowców wobec magii [59].

VI

Wszystkie informacje dotyczące stosunków łączących *baloma* z żywymi są swego rodzaju dygresją w opowieści o pośmiertnym życiu duchów na Tumie. Powróćmy zatem do głównego wątku.

Pozostawiliśmy balomę zaczynającego w zaświatach nowe życie, bardziej lub mniej wygodne niż to, które pozostawił za sobą. Najprawdopodobniej *baloma* wstąpił w nowy związek małżeński, zadzierzgnął nowe więzy, zawarł nowe znajomości. Jeśli ktoś zmarł młodo, jego *baloma* także jest młody, lecz z czasem zestarzeje się, aż wreszcie jego życie na Tumie osiągnie swój kres. Jeśli ktoś zmarł w wieku starszym, jego *baloma* jest również stary i po pewnym czasie jego egzystencja na Tumie dobiegnie końca [60]. We wszystkich przypadkach koniec życia balomy na Tumie jest bardzo istotnym momentem przełomowym w cyklu jego egzystencji. Dlatego właśnie unikałem użycia terminu „śmierć” opisując kres balomy.

Czas teraz na przedstawienie dalszych kolei losów ducha, co

---

[59] Wszystkie te ogólne stwierdzenia muszą być traktowane jako wstępne. We właściwym miejscu zostaną one poparte właściwą dokumentacją.

[60] Por. te informacje z omówioną wyżej „nieświadomością naturalnej śmierci”. Należy tu odróżnić dwie rzeczy: nieświadomość konieczności śmierci i kresu życia oraz nieświadomość naturalnych w naszym rozumieniu przyczyn chorób. Tylko drugi rodzaj nieświadomości wydaje się dość rozpowszechniony, a za przyczynę chorób uważa się działanie złych czarowników. Przypadek bardzo starych przeciętnych ludzi stanowi tu prawdopodobnie wyjątek.

pozwoli na wniknięcie w pewne szczegóły. Gdy *baloma* dochodzi do wieku starczego, wypadają mu zęby, a jego skóra staje się obwisła i pomarszczona. Wtedy idzie na plażę i kąpie się w słonej wodzie. Potem zrzuca skórę, tak jak czynią to węże, i staje się ponownie dzieckiem, a właściwie embrionem, *waiwaia* — tym słowem krajowcy określają dzieci *in utero* oraz tuż po urodzeniu. *Waiwaia* zostaje znalezione i zabrane przez balomę kobiety, który kładzie je do koszyka lub na poskładany liść kokosu (*puatai*). Potem niesie małą istotkę do Kiriwiny, gdzie wkłada ją *per vaginam* w łono którejś z tutejszych kobiet. I wtedy kobieta staje się brzemienna (*nasusuma*) [61].

Tę opowieść usłyszałem z ust pierwszego informatora, który poruszył przy mnie ten temat. Zawierają się w niej dwa istotne fakty natury psychologicznej: wiara w reinkarnację i nieznajomość fizjologicznych mechanizmów poczęcia. Przedstawię obie te kwestie w świetle dokładniejszych danych, do których dotarłem w wyniku dalszych studiów.

Przede wszystkim w Kiriwinie każdy wie i nie ma najmniejszej wątpliwości co do tego, skąd się biorą dzieci. Prawdziwą przyczyną ciąży jest zawsze *baloma*, który wszedł lub został włożony w ciało kobiety. Bez udziału balomy żadna kobieta nie mogłaby się stać brzemienna. Wszystkie dzieci pochodzą z Tumy, gdzie zostały poczęte lub gdzie przyszły na świat (*ibubulisi*). Te dogmaty stanowią główną warstwę wierzeń, które można określić jako powszechne czy też uniwersalne. Indagując w tej materii któregokolwiek z mężczyzn, którąkolwiek z kobiet, a nawet inteligentne dziecko, usłyszymy zawsze powyższą wersję. Mniej powszechnie znane są dalsze szczegóły. Jeden można zasłyszeć tu, drugi ówdzie, niektóre przeczą pozostałym, a żaden nie rysuje się wyraźnie w koncepcji krajowców. Niemniej oczywiste jest, iż niektóre z tych

---

[61] *Suma* jest rdzeniem słowa „brzemienny”; *nasusuma* to „kobieta ciężarna”; *isume* — „ona staje się brzemienna”. Nie istnieje wydzielony z pojęcia brzemienności termin na określenie poczęcia. Ogólne znaczenie *suma* jest „brać”, „brać w posiadanie”.

wierzeń warunkują konkretne zachowania i są powiązane z pewnymi obyczajami.

Zacznijmy od natury owych „duchów dzieci", *waiwaia* [62]. Trzeba pamiętać, iż tak jak się to zwykle dzieje w przypadku twierdzeń dogmatycznych, krajowcy wiele spraw przyjmują za oczywiste, nie kłopoczą się o sprecyzowanie wyraźnej definicji ani też o konkretne i jasne zrozumienie szczegółów. Najbardziej naturalny pogląd, wedle którego „duch dziecka" to małe, nierozwinięte jeszcze niemowlę, embrion, spotyka się najczęściej. Określenie *waiwaia*, które oznacza embrion, płód oraz niemowlę tuż po narodzeniu, stosuje się także do nie wcielonych jeszcze duchów dzieci. Dalej, spośród mężczyzn uczestniczących w dyskusji na ten temat kilku stwierdziło, iż w rezultacie przemiany zachodzącej na Tumie jednostka przybiera postać czegoś w rodzaju „krwi", *buia'i*. Nie było jednak pewności co do tego, w jaki sposób ów płyn może być przenoszony. Wydaje się, że słowo *buia'i* może oznaczać coś więcej niż tylko płynną krew i określać w tym wypadku także coś w rodzaju ciała.

Kolejny krąg wierzeń i przekonań dotyczących reinkarnacji ukazuje silny związek morza z duchami dzieci. Dowiedziałem się od kilku informatorów, iż po przeobrażeniu w postać *waiwaia* duch wędruje do morza. Według pierwszej z zasłyszanych wersji (cytowanej powyżej) po umyciu się na plaży wodą morską i odmłodzeniu duch natychmiast zostaje zabrany przez żeńskiego balomę i zaniesiony do Kiriwiny. Według innych informacji duch w swej nowej postaci wędruje do morza i pozostaje w nim przez pewien czas. Taka wersja wydarzeń pociąga za sobą określone konsekwencje. W wioskach rozpościerających się wzdłuż zachodniego wy-

---

[62] Używam tu określenia „duch dziecka" jako *terminus technicus*. Terminu powyższego używają B. Spencer i F. J. Gillen w celu opisania analogicznych bytów w Australii [por. *The Native Tribes of Central Australia*, London 1899 oraz *The Northern Tribes of Central Australia*, London 1904], gdzie po raz pierwszy odkryto reinkarnację tego rodzaju. Trudno jednak zastanawiać się w tym miejscu nad tym, jak dalece wierzenia kiriwińskie związane są etnograficznie i psychologicznie z tymi, które opisali Spencer i Gillen.

brzeża (gdzie zbierałem niniejsze dane) dojrzałe a jeszcze niezamężne dziewczęta zachowują podczas kąpieli określone środki ostrożności. Uważa się powszechnie, iż duchy dzieci kryją się w *popewo* — pianie unoszącej się na powierzchni wody — a także w niektórych kamieniach zwanych *dukupi*. Duszki te przybywają z daleka w unoszonych przez wodę wielkich pniach drzew (*kaibilabala*) i mogą czepiać się obumarłych liści (*libulibu*) pływających po powierzchni. Dlatego, gdy wiatr i fale przynoszą dużo takich śmieci do brzegu, dziewczęta obawiają się kąpieli morskiej, zwłaszcza w czasie przypływu. Z kolei jeśli zamężna kobieta chce począć dziecko, może uderzyć w kamienie *dukupi*, aby nakłonić ukrywające się tam *waiwaia* do wejścia w jej łono. Nie jest to jednak wcale czynność o charakterze obrzędu [63].

Także w wioskach położonych w głębi wyspy wiadomo o związku między poczęciem a kąpielą. Wydaje się, iż kobiety tutejsze najczęściej zachodzą w ciążę otrzymując *waiwaia* podczas kąpieli. Często w trakcie kąpieli kobieta czuje jakieś dotknięcie, czasami nawet zostaje zraniona. Mówi wtedy: „Ugryzła mnie ryba". W rzeczywistości było to wstępujące w nią lub wkładane w nią *waiwaia*.

Inny istotny związek między poczęciem a przekonaniem, że *waiwaia* przebywa w morzu, znajduje wyraz w jedynej ważnej uroczystości połączonej z okresem oczekiwania dziecka. Mniej więcej w cztery do pięciu miesięcy po wystąpieniu pierwszych objawów ciąży kobieta zaczyna przestrzegać pewnych tabu i w tym samym czasie zostaje dla niej sporządzona obszerna i długa *dobe* (spódnica z traw), zwana *saikeulo*. Spódnicę tę kobieta ma nosić po urodzeniu dziecka. *Saikeulo* jest zrobiona przez krewne ciężarnej, które w trakcie pracy odprawiają pewne zabiegi magiczne

---

[63] Informacji tej udzieliła pewna kobieta z zachodniego wybrzeża pochodząca jak sądzę z wioski Kavataria. P. G. Auerbach, kupiec pereł mieszkający w Sinakecie, wiosce położonej na wybrzeżu południowej części wyspy, powiedział mi, iż w tamtejszej okolicy znajduje się kilka kamieni, do których ucieka się kobieta pragnąca zajść w ciążę. Mój informator nie był zorientowany, czy zabieg ten ma charakter obrzędowy, czy też nie.

w intencji zapewnienia pomyślności przyszłemu dziecku. Tego samego dnia brzemienną kobietę wiedzie się do morza, gdzie krewni należący do tej samej grupy, co te, które sprawiły dla niej *saikeulo*, kąpią ją w słonej wodzie. Potem następuje *sagali*, czyli uroczysty podział jadła.

Na pytanie o *u'ula* (przyczynę) tej uroczystości otrzymuje się zazwyczaj wyjaśnienie, iż czyni ona „skórę kobiety białą", a także iż ułatwia poród [64]. Natomiast w nadbrzeżnej wsi Kavataria zgłoszono się do mnie z innym dość jednoznacznym wyjaśnieniem, wedle którego uroczystość *kokuwa* wiąże się z momentem inkarnacji ducha dziecka. Zgodnie z opinią mojego informatora w pierwszym okresie ciąży *waiwaia* nie przebywa jeszcze w łonie kobiety, lecz dopiero czyni się przygotowania na jego przyjęcie. I właśnie w trakcie uroczystej kąpieli duch dziecka wstępuje w ciało kobiety. Nie jest mi wiadome, czy taka interpretacja jest wyłącznie prywatną opinią mojego informatora, czy też jest to pogląd rozpowszechniony w nadbrzeżnych wioskach. Skłonny jestem sądzić, iż reprezentuje ona pewien aspekt wierzeń krajowców zamieszkujących wybrzeże. Trzeba jednak wyraźnie zaznaczyć, iż koncepcja ta została wyśmiana przez moich informatorów pochodzących z głębi wyspy. Wskazali oni też na sprzeczność między owym obrzędem, obchodzonym później, w trakcie ciąży, a faktem, iż *waiwaia* zostało osadzone w łonie matki o wiele wcześniej. Charakterystyczne jest, że moi informatorzy dostrzegają każdą sprzeczność w opinii, której nie podzielają, a na analogiczne sprzeczności w swych własnych teoriach patrzą przez palce. Pod tym względem krajowcy nie są ani na jotę bardziej konsekwentni, ani też bardziej intelektualnie uczciwi od ludzi cywilizowanych.

---

[64] Istnieje pewna godna uwagi norma zmuszająca kobietę do przestrzegania całej gamy praktyk w celu zapewnienia sobie po porodzie pełnej jasności skóry. Kobieta przebywa głównie w domu, na ramionach musi nosić *saikeulo*, myje się gorącą wodą i często naciera ciało śmietanką kokosową. W rezultacie tych działań skóra staje się wyraźnie jaśniejsza. Opisana powyżej uroczystość stanowi rodzaj magicznej inauguracji okresu, w którym kobieta musi dbać o jasność swej skóry.

Obok wiary w pośrednictwo morza w reinkarnacji rozpowszechnione jest przekonanie, iż *waiwaia* zostaje umieszczone w łonie przez balomę. Obie te wersje łączą się ze sobą w koncepcji, wedle której *baloma* umieszcza *waiwaia* w ciele kobiety pod wodą. Często we śnie *baloma* pojawia się przyszłej matce, która powie potem do męża: „Śniłam, że moja matka (albo ciotka ze strony matki, albo starsza siostra lub babka) włożyła we mnie dziecko; moje piersi nabrzmiały". Najczęściej to duch kobiety pojawia się we śnie i przynosi *waiwaia*, choć zdarza się, iż jest to *baloma* mężczyzny, zawsze jednak jest to *veiola* (krewny ze strony matki) brzemiennej kobiety. Wielu ludzi wie, kto przyniósł ich matkom. I tak wodza Omarakany, To'uluwę, przyniósł jego matce (Bomakacie) Buguabuaga, jeden z jej *tabula* („dziadków", w tym wypadku brat matki jej matki) [65]. Bwoilagesi, kobieta, o której wycieczkach na Tumę wspominałem na stronie 165, otrzymała syna, Tukulubakiki, od Tomnavabu, swego *kadala* (brata matki). Kuwo'igu, żona Tukulubakiki, wie, że jej matka przybyła do niej i przyniosła dziecko, dziewczynkę mającą teraz około dwunastu miesięcy. Świadomość faktów tego rodzaju występuje tylko w przypadkach, gdy *baloma* rzeczywiście pojawia się we śnie kobiety i informuje o umieszczeniu *waiwaia* w jej łonie. Oczywiście zwiastowanie tego typu nie stanowi obowiązkowego punktu programu i tak naprawdę większość ludzi nie wie, komu winna zawdzięczać swe istnienie.

W wierzeniach związanych z reinkarnacją występuje niezwykle istotny element, który jest wspólny wszystkim różniącym się pewnymi szczegółami wersjom. Chodzi o przekonanie, iż podział spo-

---

[65] Powiązania rodzinne w tym wypadku przedstawia genealogia:

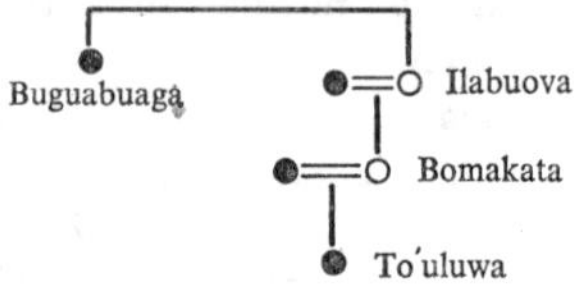

Czarne krążki oznaczają mężczyzn, pierścienie — kobiety.

łeczny — klan i podklan, do których jednostka należy — pozostaje niezmieniony we wszystkich jej wcieleniach. Pogląd taki wyrażają wszyscy moi informatorzy, zapewniając o jego słuszności. *Baloma* na tamtym świecie należy do tego samego podklanu, do którego należał człowiek za życia. Reinkarnacja także zachodzi wyłącznie w ramach danego podklanu. *Waiwaia* zostaje umieszczone w łonie kobiety przez balomę należącego do jej podklanu, z reguły jest to duch kogoś z bliskich *veiola*. Uważa się, iż niemożliwy jest jakikolwiek wyjątek od tej reguły, niemożliwe jest też, by ktokolwiek mógł zmienić w procesie reinkarnacji swój podklan [66].

Tyle o wierze w reinkarnację. I choć wiara ta jest powszechna i uniwersalna, co oznacza, że podzielają ją wszyscy, nie odgrywa wszelako ważniejszej roli w życiu społecznym. Jedynie zaznaczony na końcu szczegół dotyczący trwałości więzów pokrewieństwa w całym cyklu przemian dowodzi, jak wielka jest siła podziałów społecznych i jak nieodwołalna jest przynależność do danej grupy. I odwrotnie, taka wiara wzmacnia więzy pokrewieństwa.

VII

Mogłoby się wydawać, iż uprawnione jest stwierdzenie, że wiara w reinkarnację i przekonanie, że duch dziecka wchodzi w łono matki lub zostaje tam umieszczony wykluczają jakąkolwiek znajomość fizjologicznych mechanizmów zapłodnienia. Jednak w sferze wierzeń, spotykanych czy to w społeczeństwach dzikich, czy w cywilizowanych, bezużyteczne jest wyciąganie racjonalnych wniosków i dowodzenie za pomocą praw logiki. Dwa przekonania całkowicie sprzeczne ze sobą w kategoriach logicznych mogą funk-

---

[66] Większość informatorów całkowicie potwierdzała opinię, iż dziecko musi dostarczyć *baloma* kogoś spośród *veiola*. Lecz spotkałem się też z jedną lub dwoma odmiennymi opiniami, wedle których dziecko może też przynieść matka ojca. Ktoś powiedział mi, że jeśli dziecko jest podobne do matki, to znaczy, że zostało przyniesione przez jednego z jej *veiola*, a jeśli przypomina ojca, to przyniosła je jego matka. Opinia ta jednak może być własnym pomysłem mojego informatora.

cjonować obok siebie, gdy tymczasem oczywisty wniosek wyprowadzony z niezbitych faktów pozostaje zlekceważony. Jedyną zatem bezpieczną metodą badań etnologicznych jest poddać analizie każdy szczegół wierzeń krajowców i nie ufać wnioskom wyciągniętym jedynie na podstawie dowodów rzeczowych.

Można jednak bezpiecznie i poprawnie sformułować zdecydowane twierdzenie, iż tubylcy są całkowicie nieświadomi fizjologicznego charakteru zapłodnienia. Dla uniknięcia poważnych błędów absolutnie konieczne jest tu wniknięcie w pewne szczegóły, tym bardziej że problem jest niewątpliwie skomplikowany.

Na początku należy odróżnić zapłodnienie — czyli udział ojca w stworzeniu ciała dziecka — od stosunku płciowego o czysto fizycznym charakterze. W tej drugiej kwestii pogląd krajowców można by sformułować następująco: kobieta, aby mogła mieć dziecko, musi uprzednio podjąć życie seksualne.

Do dokonania powyższego rozróżnienia zostałem zmuszony pod naporem zebranych informacji. Jego celem jest wyjaśnienie pewnych sprzeczności, które niespodziewanie wyłoniły się w trakcie badań. Rozróżnienie to należy potraktować jako „naturalne" ze względu na to, iż odpowiada przekonaniu krajowców i adekwatnie je wyraża. W rzeczywistości niemożliwością było przewidzenie podejścia krajowców do tych spraw, nie wiadomo też było, w jaki sposób przyjmą właściwą wiedzę o faktach. Niemniej jednak nasze rozróżnienie ma oczywiste znaczenie teoretyczne. Pewne jest, iż wyłącznie znajomość pierwszej z wyróżnionych kwestii (dotyczącej udziału ojca w poczęciu) mogłaby mieć jakiś wpływ na kształtowanie idei pokrewieństwa. Dopóki ojciec nie ma nic wspólnego (w pojęciu tubylców) ze stworzeniem ciała dziecka, dopóty nie może być mowy o żadnym pokrewieństwie po mieczu. Rola mężczyzny polegająca na czysto mechanicznym otwarciu dziecku wejścia do łona i wyjścia na świat nie ma istotnego znaczenia. Wiedza mieszkańców Kiriwiny zatrzymała się na etapie niejasnego przekonania, iż istnieje pewne *ogniwo* między współżyciem seksualnym a ciążą, nie ma natomiast najmniejszych podejrzeń co do wkładu mężczyzny w nowe życie ukształtowane w ciele matki.

Chciałbym podsumować wstępne dane, które doprowadziły mnie do sformułowania powyższych wniosków. Zacznijmy od nieświadomości udziału ojca w poczęciu. Na bezpośrednie pytanie o przyczynę (*u'ula*) brzemienności kobiety lub też stworzenia nowego życia uzyskiwałem niezmienną odpowiedź: „*Baloma boge isaika*" (to dał *baloma*)[67].

Oczywiście pytanie to, jak i wszystkie pytania o *u'ula*, trzeba zadawać z dużą dozą cierpliwości i znajomości rzeczy. Często też pytanie takie pozostaje bez odpowiedzi. Wiele razy, gdy pytałem wprost i bez ogródek, jeśli byłem rozumiany, to słyszałem powyższe stwierdzenie. Muszę jednak od razu dodać, że zdarzało się, iż odpowiedź komplikowano w niezwykle kłopotliwy sposób, włączając do niej pewne aluzje dotyczące kopulacji. Wielce zaintrygowany i zainteresowany czyniłem przeróżne wysiłki, by wyjaśnić tę kwestię. Gdy tylko było to możliwe, wdawałem się w dyskusje na ten temat przy okazji innych problemów. Formułowałem zagadnienie *in abstracto*, włączałem się często do rozmów, których przedmiotem były szczególne przypadki ciąży znane z przeszłości lub występujące współcześnie.

Najbardziej interesujące i mające zarazem decydującą wymowę były przypadki, gdy brzemienna kobieta była niezamężna[68].

---

[67] Odpowiedź, w której *nota bene* przez balomę „dającego" dziecko krajowcy rozumieją albo autentycznego balomę, który stał się dzieckiem, albo też balomę, który przyniósł *waiwaia*.

[68] Niezamężne dziewczęta mają pełną swobodę seksualną. Stosunki z płcią przeciwną zaczynają odbywać bardzo wcześnie, w wieku od sześciu do ośmiu lat. Sympatie swe zmieniają, kiedy tylko mają na to ochotę, aż do momentu, gdy poczują skłonność do małżeństwa. Wtedy dziewczyna zadowala się dłuższym i bardziej lub mniej wyłącznym związkiem z jednym mężczyzną, który zwykle zostaje potem jej mężem. Dzieci nieślubne bynajmniej nie należą do rzadkości. Doskonały opis życia seksualnego i małżeństwa wśród Południowych Massimów, którzy są pod tym względem bardzo podobni do Kiriwińczyków, zawiera praca C. G. Seligmana *The Melanesians* (rozdz. 38, s. 499). W tejże pracy (rozdz. 53, s. 708) podana jest krótka, lecz bardzo cenna relacja o tej samej sferze życia Północnych Massimów (łącznie z mieszkańcami Wysp Trobrianda).

Gdy pytałem, kto jest ojcem nieślubnego dziecka, uzyskiwałem zawsze tę samą odpowiedź, iż ojca nie ma, gdyż dziewczyna jest niezamężna. Gdy dalej w prostych słowach indagowałem o ojcostwo fizjologiczne, nie rozumiano, o co mi chodzi. Stawiałem zatem pytanie: „Jest wiele niezamężnych dziewcząt, dlaczego więc właśnie ta, a nie żadna inna zaszła w ciążę?" Odpowiedź brzmiała niezmiennie: „To dziecko podarował jej *baloma*". I tu znów zaskakiwały mnie uwagi, że dziewczyna, co do której niewinności nikt nie żywi złudzeń, jest szczególnie zagrożona tego rodzaju podarunkiem ze strony *baloma*. Pomimo to dziewczęta wolą bezpośrednio trzymać się z dala od *baloma* przez unikanie kąpieli w czasie przypływu, niż pośrednio chronić się przed niebezpieczeństwem sumiennie strzegąc cnoty.

A jednak dzieci nie mające ojców i ich matki nie cieszą się wśród mieszkańców Kiriwiny zbyt wielką życzliwością. Pamiętam wiele przypadków, gdy wskazywano mi niektóre dziewczęta, określając je jako jednostki niepożądane, „niedobre" ze względu na fakt posiadania pozamałżeńskich dzieci. Na pytanie, dlaczegóż to przypadki te są tak naganne, stereotypowa odpowiedź brzmi: „Ponieważ nie ma ojca, nie ma mężczyzny, który wziąłby to dziecko w ramiona" (*Gala taitala Cikopo'i*). Mój tłumacz, Gomaia, wdał się w dość typowy dla okresu przedmałżeńskiego romans z Ilamuerią, dziewczyną mieszkającą w sąsiedniej wiosce. Zanim doszło między nimi do intymnego zbliżenia, Gomaia zamierzał ją poślubić. W rezultacie dziewczyna urodziła dziecko, a Gomaia ożenił się z inną kobietą. Zapytany, dlaczego zrezygnował z małżeństwa z poprzednią sympatią, odpowiedział: „Ona ma dziecko, a to bardzo niedobrze". Był jednak całkowicie przekonany, iż przez cały czas ich „narzeczeństwa" dziewczyna ani razu nie była mu niewierna (młodzież w Kiriwinie często pada ofiarą tego typu złudzeń). Gomaia nie miał najmniejszego pojęcia o kwestii ojcostwa. Gdyby coś wiedział, uznałby dziecko za własne, albowiem wierzył, że młoda matka nie utrzymywała stosunków seksualnych z nikim innym, a wyłącznie z nim. Lecz fakt, że dziecko urodziło się w niewłaściwym czasie, był wystarczającą przyczyną zmiany decyzji. Nie oznacza to wcale, by dziewczyna, która jest samotną matką, miała jakiekolwiek poważniejsze trudności ze znalezieniem męża. Podczas mojego pobytu w Omarakanie dwie młode kobiety będące w takiej sytuacji wyszły za mąż, co odbyło się bez najmniejszych komentarzy. Nie ma kobiet niezamężnych w wieku, który można określić jako „wiek małżeński" (25 - 45 lat), a na pytanie, czy dziewczynie grozi staropanieństwo z powodu posiadania dziecka, krajowcy odpowiadają stanowczym zaprzeczeniem. Z tej właśnie perspektywy należy rozpatrywać to wszystko, co zostało powiedziane na temat przynoszenia dzieci przez *baloma*. Dotyczy to również opisanych konkretnych przypadków.

Gdy miast pytania wyłącznie o *u'ula* brzemienności podsuwałem bezpośrednio koncepcję embriologiczną, stwierdzałem, iż krajowcy są całkowicie nieświadomi procesu, do którego istnienia czyniłem sugestie. Nie przemawiało do nich wcale porównanie z ziarnem w ziemi, z którego to ziarna rozwija się i wyrasta roślina. Przejawiali zresztą pewne zaciekawienie, dopytując, czy to jest właśnie „sposób" w jaki czyni to biały człowiek", lecz stwierdzali od razu z całym przekonaniem, iż nie jest to wcale „zwyczaj" znany w Kiriwinie. Płyn nasienny (*momona*) służy ich zdaniem wyłącznie przyjemności i zmniejszeniu tarcia, przy czym charakterystyczne jest, że to samo słowo *momona* określa także wydzielinę kobiety. Krajowcy nie wiedzą zupełnie nic o innych właściwościach tych wydzielin. Stąd też najzupełniej obcy ich przekonaniu jest jakikolwiek pogląd ujmujący kwestię pokrewieństwa lub powinowactwa w linii męskiej w kategoriach fizjologicznego związku ojca i dziecka.

Przedstawiony przypadek tubylców nie umiejących odpowiedzieć na pytanie o ojca nieślubnego dziecka można uzupełnić dwoma dodatkowymi przykładami, dotyczącymi tym razem kobiet zamężnych. Gdy pytałem moich informatorów, co by się stało, gdyby kobieta zaszła w ciążę pod nieobecność męża, stwierdzali oni spokojnie, że takie sytuacje mogą się zdarzyć i że nie stwarzają one najmniejszego problemu. Jeden z rozmówców (nie zanotowałem ani też nie zdołałem zapamiętać jego imienia) pośpieszył przytoczyć własny przypadek jako przykład takiego zdarzenia. Towarzysząc białemu pracodawcy opuścił swą wieś i udał się do Samarai [69], gdzie pozostał, jak twierdził, przez rok. W tym czasie jego żona zaszła w ciążę i urodziła dziecko. Tak więc mąż po powrocie z Samarai zastał w domu dziecko i uznał to za naturalne. W trakcie dalszej rozmowy stwierdziłem, że człowiek ten był nieobecny około ośmiu do dziesięciu miesięcy, a zatem nie było wyraźnej potrzeby podawania w wątpliwość wierności jego żony. Charakterystyczne jest jednak, iż mąż nie widział żadnej potrzeby obliczania miesięcy swej nieobecności, a nawet bez oporów określił w dość niedokładnym przybliżeniu, iż trwała ona około roku. Ważne jest, iż był to mężczyzna inteligentny, który spędził długi czas w służbie białego człowieka jako chłopiec „najęty" i który bynajmniej nie sprawiał wrażenia zastraszonego czy też pantoflarza.

Pewnego razu poruszyłem ten temat w obecności kilku białych mieszkających na Trobriandach. Obecny wśród nich plantator z Kitavy, pan Cameron, opowiedział mi wtedy o przypadku, który nim poruszył, przy czym trzeba zaznaczyć, że plantator nie miał najmniejszego pojęcia o tym, iż tubylcy nie znają przyczyn poczęcia. Krajowiec mieszkający w Kitavie opuścił wieś na dwa lata, udając się w służbę do białych na wyspę Woodlark. Gdy powrócił, zastał w domu kilkumiesięczne dziecko i radośnie potraktował je jako własne. Nie rozumiał wcale aluzji i urągań ze strony białych sugerujących, by porzucił żonę lub co najmniej porządnie ją obił. Fakt, iż żona zaszła w ciążę mniej więcej po roku jego nieobecności, nie był dla niego w najmniejszym stopniu podejrzany ani nie podsuwał mu żadnej niepokojącej myśli. Prócz zanotowanych przeze mnie owych dwóch zdumiewających przypadków mam też wiele innych dowodów wyprowadzonych z mniej wymownych faktów oraz z wymyślonych przykładów, o których rozmawiałem z różnymi informatorami.

Z tematem tym wiąże się kwestia wzajemnej relacji, jaka w pojęciu krajowców zachodzi między ojcem i dzieckiem. Istnieje tylko jeden ogólny termin na określenie pokrewieństwa,

---

69 Osiedle białych na wschodnim krańcu Nowej Gwinei.

brzmi on *veiola*. Termin ten oznacza wyłącznie pokrewieństwo po kądzieli i nie obejmuje związku między ojcem a jego dziećmi ani też między ludźmi związanymi w jakikolwiek sposób po mieczu. Bardzo często analizując obyczaje i ich społeczne podłoże, słyszałem opinię: „Och, ojciec nie robi tego, ponieważ nie jest on *veiola* dla dzieci". Wspólnota ciała to idea stanowiąca podstawę pokrewieństwa matrylinearnego. We wszystkich kwestiach społecznych (prawnych, ekonomicznych, rytualnych) najsilniej podkreśla się związek między braćmi, „albowiem zbudowani są z tego samego ciała, ta sama kobieta dała im życie". A zatem linią graniczną między krewnymi po mieczu, związanymi pokrewieństwem patrylinearnym (które nie istnieje w pojęciu krajowców ani jako ogólna idea, ani też jako określenie słowne), a krewnymi po kądzieli, *veiola*, wyznacza podział na tych, którzy są z tego samego ciała (bez wątpienia jest to idea analogiczna do naszego związku krwi), i tych, którzy nie są z tego samego ciała.

A jednak ze względu na wszystkie drobne elementy składające się na życie codzienne, a także różne prawa i przywileje ojciec pozostaje z dzieckiem w wyjątkowo bliskim związku. I tak dzieci są członkami społeczności wioskowej swego ojca, choć w rzeczywistości to wieś matki jest ich wsią. Także w sprawach dziedziczenia cieszą się one znacznymi przywilejami, którymi obdarza je ojciec. Najważniejszy z przywilejów wiąże się z dziedziczeniem tego, co najcenniejsze ze wszystkich dóbr — magii. Bardzo często, szczególnie w przypadkach takich, jak opisano wyżej (część piąta), gdy ojciec może przeprowadzić to w sposób legalny, pozostawia swoją magię synowi, a nie bratu czy siostrzeńcowi. Jest godne uwagi, iż kierując się względami emocjonalnymi, ojciec zawsze wykazuje skłonności do pozostawiania swym dzieciom tak wiele, jak wiele jest w stanie pozostawić, i czyni tak, kiedy tylko jest to możliwe.

Dziedziczenie magii przez syna po ojcu ma jedną cechę szczególną — magia jest darowana, a nie sprzedawana. Umiejętności magiczne muszą zostać przekazane za życia czarownika, co jest oczywiste, albowiem adepta trzeba dokładnie nauczyć zarówno formuł, jak i praktyk magicznych. Gdy umiejętności te przekazuje się komukolwiek z *veióla*, młodszemu bratu lub siostrzeńcowi, otrzymuje się za to zapłatę. Zapłata taka nazywa się *pokala*, a jej wysokość nie jest bynajmniej bagatelna. Przekazując te same umiejętności synowi nie pobiera się żadnej opłaty. Jest to wielce zaskakujące, podobnie zresztą jak wiele innych cech obyczajów krajowców, albowiem to krewni ze strony matki mają prawo do magii, podczas gdy syn w gruncie rzeczy takiego prawa nie ma. W pewnych okolicznościach syn może zostać pozbawiony przywileju przez tych, którym przywilej ten prawnie przysługuje, a jednak dostęp do magii syn uzyskuje bezpłatnie, natomiast tamci muszą zań słono płacić.

Powstrzymując się od dalszych wyjaśnień, zrelacjonuję po prostu odpowiedź krajowców na to zagadkowe pytanie (moi informatorzy całkiem wyraźnie dostrzegali powyższą sprzeczność i doskonale rozumieli przyczynę mego zdumienia). Stwierdzili oni: „Mężczyzna daje magię dzieciom swej żony. Mężczyzna mieszka z nią, współżyje z nią, ona robi dla niego wszystko to, co żona winna mężowi. Cokolwiek czyni on dla dziecka, stanowi zapłatę (*mapula*) za to, co otrzymuje od żony". Odpowiedź taka bynajmniej nie reprezentuje opinii jednego tylko informatora, lecz jest raczej podsumowaniem wyjaśnień udzielanych mi stereotypowo za każdym razem, gdy poruszałem ten temat. Zatem w pojęciu krajowców argumentem, którym kieruje się ojciec, czyniąc cokolwiek dla swych dzieci, nie jest przeświadczenie, choćby najbardziej mgliste, o fizycznym ojcostwie, lecz bliska zażyłość między nim i jego żoną. Trzeba jednoznacznie zrozumieć, iż społeczne i psychologiczne ojcostwo (będące sumą wszelkiego rodzaju więzów: emocjonalnych, prawnych, ekonomicznych) wynika ze zobowiązań mężczyzny względem żony, natomiast ojcostwo fizjologiczne w ogóle nie mieści się w umyśle krajowców.

Przejdźmy teraz do rozważań nad drugim punktem dokonanego wcześniej rozróżnienia. Chodzi o mgliste wyobrażenia o związku między stosunkiem seksualnym a ciążą. Wspomniałem już wcześniej, iż w wypowiedziach na temat przyczyn ciąży zaintrygowało mnie stwierdzenie, iż współżycie takie stanowi powód przyjścia na świat dziecka. Stwierdzenie to wypowiadane jest, powiedzmy, równolegle z podstawową opinią, wedle której rzeczywistą przyczyną jest *baloma* lub ponownie wcielone *waiwaia*.

Owo przekonanie jest znacznie mniej wyraziste i w gruncie rzeczy tak przesłonięte przez przekonanie podstawowe, iż początkowo wcale go nie dostrzegałem. Byłem zatem przeświadczony, że w stosunkowo prosty sposób udało mi się uzyskać pełne informacje i że nie pozostały do wyświetlenia żadne już niejasności. Gdy osiągnąłem pełne zadowolenie z tego, iż wreszcie zdołałem wszystko ustalić, jedynie z czystej pedanterii wniknąłem jednak ponownie w pewne szczegóły i tu przeżyłem poważny wstrząs. W samej podstawie mojej konstrukcji stwierdziłem pęknięcie mogące spowodować całkowity jej rozpad. Przypominam sobie, iż kiedyś powiedziano mi o pewnej płochej młodej damie z Kasana'i, znanej pod imieniem Iakalusa: „*Sene nakakaita. Coge ivalulu guadi*" (bardzo rozwiązła, ona urodziła dziecko). Idąc dalej tropem owej wprowadzającej zamieszanie wypowiedzi, dowiedziałem się, że bez wątpienia dziewczyna o swobodnych zasadach z większym prawdopodobieństwem będzie mieć dziecko. Gdyby natomiast udało się znaleźć pannę, która nigdy nie zaznała mężczyzny, to moglibyśmy być pewni, że nie będzie mieć dziecka. Znajomość rzeczy wydawała się teraz tak pewna, jak poprzednio ignorancja. Ci sami rozmówcy przyjmowali dwa zupełnie przeciwstawne punkty widzenia. Omawiałem te sprawy tak gruntownie, jak tylko było to możliwe, i wydawało mi się, iż rozmówcy mówią tak lub nie w zależności od tego, czy temat poruszony jest od strony wiedzy czy też od strony niewiedzy. Mój upór, a także (przyznaję ze wstydem) zniecierpliwienie były dla nich niezrozumiałe i nie potrafiłem wytłumaczyć, skąd bierze się moje zaambarasowanie, choć jak sądzę, wprost wskazywałem im sprzeczności.

Usiłowałem ich nakłonić do porównań między zwierzętami i ludźmi, pytając, czy istnieje cokolwiek w rodzaju balomy przynoszącego prosięta ich matce. Na temat świń powiedziano mi: „*Ikaitasi ikaitasi makateki bivalulu minana*" (one kopulują, kopulują, wkrótce samica wyda na świat młode). A zatem w tym wypadku kopulacja okazuje się być *u'ula* poczęcia. Przez pewien czas, z powodu sprzecznych i niejasnych informacji, sytuacja wydawała mi się całkiem beznadziejna. Znajdowałem się w jednej z owych rozpaczliwych ślepych uliczek, w które tak łatwo się zapędzić w trakcie etnograficznych badań terenowych, gdy zaczyna się podejrzewać, że tubylcy celowo opowiadają bajki i że są wobec tego absolutnie niegodni zaufania. Kiedy indziej dochodziłem do przekonania, że mam do czynienia z dwoma układami informacji, z których jeden został zniekształcony wskutek kontaktów z białym człowiekiem. W rzeczywistości jednak w tym wypadku, podobnie jak w większości innych, przyczyna moich trudności była zupełnie innej natury.

Moje budowane z dużą dozą pewności przekonania o „nieuświadomieniu krajowców"' uległy poważnemu wstrząsowi, lecz właśnie ów wstrząs wniósł pewien porządek w chaotycznie układające się dotąd informacje. Cykl mitycznych opowieści o bohaterze Tudavie otwiera historia jego narodzin. Matka bohatera, Mitigis lub Bulutukua, była jedyną istotą ze wszystkich mieszkańców wsi Laba'i, która pozostała na wyspie. Wszyscy inni uciekli w strachu przed potworem Dokonikanem, który był ludojadem i właściwie nieomal wykończył całą ludność Kiriwiny. Porzucona przez swych braci Bulutukua żyła samotnie w grocie na *raiboag* należącym do jej rodzinnej wioski Laba'i. Pewnego dnia, gdy zasnęła w swej grocie, woda kapiąca ze stalaktytów padła na jej łono i otwarła przejście. W rezultacie dziewczyna stała się brzemienna i wydała na świat kolejno: rybę *bologu*, prosię, krzew *kuebila* (ma on pachnące liście i jest bardzo ceniony przez krajowców jako ozdoba), następną rybę (wspomnianą w części piątej rybę *kalala*), kakadu (*katakela*), papugę (*karaga*), ptaka (*sikuaikua*), psa (*ka'ukua*), a w końcu syna, Tudavę. Najbardziej zaskakujący jest w tej opowieści motyw „sztucznego zapłodnienia". Jak to możliwe, by znaleźć przeżytek dawnej niewiedzy w środowisku, w którym niewiedza ta wydaje się nadal w pełni panować? I dalej, jakże się to stało, że bohaterka mitu urodziła po kolei kilkoro dzieci, choć tylko raz jedyny znalazła się pod ociekającym stalaktytem? Wszystkie te pytania były dla mnie wielce zagadkowe. Stawiałem je krajowcom poszukując jakiegoś wyjaśnienia, choć prawdę mówiąc bez większej nadziei.

A jednak zostałem nagrodzony, otrzymując ostateczne i jasne rozwiązanie mych trudności, rozwiązanie, które oparło się serii w najwyższym stopniu pedantycznych testów. Poddawałem próbie jednego po drugim moich najlepszych informatorów; ich pogląd jest następujący: kobieta, która jest dziewicą (*nakapatu*; *na* — przedrostek żeński; *kapatu* — zamknięty), nie może urodzić ani też począć dziecka, albowiem nic nie może ani dostać się do jej łona, ani wydostać się z niego. Trzeba go otworzyć lub przekłuć (*ibasi* — to słowo jest używane do opisu działania kropli padających na Bulutukuę). Wynika z tego, że pochwa kobiety, która często miewa stosunki, będzie bardziej rozwarta i łatwiejsza do przebycia dla ducha dziecka. Natomiast dziewczyna prowadząca się niemal cnotliwie będzie miała w tym względzie znacznie mniejsze szanse. Sama kopulacja, poza działaniem czysto mechanicznym, jest właściwie bez znaczenia. Gdy brak owego mechanicznego ułatwienia, mogą zostać użyte inne metody rozwierania przejścia i jeśli tylko *baloma* zdecyduje się włożyć *waiwaia* lub gdy *waiwaia* samo zdecyduje się wkroczyć, kobieta stanie się brzemienna.

Dowodem na to, ponad wszelką wątpliwość, jest dla moich informatorów przypadek Tilapo'i, kobiety mieszkającej w wiosce Kabululo nieopodal Omarakany. Jest ona półślepa, niedorozwinięta umysłowo i tak brzydka, iż nikomu nie przyszłoby do głowy zbliżyć się do niej w celach erotycznych. Prawdę mówiąc jest ona ulubionym tematem pewnego gatunku dowcipów przedstawiających postać potencjalnego amatora jej wdzięków. Dowcipy te są często powtarzane przez krajowców, którzy wyraźnie się nimi rozkoszują, a określenie: „*Kuoi Tilapo'i*!" (Miej stosunek z Tilapo'i) stało się rodzajem żartobliwej obelgi. Choć uważa się, że Tilapo'i nigdy nie miała związku z żadnym mężczyzną, zdarzyło się, iż urodziła jednak dziecko, które później zmarło. Podobny, a może jeszcze bardziej uderzający jest przykład pewnej kobiety z Sinakety. Powiedziano mi, iż jest ona tak odrażająca, iż każdy mężczyzna choćby tylko podejrzany o intymne stosunki z nią popełniłby samobójstwo. A jednak kobieta ta ma co najmniej pięcioro dzieci. W obu tych wypadkach wyjaśnia się, iż ciąża stała się możliwa, gdyż srom został rozszerzony na skutek manipulacji palcami. Moi rozmówcy rozwodzili się nad tym zagadnieniem z wielkim upodobaniem, rysując wykresy i schematy, by wyjaśnić mi wszystkie szczegóły tej procedury. Wnosząc z tych relacji, nie ma najmniejszych podstaw, by wątpić w szczerość panującego przekonania co do możliwości zaistnienia ciąży bez uprzedniego stosunku.

Nauczyłem się zatem odróżniać znajomość mechanicznego przebiegu stosunku, na której to znajomości kończy się wiedza tubylców o naturalnych warunkach ciąży, od wiedzy dotyczącej zapłodnienia, udziału mężczyzny w stworzeniu nowego życia w łonie kobiety. O tym drugim procesie krajowcy nie mają bladego pojęcia. Takie rozróżnienie wyjaśnia zagadkę mitu Bulutukui: kobieta, której raz rozwarto srom, może wydać kolejno na świat całą serię dzieci bez potrzeby żadnych dodatkowych fizjologicznych bodźców. Wyjaśnia to także „wiedzę" dotyczącą zapłodnienia u zwierząt. Krajowcy nic nie wiedzą o pośmiertnych losach czy też duchowej egzystencji zwierząt, a zwierzęta domowe, takie jak świnia i pies, rysują się najwyraźniej w tutejszym obrazie świata. Pytając wprost o to, czy istnieją *baloma* zwierząt, otrzymuje się odpowiedzi raz twierdzące, a kiedy indziej przeczące. W obu wypadkach jednak stanowisko zajęte przez rozmówcę nie jest odzwierciedleniem ogólnego poglądu, lecz wynikiem improwizacji. Oznacza to, że w wypadku zwierząt całkowicie pomija się po prostu problem reinkarnacji i formowania się nowego życia. Fizjologiczny aspekt procesu jest jednak krajowcom dobrze znany. Dopytując zatem o mechanizmy rozmnażania zwierząt, dowiadujemy się, że muszą zostać spełnione pewne warunki fizjologiczne, w ogóle natomiast nie jest brany pod uwagę rzeczywisty problem, jak powstaje w łonie nowe życie. Nie byłoby rzeczą stosowną zanadto wnikać w te sprawy, albowiem krajowcy nigdy nie wykazują konsekwencji w przenoszeniu elementów swych wierzeń do tych sfer, do których w sposób oczywisty one nie należą. Nie kłopoczą się pytaniami o pośmiertne życie zwierząt ani nie mają żadnej opinii o ich rozmnażaniu się. Te zagadnienia są znane i uznane w odniesieniu do człowieka, tylko człowieka dotyczą i nie powinny być rozszerzane na inne byty. Także w bardziej rozwiniętych teologiach pytania takie (na przykład o duszę i nieśmiertelność zwierząt) są kłopotliwe, a formułowane odpowiedzi nie są bardziej spójne od tych, jakich udzielają Papuasi.

Podsumowując należy powtórzyć, że wiedza krajowców dotycząca tego zagadnienia nie ma znaczenia socjologicznego, albowiem nie kształtuje ich pojęcia o więzach rodzinnych ani też nie ma wpływu na ich zachowania w sferze seksu.

Po przedstawieniu materiałów zebranych w Kiriwinie konieczne wydaje się dokonanie dygresji o bardziej ogólnej naturze. Jak wiadomo, nieświadomość fizycznego ojcostwa została po raz pierwszy odkryta przez sir Baldwina Spencera i pana Francisa J. Gillena wśród plemienia Arunta w środkowej Australii. Następnie to samo stwierdzono wśród znacznej liczby innych plemion australijskich, a autorami dalszych odkryć byli oprócz wspomnianych wyżej także i inni badacze. W sumie posiadane wiadomości dotyczą praktycznie całego terenu środkowej i północno-wschodniej części kontynentu w granicach objętych badaniami etnograficznymi.

Zarysowujące się w związku z tym odkryciem główne kwestie sporne sformułowano następująco. Po pierwsze, czy owa nieświadomość stanowi swoistą cechę kultury australijskiej lub nawet tylko kultury plemienia Arunta, czy też jest to fakt powszechny wśród większości, a może nawet wszystkich niższych ras? Po drugie, czy ów stan prymitywnej nieświadomości wynika po prostu z braku wiedzy spowodowanego zbyt małą spostrzegawczością i błędnym wnioskowaniem, czy też jest to zjawisko wtórne, biorące się ze stłumienia pierwotnej wiedzy przez narzuconą koncepcję animistyczną? [70]

---

70 Ponieważ zamierzeniem moim jest przytoczenie pewnych dodatkowych danych na ten temat, a nie krytykowanie poszczególnych poglądów, nie cytuję żadnych konkretnych wypowiedzi, pomijam zwłaszcza wypowiedzi tych osób, których przekonań nie da się obronić. Prawdopodobieństwo „nierozpoznania w dawnych czasach fizjologicznego związku między ojcem i dzieckiem" zostało zasugerowane po raz pierwszy przez p. E. S. Hartlanda (patrz *The Legend of Perseus* [London] 1894 - 1896), a odkrycia Spencera i Gillena

Nie wdawałbym się wcale w ten spór, gdybym nie chciał przedstawić kilku nowych faktów, częściowo zaczerpniętych ze studiów prowadzonych poza Kiriwiną, a częściowo opartych na ogólnych spostrzeżeniach poczynionych w trakcie badań terenowych i dotyczących bezpośrednio niniejszych zagadnień. Mam zatem nadzieję, iż dygresja ta będzie mi wybaczona, ponieważ kieruję się nie tyle chęcią prowadzenia spekulacji w kwestiach spornych, ile raczej zamiarem włączenia do tej dyskusji dodatkowego materiału.

Przede wszystkim chcę przedstawić wyniki dokonanych poza Kiriwiną obserwacji, które świadczą o tym, że poziom nieświadomości podobny do stwierdzonego na Trobriandach utrzymuje się też na szeroką skalę wśród plemion papuasko-melanezyjskich na Nowej Gwinei. Profesor Seligman pisze na temat Koitów: „Twierdzi się, iż pojedynczy stosunek seksualny nie jest wystarczający, by wywołać ciążę. Aby być jej pewnym należy systematycznie przez miesiąc kontynuować współżycie" [71]. Podobny stan rzeczy odnotowałem też wśród Mailów na południowym wybrzeżu Nowej Gwinei: „[...] Wydaje się, że u Mailów zależność między współżyciem a poczęciem jest znana, choć wypytując bezpośrednio o przyczyny ciąży, nie otrzymałem nigdy wyraźnej i stanowczej odpowiedzi. Krajowcy — jestem tego zupełnie pewien — nie pojmują idei związku między tymi dwoma faktami [...]. Podobnie jak profesor Seligman badając plemię Koitów, także i ja natknąłem się na zdecydowane przekonanie, iż tylko kontynuowane przez miesiąc lub dłużej współżycie prowadzi do ciąży, a pojedynczy akt nie jest w tej materii wystarczający" [72].

Żadne z tych stwierdzeń nie jest zbyt stanowcze i w gruncie

---

doskonale potwierdziły jego opinię. Później p. Hartland poświęcił temu problemowi dalsze, niezwykle wyczerpujące badania (patrz *Primitive Paternity* [London 1909 - 1910]). Także sir J. G. Frazer udzielił swego znakomitego poparcia opinii, iż we wczesnym okresie ludzkości powszechna była nieświadomość fizycznego ojcostwa (patrz *Totemism and Exogamy* [London 1910, 4 t.]).

[71] C. G. Seligman, *The Melanesians*, s. 84.

[72] B. Malinowski, *The Natives of Mailu*, s. 562.

rzeczy wcale nie świadczy o całkowitej nieświadomości fizycznego ojcostwa. Żaden badacz nie wdał się zresztą w bliższe szczegóły. Można zatem *a priori* podejrzewać, że sformułowane wnioski zezwalają na wprowadzenie pewnych modyfikacji. Prawdę mówiąc zdołałem wniknąć w te sprawy podczas mojego drugiego pobytu na Nowej Gwinei i wiem, że mój raport o Mailach jest niepełny. W czasie wizyty wśród Mailów czułem się równie zakłopotany, jak w Kiriwinie. W Kiriwinie towarzyszyli mi dwaj chłopcy pochodzący z regionu pobliskiego terenom zamieszkanym przez Mailów. Udzielili mi oni informacji dokładnie takich samych, jak te, które zebrałem w Kiriwinie. Twierdzili, że zajście w ciążę wymaga uprzednich stosunków seksualnych, wykazując przy tym całkowitą nieznajomość faktu zapłodnienia. Także przeglądając notatki sporządzone wśród Mailów latem 1914 roku oraz wśród Sinaugholów, plemienia blisko związanego z Koitami, widzę, że z wypowiedzi krajowców wynika jedynie świadomość faktu, iż kobieta musi przed poczęciem przejść inicjację seksualną. Na wszystkie bezpośrednie pytania o to, czy jest coś takiego w stosunku seksualnym, co powoduje ciążę, uzyskiwałem odpowiedzi przeczące. Niestety w żadnym z tych miejsc nie zapytałem wprost o wierzenia dotyczące „nadnaturalnych przyczyn ciąży". Chłopcy pochodzący z Gadogado'a (rejon nieopodal Mailu) powiedzieli mi, że u nich takich wierzeń nie ma wcale. Ich świadectwa nie można wszelako uznać za ostateczne, albowiem obaj spędzili znaczną część swego życia w służbie białego człowieka i mogli nie znać zbyt dobrze tradycyjnych przekonań własnego plemienia. Jest jednak całkiem pewne, iż gdyby z pomocą krajowców rozwinąć wnioski profesora Seligmana i moje informacje zdobyte wśród Mailów, to osiągnęłoby się takie same rezultaty, jak te, które stanowiły plon moich badań przeprowadzonych na tym polu w Kiriwinie.

Wszyscy ci tubylcy, Koitowie, Południowi Massimowie z Gadogado'a oraz Północni Massimowie z Kiriwiny [73], są przedstawicie-

---

[73] Używam terminologii prof. Seligmana (*The Melanesians*, s. 1 - 8) opartej na dokonanej przez niego klasyfikacji Papuasów.

lami grupy papuasko-melanezyjskiej. Kiriwińczycy są bardzo rozwiniętym odłamem tej grupy; w istocie w świetle naszej obecnej wiedzy nawet najbardziej rozwiniętym [74].

Istnienie w obrębie najbardziej rozwiniętej grupy papuasko-melanezyjskiej, a być może w całej grupie papuasko-melanezyjskiej pełnej nieświadomości takiego typu, jaki stwierdzili Spencer i Gillen, wydaje się oznaczać znacznie szerszy, niż to dotychczas zakładano, zakres zjawiska i większą jego trwałość na wyższych etapach rozwoju. Należy wszelako dobitnie powtórzyć, iż póki nie uzyskamy szczegółowych danych, a zwłaszcza póki nie zbadamy wnikliwie przedstawionego wyżej rozróżnienia, póty istnieje niebezpieczeństwo błędu i sformułowania fałszywych wniosków [75].

---

[74] Patrz *ibid.*, passim, zwłaszcza rozdz. 49.

[75] Typowego przykładu takiego błędu dostarczają moje notatki sporządzone wśród Mailów i sformułowane na ich podstawie wnioski. Jako inny przykład można przytoczyć odrzucenie przez C. Strehlowa i F. von Leonhardiego odkryć Spencera i Gillena. Jeśli jednak przeczytać uważnie argumentację von Leonhardiego i przyjrzeć się dokładnie danym Strehlowa, okaże się, iż cały spór był dość błahej natury i zaistniał na skutek przyjęcia niewłaściwych przesłanek. W rzeczywistości wypowiedzi obu tych panów potwierdzają słuszność pierwotnych odkryć Spencera i Gillena. Przyczyną tej sytuacji jest brak doświadczenia obserwatora (Strehlowa). Dobrych i wszechstronnych badań etnograficznych trudno oczekiwać ze strony nieprzygotowanego obserwatora, podobnie jak od górnika nie oczekujemy uczonych wypowiedzi na temat geologii, a po nurku nie spodziewamy się formułowania teorii hydrodynamiki. Nie wystarczy znaleźć się w obliczu faktów, niezbędna jest umiejętność właściwego ich ujęcia. Brak właściwego przygotowania i zdolności umysłowych nie jest jednak jedyną przyczyną porażki. W doskonałej książce poświęconej krajowcom z Nowej Gwinei (Goodenough Bay mieszkającym na wybrzeżu północno-wschodnim) pióra wielebnego H. Newtona, obecnie biskupa Karpentarii, który jak mało kto jest wyposażony w zdolność rozumienia sposobu myślenia tubylców i pojmowania ich obyczajowości, znajdujemy następujące stwierdzenie: „Mogą istnieć rasy o takiej nieświadomości [związku przyczynowego między stosunkiem płciowym a ciążą — *B.M.*], jak dano nam do zrozumienia [w oświadczeniu Spencera i Gillena — *B.M.*]. Trudno to sobie wyobrazić, skoro okazuje się, że niewierność małżeńska jest wszędzie tak surowo karana i skoro uznaje się odpowiedzialność ojca za dziecko. Jeśli w ogóle można to sobie wyobrazić, to

Przejdźmy teraz do drugiej z zaprezentowanych wcześniej kontrowersyjnych kwestii. Czy omawiana nieświadomość nie może być wtórnym rezultatem narzuconych koncepcji animistycznych przesłaniających wiedzę pierwotną? Rozmówca reprezentujący typowy dla mieszkańców Kiriwiny sposób myślenia odpowiedziałby na to kategorycznym zaprzeczeniem. Rozpatrywane z tego punktu widzenia podane uprzednio szczegółowe wyjaśnienie wydaje się przekonujące w wystarczającym stopniu, niemniej dla wzmocnienia argumentacji przydatne będą pewne dalsze uwagi. Krajowcy nie mają najmniejszego pojęcia o mechanizmach powstawania życia. Nie jest też prawdą, że zdecydowane przekonanie o istnieniu reinkarnacji biegnie równolegle z pewną ukrytą wiedzą. Poglądy i wierzenia dotyczące reinkarnacji, choć niewątpliwie istnieją, nie odgrywają większej społecznej roli i w zbiorze dogmatycznych przekonań krajowca nie zajmują wcale pierwszoplanowej pozycji. Wiedza o przebiegu procesu fizjologicznego i przekonanie o funkcji pełnionej przez *baloma* mogą istnieć obok

---

tylko w niewielkim stopniu" (*In Far New Guinea* [London 1914], s. 194). A zatem doskonały obserwator (jakim niewątpliwie jest obecny biskup Karpentarii), żyjący przez wiele lat wśród krajowców i znający ich język, musi sobie wyobrażać pewien stan rzeczy, który w całej pełni utrzymuje się wokół niego. Neguje ten stan rzeczy (nie tylko w znanym mu plemieniu, ale i we wszystkich innych), tłumacząc, iż zarówno zazdrość małżeńska, jak i uznanie ojcostwa jednak istnieją (uznanie, które w przedstawianym plemieniu nie ma nic wspólnego ze znajomością związku fizjologicznego między ojcem i dzieckiem)! Jakby istniał najmniejszy związek logiczny między zazdrością (czysty instynkt) a pojęciem poczęcia albo między poczęciem a społecznymi więzami rodzinnymi! Poddałem krytyce tę właśnie wypowiedź, ponieważ znalazła się w jednej z najlepszych książek etnograficznych, jakie mamy o krajowcach z mórz południowych. Chciałbym jednak dodać, iż moja krytyka jest poniekąd niestosowna, ponieważ p. Newton, jako misjonarz, nie miał okazji omawiać z tubylcami interesujących nas szczegółów, a ponadto dał czytelnikom do zrozumienia, iż bezpośrednio nie studiował tego problemu i otwarcie podał przyczyny swoich wątpliwości. Przytoczyłem jednak jego stwierdzenie, by pokazać, jak wiele trudności technicznych wiąże się ze zdobyciem rzetelnych informacji na ten temat i jak wiele jest luk, przez które mogą się przedostać do naszej wiedzy omyłki.

siebie, podobnie jak równolegle istnieją koncepcje konieczności mechanicznego rozwarcia łona oraz działania ducha. W niezliczonych dziedzinach krajowcy rozumieją naturalną i racjonalną (w naszym pojęciu) kolejność wydarzeń i wiedzą o związkach przyczynowych, choć obok tej wiedzy funkcjonują przekonania o magicznych następstwach i związkach.

Zagadnienie nieznajomości faktu zapłodnienia odnosi się jednak nie do psychologii wierzeń, lecz do psychologii wiedzy opartej na obserwacji. Tylko wierzenie może być przesłonięte lub zaciemnione przez inne wierzenie. Gdy jednak fizyczna obserwacja zostanie raz dokonana, gdy krajowiec uchwyci związek przyczynowy, wtedy już ani wierzenie, ani „przesąd" nie mogą przesłonić tej wiedzy, mogą natomiast istnieć równolegle do niej. Magia ogrodowa bynajmniej nie „przysłania" wiedzy krajowców o związkach przyczynowych, o znaczeniu starannego odkrzewiania terenu, nawożenia gleby popiołem, podlewania itp. Dwie sfery faktów funkcjonują równolegle w umyśle krajowca i w żadnym wypadku jedna z nich nie „przysłania" drugiej.

W przypadku nieświadomości fizjologicznego ojcostwa nie mamy do czynienia z konkretnym stanem umysłu ani z dogmatem pociągającym za sobą praktyki, rytuały i obyczaje, lecz po prostu z brakiem jakiejkolwiek wiedzy. Ów brak wiedzy nie może być wywołany przez żadne ugrutowane wierzenie. Wszelkie stwierdzone wśród ras tubylczych szersze luki w wiedzy, wszelki powszechny brak informacji, wszelka niedoskonałość obserwacji muszą być, aż do czasu znalezienia kontrargumentu, uznane za pierwotne. W przeciwnym bowiem razie można by twierdzić, iż ludzkość posiadała kiedyś umiejętność posługiwania się prymitywnymi zapałkami stearynowymi, ale z czasem umiejętność ta zanikła i została zastąpiona przez bardziej przecież skomplikowane a zarazem malownicze krzesanie ognia za pomocą krzesiwa lub innych metod tarcia.

Tłumaczenie zaobserwowanej niewiedzy przez stwierdzenie, że krajowcy „wmawiają nam, że tego nie wiedzą", wydaje się raczej błyskotliwą *jeu de mots* aniżeli poważną próbą dotarcia do sedna. Sprawa ta jest jednak prosta dla każdego, kto zrozumie, iż tutejszy „filozof przyrody", aby zbliżyć się cokolwiek do naszej wiedzy embriologicznej, musiałby przezwyciężyć trudności absolutnie nie do pokonania. Jeśli uświadomić sobie, jak skomplikowana jest to wiedza i jak późno my ją zdobyliśmy, niedorzeczne byłoby poszukiwanie u tubylców najsłabszego choćby jej przebłysku. Rozumowanie to jest chyba możliwe do przyjęcia nawet dla tych, którzy traktują problem wyłącznie spekulatywnie, wywodząc swoje argumenty z tego, co prawdopodobnie musi być punktem widzenia krajowców w tej materii. A jednak mamy autorów, którzy wiadomości potwierdzające taki stan umysłu krajowców przyjęli dość sceptycznie i nadal usiłują tłumaczyć ten stan w sposób najbardziej zawiły. A przecież droga od pełnej nieświadomości do ścisłej wiedzy jest daleka i trzeba ją pokonywać stopniowo. Nie ma wątpliwości co do tego, że Kiriwińczycy posunęli się o krok naprzód na tej drodze, uznając konieczność stosunku seksualnego za warunek wstępny ciąży. Taką opinię przejawiają także, choć w mniej zdecydowanej formie, członkowie plemienia Arunta ze środkowej Australii, wśród których Spencer i Gillen odkryli przekonanie, że stosunek przygotowuje kobietę do przyjęcia ducha dziecka.

Przytaczanie przez niektórych autorów innych okoliczności wydaje się niezwykle trafne, tym bardziej że potwierdzają ich znaczenie także moi tutejsi informatorzy. Mam na myśli to, że u większości dzikich ras życie seksualne rozpoczyna się bardzo wcześnie i jest niezwykle intensywne. W tej sytuacji stosunek seksualny nie jest dla krajowców wyjątkowym zdarzeniem, które wywołuje emocje swoją niezwykłością, skłaniając zainteresowanych do obserwowania konsekwencji. Wręcz przeciwnie, aktywność seksualna stanowi element normalnego życia. W Kiriwinie panuje przekonanie, że niezamężne dziewczęta poczynając od szóstego roku życia (*sic!*) wdają się prawie co noc w swawole. Nieistotne jest, czy przeświadczenie to jest zgodne z prawdą, czy też nie, chodzi bowiem tylko o to, że stosunki seksualne są dla krajowców czymś tak normalnym, jak jedzenie, picie czy spanie. I cóż w tym jest takiego, co mogłoby wywołać zainteresowanie krajowca, zwrócić jego uwagę na związek między zupełnie normalnym, codziennym zdarzeniem a wyjątkowym, pojedynczym przypadkiem? Jakże miałby uświadomić sobie, że ten właśnie akt, który jest dla kobiety prawie tak częsty, jak jedzenie i picie, spowoduje raz, dwa, a może trzy razy w jej życiu zajście w ciążę?

Jest najzupełniej pewne, że tylko dwa wyodrębnione, pojedyncze zdarzenia prowadzą do łatwego wykrycia istniejącego między nimi związku. Stwierdzenie, że coś nadzwyczajnego jest wynikiem zupełnie normalnej czynności, wymaga, oprócz ścisłego umysłu i metody naukowej, wnikliwości, umiejętności wyodrębniania istotnych i eliminacji nieistotnych faktów oraz tworzenia sytuacji eksperymentalnych. Spełniwszy te warunki tubylcy odkryliby prawdopodobnie związek przyczynowy, albowiem ich umysł funkcjonuje według tych samych zasad, co nasz. Gdy krajowiec jest czymś bardzo zainteresowany, wtedy dość duże są jego zdolności obserwacyjne, a pojęcie przyczyny i skutku nie jest mu bynajmniej nieznane [76]. Problem polega na tym, że przyczyna i skutek w swej formie rozwiniętej należą do kategorii rzeczy stałych, podlegających prawom i typowych, natomiast w swej psychologicznie oryginalnej postaci niewątpliwie reprezentują kategorię idei niezgodnych z prawami, nieregularnych, wyjątkowych i jednostkowych.

Niektórzy z moich informatorów wyraźnie zarzucali mi brak logiki w argumentacji, gdy bez ogródek twierdziłem, że to nie *baloma* powoduje ciążę, ale że przyczyną jest coś w rodzaju ziarna rzuconego na ziemię. Przypominam sobie, iż zostałem niemal wprost zmuszony do wyjaśnienia sprzeczności, dlaczegóż to przyczyna powtarzana codziennie lub prawie codziennie wywołuje skutek tak niezwykle rzadko.

Podsumowując, jeśli uprawnione jest określanie pewnych stanów umysłu jako „pierwotne", to nieznajomość mechanizmów pow-

---

[76] Moje doświadczenie w badaniach terenowych przekonało mnie całkowicie o bezużyteczności teorii przypisujących dzikim inny typ umysłowości i inne zdolności logicznego myślenia. Tubylcy nie są w swej wierze „prelogiczni", tylko alogiczni, ponieważ wiara i myślenie dogmatyczne nie zasadzają się na prawach logiki ani u dzikich, ani u nas.

stawania życia jest bez wątpienia takim właśnie stanem pierwotnym. Nieznajomość tych mechanizmów jest powszechna wśród Melanezyjczyków z Nowej Gwinei, co oznacza, iż jest to stan, który utrzymuje się na wyższych etapach rozwoju, niż można było przypuszczać wyłącznie na podstawie materiału australijskiego. Pewna znajomość mechanizmów myślenia tubylców i warunków, w jakich zmuszeni są prowadzić obserwacje w tej materii, winna przekonać każdego, że nie może być inaczej. Do wytłumaczenia tego nie potrzeba wcale ani wyszukanych wyjaśnień, ani żadnych teorii.

VIII

Oprócz przedstawionych dotychczas konkretnych danych dotyczących wierzeń krajowców istnieje też nie mniej istotny zestaw faktów, które trzeba omówić, zanim poruszony temat będzie można uznać za wyczerpany. Mam na myśli ogólne prawa socjologiczne: należy je uchwycić i sformułować w terenie, aby chaotyczny i niejasny materiał obserwacyjny mógł być zrozumiały dla obserwatora i zarejestrowany w naukowo użytecznej formie. Nie udało mi się niestety znaleźć jednoznacznych założeń filozoficznych, które byłyby przydatne z punktu widzenia etnograficznych i socjologicznych badań terenowych. Ponieważ spowodowało to poważne utrudnienie w okresie, gdy po raz pierwszy podjąłem próbę obserwacji i opisu tubylczych instytucji, zatem uważam, że istotne jest przedstawienie trudności, na które się wtedy natknąłem, oraz sposobów, jakimi usiłowałem im zaradzić.

Jedna z głównych zasad, które sformułowałem podczas badań terenowych, głosi, iż „należy gromadzić czyste fakty i w zapisach wyraźnie oddzielać fakty od interpretacji". Ta zasada jest słuszna, jeśli przez „interpretacje" rozumie się wszelkie hipotetyczne spekulacje, na przykład nad pochodzeniem, i wszelkie pośpiesznie formułowane uogólnienia. Istnieje wszelako także i inna postać interpretacji, bez której niemożliwe jest prowadzenie jakiejkolwiek obserwacji. Chodzi o interpretację, która pozwala dostrzegać w nieskończonej różnorodności faktów pewne prawa ogólne, która oddziela istotne od nieistotnego, która porządkuje i klasyfikuje zjawiska, ujmując je w postaci wzajemnych związków. Bez takiej interpretacji wszelkie naukowe badania w terenie muszą przybrać zdegenerowaną formę zwykłego „zbieractwa" danych, przedstawiając w najlepszym razie zbiór przypadkowych i nie związanych ze sobą szczegółów. Metoda powyższa nigdy nie umożliwi odsłonięcia socjologicznej struktury badanego ludu, opracowania systematycznej relacji o jego wierzeniach ani też przedstawienia wizji świata z perspektywy krajowców. Fragmentaryczną, niespójną, nieorganiczną postać posiadanego obecnie materiału etnologicznego zawdzięczamy właśnie kultowi „czystych faktów". To jest tak, jak gdyby można było zawinąć w koc pewną liczbę „faktów takich, jakie były" i przywieźć je rodzimym badaczom, by uogólnili je i zbudowali na ich podstawie konstrukcje teoretyczne.

Ale tak naprawdę takie postępowanie jest zupełnie niemożliwe. Nawet gdyby ograbić teren z wszelkich przedmiotów materialnych i przenieść je do kraju bez zaprzątania sobie uwagi dokładnym opisem ich zastosowania — taką metodę stosowano systematycznie w niektórych niebrytyjskich posiadłościach na Pacyfiku — to taka muzealna kolekcja miałaby niewielką wartość naukową. Albowiem porządkowanie, klasyfikację i interpretację należy przeprowadzić w miejscu badań w odniesieniu do organicznej całości społecznego życia ludu. To, czego nie da się zrobić z najbardziej „skrystalizowanymi" zjawiskami, jakimi są przedmioty materialne, jest jeszcze mniej możliwe w wypadku zjawisk, które uzewnętrzniają się w zachowaniu krajowców, zalegają głęboko w ich umyśle bądź też są częściowo utrwalone w ich zwyczajach i uroczystościach. W terenie badacz jest zmuszony stanąć w obliczu chaosu faktów; niektóre są tak drobne, iż wydają się bez znaczenia, podczas gdy inne rysują się tak potężnie, że trudno je ogarnąć jednym syntetycznym spojrzeniem. W tej surowej postaci są to jednak fakty wcale nie naukowe i całkowicie nieuchwytne. Uporządkować je można tylko dzięki interpretacji, postrzeganiu ich *sub specie aeternitatis* oraz uchwyceniu i ustaleniu tego, co decyduje o ich istocie. *Jedynie prawa i uogólnienia są faktami naukowymi*, a badania terenowe polegają tylko i wyłącznie na interpretacji chaotycznej rzeczywistości społecznej i na podporządkowaniu jej ogólnie panującym zasadom.

Każda statystyka, każda mapa wsi czy gruntów, każda genealogia, każdy opis uroczystości, w rzeczywistości każdy dokument etnologiczny są uogólnieniami same w sobie i to uogólnieniami rzadko kiedy łatwymi do sformułowania. W każdym wypadku najpierw trzeba odkryć i sprecyzować zasady, aby wiedzieć dokładnie, co liczyć i jak liczyć. Każdą mapę należy szkicować tak, by przedstawić określony układ gospodarczy lub społeczny. Każda genealogia musi wyrażać związek pokrewieństwa między ludźmi i jest wartościowa tylko pod warunkiem, że zgromadzono ponadto stosowne informacje o ludziach. W opisie każdej uroczystości konieczne jest oddzielenie tego, co przypadkowe, od tego, co najistotniejsze, oddzielenie elementów pomniejszych od elementów ważnych, tego, co różni każdy spektakl, od tego, co zgodnie z obyczajem zawsze występuje. Wszystko to wydawać się może nieomal truizmem, a jednak we wszystkich wskazówkach do badań terenowych w dalszym ciągu kładzie się nacisk na niefortunną zasadę trzymania się „wyłącznie czystych faktów", traktując ją jako zasadę przewodnią.

Powracając po tej dygresji do głównego tematu rozważań, chcę przytoczyć niektóre ogólne zasady socjologiczne, które byłem zmuszony sprecyzować, by przezwyciężyć pewne trudności i rozbieżności informacji, a także by oddać sprawiedliwość złożoności faktów, upraszczając je zarazem w celu wyraźniejszego zarysowania sytuacji. Wszystko, co powiem w tym miejscu, dotyczy Kiriwiny i nie zawsze odnosi się do jakiegokolwiek innego lub większego obszaru. Ponadto omówię tylko te uogólnienia socjologiczne, które dotyczą bezpośrednio wierzeń lub nawet, precyzując to dokładnie, tylko wierzeń opisanych w niniejszej pracy.

Najważniejsza zasada ogólna dotycząca wierzeń, którą zmuszony byłem w trakcie badań terenowych uznać i zastosować, jest następująca. Ani żadne wierzenie, ani żaden element folkloru nie jest pojedynczą informacją, którą można uzyskać z przypadkowego źródła lub od przypadkowego informatora i którą można sformułować w postaci aksjomatu lub przedstawić w formie prostego szkicu. Wręcz przeciwnie, każde wierzenie odbija się w umysłach wszystkich członków badanej społeczności i przejawia się w wielu zjawiskach społecznych. Jest ono zatem złożone i funkcjonuje w rzeczywistości społecznej w olbrzymiej różnorodności, często wprowadzającej zamieszanie, chaotycznej i trudnej do ogarnięcia. Innymi słowy, istnieje „społeczny wymiar" wierzenia, który trzeba dokładnie przestudiować. Należy zbadać, w jaki sposób wierzenie przesuwa się wzdłuż tego społecznego wymiaru, należy też poddać je analizie z perspektywy różnorodnych typów umysłowości i w kontekście różnych zwyczajów, w których znajduje się ślady jego funkcjonowania. Zlekceważenie społecznego wymiaru, pominięcie złożonego kontekstu społecznego, w którym występuje dany element folkloru, jest zabiegiem nienaukowym. Równie nienaukowe jest uznanie faktu występowania owych trudności i rozwiązanie problemu przez przyjęcie prostego założenia o nieistotności zróżnicowania. Albowiem nieistotne w nauce jest tylko to, czego nie da się przedstawić w postaci ogólnych praw.

Informacje etnologiczne dotyczące wierzeń formułowane są zazwyczaj mniej więcej tak: „Krajowcy wierzą w istnienie siedmiu dusz" albo: „Stwierdziliśmy, że w tym plemieniu zły duch zabija ludzi w zaroślach" itd. Stwierdzenia te są z pewnością fałszywe lub, w najlepszym razie, niepełne, ponieważ żadni „krajowcy" (w liczbie mnogiej) nie mają wierzeń ani idei, lecz każdy z nich ma swoje własne idee i własne wierzenia. Co więcej, wierzenia i idee funkcjonują nie tylko w świadomych i wyrażanych słowami przekonaniach członków społeczności. Są wplecione w zwyczaje społeczne i przejawiają się w zachowaniach i zarówno z jednych, jak i z drugich trzeba je „wysupłać". Wynika z tego, że sprawa nie jest tak prosta, jak by to sugerował znany w etnologii zwyczaj przedstawiania „jednowymiarowych" relacji. Na ogół bowiem etnograf łapie informatora i w wyniku rozmowy z nim może sformułować opinię krajowca o — powiedzmy — życiu pozagrobowym. Następnie spisuje sprawozdanie, w którym podmiot gramatyczny zyskuje liczbę mnogą, i w ten sposób dowiadujemy się o „krajowcach wierzących w to i tamto". To właśnie nazywam „jednowymiarową" relacją, albowiem pomija ona wymiar społeczny, w którego kontekście wierzenie należy przeanalizować, podobnie jak pomija tak istotną złożoność i różnorodność tego wymiaru [77].

Oczywiście bardzo często, choć bynajmniej nie zawsze, złożoność i zróżnicowanie szczegółów można pominąć jako nieistotne z uwagi na jednolitość wszystkich podstawowych i najważniejszych elementów wierzenia. Problem jednak trzeba wnikliwie zbadać, a do przeprowadzenia zabiegu upraszczania zróżnicowanych form i ujednolicania wielości postaci zastosować określone reguły metodologiczne. Każdą przypadkową procedurę należy odrzucić jako nienaukową. O ile wiem, żaden badacz terenowy, nawet najznakomitszy, nie podjął próby odkrycia i sformułowania takich reguł metodologicznych. Poniższe uwagi należy zatem traktować pobłażliwie jako pierwszą samodzielną próbę naszkicowania pewnych istotnych powiązań. Wymagają one pobłażliwości także i dlatego, że stanowią rezultat rzeczywistych doświadczeń i trudności napotykanych podczas badań terenowych. Jeżeli przedstawionej wcześniej relacji o wierzeniach brakuje pewnej jednolitości i gładkości, a badacz pomógł sobie powołując się na własne trudności, to trzeba mu to wybaczyć z tego samego powodu. Usiłowałem jak najprościej przedstawić „społeczny wymiar" w dziedzinie wierzeń, nie tając trudności wynikających nie tylko ze zróżnicowania poglądów, lecz i z konieczności stałego uwzględniania kontekstu zwyczajów społecznych, a także interpretacji i zachowań krajowców. Równocześnie przez cały czas sprawdzałem fakty społeczne za pomocą psychologicznych danych i *vice versa*.

---

[77] Sprawdźmy tę zasadę socjologiczną na przykładzie naszej cywilizacji. Kiedy mówimy, że wyznawcy kościoła rzymskokatolickiego wierzą w nieomylność papieża, mamy rację tylko wtedy, kiedy wiemy, że jest to wiara ortodoksyjna, narzucona wszystkim członkom tego kościoła. Polski chłop katolik wie o tym dogmacie dokładnie tyle, ile o rachunku różniczkowym. A gdyby zaproponowano nam przestudiowanie religii chrześcijańskiej nie jako doktryny, lecz jako rzeczywistości społecznej (o ile mi wiadomo, badań tego typu jeszcze nie podejmowano), wszystkie zawarte w tej części uwagi można by zastosować, *mutatis mutandis*, do każdego cywilizowanego społeczeństwa równie zasadnie, jak do „dzikich" z Kiriwiny.

Przejdźmy teraz do określenia reguł, które umożliwiają zredukowanie do prostszej postaci owej wielości form, w jakich przejawiają się wierzenia. Zacznijmy od wielokrotnie już formułowanego stwierdzenia, iż surowe dane przedstawiają całkowity bezład różnorodności. W przedstawionych w niniejszym artykule materiałach łatwo znaleźć przykłady, dzięki którym proponowana argumentacja stanie się jasna i rzeczowa. Weźmy na przykład wierzenia pozostające w związku z pytaniem: „W jaki sposób krajowcy wyobrażają sobie powrót balomy?" Rzeczywiście, takie właśnie pytanie, odpowiednio sformułowane, stawiałem wielu informatorom. Udzielane odpowiedzi charakteryzowały się przede wszystkim fragmentarycznością. Krajowiec uwzględnia zazwyczaj tylko jeden aspekt zjawiska, najczęściej zresztą oderwany od tematu, wybrany w zależności od tego, co zadane pytanie nasunęło mu w danym momencie. Nie przygotowany do takiej rozmowy „człowiek cywilizowany" nie zachowałby się inaczej. Poza fragmentarycznością, której można było częściowo zaradzić powtarzając pytanie i skłaniając każdego rozmówcę do uzupełniania luk w materiale, uzyskane odpowiedzi charakteryzowała rozpaczliwa sprzeczność i nieadekwatność. Nieadekwatność wynikała z tego, że niektórzy informatorzy nie byli w stanie nawet zrozumieć pytania, a cóż dopiero mówić o opisaniu zjawiska tak złożonego, jak własna postawa psychiczna. Inni zaś byli zadziwiająco inteligentni i niemal zdolni rozszyfrować cel pytań etnografa.

Cóż miałem zrobić w takiej sytuacji? Sprokurować coś w rodzaju „przeciętnej" opinii? Byłaby w tym nazbyt duża arbitralność. Oczywiste było ponadto, że opinie stanowią jedynie niewielką część dostępnych informacji. Wszyscy ludzie, także i ci, którzy nie potrafili określić ani tego, co myślą o powracających *baloma*, ani tego, jaki jest ich stosunek do duchów, zachowywali się jednakowoż wobec *baloma* w określony sposób, dostosowując się do pewnych zasad obyczajowych i przestrzegając pewnych reguł reakcji emocjonalnej.

Poszukując odpowiedzi na powyższe pytanie, a także na każde inne pytanie o wierzenia i zachowania, stanąłem wobec konieczności dokonania analizy odpowiednich obyczajów. Pierwszą zasadą było odróżnienie prywatnych opinii — informacji zdobytych przez zadawanie pytań — od publicznych praktyk obrzędowych. Jak czytelnik zapewne pamięta, we wcześniejszej części tej pracy wyliczyłem wiele dogmatycznych zasad, których wyraz znalazłem w tradycyjnych aktach obyczajowych. I tak ogólne wierzenie, że *baloma* powracają, zawiera się już w samym fakcie istnienia święta *Milamala*. Także wystawa drogocennych przedmiotów (*ioiova*), wznoszenie specjalnych platform (*tokaikaya*), pokaz jadła na *lalogua* — wszystko to stanowi przejaw obecności *baloma* w wiosce i wysiłków, by je zadowolić, by coś dla nich uczynić. Ofiary z jadła (*silakutuva* i *bubualu'a*) świadczą o jeszcze bliższym uczestnictwie *baloma* w życiu wioski.

Sny, które często poprzedzają takie ofiary, to także elementy obyczaju, po prostu dlatego, że są ze składaniem ofiar związane i przez nie sankcjonowane. Sny stanowią łącznik między *baloma* i żyjącymi, w pewnym sensie osobisty i z całą pewnością wyróżniający. Czytelnik łatwo może sam mnożyć dalej przykłady tego rodzaju (związek między wiarą w Topiletę, który pobiera opłatę, a kosztownościami ułożonymi przed pogrzebem wokół ciała zmarłego; wierzenia związane z *ioba* itd.).

Oprócz wierzeń znajdujących wyraz w tradycyjnych uroczystościach występują też wierzenia wyrażane w formułach magicznych. Formuły te są utrwalone przez tradycję równie mocno jak obrzędy. Jako materiał badawczy są jeszcze bardziej precyzyjne od obrzędów, albowiem nie dopuszczają żadnych odchyleń. Powyżej przedstawiłem jedynie niewielkie fragmenty formuł magicznych, ale i one są wystarczającą egzemplifikacją faktu, iż wierzenia można niedwuznacznie wyrazić przez zaklęcia, w których są osadzone. Każde zaklęcie, któremu towarzyszy rytuał, jest odbiciem jakiegoś konkretnego, szczegółowego, pojedynczego wierzenia. I tak, gdy podczas jednego z przedstawionych wyżej rytuałów ogrodowych czarownik w celu zapewnienia urodzaju kładzie bulwę na kamieniu, a wymawiane przezeń zaklęcie komentuje i opisuje ten proces, to z całą pewnością to zaklęcie potwierdza jakieś wierzenia: wiarę w świętość określonego gaju (w tym wypadku nasze informacje były potwierdzone przez otaczające ów gaj tabu), wiarę w związek między bulwą złożoną na świętym kamieniu a bulwami w ogrodzie itd. Istnieją także inne, bardziej ogólne wierzenia zawarte i wyrażone w niektórych z wyżej wymienionych zaklęć. Tak na przykład ogólna wiara w pomoc *baloma* przodków jest „ujednolicona" przez zaklęcia, którymi wzywa się owe *baloma*, a także przez towarzyszące im obrzędy, kiedy *baloma* otrzymują *ula'ula*.

Jak już wspomniałem, niektóre zaklęcia magiczne oparte są na pewnych mitach, których elementy pojawiają się w ich treści. Takie mity, i mit w ogóle, muszą być rozpatrywane równolegle z zaklęciami jako ustalone, tradycyjne przejawy wierzeń. Formułując empiryczną definicję mitu (przypomnijmy, iż jest ona adekwatna do materiału zebranego w Kiriwinie), można przyjąć następujące kryteria: mit jest to tradycja wyjaśniająca zasadnicze cechy socjologiczne (na przykład mit o podziale na klany i podklany), odnosząca się do osób, które są bohaterami znakomitych wyczynów i w których istnienie w przeszłości wierzy się bez zastrzeżeń. Ślady istnienia takich postaci są nadal widoczne w różnych upamiętniających je miejscach: skamieniały pies, jedzenie przemienione w kamień, grota z kośćmi, w której żył potwór Dokonikan itd. Realność mitycznych postaci i mitycznych wydarzeń tworzy jaskrawy kontrast z fantastyką opowiadanych często przez tubylców zwykłych bajek.

Wszelkie wierzenia zawarte w tradycji mitologicznej można uznać za niemal równie niezmienne, jak te, które występują w formułach magicznych. Tradycja mityczna jest rzeczywiście wyjątkowo dobrze ugruntowana, do tego stopnia, że relacje udzielane przez krajowców w różnych miejscach Kiriwiny — w Lubie i w Sinakecie — są zgodne we wszystkich szczegółach. Co więcej, podczas krótkiego pobytu na wyspie Woodlark zdobyłem relację o pewnych mitach z cyklu mitów o Tudavie, która jest zgodna pod względem wszystkich istotnych cech z wiadomościami uzyskanymi w Kiriwinie. Wyspa Woodlark leży o jakieś sześćdziesiąt mil na wschód od Trobriandów, lecz jej mieszkańcy należą do tej samej co Trobriandczycy grupy etnologicznej, zwanej przez profesora Seligmana Północnymi Massimami.

Podsumowując powyższe rozważania można stwierdzić, że wszystkie wierzenia zawarte w obyczajach i tradycji krajowców muszą być traktowane jako elementy ustalone i niezmienne. Wszyscy wierzą i dają temu wyraz, a zwyczajowe praktyki nie dopuszczają żadnego indywidualnego zróżnicowania. Ta klasa wierzeń została w pełni ujednolicona dzięki swym społecznym formom. Można je nazwać dogmatami wierzeń krajowców lub wyobrażeniami społecznymi wspólnoty w odróżnieniu od wyobrażeń indywidualnych [78]. Do uzupełnienia tego stwierdzenia trzeba dodać jeszcze jedno: tylko te elementy wierzeń mogą być uznane za „wyobrażenia społeczne", które poza tym, iż są zawarte w tubylczych zwyczajach, są też przez krajowców wyraźnie sformułowane i których istnienia krajowcy są świadomi. Wszyscy tubylcy potwierdzą wszak obecność *baloma* podczas *Milamala*, fakt ich przepędzania podczas rytuału *ioba* itd. Także wszelkie osoby kompetentne udzielą jednakowych informacji interpretując obrzędy magiczne itd. Obserwator natomiast nigdy nie może bez ryzyka ważyć

---

[78] Celowo nie używam terminu „wyobrażenia zbiorowe" wprowadzonego i stosowanego przez prof. É. Durkheima i jego szkołę dla oznaczenia pojęcia, które zwłaszcza w pracach H. Huberta i M. Maussa okazało się niezwykle płodne. Po pierwsze nie jestem w stanie ocenić, czy powyższa analiza rzeczywiście obejmuje to, co owa szkoła określa jako „wyobrażenia zbiorowe". Najwyraźniej zresztą widoczny jest brak klarownego, bezpośredniego stwierdzenia, co autorzy rozumieją przez „wyobrażenia zbiorowe", nie ma nic, co można by potraktować jako definicję. Oczywiste jest, że zarówno w tej dyskusji, jak i w całej mojej pracy winien jestem wiele tym autorom. Obawiam się jednak, że pozostaję całkowicie poza zasięgiem filozoficznych podstaw socjologii prof. Durkheima. Wydaje mi się, że filozofia ta zawiera metafizyczny postulat „duszy zbiorowej", który jest dla mnie nie do przyjęcia. Co więcej, niezależnie od tego, jak by przebiegała dyskusja nad teoretyczną wartością pojęcia „dusza zbiorowa", stosując je w jakichkolwiek praktycznych badaniach socjologicznych, bylibyśmy bez nadziei pozostawieni własnemu losowi. W badaniach terenowych, analizując tubylczą lub cywilizowaną społeczność, mamy do czynienia z całym zbiorem pojedynczych dusz i wszelkie metody i pojęcia teoretyczne muszą być tworzone wyłącznie pod kątem tego złożonego materiału. Postulat świadomości zbiorowej jest bezpłodny i zupełnie bezużyteczny dla etnografa-obserwatora.

się na własną interpretację obyczajów. Tytułem przykładu: wspomniany w tekście fakt zakończenia żałoby natychmiast po ceremonii *ioba* niedwuznacznie świadczy o wierzeniu, że człowiek czeka ze zrzuceniem żałoby na odejście ducha zmarłego. Lecz krajowcy nie potwierdzają słuszności tej interpretacji, a zatem nie może ona być uznana za wyobrażenie społeczne ani też za jednolite wierzenie. Kwestia, czy takie właśnie wierzenie nie jest pierwotną przyczyną powstania obyczaju, należy do zupełnie innej klasy problemów, ale jest oczywiste, że nie wolno mieszać tych dwóch sytuacji: w jednej wierzenie jest formułowane w społeczeństwie powszechnie, niezależnie od tego, że przejawia się w zwyczajach; w drugiej wierzenie nie jest uwzględniane, choć najwyraźniej w zwyczaju się pojawia.

Dochodzimy w ten sposób do sformułowania definicji ”wyobrażenia społecznego”. *Jest to zasada wiary zawarta w zwyczajach lub tradycyjnych tekstach i sformułowana na podstawie jednomyślnej opinii wszystkich kompetentnych informatorów.* Słowo „kompetentni” służy po prostu wyłączeniu małych dzieci i osób beznadziejnie głupich. Takie właśnie wyobrażenia społeczne można traktować jako „niezmienniki” wierzeń krajowców.

Oprócz zwyczajów społecznych i tradycji, reprezentujących i ujednolicających wierzenia, istnieje też inny jeszcze istotny element pozostający w podobnym związku z wierzeniami. Chodzi o ogólne zachowania krajowców wobec przedmiotu wierzeń. Zachowania takie zostały opisane w niniejszej pracy, ponieważ rzucają światło na istotny aspekt wierzeń krajowców dotyczących *baloma, kosi* i *mulukuausi,* a także dlatego, że stanowią wyraz emocjonalnej postawy krajowców względem tych postaci. Aspekt ten jest bez wątpienia niezwykle istotny. Sam opis wyobrażeń związanych ze zjawami i duchami jest absolutnie niewystarczający. Obiekty wierzeń wywołują przecież wyraźne reakcje emocjonalne i należy przede wszystkim starać się dociec, jakie obiektywne fakty odpowiadają tym reakcjom. Przedstawione wcześniej dane dotyczące tego aspektu wierzeń krajowców, choć niewystarczające, wyraźnie dowodzą, iż mając większe doświadczenie metodologiczne można by przeprowadzić systematyczne badania emocjonalnej strony wierzeń z taką dokładnością, na jaką tylko pozwalają obserwacje etnologiczne.

Zachowania można opisać poddając tubylców testom nawiązującym na przykład do ich strachu przed zjawami lub do ich szacunku wobec duchów. Przyznać muszę, iż choć zdawałem sobie sprawę z wagi problemu, będąc w terenie nie znalazłem właściwego sposobu przezwyciężenia trudności i ujęcia nowego tematu. Dopiero teraz widzę, że gdybym sprawniej poszukiwał odpowiednich danych tego rodzaju, mógłbym teraz przedstawić materiał znacznie bardziej obiektywny i przekonujący. Przykładowo, analizując problem strachu przed duchami stwierdzam, że przygotowane przeze mnie testy były nie dość starannie opracowane, w dodatku nawet te wyniki, które uzyskałem, nie zostały dość szczegółowo zapisane w moich notatkach. Choć pamiętam ton, jakim krajowcy w mojej obecności mówili — raczej bez szacunku — o *baloma*, uświadamiam sobie, iż uderzyło mnie wtedy kilka charakterystycznych wyrażeń, które winienem był zapisać, a nie uczyniłem tego. Dalej, obserwując zachowania wykonawców i widzów uroczystości magicznych, można stwierdzić występowanie pewnych drobnych faktów charakteryzujących ogólny „odcień" postawy krajowców. Takie właśnie fakty częściowo obserwowałem, lecz nie sądzę, by była to obserwacja wystarczająca (wspominałem o nich w niniejszej pracy na marginesie uroczystości *Kamkokola*, nie wdając się jednak w szczegóły, ponieważ nie dotyczą one ani duchów, ani też życia pozagrobowego). Problem polega na tym, iż pełne opracowanie metody obserwacji jest bardzo trudne, gdy brakuje zarówno ogólniejszych wyników badań, jak i materiału porównawczego.

Postawa emocjonalna przejawiająca się w zachowaniu i charakteryzująca wierzenie nie jest elementem stałym. Jest różna u poszczególnych jednostek i nie ma obiektywnej „siedziby" (jaką mają na przykład wierzenia zawarte w zwyczajach). A jednak postawa ta uwidacznia się w obiektywnych faktach, które można przedstawić niemalże w formie danych ilościowych, jeśli zliczyć niezbędne bodźce i długość wyprawy, którą samotnie zaryzykuje krajowiec działając pod wpływem strachu. Oczywiście w każdym społeczeństwie są ludzie odważniejsi i bardziej tchórzliwi, uczuciowi i niewrażliwi itd. Różnorodność zachowań jest charakterystyczna dla różnych społeczeństw i wystarczające wydaje się określenie wzoru zachowania, ponieważ jego odmiany są niemal takie same we wszystkich społeczeństwach. Jest oczywiście lepiej, jeśli można przedstawić także te odmiany.

Aby zilustrować ten problem, weźmy najprostszy przykład: lęk przed duchami. Eksperymenty nad tym zjawiskiem prowadziłem na innym obszarze papuaskim, wśród Mailów na południowym wybrzeżu. W ich wyniku stwierdziłem, że żadna zwykła pokusa, żaden podarunek ani nawet wygórowana zapłata w tytoniu nie skłoni krajowca, aby samotnie oddalił się nocą od wioski do miejsca leżącego poza zasięgiem wzroku i słuchu. A jednak także i tutaj widać różnice zachowań; niektórzy mężczyźni i chłopcy nie podejmą tego ryzyka nawet o zmierzchu, podczas gdy inni gotowi są w zamian za laskę tytoniu przebyć nocą pewną niewielką odległość. Jak już pisałem wcześniej, zachowanie mieszkańców Kiriwiny jest w takiej sytuacji zupełnie odmienne. Ale tu znowu jedni są bardziej, a inni mniej bojaźliwi. Być może zróżnicowanie zachowań można by dokładniej opisać, lecz nie czuję się do tego odpowiednio przygotowany. W każdym razie zarówno w Kiriwinie, jak i w Mailu wzór zachowania charakteryzuje odpowiadające mu wierzenia.

W pierwszej próbie uogólnienia można ująć przejawiane w zachowaniach elementy wierzeń jako pewne wzory, nie wnikając w indywidualne zróżnicowanie. Jest bowiem faktem, że wzory zachowań znacznie się różnią w zależności od społeczeństwa, natomiast zróżnicowanie indywidualne wydaje się zawsze tego samego rzędu. Nie znaczy to, że zróżnicowanie indywidualne należy zawsze pomijać, znaczy tylko, że w pierwszej próbie uogólnienia można je pominąć, by brak ścisłości nie zniekształcił informacji.

Przejdźmy teraz do ostatniej kategorii materiału, który należy przestudiować w celu uchwycenia wierzeń pewnej społeczności. Materiał ten stanowią indywidualne opinie i interpretacje faktów. Elementów tych nie sposób uznać za niezmienne, a do ich opisu nie wystarczy wskazanie „wzoru", który reprezentują. Przeciwnie jest w wypadku zachowania odnoszącego się do emocjonalnego aspektu wierzeń. Można je opisać określając reprezentowany przez nie wzór, ponieważ odchylenia występują tu w obrębie ściśle wyznaczonych granic. Emocjonalna i instynktowna natura człowieka jest, o ile można to osądzić z zewnątrz, w dużym stopniu jednorodna i zróżnicowanie jednostkowe przedstawia się praktycznie tak samo w każdym społeczeństwie. Miejscem największych zróżnicowań jest czysto intelektualna sfera wierzeń: wyobrażenia i opnie wyjaśniające wierzenie. Oczywiste jest, że wierzenie nie rządzi się prawami logiki, a zatem cechujące wierzenie sprzeczności, rozbieżności i cały ogólny chaos należy uznać za jego podstawowe atrybuty.

W tym chaosie jedyne istotne uproszczenie można osiągnąć dzięki odniesieniu różnorodności opinii indywidualnych do struktury społecznej. Prawie każda sfera wierzeń ma swoją klasę ludzi, którzy z racji zajmowanej pozycji społecznej są uprawnieni do szczególnej wiedzy. W danej społeczności powszechnie i oficjalnie uznaje się, że ludzie ci mają w posiadaniu prawowierną wersję wierzeń, a ich opinię traktuje się jako właściwą. Ważne jest, że ich poglądy oparte są w znacznej mierze na wersji tradycyjnej, która została im przekazana przez przodków.

W Kiriwinie ten stan rzeczy bardzo dobrze ilustruje tradycja magii i powiązanych z nią mitów. Choć wiedza tajemna i tradycja są tak ubogie, a zasad tabu i tajemnic tak mało, jak w żadnym innym tubylczym społeczeństwie, które znam bezpośrednio bądź z literatury, istnieje jednakowoż pełne uznanie prawa człowieka do kompetencji we własnej dziedzinie. Jeśli w którejkolwiek wiosce zadać pierwsze z brzegu pytanie dotyczące bardziej szczegółowych zabiegów magicznych z zakresu ogrodnictwa, rozmówca natychmiast odeśle pytającego do *towosi*. Przy dalszych dociekaniach okaże się jednak, że w połowie przypadków pierwszy rozmówca doskonale znał wszystkie fakty i mógł był je objaśnić może nawet lepiej niż sam ekspert. Niemniej tutejsza etykieta oraz przeświadczenie, iż tak właśnie należy, zmusiły go, by skierował badacza do „właściwej osoby". Gdy ta właściwa osoba jest obecna, nie uda się nikogo innego nakłonić do wypowiedzi, nawet ogłaszając, że nie jest się wcale zainteresowanym opinią eksperta. Zdarzyło mi się kilkakrotnie uzyskać informacje od moich przewodników, wówczas „specjalista" oceniał je jako niepoprawne. Gdy powiadamiałem o tym fakcie pierwotnego informatora, ten zawsze wycofywał się z prezentowanego wcześniej stanowiska, mówiąc: „No, jeśli on tak mówi, to musi być prawda". Szczególną ostrożność należy wykazać, gdy ekspert przejawia naturalną skłonność do udzielania kłamliwych wyjaśnień, jak się to często dzieje w wypadku osób parających się czarną magią (tych, które mają zdolność zabijania ludzi mocą magii).

Jeśli magia i związana z nią tradycja należą do innej wioski, obserwuje się taką samą rezerwę i dyskrecję. Przede wszystkim uzyskuje się radę, by udać się do owej wioski po wiadomości. Jeśli przycisnąć zaprzyjaźnionych krajowców, być może wyjawią wszystko, co wiedzą na dany temat, lecz niezmiennie zakończą relację słowami: „Musisz tam pójść i zaczerpnąć właściwe informacje z właściwego źródła". Wyprawa taka jest absolutnie niezbędna, jeśli chce się zdobyć magiczne zaklęcie. Musiałem zatem udać się do Laba'i, by poznać magię połowu ryby *kalala*, a także do Kayboli, by zanotować zaklęcia związane z połowem rekina. Przyswoiłem sobie magię budowy czółna od ludzi z Lu'ebili i odwiedziłem Bwoytalu, by poznać tradycję i zaklęcie *toginivaiu* — najpotężniejszej formy czarnej magii. W tym ostatnim wypadku nie zdołałem jednak poznać *silami*, czyli złowrogiego zaklęcia, i tylko częściowo udało mi się uzyskać *vivisa*, czyli zaklęcie uzdrawiające. Poszukując danych dotyczących nawet nie zaklęć, lecz zwykłej tradycyjnej wiedzy ludowej, można się gorzko rozczarować. Doświadczyłem tego zbierając informacje na temat Tudavy. Właściwą kolebką mitu o Tudavie jest Laba'i. Zanim tam dotarłem, zdobyłem na ten temat wszelką wiedzę, jakiej tylko mogli mi dostarczyć informatorzy z Omarakany. Oczekiwałem, iż zbiorę na miejscu bogate żniwo dodatkowych danych. W rzeczywistości jednak to ja zadziwiłem mieszkańców Laba'i, cytując szczegóły, które im umknęły już z pamięci, a po przypomnieniu zostały ocenione jako całkiem prawdziwe. Szczerze mówiąc, żaden z tamtejszych informatorów nie był ani w połowie tak dobry, jak mój przyjaciel Bagido'u z Omarakany. Inny przykład związany jest ze wsią Yalaka, historycznym miejscem, w którym drzewo zostało uniesione do nieba. Zdarzenie to stało się praprzyczyną grzmotu. Zadając pytanie o istotę grzmotu, otrzymuje się jednoznaczną radę: „Idź do Yalaki i zapytaj *tolivalu* (wodza)". A przecież praktycznie każdy jest w stanie powiedzieć wszystko o istocie i pochodzeniu grzmotu i pielgrzymka do Yalaki, jeśli się ją podejmie, sprawi wielkie rozczarowanie.

Te fakty świadczą o tym, że idea specjalizacji w sferze wiedzy ludowej jest wysoce rozwinięta i że w wielu sprawach wiary i przekonań z nią związanych krajowcy uznają prymat odrębnych klas ekspertów. Niekiedy specjaliści są związani z określonym miejscem, wtedy zawsze wódz wioski jest tą osobą, która reprezentuje prawowierną doktrynę, czasami w roli tej występuje najbardziej inteligentny spośród jego *veiola* (krewnych ze strony matki). W innych wypadkach specjalizacja występuje w obrębie społeczności wioskowej. W tym miejscu chodzi nie o specjalizację wyznaczającą prawa posiadania magicznych zaklęć i prawidłowe odtwarzanie pewnych mitów, lecz jedynie o specjalizację w interpretacji wierzeń związanych z owymi zaklęciami i mitami. Wszak oprócz znajomości tradycyjnych tekstów „specjaliści" mają również w posiadaniu tradycyjną interpretację lub komentarz. Charakterystyczne jest, iż dzięki temu odpowiedzi i opinie ekspertów są zawsze klarowniejsze niż innych. Wyraźnie widać, iż ekspert nie zmyśla i nie przedstawia swoich indywidualnych przekonań, albowiem doskonale rozumie, że pytanie dotyczy ortodoksyjnej wersji i tradycyjnej interpretacji. Gdy na przykład pytałem różnych informatorów o znaczenie *si buala baloma*, miniaturowego szałasu z suchych gałązek konstruowanego na użytek jednego z obrzędów ogrodowych (patrz część piąta), usiłowali oni udzielać wyjaśnień, w których natychmiast rozpoznawałem ich prywatny pogląd na tę sprawę. Gdy zapytałem o to Bagido'u — samego *towosi* — ten zwyczajnie machnął ręką na wszelkie wyjaśnienia i stwierdził: „To po prostu stara tradycja i nikt nie wie, jakie to ma znaczenie".

Wśród różnorodności opinii można nakreślić jedną ważną linię demarkacyjną, która oddziela opinie kompetentnych ekspertów od poglądów nie wtajemniczonego pospólstwa. Opinie specjalistów mają tradycyjną podstawę, są jasno i kategorycznie sformułowane, a w oczach tubylców odpowiadają ortodoksyjnej wersji wierzenia. A ponieważ w odniesieniu do każdego wierzenia za specjalistów uznaje się małą grupkę osób lub nawet tylko jedną osobę, widać wyraźnie, że nietrudno uchwycić najistotniejszą interpretację.

A jednak taka najistotniejsza interpretacja nie oddaje wielości poglądów, często nawet nie może być uznana za typową. I tak na przykład w wypadku czarnej magii (złej i morderczej) niezbędne jest rozróżnienie poglądów ekspertów i wszystkich pozostałych, albowiem obie strony przedstawiają równie ważne i z natury rzeczy różne aspekty tego samego problemu. Istnieją też pewne kategorie wierzeń, do których próżno by szukać ekspertów. Na przykład niektóre wypowiedzi dotyczące natury *baloma* i ich stosunku do *kosi* są bardziej godne zaufania i bardziej szczegółowe niż inne, nie ma jednak nikogo, kto byłby naturalnym i powszechnie uznanym autorytetem.

We wszystkich dziedzinach nie mających swoich specjalistów, a także w dziedzinach, w których właściwym przedmiotem zainteresowania są poglądy niespecjalistów, niezbędne są pewne zasady określania zmiennej opinii społeczności. Tu dostrzegam tylko jedno istotne i jasne rozróżnienie, a mianowicie tego, co można nazwać opinią publiczną lub dokładniej — gdyż termin „opinia publiczna" ma specyficzne znaczenie — ogólną opinią danej społeczności, i prywatnych przemyśleń jednostek. Rozróżnienie to jest, jak sądzę, zupełnie wystarczające.

Prowadząc badania wśród „szerokich mas" społeczności, łącznie z kobietami i dziećmi (co jest całkiem łatwe, ale tylko pod warunkiem, że opanowało się język i żyło się miesiącami w tej samej wiosce), stwierdza się, że jeśli tylko rozmówcy uchwycą sens pytania, to nie będą próbować indywidualnych rozważań: ich odpowiedzi nie będą się różnić. Najcenniejsze informacje o wielu sprawach uzyskałem od chłopców, a nawet i od dziewcząt w wieku od siedmiu do dwunastu lat. Bardzo często długie popołudniowe spacery odbywałem w towarzystwie dzieci. Wtedy właśnie dzieci, nie skrępowane koniecznością siedzenia i skupiania uwagi, chętnie rozmawiały i wyjaśniały wiele rzeczy z zadziwiającą jasnością i znajomością spraw plemiennych. Prawdę mówiąc, często, gdy starsi czuli się całkiem bezradni, właśnie dzieci pomagały mi w rozwikłaniu socjologicznych trudności. Żywiołowa umysłowość, brak jakiejkolwiek podejrzliwości, nienaturalności i zapewne jakieś przygotowanie wyniesione ze szkoły misyjnej sprawiły, że dzieci były niezrównanymi informatorami w wielu sprawach. Co do niebezpieczeństwa, że ich poglądy zostały zniekształcone na skutek misyjnego nauczania, mogę tylko powiedzieć, iż byłem zdziwiony absolutną odpornością umysłów krajowców na te wpływy. Niewielka porcja naszych wierzeń i przekonań, jaką zdołali sobie przyswoić, zalega w hermetycznie zamkniętych przedziałach mózgu. A zatem ogólną opinię plemienną, która praktycznie nie jest zróżnicowana, można ustalić w rozmowie z najskromniejszym nawet informatorem.

Zupełnie inaczej przedstawia się sprawa, gdy ma się do czynienia z dorosłymi i inteligentnymi informatorami. A przecież to właśnie głównie wśród nich prowadzi etnograf swoje badania. W rezultacie zróżnicowanie opinii było bardzo znaczne. Sytuacja ta trwała dopóty, dopóki badacz nie zdecydował się wybrać jednej wersji opinii na każdy temat i trzymać się jej na dobre i złe. Opinie osób inteligentnych i przedsiębiorczych nie dadzą się, jak mi się zdaje, zredukować ani uprościć według żadnych zasad. Są one ważnym świadectwem umysłowych możliwości wspólnoty. Ponadto bardzo często reprezentują typowe sposoby rozumienia wierzeń lub rozwiązywania trudności. Lecz trzeba jasno zdać sobie sprawę z tego, iż opinie te są jakością socjologicznie różną od tego, co nazywamy dogmatami lub wyobrażeniami społecznymi. Są także odmienne od powszechnie akceptowanych lub potocznych poglądów. Tworzą raczej klasę interpretacji wierzeń bliską naszym indywidualnym przemyśleniom na temat wiary. Prywatne opinie są różnorodne i nie znajdują wyrazu w żadnych obyczajowych ani tradycyjnych formułach, nie są ani prawowiernymi opiniami ekspertów, ani też potocznymi poglądami.

Powyższe teoretyczne rozważania z dziedziny socjologii wiary można podsumować klasyfikując różne grupy wierzeń w sposób oddający ich naturalne podobieństwa i różnice — tak dalece, jak tego wymaga materiał zebrany w Kiriwinie.

1. *Wyobrażenia społeczne, czyli dogmaty*: wierzenia zawarte w zwyczajach, obyczajach, w formułach magiczno-religijnych i w obrzędach, a także w mitach. Z natury są one powiązane z elementami emocjonalnymi i przez nie charakteryzowane, przy czym emocje znajdują wyraz w zachowaniach.
2. *Teologia, czyli interpretacja dogmatów*:
   a. Wyjaśnienia ortodoksyjne, na które składają się opinie ekspertów;
   b. Potoczne, powszechne opinie formułowane przez większość członków społeczności;
   c. Przemyślenia indywidualne.

Dla każdej grupy wierzeń łatwo znaleźć w niniejszej pracy przykłady, w których, przynajmniej w przybliżeniu, określono stopień i zasięg społecznej głębi, „społeczny wymiar" każdego elementu wiary. Należy jednak pamiętać, iż ów schemat teoretyczny, choć mgliście rysował się od początku badań, stosowany był w sposób wielce niedoskonały, albowiem technikę posługiwania się nim w badaniach terenowych trzeba było rozwijać stopniowo, krok po kroku, wraz z coraz to nowymi doświadczeniami. W odniesieniu do materiału zgromadzonego w Kiriwinie schemat ten jest raczej wynikiem *ex post facto* niż podstawą metody przyjętej od początku i systematycznie stosowanej podczas badań.

Przykłady dogmatów i idei społecznych widoczne są we wszystkich wierzeniach zawartych w obyczajach święta *Milamala*, a także w magicznych rytuałach i zaklęciach. Znaleźć je można także w odpowiadających tym wierzeniom mitach, jak również w mitologicznej tradycji odnoszącej się do losów pośmiertnych. Aspekt emocjonalny został uwzględniony — w takim stopniu, na jaki pozwoliła moja wiedza — w opisie zachowań krajowców wobec magicznych obrzędów podczas *Milamala*, w opisie ich zachowań wobec *baloma*, *kosi* i *mulukuausi*.

Spośród poglądów teologicznych podano tu wiele ortodoksyjnych interpretacji, przytaczając udzielane przez czarownika wyjaśnienia na temat uprawianej przezeń magii. Za opinie potoczne (z wyjątkiem tych, które są zarazem dogmatami) uznano wierzenia dotyczące kontaktów z duchami: wszyscy, także i dzieci, wiedzą dobrze, iż niektórzy ludzie bywają na Tumie i przynoszą stamtąd piosenki i wiadomości dla żyjących. Nie jest to jednak w żadnym razie dogmat, gdyż wyjątkowo rozumni informatorzy przejawiają wręcz jawny sceptycyzm co do autentyczności owych wędrówek, a ponadto nie wiążą się one z żadną ustanowioną przez obyczaj instytucją.

Spekulacje co do natury *baloma* są najlepszym przykładem ilustrującym czysto indywidualny typ teologii, na który składają się opinie pojedyczych osób.

Chcę przypomnieć czytelnikowi, iż zróżnicowanie lokalne, to znaczy zmienność wierzenia w zależności od regionu, nie zostało w ogóle wzięte pod uwagę w niniejszej części teoretycznej. Zróżnicowanie takie stanowi bowiem przedmiot antropogeografii, a nie socjologii. Ponadto zróżnicowanie lokalne ma bardzo niewielki wpływ na zaprezentowane tu dane, albowiem praktycznie cały materiał został zebrany w obrębie niewielkiego obszaru, gdzie zjawisko to prawie nie występuje. Jedynie w wypadku wiary w reinkarnację zróżnicowanie lokalne może tłumaczyć pewne rozbieżności (patrz część szósta).

Od zróżnicowania lokalnego należy odróżnić wspomnianą wcześniej specjalizację lokalną w niektórych dziedzinach (grzmot w Yalace, rekin w Kayboli itd.). Specjalizacja związana jest ze strukturą społeczną i nie jest wcale przykładem na ogólnie znany w antropologii fakt, że wszystko się zmienia, w miarę jak przesuwamy się po powierzchni ziemi.

Powyższe uwagi teoretyczne stanowią, co oczywiste, wynik doświadczeń zdobytych w trakcie badań terenowych. Sprawa zaprezentowania ich w tym miejscu w powiązaniu z danymi przedstawionymi wcześniej została dogłębnie przemyślana. Uwagi te są przecież także faktami etnologicznymi, tyle że znacznie ogólniejszej natury. To zaś powoduje, że są one bardziej istotne od szczegółów obyczaju i wiary. Tylko dzięki obydwu tym aspektom, ogólnym zasadom i szczegółowej dokumentacji, informacja jest naprawdę pełna.

POLOWANIE NA DUCHY NA MORZACH POŁUDNIOWYCH

I

Było rześkie, doskonale spokojne popołudnie, gdy po raz pierwszy ujrzałem wioskę Oburaku. Przez otwarte wejście na zachód, ponad wpadające w odcień mchu zielone wody laguny tryskały gorące promienie zachodzącego słońca. Padały na brzeg rozświetlając ścianę mangrowców, grając na błyszczących liściach ciężkiej zieleni, nadając brązowemu błotu wybrzeża kolor ciemnej czerwieni, barwiąc w łagodne, ciepłe odcienie wdzięczne pnie palm kokosowych, iluminując poniżej ich pierzastych wierzchołków głębokie, tajemnicze wnętrze lasu.

Po wyjściu na brzeg wkroczyłem w las palmowy i przeszedłem przez dużą, lecz rzadko zabudowaną wioskę położoną na koralowym wzgórzu. Składała się z kilku koncentrycznie położonych grup domów rozsianych między palmami, drzewami chlebowymi i mango. Moim gorącym pragnieniem było odnaleźć człowieka, dla którego przebyłem całą tę drogę. Jego chata stała na polance w samym centrum wioski i już samo to położenie nadawało jej dużą rangę. Chata niczym się nie wyróżniała, mniejsza od innych, bez rzeźbień i dekoracji, nie wskazywała w żaden sposób osobom nie wtajemniczonym, iż stanowi siedzibę człowieka najwybitniejszego na całym archipelagu Trobrianda. O tym, że odbyłem długą drogę po to, by go zobaczyć, wiedział lub też się domyślał, był więc tu, stał niedbale w drzwiach swojej chaty. Zachowywał się z tą swobodną, spokojną powściągliwością, stanowiącą kombinację pewności siebie i dobrych manier, jaką okazuje w takich sytuacjach każdy wybitny Melanezyjczyk. Niski, krępy, o pospolitym wyglądzie, oszpecony był dodatkowo oznakami żałoby po żonie — śladami węgla na skórze i małą mycką ze słomy.

A jednak świadomość posiadania wyjątkowych zdolności, które przyniosły mu sławę i sukcesy, pozwalała mu na opanowanie i zachowanie godności dziwnie zmieszanej z czujną przebiegłością i badawczym, ukradkowym spojrzeniem człowieka, który musi grać na emocjach i wierzeniach innych. Jego powołaniem była rola medium spirytystycznego, w języku krajowców — tego, „który odnalazł drogę na Tumę", na tamten świat.

Sława — jakaż jest krótkotrwała i ściśle ograniczona! Dla czytelnika nie będzie miało żadnego, absolutnie żadnego znaczenia, jeśli powiem, iż oglądałem ni mniej, ni więcej, tylko Tomwayę Lakwabulo, słynnego jasnowidza z Oburaku. A przecież dwanaście tysięcy zwykłych Melanezyjczyków zamieszkujących te archipelagi wiadomość ta przeszyłaby dreszczem, tak jak mnie przeszywały prawdziwe dreszcze w tym momencie. Polując na duchy dotarłem wreszcie do człowieka, który pozostawał w tak wielkiej zażyłości z duchami wysp koralowych, jaką w wypadku naszych duchów poszczycić się mogą sir Oliver Lodge oraz sir Artur Conan Doyle.

W Melanezji odległość dzieląca żywych od duchów jest znacznie mniejsza od tej, którą wymyślne dogmaty i filozofie ustanowiły pomiędzy nami i światem naszych duchów. Mieszkaniec Wysp Trobrianda ma świat duchów blisko siebie, w zasięgu ręki. Znajduje się on gdzieś poniżej małej wyspy Tuma, od której bierze nazwę, o parę mil na północ od plaży Kayboli, gdzie łapie się najlepsze ryby. Tam właśnie, na Tumę, udaje się po śmierci każdy człowiek, a właściwie jego duchowa istota, by wieść dalsze, szczęśliwe życie. Jest ono może niezbyt budujące, ale za to podobne do życia na ziemi. Stąd w sposób naturalny i bez większej trudności duchy powracają przy różnych okazjach na ziemię, odwiedzają swoje wioski, mieszają się z towarzystwem przyjaciół i krewnych, oglądają uroczystości, a także w zależności od swego humoru oraz od zasług żyjących rozdają nagrody, płatają figle lub wymierzają kary. Można je nawet zobaczyć, jeśli tylko zna się odpowiedni sposób. Wszelako zdolność tę posiada tylko niewielu. Ci wybrani mogą wpaść z wizytą do świata umarłych, czy to nocą w czasie snu, czy to podczas krótkotrwałego transu. Czasami to duch przybywa do człowieka z wizytą, ukazuje mu się, przynosi wiadomości lub przepowiada przyszłość. Takie osiągnięcia ma na swym koncie medium pomniejsze.

Wielcy jasnowidze, których plemienna historia zna tylko kilku, dysponują znacznie większym zakresem sił nadprzyrodzonych. Ich wizyty w zaświatach trwają długo i nie są ani ukradkowe, ani tajemne, lecz składane na oczach zachwyconej społeczności, która dzień po dniu może oglądać medium w transie, gdy czyni ono cały szereg rzeczy niepojętych i wyraźnie nadnaturalnych. Zazwyczaj medium otrzymuje od duchów wezwanie, by się do nich przyłączyć. „Jego krewni przybywają i porażają jego ciało; duchy porażają jego usta — on musi iść na Tumę. On leży, umiera. Patrzysz na jego ciało — jest martwe, myślisz. On nie je nic, nie pije nic, on po prostu śpi. Mija miesiąc, w drugim miesiącu — on się budzi". Ten realistyczny opis uzyskałem od naocznego świadka transu człowieka, przed którego obliczem stanąłem przybywszy do Oburaku. Tomwaya Lakwabulo był jedynym żyjącym okazem spośród małej grupki wielkich jasnowidzów. Nie miałem żadnych złudzeń co do tego, że będzie on też ostatnim przedstawicielem tego fachu teraz, gdy rozprzestrzeniły się pospolite przesądy, które pojawiły się, kiedy biały człowiek pozostawił na wyspach swój ślad!

Rozmyślałem o tym wszystkim siedząc przed jego domem, patrząc przed siebie w biernym milczeniu, tak jak tego wymagają melanezyjskie zasady dobrego wychowania, gdy spotyka się dwóch ważnych mężów. Natychmiastowe przystąpienie do rzeczy byłoby wielce niewłaściwe, dlatego też nie zadawałem pytań ani też nie nakłaniałem go do zwierzeń na temat duchów. Zostawiwszy zatem obowiązujące w tej sytuacji dary oddaliłem się, by sprawdzić, jak przebiega stawianie mojego namiotu, a także by zacząć starania o pożywienie oraz by poszukać przyszłych informatorów. Jak to na ogół bywa, w ciągu pierwszych kilku dni bez trudności znalazłem ludzi chętnych do rozmowy. Pozostawiłem więc swego bohatera, dając mu czas, by zbliżył się do mnie z własnej inicjatywy. Nie musiałem długo czekać; gdy minął dzień lub dwa, przyłączył się do grupy moich towarzyszy. Wtrącając tu i ówdzie miłe słowa, udzielił mi pewnych ogólnych informacji, choć nie poruszał jeszcze otwarcie kwestii swojej specjalizacji. Z doświadczenia wiedziałem, że zamiast indagować otwarcie na dany temat, najlepiej jest poczekać, aż nadarzy się jakaś okazja kierująca rozmowę w tę stronę.

II

Pewnego wieczoru, gdy w towarzystwie Tomwayi Lakwabulo i kilku innych krajowców siedziałem przed jego domem, grupa tutejszych chłopców zaintonowała jedną z pieśni, które nuci się do późnej nocy przy różnych okazjach. Ktoś spośród siedzących w mym kręgu zwrócił uwagę:

„To jest piosenka, którą Tomwaya Lakwabulo przyniósł z Tumy".

Inny dodał:

„To duchy mu ją dały. Duchy jego krewnych. Taki jest zwyczaj; gdy człowiek idzie na Tumę, duchy dają mu taniec. On patrzy, one tańczą; one pokazują mu. On tańczy razem z nimi. Niebawem on budzi się, on wraca do wioski. On pokazuje nam taniec" [1].

„Gdy nadchodzi *Milamala* [okres, gdy duchy odwiedzają wieś], my wykonujemy ten taniec. Duchy radują się tym. One patrzą na to, cieszą się z tego. One dają nam dobre zbiory tego roku".

Teraz, ku memu wielkiemu zadowoleniu, zaczął mówić Tomwaya Lakwabulo. Rzekł:

„Moluvaboda, dawny wódz naszej wioski, on dał mi tę piosenkę: on mieszka w wielkiej wiosce na Tumie; blisko wioski jest piękna plaża, zwana plażą Bomatu. Tam one tańczą każdego popołudnia; duchy ludzi z Oburaku tam tańczą; to jest ich plaża. Moluvaboda pierwszy znalazł tę pieśń: on nauczył jej inne duchy; on mi ją dał.

Na Tumie wszyscy jesteśmy jak wodzowie; jesteśmy piękni; mamy bogate ogrody i nie mamy nic do roboty — wszystko robią kobiety; ma-

---

[1] Cytowane tu rozmowy podaję według sporządzanych w terenie notatek. Zapisywałem je wtedy głównie w języku tubylców i w formie dialogu. Mając na uwadze przede wszystkim znaczenie wypowiedzi jasnowidza, większość z nich notowałem dosłownie.

my stosy ozdób i mamy wiele żon, wszystkie są śliczne. Nasza skóra namaszczona mlekiem kokosowym jest świeża, tracimy siwe włosy, tracimy pomarszczoną skórę, mamy w ustach nowe zęby. Wszyscy jesteśmy jak wodzowie. Jak wodzowie w ozdobach z czerwonych muszli tańczymy na plaży Bomatu; tańczymy na piaszczystej plaży Bomatu, a fale morskie załamują się nad postrzępioną rafą".

Słuchając Tomwayi Lakwabulo zaczynałem rozumieć, na czym polega sekret jego sukcesu. Miał on wyraźny talent gawędziarski. Może był szarlatanem, lecz było w nim coś ze szczerości artysty przepełnionego przekonaniem, iż ma do przekazania ważną nowinę. Mówiąc krótkimi zdaniami, niemal podniosłym tonem i z rozjaśnioną twarzą osiągał sukces pobudzając wyobraźnię swej publiczności. Wydawało się, iż oddala się gdzieś, będąc świadomym rzeczywistości i przybliżając ją słuchaczom. Być może ów genialny Melanezyjczyk mgliście uświadamiał sobie rzeczywistość ludzkich pragnień i nadziei, tę rzeczywistość, która w uderzająco podobny sposób kształtuje wierzenia w przyszłe życie na całym świecie.

III

Innego wieczoru siedzieliśmy na plaży przy ognisku pod osłoną wielkiego głazu koralowego, kryjąc się przed ostrymi podmuchami północno-zachodniego monsunu. Przeszywające zawodzenie wiatru wydawało się pełne głosów i dziwnych hałasów, niemal ludzkich w swej melodyjnej nieustępliwości, tej charakterystycznej zapowiedzi sztormu. Tomwaya Lakwabulo słuchał i wydawał się słyszeć coś, co umykało naszym uszom. Mówił:

„To są dzieci z Tumy. Unoszą się tu wokół na powierzchni wody; chcą wejść w kobietę, by narodzić się na nowo".

Tak zaczął snuć opowieści o reinkarnacji duchów. Na Tumie każdy człowiek, gdy już wiek zaczyna mu ciążyć, może się od czasu do czasu odmłodzić. Dzięki temu ludzie są tam zawsze młodzi. W każdym momencie duch może zrzucić swą skórę i objawić się w postaci doskonałej młodości:

„Duchy udają się do źródła zwanego «Myjąca Woda»: ono znajduje się na plaży. Tam myją swoją skórę słonawą wodą. Stają się ponownie młode".

Czasami jednak duch cofa się jeszcze dalej i staje się maleńką istotą, dzieckiem gotowym wejść w ciało kobiety i urodzić się po pewnym czasie.

Takie małe dzieci udają się do morza i unoszą się na powierzchni wody wokół Tumy. Jasnowidz dodaje:

„Nocą słyszę na Tumie ich zawodzenia. Pytam: «Co to jest?», «Och, dzieci, fala je unosi, przybywają». One boją się przebyć morze, by przybyć na Boyowę. Wtedy kobieta, krewna ducha, weźmie je i przybędzie z nim tutaj; ona powie do swojej córki: «Przyniosłam ci dziecko, ducha tego i tego, twego wuja z mojej linii. Wkrótce wydasz je na świat, on powróci do życia».

Niektóre małe istotki (*waiawaia*) chcą unosić się na wodzie, pozostają one długo, długo w wodzie; pływają w niej, udają się daleko w morze, na głębokie morze".

Często siedzieliśmy rozmawiając w ten sposób, ulegając nastrojowi chwili i natchnieniu.

Chcąc dowiedzieć się czegoś więcej o sposobach i środkach duchowych wojaży medium, dopytywałem, jaką drogę obiera, gdy duchy porażają jego oczy:

„Moje oczy odwracają się. Nie widzę ziemi, nie widzę laguny. Jest jedna droga. Idę; idę bardzo długo; jestem bardzo zmęczony. Spotykam balomę; on idzie ze mną; on daje mi orzeszek betelu; orzeszek betelu z Tumy; orzeszek betelu od duchów. Żuję, to czyni mnie silniejszym; żuję dużo: droga prowadzi prosto; idę mając dużo siły".

Pytałem, co widzi, gdy przybywa na Tumę:

„Widzę najpierw wodza, Topiletę. On siedzi w swoim domu. Siedzi przy drodze u wejścia na Tumę. Daję mu prezent — jakąś cenną ozdobę, którą przyniosłem ze sobą, lub trochę tytoniu. On bierze to; mówi do mnie: «Tomwayo Lakwabulo, przybywasz, przybywasz, by przyłączyć się do swojej żony. Oni będą tańczyć usikesę, będą tańczyć ją na plaży Bomatu. Idź, tańcz z nimi». Tak mówi do mnie Topileta. Ja idę, wkraczam do wioski duchów, widzę moich krewnych, widzę żonę, spotykam moją drugą żonę. Nakładamy nasze ozdoby, idziemy tańczyć".

Mój sprawozdawca mówił szerzej o strażniku tamtego świata, opowiadał o tym, jak strzeże on wejścia; jak należy składać mu dary; jak ocenia wartość tych, którzy proszą o prawo wstępu; jak niektórym zostaje wskazana droga i udzielone zezwolenie na przekroczenie mostu będącego w rzeczywistości wijącym się wężem; jak inni zostają strąceni z jego grzbietu w otchłań morza, gdzie przybierają postać pół człowieka, pół rekina, i w tej postaci błądzą bez celu poprzez głębie. Pytałem dalej, co zachęca go do owych wypraw:

„Moi przyjaciele z krainy duchów przybywają tu i zabierają mnie. Bardzo często dawny wódz wioski, ten który dał mi taniec, lub jedna z moich dawnych bogdanek, lub Namyobe'i, żona, którą poślubiłem na Tumie".

Ta ostatnia jest zdaniem mojego przyjaciela najpiękniejszą dziewczyną-duchem na Tumie, choć oczywiście ocena ta może być stronnicza. Zakochała się w nim od pierwszego wejrzenia, zdobyła jego wzajemność za pomocą magii i zostali szczęśliwym małżeństwem. Zdarzyło się to jeszcze za życia doczesnej żony, która nie okazywała żadnej zazdrości, a nawet zezwoliła, by ich córce nadać imię Namyobe'i na cześć duchowej miłości męża.

Interesowało mnie, w jakiej postaci medium jest przenoszone do świata duchów czy też — patrząc na to nieco sceptyczniej — jak wyobraża sobie lub wymyśla przebieg tego zdarzenia. Uzyskałem na to następującą odpowiedź:

„*Yosewo*, leżąca odłogiem część mnie, pozostaje tutaj; ja sam odchodzę. Ja, człowiek, oddalam się".

Zapożyczone z rolnictwa porównanie do „części leżącej odłogiem" oznacza w oczach tubylców wszystko to, co poślednie, nieistotne, bezwartościowe w przeciwieństwie do „części uprawnej", która jest cenna i ważna. Używał on także i innych porównań, które przedstawiały ducha oddzielonego od ciała, idącego swobodnie, wędrującego w postaci w pełni bezcielesnej.

Tego typu rozmowy zwykłem prowadzić ze słynnym medium podczas kilku miesięcy spędzonych w Oburaku. Zaprzyjaźniłem się nie tylko z nim, ale też z duchami, ich krainą i obyczajami, z ich radościami, a także z ich kaprysami świadczącymi czasem o pewnym braku odpowiedzialności. Czasami wydawało mi się, iż wiem już wszystko, co tylko można o nich wiedzieć. Mój przyjaciel mógłby w koło powtarzać swe opowieści, a na zadawane pytania otrzymywałbym niezmiennie te same, stereotypowe odpowiedzi. Poznałem już gawędziarski i histeryczny manieryzm jasnowidza, a nawet przyłapałem go raz czy dwa na sprytnych mistyfikacjach. Na przykład chcąc zorientować się, w jaki sposób improwizuje on swój „język duchów", którego ze swobodą używał w cytowanych rozmowach z Tumy, wziąłem próbkę słownictwa. Porównując ją w kilka tygodni później z inną próbką, odkryłem, że żadne „słowo duchów" nie powtórzyło się! A zatem medium zwykło improwizować rozmowę duchów na gorąco i czyniło to niezwykle sprawnie! Oczywiście nigdy go nie „zdemaskowałem" ani też nie dałem w żaden sposób poznać po sobie, iż przejrzałem jego sztuczki. Chytrze tworzona fikcja wywierała na mnie w istocie coraz większe wrażenie. W szczelnym przedziale antropologicznego samookłamywania się i udawania świat duchów przybrał dla mnie postać przedziwnej rzeczywistości.

Wydarzenia dowiodły jednak później, że nawet i wierzeń, by je właściwie zrozumieć, trzeba doświadczyć w ich żywych przejawach, a nie wyłącznie przez wymianę zdań. Czekało mnie zdobycie rewelacyjnych danych antropologicznych na temat duchów trobriandzkich. Lecz miało to nastąpić później, gdy zaplanowane prace i wyznaczony czas pobytu w Oburaku dobiegły już końca i gdy opuściłem wieś sądząc, że na dobre.

IV

Gdy przebywałem daleko, w jednej z wiosek urodzajnego i gęsto zaludnionego rejonu północnego, nagle dotarła do mnie wieść, iż mój stary przyjaciel i informator z Oburaku, wódz Narubuta'u, leży na łożu śmierci. Oczywiście natychmiast wydałem rozkaz zwijania obozu i wraz z mymi „chłopcami", tragarzami i orszakiem obozowym skierowałem się na południe, nie zważając na brzydką pogodę deszczową i monsun wiejący teraz z pełną siłą.

Pierwszą część trasy należało przebyć pieszo, przez mokrą dżunglę. Spowite deszczem i wiatrem wioski wydawały się opustoszałe, lecz z zamkniętych domów dochodziło charakterystyczne dla tej pory roku nucenie i recytacje nie kończących się baśni. Ponieważ w tym czasie do celu wyprawy nie można było dotrzeć lądem, musieliśmy z jednej z przybrzeżnych wiosek północnych popłynąć tam płaskodenną łodzią. Ze względu na wyjątkową płytkość laguny możliwe to było jedynie podczas wysokiego przypływu, należało zatem wyruszyć przed północą. Przygotowałem się do spędzenia nocy tak wygodnie, jak to tylko było możliwe w łodzi, układając na platformie wysięgnika prowizoryczne legowisko ze złożonego namiotu i pościeli. Nie spałem jednak wiele tej nocy w podnieceniu i obawie, czy uda się zdążyć na czas, i z powodu chłodnej bryzy nad laguną.

Chciałem dotrzeć jak najszybciej, by zastać jeszcze wodza przy życiu. Wolne posuwanie się łodzi zdawało się trwać w nieskończoność, gdy krajowcy płynęli ostrożnie nad niebezpiecznym, błotnistym dnem, szlakiem kanałów tworzących się w czasie przypływu. Pod ciężkim niebem unosiła się na wodzie cienista ściana mangrowców, jakby zawieszona między dwiema bezmiernymi, przezroczystymi powierzchniami. Tu i ówdzie wyskoczyła i plusnęła ryba; czasem wolnym i leniwym ruchem umknęła przed majaczącym kolosem łodzi płaszczka lub rekin. Ponad nami nagłe trzepoty skrzydeł i przenikliwe głosy nocnych ptaków i lotokotów potęgowały się, w miarę jak dopływaliśmy do przybrzeżnych drzew. Niedługo przed wschodem słońca zaczęliśmy wreszcie zbliżać się do wsi. Wokół panowała cisza, jedynie wycie psa to tu, to tam i migotanie odległych ognisk wskazywało na to, iż we wsi odbywa się czuwanie, jak zwykle w wypadku choroby człowieka, mające ochronić go przed ostatecznym, śmiercionośnym oddechem złego czarownika.

Nadchodził świt. Malowniczo postrzępiony kontur brzegu wyłonił się z mroku z dziwną ostrością, tak charakterystyczną dla tropikalnego brzasku: czarna, jednolita powierzchnia, a dalej, w tle, ciemna pustka wypełniona igrającymi leniwie cieniami. Nagle długi przenikliwy wrzask podniósł się nad ciemnością, unosząc się w górę pełnym, drgającym tonem i opadając melodyjnie w dół. Potem przyłączył się do niego inny głos, potem jeszcze inny, a następnie coraz więcej ze wszystkich zakątków wsi, aż chóralne, wibrujące zawodzenie rozdarło świt, wypełniając lagunę aż po przeciwległy brzeg.

Wódz Narubuta'u zmarł. Uświadamiając sobie z wściekłością straconą szansę, zbeształem ostro mą tubylczą załogę i ostatnie ćwierć mili przebyliśmy w szybkim tempie. Nagle przez skraj ciemności przedarło się światło, rozlewając bladość wczesnego tropikalnego poranka na błotniste wody i płowiejącą zieleń listowia. Siła i dramatyzm dobiegających ze wsi lamentów wzmogły się tak, jak gdyby światło dzienne ujawniło pełnię nieszczęścia. Żałobne lamenty krajowców, o pięknej melodii, śpiewane bezładnie przez całą społeczność wywierają szczególnie wstrząsające wrażenie. Wydawało mi się zawsze, że dramatyczna pieśń żałobna płynąca wprost z ludzkiego serca ma przenieść odchodzącą duszę do miejsca spoczynku, towarzyszyć jej w ostatnim pożegnaniu i wstrząsnąć od krańca do krańca światem żywych, ukazując przemijalność egzystencji człowieka. W sytuacji śmierci ważnej osobistości pobliskie wioski dołączają się do żałoby jedna po drugiej i wkrótce całą okolicę spowija pół teatralny, pół histeryczny, lecz najzupełniej szczery nastrój żalu i rozpaczy. Wyraz ludzkiej solidarności w obliczu śmierci.

Nie upłynęło wiele czasu od chwili śmierci wodza, kiedy wkroczyłem do chaty pełnej mężczyzn i kobiet. Tłoczyli się oni w środku i wokół domu od momentu ogłoszenia wieści, iż zaczyna się agonia. Śmierć dla krajowców nie sprowadza się do jednego czynnika fizjologicznego, lecz jest powolnym oddalaniem się duszy, która ociąga się z odejściem i może w każdej chwili zostać zatrzymana siłą ludzkich pragnień i modlitw. Choć śmierć nastąpiła już wcześniej, krewni zmarłego zgodnie ze zwyczajem nadal pieścili i pocieszali zwłoki, mówili do nich, głaskali je i poruszali. Ciało pokryte było mnóstwem naszyjników, pasów, naramienników, wielkich szlifowanych ostrz kamiennych toporków, wszelkich przedmiotów o znacznej wartości, które zazwyczaj przynosi się w chwili śmierci, by pocieszyć zmarłego i zatrzymać jego duszę. Zupełnie tak, jak gdyby — wobec kwintesencji doczesnych sił i dóbr — można go było przyciągnąć z powrotem na ziemię dzięki temu, co ma ona najlepszego do zaoferowania. Istnieje też przekonanie, iż dzięki zaopatrzeniu go w duchową istotę złożonych wokół ciała kosztowności zmarły będzie mógł godnie wkroczyć w zaświaty. Niezależnie od tego, jakie są źródła i korzenie tego obyczaju, kontrast między surowymi przedmiotami materialnymi zapamiętale narzucanymi uwadze zmarłego a uroczystym otwarciem nowej drogi dla jego duszy sprawia niezwykłe i dramatyczne wrażenie.

Gdy tak siedziałem obserwując przypływy i odpływy udramatyzowanego żalu, który po chwili przemienił się powoli w pełne rezygnacji zawodzenie i szloch, gdy większość wycofała się i tylko kilku mężczyzn pozostało, by umyć, ozdobić i przygotować ciało, realność wierzeń tubylców objawiła mi się z nieprzepartą siłą. Wszystko to działo się wokół mnie, najwyraźniej przenikając wszelkie myśli i emocje zebranych, narzucając im wszelkie działanie, kierując niezliczonymi szczegółami uświęconej, tradycyjnej praktyki pogrzebu i żałoby. Dusza tego człowieka kroczyła właśnie prostą drogą do swego duchowego domu, na Tumę, na tamten świat, który był tak bliski, tak mały, tak podobny do właśnie opuszczonego, że dzieląca je przepaść wydawała się mniej głęboka, łatwiejsza do przebycia, a drugie życie mniej tajemnicze niż w naszym wyobrażeniu.

V

Cały dzień wypełniony był przygotowaniami do ceremonii czuwania przy zwłokach. Gdy nastał zmrok, wioska została przekształcona w jeden wielki obóz, albowiem wszyscy mieszkańcy Oburaku, a także liczni goście z innych wiosek mieli uczestniczyć w nocnym czuwaniu. W centrum wsi wykopano dół o głębokości około dwóch metrów i tam złożono ciało owinięte szczelnie w wiele warstw sztywnej, grubej maty. Nad nim ostrożnie ułożona warstwa tęgich pali stanowiła posłanie dla wdowy. Leżąc na tej platformie pod złożoną matą, oddzielona od męża cienką warstwą drewna i mat, miała tak spędzić całą noc. Tutaj miała wyrażać swą rozpacz, zawodząc tak przenikliwie i przejmująco, by, zgodnie z obyczajem, przekrzyczeć hałas i zgiełk całego zgromadzenia, a trzeba wiedzieć, że zebrany tłum jest nie tylko liczny, ale i głośny. Obok wdowy i wokół niej siedziały, kucały i leżały jej krewne, a także wiele innych kobiet wybranych podług statusu społecznego oraz stopnia pokrewieństwa ze zmarłym. To wewnętrzne koło otaczał pierścień mężczyzn żałobników, także pogrupowanych według stopnia pokrewieństwa. Dalej, na całym obszarze placu siedziały grupy przybyszów z innych wiosek, każda społeczność wokół własnego ogniska. Na obrzeżach pozostali ci mieszkańcy wsi, którzy w czasie czuwania mieli do spełnienia określone zadania, jak dostarczanie żywności czy pilnowanie opuszczonych domostw.

Wraz z kilkoma mężczyznami zasiadłem na platformie górującej nad całą sceną. Przypatrywałem się przemieszanym grupom ludzi rozrzuconych w różnych pozycjach po rozległym obszarze, wielkim cieniom otaczających drzew skaczącym w tył i w przód, w miarę jak ogień strzelał w górę lub przygasał. Jednak głównym wydarzeniem, powiedzmy istotą nocnego przedstawienia, był zmieszany chór zawodzących pogrzebowych głosów, wznoszący się nad każdą z siedzących grup. Ludzie z innych wiosek, którzy przybyli czuwać przy zwłokach, wykonywali żałobne pieśni; każda społeczność śpiewała własne i wszyscy czynili to jednocześnie. Fantastyczne, wibrujące tony tej złożonej muzyki wznosiły się wysoko w górę, czasami w niespodziewanej harmonii, czasami w ostrym dysonansie, jak gdyby zestrojone z błyskającymi ognikami i cieniami drgającymi nad całą scenerią.

Usadowiłem się w tej samej grupie, co Tomwaya Lakwabulo, ponieważ powiedziano mi, że tej nocy oczekuje się od niego wielkich rzeczy. Często tuż po czyjejś śmierci odchodzący duch próbuje porozumieć się z żyjącymi za pośrednictwem medium, czasami nawet duch usiłuje powrócić do życia przy pomocy jasnowidza. Zmarły był bliskim przyjacielem Tomwayi, toteż spodziewano się szczególnych wydarzeń. Usiłowałem zamienić kilka zdań z siedzącym obok mnie medium, lecz Tomwaya bynajmniej nie był tej nocy rozmowny. Nie był w pełni sobą, podniecony coś mamrotał, raz drgał w gwałtownym skurczu, raz sztywniał w odrętwieniu, jego oczy były błyszczące i nieruchome. Grupka mężczyzn siedzących przed nami zaczęła śpiewać jedną z pieśni duchów przyniesionych przez Tomwayę Lakwabulo z Krainy Umarłych. Widziałem niezwykłe podniecenie jasnowidza, wzrastające bardziej i bardziej od chwili, gdy przyłączył się do chóru, najpierw słabo, potem z coraz większą mocą. Nagle wstał i władczym, pełnym głosem, o który nigdy bym go nie posądzał, zaintonował pieśń. Wśród zebranych tubylców stopniowo poczęła zalegać cisza. Mężczyźni wokół nas wyglądali jakby odrętwieli lub zastygli pod jego spojrzeniem. Nawet kobiety przerwały swe zawodzenia, a w końcu ucichł też ostry, piskliwy głos wdowy. Głos medium miał ochrypłe, pełne brzmienie i krył w sobie potężną, impetyczną energię, co stwarzało wrażenie, iż został zrodzony w jego wnętrzu przez jakąś obcą moc. Po chwili przerwał śpiew i zaczął mówić. Mówił tym samym głosem, dziwnym, wibrującym i władczym, zupełnie niepodobnym do własnego. Nie mówił językiem krajowców, lecz językiem, który z pewnością miał być mową duchów. Przerwał i przez jego usta nadeszła odpowiedź wypowiedziana całkiem innym głosem. Chwilami miało się dziwne wrażenie, że to kilka głosów walczy o możliwość wypowiedzenia się; zdania były coraz krótsze i coraz gwałtowniejsze, zakończone dyszącymi, bełkotliwymi dźwiękami, w końcu opadł na platformę, najwidoczniej w skrajnym wyczerpaniu.

W tym momencie uświadamiałem sobie tylko to, że widziałem jeden z prawdziwych duchowych transów, z których słynął jasnowidz. Dopiero późnicj dowiedziałem się, że to duch zmarłego przemawiał przez medium i że każdy z obecnych bezbłędnie i bez wahania rozpoznał jego głos, choć był to głos nie człowieka, ale ducha, silniejszy i nieco odmienny, a jednak ten sam.

VI

Gdy jasnowidz opadł z sił, wdowa podjęła desperackie, jękliwe zawodzenie, do którego dołączyły się inne kobiety tłoczące się w trakcie dramatycznej przerwy wokół niej na grobowej platformie.

Mężczyźni nie zdążyli jeszcze podjąć śpiewów na nowo, gdy nagle od grupy zebranej wokół mogiły dobiegł głośny krzyk, a hałas i ogólne podniecenie zakłóciły zwyczajowy tok wydarzeń. Przepchałem się do środka, by móc zobaczyć, co się stało, i ujrzałem wdowę leżącą na skraju mogiły, podtrzymywaną przez otaczające ją kobiety. Inne kobiety mocowały z powrotem rusztowanie z pali, które najwyraźniej się zawaliło. Część kobiet poczęła nieskładnie tłumaczyć, iż zaraz po tym, jak przemówił duch, coś poruszyło się w mogile. „Ciało zadrgało jakby na skutek trzęsienia ziemi", platforma z pali przekrzywiła się i wdowa stoczyła się na bok.

Także i w tym wypadku dopiero dzięki późniejszym komentarzom i interpretacjom mogłem pojąć pełnię dramatycznej doniosłości i objawienia duchowego zawartych w tym wydarzeniu. Wszyscy wierzyli, że duch po nawiązaniu kontaktu ze światem żywych przez wejście w Tomwayę Lakwabulo jeszcze raz podjął próbę powrotu do życia i wejścia do opuszczonego ciała. Gwałtowny wysiłek wstrząsnął zwłokami i przewrócił platformę nad mogiłą. Dla krajowców było to najwyższe potwierdzenie prawdziwości duchowego posłannictwa Tomwayi. W prawach statyki należy szukać odpowiedzi na pytanie, w jakim stopniu przeciążenie rozchwierutanej platformy przez napierające kobiety przyczyniło się do wystąpienia owego znaku obecności ducha. Problem ten musiałem rozwiązać sam!

Wszystkie te wydarzenia wywarły na tubylcach głębokie wrażenie. Na pewien czas zawodzenia i śpiewy umilkły. Poważne i pełne wzruszenia rozmowy prowadzono szeptem w obrębie wszystkich grup, słowa przepływały od grupy do grupy, a całe zgromadzenie zjednoczyło się w wielkiej, wspólnej emocji. Potem stopniowo ponownie wszczął się lament, przyłączyli się do niego mężczyźni i znów popłynął chóralny śpiew, nieco słabszy, nieco łagodniejszy.

Lecz miał on raz jeszcze zostać zakłócony. Z odległej części wioski usłyszeliśmy nagle głośny krzyk, potem następny i następny i w ciszy, która zapadła, rozległy się odgłosy kroków zmierzających szybko w naszą stronę. Wreszcie pojawiła się grupa dziewcząt, które dopadłszy zgromadzonych zaczęły coś wyjaśniać w wielkim podnieceniu. Była to siostrzenica zmarłego, którą wraz z koleżankami wysłano do jego domu po wodę i zielone orzechy kokosowe. Mocując się z zamkniętymi drzwiami, usłyszały z głębi chaty jakieś hałasy, odgłosy przewracanych przedmiotów i dziwnej szamotaniny. Gdy usiłowały otworzyć drzwi, te przyciągnięto z powrotem z taką siłą, iż jedna z dziewcząt upadła, a inne zostały odepchnięte i uciekły w panice.

Oczywiście incydent ten można częściowo wyjaśnić silnym napięciem psychicznym i niesamowitą atmosferą panującą tej nocy. Nie należy jednak wykluczyć, iż chata była zajęta w owej chwili przez osoby do tego nie uprawnione. Albowiem zgodnie z dziwnymi kaprysami obyczaju żałobne czuwanie stanowi odpowiednią okazję do miłosnych schadzek. Niespodziewani goście mogli natknąć się na zdarzenie całkowicie pozbawione związku z duchami i przestraszyć się czegoś bardzo dalekiego od jakichkolwiek sił nadprzyrodzonych. Tubylcy nie mieli jednak najmniejszych wątpliwości co do tego, że wszystko to stało się za sprawą *kosi*, drugorzędnej, bardziej pospolitej i bardziej materialnej postaci ducha zmarłego. Przez kilka nocy po śmierci *kosi* płata ludziom figle, straszy ich rzucając różnymi rzeczami, krzycząc bądź też — tak jak w tym wypadku — bezpośrednio atakując.

Także i teraz Tomwaya Lakwabulo był panem sytuacji, gdyż tylko on znał rzadką magię poskramiania *kosi* i zamieniania go w słodko śpiewającego nocnego ptaka *kabwaku*. Musiał zatem udać się zaraz do nawiedzonego domu, a ja i parę innych osób dotrzymywaliśmy mu towarzystwa.

„Tomwaya Lakwabulo zostaje tu sam"

— powiedział do mnie jeden z krajowców przejętym tonem.

„On odprawi magię. Jego magia jest potężna. My wracamy na *baku*, wkrótce widzisz, słyszysz, ptak *kabwaku* przybywa i śpiewa na centralnym placu".

Rzeczywiście, jakby za sprawą magii, niedługo potem para ptaków zaczęła śpiewać i prowadzić melodyjny dialog gdzieś wśród koron palm górujących nad miejscem czuwania. Te ptaki, o ile wiem, pojawiają się stale o tej nocnej porze, napełniając wioski swym śpiewem. To może tłumaczyć przyczynę wierzenia, gdyż tubylcy najczęściej mają okazję słyszeć śpiew ptaków *kabwaku* w czasie żałobnego czuwania, wtedy właśnie, gdy obawiają się obecności *kosi*. Lecz w tym momencie związek wykazany został tak celnie, że wywarło to na mnie wrażenie wcale nie mniejsze niż na pozostałych obecnych.

Gdy usiadłem ponownie na belkach zajętych przez zewnętrzny krąg zebranych, słuchając otaczających mnie podnieconych szeptów, zmęczony po dwóch bezsennych nocach i wyczerpującym dniu, stopniowo, półsennie zacząłem poddawać się panującej atmosferze i jej wpływom. Poczułem, że moja świadomość zawęża się do ciasnego i zwartego kręgu wierzeń krajowców. Krytyczny i zimny zmysł obserwacji cechujący antropologa popadł na chwilę w stan utajenia. Byłem w harmonii z wydarzeniami tej nocy i przez moment widziałem wyraźnie, dlaczego stanowią one dla tubylców niezbity dowód autentyczności duchów i ich świata.

VII

Pewnego wieczoru niedługo potem siedząc przed swym namiotem, prowadziłem z kimś rozmowę na temat doniosłych wydarzeń tamtej nocy. W pewnej chwili przyłączył się do nas pewien mężczyzna ze słowami:

> „Podczas czuwania Narubuta'u poraził wargi Tomwayi. Niedługo przybędą inne duchy i zabiorą go. Patrz! Oto idzie" i tu wskazał zaniedbaną, chwiejącą się postać, sunącą powoli w świetle zmierzchu. „On idzie na plażę Oloulam, idzie tam o zmroku, wraca w nocnej ciemności. Idzie tam, ponieważ wzywają go duchy. My, inni ludzie, nie idziemy tam, bo spadłaby na nas choroba. Bo to jest miejsce, gdzie gromadzą się latające czarownice. Stamtąd odlatują na swoje zamorskie sabaty".

I rzeczywiście, Tomwaya Lakwabulo szedł wolno, posuwał się po omacku jak ślepiec lub jak człowiek w transie. Spotkałem go następnego dnia, z nieruchomym wzrokiem i twarzą pozbawioną wyrazu wyglądał na ospałego i wyczerpanego. Nie był jeszcze w transie, lecz mówiono mi, że z pewnością wkrótce to nastąpi, ponieważ wzywają do duchy.

Następnego dnia siedziałem wśród grupy rybaków naprawiających sieci, gdy nadeszła Namyobe'i, córka Tomwayi Lakwabulo i Bo'usari, chyba najładniejsza dziewczyna w całym Oburaku. Powiedziała do mnie:

„Twój przyjaciel umarł dziś rano; on poszedł na Tumę. *Baloma* poraziły jego oczy".

„Kiedy?" — zapytałem.

„One przybyły wczoraj w nocy. Usiadły na jego wargach; śpiewały".

„Jakie duchy przybyły?"

„Duch Narubuta'u, duch Inekoyi i duch syna Toburaku".

Duch pierwszy był oczywiście bohaterem ostatnich wydarzeń, drugi był duchem kobiety związanej z jasnowidzem, trzeci to duch młodzieńca, syna jednego z jego przyjaciół. Obie ostatnie osoby zmarły w ciągu zeszłego roku.

Te wieści wywołały pewne poruszenie wśród moich towarzyszy:

„Łe-e-e-e! Wdowiec udał się na Tumę!"

Nie wolno było użyć imienia jasnowidza, który odbywał żałobę po żonie. Imię człowieka w żałobie jest tabu i należy mówić o nim określając sytuację, w której się znalazł.

„Tak, tak, mówiłem ci, że on pójdzie. Czyż nie przemawiał przez niego duch podczas czuwania?"

„On poszedł wczoraj w nocy, dodał ktoś inny, w nocy nagle przestał wiać wiatr. Wiatr wiał silnie od strony *yavata* (monsunu). Nagle ucichł. Słyszałem to. Mówiłem do żony. Powiedziałem: «To jest czas przybywania duchów. Kto wie, może one zabiorą wdowca. On pójdzie na Tumę». I teraz wszyscy widzicie, że tak się stało! Ja zawsze wiem, kiedy przychodzą duchy".

Potem zaczęła mówić Namyobe'i, córka jasnowidza. Dziewczyna weszła w rolę mego głównego informatora i widać było, że przepełnia ją duma, czuła się ważna:

„Wdowiec jest teraz w swojej chacie. Nie będzie wcale jadł przez cały dzień lub dwa, a może przez wiele dni — być może przez miesiąc. On nie je, nie chodzi, nie pije. Nic nie pije, dodała w odpowiedzi na moje sceptyczne pytanie. Zupełnie nic, chyba że dają mu zielone orzechy kokosowe dla duchów. On pozostaje w chacie i nie robi nic. Jego duch odszedł, tylko ciało pozostaje w chacie. Ono jest całkiem martwe; on nie potrzebuje jedzenia ani picia".

Dziewczyna mówiła dalej, wyjaśniając i powtarzając wiele szczegółów. Oczywiście trudno było dokładnie wywnioskować z jej relacji, gdzie należy wyznaczyć granicę oddzielającą czyste fakty od wyolbrzymień, do których wyobraźnia krajowców jest niezwykle skora i które w rzeczywistości tkwią już w samych językowych środkach wyrazu. Najwyraźniej jednak wszyscy pozostali słuchacze byli w pełni gotowi potwierdzić to, co mówiła Namyobe'i.

„On naprawdę nie żyje",

powtarzali jeden za drugim, rozumiejąc przez to, że ciało jasnowidza znajduje się w pełnym omdleniu, że nie jest on świadom tego, co się wokół niego dzieje, że nastąpiło całkowite zatrzymanie wszelkich funkcji fizjologicznych organizmu i że nie odczuwa on najmniejszej potrzeby pożywienia.

„Jego duch jest na Tumie. Tam jest karmiony i utrzymywany przy życiu dzięki pożywieniu *baloma* i ich wodzie".

„Gdy powraca z Tumy, jest mały, jest chudy, jest bardzo brzydki. Jego kości wystają z ciała, jest jak szkielet. On nie może chodzić, nie może mówić".

Mogę tu dodać od siebie, iż mam poważne podejrzenie, że medium nie dochowuje tak ścisłego postu, jak się powszechnie mniema. Ofiarowałem jego córce kilka puszek wołowiny i mam podstawy, by sądzić, że część mięsa znalazła drogę do uduchowionego wnętrza jasnowidza.

„Nocą wszyscy idziemy go zobaczyć. Wszyscy ludzie naszej wioski gromadzą się wokół jego domu. Tam słyszymy śpiewające *baloma*. Śpiewa nie jeden głos, nie dwa — cała Tuma przybywa i śpiewa, my słyszymy ich śpiew. Potem śpiewamy wraz z nimi".

Ten przesadny sposób mówienia w równym stopniu wynika z gramatyki i z wybujałej wyobraźni. Byłem więc w pełni świadomy, iż mówiący chciał mi po prostu dać do zrozumienia, że śpiewający chór duchów składa się z wielu głosów, a nie z jednego czy dwóch.

„Później, gdy nastaje noc, ty idziesz, możesz je usłyszeć. Zobaczysz wiele osób z tej wsi, ze wsi sąsiednich, z Waweli, Sinakety, Luby — wszyscy tu przyjdą. Oni przyniosą dary dla wdowca. Starzec Toburaku da mu całą kiść orzeszków betelu, by je wręczył jego synowi na Tumie. Dajemy mu dar i mówimy: «To jest prezent dla ducha Narubuta'u albo kogoś innego».

Pewnej nocy duchy przyniosą jakieś rzeczy do domu wdowca. My siedzimy, czekamy, słuchamy, śpiewamy. Nagle pojawia się jakieś jedzenie, jakiś orzech betelu, trochę tytoniu, czasami mała ozdoba. Pojawiają się same, duchy je zostawiają".

VIII

Słuchałem tego wszystkiego z tak głębokim zachwytem, jaki może ogarnąć tylko badacza zasłuchanego w opisy tajemniczej, nowej dziedziny, w którą właśnie ma wkroczyć. Niezależnie bowiem od tego, jak wyglądała prawda o tych zjawiskach psychicznych, jako fakty etnograficzne były one bezcenne. Miałem oto swego bohatera, w dodatku będącego w transie, co dawało pełnię możliwości ścisłej obserwacji. Wstałem i wzywając Namyobe'i udałem się do chaty jasnowidza.

Usiłowałem wejść cicho, tak by go zaskoczyć, w razie gdyby udawał lub pozował. Naprawdę jednak znalazłem go rozciągniętego na posłaniu z zamkniętymi oczami, pogrążonego w ciężkim, niespokojnym śnie lub w prawdziwym transie. Choć rozmawialiśmy w jego obecności, a ja nawet zwracałem się bezpośrednio do niego, nie odpowiadał ani nie otwierał oczu, lecz leżał tam jęcząc i poruszając się niespokojnie i z wyraźnym trudem. Od czasu do czasu mruczał kilka słów w dziwnym języku mającym być rzekomo językiem duchów. Potem znowu wykonywał dziwne, wymuszone ruchy, jak gdyby pod wpływem jakiejś zewnętrznej siły.

Długi czas siedziałem i obserwowałem go, lecz nic się nie wydarzyło. Namyobe'i zapewniła mnie, że ojciec będzie trwał w tym stanie aż do zmroku:

„Teraz *baloma* śpią. Dzień tutaj u nas, na górze, jest porą nocy u nich, pod ziemią. One śpią i jego duch też śpi. On śni na Tumie i mówi przez sen".

Wiedziałem, że istnieje wiara w przeciwieństwo dnia i nocy w obu światach. Znałem też wiarę krajowców dotyczącą natury transu, którego naocznym świadkiem byłem teraz po raz pierwszy. Wierzą oni, że duch medium odchodzi, a tylko ciało pozostaje. Jednak to, co się dzieje z bardzo odległym duchem, uzewnętrznia się jakoś na ciele. Co więcej, wszystko, co dzieje się wokół ducha, zwłaszcza głosy innych dusz i ich ruchy, ujawnia się w pewien sposób przez usta medium i w ruchach jego ciała. Najwyraźniejszym dowodem na to jest nagłe pojawianie się przedmiotów materialnych w chacie jasnowidza. Nie muszę tu dodawać, że powyższe sprzeczności nie wynikają bynajmniej z „logiki dzikich" czy „prymitywnego umysłu". Nasi adepci okultyzmu i spirytyzmu wierzą dokładnie w to samo i popadają w podobne sprzeczności.

Nocą, jeden po drugim, czasem grupami, zaczęli nadchodzić krajowcy. Zasiedli razem, przygotowani najwyraźniej do długiego czuwania; każdy był wyposażony we własną pochodnię oraz coś orzeźwiającego do picia. Drzwi do chaty były otwarte i niewielki ogień płonął koło posłania, na którym można było dostrzec niewyraźnie rysującą się postać spoczywającego medium.

Po chwili leżący zaczął się ruszać i mruczeć coś pod nosem. Niekiedy wykonywał gwałtowniejszy gest lub głośniej wypowiadał jakieś słowo. Siedzący koło mnie tubylcy byli wyraźnie poruszeni, ale wcale nie zachowywali nabożnej ciszy. Zmuszeni byliśmy czekać jakiś czas, zanim medium, okazując coraz większy niepokój, wreszcie zaintonowało pieśń. Tym razem występowało nie w roli rzecznika jakiejś wyższej siły, lecz śpiewało swym własnym głosem, miękko i melodyjnie. Była to *usikesa*, pieśń przyniesiona przez Tomwayę z Tumy, śpiewana słowami należącymi do zwykłego języka żywych. Chwilami przerywał śpiew i wypowiadał zdania w języku duchów. W trakcie owych pauz niektórzy z zebranych ofiarowywali mu prezenty, których duchowa część przeznaczona była dla zmarłych przyjaciół i krewnych. Ogień w chacie przygasał, piosenka stopniowo cichła, ludzie zaczęli się rozchodzić. Nic naprawdę godnego uwagi nie wydarzyło się owej pierwszej nocy.

IX

Następnej nocy zebrał się tłum znacznie większy, pomimo sztormowej pogody i zimna. Ludzie zasiedli w grupach wokół ognisk, tym razem byli bardziej ożywieni. Jasnowidz począł śpiewać mocnym głosem. Był zdecydowanie bardziej podniecony i natchniony niż poprzedniej nocy. Śpiewał leżąc na posłaniu, lecz jego gesty i ruchy wywoływały wrażenie, że wykonuje taniec. Gdyby po prostu spał, bez wątpienia można by orzec, iż właśnie śni o jakimś wielkim plemiennym tańcu, w którym bierze czynny udział. Jego śpiew był niezwykle przejmujący, niemal zaraźliwy i po chwili ludzie zebrani wokół chaty przyłączyli się do niego, śpiewając dobrze znaną piosenkę *usikesa*.

„*Baloma* nie przyjdą tu, dopóki nie zaśpiewamy, powiedziano mi. One lubią słuchać usikesy. One nam ją dały, abyśmy śpiewali".

Gdy inni się przyłączali, głos Tomwayi Lakwabulo zaczął zyskiwać na sile; nadal dominował nad pozostałymi, lecz wydawało się, że nagle się zmienił, jakby zastąpił go inny głos, a potem jeszcze inny. Chór śpiewający wokół mnie, wiatr zawodzący w liściach palm wywoływały wrażenie, jakby głosy w chacie zostały pomnożone, jakby słyszało się mieszaninę głosów i ech, jak gdyby inny chór odpowiadał z chaty w dialogu za śpiewającymi na zewnątrz. Zdaje się, iż dostrzegli to także i krajowcy, gdyż ze wzrastającą uwagą poczęli śledzić wydarzenia zachodzące w chacie.

„Czy słyszysz *baloma* śpiewające w chacie? To jest głos Narubuta'u, którego duch siedzi na wargach wdowca i śpiewa".

Gdy podniecenie na chwilę opadło, ktoś kłaniając się podszedł do drzwi w służalczej pozie, jaką przyjmuje się w obecności wodzów. Na wysokim progu chaty położył małą kiść orzeszków betelu i głośno zawołał:

„Narubuta'u, oto jest orzech betelu. Żuj go".

Był to prezent dla duchów, który zabrała z progu córka jasnowidza pozostająca podczas seansu we wnętrzu chaty. Teraz zaczęli przystępować inni, mężczyźni i kobiety, ofiarowując drobne podarunki: tytoń, kilka bananów, jeden lub dwa orzechy kokosowe, przy czym każdy wymieniał imię ducha, dla którego prezent był przeznaczony. Potem ludzie znów zasiedli w grupach wokół ognisk, rozmawiając przez pewien czas, jasnowidz podjął pieśń, a chór przyłączył się doń. Ogień w chacie przygasł. Dochodziła północ, gdy nagle w przerwie między śpiewaniem Tomwaya przemówił czystym głosem:

„Toyodala, *kam bu'a*" (Toyodala, oto jest twój orzech betelu).

I rzeczywiście w świetle pochodni zatkniętej przed chatą ujrzeliśmy małą kiść dojrzałych orzeszków betelu leżącą na posłaniu umieszczonym naprzeciw tego, na którym spoczywał jasnowidz. Zapadła cisza, potem rozległy się przytłumione szepty i nagle z jednej z grup wystrzeliło głośne zawodzenie będące odpowiedzią na złożony przez duchy prezent, odpowiedzią tego, dla którego prezent był przeznaczony. Córka jasnowidza wręczyła adresatowi ów dar pochodzący z tamtego świata.

A zatem to były owe słynne materializacje!

Najważniejszym etapem było stopniowe budzenie się czy też przychodzenie do siebie medium po transie trwającym ponad tydzień. W pełnym transie jasnowidz nie przekazywał żadnych wieści ze świata duchów. Dopiero szóstej lub siódmej nocy, po intensywnych występach z pieśniami, podniósł się z posłania i zaczął mówić. Nie mówił swym własnym głosem, lecz jak mnie poinformowano, tym razem przemawiał przez niego nie duch któregoś z ostatnio zmarłych, lecz duch mężczyzny, który zmarł już dużo wcześniej. Przekazywał głównie wieści od niedawno zmarłego wodza Narubuta'u. Złożyły się na nie wskazówki, w jaki sposób rozdysponować pewne dobra, życzenie, by nie pozbywać się jego czółna, lecz zatrzymać je w Oburaku oraz nadzieja, iż uroczysty podział jadła na jego cześć odbędzie się z przepychem. Rozporządzenia były jasne i rozsądne i nie wydaje mi się, by sam jasnowidz mógł wyciągnąć z nich jakiekolwiek osobiste korzyści.

Po wyjściu z transu Tomwaya Lakwabulo był rzeczywiście zmizerowany, wyglądał na zmęczonego, a jego umysł wydawał się początkowo zupełnie pusty. Swoje zwykle zdolności umysłowe odzyskiwał powoli i stopniowo.

Jak wiele było autentycznego przekonania w całym tym przedstawieniu, jak wiele samookłamywania się, a jak wiele rozmyślnego oszustwa? Czy Tomwaya Lakwabulo był przede wszystkim artystą, czy może prorokiem? Czy głównym motywem jego działania była próżność, chciwość lub żądza władzy i wpływów? Wszystkie te elementy można było znaleźć w tym, co robił, lecz niełatwo wyważyć właściwe proporcje.

Z całą pewnością nie był większym oszustem od naszych słynnych i szacownych spirytystów. Przyznać zresztą trzeba, iż dawał swej publiczności to, czego gwałtownie potrzebowała. Jego misja, popisy i natchnienie oraz wszelkie oszustwa, jakie można by wykryć, zaspokajały autentyczne potrzeby. Utwierdzał po prostu w każdym prawdziwość istniejącego wierzenia, które zrodziło się z nadziei i namiętnego pragnienia. Dawał otoczeniu tylko to, o co go proszono, otrzymywał w zamian to, co mu się należało. Jego misja i siła rzeczywiście pochodziły ze świata ducha — ale ze świata ducha ludzi żywych, a nie umarłych.

MIT
W PSYCHICE CZŁOWIEKA PIERWOTNEGO

SIR JAMESOWI FRAZEROWI

Gdybym posiadał moc cofania się w czasie, wówczas przeniósłbym was o dwadzieścia lat wstecz do starego słowiańskiego miasta uniwersyteckiego. Mam na myśli Kraków, dawną stolicę Polski i siedzibę najstarszego uniwersytetu w Europie Wschodniej. Zobaczylibyście wówczas studenta, który nieco zmartwiony opuszcza średniowieczne zabudowania uniwersyteckie. Jedynych pocieszycieli w swoim strapieniu ściska mocno pod pachą: są to trzy tomy w zielonej oprawie, na której złotem wytłoczono dobrze znaną, piękną, klasycznie naszkicowaną jemiołę — symbol złotej gałęzi.

Był to moment, w którym ze względu na stan zdrowia kazano mi na pewien czas zaniechać studiów z zakresu fizyki i chemii. Wolno mi było jednak kontynuować prace, które mieściły się w ramach moich ulubionych zainteresowań ubocznych, i w związku z tym podjąłem decyzję, że po raz pierwszy spróbuję przeczytać angielskie arcydzieło w oryginale. Może nie byłbym aż tak bardzo zmartwiony, gdybym potrafił wówczas spojrzeć w przyszłość i przewidzieć, że nadarzy się okazja taka jak dzisiejsza, że będę miał zaszczyt wygłosić przed tak znamienitą publicznością mowę ku czci sir Jamesa Frazera właśnie w języku *The Golden Bough.*

Gdy tylko zacząłem czytać to wielkie dzieło, pochłonęło mnie ono i zniewoliło. Uświadomiłem sobie wówczas, że antropologia w formie, w jakiej przedstawia ją sir James Frazer, jest wielką nauką, godną takiego samego oddania, jak każda inna spośród starszych i bardziej ścisłych dyscyplin pokrewnych. Od tamtej pory pozostałem więc wierny antropologii Frazera.

Zebraliśmy się tu dzisiaj, aby wziąć udział w dorocznych uroczystościach festiwalu totemicznego złotej gałęzi, aby ożywić i wzmocnić więzi antropologiczne, aby połączyć się ze źródłem i symbolem naszych zainteresowań i naszej miłości. Występuję tu w roli waszego skromnego rzecznika, starając się wyrazić nasz wspólny podziw dla wielkiego autora i jego klasycznych dzieł: *The Golden Bough*, *Totemism and Exogamy*, *Folk-Lore in the Old Testament*, *Psyche's Task* i *The Belief in Immortality* [1]. Tak jak by to czynił prawdziwy czarownik celebrujący magię w plemieniu dzikich, tak i ja muszę wyrecytować całą listę prac, aby ich duch (ich *mana*) pojawił się wśród nas.

Moje zadanie jest przyjemne i poniekąd łatwe, ponieważ wszystko, co powiem, będzie hołdem dla tego, którego zawsze uważałem za swojego Mistrza. Z drugiej jednak strony ta właśnie okoliczność utrudnia mi zadanie, gdyż od Mistrza otrzymałem tak wiele, iż obawiam się, że nie zdołam mu się zrewanżować. Postanowiłem więc zachować spokój zwracając się do was i pozwolić, by ktoś inny przemówił przez moje usta, ktoś, kto był dla sir Jamesa Frazera inspiratorem i dozgonnym przyjacielem, podobnie jak sir James Frazer dla nas. Nie muszę chyba dodawać, że tym kimś innym jest potomek człowieka pierwotnego, współczesny dziki, którego myśli, uczucia i cała dusza przepojone są tym, o czym pisał Frazer.

Innymi słowy, nie mam zamiaru przedstawiać wam żadnej własnej teorii, chcę tylko zaprezentować niektóre wyniki moich antropologicznych badań terenowych prowadzonych w północno-zachodniej Melanezji. Ponadto ograniczę się wyłącznie do przedmiotu, którym sir James Frazer bezpośrednio się nie interesował,

---

[1] J. G. Frazer: *The Golden Bough: A Study in Magic and Religion* (pełny opis tej pracy znajduje się w przypisie pierwszym na s. 15 niniejszego tomu); *Totemism and Exogamy*, London 1910, 4 t.; *Folk-Lore in the Old Testament. Studies in Comparative Religion, Legend and Law*, London 1918, 3 t.; *Psyche's Task*, London 1909; *The Belief in Immortality and the Worship of the Dead*, London 1913 - 1924, 3 t.

ale na który — co postaram się wykazać — wywarł równie silny wpływ, jak na wiele innych spraw zajmujących go osobiście.

[Początek mowy wygłoszonej ku czci sir Jamesa Frazera w University of Liverpool w listopadzie 1925 roku]

I. ROLA MITU W ŻYCIU

Analizując typową kulturę melanezyjską i prezentując opinie, tradycje i zachowania tubylców, chciałbym wykazać, jak mocno uświęcona tradycja, czyli mit, wiąże się z ich pracą, jak silnie panuje nad ich etyką i zachowaniami społecznymi. Innymi słowy, w niniejszym studium przyjmuję tezę, że istnieje silna więź między słowem, mitem i świętą przypowieścią plemienną z jednej strony a aktami rytualnymi, uczynkami moralnymi, organizacją społeczną i nawet działaniami praktycznymi członków plemienia — z drugiej.

Tłem dla opisu kultury melanezyjskiej będzie krótki szkic obecnego stanu wiedzy z zakresu mitologii. Wystarczy choćby pobieżnie zapoznać się z literaturą przedmiotu, by uświadomić sobie istniejącą różnorodność opinii, a nawet zjadliwość polemik na ten temat. Gdybyśmy wzięli pod uwagę choćby tylko najświeższe teorie wyjaśniające naturę mitu, legendy, bajki, musielibyśmy sporządzić długą listę przynajmniej tych prac, które wchodzą w zakres dorobku apodyktycznych przedstawicieli tak zwanej szkoły mitologii naturalnej, rozwiniętej głównie w Niemczech. Przedstawiciele tej szkoły utrzymują, że człowiek pierwotny wykazuje silne zainteresowanie zjawiskami przyrody i że to zainteresowanie ma przede wszystkim charakter teoretyczny, kontemplacyjny i poetycki. Starając się odtworzyć i zinterpretować fazy księżyca czy regularną, choć zmienną drogę słońca po niebie, człowiek pierwotny tworzy symboliczne rapsody, w których zjawiska te podlegają personifikacji. Według przedstawicieli tej szkoły jądrem czy też najistotniejszym elementem każdego mitu jest jakieś zjawisko przyrody, które zostaje wplecione w opowiadanie w tak wyszukany sposób, że czasami jest zupełnie zamaskowane i niewidoczne. Wśród tych badaczy nie ma jednak zgody co do tego, jakiego typu zjawiska przyrody leżą u podstaw większości wytworów mitologicznych. Są wśród nich krańcowi zwolennicy mitologii związanej z księżycem, tak owładnięci swoją ideą, że nie dopuszczają nawet myśli o tym, by jakiekolwiek inne zjawisko poza nocnym satelitą ziemi prowadziło do rapsodycznego interpretowania świata przez dzikiego człowieka. Przedstawiciele założonego w Berlinie w 1906 roku The Society for the Comparative Study of Myth, do którego zwolenników należeli tacy słynni uczeni, jak Paul Ehrenreich, Ernst Siecke, Hugo Winckler i wielu innych, prowadzili swoje badania pod znakiem księżyca. Inni, jak na przykład Leo Frobenius, uznali słońce za jedyne zjawisko, wokół którego człowiek pierwotny snuł swoje symboliczne opowieści. Istnieje też szkoła, której przedstawiciele interpretują istotę mitu przez zjawiska meteorologiczne, takie jak wiatr, pogoda czy barwy nieba. Należeli do niej tacy znani autorzy starszej generacji, jak Max Müller i Adalbert Kuhn. Niektórzy spośród tych wyspecjalizowanych badaczy mitów ostro walczyli o ciała niebieskie lub zasady, które uważali za najważniejsze; inni byli nieco bardziej elastyczni i byli gotowi zgodzić się, że człowiek pierwotny gotował swój „mitologiczny napar" ze wszystkich ciał niebieskich łącznie.

Starałem się tu zaprezentować w sposób uczciwy i wiarygodny tę naturalistyczną interpretację mitów, ale prawdę mówiąc, wydaje mi się, że teoria ta jest najbardziej ekstrawagancką opinią, jaką kiedykolwiek głosili antropologowie czy humaniści. Słynny psycholog Wilhelm Wundt skrytykował tę interpretację w sposób zupełnie dla niej druzgocący, nie da się jej też obronić w świetle którejkolwiek z prac Frazera. Na podstawie moich własnych badań nad mitami funkcjonującymi wśród dzikich muszę stwierdzić, że czysto artystyczne czy naukowe zainteresowanie człowieka pierwotnego przyrodą ma bardzo ograniczony zakres. W jego ideach i opowieściach nie ma zbyt wiele miejsca dla symbolizmu. W gruncie rzeczy mit nie jest ani bezużytecznym rapsodem, ani bezcelowym zestawem próżnych wyobrażeń, ale niezwykle ważną siłą kulturową pełniącą bardzo istotne funkcje. Naturalistyczna interpretacja mitów nie tylko nie bierze pod uwagę kulturowej funkcji mitu, ale także imputuje człowiekowi pierwotnemu wiele domniemanych zainteresowań, w wyniku czego miesza kilka wyraźnie odrębnych typów opowiadań: bajkę, legendę, sagę, świętą przypowieść i mit.

Zupełnym przeciwieństwem teorii interpretującej mit w kategoriach naturalistycznych, symbolicznych i urojeniowych jest teoria, według której święta przypowieść to prawdziwy, historyczny zapis przeszłości. Tego rodzaju pogląd, ku któremu skłaniają się obecnie przedstawiciele tak zwanej szkoły historycznej w Niemczech i w Stanach Zjednoczonych, a także doktor William H. R. Rivers w Anglii, tylko częściowo jest zgodny z prawdą. Nie można bowiem zaprzeczyć, że historia, podobnie jak środowisko przyrodnicze, również wywierała silny wpływ na wszelkie dokonania kulturowe, w tym także na mity. Uznanie całej mitologii wyłącznie za kronikę historyczną jest jednak takim samym błędem, jak przyjęcie, że jest ona wynikiem przemyśleń pierwotnego przyrodnika. Takie podejście przypisuje też człowiekowi pierwotnemu pewien rodzaj impulsu naukowego i pragnienie wiedzy. Mimo że dziki ma w swej osobowości zarówno coś z antykwariusza, jak i z naturalisty, to jednak jest on przede wszystkim aktywnie zaangażowany w działalność praktyczną i w związku z tym musi zwalczać rozmaite przeciwności; wszystkie jego zainteresowania zestrajają się z tym pragmatycznym stosunkiem do rzeczywistości. Mitologia, uświęcona wiedza plemienna, jest jak się okazuje, ważnym czynnikiem, który towarzyszy człowiekowi pierwotnemu w jego przedsięwzięciach, który pozwala mu ogarnąć własne dziedzictwo kulturowe. Ponadto jak zobaczymy później, usługi, jakie w szerokim zakresie mit świadczy kulturze pierwotnej, wiążą się z rytuałem religijnym, moralnością i zasadami życia społecznego. Współcześnie religia i moralność tylko w niewielkim stopniu łączą się z zainteresowaniem nauką czy minioną historią i dlatego mit opiera się na zupełnie innej postawie człowieka wobec rzeczywistości.

Wielu badaczy nie dostrzegało istnienia ścisłego związku między religią i mitem. Byli jednak i tacy, jak na przykład psycholog Wilhelm Wundt, socjologowie: Émile Durkheim, Henri Hubert i Marcel Mauss, antropolog Ernest Crawley czy badaczka kultury klasycznej, pani Jane Harrison, którzy zdawali sobie sprawę z tego, że mit i rytuał, uświęcona tradycja i normy struktury społecznej są ze sobą ściśle powiązane. Wszyscy ci uczeni w większym lub mniejszym stopniu ulegali wpływowi prac sir Jamesa Frazera. Ten wielki antropolog brytyjski, a także większość jego kontynuatorów jasno zdawali sobie sprawę z socjologicznego i rytualnego znaczenia mitu, ale dopiero fakty, które ja zamierzam przedstawić, pozwolą na bardziej precyzyjne wyjaśnienie i sformułowanie podstawowych zasad socjologicznej teorii mitu.

Oczywiście przegląd opinii, odłamów i kontrowersji wśród uczonych zajmujących się badaniem mitu mógłby być bardziej rozbudowany. Nauka o mitach znajduje się na pograniczu różnych dyscyplin: klasyczny humanista musi więc sam zadecydować o tym, czy Zeus jest księżycem, słońcem czy też postacią ściśle historyczną oraz czy jego wyłupiastooka żona to jutrzenka, krowa czy personifikacja wiatru (w tym ostatnim wypadku nawiązuje się do niemal przysłowiowej gadatliwości żon). Dlatego też wszystkie problemy tego typu muszą być ponownie przeanalizowane w kontekście mitologii w środowiskach archeologów, badaczy kultury chaldejskiej i egipskiej, indyjskiej i chińskiej, peruwiańskiej i kultury Majów. Historyk i socjolog, badacz literatury i gramatyki, germanista i romanista, badacz języków celtyckich i slawista analizują te problemy w ramach swej własnej wąskiej dyscypliny. Mitologią zajmują się też logicy i psychologowie, metafizycy i epistemologowie, nie mówiąc już o takich specjalistach, jak teozofowie, współcześni astrolodzy czy przedstawiciele ruchu Christian Science. W końcu przyłącza się też psychoanalityk i poucza nas, że mit to marzenie rodu ludzkiego i aby go wyjaśnić, nie należy odwoływać się do przyrody, historii czy kultury, ale zagłębić się w ciemne otchłanie podświadomości, na której dnie leżą zwyczajne przedmioty i symbole egzegezy psychoanalitycznej. Tak więc gdy biedny antropolog i badacz folkloru przybywają w końcu na ucztę, nie ma już dla nich nawet okruszyn!

Jeśli wywołałem wrażenie chaosu i niejasności, jeśli wzbudziłem zaniepokojenie niewiarygodną kontrowersją wokół mitologii, z całym zamieszaniem i wrzawą, które ona powoduje, to osiągnąłem zamierzony cel. Chciałbym bowiem, aby teraz moi czytelnicy wyszli poza badania ściśle teoretyczne i cofnęli się wraz ze mną w swojej wyobraźni do lat, które spędziłem na świeżym powietrzu, prowadząc na Nowej Gwinei badania antropologiczne wśród plemienia Melanezyjczyków. Tam, chlapiąc się w lagunie, przyglądając się, jak tubylcy pracują w ogrodzie w blasku słońca, podążając za nimi przez dżunglę, wietrzne plaże i rafy, poznamy ich życie. Obserwując ceremonie, które odprawiają w chłodzie popołudnia lub w mroku wieczoru, jedząc z nimi wspólny posiłek przy ognisku, będziemy mogli posłuchać ich opowiadań.

Tylko antropolog ma tę przewagę nad innymi uczestnikami dyskusji na temat mitologii, że potrafi zejść do poziomu człowieka pierwotnego, gdy tylko czuje, że teorie, które formułuje, stają się niejasne, że tok jego argumentacji staje się jałowy. Antropolog nie ogranicza się do kilku reliktów kulturowych, do połamanych tabliczek, poplamionych tekstów czy fragmentarycznych zapisów. Nie musi uzupełniać ogromnych braków obszernymi komentarzami opartymi na przypuszczeniach. Antropolog ma twórcę mitów obok siebie. Nie tylko może zapisać cały tekst we wszystkich jego odmianach i stale go kontrolować, ma też do swojej dyspozycji zespół autentycznych komentatorów, do których może się zawsze odwołać. Może też obserwować całokształt życia, z którego zrodził się mit. I jak zobaczymy, z owego kontekstu życia można o micie nauczyć się tak wiele, jak z samej narracji.

Mit w społeczności dzikich, to znaczy w swej pierwotnej, żywej postaci, jest nie tylko opowiadaniem, ale rzeczywistością. Nie ma on charakteru fikcji, z jaką spotykamy się w dzisiejszej powieści. Jest natomiast rzeczywistością, która, zgodnie z wierzeniami, istniała w czasach najdawniejszych i od tamtej pory wpływa na świat i losy ludzkie. Mit dla dzikiego człowieka jest tym samym, czym biblijna przypowieść o Stworzeniu, Upadku czy Zbawieniu przez Mękę Chrystusa na Krzyżu dla głęboko wierzącego chrześcijanina. Tak jak nasze święte przypowieści żyją w naszych rytuałach, w naszej moralności, kierują naszą wiarą i kontrolują nasze zachowania, tak mit wpływa na dzikiego człowieka.

Ograniczenie badania mitu wyłącznie do analizy tekstów miało fatalne skutki dla zrozumienia istoty mitu. Formy mitu, które pochodzą z klasycznej starożytności, które znamy ze starożytnych świętych ksiąg Wschodu i innych podobnych źródeł, zostały nam przekazane bez kontekstu żywej wiary, bez możliwości uzyskania komentarzy od osób głęboko wierzących, bez wiedzy o ich organizacji społecznej, przestrzeganych przez nich zasadach moralnych i powszechnie wśród nich funkcjonujących obyczajach, a więc bez informacji łatwo dostępnych współczesnemu badaczowi terenowemu. Ponadto obecna literacka forma tych opowiadań jest bez wątpienia wynikiem bardzo istotnych przekształceń pod wpływem ręki pisarza, komentatora, uczonego księdza czy teologa. Trzeba więc koniecznie powrócić do mitologii pierwotnej, aby przez badanie wciąż żywotnego mitu poznać sekrety jej życia, wcześniej zmumifikowane w mądrości księży i stawiane na ołtarzu w niezniszczalnym, ale martwym grobowcu umarłych religii.

Jak się przekonamy, mit badany w swej żywej postaci nie jest symbolicznym, lecz bezpośrednim wyrazem przedmiotu, którego dotyczy. Nie jest wyjaśnieniem zaspokajającym potrzebę zainteresowań naukowych, ale narracją, w której zmartwychwstaje pradawna rzeczywistość, narracją opowiadaną dla zaspokojenia głębokich potrzeb religijnych, uzasadnienia dążeń moralnych, legitymacji nierówności społecznych, wyjaśnienia twierdzeń czy nawet wymogów praktycznych. W kulturze pierwotnej mit jest nieodzowny: wyraża, wzbogaca i kodyfikuje wierzenia; chroni i wzmacnia moralność; gwarantuje skuteczność rytuału i zawiera reguły praktyczne, którymi człowiek powinien się kierować. Mit jest więc żywotnym składnikiem cywilizacji ludzkiej; nie jest czczym opowiadaniem, ale aktywną, stale działającą siłą. Nie jest rozumowym wyjaśnieniem ani wyobrażeniem artystycznym. Jest natomiast pragmatycznym dokumentem pierwotnej wiary i mądrości moralnej.

Słuszność wszystkich powyższych argumentów postaram się udowodnić analizując różne mity; aby jednak nasza analiza mogła się stać podstawą wnioskowania, trzeba najpierw dokonać przeglądu nie tylko mitów, ale także bajek, legend i kronik historycznych.

Zbliżmy się więc duchem do brzegów laguny na Trobriandach [2] i wejrzyjmy w życie tubylców, przypatrzmy się im, gdy pracują, gdy się bawią, posłuchajmy ich opowieści. Pod koniec listopada pogoda deszczowa ustala się. Nie ma zbyt wiele pracy w ogrodach, nie nadeszła jeszcze pełnia sezonu połowu ryb, podróże po morzu to sprawa przyszłości. Utrzymuje się natomiast wciąż świąteczny nastrój tańców i uczt z okazji żniw. W powietrzu czuje się atmosferę przyjaźni, ludzie mają czas, a zła pogoda często zatrzymuje ich w domu. Pójdźmy o zmierzchu do jakiejś wioski i usiądźmy przy ognisku, którego migoczące światło — w miarę upływu czasu i rozwijania się rozmowy — przyciąga coraz więcej ludzi. Ponieważ jest to sezon *bajek*, prędzej czy później któryś z mężczyzn zostanie poproszony, by coś opowiedział. Jeśli będzie dobrym narratorem, szybko wywoła śmiech, repliki, przerwy w opowiadaniu, dzięki czemu rozwinie się ono w przedstawienie.

O tej porze roku, zgodnie ze zwyczajem, snuje się w wiosce ludowe opowiadania specjalnego rodzaju, zwane *kukwanebu*. Istnieje niejasne przekonanie, którego zresztą nie traktuje się zbyt serio, że opowiadanie ich ma korzystny wpływ na nowe uprawy, niedawno zasadzone w ogrodach. Aby wywrzeć ten wpływ, zawsze na zakończenie trzeba zaśpiewać krótką piosenkę, w której robi się aluzje do pewnych bardzo urodzajnych dzikich roślin, *kasiyena*.

---

[2] Wyspy Trobrianda to archipelag koralowy położony na północny wschód od Nowej Gwinei. Krajowcy należą do rasy papuasko-melanezyjskiej i pod względem wyglądu fizycznego, wyposażenia intelektualnego i organizacji społecznej wykazują powiązanie cech mieszkańców Oceanii z pewnymi właściwościami charakteryzującymi bardziej zacofanych Papuasów z Nowej Gwinei. Pełniejszą analizę Północnych Massimów, których Trobriandczycy są odłamem, znajdzie czytelnik w klasycznej pracy prof. C. G. Seligmana *The Melanesians of British New Guinea* [Cambridge 1910]. Książka ta ukazuje także związki Trobriandczyków z innymi rasami i kulturami Nowej Gwinei i okolic. Krótkie sprawozdanie można też znaleźć w mojej pracy *Argonauci Zachodniego Pacyfiku. Relacje o poczynaniach i przygodach krajowców z Nowej Gwinei* [(oryg. 1922), tłum. B. Olszewska-Dyoniziak, S. Szynkiewicz, *Dzieła*, t. 3, Warszawa 1980].

Każde opowiadanie „jest własnością” jakiegoś członka społeczności. Mimo że zna je wiele osób, przedstawiać je może tylko jego „właściciel”; może on jednak podarować je innej osobie ucząc ją i przekazując jej prawa do odtwarzania. Ale nie wszyscy „właściciele” wiedzą, jak pobudzić zainteresowanie słuchaczy i wywołać ich serdeczny śmiech, który stanowi jeden z istotnych elementów zakończenia tego typu opowiadań. Dobry narrator musi umieć zmieniać głos w czasie wypowiadania dialogów, musi wyśpiewywać piosenki z odpowiednim temperamentem, gestykulować i w ogóle grać przed publicznością. Niektóre z tych opowiadań można określić jako pikantne. Spośród innych przytoczę po prostu kilka przykładów.

A więc mamy opowiadanie o dziewicy w niebezpieczeństwie i o jej bohaterskim wybawieniu. Dwie kobiety wybrały się na poszukiwanie ptasich jaj. Jedna z nich dostrzega pod drzewem gniazdo, a druga ją ostrzega: „To są jaja węża, nie ruszaj ich”. „O, nie! To są jaja ptaka”, odpowiada tamta i zabiera je. Matka-wąż wraca, znajduje gniazdo puste i zaczyna szukać swoich jaj. Wpełza do najbliższej wioski i śpiewa piosenkę:

> „Kieruję się tak, jak się wiję,
> Wolno jeść jaja ptaków;
> Nie wolno ruszać jaj przyjaciela”.

Wędrówka węża trwa długo, ponieważ pełznie od jednej wioski do drugiej i wszędzie musi zaśpiewać swoją piosenkę. Wreszcie wpełza do wioski, w której mieszkają dwie kobiety, i widzi winowajczynię smażącą jaja, owija się wokół niej i wchodzi w jej ciało. Ofiara przewraca się bezradna i cierpiąca. Ale bohater jest blisko: w sąsiedniej wiosce mężczyzna widzi we śnie tę dramatyczną sytuację, przybywa na miejsce, wyciąga węża z dziewczyny, tnie go na kawałki, żeni się z obiema kobietami i w ten sposób otrzymuje podwójną nagrodę za swój bohaterski czyn.

Z innej opowieści dowiadujemy się o szczęśliwej rodzinie, o ojcu i dwóch córkach, którzy opuszczają dom i odpływają do północnych archipelagów koralowych. Następnie płyną na południowy zachód, aż do stromych stoków skalistej wyspy Gumasila.

Ojciec kładzie się na półce skalnej i zasypia. Z dżungli wychodzi wilkołak, zjada ojca, porywa i gwałci jedną z córek. Drugiej udaje się jednak zbiec. Dziewczyna, która pozostała na wolności, przynosi z lasu uwięzionej siostrze drewniany kij i kiedy wilkołak kładzie się i zasypia, przecinają go tym kijem na połowę i uciekają.

Kobieta z pięcioma synami mieszka w wiosce Okopukopu u źródeł strumienia. Monstrualnie wielka płaszczka podpływa w górę strumienia, przedostaje się przez wioskę, wchodzi do chaty i śpiewając piosenkę odgryza kobiecie palec. Jeden z synów próbuje zabić potwora, ale mu się to nie udaje. Każdego dnia powtarza się to samo, aż wreszcie piątego dnia najmłodszemu synowi udaje się zabić gigantyczną rybę.

Wesz i motyl chcą trochę pofruwać, wesz ma być pasażerem, a motyl aeroplanem i pilotem. Podczas lotu nad morzem, między plażą Waweli i wyspą Kitavą, wesz wydaje głośny okrzyk, który przeraża motyla, wesz spada i tonie.

Mężczyzna, którego teściowa jest kanibalem, jest tak nieostrożny, że zostawia troje swoich dzieci pod jej opieką. Oczywiście teściowa próbuje zjeść wnuki; udaje się im jednak w porę uciec i wspiąć na palmę. Kobieta tkwi pod palmą przez dłuższy czas, aż wraca ojciec dzieci i zabija ją. Inne opowiadanie dotyczy wizyty na słońcu, inne — wilkołaka, który niszczy ogrody, jeszcze inne — kobiety, która była tak łakoma, że ukradła całe jedzenie przeznaczone na ucztę pogrzebową itp.

W tym miejscu jednak nie będziemy koncentrować naszej uwagi na samym tekście narracji, ale na jej socjologicznych odniesieniach. Oczywiście tekst jest niezwykle ważny, ale pozbawiony kontekstu staje się martwy. Jak wiemy, zainteresowanie opowiadaniem w znacznym stopniu wzrasta i nabiera odpowiedniego charakteru w zależności od sposobu narracji. Cały jej przebieg, głos i mimika opowiadającego i reakcja publiczności znaczą dla tubylców tyle samo, co tekst, a socjolog powinien się uczyć od tubylców. Narracja powinna więc przebiegać we właściwym czasie: ważna jest pora dnia, pora roku, pora, w której kiełkują rośliny w ogrodach czekających na przyszłą pracę i ulegających pewnym wpływom magii zawartej w opowiadanych bajkach. Musimy również pamiętać o socjologicznym kontekście własności prywatnej, którą stanowią te bajki, o ich społecznej funkcji i roli kulturowej. Wszystkie te elementy są równie ważne jak tekst i muszą być badane w taki sam sposób. Opowiadania funkcjonują w życiu tubylców, a nie na papierze. Dlatego też notatki sporządzane przez naukowca w pośpiechu, nie oddające atmosfery, w jakiej te opowiadania żyją, dostarczają nam informacji jedynie o pewnym wycinku rzeczywistości.

Przejdę teraz do innej kategorii opowiadań. Nie ma określonej pory roku ani określonego sposobu ich opowiadania, narracja nie przybiera formy przedstawienia; nie wywołują też żadnych skutków magicznych. Opowiadania te są jednak ważniejsze od tych, które należą do poprzedniej kategorii. Ludzie bowiem wierzą, że są one prawdziwe, i w związku z tym informacje w nich zawarte są cenione wyżej niż te, które występują w *kukwanebu*. Kiedy ludzie udają się w daleką drogę z wizytą albo wypływają na daleką wyprawę, młodzi, którzy są wśród nich, zainteresowani krajobrazem, nowymi społecznościami, nowymi ludźmi, a także nowymi obyczajami dają wyraz swojemu zdumieniu i zadają różne pytania. Starsi i bardziej doświadczeni przekazują im informacje i komentarze, które zawsze mają formę konkretnej narracji. W takiej sytuacji ludzie starsi opowiadają o swoich własnych doświadczeniach z walk i wypraw, o słynnej magii i nadzwyczajnych osiągnięciach ekonomicznych. Często zdarza się, że w relacje te wplatają wspomnienia ojców, zasłyszane opowieści i legendy przekazywane z pokolenia na pokolenie. Dzięki temu wspomnienia o wielkich suszach i okresach niszczycielskiego głodu są przechowywane przez wiele lat obok opisów niedostatku, walk i zbrodni popełnianych przez społeczność w chwilach gniewu.

Zachowane są więc w pamięci liczne opowiadania o żeglarzach, którzy zgubili drogę i wylądowali wśród kanibali i wrogich plemion. Niektóre z nich przybierają formę pieśni, inne legend historycznych. Pieśni i opowiadania często mówią o słynnych tancerzach, ich wdzięku, umiejętnościach i talencie. Są też opowiadania o odległych wyspach wulkanicznych; o gorących źródłach, w których kiedyś znaleźli śmierć nieostrożni amatorzy kąpieli; o tajemniczych krajach zamieszkanych przez zupełnie innych ludzi; o dziwnych przygodach, które zdarzały się żeglarzom na dalekich morzach; o monstrualnie wielkich rybach i ośmiornicach, o skaczących skałach i zamaskowanych czarownikach. Niektóre opowiadania, współczesne i dawniejsze, głoszą bohaterskie czyny jasnowidzów i ludzi, którzy odwiedzili krainę zmarłych. Inne opowiadania dotyczą z kolei zjawisk przyrodniczych: skamieniałego czółna, człowieka zmienionego w skałę, czerwonej plamy na skale koralowej pozostałej po ludziach, którzy zjedli zbyt wiele orzechów betelu.

Te różnorodne opowiadania można podzielić na: *kroniki historyczne*, dotyczące wydarzeń, których narrator był naocznym świadkiem lub za których autentyczność ręczy ktoś, kto je jeszcze pamięta; *legendy*, na których prawdziwość nie ma dowodów, ale które dotyczą spraw doświadczanych zwykle przez członków plemienia, oraz *zasłyszane opowieści* o odległych krajach czy minionych wydarzeniach z czasów, które wykraczają poza zakres kultury współczesnej. Wśród tubylców jednak wszystkie te kategorie opowiadań mieszają się ze sobą i różnice między nimi nie są dostrzegane; używa się w odniesieniu do nich tej samej nazwy: *libwogwo*. Wszystkie uważa się za jednakowo prawdziwe; nie mają formy przedstawienia, nie są opowiadane dla rozrywki w określonej porze roku. Ich treść też jest w zasadzie jednolita. Zawsze jest w nich bowiem coś, co ma na tubylców silny wpływ stymulujący; zawsze nawiązuje się w nich do działań takich, jak przedsięwzięcia ekonomiczne, wojna, przygoda, sukces odniesiony w tańcu czy wymianie ceremonialnej. Ponadto, ponieważ opowiadania te są kroniką indywidualnych wielkich osiągnięć w tego rodzaju przedsięwzięciach, przynoszą zaszczyt danej jednostce i jej potomkom lub nawet całej społeczności, tak więc ambicją tych, których przodków gloryfikują, jest zachowanie ich w pamięci. Opowiadania dostarczające wyjaśnienia specyficznych cech krajobrazu często zawierają też kontekst socjologiczny, to znaczy podaje się w nich nazwę klanu lub rodziny, która dokonała określonego czynu. Jeśli nie nawiązują do żadnych czynów, są jedynie zestawem oddzielnych, fragmentarycznych komentarzy dotyczących pewnych cech przyrody i stanowiących oczywistą pozostałość z przeszłości.

Wszystko to raz jeszcze potwierdza, że badając narrację jedynie na papierze, nie jesteśmy w stanie ani zrozumieć w pełni znaczenia tekstu, ani pojąć jego socjologicznej istoty, ani też poznać postawy tubylców wobec opowiadania czy przyczyny zainteresowania nim. Opowiadania żyją w pamięci ludzi w takiej formie, w jakiej są relacjonowane. Jeszcze ważniejszym czynnikiem decydującym o ich trwałości jest ogólne zainteresowanie nimi, fakt, że narrator przedstawia je z dumą lub żalem, że przyjmowane są z ożywieniem lub w zadumie, że pobudzają nadzieje i ambicje słuchaczy. Tak więc samo uważne przeczytanie opowiadania nie pozwala na uchwycenie istoty ani *bajki*, ani tym bardziej *legendy* i konieczne jest badanie narracji w kontekście życia społecznego i kulturalnego krajowców.

Dopiero jednak kiedy przejdziemy do trzeciej, najważniejszej kategorii opowiadań, do *świętych przypowieści*, czyli *mitów*, i przeciwstawimy je legendom, wówczas istota tych trzech kategorii ujawni się w pełni. Ta trzecia kategoria w tutejszym języku nazywana jest *liliu* i chciałbym podkreślić, że przytaczam tu klasyfikację i terminologię tubylców i ograniczam się wyłącznie do komentarzy co do jej ścisłości. Trzecia kategoria opowiadań różni się zdecydowanie od dwóch poprzednich. Do pierwszej należą opowiadania przedstawiane dla rozrywki, do drugiej te, w których opowiada się coś na serio i które mogą zaspokoić ambicje społeczne, do trzeciej natomiast należą opowiadania uważane nie tylko za prawdziwe, ale także za godne czci i święte i w związku z tym odgrywające bardzo ważną rolę kulturową. Jak wiemy, *opowiadanie ludowe* wiąże się z określoną porą roku i przedstawianie go jest aktem towarzyskim. *Legenda* rodzi się w wyniku kontaktu człowieka z niezwykłą rzeczywistością i odkrywa perspektywy historyczne. *Mit* natomiast zaczyna funkcjonować wtedy, gdy rytuał, ceremonia lub zasada społeczna czy moralna wymagają uzasadnienia, poświadczenia ich dawności, prawdziwości i świętości.

W następnych rozdziałach tej książki przeanalizujemy szczegółowo wiele mitów. Tymczasem przypatrzmy się jednak temu, co jest treścią pewnych typowych mitów. Weźmy dla przykładu doroczne święto powrotu umarłych. Z tej okazji tubylcy czynią staranne przygotowania, przede wszystkim szykują ogromne ilości pożywienia. Gdy zbliża się święto, opowiadają o tym, jak człowiek został ukarany śmiercią, jak zatracił moc wiecznego odmładzania się. Z opowiadań tych dowiadujemy się, dlaczego duchy zmarłych musiały opuścić wioskę i nie pozostały przy ognisku, a także dlaczego raz do roku powracają. W określonych porach roku krajowcy przygotowują się do zamorskich wypraw; remontują stare czółna i budują nowe przy akompaniamencie specjalnej magii. W recytowanych wówczas zaklęciach czyni się mitologiczne odniesienia i nawet uświęcone czynności zawierają elementy, których istotę można pojąć tylko w kontekście narracji o płynącym czółnie, w kontekście jego rytuału i magii. Zasady ceremonialnego handlu wymiennego, praktyki magiczne z nim związane, a nawet wytyczone dlań szlaki geograficzne wiążą się z odpowiednią mitologią. Nie ma ważnej praktyki magicznej, ceremonii czy rytuału, które nie wiązałyby się z wiarą, a wiara ta wpleciona jest w opowiadanie o konkretnym wydarzeniu z przeszłości. Więź między tymi elementami jest bardzo silna, ponieważ mit to nie tylko komentarz dostarczający dodatkowych informacji. Mit jest kartą gwarancyjną, a czasem także praktycznym wyznacznikiem działań, z którymi jest powiązany. Z drugiej strony rytuały, ceremonie, obyczaje i organizacja społeczna czasami bezpośrednio odnoszą się do mitu i uważane są za rezultat określonego wydarzenia mitycznego. Mit materializuje się w fakcie kulturowym; równocześnie ludzie wierzą w to, że w micie tkwi rzeczywista przyczyna określonej zasady moralnej, formy życia społecznego, rytuału czy obyczaju. Dlatego też opowiadania mityczne stanowią integralną część kultury. Ich funkcjonowanie i wpływ nie tylko wychodzą poza sam akt narracji, ich istota wynika nie tylko z życia i życiowych zainteresowań — determinują one wiele cech kultury i kontrolują je, dlatego też stanowią dogmatyczny trzon cywilizacji pierwotnej.

Sądzę, że to właśnie jest najistotniejszy punkt mojej tezy: utrzymuję, że istnieje specjalna kategoria opowiadań, które uważane są za święte, które materializują się w rytuałach, zasadach moralnych i organizacji społecznej i które stanowią integralną i aktywną część kultury pierwotnej. Opowiadania te nie istnieją jako czczy przedmiot zainteresowań, jako fikcyjne czy nawet prawdziwe narracje; dla tubylców stanowią one dowód istnienia pierwotnej, ważniejszej i bardziej istotnej rzeczywistości, która determinuje obecne życie, losy i działania ludzi i o której wiedza dostarcza człowiekowi motywów do działań rytualnych i moralnych, a także wskazówek, jak należy je realizować.

Aby należycie wyjaśnić przedstawiony problem, powinniśmy raz jeszcze porównać nasze wnioski z aktualnymi poglądami przedstawicieli współczesnej antropologii i to nie po to, aby po prostu skrytykować poglądy odmienne, ale by powiązać rezultaty naszych badań z aktualnym stanem wiedzy i pokazać wyraźnie i precyzyjnie, jakie elementy tej wiedzy przejęliśmy, a jakie odrzuciliśmy.

W takiej sytuacji najlepiej jest przytoczyć zwartą i miarodajną wypowiedź. W związku z tym — dla celów definicyjnych — wybrałem analizę przedstawioną w *Notes and Queries on Anthropology* [3] przez nieżyjącą już panią C. S. Burne i profesora Johna L. Myresa. Z podrozdziału zatytułowanego *Stories, Sayings and Songs* dowiadujemy się, że: „Fragment ten dotyczy wielu ludzkich wysiłków *intelektualnych* [które] stanowią najwcześniej podejmowane próby ćwiczenia umysłu, wyobraźni i pamięci". Z pewnym niepokojem pytamy, gdzie się podziały emocje, zainteresowania i ambicje, rola społeczna wszystkich tych opowiadań i silne powiązanie ważniejszych spośród nich z wartościami kulturowymi. Po krótkiej, prostej klasyfikacji tych opowiadań następuje fragment dotyczący świętych przypowieści, w którym czytamy: „*Mity* to opowiadania, które choć wydają się nam dziwne i nieprawdopodobne, są jednak relacjonowane z całym przekonaniem, ponieważ opowiadający ma zamiar wyjaśnić — lub jest przekonany,

[3] *Notes and Queries on Anthropology*, British Association for the Advancement of Science. Committee of Section H, London 1929 (1 wyd. 1874).

że opowiadając wyjaśnia — za pośrednictwem czegoś konkretnego i zrozumiałego jakąś abstrakcyjną ideę lub tak niejasne i trudne pojęcia, jak Stworzenie, Śmierć, odmienność ras ludzkich i gatunków zwierząt, różne zawody wykonywane przez mężczyzn i kobiety; pochodzenie rytuałów i obyczajów, przedmiotów naturalnych i reliktów prehistorycznych; znaczenie imion ludzkich i nazw miejscowości. Opowiadania tego rodzaju są niekiedy określane mianem *etiologicznych*, ponieważ mają na celu wyjaśnienie, dlaczego coś istnieje albo dlaczego się wydarzyło" [4].

Mamy tu więc w kilku słowach wszystko to, co współczesna nauka ma na ten temat do powiedzenia. Czy jednak nasi Melanezyjczycy zgodziliby się z tą opinią? Z pewnością nie. Oni nie chcą ani „wyjaśniać", ani czynić „zrozumiałym" niczego, co dzieje się w ich mitach — a zwłaszcza nie w formie abstrakcyjnych wyobrażeń. O ile się orientuję, nie można znaleźć tego rodzaju przypadków ani wśród Melanezyjczyków, ani w żadnej innej społeczności ludzi pierwotnych. Konkretne komentarze do tych kilku abstrakcyjnych wyobrażeń, którymi dysponują tubylcy, zawierają już same określające je słowa. Jeżeli istnienie opisuje się za pomocą takich czasowników, jak leżeć, siedzieć, stać, jeżeli przyczynę i skutek wyraża się za pomocą słów, które opisują podstawę i to, co się na niej opiera, jeżeli różne konkretne rzeczowniki określają przestrzeń, to słowo i odniesienie do konkretnej rzeczywistości dostatecznie „wyjaśniają" abstrakcyjne wyobrażenie. Żaden Trobriandczyk ani jakikolwiek inny krajowiec nie zgodzą się też z poglądem, że „Stworzenie, Śmierć, odmienność ras ludzkich i gatunków zwierząt, różne zawody wykonywane przez mężczyzn i kobiety" to „pojęcia niejasne i trudne". Nic nie jest lepiej znane tubylcowi niż różne zawody wykonywane przez przedstawicieli płci męskiej i żeńskiej; niczego na ten temat nie trzeba *wyjaśniać*. Ale tego rodzaju różnice, chociaż znane, bywają niekiedy przykre, nieprzyjemne lub w jakiś sposób ograniczające, trzeba je więc uzasadnić, potwierdzić ich dawność i prawdziwość; krótko mówiąc — wyka-

---

[4] *Ibid.*, s. 210, 211.

zać ich słuszność. Śmierć, niestety, nie jest ani niejasna, ani abstrakcyjna, ani też trudna do pojęcia dla żadnej istoty ludzkiej. Jest ona tylko zbyt boleśnie realna, zbyt konkretna, zbyt łatwa do zrozumienia dla każdego, kto doświadczył śmierci bliskich krewnych lub miał przeczucie własnej śmierci. Gdyby była niejasna lub nierealna, człowiek nie chciałby o niej nawet wspominać; ale wyobrażenie śmierci jest pełne przerażenia, chęci odsunięcia jej groźby, niejasnej nadziei, że da się ją może nie tyle wyjaśnić, ile usprawiedliwić, uczynić nierealną i naprawdę nie istniejącą. Mit, który usprawiedliwia wiarę w nieśmiertelność, w wieczną młodość, w życie pozagrobowe, nie jest wynikiem intelektualnej reakcji na coś nieodgadnionego, ale oczywistym aktem wiary, zrodzonym z najgłębszej reakcji instynktownej i emocjonalnej na to najpotężniejsze i najstraszliwsze wyobrażenie. Opowiadania o „pochodzeniu rytuałów i obyczajów" też nie są relacjonowane tylko po to, by je wyjaśniać. One nigdy niczego nie wyjaśniają; zawsze określają precedens, który stanowi o ideale rytuału i usprawiedliwia jego trwanie, a czasami dają też praktyczne wskazówki dotyczące procedury odprawiania go.

Musimy więc całkowicie odrzucić tę abstrakcyjną, choć zwięzłą opinię współczesnych badaczy mitów. Przyjęcie tej definicji doprowadziłoby bowiem do utworzenia wyimaginowanej, nie istniejącej kategorii narracji, mianowicie mitu etiologicznego. Miałby się on odnosić do nie istniejącej potrzeby wyjaśniania, wiódłby bezowocny żywot jako „wysiłek intelektualny", pozostając poza kulturą i organizacją społeczną tubylców i poza ich zainteresowaniami pragmatycznymi. Całe to podejście wydaje się nam chybione, ponieważ mity traktowane są po prostu jako opowiadania, jako pierwotne, gabinetowe wysiłki intelektualne, ponieważ wyrwane są ze swego kontekstu życia i badane z punktu widzenia formy, jaką przybierają na papierze, a nie z punktu widzenia funkcji, jakie pełnią w życiu. Taka definicja nie pozwala na uchwycenie istoty mitu ani na sporządzenie zadowalającej klasyfikacji opowiadań ludowych. Co więcej, musimy także odrzucić definicje legendy i bajki podane przez autorów *Notes and Queries on Anthropology*.

Przyjęcie tego punktu widzenia okazałoby się fatalne w skutkach przede wszystkim jednak dla badań terenowych, ponieważ obserwator mógłby zadowolić się samym spisywaniem narracji. Wprawdzie aspekt intelektualny opowiadania tubylców zawiera się w całości w jego tekście, ale funkcjonalny, kulturowy i pragmatyczny aspekt przejawia się w tym samym stopniu w sposobie jego odtworzenia, w jego urzeczywistnieniu i w odniesieniu do kontekstu, co w samym tekście. Łatwiej jest zanotować samo opowiadanie, niż zaobserwować jego rozprzestrzenianie się, złożone sposoby jego ingerowania w życie czy też badać jego funkcję obserwując bezmiar rzeczywistości społecznej i kulturowej, do której przenika. Skutkiem tego mamy tak wiele tekstów i tak niewiele wiemy o najgłębszej istocie mitu.

Możemy więc wiele się nauczyć od Trobriandczyków. Wróćmy więc do nich i przeprowadźmy szczegółową analizę niektórych mitów, aby potwierdzić słuszność naszych wniosków w sposób bardziej ścisły, choć indukcyjny.

II. MITY POCHODZENIA

Najlepiej będzie zacząć od początku i przeanalizować niektóre mity o pochodzeniu. Pierwotnie — powiada tubylec — ludzie wyszli na świat spod ziemi. Ludzkość wiodła wówczas życie, które we wszystkich aspektach podobne było do życia na ziemi. Pod ziemią ludzie byli zorganizowani w wioski, klany, okręgi; zajmowali zróżnicowane pozycje społeczne, znali swoje przywileje i zgłaszali określone roszczenia, dysponowali własnością prywatną i wiedzą magiczną. Wyposażeni w to wszystko pojawili się na ziemi i przez sam ten akt ustanowili pewne prawa ziemskie i obywatelskie, przywileje ekonomiczne i czynności magiczne. Przynieśli ze sobą całą swoją kulturę, aby dalej ją rozwijać na ziemi.

Wiele jest miejsc szczególnych — grot, kęp drzew, stert kamieni, wychodni koralowych, szczelin, źródeł strumieni — zwanych przez tubylców „otworami" lub „domami". Z „otworów" tych wychodziły pierwsze pary ludzi (siostra jako głowa rodziny i brat jako jej opiekun), obejmowały ziemię we władanie, a powołanym w ten sposób wspólnotom nadawały charakter totemiczny, przemysłowy, magiczny i społeczny.

Hierarchia społeczna, odgrywająca w ich życiu ogromnie ważną rolę, została ustalona przez ludzi, którzy wyszli niedaleko wioski Laba'i ze ściśle określonego otworu w Obukuli. Ich pojawienie się było wydarzeniem niezwykle istotnym, gdyż w odróżnieniu od tego, co się działo zazwyczaj (to znaczy: jeden „otwór" pochodzenia — jeden ród), z otworu w Laba'i wyłonili się kolejno reprezentanci czterech głównych klanów. Co więcej, ich pojawieniu się na ziemi towarzyszyło wydarzenie pozornie błahe, ale w rzeczywistości mitycznej najważniejsze. Jako pierwsza pojawiła się *kaylavasi* (iguana) — zwierzę klanu Lukulabuta — która przedarła się przez ziemię, tak jak to czynią iguany, później wspięła się na drzewo i pozostała tam, by się przyglądać dalszemu rozwojowi wydarzeń. Wkrótce po niej pojawił się pies, totem klanu Lukuba, który pierwotnie zajmował najwyższą pozycję. Jako trzecia pojawiła się świnia, będąca reprezentantką klanu Malasi, który obecnie zajmuje najwyższą pozycję. Jako ostatni pojawił się totem klanu Lukwasisiga, który według jednych wersji ma postać krokodyla, według innych węża, a według jeszcze innych oposa. W niektórych wersjach tego mitu jest on zupełnie pomijany. Pies i świnia zaczęły biegać wokoło i pies zauważywszy owoc rośliny *noku* powąchał go i zjadł. Świnia powiedziała wówczas: „Zjadłeś *noku*, zjadłeś brud; jesteś nisko urodzony, należysz do gminu; przywódcą, *guya'u*, będę ja". I od tamtej pory najważniejszy podklan klanu Malasi, Tabalu, faktycznie przewodzi pozostałym.

Aby zrozumieć ten mit, nie wystarczy prześledzić dialog między psem i świnią, który zresztą może się wydawać banalny czy nawet trywialny. Dopiero gdy poznamy życie społeczne krajowców i niezwykłą wagę hierarchii społecznej, gdy się dowiemy, że pożywienie i ograniczenia z nim związane (które są tabu pozycji społecznej i klanu) są głównymi wyznacznikami sytuacji społecznej jednostki, i wreszcie, gdy uświadomimy sobie istotę jednostkowej tożsamości totemicznej, wówczas zaczniemy rozumieć, dlaczego wydarzenie, które miało taki właśnie przebieg w czasie, kiedy ludzkość była *in statu nascendi*, ustaliło raz na zawsze relację między dwoma rywalizującymi ze sobą klanami. Aby zrozumieć ten mit, trzeba więc dokładnie poznać życie społeczne tubylców, ich religię, obyczaje i światopogląd. Wtedy i tylko wtedy można pojąć znaczenie, jakie ma dla nich to opowiadanie, i funkcję, jaką pełni w ich życiu. Pozostając wśród nich i ucząc się ich języka, można stwierdzić, że opowiadanie to jest stale powtarzane w rozmowach i sprzeczkach dotyczących relatywnej wyższości czy niższości poszczególnych klanów lub różnych tabu pożywienia. Przy takich okazjach często zadaje się pytania o przyczynę. Działanie tego mitu jako aktywnej siły można przede wszystkim zaobserwować wchodząc w kontakt ze społecznościami, w których nadal trwa historyczny proces rozszerzania się wpływu klanu Malasi.

Jest rzeczą charakterystyczną, że pierwsze i ostatnie zwierzęta, które wyszły spod ziemi, czyli iguana i totem klanu Lukwasisiga, zawsze były ignorowane; dlatego też zasada kolejności i logika wydarzeń nie są ściśle przestrzegane w toku rozważań nad mitem.

Główny mit o Laba'i, który dotyczy relatywnej wyższości i niższości czterech klanów, jest bardzo często powtarzany przez członków całego plemienia. Pomniejsze mity lokalne są tak samo żywotne i aktywne, każdy w ramach swojej własnej społeczności. Kiedy grupa tubylców przybywa do jakiejś odległej wioski, wtedy poznaje nie tylko legendarne opowiadania historyczne funkcjonujące w tej społeczności, ale przede wszystkim mitologiczne podstawy jej istnienia, praktyki magiczne, charakter pracy i pozycję społeczną zajmowaną w całej organizacji totemicznej. W wypadku sporów o ziemię, o prawo do magii, o prawo do połowów czy o inne przywileje zawsze przywołuje się świadectwo mitu.

Pokażę teraz na konkretnym przykładzie sposób, w jaki lokalny mit o pochodzeniu jest powtarzany w toku życia codziennego krajowców. Przyjrzyjmy się grupie gości przybyłych do jednej z wiosek trobriandzkich. Goście zasiadają przed domem wodza, w centralnym punkcie wsi. Najprawdopodobniej miejsce pochodzenia mieszkańców znajduje się w pobliżu i jest zaznaczone wychodnią koralową lub stertą kamieni. Miejsce to zostanie im wskazane, imiona przodków, brata i siostry, podane, a może także dowiedzą się, że brat zbudował dom na miejscu, na którym obecnie stoi dom wodza. Oczywiście przysłuchujący się tubylcy będą wiedzieć, że siostra mieszkała obok, w osobnym domu, ponieważ nigdy nie zamieszkałaby razem z bratem.

Ponadto goście mogą się dowiedzieć, że przodkowie mieszkańców wioski przynieśli ze sobą na ziemię określone materiały i sprzęty oraz lokalne sposoby pracy. W wiosce Yalaka na przykład są one związane z procesem wypalania wapna z muszli. W Okobobo, Obwerii i Obowadzie przodkowie przynieśli wiedzę i narzędzia potrzebne do polerowania twardych kamieni. W Bwoytalu wraz z przodkami wyłoniło się z podziemia narzędzie rzeźbiarskie, to jest ząb rekina oprawiony w trzonek, oraz sztuka rzeźbiarska. W większości wsi monopol ekonomiczny jest następstwem pojawienia się przodków. W wioskach o wyższej pozycji opowiada się, że przodkowie przynieśli również insygnia dziedziczonej godności; w innych — że pojawiło się jakieś zwierzę związane z lokalnym podklanem. Kariera polityczna niektórych społeczności już od początku opierała się na postawie wrogości wobec innych. Najważniejszym jednak darem przynoszonym temu światu ze świata podziemnego jest zawsze magia; ale tę przeanalizujemy później i bardziej dokładnie.

Gdyby był wśród nich Europejczyk i usłyszał jedynie informację, którą jeden krajowiec przekazuje drugiemu, niewiele by ona dla niego znaczyła. W gruncie rzeczy mógłby ją nawet opacznie zrozumieć. I tak jednoczesne pojawienie się brata i siostry mogłoby zrodzić jego podejrzenie, że ma do czynienia z mitologiczną aluzją do kazirodztwa albo też zacząłby pytać o męża siostry, aby otrzymać informację o pierwotnej parze małżeńskiej. Pierwsze z tych podejrzeń byłoby zupełnie błędne i rzuciłoby fałszywe światło na ściśle określoną relację między bratem i siostrą — brat jest konieczny jako opiekun, siostra jest tak samo konieczna, gdyż jest odpowiedzialna za kontynuację linii genealogicznej. Tylko pełne zrozumienie idei i instytucji pokrewieństwa matrylinearnego nadaje sens i znaczenie już samej wzmiance o imionach dwojga przodków, które mają dla tutejszych słuchaczy tak wielkie znaczenie.

Gdyby Europejczyk zapytał, kto był mężem siostry i jak się to stało, że miała ona dzieci, wówczas raz jeszcze spotkałby się z całkowicie obcym mu zestawem wyobrażeń — z brakiem społecznego uznania roli ojca, z brakiem jakichkolwiek wyobrażeń co do fizjologii prokreacji oraz z dziwnym i złożonym systemem małżeństwa, które ma jednocześnie charakter matrylinearny i patrylokalny [5].

Społeczne znaczenie relacji o pochodzeniu odkryje ten badacz europejski, który pojmie wyobrażenia prawne tubylców odnoszące się do lokalnego obywatelstwa oraz dziedziczonych praw do terytorium, do łowisk, a także do lokalnych zajęć. Zgodnie z plemiennymi zasadami prawnymi monopol na wszelkie tego rodzaju prawa ma społeczność lokalna i tylko ludzie, którzy w linii żeńskiej pochodzą od pierwszej kobiety, mogą z nich korzystać. Gdyby Europejczyk dowiedział się później, że poza głównym miejscem, z którego wyłonili się przodkowie, istnieje kilka innych „otworów" na terenie tej samej wioski, byłby wówczas jeszcze bardziej zbity z tropu. W końcu jednak dzięki dokładnemu zbadaniu konkretnych szczegółów i zasad życia społecznego tubylców zapoznałby się z ideą złożonych społeczności wioskowych, to jest takich, które składają się z kilku podklanów.

Jest więc oczywiste, że mit przekazuje tubylcowi o wiele więcej niż samą treść opowiadania; że opowiadanie odzwierciedla jedynie naprawdę istotne, konkretne różnice lokalne; że prawdziwe znaczenie, a w gruncie rzeczy pełne wyjaśnienie jest zawarte w tradycyjnych podstawach organizacji społecznej oraz że tubylec uczy się tego nie dzięki słuchaniu fragmentarycznych opowieści mitycznych, ale dzięki temu, że żyje w strukturze społecznej swojego plemienia. Innymi słowy, kontekst życia społecznego, stopniowe

---

[5] Pełna analiza psychospołecznych cech pokrewieństwa i pochodzenia znajduje się w moich artykułach: *The Psychology of Sex and the Foundations of Kinship in Primitive Societies* („Psyche" 1923, t. 4 [October], s. 98 - - 128), *Psychoanalysis and Anthropology* („Psyche" 1924, t. 4 [April], s. 293 - 332), *Complex and Myth in Mother Right* („Psyche" 1925, t. 5 [January], s. 194 - 216).

uświadamianie sobie przez tubylca, że wszystko, co nakazano mu robić, miało swój precedens i wzór w czasach zamierzchłych, przekonuje go w pełni do mitów o pochodzeniu i nadaje im właściwe znaczenie.

Dlatego też obserwator musi się dokładnie zapoznać z organizacją społeczną krajowców, jeśli chce naprawdę zrozumieć jej tradycyjną postać. Krótkie opowiadania, takie jak te o pochodzeniu społeczności lokalnej, staną się wówczas dla niego zupełnie oczywiste. Uświadomi też sobie, że każde z nich jest tylko fragmentem, i to znikomym, o wiele szerszego opowiadania, które można wyczytać wyłącznie z życia tubylców. Rzeczywiście ważna w tego rodzaju opowiadaniu jest jego funkcja społeczna. Opowiadanie informuje o podstawowym fakcie jedności lokalnej i jedności wynikającej z pokrewieństwa grupy ludzi pochodzących od wspólnej kobiety-przodka, wyraża ten fakt oraz wzmacnia poczucie jedności. Opowieść o pochodzeniu połączona z przekonaniem, że tylko wspólny rodowód i wspólne wyłonienie się z ziemi dają do tej ziemi pełne prawa, stanowią dokument prawny legitymizujący status społeczności. Tak więc nawet dla wrogów, którzy przepędzili pokonaną społeczność, jej terytorium było nietykalne. Zawsze po upływie pewnego czasu i odprawieniu ceremonii pokojowej pokonana społeczność uzyskiwała zgodę na powrót do swojej pierwotnej siedziby, na odbudowanie wioski i ponowne uprawianie swoich ogrodów [6]. Tradycyjne poczucie prawdziwego i bardzo ścisłego związku z ziemią, realizm dostrzegania miejsca wyłonienia się przodków w centrum terytorium, na którym toczy się życie codzienne, historyczna ciągłość przywilejów, działań zawodowych i cech charakterystycznych wywodzących się z mitologicznych prapoczątków — wszystko to w sposób oczywisty wpływa na spójność grupy, na rozwój patriotyzmu lokalnego, poczucia jedności i pokrewieństwa. Chociaż opowieść o pojawieniu się przod-

---

[6] Opis tych faktów znajdzie czytelnik w moim artykule *War and Weapons among the Natives of the Trobriand Islands* („Man" [1920, t. 20, nr 5, s. 10 - 12]) i w książce prof. Seligmana *The Melanesians* (s. 663 - 668).

ków na ziemi łączy w całość i spaja tradycję historyczną, zasady prawne i różne obyczaje, to trzeba jednak pamiętać, że mit o pochodzeniu stanowi tylko mały fragment całego kompleksu tradycyjnych wyobrażeń. Choć więc realność mitu zawiera się w jego funkcji społecznej, to gdy zaczniemy badać społeczną funkcję mitu i w ten sposób poznawać jego pełne znaczenie, stopniowo zdołamy skonstruować pełną teorię tutejszej organizacji społecznej.

Jednym z najbardziej interesujących zjawisk związanych z tradycyjnym precedensem jest przystosowywanie mitu i zasady mitologicznej do przypadków, w których jawnie naruszane są same podstawy tej mitologii. Takie naruszenie zawsze ma miejsce wtedy, gdy roszczenia rdzennego klanu, to jest klanu, który wyłonił się w danym miejscu, wobec terytorium zostają zakwestionowane przez klan nowych osadników. Dochodzi wówczas do konfliktu zasad, ponieważ jest sprawą oczywistą, że skoro ziemia i władza należą do tych, którzy w sensie dosłownym zrodzili się z tej ziemi, nie może być tu miejsca dla żadnych przybyszów. Z drugiej jednak strony, autochtoni — używając tego terminu w jego dosłownym mitologicznym znaczeniu — nie są w stanie skutecznie odeprzeć członków podklanu o wyższej pozycji społecznej, którzy zdecydowali się osiedlić w ich miejscowości. W rezultacie powstaje specjalna kategoria opowiadań mitologicznych, które usprawiedliwiają i uzasadniają anormalny stan rzeczy. Siła rozmaitych zasad mitologicznych i prawnych leży w tym, że mity, które mają na celu usprawiedliwienie określonego stanu rzeczy, zawierają przeciwstawne i logicznie niespójne fakty i punkty widzenia. Krajowcy starają się je przesłonić prostymi działaniami o charakterze pojednawczym, które oczywiście prokurują *ad hoc*. Badanie tego rodzaju opowiadań jest niezwykle interesujące dlatego, że daje nam głęboki wgląd w psychiczny aspekt tradycji tubylców, a także dlatego, że skłania nas do zrekonstruowania historii plemienia. Tej pokusie możemy się poddać, ale tylko z odpowiednią ostrożnością i sceptycyzmem.

Na Trobriandach im wyższą pozycję społeczną ma dany podklan totemiczny, tym większa jest jego siła ekspansji. Najpierw jednak ustalimy fakty, potem przejdziemy do ich interpretacji

Podklan o najwyższej pozycji, to jest podklan Tabalu klanu Malasi, rządzi dziś wieloma wioskami: Omarakaną, jego główną stolicą, Kasana'i, bliźniaczą wioską stolicy, oraz Olivilevi, wioską utworzoną jakieś trzy „panowania" wcześniej, po klęsce stolicy. Dwie wioski, Omlamwaluwa, obecnie wymarła, oraz Dayagila, w której Tabalu już nie rządzi, też kiedyś do niego należały. Noszący tę samą nazwę i roszczący sobie pretensje do tego samego pochodzenia podklan, którego członkowie nie przestrzegają jednak wszystkich tabu i nie mają prawa do wszystkich insygniów, rządzi wioskami Oyweyowa, Gumilababa, Kavataria i Kaduwaga. Wszystkie one leżą w zachodniej części archipelagu, a ostatnia z wymienionych — na małej wysepce Kayleula. Wioska Tukwa'ukwa została przejęta przez Tabalu jako ostatnia, około pięciu „panowań" temu. Wreszcie podklan o tej samej nazwie i przekonany o pokrewieństwie z Tabalu rządzi dwiema wielkimi i silnymi społecznościami na południu: Sinaketą i Vakutą.

Inną ważną okolicznością związaną z tymi wioskami i ich wodzami jest to, że rządzący klan nie utrzymuje, iż wyszedł spod ziemi na jakimkolwiek należącym do tych społeczności terenie, na którym jego członkowie mają swe ziemie, uprawiają lokalną magię i sprawują władzę. Wszyscy członkowie tego klanu twierdzą, że wyłonili się w towarzystwie pierwotnej świni z historycznego otworu w Obukuli na północno-zachodnim brzegu wyspy, w pobliżu wioski Laba'i. Zgodnie z tradycją stamtąd rozproszyli się po całym okręgu [7].

W tradycji tego klanu zawarte są pewne ściśle historyczne fakty, które muszą być zanotowane i wyjaśnione: założenie wioski Olivilevi trzy „panowania" temu, osiedlenie się Tabalu w Tukwa'ukwie pięć „panowań" temu, przejęcie Vakuty jakieś siedem czy osiem „panowań" temu. Przez „panowanie" rozumiem tu do-

[7] Czytelnik, który chce poznać te historyczne i geograficzne szczegóły, powinien spojrzeć na mapę zamieszczoną w mojej książce [*Ogrody koralowe i ich magia. Studium metod uprawy ziemi oraz obrzędów towarzyszących rolnictwu na Wyspach Trobrianda* (oryg. 1935), *Dzieła*, t. 4: *Opis ogrodnictwa*, tłum. A. Bydłoń, Warszawa 1986, s. 26].

żywotnie rządy poszczególnego wodza. Ponieważ wśród Trobriandczyków, tak jak w większości plemion matrylinearnych, następcą mężczyzny jest jego młodszy brat, przeciętny okres „panowania" jest oczywiście krótszy niż trwanie jednej generacji. Ponieważ jednak w wielu wypadkach okres ten nie był krótszy, „panowanie" jako miara czasu okazało się mało precyzyjne. Opowiadania historyczne pokazujące dokładnie, jak, kiedy, dzięki komu i w jaki sposób dokonywało się osadnictwo na określonym terenie, zawierają rzeczowe zestawienia faktów. W związku z tym niezależny informator potrafi szczegółowo opowiedzieć o tym, jak — odpowiednio w czasach jego ojca lub dziadka — wódz Omarakany, Bugwabwaga, po przegranej wojnie musiał uciekać razem ze swoją społecznością daleko na południe, do zwykłego miejsca, na którym założył prowizoryczną wioskę. Po kilku latach wrócił, aby odbyć ceremonię pokojową i odbudować Omarakanę. Jednakże jego młodszy brat nie powrócił z nim, lecz założył stałą wioskę, Olivilevi, i w niej pozostał. Relacja ta, którą każdy inteligentny dorosły tubylec z tej okolicy może potwierdzić w najdrobniejszych szczegółach, jest na pewno wiarygodnym opowiadaniem historycznym, jakie można znaleźć w każdej społeczności dzikich. Dane dotyczące Tukwa'ukwy, Vakuty i wielu innych wiosek mają podobny charakter.

Poziom wiarygodności tego rodzaju relacji podnosi — ponad wszelką wątpliwość — ich podstawa socjologiczna. Ucieczka po klęsce to powszechna zasada stosowana przez plemię, a sposób, dzięki któremu inne wioski stały się siedzibą ludzi o najwyższej pozycji społecznej, to jest małżeństwa kobiet Tabalu z wodzami innych wiosek, jest także cechą charakteryzującą życie społeczne. Technika tej procedury ma wielkie znaczenie i należy szczegółowo ją opisać. Na Trobriandach małżeństwo ma charakter patrylokalny, tak więc kobieta zawsze przenosi się do społeczności męża. Z ekonomicznego punktu widzenia małżeństwo wymaga wymiany pożywienia, które daje rodzina żony za cenne przedmioty dostarczone przez męża. W pożywienie obfitują szczególnie centralne równiny Kiriwiny, gdzie rządzą najwyżsi rangą wodzowie Omarakany. Cenne ozdoby z muszli, w których gustują wodzowie, wytwarzane są w okręgach nadbrzeżnych na zachodzie i południu. Dlatego też ze względow ekonomicznych kobiety o wysokiej pozycji społecznej zawsze miały i nadal mają tendencję do poślubiania wpływowych wodzów takich wiosek, jak Gumilababa, Kavataria, Tukwa'ukwa, Sinaketa i Vakuta.

Jak dotąd wszystko dzieje się ściśle według litery prawa plemiennego. Ale gdy kobieta Tabalu osiedli się już w wiosce męża, przyćmiewa go swoją pozycją społeczną i bardzo często także wpływami. Jeśli ma syna lub synów, to aż do okresu dojrzałości są oni legalnymi członkami społeczności ojca. Są w niej mężczyznami o najwyższej pozycji. Na Trobriandach ojciec zawsze się stara ich zatrzymać, nawet gdy są już dojrzali, ze względu na osobiste uczucia; społeczność natomiast czuje, że dzięki temu jej status jest wyższy. Większość członków społeczności chce, by pozostali, a mniejszość — prawowici spadkobiercy wodza, jego bracia i synowie sióstr — nie mają odwagi przeciwstawić się temu. Jeśli więc synowie o wysokiej pozycji nie mają specjalnych powodów, by powrócić do prawnie należnej im wioski, to znaczy wioski matki, pozostają w społeczności ojca i rządzą nią. Jeśli mają siostry, one również mogą pozostać w tej społeczności, wejść w związki małżeńskie w ramach wioski i w ten sposób zapoczątkować nową dynastię. Stopniowo, chociaż może nie od razu, uzyskują wszystkie przywileje, godności i funkcje, które do tej pory przysługiwały wodzom lokalnym. Uzyskują miano „panów" wioski i jej ziemi, przewodniczą w formalnych naradach, decydują o wszystkich sprawach społeczności, gdy konieczne jest podjęcie decyzji, a przede wszystkim przejmują kontrolę nad lokalnymi monopolami i lokalną magią.

Wszystkie fakty, które właśnie przytoczyłem, mają charakter ściśle empiryczny; przypatrzmy się teraz legendom odnoszącym się do tych faktów. Zgodnie z jednym z opowiadań dwie siostry, Botabalu i Bonumakala, wyszły z pierwotnego otworu w pobliżu Laba'i. Natychmiast udały się do centralnego okręgu Kiriwiny i osiedliły się w Omarakanie. Lokalna władczyni, która miała w swej dyspozycji magię i wszystkie prawa, przyjęła je serdecznie, dzięki czemu ich roszczenia do stolicy zostały mitologicznie usankcjonowane (będziemy musieli wrócić raz jeszcze do tej sprawy). Po pewnym czasie siostry pokłóciły się jednak o liście banana, z których włókien sporządzały piękne spódniczki. Starsza siostra rozkazała wówczas młodszej odejść, a to wśród tubylców jest wielką zniewagą. Powiedziała: „Ja zostanę tutaj i będą przestrzegać wszystkich tabu. Ty idź i jedz świnię leśną i rybę *katakayluva*". Z tego właśnie powodu wodzowie okręgu przybrzeżnego, choć faktycznie mają tę samą pozycję społeczną, nie przestrzegają tych samych tabu. Taką samą historię opowiadają tubylcy z wiosek przybrzeżnych, z tą różnicą, że w ich wersji to młodsza siostra nakazuje starszej pozostać w Omarakanie i przestrzegać wszystkich tabu, a sama udaje się na zachód.

Zgodnie z wersją z Sinakety podklan Tabalu miał trzy pierwotne kobiety, najstarsza z nich została w Kiriwinie, średnia osiedliła się w Kubomie, a najmłodsza przybyła do Sinakety i przyniosła ze sobą płytki muszli *kaloma*, w ten sposób zapoczątkowując lokalny przemysł.

Wszystkie te obserwacje odnoszą się tylko do jednego podklanu klanu Malasi. Inne podklany tego klanu, których zanotowałem kilkanaście, zajmują niższą pozycję; wszystkie mają charakter lokalny, to znaczy nie są przybyszami na zajmowanym przez siebie terytorium; członkowie niektórych z nich, na przykład Bwoytalu, stanowią kategorię pariasów, ludzi szczególnie pogardzanych. Chociaż noszą to samo ogólne imię, mają ten sam wspólny totem i przy okazji ceremonii siadają obok ludzi o najwyższej pozycji, uważani są przez tubylców za ludzi należących do zupełnie innej klasy.

Zanim przejdę do reinterpretacji czy historycznej rekonstrukcji tych faktów, przytoczę dane odnoszące się do tych klanów. Klan Lukuba jest chyba następny pod względem znaczenia. Spośród jego podklanów dwa lub trzy zajmują pozycję tuż za Tabalu z Omarakany. Przodkowie tych podklanów nazywają się Mwauri, Mulobwaima i Tudava; wszyscy trzej wyszli z tego samego głównego otworu w pobliżu Laba'i, z którego wyłoniły się cztery zwierzęta totemiczne. Później udali się do ważnych centrów: do Kiriwiny i na sąsiednie wyspy, Kitavę i Vakutę. Jak wiemy, zgodnie z głównym mitem o pochodzeniu klan Lukuba zajmował pierwotnie najwyższą pozycję. Dopiero wydarzenie z psem i świnią zmieniło ten porządek. Ponadto większość postaci i zwierząt mitologicznych należy do klanu Lukuba. Wielki mitologiczny bohater kulturowy, Tudava, który uważany jest również za przodka podklanu o tej nazwie, należy do klanu Lukuba. Większość bohaterów mitycznych, których postacie wiążą się ze stosunkami międzyplemiennymi i ceremonialnymi formami handlu, również należy do tego samego klanu [8]. Przeważająca część magii ekonomicznej plemienia też jest w posiadaniu ludzi z tego klanu. Na Vakucie, gdzie ostatnio zostali zdominowani, jeśli nawet nie całkowicie wyparci przez Tabalu, Lukuba nadal są w stanie domagać się swoich praw, nadal zachowali monopol na magię i opierając się na tradycji mitologicznej, nadal potwierdzają swą rzeczywistą wyższość nad uzurpatorami. Wśród nich istnieje dużo mniej podklanów o niższej pozycji niż wśród Malasi.

Znacznie mniej można powiedzieć o mitologii i kulturowej czy historycznej roli członków trzeciego wielkiego odłamu totemicznego, Lukwasisiga. W głównym micie o pochodzeniu albo się ich zupełnie pomija, albo też zwierzę czy postać, które symbolizuje ich przodka, odgrywa zupełnie nieistotną rolę. Nie dysponują oni żadną specjalnie ważną formą magii i są wyraźnie nieobecni w opowiadaniach mitologicznych. Ważną rolę odgrywają jedynie w wielkim cyklu opowiadań o Tudavie, w którym wilkołak Dokonikan należy właśnie do klanu Lukwasisiga. Do tego klanu należy też wódz wioski Kabwaku, który jest równocześnie naczelnikiem okręgu Tilataula. Okręg ten był zawsze w relacji potencjalnej wrogości do okręgu samej Kiriwiny, a wodzowie Titatauli byli politycznymi rywalami Tabalu, a więc ludzi o najwyższej randze. Od czasu do czasu wypowiadali sobie wojnę. Bez względu na to, która ze stron została pokonana i musiała uciekać, zawsze na mocy ceremonialnego porozumienia ustanawiano pokój, a status obu prowincji pozostawał w zasadzie taki sam. Wodzowie Omarakany zawsze utrzymywali wyższą pozycję i pewien zakres ogólnej kontroli nad wrogim okręgiem, nawet jeśli ten ostatni zwyciężył. Wo-

---

[8] Zob. B. Malinowski, *Argonauci Zachodniego Pacyfiku*, s. 416.

dzowie Kabwaku z kolei byli do pewnego stopnia zmuszeni spełniać ich żądania; na przykład gdy w dawnych czasach trzeba było wymierzyć karę śmierci, wódz Omarakany nakazywał swemu potencjalnemu wrogowi jej wykonanie. Rzeczywista przewaga wodzów Omarakany wynikała z ich wyższej pozycji. W wielkim jednak stopniu ich władza nad wszystkimi innymi tubylcami oraz strach, jaki budzili, były spowodowane tym, że mieli w swym posiadaniu ważną magię, magię słońca i deszczu. Tak więc członkowie podklanu Lukwasisiga byli ich potencjalnymi wrogami i równocześnie wasalami, choć w warunkach wojny stawali się równymi im, najwyższymi wodzami. Działo się tak dlatego, że choć w czasach pokoju supremacja Tabalu była niekwestionowana, to w czasach wojny Toliwaga z Kabwaku powszechnie byli uważani za bardziej skutecznych i groźnych. Członkowie klanu Lukwasisiga byli też powszechnie uważani za szczury lądowe (*kulita'odila*). Jeden czy dwa podklany tego klanu zajmowały dość wysoką pozycję i ich przedstawiciele często wchodzili w związki małżeńskie z Tabalu z Omarakany.

Czwarty klan, Lukulabuta, obejmuje wyłącznie podklany o niższej pozycji. Jest to klan najmniej liczny: jedyną formą magii, którą dysponuje, jest czarna magia.

Przechodząc do historycznej interpretacji tych mitów, już na samym początku stajemy przed zasadniczym pytaniem, czy podklany, o których mówią legendy i mity, należy traktować jako grupy reprezentujące jedynie lokalne odgałęzienia jednolitej kultury, czy też powinniśmy im przypisać większe znaczenie i uważać je za przedstawicieli różnych kultur, to znaczy różnych fal migracyjnych. Jeśli przyjmiemy pierwszą możliwość, to okaże się, że wszystkie mity, dane historyczne i fakty społeczne odnoszą się tylko do małych, wewnętrznych ruchów społecznych i zmian i że nic tu nie można dodać poza tym, co już zostało powiedziane.

Aby jednak obronić bardziej ambitną hipotezę, trzeba stwierdzić, że główna legenda o wyłonieniu się członków czterech klanów wyznacza miejsce ich pochodzenia w bardzo znaczącym punkcie. Laba'i jest bowiem położona na północno-zachodniej plaży, jedynym miejscu dostępnym dla żeglarzy przybywających z kierunku, z którego wieje większość wiatrów monsunowych. Ponadto we wszystkich mitach migracje, wpływy kulturowe, podróże bohaterów kulturowych przybierają kierunek z północy na południe, a także, choć już nie tak często, z zachodu na wschód. Ten właśnie kierunek przeważa w wielkim cyklu opowiadań o Tudavie; ten właśnie kierunek znaleźliśmy w mitach o migracji; ten właśnie kierunek dominuje w większości legend o *kula*. W związku z tym można przyjąć założenie, że wpływy kulturowe rozpościerały się od północnych wybrzeży archipelagu i sięgały na wschód aż do wyspy Woodlark, a na południe aż do archipelagu d'Entrecasteaux. Podstawą tej hipotezy może być występujący w niektórych mitach element konfliktu, na przykład między psem i świnią, między Tudavą i Dokonikanem, a także między bratem kanibalem i bratem niekanibalem. Jeśli więc przyjmiemy, że hipoteza ta jest słuszna, pojawi się wówczas następujący schemat. Najstarszą warstwę będą reprezentować klany Lukwasisiga i Lukulabuta. Według mitu ten drugi wyłonił się pierwszy. Obydwa te klany są tubylcze w tym sensie, że ich członkowie nie są żeglarzami, że zamieszkują wnętrze lądu i ich głównym zajęciem jest rolnictwo. Za tą hipotezą przemawia też powszechnie wroga postawa głównego podklanu Lukwasisiga, podklanu Toliwaga, wobec Tabalu, a więc tego, który bez wątpienia przybył najpóźniej. Można też przypuszczać, że potwór ludojad, którego pokonuje innowator i bohater kulturowy, Tudava, również należy do klanu Lukwasisiga.

Wyraźnie stwierdziłem, że to podklany, a nie klany powinny być traktowane jako jednostki migrujące. Nie ma bowiem wątpliwości, że wielki klan, który obejmuje wiele podklanów, jest jednostką społeczną jedynie luźno powiązaną, a równocześnie silnie zróżnicowaną pod względem kulturowym. Na przykład w skład klanu Malasi wchodzi najważniejszy podklan, Tabalu, a także podklany najbardziej pogardzane: Wabu'a i Gumsosopa z Bwoytalu. Hipoteza historyczna dotycząca jednostek migrujących będzie musiała jednak dostarczyć także wyjaśnienia relacji między podklanami i klanem. Moim zdaniem pomniejsze podklany również musiały być założone przez wcześniej przybyłe osoby, a ich totemiczna asymilacja jest efektem ubocznym ogólnych procesów reorganizacji społecznej, która miała miejsce po przybyciu silnych i wpływowych imigrantów w rodzaju Tudavy i Tabalu.

Dlatego też odtworzenie procesów historycznych wymaga sformułowania wielu hipotez pomocniczych, z których każdą trzeba traktować jako możliwą do przyjęcia, choć równocześnie arbitralną; przy czym każde założenie znacznie się przyczynia do podniesienia stopnia niepewności. Całe to postępowanie jest atrakcyjną i absorbującą zabawą intelektualną, która często narzuca się nam odruchowo podczas badań terenowych, zawsze jednak pozostaje poza polem obserwacji i logicznych wniosków, oczywiście jeśli badacz terenowy kontroluje przebieg obserwacji i zachowuje poczucie rzeczywistości. Schemat, który wypracowałem, odzwierciedla naturalny układ faktów, życia społecznego, mitów i obyczajów na Trobriandach. Niemniej jednak nie przywiązuję do niego dużej wagi i nie wierzę, by nawet bardzo rozległa wiedza o określonym okręgu upoważniała etnografa do czegokolwiek poza próbnym i ostrożnym odtworzeniem faktów. Być może szersze zestawienie tego rodzaju schematów pozwoliłoby dowieść, czy są one wartościowe czy nie. Takie schematy mogą być zapewne wartościowe tylko jako hipotezy robocze, pobudzające do staranniejszego i bardziej szczegółowego zbierania legend, podań i świadectw różnic społecznych.

Odtworzenie historii zawartej w legendach jest zabiegiem bezużytecznym dla konstruowania odnoszącej się do nich teorii socjologicznej. Niezależnie od tego, jaka nie zapisana historyczna rzeczywistość kryje się w mitach, służą one raczej tuszowaniu pewnych sprzeczności wywołanych wydarzeniami historycznymi, a nie dokładnemu rejestrowaniu tych wydarzeń. Mity opowiadające o rozprzestrzenianiu się silnych podklanów w pewnych aspektach są zgodne z życiem, gdyż rejestrują wzajemnie sprzeczne fakty. Przypadki tuszujące lub nawet zupełnie ukrywające te sprzeczności są najprawdopodobniej fikcyjne, zauważyliśmy przecież, że pewne mity różnicują się w zależności od wsi, w której są opowiadane. Są też mity, w których określone wydarzenia podtrzymują nie istniejące roszczenia i prawa.

Historyczna analiza mitów jest więc interesująca, ponieważ wykazuje, że mit jako całość nie może stanowić trzeźwego i beznamiętnego opisu dziejów. Jest on bowiem zawsze tworzony *ad hoc*, by pełnić określoną funkcję społeczną, gloryfikować pewną grupę lub usprawiedliwiać stan anormalny. Analiza ta wykazuje również, że dla umysłu tubylca najbliższa historia, legenda półhistoryczna i czysty mit wzajemnie się przenikają, tworzą ciągłą sekwencję i w gruncie rzeczy pełnią tę samą funkcję społeczną.

Rozważania te prowadzą więc raz jeszcze do naszego pierwotnego twierdzenia, iż najważniejszą cechą mitu jest to, że świadczy o prawdziwości minionej, zawsze obecnej, żywej rzeczywistości. Dla krajowca mit nie jest ani fikcyjnym opowiadaniem, ani rejestracją zamierzchłej przeszłości; dowodzi istnienia ważniejszej rzeczywistości, która częściowo nadal żyje. Żyje ona w tym sensie, że pierwotne wydarzenie, prawo i moralność w niej zawarte nadal rządzą życiem społecznym tubylców. Jest oczywiste, że mit ma szczególne znaczenie w sytuacji napięcia społecznego, jaką powodują wielkie różnice w pozycji i władzy, dominacja i podporządkowanie, a przede wszystkim głębokie przemiany historyczne. Na pewno wszystko to jest prawda, lecz nigdy nie ma pewności, do jakiego stopnia na podstawie mitu można dokonać rekonstrukcji historii.

Możemy z pewnością odrzucić zarówno wszelkie wyjaśnienia, jak i symboliczne interpretacje mitów o pochodzeniu. Postacie i istoty, które w nich występują, nie są symbolami ukrytej rzeczywistości, alc są tym, czym są w sensie dosłownym. Jeśli zaś chodzi o funkcję wyjaśniającą tych mitów, to nie wyjaśniają one żadnego problemu, nie zaspokajają wcale ciekawości, nie zawierają żadnej teorii.

III. MITY ŚMIERCI I POWTARZAJĄCEGO SIĘ CYKLU ŻYCIA

W niektórych wersjach mitów pierwotnych życie ludzi pod ziemią jest porównywane do życia dusz ludzkich po śmierci w dzisiejszym świecie duchów. Mitologiczne powiązanie dokonuje się między praprzeszłością i bezpośrednim przeznaczeniem każdego człowieka, różni się ono od tych związków z życiem, które są tak ważne dla zrozumienia psychologicznego aspektu mitu i jego kulturowego znaczenia.

Analogię między egzystencją pierwotną i duchową można poprowadzić nieco dalej. Duchy zmarłych przenoszą się na wyspę Tuma. Tam przez specjalny otwór wchodzą do ziemi, co stanowi jakby odwrócenie pierwotnego aktu wyłonienia się ludzi z ziemi. Ważniejsze jednak jest to, że duch po pewnym okresie przebywania na Tumie, na tamtym świecie, staje się stary, siwy i pomarszczony; wtedy musi się odmłodzić przez zrzucenie skóry. Tak samo czyniły wszak istoty ludzkie, gdy w czasach pierwotnych żyły pod ziemią. Kiedy pojawiły się na powierzchni ziemi po raz pierwszy, nie zatraciły tej zdolności; mężczyźni i kobiety potrafili zachowywać wieczną młodość.

Ludzie zatracili jednak tę zdolność przez pozornie trywialne, ale jednak ważne i fatalne w skutkach wydarzenie. Pewnego razu w wiosce Bwadela żyła stara kobieta, która mieszkała z córką i wnuczką — trzy generacje o ściśle matrylinearnym pochodzeniu. Kiedyś babka i wnuczka poszły się kąpać w strumieniu. Dziewczynka została na brzegu, a stara kobieta odeszła tak daleko, że nie było jej widać. Zdjęła z siebie skórę, która porwana przez nurt popłynęła w dół strumienia i zatrzymała się na krzaku. Przemieniona w młodą dziewczynę wróciła do wnuczki. Ta nie rozpoznała jej; przestraszyła się i kazała odejść precz. Stara kobieta, zmartwiona i zła, wróciła na miejsce, gdzie się kąpała, odszukała starą skórę, nałożyła ją ponownie i powróciła do wnuczki. Tym razem dziecko rozpoznało ją i tak powitało: „Przyszła tu młoda dziewczyna; przestraszyłam się; przepędziłam ją". Babka rzekła: „Nie, ty nie chciałaś mnie rozpoznać. Dobrze więc, zestarzejesz się, a ja umrę". Wróciły do domu, gdzie córka starej kobiety przygotowywała posiłek. Stara kobieta powiedziała do niej: „Poszłam się kąpać; nurt strumienia porwał moją skórę; twoja córka nie rozpoznała mnie; przepędziła mnie. Nie zrzucę mojej skóry. Wszystkie się zestarzejemy, wszystkie umrzemy".

Po tym incydencie ludzie zatracili zdolność zmiany skóry i zachowywania młodości. Jedynymi zwierzętami, które zachowały zdolność zmiany skóry, są „zwierzęta spod spodu" — węże, kraby, iguany i jaszczurki. Jest tak dlatego, że ludzie też kiedyś żyli pod ziemią. Zwierzęta te wychodzą z ziemi i nadal potrafią zmieniać skórę. Gdyby ludzie wywodzili się znad ziemi, wówczas „zwierzęta z góry" — ptaki, lotokoty i owady — również posiadałyby zdolność zmiany skóry i odmładzania się.

Taki jest zazwyczaj koniec opowiadanego mitu. Czasami krajowcy dodają pewne komentarze, w których dokonują porównań między duchami i pierwotnymi ludźmi; czasami podkreślają motyw regeneracji płazów, innym razem opowiadają jedynie o przypadku zgubienia starej skóry. Opowiadanie to samo w sobie jest trywialne i nieistotne; i będzie się takim wydawało każdemu, kto nie będzie go badał w kontekście różnych wyobrażeń, obyczajów i rytuałów związanych ze śmiercią i przyszłym życiem. Jest sprawą oczywistą, że mit ten jest jedynie rozwiniętym i udramatyzowanym przejawem wiary w pierwotną zdolność człowieka do odmładzania się i późniejszą utratę tej zdolności.

Konflikt między babką i wnuczką spowodował więc, że istoty ludzkie raz na zawsze musiały poddać się procesowi utraty sił w wyniku starości. Ten proces nie uwzględnia jednak w pełni nieuniknionego przeznaczenia, któremu obecnie człowiek musi się poddać; dzieje się tak dlatego, że dla tubylców podeszły wiek, starzenie się ciała i utrata sił nie pociągają za sobą śmierci. Aby zrozumieć cały kompleks ich wierzeń, trzeba zbadać okoliczności choroby, starzenia się i śmierci. Wobec zdrowia i choroby tubylec z Trobriandów jest zdecydowanym optymistą. Siła, wigor i zdrowie fizyczne są dla niego stanem naturalnym. Stan ten może zakłócić jedynie jakiś wypadek lub działanie sił nadprzyrodzonych. Błahe wypadki, takie jak nadmierne zmęczenie, udar słoneczny, przejedzenie lub narażenie się na utratę zdrowia w inny sposób, mogą spowodować jedynie drobne i przemijające dolegliwości. Człowiek może zostać okaleczony lub zabity dzidą w walce, zginąć w wyniku działania trucizny lub na skutek spadnięcia ze skały lub drzewa. Dla tubylca pozostaje sprawą otwartą, czy na takie wypadki i inne, jak utonięcie czy atak krokodyla lub rekina, nie miały choćby niewielkiego wpływu czary. Nie ma on jednak żadnej wątpliwości co do tego, że wszelkie poważne, a zwłaszcza śmiertelne choroby zależą od różnych form i pośrednictwa czarnej magii. Najbardziej powszechne są zwykłe czary praktykowane przez czarowników, którzy mocą zaklęć i rytuałów wywołują rozmaite dolegliwości obejmujące niemal cały zakres typowej patologii, z wyjątkiem chorób wybuchających gwałtownie i epidemii.

Źródeł czarnej magii zawsze upatruje się w jakichś wpływach pochodzących z południa. Na archipelagu Trobrianda istnieje wiara, że czary pochodzą z dwóch punktów tego archipelagu lub że zostały tam przyniesione z archipelagu d'Entrecasteaux. Jednym z tych punktów jest gaj Lawaywo między wioskami Ba'u i Bwoytalu, a drugim — wyspa Vakuta znajdująca się na południu. Oba te okręgi są nadal uważane za centra czarnej magii i budzą największe przerażenie.

Okręg Bwoytalu zajmuje szczególnie niską pozycję społeczną na wyspie, choć mieszkają tam najlepsi drzeworytnicy i najbardziej doświadczeni producenci artykułów z włókna drzewnego. Równocześnie są to ludzie, którzy żywią się takimi obrzydliwościami, jak płaszczka i świnia leśna. Przez długi okres ludzie ci żyli w endogamii i prawdopodobnie reprezentują najstarszą formę kultury tubylczej na wyspie. Utrzymują oni, że czary zostały do nich przyniesione z archipelagu południowego przez kraba. Według jednych wersji zwierzę to wyłoniło się z otworu w gaju Lawaywo, a według innych — przyfrunęło i opadło na ziemię z powietrza w tym właśnie miejscu. Mniej więcej w tym samym czasie spod ziemi wyłonił się człowiek i pies. Krab był koloru czerwonego, ponieważ zawierał w sobie czary. Pies zobaczył go i chciał ugryźć. Wtedy krab zabił psa, a potem zabił człowieka. Gdy jednak popatrzył na człowieka, zrobiło mu się przykro, „wzruszyło się jego wnętrze" i przywrócił mu życie. Wówczas człowiek ofiarował swemu mordercy a zarazem wybawcy wysoką zapłatę, *pokala*, i poprosił skorupiaka, by przekazał mu swoją magię. Tak się też stało. Człowiek natychmiast użył tych czarów, by zabić swego dobroczyńcę, kraba. Następnie — zgodnie z do dziś przestrzeganą czy też uznawaną za przestrzeganą zasadą — zabił swego bliskiego krewnego w linii matki. Po dokonaniu tych czynów stał się już w pełni posiadaczem czarnej magii. Obecnie kraby są koloru czarnego, ponieważ nie ma już w nich czarów: proces ich umierania przebiega jednak powoli, gdyż kiedyś były panami życia i śmierci.

Na południowej wyspie, Vakucie, opowiada się podobny mit. Według tamtej wersji złośliwa istota, o ludzkich kształtach, ale pozbawiona cech ludzkich, weszła do kawałka bambusa gdzieś na północnym wybrzeżu wyspy Normanby. Ów kawałek bambusa podryfował na północ i został wyrzucony na brzeg w pobliżu przylądka Yayvau lub na Vakucie. Człowiek z pobliskiej wioski Kwadagila usłyszał głos wydobywający się z bambusa i zajrzał do środka. Wówczas wyszedł stamtąd demon, który nauczył go czarów. Informatorzy z południa twierdzą, że taki był właśnie prawdziwy początek czarnej magii. Przeniosła się więc ona w rejon wsi Ba'u w okręgu Bwoytalu z Vakuty, a nie bezpośrednio z archipelagów południowych. Według innej wersji tego mitu funkcjonującej na Vakucie *tauva'u* przybył tam nie w bambusie, ale w sposób bardziej skomplikowany. W Sewatupie, na północnym brzegu wyspy Normanby, stało wielkie drzewo, w którym mieszkało wiele złośliwych istot. Drzewo to zwaliło się i opadło ponad morzem w taki sposób, że korzenie pozostały na wyspie Normanby, pień i gałęzie znajdowały się nad morzem, a wierzchołek dotykał Vakuty. Skutkiem tego czary najbardziej szerzą się na archipelagu południowym, morze — znajdujące się między korzeniami a wierzchołkiem — pełne jest ryb, które żyją wśród gałęzi i konarów drzewa, a na Trobriandy czary przedostały się z południowej plaży Vakuty. W wierzchołku drzewa znajdowały się bowiem trzy złośliwe istoty, dwie płci męskiej i jedna płci żeńskiej, które część swojej magii przekazały mieszkańcom wyspy.

Te opowieści mityczne zawierają tylko jedno ogniwo łańcucha wierzeń dotyczących ostatecznego losu istot ludzkich. Zrozumieć i uświadomić sobie znaczenie wydarzeń mitycznych można jedynie w powiązaniu z całokształtem wierzeń tubylców w moc i istotę czarnej magii oraz emocjami związanymi z tą magią i lękiem przed nią. Proste opowiadania o tym, skąd się wzięły czary, nie wyczerpują w pełni kwestii niebezpieczeństw o charakterze nadprzyrodzonym ani jej nie wyjaśniają. Gwałtowne i nagłe choroby i śmierć — zgodnie z wierzeniami tubylców — nie są wywoływane przez czarowników płci męskiej, ale przez latające czarownice, które działają różnymi metodami i które są istotami bardziej nadprzyrodzonymi. Nie zdołałem znaleźć żadnego pierwotnego mitu o pochodzeniu tego rodzaju czarnej magii. Natura jednak tych czarownic i wszelkie ich działania są otoczone cyklem wierzeń, które składają się na mit dający się określić mianem trwałego lub aktualnego. Nie będę tu powtarzał szczegółów tych wierzeń, ponieważ przedstawiłem je w pełni w mojej książce *Argonauci Zachodniego Pacyfiku*[9]. Trzeba jednak koniecznie sobie uświadomić, że działanie otaczających jednostkę sił nadprzyrodzonych uznawanych za czarownice powoduje, że opowiadania te stale się mnożą. Można więc je uważać za pomniejsze mity, powstające pod wpływem silnej wiary w siły nadprzyrodzone. Podobne opowiadania dotyczą zresztą również czarowników płci męskiej, *bwaga'u*.

Epidemie są uważane za bezpośredni skutek działania złośliwych duchów, *tauva'u*, które jak już wiemy, zgodnie z mitologią są często uważane za źródło wszelkiej czarnej magii. Te złośliwe istoty mają swą stałą siedzibę na południu. Czasami przenoszą się na archipelag Trobrianda i niewidzialne dla zwykłych ludzi wędrują nocą przez wioski, grzechocząc tykwami z limony i pobrzękując drewnianymi maczugami w kształcie miecza. Wszędzie, gdzie słychać te dźwięki, mieszkańców ogarnia strach, ponieważ ten, kogo *tauva'u* dotknie drewnianym orężem, umiera, a taka inwazja duchów zawsze się kojarzy z masową śmiercią. Wówczas wioski atakowane są przez lerię, chorobę epidemiczną. Złośliwe duchy czasami mogą się zamienić w gady i wtedy stają się widoczne dla oka ludzkiego. Choć trudno jest odróżnić takiego gada od zwyczajnego, trzeba się jednak starać to zrobić, ponieważ jeśli *tauva'u* zostanie zraniony lub źle potraktowany, zemści się zadając śmierć.

Wokół tego trwałego mitu, wokół tej domowej opowieści o wydarzeniu, które nie wywodzi się z przeszłości, ale ciągle się zda-

---

[9] *Ibid.*, rozdz. 10 passim, zwłaszcza s. 318-331 oraz 415, 416, 502.

rza, znów skupia się niezliczona ilość drobnych, konkretnych opowiadań. Niektóre wydarzenia będące przedmiotem tych opowiadań miały miejsce w czasie, gdy sam byłem na Trobriandach. Raz była to epidemia ostrej dezynterii, a w 1918 roku nastąpił pierwszy atak choroby, prawdopodobnie hiszpanki. Wielu krajowców twierdziło, że słyszało *tauva'u*. W Waweli widziano gigantyczną jaszczurkę; człowiek, który ją zabił, zmarł zaraz potem, a w wiosce wybuchła epidemia. Kiedy byłem w Oburaku i w wiosce panowała choroba, prawdziwy *tauva'u* został zauważony przez załogę łodzi, w której ja też się znajdowałem. Na drzewie mangrowym pojawił się wielki, wielobarwny wąż, ale kiedy zbliżyliśmy się doń, w tajemniczy sposób zniknął. Prawdopodobnie dlatego, że jestem krótkowidzem i że nie wiedziałem, jak szukać *tauva'u*, sam nie byłem w stanie zobaczyć tego cudu. Wiele opowiadań tego typu można usłyszeć od tubylców z różnych miejscowości. Takiego gada trzeba umieścić wysoko na platformie, a przed nim ułożyć kosztowności; tubylcy, którzy byli świadkami takich wydarzeń, zapewniali mnie, że często tak się robi, ja jednak nigdy nie widziałem tego na własne oczy. Powiadają, że wiele czarownic miało stosunki z *tauva'u*, zapewniają też że ma je obecnie żyjąca czarownica.

Na przykładzie tego wierzenia widzimy, jak wielkie schematyczne opowiadanie stale inspiruje do tworzenia mitów pomniejszych. Wiara we wszystkie czynniki powodujące chorobę lub śmierć, proste opowiadania, które po części wiarę tę odzwierciedlają, a także drobne, konkretne wydarzenia o charakterze nadprzyrodzonym stale rejestrowane przez tubylców tworzą jedną organiczną całość. Oczywiście zespół tych wierzeń ani nie jest teorią, ani niczego nie wyjaśnia. Z jednej strony stanowi on cały kompleks praktyk kulturowych, gdyż nie tylko wierzy się w moc czarów, ale rzeczywiście się je odprawia; tak przynajmniej czynią czarownicy płci męskiej. Z drugiej strony omawiany tu kompleks obejmuje całokształt pragmatycznej reakcji człowieka na chorobę i śmierć; wyraża jego emocje, jego przeczucia; wpływa na jego zachowanie. Raz jeszcze widzimy, że funkcja mitu daleka jest od wyjaśnienia czysto intelektualnego.

Znamy już teraz wszystkie wyobrażenia tubylców dotyczące przyczyn, które w przeszłości spowodowały utratę zdolności do odmładzania się, a obecnie przekreślają nieśmiertelność człowieka. Nawiasem mówiąc, powiązanie między utratą zdolności do odmładzania się a śmiertelnością jest jedynie pośrednie. Krajowcy wierzą, że chociaż każda forma czarów może dosięgnąć dziecka, młodzieńca, człowieka w kwiecie wieku czy osoby starszej, to jednak osoby w podeszłym wieku są najbardziej podatne na ich działanie. Tak więc utrata zdolności do odmładzania się przygotowała w końcu grunt pod działanie czarów.

Był taki czas, kiedy ludzie starzeli się, umierali i przemieniali w duchy, a mimo to przebywali nadal w wioskach wśród żyjących, tak jak pozostają wokół domów teraz, kiedy wracają do wioski podczas dorocznego święta *Milamala*. Pewnego dnia duch starej kobiety, który mieszkał w domu rodzinnym, przycupnął na podłodze pod podwyższeniem służącym do spania. Córka starej kobiety podająca pożywienie członkom rodziny wylała z kubka sporządzonego z łupiny orzecha kokosowego trochę rosołu i sparzyła ducha. Matka złajała ją. Córka powiedziała: „Myślałam, że poszłaś precz; myślałam, że powracasz jedynie raz w roku podczas *Milamala*". Te słowa zraniły uczucia ducha. Odpowiedział: „Pójdę na Tumę i będę żyć pod ziemią". Następnie wziął orzech kokosowy, przeciął na pół, zatrzymał połowę z trzema oczkami dla siebie, a córce podał drugą. „Daję ci połowę, która jest ślepa, i dlatego nie będziesz mnie widzieć. Ja biorę połowę z oczami i będę cię widzieć, gdy powrócę z innym duchami". Dlatego właśnie duchy są niewidzialne, chociaż same mogą widzieć.

Mit ten nawiązuje do sezonowego święta *Milamala*, okresu, w którym duchy powracają do swoich wiosek na uroczystości. Istnieje prostszy mit, który ukazuje, jak zostało ustanowione święto *Milamala*. Na wyspie Kitava zmarła kobieta pozostawiając swoją ciężarną córkę. Urodził się chłopiec, ale matka nie miała dla niego dość pokarmu. Ponieważ na sąsiedniej wyspie umierał jakiś człowiek, poprosiła go, by będąc w krainie duchów przekazał jej zmarłej matce prośbę, aby przyniosła pożywienie dla swego wnuka. Duch kobiety napełnił koszyk pożywieniem duchowym i powrócił do wioski tak zawodząc: „Czyje pożywienie niosę? Mojego wnuka, któremu je dam; dam mu jego pożywienie”. Duch kobiety przybył na plażę Bomagema na wyspie Kitava i położył pożywienie. Powiedział do córki: „Przyniosłam pożywienie; człowiek powiedział mi, że mam je przynieść. Ale jestem słaba; boję się, że ludzie mogą mnie wziąć za czarownicę”. Następnie duch kobiety upiekł jeden owoc yamu i podał wnukowi. Poszedł do buszu i zasadził dla córki ogród. Kiedy wrócił, córka przestraszyła się jednak, ponieważ podobny był do czarownicy. Kazała mu odejść precz mówiąc: „Wracaj na Tumę, do krainy duchów; ludzie powiedzą, że jesteś czarownicą”. Duch matki skarżył się: „Dlaczego przepędzasz mnie precz? Myślałam, że zostanę z tobą i zasadzę ogrody dla mego wnuka”. Córka odpowiedziała krótko: „Idź precz, wracaj na Tumę”. Wtedy stara kobieta wzięła orzech kokosowy, rozdzieliła na połowę, ślepą część dała córce, a sama zatrzymała część z oczkami. Powiedziała jej, że raz do roku będzie powracać wraz z innymi duchami podczas *Milamala* i przyglądać się ludziom z wioski, ale pozostanie dla nich niewidzialna. I w ten sposób zostało ustanowione doroczne święto, które obchodzone jest do tej pory.

Aby zrozumieć te mitologiczne opowieści, koniecznie trzeba je powiązać z wierzeniami tubylców odnoszącymi się do świata duchów, z praktykami z okresu *Milamala* i z relacją, jaka występuje w tubylczych formach spirytyzmu między światem żywych i umarłych[10]. Po śmierci każdy duch udaje się do innego świata na wyspę Tuma. Przy wejściu musi minąć Topiletę, strażnika świata duchów. Nowo przybyły ofiarowuje jakiś wartościowy podarunek, duchową część kosztowności, w które był przystrojony w chwili śmierci. Kiedy przyłącza się do grona duchów, przyjmowany jest przez swych przyjaciół i krewnych, którzy zmarli wcześniej, i przekazuje im wiadomości ze świata ziemskiego. Później zaczyna swoje życie duchowe. Jest ono podobne do ziemskiej egzystencji, choć czasami jego opis jest ubarwiony nadziejami

---

[10] Opis tych faktów przedstawiłem w artykule *Baloma — duchy zmarłych na Wyspach Trobrianda* [patrz s. 148 - 272 niniejszego tomu].

i pragnieniami i przeistacza się w prawdziwy opis raju. Ale nawet tubylcy, którzy właśnie tak opisują to życie, nie wykazują specjalnej ochoty, aby szybko je osiągnąć.

Różne są sposoby nawiązywania kontaktu między duchami a żywymi ludźmi. Wiele osób widziało duchy swych zmarłych krewnych lub przyjaciół, zwłaszcza na wyspie Tuma lub w jej pobliżu. Poza tym od niepamiętnych czasów zdarzają się tacy mężczyźni i kobiety, którzy w transach lub czasem we śnie odbywają długie wyprawy na tamten świat. Biorą udział w życiu duchów i przenoszą tam i z powrotem wiadomości, aktualne informacje oraz ważne zlecenia. Przede wszystkim zawsze są gotowi przekazać duchom od ludzi żyjących podarunki w postaci pożywienia i kosztowności. Ludzie ci przybliżają innym realność świata duchów. Przynoszą też ogromną ulgę żywym, którzy zawsze są spragnieni wiadomości od swych drogich zmarłych.

W czasie dorocznego święta *Milamala* duchy powracają z Tumy do swoich wiosek. Wznosi się wtedy dla nich specjalną platformę, aby mogły na niej usiąść i patrzeć na poczynania i rozrywki krewnych. Aby ucieszyć serca zarówno duchów, jak i żyjących członków społeczności, rozkłada się duże ilości pożywienia. W tym dniu przed chatą wodza i chatami ważnych i bogatych ludzi rozkłada się na matach kosztowności. Aby nie zranić niewidzialnych duchów, trzeba w wiosce przestrzegać wielu tabu. Nie wolno więc rozlewać gorących płynów, aby nie poparzyć duchów, jak się to stało z duchem kobiety opisanym w micie. Aby nie zranić balomy, ducha, żaden z tubylców nie może usiąść, ciąć w wiosce drewna, bawić się dzidą lub kijem ani rzucać pocisków. Duchy manifestują swoją obecność, dając przyjemne lub nieprzyjemne znaki, a także wyrażają swoje zadowolenie lub niezadowolenie. Lekka irytacja objawia się czasem nieprzyjemnym zapachem, a gorszy humor — złą pogodą, wypadkami lub zniszczeniem własności. Podczas takich wydarzeń, a także gdy jakieś ważne medium wpada w trans lub ktoś jest bliski śmierci, świat duchów wydaje się tubylcom bardzo bliski i bardzo realny. Mit pasuje do tych wierzeń w sposób oczywisty, ponieważ jest ich integralną częścią. Istnieje ścisła i bezpośrednia zbieżność między przejawiającym się w dzisiejszych wierzeniach religijnych i przeżyciach stosunkiem człowieka do duchów a różnymi wydarzeniami przedstawionymi w micie. Mit można traktować jako tło indywidualnych osobistych trosk, obaw i smutków, zwyczajowego kontekstu wierzeń, wielu konkretnych wypadków opowiadanych na podstawie własnych doświadczeń lub pamięci minionych pokoleń, a także dla epok, w których wydarzenia miały mieć miejsce po raz pierwszy.

Przedstawiłem tu fakty i mity w sposób, który implikuje istnienie szerokiego i spójnego schematu wierzeń. Oczywiście w tutejszym folklorze schemat taki w ogóle nie istnieje. Stanowi on jednak odzwierciedlenie określonej rzeczywistości kulturowej, wszystkie bowiem konkretne przejawy wierzeń, uczuć i przeczuć krajowców w odniesieniu do śmierci i życia pozagrobowego łączą się ze sobą i tworzą wielką organiczną całość. Rozmaite opowiadania i wyobrażenia, które zostały tu właśnie przedstawione, przenikają się nawzajem, a tubylcy spontanicznie zauważają istniejące między nimi analogie i wychwytują powiązania. Mity, wierzenia religijne i doświadczenia, które wiążą się z istnieniem duchów i tego, co nadprzyrodzone, w rzeczywistości są częściami jednej całości; odpowiadająca tym wierzeniom postawa pragmatyczna wyraża się w zachowaniach mających na celu nawiązanie kontaktu z tamtym światem. Mity są więc jedynie częścią organicznej całości, stanowią narracyjną formę pewnych zasadniczych elementów wiary krajowców. Jeśli zbadamy treści wplecione w opowiadania, wówczas stwierdzimy, że wszystkie odnoszą się do tego, co można by określić mianem szczególnie nieprzyjemnych czy negatywnych prawd: utrata zdolności do odmładzania się, wybuch choroby, utrata życia na skutek czarów, wycofanie się duchów ze stałego kontaktu z ludźmi i wreszcie częściowe ponowne nawiązanie tego kontaktu. Możemy zauważyć, że mity należące do tej kategorii są bardziej dramatyczne niż mity o pochodzeniu i mają formę nieprzerwanej, choć złożonej relacji. Nie wdając się w szczegóły, sądzę, że wynika to z głębszych odniesień metafizycznych tych mitów, czyli innymi słowy: z głębszego — w porównaniu z twierdzeniami o charakterze socjologicznym czy prawnym — wpływu emocjonalnego opowiadań, które dotyczą przeznaczenia człowieka.

W każdym razie widzimy, że mit nawiązuje do tych problemów nie dlatego, że są one bardziej osobliwe lub że mają bardziej problematyczny charakter, ale raczej ze względu na ich zabarwienie emocjonalne i znaczenie pragmatyczne. Stwierdziliśmy, że wyobrażenia, o których opowiada mit i które wplecione są w narrację, budzą szczególnie bolesne skojarzenia. W opowiadaniach, które dotyczą ustanowienia święta *Milamala* i okresowego powrotu duchów, sprawą najistotniejszą jest przestrzeganie ceremonialnych zachowań i określonych tabu odnoszących się do duchów. Tematy rozwinięte w tych opowiadaniach są wystarczająco jasne same w sobie; nie ma potrzeby ich „wyjaśniać" i mit nawet częściowo nie pełni tego rodzaju funkcji. Jego rzeczywista funkcja polega na przekształcaniu emocjonalnie przytłaczających przeczuć, za którymi, nawet dla tubylca, czai się wyobrażenie niechybnego i bezlitosnego nieszczęścia. Mit przede wszystkim stanowi pełne urzeczywistnienie tego wyobrażenia. Poza tym wnosi do błahej codziennej rzeczywistości nieokreślony, lecz wielki lęk. Moc wiecznej młodości i zdolność do odmładzania się zapobiegająca rozkładowi i starzeniu się zostały utracone na skutek błahego wypadku, któremu było w stanie zapobiec dziecko i kobieta. Opuszczenie ukochanych po śmierci to skutek niedbałego trzymania kubka z orzecha kokosowego i drobnej sprzeczki. Choroba zaś to coś, co wyszło z małego zwierzątka i powstało w wyniku przypadkowego spotkania człowieka, psa i kraba. Pierwiastki błędu, winy i pecha człowieka przybierają niezwykłe rozmiary. Natomiast pierwiastki losu, przeznaczenia i nieuchronności są sprowadzane do wymiaru błędu popełnionego przez człowieka.

Aby to zrozumieć, należy sobie uświadomić, że rzeczywista emocjonalna postawa krajowca wobec śmierci, czy to własnej, czy też osób ukochanych, nie jest zdeterminowana wyłącznie przez jego wiarę i mitologiczne wyobrażenia. Dojmujący strach przed śmiercią, silne pragnienie, aby ją odsunąć, i głęboki smutek po odejściu ukochanych krewnych zadają kłam optymistycznej wierze w łatwy dostęp do świata zmarłych, która odzwierciedla się w obyczajach, wyobrażeniach i rytuałach tubylców. Gdy ktoś umiera lub gdy komuś zagraża śmierć, można bez wątpienia zauważyć pewien rozdźwięk podważający tę wiarę. Podczas długich rozmów, które prowadziłem z wieloma ciężko chorymi krajowcami, a zwłaszcza z moim chorym na suchoty przyjacielem Bagido'u, wyczuwałem na pół wypowiedziany, prymitywnie wyrażony, ale nie budzący wątpliwości ten sam melancholijny smutek zrodzony z krótkotrwałości życia i wszystkich jego pozytywnych stron, ten sam lęk przed nieuchronnym końcem i to samo pytanie, czy można by przed tym końcem uchronić się na zawsze albo przynajmniej odroczyć go na jakiś czas. Równocześnie jednak ci sami ludzie czepiają się nadziei, którą dają im wierzenia. Tę ogromną emocjonalną pustkę, która się przed nimi otwiera, starają się przysłonić żywą pajęczyną mitów, opowieści i wierzeń o świecie duchów.

IV. MITY MAGII

Chciałbym teraz bardziej szczegółowo rozważyć inną kategorię opowieści mitycznych, mianowicie tę, która wiąże się z magią. Pod wieloma względami magia jest najważniejszym i najbardziej tajemniczym przejawem pragmatycznej postawy człowieka pierwotnego wobec rzeczywistości. Jest jednym z zagadnień, którym obecnie towarzyszą najżywsze i najbardziej różnorodne zainteresowania antropologów. Podwaliny antropologicznych badań nad magią położył sir James Frazer, który wystawił jej także wspaniały gmach dzięki swojej słynnej teorii magii.

Magia odgrywa tak ważną rolę w północno-zachodniej Melanezji, że nawet powierzchowny obserwator musi dostrzec jej niezwykłe znaczenie. Zasięg magii nie jest jednak sprawą jasną. Chociaż wydaje się, że występuje ona wszędzie, to istnieją pewne bardzo ważne i żywotne działania, w których magia jest wyraźnie nieobecna.

Żaden tubylec nigdy nie zasadzi w ogrodzie yamu czy taro bez zastosowania magii. Z drugiej strony uprawa tak ważnych roślin, jak kokos czy banan, mango czy drzewo chlebowe, przebiega bez stosowania magii. Z kolei połowy ryb, które stanowią działalność ekonomiczną zajmującą drugie pod względem ważności miejsce za rolnictwem, w niektórych swych formach odbywają się w kontekście silnie rozwiniętej magii. Niebezpieczny połów rekina, pogoń za niepewnym *kalala* lub za *to'ulam* są opanowane przez magię. Równie ważna, lecz łatwa i niezawodna metoda łowienia przy użyciu trucizny nie wymaga jednak stosowania magii. Budowaniu czółna — co jest przedsięwzięciem otoczonym trudnościami technicznymi, wymagającym zorganizowanej pracy i zawsze prowadzącym do podejmowania niebezpiecznych działań — towarzyszy złożony rytuał mocno powiązany z pracą i uważany za absolutnie nieodzowny. Budowaniu domów natomiast — a więc przedsięwzięciu, które jest tak samo trudne, ale ani nie wiąże się z niebezpieczeństwem czy przypadkiem, ani nie wymaga tak złożonych form kooperacji, jak budowa czółna — żadna magia nie towarzyszy. Drzeworytnictwo, działalność rzemieślnicza o najwyższym znaczeniu, w pewnych społecznościach jest zajęciem uniwersalnym, którego ludzie uczą się od dzieciństwa i które każdy praktykuje. W tego rodzaju społecznościach działalności tej nie towarzyszą żadne formy magii. Rzeźbiarstwo artystyczne w hebanie i w twardym drewnie, uprawiane na terenie całego okręgu jedynie przez ludzi wyposażonych w specjalne zdolności techniczne i artystyczne, posiada swoją magię, która uważana jest zresztą za zasadnicze źródło umiejętności i inspiracji. W handlu, w ceremonialnej formie wymiany znanej jako *kula*, występuje ważny rytuał magiczny, natomiast niektórym pomniejszym formom wymiany o czysto handlowym charakterze zabiegi magiczne nie towarzyszą. Przedsięwzięcia takie, jak wojna czy miłość, a także siły przeznaczenia i przyrody, takie jak choroba, wiatr i pogoda, są — zgodnie z wierzeniami tubylców — niemal całkowicie opanowane przez siły magiczne.

Nawet ten krótki przegląd pozwala nam sformułować ważne twierdzenie ogólne, które będzie służyć za wygodny punkt wyjścia. Magię spotykamy wszędzie tam, gdzie przypadek czy wypadek oraz emocjonalne zderzenie się nadziei i strachu rozwijają się na szeroką skalę. Magia nie występuje natomiast tam, gdzie przedsięwzięcie jest pewne, niezawodne i w pełni podlega kontroli racjonalnych metod i procesów technologicznych. Dalej, magię znajdujemy tam, gdzie w grę wchodzi niebezpieczeństwo. Nie znajdujemy jej natomiast, gdy poczucie absolutnego bezpieczeństwa całkowicie eliminuje złe przeczucia. Tu grają rolę czynniki psychiczne. Magia jednak pełni też inną, bardzo ważną funkcję społeczną. Jak starałem się wykazać w innym miejscu, magia jest aktywnym czynnikiem organizacji pracy i jej systematycznego przebiegu. Jest też zasadniczą siłą, która reguluje przebieg gry. W związku z tym kulturowa funkcja magii polega na wypełnianiu luk i uzupełnianiu tych bardzo ważnych działań człowieka, które nie zostały jeszcze przez niego w pełni opanowane. Cel ten magia osiąga przez dostarczanie człowiekowi pierwotnemu głębokiej wiary w jego własną moc gwarantującą sukces; dostarcza mu ona również pewnych technik intelektualnych i pragmatycznych zawsze wtedy, gdy zawodzą zwykłe środki działania. Dzięki temu człowiek jest w stanie realizować swoje najważniejsze życiowe zadania z pełnym zaufaniem we własne siły i zachować równowagę i integrację psychiczną w sytuacjach, w których bez pomocy magii poddałby się demoralizującym wpływom rozpaczy i niepokoju, strachu i nienawiści, nieodwzajemnionej miłości i bezsilnej wściekłości.

Magia jest więc podobna do nauki w tym, że zawsze ma określony cel, który jest ściśle powiązany z instynktami, potrzebami i działaniami człowieka. Działania magiczne skierowane są na osiąganie celów praktycznych; jak każda inna forma sztuki czy rzemiosła jest ona również regulowana przez teorię i system zasad, które dyktują sposób, w jaki należy wykonać określone działanie, aby było one skuteczne. Tak więc magia i nauka wykazują wiele podobieństw i mamy prawo za sir Jamesem Frazerem nazwać magię pseudonauką.

Przyjrzyjmy się bliżej istocie sztuki magicznej. Magia we wszystkich swych formach składa się z trzech zasadniczych elementów. Przy jej odprawianiu zawsze pojawiają się pewne słowa, wypowiadane lub wyśpiewywane, zawsze wykonuje się pewne działania ceremonialne i zawsze występuje oficjalny mistrz ceremonii. Dlatego też analizując istotę magii, musimy wyróżnić w niej formułę magiczną, rytuał i warunki, jakie musi spełniać osoba posługująca się magią. Można od razu stwierdzić, że w tej części

Melanezji, którą się tu interesujemy, najważniejszym elementem składowym magii jest zaklęcie. Dla krajowców znajomość magii oznacza znajomość zaklęcia i w każdym akcie odprawiania czarów rytuał koncentruje się wokół wypowiadania zaklęcia. Rytuał i kompetencje wykonawcy to jedynie czynniki warunkujące odpowiednie przechowywanie i wykorzystywanie formuły magicznej. W kontekście niniejszych rozważań stwierdzenie to jest bardzo ważne, ponieważ zaklęcie pozostaje w ścisłym związku z wiedzą tradycyjną, a szczególnie z mitologią [11].

We wszystkich niemal typach magii istnieje jakieś opowiadanie, które uzasadnia jej istnienie. Opowiadanie mówi o tym, kiedy i gdzie człowiek wszedł w posiadanie tej właśnie formuły magicznej, w jaki sposób stała się ona własnością grupy lokalnej, jak przenosi się z jednej grupy do drugiej. Ale takie opowiadanie nie mówi o pochodzeniu magii. Magia nigdy nie „powstała", nigdy bowiem nie została stworzona czy wynaleziona. Cała magia po prostu stanowiła od początku najważniejszy dodatek do tych wszystkich rzeczy i procesów, którymi człowiek żywo się interesuje, ale które wymykają się jego normalnym, racjonalnym działaniom. Zaklęcie i rytuał oraz przedmiot, na który one oddziałują, istnieją tak samo długo.

Istotną cechą wszelkiej magii jest jej niepodzielność w ramach tradycji. Magia może być skuteczna tylko wtedy, gdy, przekazywana od najdawniejszych czasów, z pokolenia na pokolenie, przeszła bez uszczerbku i bez skazy aż do osoby, która ją obecnie odprawia. Dlatego też magia musi mieć rodowód, zagwarantowany tradycją paszport w swej podróży w czasie. I tym właśnie jest dla magii mit. Sposób, w jaki mit gwarantuje wartość i rzetelność działań magicznych, w jaki wiąże się z wiarą w skuteczność magii, najlepiej będzie pokazać na konkretnym przykładzie.

Jak wiemy, w życiu Melanezyjczyków bardzo istotną rolę odgrywa miłość i wdzięki płci przeciwnej. Tak jak przedstawiciele

---

[11] B. Malinowski: *Argonauci Zachodniego Pacyfiku*, s. 425, 508 i nast.; *Magia, nauka i religia* [s. 429 - 439 niniejszego tomu].

wielu ras mórz południowych, są oni bardzo swobodni w swoich zachowaniach seksualnych, zwłaszcza przed ślubem. Cudzołóstwo jest jednak przestępstwem, za które ponosi się karę, a stosunki z przedstawicielami tego samego klanu totemicznego są surowo zabronione. Największą jednak zbrodnią w oczach tubylców jest jakakolwiek forma kazirodztwa. Nawet sama myśl o stosunku między bratem i siostrą napawa ich straszliwym przerażeniem. Brat i siostra, którzy w tym matriarchalnym społeczeństwie są związani najsilniejszą więzią pokrewieństwa, nie mogą nawet swobodnie ze sobą rozmawiać, nie mogą nigdy żartować czy uśmiechać się do siebie, a jakiekolwiek napomknienie o jednym z nich w obecności drugiego uważane jest za bardzo niestosowne. Poza klanem istnieje jednak znaczna swoboda seksualna i stosunki miłosne przybierają wiele interesujących, a nawet atrakcyjnych form.

Zgodnie z wierzeniami cały powab seksualny i moc uwodzenia spoczywają w magii miłości. Tubylcy uważają, że ta forma magii ma swe źródło w dramatycznym wydarzeniu z przeszłości, o którym opowiada się w dziwnym, tragicznym micie o kazirodztwie brata i siostry. Do mitu tego nawiążę tu tylko pokrótce [12]. Dwoje młodych ludzi mieszkało w wiosce z matką, przez przypadek dziewczyna powąchała silny wywar miłosny przygotowany przez brata dla innej kobiety. Gnana szalonym pożądaniem pobiegła za bratem i uwiodła go na bezludnej plaży. Ogarnięci wstydem i wyrzutami sumienia młodzi zaniechali jedzenia i picia i razem zmarli w grocie. Na ich szkieletach wyrosło aromatyczne ziele, które jest najsilniej działającym składnikiem substancji stosowanych w magii miłości.

Możemy powiedzieć, że mit magii, jeszcze szerzej niż inne typy mitu dzikich, uzasadnia społeczne roszczenia władających magią, kształtuje rytuał i gwarantuje prawdziwość wierzeń, dostarczając przykładu jej cudownego potwierdzenia.

---

[12] Mit ten w całości przedstawiłem w pracy *Seks i stłumienie w społeczności dzikich* [(oryg. 1927), tłum. Z. Mach, w: *Dzieła*, t. 6, Warszawa 1987], w której przeanalizowałem całą jego stronę społeczną.

Odkrycie przez nas tej kulturowej funkcji mitu w pełni potwierdza błyskotliwą teorię pochodzenia władzy i panowania rozwiniętą przez sir Jamesa Frazera w początkowych partiach *The Golden Bough*. Zdaniem sir Jamesa początki supremacji społecznej zawdzięczamy przede wszystkim magii. Przez ukazanie, jak skuteczność magii jest powiązana z lokalnymi roszczeniami, z przynależnością społeczną i z rodowodem poszczególnych jednostek, mogliśmy wykuć kolejne ogniwo łańcucha przyczyn wiążących tradycję, magię i władzę społeczną.

V. PODSUMOWANIE

W pracy tej starałem się udowodnić, że mit jest przede wszystkim siłą kulturową, ale jest jeszcze czymś więcej. Oczywiście jest także narracją i wobec tego ma swój aspekt literacki — aspekt, na który większość uczonych kładła przesadny nacisk, którego jednak nie można całkowicie pominąć. Mit zawiera zarodki przyszłej epiki, romansu i tragedii; został w nich rozwinięty przez twórczy geniusz człowieka i świadomą sztukę cywilizacji. Jak widzieliśmy, niektóre mity są jedynie suchymi i zwięzłymi twierdzeniami, w których brak wydarzeń dramatycznych, a związek przyczynowy jest zaledwie zaznaczony; inne natomiast, takie jak mit o miłości czy mit o magii czółna i o wyprawach zamorskich, są opowiadaniami wybitnie dramatycznymi. Gdyby nie ograniczone ramy tego tekstu, to powtórzyłbym tu długą i rozbudowaną sagę o bohaterze kulturowym Tudavie, który uśmierca wilkołaka, mści swoją matkę i realizuje wiele zadań kulturowych [13]. Porównując tego rodzaju opowiadania, moglibyśmy wykazać, dlaczego niektóre formy mitu poddają się późniejszym opracowaniom literackim, a inne pozostają sterylne z punktu widzenia artystycznych przeróbek. Takie sprawy, jak ukazanie czysto społecznego precedensu, uza-

---

[13] Jeden z głównych epizodów mitu o Tudavie znajdzie czytelnik na s. 209 - 210 mojego artykułu *Complex and Myth* [patrz też *Seks i stłumienie*, s. 94, 95].

sadnienie tytułu prawnego, udowodnienie pochodzenia czy usprawiedliwienie lokalnych roszczeń, nie wnikają głęboko w sferę ludzkich emocji i dlatego brak im elementów o wartości literackiej. Z drugiej strony wiara, zarówno w magii, jak i w religii, jest ściśle powiązana z najgłębszymi pragnieniami człowieka, z jego obawami i nadziejami, z jego namiętnościami i uczuciami. Mity o miłości i śmierci, opowieści o utracie nieśmiertelności, o przemijaniu Złotego Wieku i o wygnaniu z Raju, mity o kazirodztwie i czarach wiążą się właśnie z tymi elementami, które przenikają do artystycznych odmian tragedii, liryki i romantycznej opowieści. Nasza teoria, teoria kulturowej funkcji mitu, która wyjaśnia jego ścisły związek z wiarą i pokazuje ścisły związek między rytuałem i tradycją, może nam pomóc lepiej zrozumieć literackie możliwości opowieści dzikich. Ale tej kwestii, choć jest fascynująca, nie możemy przeanalizować tu szerzej.

We wstępnych uwagach zdyskredytowaliśmy i odrzuciliśmy dwie współczesne teorie mitu: pogląd, że mit jest rapsodycznym przedstawieniem zjawisk przyrodniczych oraz doktrynę Adrew Langa, że mit jest w swej istocie wyjaśnieniem, rodzajem pierwotnej nauki. Nasze podejście wykazało, że żadna z tych postaw intelektualnych nie dominuje w kulturze pierwotnej, nie może wyjaśnić ani formy pierwotnych świętych przypowieści, ani ich kontekstu społecznego, ani ich funkcji kulturowej. Ale kiedy już uświadomimy sobie, że mit służy przede wszystkim usankcjonowaniu postaw społecznych czy też retrospektywnego moralnego wzoru zachowania albo też pierwotnego najwyższego cudu magii, stanie się dla nas jasne, że w uświęconych legendach muszą się znaleźć elementy zarówno wyjaśniania przyrody, jak i zainteresowania nią. Wydarzenie precedensowe wyjaśnia przecież późniejsze wypadki, choć czyni to na mocy układu wyobrażeń, który różni się diametralnie od naukowego związku przyczyny i skutku, motywu i konsekwencji. Dalej, zainteresowanie przyrodą stanie się dla nas jasne, jeśli zdamy sobie sprawę z tego, jak ważna jest mitologia magii i jak wyraźnie magia jest związana z ekonomicznymi problemami człowieka. W tym wszystkim mitologia jest jednak bardzo daleko od obojętnego, kontemplacyjnego rapsodu o zjawiskach przyrodniczych. Między mitem a przyrodą trzeba umieścić dwa ogniwa łączące: pragmatyczne zainteresowanie człowieka pewnymi aspektami świata zewnętrznego i jego potrzebę wspomożenia magią racjonalnego i empirycznego panowania nad pewnymi zjawiskami.

Przypomnę raz jeszcze, że w pracy tej zajmowałem się mitem dzikich, a nie mitem o kulturze. Sądzę, że badanie mitologii, która funkcjonuje w społeczeństwach pierwotnych i wywiera na nie wpływ, powinno poprzedzać wnioski wyprowadzone z materiałów dotyczących wyżej rozwiniętych cywilizacji. Część tych materiałów dotarła do nas jedynie w formie oderwanych tekstów literackich, nie odnoszących się do prawdziwego życia, do kontekstu społecznego. Taki charakter ma mitologia antyku i dawnych cywilizacji Bliskiego Wschodu. Badając mit, humanista musi się uczyć od antropologa.

Nauka o micie w wyżej rozwiniętych kulturach, takich jak obecna cywilizacja Indii, Japonii, Chin czy wreszcie nasza własna, musi być inspirowana przez badania porównawcze folkloru ludów pierwotnych; kultura cywilizowana ze swej strony może dostarczyć ważnych uzupełnień i wyjaśnień dla mitologii dzikich. Przedmiot ten wykracza jednak bardzo poza ramy niniejszego studium. Chcę jednak podkreślić, że antropologia powinna badać nie tylko obyczaje dzikich przez pryzmat naszej umysłowości i naszej kultury, ale także naszą umysłowość przez pryzmat odległej perspektywy zapożyczonej od człowieka epoki kamiennej. Żyjąc przez pewien czas wśród ludzi o kulturze prostszej niż nasza własna, jesteśmy w stanie popatrzeć na siebie z dystansu, spojrzeć z nowej perspektywy na nasze własne instytucje, wierzenia i obyczaje. Skoro zatem antropologia potrafi inspirować nas do odkrywania nowych perspektyw i rozwijać w nas bardziej wyrafinowane poczucie humoru, to stosownie będzie obwołać ją największą nauką.

Zakończyłem przegląd faktów i wniosków; trzeba je więc tylko krótko streścić. Starałem się wykazać, że folklor w formie opowiadań przekazywanych w społeczności tubylców trwa w kontekście kulturowym życia plemiennego, a nie tylko w narracji. Chcę przez to powiedzieć, że krajowcy przeżywają wyobrażenia, emocje i pragnienia związane z danym opowiadaniem nie tylko w chwili recytacji, ale także wtedy, gdy w pewnych obyczajach, zasadach moralnych i zabiegach rytualnych odtwarzana jest jego treść. W tym właśnie zakresie ujawnia się zasadnicza różnica między określonymi typami opowiadań. W zwykłej *bajce* opowiadanej przy ognisku kontekst społeczny jest wąski, *legenda* wchodzi już dużo głębiej w życie plemienne społeczności, a *mit* odgrywa najważniejszą rolę. Mit opowiadając o pradawnej rzeczywistości, która nadal trwa w aktualnym życiu, i uzasadniając aktualne wydarzenia na mocy precedensu, dostarcza retrospektywnego wzoru wartości moralnych, porządku społecznego i wiary magicznej. Nie jest więc ani samym opowiadaniem, ani odmianą nauki, ani dziedziną sztuki czy historii, ani też powiastką objaśniającą. Pełni funkcję *sui generis* ściśle związaną z istotą tradycji i ciągłością kultury, z relacją między starością i młodością oraz z postawą ludzi wobec przeszłości. Krótko mówiąc, mit wzmacnia tradycję i nadaje jej większą wartość i prestiż, wywodząc ją z wyższej, lepszej, bardziej ponadnaturalnej rzeczywistości pierwotnych wydarzeń.

Mit jest więc nieodłącznym składnikiem każdej kultury. Jak widzieliśmy, stale się odradza; każda zmiana historyczna tworzy swoją mitologię, która jest jednak tylko pośrednio związana z rzeczywistością historyczną. Mit jest stałym produktem ubocznym żywej wiary, która potrzebuje cudów, pozycji społecznej, która potrzebuje uzasadnienia, normy moralnej, która wymaga sankcji.

Podjęta przez nas próba sformułowania nowej definicji mitu była może zbyt ambitna. Nasze wnioski implikują nową metodę traktowania wiedzy o folklorze, gdyż wykazaliśmy, że nie może być on oderwany od rytuału, od życia społecznego, a nawet od kultury materialnej. Ludowe bajki, legendy i mity trzeba przenieść z dwuwymiarowej egzystencji na papierze do trójwymiarowej rzeczywistości pełnego życia. Jeśli chodzi o antropologiczne badania terenowe, to oczywiście domagamy się wprowadzenia nowej metody zbierania materiałów. Antropolog musi się wyrzec wygodnej pozycji na szezlongu ustawionym na werandzie domu misyjnego, placówki rządowej czy bungalowu plantatora, gdzie uzbrojony w ołówek i notes, a czasami też w whisky z wodą sodową zwykł zbierać wypowiedzi informatorów, zapisywać opowiadania i wypełniać kartki papieru tekstami dzikich. Musi pójść do wiosek i zobaczyć krajowców pracujących w ogrodzie, na plaży, w dżungli; musi także popłynąć z nimi na odległe mielizny i do obcych plemion, obserwować, jak łowią ryby, handlują i odbywają ceremonialne wyprawy zamorskie. Gromadzone informacje powinny opierać się na wszechstronnej obserwacji życia tubylców, a nie na wymuszonych rozmowach z nimi. Badania terenowe można realizować bezpośrednio lub pośrednio, nawet wśród dzikich mieszkających w domach na palach, bliskich rzeczywistemu kanibalizmowi i polowaniom na głowy. Uprawianie antropologii na świeżym powietrzu, w przeciwieństwie do notowania pogłosek, jest ciężką pracą, ale też świetną zabawą. Tylko taka antropologia może dać nam pełną wizję człowieka pierwotnego i kultury pierwotnej. Tylko taka antropologia pokaże nam, że mit nie jest czczym zajęciem intelektualnym, lecz żywym elementem praktycznego stosunku człowieka do otoczenia.

Te żądania i zasługi nie są jednak moje, winniśmy je i tym razem przypisać sir Jamesowi Frazerowi. *The Golden Bough* zawiera teorię rytuału i społecznej funkcji mitu, do której rozwoju byłem w stanie przyczynić się jedynie w niewielkim stopniu. W mojej pracy terenowej mogłem ją tylko sprawdzić, udowodnić i udokumentować. Teoria ta kryje się we Frazerowskiej analizie magii, w mistrzowskim przedstawieniu wielkiego znaczenia rytuałów rolniczych, w analizach kultów wegetacji i urodzaju, które zajmują centralną pozycję w księgach *Adonis, Attis, Osiris* czy *Spirits of the Corn and of the Wild.* W pracach tych, tak jak i w wielu innych, sir James Frazer wykrył w wierze ludzi pierwotnych istnienie ścisłego związku między słowem i czynem; wykazał, że słowa opowiadania i formuły magicznej oraz akty rytuału i ceremonii są dwoma przejawami wiary pierwotnej. Głębokie filozoficzne pytanie postawione przez Fausta w odniesieniu do pierwotności słowa i czynu wydaje się nam błędne. Początek człowieka to początek wyartykułowanej myśli i myśli przekształconej w działanie. Bez słów, czy to wypowiadanych w trzeźwej, racjonalnej konwersacji, czy wyrażanych w formule magicznej, czy też stosowanych w celu przebłagania istot wyższych, człowiek nie byłby w stanie rozpocząć swojej wielkiej Odysei kulturowej przygody i kulturowych osiągnięć.

MIT JAKO DRAMATYCZNA FORMA DOGMATU

Spacerując ulicami przedmieść Innsbrucku, przy jednej z bocznych uliczek można dostrzec nie dokończony jeszcze kościół; stoi on na podwórzu małej podmiejskiej willi. Czasami można tu spotkać ludzi niosących cegły lub inne materiały budowlane. Gdyby gościem w tym rejonie był etnograf-amator, który zatrzymał się, by przeprowadzić badania, dowiedziałby się, że nie są to zawodowi murarze, ale pielgrzymi-wieśniacy i mieszczanie przybywający z bardzo odległych miejsc, przynoszący materiał, a także oddanie i wiarę konieczne do zbudowania nowego kościoła. Jest to kościół pod wezwaniem świętej Teresy i został zbudowany w miejscu, które zasłynęło ostatnio ze względu na swe cudowne właściwości. Cud zaczął się od sensacyjnego wydarzenia o nie byle jakim znaczeniu; tradycje z nim związane, choć nie tak dawne, zdążyły urosnąć do rozmiarów pomniejszego mitu. Kobieta urodziła bliźnięta; przyszły one na świat prawie martwe; wierzący twierdzą, że były one martwe już w łonie matki. Matka, kobietą religijna, ofiarowała je świętej Teresie, modliła się i złożyła ślubowanie, że jeśli dzieci ożyją, to będzie czcić świętą w małej pralni znajdującej się u niej na podwórzu. Święta wysłuchała jej ślubów i modlitw, bliźnięta żyły, rosły i rozwijały się; po głównym cudzie nastąpiły pomniejsze cudowne wydarzenia. Kościół, który często odnosi się obojętnie, a czasami nawet wrogo do nowych cudów, ten cud jednak zaakceptował [1]. Pralnię przerobiono na małą kaplicę;

---

[1] Wystarczy pamiętać przypadek Joanny d'Arc i wrogość, jaką okazywał początkowo kościół roszczeniom Bernardety Soubirous z Lourdes. Kilka

rozeszła się wieść o jej cudownych właściwościach. Liczba osób uczestniczących w nabożeństwach tam odprawianych była ogromna i w końcu zorganizowano zbiórkę pieniędzy na zbudowanie dużego kościoła.

Jest to niedawny, dobrze sprawdzony i typowy proces, podczas którego wśród ludzi religijnych równocześnie pojawiają się nowy, pomniejszy kult, nowe miejsce skupienia wiernych i nowa tradycja. Proces ten jest analogiczny do tego, co się dzieje w Lourdes, Loretto, Santiago de Compostela i w rozlicznych świątyniach, ołtarzach i cudownych miejscach, w których my, wyznawcy kościoła rzymskokatolickiego, czcimy Boga w osobach jego świętych: wierzymy, że w owym właśnie miejscu za pośrednictwem figurki, obrazu lub relikwii możemy dostąpić cudownej łaski.

Kościół rzymskokatolicki nie jest w tym odosobniony. Ktoś, kto znajdzie się w Salt Lake City, z pewnością odwiedzi przybytek Arki Przymierza i rząd domków, w których mieszkał Brigham Young i jego żony. Będzie podziwiał niezwykłą energię, organizację społeczną i siłę moralną, dzięki którym na pustyni powstała kwitnąca społeczność. Zrozumie, w jaki sposób silna religia jest w stanie stworzyć mocną społeczność i pobudzić ją do wielkich zadań. Badanie podstaw tej wiary wcześniej czy później ujawni najbardziej interesujący mit, który opowiada o tym, jak Bóg objawił Josephowi Smithowi nową wiarę i nowy porządek społeczny. I znów mamy nowy mit, nowy rytuał, nową moralność, które rodzą się równocześnie na gruncie jednego wydarzenia i w ścisłym wzajemnym związku. Bez względu na to, czy weźmiemy pod uwagę scjentyzm i jego sensacyjny początek w postaci cudownego uzdrowienia i objawienia, czy kwakrów, którzy niemal zupełnie odrzucają

lat temu prasa na całym świecie podała informację o interesującym przypadku na Węgrzech, gdzie wiernym ukazało się trzech świętych, przyciągając ogromną publiczność i dokonując cudów. Z przyczyn sobie tylko znanych kościół katolicki nie poparł tych cudów swoim autorytetem. Wezwano żandarmerię, a później straż pożarną, która skierowała sikawki na wiernych. Wybuch entuzjazmu wiernych, uważany za niestosowny przez państwo i kościół, został w końcu stłumiony.

cuda, ale są uświęceni tradycją Założyciela i jego nadzwyczaj etyczną osobowością, w każdym z tych przypadków stwierdzimy, że religia i jej wierzenia mają swoje podłoże w uświęconej tradycji i że pierwiastek nadprzyrodzony, czy to etyczny, czy magiczny w formie, musi mieć swój precedens, aby dać mu wiarę.

Wszystko to wydaje się na tyle zgodne ze zdrowym rozsądkiem, by tego poważnie nie kwestionować. Może nawet wydać się tak proste, że niewarte uznania za ważny przedmiot badań porównawczych nad religią. Jednak w badaniach tego przedmiotu niemal zupełnie lekceważono do tej pory tę prostą prawdę, że mit trzeba badać w kontekście jego społecznych, rytualnych i etycznych konsekwencji, a nie jako wyobrażone, pseudonaukowe opowiadanie. Wykażę to w skrócie na dalszych stronach tego tekstu.

Na początku zaznaczę jedynie, że etnograf pracujący wśród ludów pierwotnych wszędzie znajdzie podobne warunki. Wśród mieszkańców środkowej Australii żyjących na poziomie paleolitu cały skomplikowany rytuał magii i religii jest ściśle powiązany ze świętym gmachem tradycji, który można niemal określić mianem totemicznej ewangelii tych ludzi. Gdy odprawiamy rytuał chrztu przez wzgląd na przyjętą doktrynę grzechu pierworodnego i wierzymy w ten dogmat opierając się na tym, co nam powiedziano w *Księdze Rodzaju*, robimy dokładnie to samo, co oni, gdy poddają młodzież rytuałowi inicjacji, aby uczynić z niej pełne istoty ludzkie. Ich wiara również wywodzi się z pierwotnej ewangelii, która opowiada o tym, jak człowiek z istoty niepełnej i nie obrzezanej — dzięki woli dobroczynnego ducha totemicznego — przemienił się w pełnego człowieka z ciała i kości. Jak zobaczymy, wśród Indian Pueblo rozbudowana mitologia narzuca wiarę w to, że urodzaj można osiągnąć dzięki przedstawieniu dramatycznemu ukazującemu to, co robili przodkowie, dzięki rytualnemu odwołaniu się do tych sił przyrody, które kiedyś zostały objawione w spersonifikowanej formie podczas wielkiego, cudownego wydarzenia w przeszłości. W niektórych częściach Melanezji magia dziś jeszcze dokonuje cudów, ponieważ stanowi powtórzenie formuł magicznych i rytuałów, które kiedyś doprowadziły do cudów Złotego Wieku.

I. SOCJOLOGICZNA DEFINICJA MITU

Czym jest więc mit? Krótko mówiąc, wszystkie zasadnicze dogmaty wiary religijnej mają tendencję do przeobrażania się w konkretne opowiadania, a opowiadania te nigdy nie są wyłącznie sprawozdaniami z tego, co się wydarzyło w przeszłości. W oddawaniu czci relikwiom i świętym miejscom, we wszystkich widocznych przejawach minionych sensacyjnych aktów łaski, w każdym akcie rytualnym i każdym artystycznym przedstawieniu motywów religijnych każdy temat jest na nowo wprowadzany w życie. Wydarzenia z mitologicznej przeszłości odgrywają również czołową rolę w organizacji społecznej i w zachowaniach moralnych.

Nawet pobieżne spojrzenie na jakąkolwiek religię pozwala stwierdzić, że mit jest po prostu formą ujawnienia dogmatu. Wiara w nieśmiertelność — dogmat jednostkowego trwania — zrodziła niezliczone opowiadania o tym, jak kiedyś człowiek został stworzony, by żyć na ziemi wiecznie, jak na skutek błędu popełnionego przez nadprzyrodzonego posłańca lub na skutek własnego grzechu czy zwykłego błędu technicznego utracił życie wieczne[2]. Wiara w Opatrzność i w Wielkiego Architekta Wszechświata jest zawarta w niezliczonych kosmologiach mitologicznych. U wybrzeży Pacyfiku i na wielu jego wyspach możemy się dowiedzieć o tym, jak świat został wyłowiony z morza lub uformowany z mułu. Na innych znów kontynentach dowiadujemy się, jak różne fragmenty wszechświata powstawały kolejno z chaosu, jak ziemia została rzucona z przestrzeni kosmicznej lub z ciemności przez boskiego stwórcę. Szeroki wachlarz wierzeń, którym zazwyczaj nadaje się miano „kultu przyrody", również ma bogatą mitologię przodków totemicznych: mitologię niegdysiejszego pojawienia się i nadprzyrodzonego — choć nie zawsze moralnego — postępowania bogów przyrody, niegdysiejszych kontaktów człowieka z jego Duchem Stróżem. W przedstawionej poniżej analizie australijskiej mitologii

---

[2] Zob. J. G. Frazer, *Folk-Lore in the Old Testament* [*Studies in Comparative Religion, Legend and Law*, London 1918, 3 t.], wyd. skrócone 1923, rozdz.: *The Fall of Man.*

totemicznej, opowiadań i sag związanych z kultem przyrody wśród Indian Pueblo, a także przykładów mitologii melanezyjskiej dostarczę pełnej dokumentacji uzasadniającej takie przedstawienie mitu.

Mądrość, tak jak i miłość bliźniego, musi się rodzić w domu. Zasadę tę przyjmie każdy odnosząc się do swoich własnych przekonań religijnych. Sądzę, że gdybyśmy wzięli pod rozwagę którykolwiek z utrzymujących się dogmatów naszej własnej religii, stwierdzilibyśmy, że opiera się on na uświęconej tradycji. Wyznawca kościoła rzymskokatolickiego może kłaść większy nacisk na nauki kościoła, protestant może się opierać bezpośrednio na *Biblii*, ale na dłuższą metę to właśnie uświęcona tradycja, ustna czy pisana, dostarcza podstaw wszelkiej wiary; oczywiście uświęcona tradycja obejmująca także interpretacje i dodatki teologiczne.

Wspomniałem już dogmat grzechu pierworodnego. Dogmat pokuty przewija się przez cały *Nowy Testament* i koncentruje się na ofierze złożonej na Kalwarii. Dogmat o realnej czy symbolicznej obecności w sakramencie musi znaleźć interpretację w odwołaniu się do relacji o Ostatniej Wieczerzy. Wiara w ustanowienia Świętej Trójcy, trzech osób i ich rzeczywistych stosunków — sprawa, która wywołała ożywione dysputy teologiczne i która była przyczyną znacznego rozlewu krwi — ma swe pierwotne źródło w kilku wydarzeniach biblijnych. Mogę tu przytoczyć moje własne naiwne przekonanie z czasów, kiedy byłem wierzącym, praktykującym chrześcijaninem: zawsze myślałem, że podczas Aktu Tworzenia Bóg Ojciec działał dzięki swym własnym zdolnościom, że jakoś później Syn Boży pojawił się na scenie, najpierw w zapowiedzi w *Starym Testamencie*, a później w ewangelii już w pełnej postaci. Duch Święty, będący dla mnie zawsze nieco zacienioną, niematerialną częścią bóstwa, zdawał się unosić w powietrzu w oddali, bez wątpienia obecny, nawet gdy „ciemność była na twarzy głębi". W gruncie rzeczy jakoś czułem, że gdy „duch poruszał się po tafli wody", mógł to robić w sposób najbardziej dla niego wygodny, przybierając formę uskrzydloną — gołębia. I — myślę, że dzięki pewnym obrazkom — wyobrażałem sobie okręt Boga Ojca unoszący się na ciemnych falach pradawnego oceanu. Przypominam tu wszystkie te fakty, ponieważ wiem z własnego doświadczenia, że żaden abstrakcyjny dogmat nie jest wystarczającą podstawą dla żywej wiary. Żywa wiara jako czyn i słowo zapewniające zbawienie odwołuje się do realnych postaci z uświęconej historii. Weźmy więc po kolei pod uwagę żywe dogmaty. Czy będziemy katolikami czy protestantami, żydami czy ludźmi wyznania niemojżeszowego, buddystami czy zwolennikami pani Eddy, spirytystami czy mormonami, gdy przeanalizujemy te dogmaty aż do ich podstaw, stwierdzimy, że dotarliśmy z powrotem do pewnych uświęconych wydarzeń lub przynajmniej do pewnych skojarzeń łączonych z doniosłym obrazem powstałym z przypowieści, ze stworzenia, z upadku, z cierpień narodu wybranego czy z żarliwych wizji proroków.

Prawdopodobnie nie byłoby tak łatwo uczynić rzecz odwrotną, to znaczy wziąć wydarzenie, nawet ważne, z naszych świętych ksiąg i pokazać, jak skrystalizowało się ono w formie swoistej doktryny wiary, w formie zasady moralnej lub dogmatu zachowania społecznego. Ale wyniki takich badań byłyby zdumiewające. Na przykład potop na pierwszy rzut oka wydaje się tylko dramatycznym opowiadaniem. W rzeczywistości — i tu znów moja wypowiedź jest oparta głównie na moich własnych doświadczeniach żywej wiary — potop jest mitologicznym dowodem świadczącym o moralnej czujności Boga. Gdy ludzkość zupełnie zbłądziła, Bóg znalazł się od razu, by ukarać mężczyzn i kobiety i nagrodzić jeden wyjątek. Potop był cudem i to cudem zawierającym implikacje moralne; pozostaje świadectwem zainteresowania Boga zachowaniem moralnym i jego najwyższej sprawiedliwości.

Zapewne łatwiej jest traktować chrześcijaństwo w duchu antropologicznym, niż badać religie ludów dzikich i pierwotnych mając z gruntu chrześcijański umysł. Niechrześcijańska postawa wielu z nas wobec wierzeń pierwotnych i nasze przekonanie, że są to po prostu czcze przesądy i rozbudowane formy bałwochwalstwa, miały wielki wpływ na badanie religii pierwotnych przez Europejczyków. Święte przypowieści dzikich często uważano jedynie za próżną fikcję. Gdyby zbieracze tych opowiadań zdali sobie sprawę z tego, że są one odpowiednikami naszych świętych tekstów, badaliby bardziej szczegółowo etyczny, rytualny i społeczny wpływ mitologii pierwotnej. Niestety, dane etnograficzne zostały w znacznym stopniu zniszczone na skutek błędnego podejścia teoretycznego do przedmiotu badań. W wypadku badania niektórych religii historycznych — Egiptu, wedyjskich Indii, Mezopotamii, starożytnego Orientu — dysponujemy pełną dokumentacją świętych tekstów, ale znacznie bardziej ograniczonym opisem rytuałów i zaledwie kilkoma danymi dotyczącymi tego, w jaki sposób religia naprawdę funkcjonowała w moralności, instytucjach społecznych i w życiu publicznym.

Opowiadam to wszystko, aby zwrócić uwagę inteligentnego czytelnika na fakt, że religię da się najlepiej zrozumieć dzięki obiektywnemu spojrzeniu na to, w co w praktyce wierzymy w naszym własnym społeczeństwie. Następnym krokiem powinno być prawdziwie naukowe badanie religii egzotycznych praktykowanych w społecznościach niechrześcijańskich obecnie. Zrozumienie religii martwych, w odniesieniu do których dysponujemy jedynie wyrywkowymi danymi, fragmentarycznymi dokumentami i pamiątkami, nie jest najlepszym sposobem na wszechstronne badanie religii.

W prezentowanym tu podejściu zasadniczą przesłanką filozoficzną jest założenie, że sprawą najważniejszą w religii jest sposób, w jaki ona funkcjonuje. „Wiara oderwana od działania jest jałowa". Ponieważ nieodzowną podstawą wiary, w istocie jej trzonem, jest mit, powinniśmy zbadać, w jaki sposób mit wpływa na życie ludzkie.

W żargonie antropologicznym oznacza to, że mit, czyli święta przypowieść, musi być definiowany przez swoją funkcję. Opowiada się go po to, by ustanowić wierzenie, by posłużył jako precedens ceremonii lub rytuału czy też jako wzór moralnego lub religijnego zachowania. W związku z tym mitologia, czyli uświęcona tradycja społeczeństwa, jest zbiorem narracji wplecionych w kulturę, dyktujących wierzenia, definiujących rytuał, sankcjonujących porządek społeczny i dających wzór zachowań moralnych. Oczywiście każdy mit zawiera wątek literacki, ponieważ jest zawsze narracją, ale narracja ta nie jest wyłącznie fikcyjnym utworem rozrywkowym ani nie służy wierzącemu za twierdzenie wyjaśniające. Jest prawdziwym sprawozdaniem z sensacyjnych wydarzeń, które uformowały kształt tego świata oraz istotę zachowań moralnych i które determinują rytualny kontakt między człowiekiem i jego stwórcą lub innymi siłami.

Dobrze będzie w tym miejscu przerwać na chwilę argumentację i zwrócić uwagę czytelnika, zwłaszcza laika, na to, że nie głosimy tu frazesów. Utrzymujemy, że mit jest istotną częścią składową każdej religii, a dokładniej — że nadaje moc rytuałowi, wierzeniom, zachowaniom moralnym i organizacji społecznej. Znaczy to, że mit nie jest przykładem wiedzy pierwotnej ani pierwotną alegorią filozoficzną o charakterze półpoetyckim i rapsodycznym, ani też dziwacznie zniekształconym sprawozdaniem historycznym. Zasadnicza bowiem funkcja mitu nie polega ani na wyjaśnianiu, ani na odtwarzaniu minionych wydarzeń historycznych, ani na wyrażaniu fantazji czy skrystalizowanych marzeń społeczności. Pogląd ten nie jest ani nowy, ani rewolucyjny; sformułowałem go już wcześniej [3] w sposób bardziej jasny, jak mi się wtedy wydawało, choć niektórzy z moich kolegów twierdzili, że zrobiłem to zbyt stanowczo, ale całe moje podejście opiera się na nowoczesnych tendencjach, które pojawiły się w humanistyce. Nacisk na społeczny aspekt religii, którego istnienie jako pierwszy dostrzegł William Robertson Smith, a później rozwinęli Émile Durkheim, Hubert Mauss i Alfred R. Radcliffe-Brown, przybliża nas do społecznego aspektu mitologii. Podkreślenie przez współczesne nauki społeczne kwestii zachowania i działania każe nam również zapytać, czy mitologia ma wpływ na zachowanie rytualne i moralne człowieka, czy też nie. Psychonalityczny związek mitu ze snami i marzeniami, z fantazjami i ideałami — aczkolwiek dla przeciętnego nie wtajemniczonego obywatela, który nie był poddawany psychoanalizie, może być w wielu punktach zniekształcony — kładzie nacisk na dynamiczny aspekt mitu i na aspekt pragmatyczny, to znaczy na jego związek ze strukturą rodziny ludzkiej. Ale przede wszystkim tak

[3] Zob.: *Podstawy wiary i moralności*, s. 467 niniejszego tomu oraz *Mit w psychice człowieka pierwotnego*, s. 303 niniejszego tomu.

zwane podejście funkcjonalne do zjawisk kulturowych wiedzie nas wprost do badania mitu pod kątem jego funkcji kulturowej. W podejściu tym przyjmuje się, że wyobrażenia, zrytualizowane działania i zasady moralne w żadnej kulturze nie istnieją w izolacji, w szczelnym zamknięciu; że Człowiek działa, ponieważ wierzy, a wierzy, ponieważ prawda została mu objawiona w sposób nadprzyrodzony; że uświęcona tradycja, standardy moralne, rytualne sposoby zbliżania się Opatrzności nie są odizolowane, ale wpływają na siebie wzajemnie. Wszystkie te stwierdzenia wydają się niemal oczywiste. Że tak jednak nie jest, szybko przekonamy się analizując pokrótce niektóre rozwinięte ostatnio teorie mitu.

II. WCZEŚNIEJSZE TEORIE FOLKLORU

Każdy z wymienionych poglądów dominował przez jakiś czas w naukowych lub przednaukowych koncepcjach mitu. Euhemeryści, starożytni i współcześni, utrzymywali, że mit zawsze koncentruje się wokół jakiegoś jądra czy też trzonu prawdy historycznej, błędnie przedstawionej za pomocą fałszywych symboli i ozdobników literackich. Euhemeryzm przejawia się nadal we wszystkich tych podejściach, które wykorzystują pierwotną tradycję do odtwarzania faktów historycznych. W poglądzie tym jest wiele prawdy; legendy polinezyjskie bez wątpienia zawierają ziarno prawdy historycznej. Reinterpretacja mitologii orientalnej dokonana przez Elliota Smitha, Williama J. Perry'ego i Arthura M. Hocarta przyczyniła się do rozwoju naszej wiedzy o niektórych fazach dyfuzji kulturowej. Równocześnie jest sprawą oczywistą, że badanie jądra historycznego w tradycji społeczności plemiennej odsłania tylko jeden aspekt problemu i to chyba nie najważniejszy. Z pewnością nie da się w ten sposób określić rzeczywistej socjologicznej funkcji mitologii. Zasadniczym zadaniem uświęconej tradycji nie jest pełnienie funkcji kroniki minionych wydarzeń; jest nim przedstawianie mającego moc obowiązującą precedensu z czasów chlubnej przeszłości w celu wywołania takich samych działań. Historyczna interpretacja mitu — jakkolwiek może być użyteczna — musi, z dwóch powodów, znaleźć uzupełnienie w socjologicznej teorii mitu. Przede wszystkim, jeśli przedstawione tu poglądy są słuszne, sprawą najważniejszą jest, by badacz terenowy nie tylko studiował tekst świętej przypowieści czy legendy, ale także, i przede wszystkim, skutki pragmatyczne, jakie wywołuje ona w organizacji społecznej, praktykach religijnych i zachowaniach moralnych żyjącej społeczności. Po drugie nie można uzyskać teoretycznego wyjaśnienia tych elementów mitu, które są nadprzyrodzone, odrażające czy ekstrawaganckie, traktując je jako zniekształconą formę faktów historycznych. Zrozumieć je można — podobnie jak wiele innych motywów narracji historycznych — przez odwołanie się do rytualnych, etycznych i społecznych wpływów opowiadania na dzisiejsze zachowania.

Teoria głosząca, że istota mitu polega na alegorycznym przedstawianiu zjawisk przyrody, kojarzy się w Niemczech z nazwiskiem Maxa Müllera. I znów byłoby błędem, gdybyśmy całkowicie odrzucili jego dorobek. Zainteresowanie człowieka pewnymi fazami przyrody, przede wszystkim wzrostem roślin i reprodukcją zwierząt, wyraża się bez wątpienia w rytuałach religijnych, a te, jak wiemy, wiążą się z mitologią. Ale symbolizm przyrody, zwłaszcza taki, jaki jest do dziś uprawiany przez niektóre szkoły w Niemczech, doprowadził do „krótkiego spięcia" w tym zakresie, ponieważ nie uwzględnił związku między rytuałem, modlitwą i wiarą religijną. Wprowadził natomiast dwie błędne koncepcje. Jedna z nich to pogląd, że ci którzy dzisiaj wierzą w mity i opowiadają je, całkowicie błędnie interpretują rzeczywistą istotę mitu. Innymi słowy, alegoryczne czy ezoteryczne znaczenie walk, ciężkich prób, zbrodni, triumfów i bohaterskich czynów — które w rzeczywistości są jedynie tajemniczym wyjaśnieniem biegu słońca, faz księżyca, wzrostu i obumierania roślin — odpowiada pierwotnej czy mitopoetyckiej fazie rozwoju ludzkości. Nasi uczeni koledzy powiedzą nam, że można to wyjaśnić tylko dzięki czystej intuicji, która pozwala nam odkryć wewnętrzne znaczenie alegorii. Wiem dobrze ze swych doświadczeń z badań terenowych i z literatury przedmiotu, że niesłuszne jest założenie, że inny typ mentalności doprowadził do powstania mitów, a inny je praktykuje. Wydarzenia opowiadane w mitach, aczkolwiek wyolbrzymione i nadprzyrodzone, są tak ściśle związane z tym, co ludzie robią obecnie, że żadne ezoteryczne wyjaśnienie nie wystarczy do ukazania istoty mitu. Inna słabość tego rodzaju wyjaśniania polega na założeniu, że nie tylko cała narracja mitologiczna ma charakter symboliczny, ale że cały symbolizm odnosi się do jakiegoś procesu przyrodniczego. W związku z tym, zdaniem niektórych autorów, wszystkie mity można ograniczyć wyłącznie do biegu słońca albo, zdaniem innych, do faz księżyca; jeszcze inni widzą w mitach wyłącznie procesy wzrostu i rozwoju roślin lub zwierząt. Jeśli jednak prezentowany pogląd jest słuszny, a mitologia wiąże się z wierzeniami, rytuałem i moralnością, to nawet te odniesienia do procesów przyrodniczych czy zjawisk astronomicznych, które rzeczywiście można znaleźć w mitach, różnić się będą w zależności od plemienia czy regionu. Jeśli klimat i gleba pozwalają ludziom rozwinąć rolnictwo, to ich magia i religia będą się koncentrować na życiu roślin, a mit będzie zawierać odniesienia do wzrostu i obumierania plonów, do wpływów słońca, wiatru i deszczu. Z pewnością ważny jest też kalendarz myśliwego, gdyż reguluje życie plemienia w ciągu roku. Nie umniejszając więc roli, jaką pełnią kult przyrody w religii i odniesienia do procesów przyrodniczych w mitologii, chciałbym podkreślić, że obydwa te aspekty muszą być badane w kontekście równoległego podejścia do religijnych dogmatów, etyki i rytuału

Zwalczając alegoryczną interpretację Maxa Müllera, Andrew Lang rozwinął etiologiczną teorię mitu pierwotnego. Z jednej strony był to postęp, gdyż mitowi w kulturze pierwotnej przypisana została rola podobna do ról związanych z wykonywaniem zadań. Z drugiej jednak strony teorię tę wypaczył sam jej twórca. Zacytuję tu jego własne słowa: „Ludzie dzicy są podobni do nas w swej ciekawości i dążeniach, *causas cognoscere rerum*, ale mając naszą ciekawość, nie mają naszej mocy uwagi. Tak łatwo zadowalają się wyjaśnieniem zjawisk, jak bardzo chcą to wyjaśnienie uzyskać". „Poziom myślenia dzikich", przypominający cywilizowanym obserwatorom „okresowe wariactwo" (Müller), szuka takiego wyjaśnienia zjawisk, które samo się narzuca, „i takie wyjaśnienie sporządzają oni dla siebie lub uzyskują od tradycji w postaci mitu

[...]. Mitologia dzikich, która jest również nauką dzikich, zawiera odpowiedzi na pytania" [o pochodzenie świata, człowieka, zwierząt — *B.M.*] [4]. Jest jednak faktem, że generalnie ani my, ani dzicy nie mamy naturalnej ciekawości poznawania przyczyn. Wśród ludzi cywilizowanych ciekawość ta przejawia się wyłącznie w wysoce technicznym i zróżnicowanym zainteresowaniu naukowym, które jest wynikiem daleko posuniętego podziału pracy. Z drugiej strony ludzie dzicy, podobnie jak my, muszą dysponować pewną empiryczną i praktyczną wiedzą niezbędną we wszelkich procesach technicznych, przedsięwzięciach i działaniach zbiorowych na szeroką skalę, takich jak wojna, żeglowanie, wędrowanie w wozach zaprzężonych w woły. Uznanie mitologii dzikich za naukę dzikich to jeden z najpoważniejszych aktów gwałtu popełnionych w teoretycznym podejściu do kultury ludzkiej. Podejście to dało początek późniejszym teoriom mówiącym o diametralnie różnej mentalności ludzi pierwotnych, o prelogicznej mentalności dzikich i o ich niezdolności do naukowego czy empirycznego myślenia. Sam fakt, że mamy naszą własną mitologię, tak samo rozwiniętą jak mitologia pierwotna i pełniącą tę samą funkcję, powinien był nauczyć wszystkich teoretyków traktujących mit jako wynik działania innego, wcześnieszego umysłu, że ich teorie delikatnie mówiąc, są niewystarczające. Jednakże poglądy te nadal wpływają na nowoczesną myśl naukową [5]. Nieco eklektyczne i nie-

---

[4] A. Lang, *Mythology*, w: *Encyclopaedia Britannica*, 12 wyd. 1922, s. 131 - 132.

[5] Por. np. dwa ostatnie wydania *Notes and Queries on Anthropology* [British Association for the Advancement of Science. Committee of Section H, 1 wyd. London 1874]. W przedostatnim wydaniu znajdujemy definicję, w myśl której mity to „opowiadania, które mają na celu wyjaśnienie idei abstrakcyjnej lub niejasnego i trudnego pojęcia" (s. 210). Jest to oczywiście zawzięty Andrew Lang. W ostatnim wydaniu istota przedstawionej tu teorii została w pełni zaakceptowana, a obszerne fragmenty mojej poprzedniej publikacji włączone (niestety bez powołania się na źródła, bez cudzysłowów i bez mojej zgody). Wiersze od 19 do 23 na stronie 329 są dosłownym powtórzeniem zdań ze stron 119 i 120 mojej pracy *Mit w psychice człowieka pierwotnego*, a wiersze od 24 do 33 to słowo po słowie, z nieznacz-

jasne przedstawienie tego problemu przez profesor Ruth Benedict w *Encyclopaedia of Social Science* (hasła *Myth* i *Folklore)* jest krokiem naprzód w porównaniu z wcześnieszymi teoriami mitu. W haśle *Folklore* znajdujemy następujące podsumowanie: „Nowoczesna folklorystyka uwalnia się od wcześniej przyjętych koncepcji i daleko idących alegorii i zaczyna bazować na ważności folkloru jako zjawiska społecznego i jako środka wyrażania przez grupę społeczną jej własnych postaw i życia kulturowego. Uważając folklor za taką samą cechę kulturową, jak technologia, organizacja społeczna czy religia, nie musimy poświęcać specjalnej uwagi autorstwu zbiorowemu, gdyż mity są w takim samym stopniu wytworem społeczności, jak rytuały małżeństwa czy płodności. Wszelkie rysy kulturowe, w tym także opowiadania ludowe, są w ostatniej instancji wytworami jednostki zdeterminowanymi przez warunki kulturowe" [6]. I dalej, w haśle *Myth*: „Wśród niektórych ludów mit jest myślą przewodnią kompleksu religijnego, a ich praktyki religijne można zrozumieć tylko dzięki ich mitologii" [7]. Ale uważa ona, że: „Źródeł religii nie należy szukać w pojęciach mitologicznych, a źródeł mitu w religii, gdyż obydwa te elementy stale się wzajemnie zapładniają, a powstały kompleks jest wytworem pierwotnych cech ich obu". Pogląd, że folklor *wyraża* postawy społeczne czy że mitologia i religia wzajemnie się zapładniają, nie prowadzi jednak do poznania ściśle określonej społecznej funkcji mitu jako podstawy wierzenia rytualnego, etyki i organizacji społecznej. W gruncie rzeczy profesor Benedict w swoim haśle o micie krytykuje otwarcie moje poglądy. Zaprze-

---

nymi skrótami, zdania ze strony 124 tej samej pracy. Następnie w haśle *Myth* w dwunastym wydaniu *Encyclopaedia Britannica* [London 1922] Lang wyraźnie prezentuje etiologiczną teorię mitu. W wydaniu czternastym [London 1929], ostatnim, które zawiera nowe hasło na temat mitu, znajduje się krótka prezentacja rozmaitych teorii, kończąca się zdaniem na temat funkcjonalnej i socjologicznej interpretacji mitu i zawierająca cytaty z mojej pracy *Mit w psychice człowieka pierwotnego.*

[6] *Encyclopaedia of Social Sciences* [New York] 1931, s. 291.

[7] *Ibid.*, s. 180.

cza, jakoby funkcjonalna istota mitu jako podstawy organizacji społecznej, wiary religijnej i praktyk rytualnych miała charakter uniwersalny.

Możemy więc wnioskować, że pogląd, który tu prezentujemy, upowszechnia się, ale nie został jeszcze w pełni uznany i zaakceptowany. Moja teoria nie jest jednak ani nowa, ani oryginalna. Tak jak i w wielu innych dziedzinach swoje pierwsze zainteresowanie problemem zawdzięczam wielkiemu uczonemu szkockiemu, Williamowi Robertsonowi Smithowi. To chyba Robertson Smith pierwszy najwyraźniej dostrzegł socjologiczny aspekt wszelkich religii i podkreślał, czasami może nawet przesadnie, prymat rytuału nad dogmatem [8]. Jego zdaniem religia jest raczej ustalonym zespołem praktyk niż systemem wierzeń dogmatycznych. W jego stwierdzeniu, że „religie antyczne w większości nie mają swego *credo*; składają się wyłącznie z instytucji i praktyk” [9], jest może trochę przesady. W innym miejscu jest jednak bliższy prawdy, gdy mówi, że „mitologia zajmuje miejsce dogmatu [...] Rytuał, krótko mówiąc, był związany nie z dogmatem, ale z mitem” [10]. Jeśli mamy rację twierdząc, że większość dogmatów ma podstawę w micie, a nie, że każdy mit zawiera dogmat, widzimy, iż Robertson Smith w pełni wyprzedził przedstawiony tu pogląd, mówiąc, że „dopóki sposób myślenia wyrażany w micie nie znajduje jeszcze odbicia w rytuale, nie ma on jeszcze ściśle religijnej sankcji; mit oddzielony od rytuału jest tylko wątpliwym i niepewnym świadectwem”. W tym stwierdzeniu Robertson Smith przyznaje, że każda narracja powinna być wyjaśniana poprzez funkcję, jaką pełni w zorganizowanym zachowaniu religijnym. Powiedziałbym, że mit, który nie wyraża się w rytuale, nie jest mitem, lecz tylko opowieścią starych ludzi. Innymi słowy, każda definicja czy klasyfikacja folkloru, w której ignoruje się jego wpływ na rytuał i na organizację społeczną, musi pozostać jałowa. Zawiera to już pogląd

---

[8] W. R. Smith [*Lectures on the*] *Religion of Semites* [(1 wyd. 1889), London] 1927.

[9] *Ibid.*, s. 16.

[10] *Ibid.*, s. 17.

Robertsona Smitha, że „religia to zestaw utrwalonych praktyk religijnych [...], a praktyka poprzedza teorię doktrynalną" [11]. Nie martwimy się teraz zanadto o *prius-posterus*, ale podtrzymujemy założenie, że teoria doktrynalna i praktyki tradycyjne to dwa aspekty tego samego problemu, że rozwijają się one razem, a badanie ich osobno jest zasadniczym błędem metodologicznym.

Pogląd Robertsona Smitha miał wpływ na wielu autorów; doktor Ernest A. Gardner pisząc o micie w *Encyclopaedia of Religion and Ethics* [[12]] twierdzi, że „mitologia, przez wyjaśnianie i przedstawianie natury i charakteru bóstw i innych sił, pomoże człowiekowi utrzymać z nimi związki na odpowiednich zasadach". Zdanie to mogłoby sugerować kompromis między koncepcją Andrew Langa i Robertsona Smitha, ale istota mitu jest poprawnie przedstawiona tylko o tyle, o ile wyjaśnienie ma znaczenie jako kodeks i gwarancja poprawnego odbywania praktyk rytualnych. Monumentalne dwutomowe dzieło Frazera o kultach i mitach Adonisa, Attisa i Ozyrysa stanowi dokumentację przedstawionego tu punktu widzenia, który na wskroś przesiąknięty jest zasadami Robertsona Smitha i wielką wnikliwością samego autora *The Golden Bough* [[13]].

W technikach i metodach badań terenowych niedoskonałość obecnego stanu wiedzy antropologicznej ujawnia się w sposób najbardziej ewidentny, a nacisk na kulturową funkcję mitu jest najbardziej potrzebny. Kilku wybitnych autorów, których prace zostaną wykorzystane na dalszych stronach, to jest Baldwin Spencer i Francis J. Gillen, Jesse W. Fewkes, Frank H. Cushing, Alfred R. Radcliffe-Brown, Elsdon Best, a także młodsi badacze ze szkoły funkcjonalnej, doktor Raymond W. Firth, doktor Audrey I. Richards i doktor Hortense Powdermaker, dostarczyli nam od-

---

[11] *Ibid.*, s. 19.

[[12]] E. A. Gardner, *Mythology*, w: *Encyclopaedia of Religion and Ethics*, J. Hastings (red.), Edinburgh 1908 - 1921.

[[13]] J. G. Frazer, *The Golden Bough: A Study in Magic and Religion* (pełny opis tej pracy znajduje się w przypisie pierwszym na s. 15 niniejszego tomu).

powiednich danych. Ale w wielu nawet doskonałych książkach trudno byłoby znaleźć taką współzależność między folklorem i religią, która umożliwiałaby nam sprawdzenie i udokumentowanie podstawowych zasad Robertsona Smitha i jego kontynuatorów.

Ostatecznym sprawdzianem każdej teorii w jakiejkolwiek dziedzinie nauki jest jej wartość empiryczna. Czy pogląd tu przedstawiony otwiera nowe drogi badaniom empirycznym; czy zmusza nas do obserwowania nowych faktów i nowych związków między faktami? Może najlepiej będzie, jeśli wykażę znaczenie niniejszej teorii mitu opowiadając krótko o tym, jak zostałem zmuszony do przyjęcia tego punktu widzenia w trakcie badań terenowych. Kiedy pojechałem na Nową Gwineę, znałem już mające żywy oddźwięk etiologiczne wyjaśnienie mitu. Jak się przekonałem, teoria ta miała fatalny wpływ, gdyż zmusiła mnie do zbierania opowiadań i traktowania ich jako samowystarczalnych dokumentów nauki pierwotnej. Musiałem więc brać lekcje funkcjonalnej współzależności między mitem i rytuałem podczas badań terenowych.

MAGIA, NAUKA I RELIGIA [1]

I. CZŁOWIEK PIERWOTNY I JEGO RELIGIA

Nie ma społeczności ludzkich, nawet najbardziej pierwotnych, w których nie byłoby religii i magii. Trzeba od razu dodać, że nie ma też ras dzikich pozbawionych postawy naukowej albo nauki, choć ten brak często się im przypisuje. Opierając się na wiarygodnych materiałach dostarczanych przez kompetentnych obserwatorów, można stwierdzić, iż w każdej społeczności pierwotnej występują dwie wyraźnie odróżniające się dziedziny: *Sacrum* i *Profanum*, inaczej mówiąc, dziedzina Magii i Religii oraz dziedzina Nauki.

Z jednej strony występują tradycyjne czynności i obrzędy uwa-

---

[1] Najważniejsze prace na temat pierwotnej religii, magii i wiedzy, do których się odwołuję w tej pracy pośrednio lub bezpośrednio, to: E. B. Tylor, *Cywilizacja pierwotna. Badania rozwoju mitologii, filozofii, wiary, mowy, sztuki i zwyczajów*, tłum. Z. A. Kowerska, Warszawa 1896, 2 t.; J. F. McLennan, *Studies in Ancient History* [London] 1886; W. Robertson Smith, *Lectures on the Religion of the Semites* [Edinburgh] 1889; A. Land: *The Making of Religion* [London 1898] oraz *Magic and Religion* [*Race, Language, Culture, Psychology, Prehistory*, London-New York-Bombay] 1901. Prace te, choć nieaktualne ze względu na przedstawiony materiał oraz niektóre wnioski, nadal są jednak inspirujące i godne uwagi. Najnowsze i ukazujące najbardziej współczesny punkt widzenia są klasyczne prace J. G. Frazera: *The Golden Bough* [: *A Study in Magic and Religion*] (3 wyd. 1911 - 1915, 12 t., także wydanie skrócone, jednotomowe [patrz też przyp. 1, s. 15 niniejszego tomu]; *Totemism and Exogamy* [London] 1910, 4. t.; *Folk-Lore in the Old Testament* [*Studies in Comparative Religion, Legend and Law*, London 1918], 3 t.; *The Belief in Immortality and the Worship of the Dead* [London] 1913 - - 1924, 3 t. Obok prac Frazera należy przeczytać dwie wspaniałe prace A. E. Crawleya: *The Mystic Rose* [*A Study of Primitive Marriage*, London] 1902 (wyczerpana, nowe wydanie w przygotowaniu) oraz *The Tree of Life* [Lon-

don] 1905. Również na temat historii moralności bardzo ważne są dwie prace: E. A. Westermarck, *The Origin and Development of the Moral Ideas* [London 1906 - 1908], 2 t. oraz L. T. Hobhouse, *Morals in Evolution* [*A Study in Comparative Ethics*, London 1906], 2 wyd. 1915. Następne prace to: D. G. Brinton, *Religions of Primitive Peoples*, 1899; K. T. Preuss, *Der Ursprung der Religion und Kunst*, 1904 (publikowane *w* częściach w czasopiśmie „Globus"); R. R. Marett, *The Threshold of Religion* [London] 1909; H. Hubert, M. Mauss, *Mélanges d'histoire des religions* [Paris] 1909; A. Van Gennep, *Les Rites de passage* [Paris] 1909; J. Harrison, *Themis* [: *A Study of the Social Origins of Greek Religion*, London 1927]; I. King, *The Development of Religion*, 1910; W. Schmidt, *Der Ursprung der Gottesidee* [Münster i. W.] 1912; É Durkheim [*Elementarne formy życia religijnego. System totemiczny w Australii*, tłum. A. Zadrożyńska, Warszawa 1990] (także tłumaczenie angielskie); P. Ehrenreich, *Die allgemeine Mythologie* [Leipzig] 1910; R. H. Lowie, *Primitive Religion* [New York] 1925. Encyklopedyczny przegląd faktów i opinii można znaleźć w obszernej pracy W. Wundta *Völkerpsychologie* [Leipzig] 1904. *Encyclopaedia of Religion and Ethics*, J. Hastings (red.) [Edinburg 1908 - 1921, 12 t.] jest dziełem wspaniałym i nieodzownym dla każdego poważnego badacza. Zagadnienie wiedzy pierwotnej omawiają szczególnie L. Lévy-Bruhl w pracy *Les fonctions mentales dans les sociétés inférieures* [Paris] 1910; F. Boas, *The Mind of Primitive Man* [New York] 1910; R. Thurnwald, *Psychologie des primitiven Menschen*, w: *Handbuch der vergleichen den Psychologie*, G. Kafka (red.) [München] 1922; A. A. Goldenweiser, *Early Civilization* [New York] 1923. Patrz też R. H. Lowie, *Primitive Society* [New York] 1920 oraz A. L. Kroeber, *Anthropology* [Chicago 1953], 1 wyd. 1923. Pełniejsza informacja o krajowcach z Melanezji, którzy bardzo często pojawiają się w powyższych opisach, znajduje się w: R. H. Codrington, *The Melanesians* [*Studies in their Anthropology and Folk-Lore*, Oxford] 1891; C. G. Seligman, *The Melanesians of British New Guinea* [Cambridge] 1910; R. Thurnwald: *Forschungen auf den Salomon-Inseln und Bismarck-Archipel* [Berlin] 1912, 2 t. oraz *Die Gemeinde der Bánaro* [Stuttgart] 1921; B. Malinowski: *The Natives of Mailu* [: *Preliminary Results of the Robert Mond Research Work in Britisch New Guinea*], „Transactions and Proceedings of the Royal Society of South Australia" 1915, t. 39, s. 494 - 706; *Baloma — duchy zmarłych na Wyspach Trobrianda*, s. 148 - 273 niniejszego tomu; *Argonauci Zachodniego Pacyfiku* [*Relacje o poczynaniach i przygodach krajowców z Nowej Gwinei* (oryg. 1922), tłum. B. Olszewska-Dyoniziak, S. Szynkiewicz, *Dzieła*, t. 3, Warszawa 1980] oraz trzy artykuły zamieszczone w „Psyche" w latach 1923 - 1925 [*The Psychology of Sex and the Foundations of Kinship in Primitive Societies*, 1923, t. 4 (October), s. 98 - 128; *Psychoanalysis and Anthropology*, 1924, t. 4 (April), s. 293 - 332; *Complex and Myth in Mother-Right*, 1925, t. 5 (January), s. 194 - 216].

żane przez tubylców za święte, wykonywane z czcią i lękiem, obwarowane zakazami i specjalnymi regułami odnoszącymi się do zachowań. Tego rodzaju czynności i obrzędy — zwłaszcza gdy wchodzą w zakres magii — są zawsze powiązane z wiarą w siły nadprzyrodzonę, albo z wyobrażeniami dotyczącymi istot żywych, dusz, duchów, zmarłych przodków lub bóstw. Z drugiej natomiast strony wystarczy zastanowić się przez moment, by dojść do przekonania, że człowiek nie byłby w stanie wymyślić ani utrzymać żadnej, nawet najbardziej pierwotnej formy działań artystycznych czy rzemieślniczych, nie mógłby też polować, łowić ryb, uprawiać roli ani zdobywać pożywienia w sposób zorganizowany, gdyby nie obserwował uważnie procesu przyrodniczego i gdyby nie wierzył mocno w jego regularność, gdyby brak mu było zdolności rozumowania i wiary w moc rozumu, to znaczy, gdyby nie znał elementarnych zasad nauki.

Zasługę stworzenia podstaw antropologicznych badań nad religią przypisuje się Edwardowi B. Tylorowi. W swojej słynnej teorii twierdzi on, że istotą religii pierwotnej jest animizm, wiara w istoty duchowe. Wykazuje też, w jaki sposób wiara ta zrodziła się z błędnej, ale konsekwentnej interpretacji snów, wizji, halucynacji, stanów kataleptycznych i innych podobnych zjawisk. Zastanawiając się nad nimi, pierwotny filozof czy teolog doszedł do przekonania o oddzielnym istnieniu duszy i ciała człowieka. Od tego momentu uznał, że dusza musi po śmierci istnieć nadal, gdyż pojawia się w snach, straszy we wspomnieniach i wizjach tych, którzy pozostali przy życiu, i najwyraźniej wpływa na ludzkie losy. W ten sposób zrodziła się wiara w duchy i w dusze zmarłych, w nieśmiertelność i w świat pozaziemski. Ale każdy człowiek, a zwłaszcza człowiek pierwotny ma skłonność do wyobrażania sobie świata zewnętrznego na obraz i podobieństwo swoje. A ponieważ zwierzęta, rośliny i przedmioty poruszają się, działają, zachowują się, pomagają lub szkodzą człowiekowi, wobec tego i one muszą być wyposażone w duszę lub ducha. W ten sposób animizm — filozofia i religia człowieka pierwotnego — zrodził się z obserwacji i wnioskowania, które choć błędne, były jednak zrozumiałe dla surowego i niewykształconego umysłu człowieka pierwotnego.

Pogląd Tylora na religię pierwotną, choć bardzo ważny, opierał się jednak na zbyt wąskim zakresie faktów i przypisywał człowiekowi pierwotnemu nadmierną kontemplacyjność i racjonalizm. Współczesne badania terenowe prowadzone przez specjalistów wykazują jednak, że człowiek dziki interesuje się raczej rybołówstwem i ogrodnictwem, wydarzeniami plemiennymi i uroczystościami, a nie roztrząsaniem snów i wizji czy wyjaśnianiem przypadków „rozdwojenia jaźni" albo ataków kataleptycznych. Ponadto badania te ujawniają wiele aspektów wczesnych form religii, które nie mieszczą się w Tylorowskim schemacie animizmu.

Poszerzony i pogłębiony pogląd współczesnej antropologii na religię znajduje swój najwłaściwszy wyraz w uczonych i inspirujących pracach sir Jamesa G. Frazera. Autor przedłożył w nich trzy zasadnicze problemy religii pierwotnej, którymi zajmuje się współczesna antropologia. Są to: magia i jej związek z religią i nauką; totemizm i socjologiczny aspekt wczesnych form wiary; kulty płodności i wegetacji. Najlepiej będzie przedyskutować te problemy po kolei.

W *The Golden Bough*, tym wielkim zapisie pierwotnej magii, Frazer wykazuje wyraźnie, że animizm nie jest jedyną ani nawet dominującą formą wiary w kulturze pierwotnej. Człowiek pierwotny stara się przede wszystkim panować nad procesami przyrodniczymi dla celów praktycznych i czyni to w sposób bezpośredni, rytuałem i zaklęciem, zmuszając wiatr i pogodę, zwierzęta i uprawy do okazywania posłuszeństwa swej woli. Dopiero dużo później, uświadomiwszy sobie ograniczenie własnej mocy magicznej, kierując się strachem lub nadzieją, błagając lub rzucając wyzwanie, zwraca się do istot wyższych, do demonów, duchów przodków lub bogów. W tym właśnie odróżnieniu bezpośredniego panowania nad siłami wyższymi od zjednywania ich sir James Frazer upatruje różnicy między religią i magią. Magia oparta na wierze, że człowiek może bezpośrednio opanować przyrodę pod warunkiem, że zna prawa, które rządzą nią w sposób magiczny, jest w tym zakresie pokrewna nauce. Religia, przyznanie się człowieka do własnej niemocy w pewnych sprawach, unosi człowieka ponad płaszczyznę magii i później staje się niezależna od nauki, której magia musi jednak ulec.

Ta właśnie teoria magii i religii była punktem wyjścia większości współczesnych badań obu tych pokrewnych zjawisk. Profesor Konrad T. Preuss z Niemiec, doktor Robert R. Marett z Wielkiej Brytanii, a także panowie Henri Hubert i Marcel Mauss z Francji niezależnie od siebie przedstawili swoje poglądy, w których częściowo krytykowali Frazera, a częściowo kontynuowali linię jego rozważań. Autorzy ci wykazali, że choć nauka i magia wydają się podobne, to jednak różnią się one całkowicie. Nauka rodzi się z doświadczenia, magię tworzy tradycja. Nauka kieruje się rozumem i jest korygowana przez obserwację; magia — odporna na rozum i obserwację — żyje w atmosferze mistycyzmu. Nauka jest otwarta dla wszystkich, jest wspólnym dobrem całej społeczności; magia jest tajemna, poznawana podczas mistycznej inicjacji, przekazywana w drodze dziedziczenia lub przynajmniej ściśle określonych powiązań. Nauka opiera się na pojęciu sił natury, magia natomiast wyrasta z idei mistycznej, bezosobowej siły, w której istnienie wierzy większość ludzi pierwotnych. Siła ta — niektórzy Melanezyjczycy nazywają ją *mana*, przedstawiciele niektórych plemion australijskich *arunkulta*, Indianie amerykańscy *wakan, orenda, manitu*, gdzie indziej nie ma ona żadnej nazwy — uważana jest za ideę niemal uniwersalną, występującą wszędzie tam, gdzie rozwija się magia. Zdaniem wspomnianych autorów wśród najbardziej pierwotnych ludów i wśród dzikich żyjących na jeszcze niższym poziomie rozwoju występuje wiara w ponadnaturalną, bezosobową siłę, która pobudza wszelkie działania mające znaczenia dla człowieka pierwotnego i która wywołuje wszystkie naprawdę ważne wydarzenia z zakresu *sacrum*. Tak więc to *mana*, a nie animizm stanowi sedno „religii preanimistycznej", a także magii, która tym właśnie diametralnie różni się od nauki.

Pozostaje jednak pytanie, co to jest *mana*, ta bezosobowa moc magii, o której powiada się, że dominuje we wszystkich wczesnych formach wiary. Czy jest to podstawowa idea, wrodzona kategoria umysłu pierwotnego, czy też może da się ją wyjaśnić przez jeszcze prostsze i bardziej elementarne komponenty psychiki człowieka albo rzeczywistości, w której on żyje? Najbardziej oryginalny i ważny wkład do analizy tych problemów miał nieżyjący już profesor Émile Durkheim. Jego rozważania wiążą się z inną kwestią badaną przez sir Jamesa Frazera, mianowicie z totemizmem i społecznym aspektem religii.

Zgodnie z klasyczną definicją Frazera totemizm „jest ścisłym związkiem, o którym się sądzi, że istnieje między grupą krewnych z jednej strony a określonym rodzajem przedmiotów naturalnych lub wytworzonych z drugiej; przedmioty te zwane są totemami tej grupy". W związku z tym totemizm można rozpatrywać w dwóch aspektach: jako system tworzenia się grup społecznych oraz jako religijny system wierzeń i praktyk. Jako religia odzwierciedla zainteresowanie człowieka pierwotnego otoczeniem, jego pragnienie roszczenia sobie prawa do powinowactwa z przedmiotami, które uważa za najważniejsze, i panowania nad nimi (są to przede wszystkim określone gatunki zwierząt lub warzyw, rzadziej użyteczne przedmioty materialne, a jeszcze rzadziej wytwory rąk ludzkich). Z reguły gatunki zwierząt i roślin będących podstawowym składnikiem pożywienia, wszelkie gatunki jadalne, a także użyteczne i ozdobne zwierzęta są otoczone „totemiczną czcią" i stanowią tabu dla członków klanu, który się z nimi identyfikuje i niekiedy odprawia rytuały i ceremonie mające na celu ich pomnożenie. Społeczny aspekt totemizmu polega na podziale plemienia na mniejsze jednostki, które w antropologii zwane są *klanami, rodami, rodzeństwami* lub *fratriami.*

Widzimy więc, że totemizm nie jest rezultatem spekulacji człowieka pierwotnego nad zjawiskami mistycznymi, ale powiązaniem pragmatycznej troski o najpotrzebniejsze przedmioty z jego otoczenia ze szczególnym zainteresowaniem tym, co zaskakuje jego wyobraźnię, przykuwa jego uwagę, a więc pięknymi ptakami, gadami i niebezpiecznymi zwierzętami. Jeśli przyjmiemy istnienie tego, co można określić mianem postawy totemicznej, to okaże się, że religia pierwotna jest bliższa rzeczywistości i bezpośrednim, praktycznym zainteresowaniom życiowym człowieka dzikiego, niż to ujawnia jej postać „animistyczna", na którą kładł nacisk Tylor i przedstawiciele wcześniejszej antropologii.

System klanowy interpretuję odwołując się do jego pozornie dziwnego powiązania ze złożoną formą podziału społecznego. Totemizm nauczył antropologię jeszcze jednej rzeczy: ukazał znaczenie aspektu społecznego we wszelkich wczesnych formach kultu. Człowiek dziki w dużo większym stopniu niż człowiek cywilizowany jest zależny od grupy, z którą pozostaje w bezpośrednim kontakcie ze względu na praktyczne współdziałanie i poczucie solidarności. Jak widać na przykładzie totemizmu, magii i wielu innych praktyk, wczesne formy kultu i rytuału są ściśle powiązane z działaniami praktycznymi i z potrzebami psychicznymi, dlatego też musi również istnieć ścisły związek między organizacją społeczną i wiarą religijną. Zdawał sobie z tego sprawę już pionier antropologii religii, William Robertson Smith. Jego stwierdzenie, że religia pierwotna „jest w istocie sprawą społeczności, a nie jednostek", stało się leitmotywem współczesnych badań. Zdaniem profesora Durkheima, który najsilniej akcentował tę kwestię, to, co „religijne", jest identyczne z tym, co „społeczne". Jest tak dlatego, że: „Ogólnie rzecz biorąc, społeczeństwo jest niewątpliwie w stanie, choćby tylko dzięki swemu oddziaływaniu na umysły, wywołać w nich doznania bóstwa, dla swych członków bowiem jest ono tym, czym bóg dla wiernych" [2].

Profesor Durkheim wyprowadza ten wniosek z badań nad totemizmem, który uważa za najbardziej pierwotną formę religii. W jego ujęciu „pierwiastek totemiczny", który jest identyczny z *mana* oraz z: „bogiem klanu [...], musi być jedynie tym, co sam klan [...]" [3].

Te dziwne i trochę niejasne wnioski skrytykujemy w dalszej części naszych rozważań, wykażemy także, na czym polega ziarno prawdy, które się w nich bez wątpienia zawiera, oraz jak może

---

[2] É. Durkheim, *Elementarne formy życia religijnego*, s. 199.
[3] *Ibid.*

być ono owocne. W gruncie rzeczy ono już zaowocowało, gdyż miało wpływ na niektóre z najistotniejszych prac humanistów i antropologów, by wspomnieć tylko studia pani Jane Harrison i pana Francisa Cornforda.

Trzecim istotnym zagadnieniem wprowadzonym do nauki o religii przez sir Jamesa Frazera jest problem kultów wegetacji i płodności. W *The Golden Bough* autor najpierw pokazuje nam straszliwe, tajemnicze rytuały bóstw lasu w Nemi, a następnie zdumiewającą różnorodność kultów magicznych i religijnych, które człowiek wymyślił po to, by pobudzać i regulować użyźniające działanie nieba i ziemi, słońca i deszczu. Odnosimy więc wrażenie, że wczesne formy religii obfitują w dzikie moce życia charakteryzujące się niewinnym pięknem a zarazem surowością, bogactwem i gwałtowną siłą, która czasami prowadzi do samobójczych aktów ofiarnych. Analiza *The Golden Bough* wykazuje, że dla człowieka pierwotnego śmierć oznacza przede wszystkim krok w kierunku zmartwychwstania; rozkład to stadium na drodze do ponownego narodzenia się; obfitość w jesieni i zamieranie w zimie to preludia do odrodzenia się na wiosnę. Pod wpływem tych fragmentów *The Golden Bough* wielu autorów rozwinęło, często z większą precyzją i bardziej analitycznie niż sam Frazer, to, co można określić mianem *witalistycznego* podejścia do religii. Stąd też pan Alfred E. Crawley w *Tree of Life*, Arnold Van Gennep w *Rites de pasage* i Jane Harrison w kilku swoich pracach przedstawili dowody na poparcie tezy, że wiara i kult są wynikiem kryzysów ludzkiej egzystencji, „wielkich wydarzeń życia, narodzin, dojrzewania, małżeństwa, śmierci [...]; na tych właśnie wydarzeniach religia głównie się koncentruje” [4]. Napięcie wynikające z potrzeby instynktownej, silne przeżycie emocjonalne prowadzą tak czy inaczej do kultu i wiary. „Zarówno sztuka, jak i religia wynikają z nie zaspokojonej potrzeby” [5]. Ile jest prawdy w tym nieco niejasnym twierdzeniu, a ile przesady, będziemy mogli wykazać później.

---

[4] J. Harrison, *Themis*, s. 42.

[5] *Ibid.*, s. 44.

Istnieją dwa ważne przyczynki do teorii religii pierwotnej, które tutaj jedynie wspominam, ponieważ pozostały jakoś poza głównym nurtem zainteresowań antropologicznych. Pierwszy dotyczy pierwotnej idei jednego Boga, drugi — miejsca moralności w religii pierwotnej. Warto zauważyć, że problemy te były i są nadal zaniedbywane, ale czyż nie są one pierwszym i zasadniczym przedmiotem zainteresowania każdego, kto się zajmuje badaniem religii, bez względu na to, jak bardzo mogą się wydawać surowe i elementarne? Wyjaśnienie tego stanu rzeczy znajduje się być może we wstępnym założeniu, że „początki" muszą być bardzo surowe i proste oraz różne od „form rozwiniętych", albo też w przekonaniu, że to, co „dzikie" i „pierwotne", musi być faktycznie dzikie i pierwotne!

Nieżyjący już Andrew Lang wykazał, że wśród niektórych tubylców australijskich występuje wiara w plemiennego Wszechojca. Wielebny ojciec Wilhelm Schmidt dostarczył wielu dowodów na to, że wiara ta jest powszechna w najprostszych kulturach, w związku z czym nie może zostać pominięta jako oderwany fragment mitologii, a tym bardziej jako odbicie nauk misyjnych. Zdaniem ojca Schmidta ma ona formę świadczącą o istnieniu prostej i czystej postaci wczesnego monoteizmu.

Problem moralności jako funkcji wczesnych form religii również się znajdował na uboczu głównego nurtu zainteresowań, aż się doczekał wyczerpującego opracowania nie tylko w pracach ojca Schmidta, ale także i przede wszystkim w dwóch pracach o niezwykłym znaczeniu: *The Origin and Development of the Moral Ideas* profesora Edwarda A. Westermarcka oraz *Morals in Evolution* profesora Leonarda T. Hobhouse'a.

Trudno jest zwięźle przedstawić zasadniczą tendencję występującą w badaniach antropologicznych odnoszących się do przedmiotu naszych rozważań. Generalnie tendencja ta wyraża się w ujmowaniu religii w sposób coraz bardziej elastyczny i wyczerpujący. Jeszcze Tylor należał do tych badaczy, którzy musieli wykazywać fałszywość twierdzenia o istnieniu ludów pierwotnych bez religii. Dzisiaj natomiast zdumiewa nas odkrycie, że dla człowieka dzikiego wszystko jest religią, że żyje on stale w świecie mistycyzmu i rytualizmu. Gdyby religia była tożsama z „życiem", a na dodatek jeszcze ze „śmiercią", gdyby wywodziła się z wszelkich czynności „zbiorowych" i wszelkich „momentów przełomowych w życiu jednostki", gdyby zawierała się w niej cała „teoria" człowieka pierwotnego i gdyby odnosiła się ona do wszelkich jego „praktycznych trosk", wówczas — nie bez konsternacji — musielibyśmy postawić sobie pytanie: „Co w życiu człowieka pierwotnego pozostaje poza religią, co wchodzi w zakres *profanum*?" Pytanie to stanowi pierwszy problem, który — jak to już widać z powyższego krótkiego szkicu — powoduje we współczesnej antropologii pewien zamęt wywołany wieloma przeciwstawnymi poglądami. W dalszej części naszych rozważań spróbujemy przyczynić się do jego wyjaśnienia.

Współczesna antropologia podaje, że religia człowieka pierwotnego obejmuje swym zasięgiem wielką różnorodność przedmiotów. Najpierw, występując w formie animizmu, obejmowała pełne godności wyobrażenia dusz przodków, duchów i widm oraz nieliczne fetysze. Stopniowo była jednak zmuszona objąć swym zasięgiem także delikatną, fluidalną, wszechobecną *mana*. Później, wraz z wprowadzeniem totemizmu, niczym Arka Noego została załadowana zwierzętami, które weszły do niej nie parami, lecz całymi stadami i gatunkami, dołączyły do nich rośliny, a nawet wytwory rąk ludzkich. W końcu religia objęła również działania i troski ludzi, a także gigantyczną Duszę Zbiorową — Zdefiniowane Społeczeństwo. Czy tę mieszaninę najwyraźniej nie powiązanych ze sobą przedmiotów i zasad można jakoś uporządkować lub usystematyzować? Problemem tym zajmiemy się w części trzeciej tej rozprawy.

Jednego osiągnięcia współczesnej antropologii nie będziemy kwestionować: uznania, że magia i religia nie są wyłącznie doktryną lub filozofią ani też wyłącznie intelektualnym zestawem opinii, ale szczególnym sposobem zachowania, postawą pragmatyczną zrodzoną jednocześnie z rozumu, uczucia i woli. Są zarówno sposobem działania, jak i systemem wierzeń, zarówno zjawiskiem społecznym, jak i doświadczeniem jednostkowym. Trudno dokładnie określić, jaki jest w religii udział tego, co społeczne i tego, co jednostkowe; świadczy o tym przesada, w jaką popada każda z dyskutujących stron. Nie jest też jeszcze w pełni znany udział uczucia i rozumu. Antropologia będzie musiała w przyszłości zająć się wszystkimi tymi problemami, a w niniejszym krótkim eseju możliwe będzie tylko zasugerowanie pewnych rozwiązań i wskazanie toku rozumowania.

II. RACJONALNE PANOWANIE CZŁOWIEKA NAD ŚRODOWISKIEM

W antropologii osobliwie zaniedbywano problem wiedzy człowieka pierwotnego. Badania psychiki dzikich ograniczały się wyłącznie do spraw związanych z wczesnymi formami religii, magii i mitologii. Dopiero w ostatnich latach prace kilku autorów angielskich, niemieckich i francuskich, a przede wszystkim śmiałe i błyskotliwe rozważania profesora Luciena Lévy-Bruhla pobudziły zainteresowanie badaczy tym, co robi człowiek pierwotny, gdy myśli bardzo trzeźwo. Rezultaty badań były naprawdę wstrząsające: mówiąc krótko, profesor Lévy-Bruhl informuje nas, że człowiek pierwotny nigdy nie myśli trzeźwo, że jest beznadziejnie i całkowicie pogrążony w myśleniu mistycznym. Niezdolny do prowadzenia beznamiętnej i logicznej obserwacji, niezdolny do myślenia abstrakcyjnego, skrępowany „kategoryczną awersją do rozumowania", nie jest w stanie w ogóle korzystać z własnych doświadczeń ani też tworzyć czy rozumieć najbardziej nawet elementarnych praw przyrody. „Dla tak zorientowanego umysłu nie istnieje fakt czysto fizyczny". Nie może też dla niego istnieć żadne wyraźne wyobrażenie istoty rzeczy i jej cech, przyczyny i skutku, tożsamości i przeciwieństwa. Światopogląd człowieka pierwotnego to światopogląd pogmatwanego przesądu, „prelogiczny", składający się z mistycznych „uczestnictw" i „wykluczeń". Streściłem tutaj zasadniczy trzon opinii, której najbardziej zdecydowanym i kompetentnym wyrazicielem jest błyskotliwy socjolog francuski i którą podziela wielu słynnych antropologów i filozofów.

Istnieją jednak również opinie odmienne. Skoro uczony i antropolog tej miary, co profesor John L. Myres, artykułowi zamieszczonemu w *Notes and Queries* nadaje tytuł *Natural Science* [6] i skoro czytamy w tym artykule, że „wiedza człowieka pierwotnego oparta na obserwacji jest jasna i ścisła", wówczas musimy się oczywiście zawahać, nim tezę mówiącą o irracjonalizmie człowieka pierwotnego przyjmiemy za dogmat. Inny wysoce kompetentny autor, doktor A. A. Goldenweiser, mówiąc o pierwotnych „odkryciach, wynalazkach i udoskonaleniach" — których nie da się przypisać umysłowi preempirycznemu czy prelogicznemu — stwierdza, że „byłoby nieroztropne przypisywać pierwotnemu mechanikowi jedynie rolę pasywną w powstawaniu wynalazków. Wiele radosnych myśli musiało przebiec przez jego głowę i nie mogło mu też być zupełnie obce wzruszenie wywołane wyobrażeniem przeradzającym się w działanie". Mamy tu więc dzikiego wyposażonego w taki sam umysł, jaki posiada współczesny człowiek nauki!

Aby przerzucić pomost między tymi przeciwstawnymi opiniami dotyczącymi umysłu człowieka pierwotnego, najlepiej będzie rozłożyć to zagadnienie na dwa pytania.

Pierwsze pytanie to: „Czy dziki ma jakikolwiek racjonalny światopogląd, jakąkolwiek racjonalną władzę nad środowiskiem, czy też — jak utrzymuje Lucien Lévy-Bruhl i przedstawiciele jego szkoły — ma wyłącznie «mistyczne» podejście do rzeczywistości?" Odpowiedź na to pytanie jest następująca: każda społeczność pierwotna dysponuje znacznym zasobem wiedzy opartej na doświadczeniu i ukształtowanej przez rozum.

Powstaje więc drugie pytanie: „Czy tę pierwotną wiedzę można traktować jako elementarną formę nauki, czy też — przeciwnie — jest ona czymś całkowicie odmiennym: surową empirią, zespołem umiejętności praktycznych i technicznych, ogólnych zasad praktycznych i artystycznych pozbawionych jakiejkolwiek wartości teoretycznej?" To drugie pytanie, raczej epistemologiczne, a nie antropologiczne, zostanie przeanalizowane tylko powierzchownie

[6] *Notes and Queries on Anthropology*, British Association for the Advancement of Science, Committee of Section H, London 1874.

przy końcu niniejszej części, a odpowiedź na nie nie będzie definitywna.

Szukając odpowiedzi na pierwsze pytanie, będziemy musieli przeanalizować „świecki" aspekt życia — działania artystyczne, rzemieślnicze i ekonomiczne — i starać się wyodrębnić ten typ zachowań, które opierają się na wiedzy empirycznej i zaufaniu do logiki, zachowań wyraźnie różniących się od magicznych i religijnych. Spróbujemy wykryć, czy granice tego rodzaju zachowań są wyznaczone przez tradycyjne zasady, znane i może czasami nawet dyskutowane lub sprawdzane. Będziemy musieli zbadać, czy społeczny kontekst zachowań racjonalnych i empirycznych różni się od kontekstu zachowań rytualnych i kultowych. A przede wszystkim musimy odpowiedzieć na pytanie, czy tubylcy odróżniają te dwie dziedziny i traktują je oddzielnie, czy też sfera wiedzy jest stale zalewana potokiem przesądów, rytualizmu, magii lub religii.

Z powodu całkowitego braku trafnych i rzetelnych danych empirycznych dotyczących interesującego nas problemu będę musiał opierać się na moich własnych materiałach, głównie nie publikowanych, które zebrałem podczas kilkuletnich badań terenowych prowadzonych wśród plemion melanezyjskich i papuasko-melanezyjskich na wschodniej Nowej Gwinei i na sąsiednich archipelagach [7]. Ponieważ Melanezyjczycy mają opinię ludzi szczególnie opanowanych przez magię, mogą stanowić probierz istnienia empirycznej i racjonalnej wiedzy wśród dzikich żyjących na poziomie epoki kamienia gładzonego.

Krajowcy, a mówię tu głównie o Melanezyjczykach zamieszkujących atole koralowe na północny wschód od głównej wyspy, archipelag Trobrianda i archipelagi sąsiednie, są doświadczo-

[7] Materiały te zostały wykorzystane później w pracach: *Życie seksualne dzikich w północno-zachodniej Melanezji. Miłość, małżeństwo i życie rodzinne u krajowców z Wysp Trobrianda Brytyjskiej Nowej Gwinei* ([oryg. 1929], tłum. J. Chałasiński, A. Waligórski, w: *Dzieła*, t. 2, Warszawa 1980) oraz *Ogrody koralowe i ich magia. Studium metod uprawy ziemi oraz obrzędów towarzyszących rolnictwu na Wyspach Trobrianda* ([oryg. 1935], *Dzieła*, t. 4: *Opis ogrodnictwa*, tłum. A. Bydłoń, Warszawa 1986, *Dzieła*, t. 5: *Język magii i ogrodnictwa*, tłum. B. Leś, Warszawa 1987).

nymi rybakami, pracowitymi rzemieślnikami i kupcami, ale zasadniczym źródłem ich utrzymania jest ogrodnictwo. Przy użyciu najbardziej podstawowych narzędzi, zaostrzonego kija kopieniackiego i siekierki, są w stanie uzyskać zbiory wystarczające do wyżywienia bardzo licznej populacji, a nawet wyprodukować nadwyżkę, która w dawniejszych czasach gniła nie skonsumowana i która jest obecnie eksportowana jako pożywienie dla robotników pracujących na plantacjach. Sukces w rolnictwie zależy — poza doskonałymi warunkami naturalnymi, które im sprzyjają — od ich rozległej wiedzy dotyczącej różnych klas gleby i różnych roślin uprawnych, od umiejętności wzajemnego dostosowania tych dwóch czynników i wreszcie od znaczenia, jakie przypisują starannej, ciężkiej pracy. Muszą oni dobierać glebę i sadzonki, muszą odpowiednio ustalić czas karczowania i wypalania zarośli, sadzenia i plewienia, pielęgnowania pnączy yamu. We wszystkich tych przedsięwzięcich kierują się ścisłą wiedzą o pogodzie i porach roku, roślinach i szkodnikach, glebie i bulwach oraz przekonaniem, że wiedza ta jest prawdziwa i rzetelna, że można na niej polegać i że trzeba się do niej dokładnie stosować.

Ze wszystkimi tymi działaniami powiązana jest magia, zespół rytuałów odprawianych każdego roku w ogrodach przy ścisłym zachowaniu ich następstwa i porządku. Ponieważ pracom w ogrodzie przewodniczy czarownik i ponieważ rytuał i działania praktyczne są ściśle ze sobą powiązane, zewnętrzny obserwator mógłby ulec złudzeniu, że zachowania mistyczne i racjonalne są przemieszane, że tubylcy nie odróżniają skutków tych dwóch kategorii zachowań i że nie da się ich odróżnić w ramach analizy naukowej. Czy jest tak naprawdę?

Tubylcy są bez wątpienia przekonani o tym, że magia jest nieodzowna do zapewnienia pomyślności ogrodów. Co by się stało, gdyby nie została zastosowana, nikt nie potrafi dokładnie powiedzieć, ponieważ mimo trzydziestoletnich rządów europejskich i wpływu misjonarzy i ponad stuletnich kontaktów z białymi handlarzami żaden tubylec nie uprawiał swego ogrodu bez stosowania rytuału. Ale z pewnością nie poświęcony i przygotowany bez zastosowania magii ogród zostałby zniszczony przez rozmaite klęski żywiołowe, przez rdzę, przez pozasezonowe susze i deszcze, przez świnie leśne i szarańczę.

Czy znaczy to więc, że tubylcy przypisują wszelkie pozytywne rezultaty magii? Oczywiście nie. Gdybyście zaproponowali tubylcowi, by uprawiał swój ogród głównie przy użyciu magii i nie przykładał się do pracy, uśmiałby się po prostu z waszej naiwności. Wie on tak samo dobrze, jak i wy, że istnieją warunki i przyczyny naturalne, dzięki obserwacji wie też, że może nad tymi siłami naturalnymi panować dzięki wysiłkowi umysłowemu i fizycznemu. Jego wiedza jest bez wątpienia ograniczona, ale jest sensowna i stanowi wystarczający dowód przeciwko mistycyzmowi. Gdy połamie się płot, gdy zniszczeją, wyschną lub zostaną wymyte nasiona, nie będzie się uciekał do magii, ale do pracy, w której kierować się będzie wiedzą i rozumem. Doświadczenie nauczyło go jednak także, że niezależnie od wszelkich przewidywań i na przekór wszystkim wysiłkom jednego roku jakieś czynniki i siły spowodują nadspodziewany i zaskakujący urodzaj, wszystko będzie się odbywało gładko i pomyślnie, deszcz i słońce pojawią się w odpowiednim momencie, szkodliwe owady będą posłuszne, żniwa przyniosą nadzwyczajne zbiory. Innego roku natomiast te same czynniki sprowadzą nieszczęścia i niepowodzenia, będą go one prześladować od początku do końca i udaremnią wszystkie jego mozolne wysiłki oparte na dobrze uzasadnionej wiedzy. Aby opanować te wpływy, i tylko te właśnie, stosuje on magię.

Istnieje więc wyraźny podział: z jednej strony mamy dobrze znany zestaw warunków, naturalny proces wzrostu oraz zwykłe szkodniki i zagrożenia, przed którymi można się zabezpieczyć przez ogradzanie i plewienie. Z drugiej strony mamy dziedzinę niespodziewanych i niepomyślnych wpływów, a także nad wyraz obfity urodzaj będący wynikiem szczęśliwego zbiegu okoliczności. Pierwszym z tych warunków stawi się czoło za pomocą wiedzy i pracy, drugim — za pomocą magii.

Tę linię podziału można wytyczyć także w odniesieniu do kontekstu społecznego pracy i rytuału. Choć z reguły czarownik przewodzi również działaniom praktycznym, obie te funkcje są ściśle oddzielane. Każda ceremonia magiczna ma swoją odrębną nazwę, właściwy czas i miejsce w ogólnym cyklu pracy i całkowicie wykracza poza zakres normalnych działań. Niektóre rytuały mają uroczysty charakter i musi w nich uczestniczyć cała społeczność, wszystkie mają charakter publiczny w tym sensie, że wiadomo, kiedy będą odprawiane, i każdy może wziąć w nich udział. Ceremonie odbywają się na wybranych działkach w ogrodach, w specjalnie wyznaczonych rogach takich działek. Przy tego rodzaju okazjach praca zawsze staje się tabu, czasami tylko podczas trwania ceremonii, a czasami przez dzień lub dwa. Pełniąc funkcję świecką, przywódca-czarownik kieruje pracą, ustala datę jej rozpoczęcia, przemawia do opieszałych i niedbałych ogrodników i napomina ich. Ale jego dwie role nigdy nie nakładają się na siebie ani się nie zazębiają: są one zawsze jasne i każdy tubylec potrafi powiedzieć bez wahania, czy człowiek ten działa w danym momencie jako czarownik, czy jako kierujący pracami w ogrodzie.

To, co zostało powiedziane na temat ogrodów, dotyczy wszystkich innych działań, w których występują obok siebie praca i magia, nigdy nie mieszając się ze sobą. Tak więc przy budowie czółna empiryczna znajomość materiału, technologii, pewnych zasad stabilności i hydrodynamiki występuje w towarzystwie i ścisłym związku z magią, przy czym żadna nie jest skażona drugą.

Krajowcy wiedzą na przykład doskonale o tym, że im większa jest rozpiętość wysięgnika, tym większa jest stabilność, ale tym mniejsza odporność na naciski. Potrafią wyraźnie wytłumaczyć, dlaczego rozpiętości tej dają pewien tradycyjny wymiar, określony ułamkiem długości całej łodzi z wydrążonego pnia. Potrafią również wyjaśnić za pomocą prostych terminów z zakresu mechaniki, jak powinni się zachować w wypadku nagłego sztormu, dlaczego wysięgnik zawsze musi się znajdować od strony zawietrznej, dlaczego jeden typ czółna może, a inny nie może halsować. Dysponują oni rzeczywiście całym systemem zasad żeglarskich, wyposażonym w złożoną i bogatą terminologię, przekazywanym przez tradycję i przestrzeganym tak samo racjonalnie i konsekwentnie, jak współczesna wiedza przez współczesnych marynarzy.

Jakżeż inaczej potrafiliby żeglować w tych wybitnie niebezpiecznych warunkach na swoich kruchych, prymitywnych statkach?

Z całą systematyczną, metodycznie stosowaną wiedzą są oni jednak ciągle zdani na łaskę potężnych i nieprzewidzianych przypływów i odpływów, nagłych sztormów w okresie monsunowym i nieznanych raf. I tu wkracza ich magia, odprawiana nad czółnem podczas jego budowy, spełniana na początku i w trakcie wyprawy, a także w momentach rzeczywistego zagrożenia. Jeśli nawet współczesny marynarz wyposażony w naukę i rozum, zaopatrzony we wszelkiego rodzaju środki bezpieczeństwa płynąc na parowcu zrobionym ze stali, wykazuje skłonność do przesądów — która ani nie pozbawia go wiedzy i rozumu, ani nie czyni go człowiekiem prelogicznym — to czyż możemy się dziwić, że jego dziki kolega w dużo bardziej ryzykownych warunkach trzyma się kurczowo bezpieczeństwa i pociechy, które daje mu magia?

Interesującego i rozstrzygającego dowodu dostarcza rybołówstwo na Wyspach Trobrianda i magia z nim związana. W wioskach laguny wewnętrznej ryby łowi się w łatwy i absolutnie pewny sposób, mianowicie przez trucie ich, osiągając obfitość bez żadnego niebezpieczeństwa i niepewności. Przy brzegach graniczących z otwartym morzem natomiast stosowane są sposoby bardziej niebezpieczne i takie, w których obfitość połowu uzależniona jest w znacznym stopniu od tego, czy pojawią się ławice ryb, czy nie. Jest rzeczą niezwykle charakterystyczną, że połowom w lagunie, podczas których człowiek może całkowicie polegać na swojej wiedzy i umiejętnościach, nie towarzyszy żadna forma magii, natomiast połowom na otwartym morzu, pełnym niebezpieczeństw i niepewności, towarzyszy rozbudowany rytuał magiczny gwarantujący bezpieczeństwo i dobre wyniki.

Dalej, w wypadku działań wojennych tubylcy wiedzą, że decydującą rolę odgrywa siła, odwaga i zręczność. Ale odprawiają też magię, aby zapanować nad czynnikiem przypadku i szczęścia.

W żadnej jednak sytuacji dualizm przyczyn naturalnych i ponadnaturalnych nie jest oddzielony linią tak cienką i zawiłą — która jednak przy bliższej analizie okazuje się wyraźna, zdecydowana i pouczająca — jak w wypadku dwóch nieuchronnych sił determinujących przeznaczenie człowieka: zdrowia i śmierci. Dla Melanezyjczyków zdrowie jest stanem naturalnym i jeśli się w nie nie ingeruje, ciało człowieka pozostaje w idealnym porządku. Ale krajowcy zdają sobie doskonale sprawę z tego, że istnieją czynniki naturalne, które mogą wpływać na stan zdrowia, a nawet doprowadzić ciało do zniszczenia. Trucizny, rany, poparzenia, upadki są znane jako przyczyny powodujące kalectwo lub śmierć w sposób naturalny. I nie jest to jednostkowa opinia wygłoszona przez tego czy innego tubylca, ale mieści się ona w tradycyjnej wiedzy, a nawet wierzeniach, gdyż uważa się, że inną drogą przechodzą na tamten świat ci, którzy zginęli w wyniku działania czarów, a inną ci, którzy zmarli w sposób „naturalny". Ponadto wiadomo również, że zimno, gorąco, przemęczenie, nadmiar słońca, przejedzenie mogą powodować różne drobne przypadłości, które można wyleczyć stosując naturalne środki, takie jak masaż, poddanie się działaniu pary, wygrzewanie się przy ognisku czy zażycie pewnych napojów leczniczych. Wiadomo, że podeszły wiek prowadzi do starzenia się ciała, i tubylcy wyjaśniają, że bardzo starzy ludzie słabną, ich przełyk zamyka się, a więc muszą umrzeć.

Obok tych przyczyn naturalnych istnieje jednak ogromna dziedzina czarów i jej właśnie przypisuje się o wiele większą liczbę przypadków choroby i śmierci. Linia oddzielająca czary od innych przyczyn jest jasna w teorii, a także w większości przypadków w praktyce, ale trzeba sobie zdawać sprawę z tego, że dużo zależy tu od jednostkowego punktu widzenia. Znaczy to, że im bliższy dany przypadek jest osobie, która o nim mówi, tym mniej prawdopodobna jest jego interpretacja w kategoriach „naturalnych", a bardziej w kategoriach „magicznych". Tak więc bardzo stary człowiek, którego zbliżająca się śmierć będzie uważana przez innych członków społeczności za rzecz naturalną, będzie się obawiał wyłącznie czarów i nigdy nie będzie myślał o swym losie jako o czymś naturalnym. Osoba naprawdę chora będzie szukać przyczyny swoich niedomagań w czarach, gdy inni będą raczej wskazywać na spożycie zbyt wielu orzechów betelu, przejedzenie lub na jakieś inne słabości, które mogły spowodować chorobę.

Ale któż z nas naprawdę wierzy, że jego własne niedomagania

cielesne czy zbliżająca się śmierć są jedynie naturalnymi, pozbawionymi znaczenia wydarzeniami w nieskończonym łańcuchu przyczyn? Nawet dla najbardziej racjonalnego i cywilizowanego człowieka zdrowie, choroba i zagrożenie śmiercią zasłonięte są mgłą emocji, która staje się gęściejsza i bardziej nieprzenikliwa, gdy los zjawiska te przybliża. Jest rzeczywiście zdumiewające, że „dzicy" potrafią mieć tak trzeźwy i beznamiętny pogląd na te sprawy.

Tak więc w swoim stosunku do przyrody i przeznaczenia, chcąc wykorzystać tę pierwszą i oszukać to drugie, człowiek pierwotny uznaje działanie czynników i sił zarówno naturalnych, jak i ponadnaturalnych i stara się je wykorzystać dla swego dobra. W żadnej sytuacji, w której doświadczenie nauczyło go, że wysiłek kierowany wiedzą może przynieść jakiś pożytek, nie szczędzi trudu i nie ignoruje wiedzy. Wie, że sadzonka nie może urosnąć dzięki samej magii ani czółno żeglować czy płynąć, jeśli nie będzie właściwie zbudowane i kierowane, wie też, że nie można wygrać bitwy, nie mając umiejętności i odwagi. Nigdy nie polega wyłącznie na magii, a przeciwnie, czasami obywa się bez niej zupełnie, jak przy rozpalaniu ogniska czy rozlicznych innych działaniach. Trwa jednak zawsze przy niej, gdy się przekonuje, że jego wiedza i techniki racjonalne są bezsilne.

Podałem już przyczyny, dla których w tej dyskusji opierałem się głównie na materiale zebranym w klasycznym kraju magii, Melanezji. Ale fakty, które tu przedstawiłem, są tak podstawowe, a wyprowadzone wnioski tak ogólne, że można je z łatwością sprawdzić na dowolnym współczesnym szczegółowym materiale etnograficznym. Porównując pracę rolniczą i magię, budowanie czółna, sztukę leczenia magią i środkami naturalnymi, wyobrażenia o przyczynach śmierci funkcjonujące w innych regionach świata, z łatwością można udowodnić uniwersalną wartość tego, co tu zostało ustalone. Ponieważ jednak nie prowadzono metodycznych obserwacji w odniesieniu do zagadnienia wiedzy pierwotnej, dane dostarczone przez innych autorów mogą być wykorzystane jedynie fragmentarycznie, więc ich świadectwo — choć oczywiste — może być tylko pośrednie.

Ja postanowiłem potraktować problem racjonalnej wiedzy człowieka pierwotnego w sposób bezpośredni: przyglądać mu się podczas wykonywania najważniejszych zajęć, widzieć, jak przechodzi od pracy do magii i od magii do pracy, śledzić jego sposób myślenia, przysłuchiwać się jego opiniom. Cały ten problem można by było ująć z perspektywy języka, ale zaprowadziłoby to nas zbyt daleko w zagadnienia logiki, semantyki i teorii języków pierwotnych. Słowa, które służą wyrażaniu idei ogólnych, takich jak *istnienie, istota rzeczy* i *cecha, przyczyna* i *skutek, podstawowe* i *drugorzędne*; słowa i zwroty używane w trakcie realizacji tak skomplikowanych przedsięwzięć, jak żeglowanie, budowanie, mierzenie i sprawdzanie; liczebniki i opisy ilościowe, poprawna i szczegółowa klasyfikacja zjawisk naturalnych, roślin i zwierząt — wszystko to doprowadziłoby nas do dokładnie tego samego wniosku: człowiek pierwotny potrafi obserwować i myśleć i posiada, wyrażane we własnym języku, systemy metodycznej, choć elementarnej wiedzy.

Do podobnych wniosków może prowadzić badanie tych schematów myślowych i mechanizmów fizycznych, które można określić, przedstawić w postaci schematu czy wzoru. Metody wskazywania głównych punktów na busoli, porządkowanie gwiazd w konstelacje, ustalanie związku między układem gwiazd i porami roku, nazywanie miesięcy i faz księżyca — wszystkie te osiągnięcia są znane najprymitywniejszemu dzikiemu. Potrafi on również narysować na piasku lub w pyle schematyczną mapę, pokazać jakiś układ przez rozmieszczenie małych kamyczków, muszelek lub patyków na ziemi i na tak elementarnej mapie zaplanować wyprawę lub najazd. Umiejętnie organizując przestrzeń i czas, potrafi przygotować wielkie zgromadzenie plemienne lub połączyć wielkie ruchy plemienne na rozległym obszarze [8]. Używanie liści, naciętych patyków i podobnych środków dla pamięci jest dobrze znane i wydaje się niemal powszechne. Wszystkie takie „diagramy” służą redukowaniu złożonej i nieporęcznej rzeczywistości do formy prostej i poręcznej. Dają one człowiekowi względną łat-

---

[8] Por. B. Malinowski, *Argonauci Zachodniego Pacyfiku*, rozdz. 16.

wość opanowania umysłem tej rzeczywistości. Czyż nie są więc one — w swej oczywiście elementarnej formie — w istocie swej pokrewne rozwiniętym naukowym formułom i „modelom", które są również prostą i poręczną parafrazą złożonej czy abstrakcyjnej rzeczywistości, dającą cywilizowanemu fizykowi możliwość umysłowego panowania nad tą rzeczywistością?

To prowadzi nas do drugiego pytania: „Czy możemy uważać wiedzę pierwotną — która jak stwierdziliśmy, jest zarówno empiryczna, jak i racjonalna — za podstawowe stadium rozwoju nauki, czy też nie ma ona z nauką nic wspólnego?" Jeśli przez naukę będziemy rozumieć zespół zasad i pojęć opartych na doświadczeniu i zaczerpniętych z niego dzięki logicznemu wnioskowaniu, urzeczywistnionych w formie materialnych osiągnięć i określonej tradycji i prowadzonych przez jakiś rodzaj organizacji społecznej, to okaże się, że społeczności dzikich, nawet na najniższym poziomie rozwoju, dysponują początkami nauki, choć bardzo elementarnymi.

Większość epistemologów nie zgodzi się jednak z taką „minimalistyczną definicją" nauki, ponieważ może się ona odnosić równie dobrze do sztuki czy rzemiosła. Będą twierdzić, że zasady naukowe powinny być sformułowane *explicite*, poddawać się kontroli eksperymentu i krytyce rozumu. Powinny być nie tylko zasadami praktycznego postępowania, ale teoretycznymi prawami wiedzy. Ale nawet jeśli przyjmiemy tę zawężoną definicję, to okaże się bez wątpienia, że wiele zasad wiedzy dzikich ma taki właśnie naukowy charakter. Tubylec cieśla okrętowy zna prawa pławności, dźwigni i równowagi nie tylko w praktyce, przestrzega ich nie tylko na wodzie, ale także podczas budowy czółna. Uczy tych praw swoich pomocników. Przekazuje im tradycyjne zasady i w surowy i prosty sposób, posługując się rękami, kawałkami drewna i ograniczonym słownikiem technicznym, wyjaśnia im pewne ogólne prawa hydrodynamiki i równowagi. Faktem jest, że nauka nie jest oderwana od rzemiosła, jest jedynie środkiem do celu, jest surowa, elementarna i nie rozwinięta, ale jest z pewnością zarodkiem, z którego rozwinęła się wyższa jej forma.

Gdybyśmy zastosowali jeszcze jedno kryterium, kryterium

prawdziwie naukowej postawy, bezinteresownego poszukiwania wiedzy, zrozumienia przyczyn i uzasadnień, z pewnością odpowiedź nie byłaby też wyraźnie negatywna. W społeczności dzikich oczywiście nie występuje powszechny głód wiedzy, nowe rzeczy wprowadzone przez Europejczyków szczerze ich nudzą, a wszystkie ich zainteresowania ogniskują się głównie wokół tradycyjnego świata ich własnej kultury. Są jednak wśród nich umysły antykwaryczne, żarliwie zainteresowane mitami, opowiadaniami, szczegółami obyczajów, genealogią i dawnymi wydarzeniami, równocześnie można wśród nich znaleźć przyrodnika cierpliwie i starannie prowadzącego obserwacje, zdolnego do formułowania generalizacji i łączenia w długi łańcuch wydarzeń z życia zwierząt, z życia świata morza i świata dżungli. Wystarczy zdać sobie sprawę z tego, jak często europejscy przyrodnicy uczyli się od swoich dzikich kolegów doceniać zainteresowanie przyrodą, tak charakterystyczne dla tubylców. I wreszcie, jak wiadomo każdemu badaczowi terenowemu, wśród ludzi pierwotnych znajdzie się też socjolog, idealny informator, zdolny z nadzwyczajną precyzją i wnikliwością podać *raison d'être*, opisać funkcje i organizację wielu prostszych instytucji istniejących w jego plemieniu.

Oczywiście w żadnej społeczności niecywilizowanej nie istnieje nauka, która miałaby moc napędową, zdolność krytykowania, odnawiania czy budowania. Nauki nigdy nie tworzy się świadomie. Ale jeśli przyjmiemy to kryterium, to się okaże, że wśród dzikich nie ma ani prawa, ani religii, ani żadnej formy rządów.

W tym kontekście pytanie, czy powinniśmy nazywać ją *nauką*, czy też jedynie *empiryczną i racjonalną wiedzą*, nie ma największego znaczenia. Chcieliśmy bowiem tylko wyjaśnić, czy człowiek dziki żyje tylko w jednej dziedzinie rzeczywistości, czy w dwóch, i stwierdziliśmy, że ma on swój świecki świat działań praktycznych i racjonalnego światopoglądu obok świętego obszaru kultu i wiary. Udało się nam naszkicować te dwie dziedziny i bardziej szczegółowo opisać jedną z nich. Musimy więc teraz przejść do drugiej.

III. ŻYCIE, ŚMIERĆ I PRZEZNACZENIE WE WCZESNYCH FORMACH WIARY I KULTU

Zajmiemy się teraz sferą *sacrum*, wierzeniami i rytuałami religijnymi i magicznymi. Historyczny przegląd istniejących teorii wprawił nas w zakłopotanie ze względu na chaos poglądów i zjawisk. Trzeba było włączyć w zakres religii widma i duchy, totemy i wydarzenia społeczne, śmierć i życie, ale na skutek tego procesu religia stawała się zjawiskiem coraz bardziej pogmatwanym, wszystkim i niczym. Religii z pewnością nie można określić przez odwołanie się do jej przedmiotu, w wąskim tego słowa znaczeniu, jako „kult duszy", „kult przodków" czy też „kult przyrody". Obejmuje ona animizm, animatyzm, totemizm i fetyszyzm, ale nie jest żadnym z tych kultów wyłącznie. Trzeba więc od razu odrzucić próby definiowania religii przez jakieś *izmy*, ponieważ nie odnosi się ona do żadnego pojedynczego przedmiotu lub klasy przedmiotów, choć czasami może się odnosić do nich wszystkich i czcić je wszystkie. Wiemy już, że religia nie jest tożsama ze Społeczeństwem ani tym, co Społeczne. Nie może nas też zadowolić niejasna aluzja, że religia odnosi się tylko do życia, ponieważ właśnie śmierć daje najszersze spojrzenie na drugi świat. Ogólnej definicji religii nie może stanowić twierdzenie, że religia to „odwołanie się do sił wyższych". Może ono służyć jedynie odróżnieniu jej od magii, ale i w tym wypadku trzeba je nieco zmodyfikować i uzupełnić.

Trzeba więc najpierw uporządkować fakty. Pozwoli to nieco dokładniej określić charakter sfery *sacrum* i oddzielić ją od zakresu *profanum*. Pozwoli też określić relację między magią i religią.

TWÓRCZE AKTY RELIGII

Najlepiej będzie rozpocząć od przedstawienia faktów i aby nie zawężać zakresu naszych dociekań, za ideę przewodnią przyjąć wskaźnik najbardziej wieloznaczny i ogólny: „Życie". W gruncie rzeczy nawet pobieżna znajomość literatury etnologicznej wystarczy, aby się przekonać, iż fizjologiczne fazy ludzkiego życia, a przede wszystkim momenty przełomowe, takie jak poczęcie, ciąża, urodzenie dziecka, okres dojrzewania, małżeństwo i śmierć, stanowią zalążek rozlicznych rytuałów i wierzeń. Stąd też niemal w każdym plemieniu w takiej lub innej formie występują wierzenia związane z poczęciem, takie jak wiara w reinkarnację, wejście ducha w ciało, magiczne zapłodnienie, oraz związane z nimi rytuały i obrzędy. Kobieta w ciąży musi przestrzegać pewnych tabu i poddać się określonym ceremoniom, niekiedy czyni to także jej mąż. Tuż przed urodzeniem dziecka i tuż po narodzeniu odprawia się różne rytuały magiczne, aby zapobiec niebezpieczeństwom i przeciwdziałać złym czarom, odprawia się ceremonie oczyszczenia, wspólnej radości oraz dokonuje się aktów prezentacji nowo narodzonego dziecka siłom wyższym lub członkom społeczności. Chłopcy, a także — choć znacznie rzadziej — dziewczęta uczestniczą później w rytuałach inicjacji, często długotrwałych, zazwyczaj okrytych tajemnicą ze względu na okrutne i odrażające praktyki.

Już z tych przykładów widzimy, iż nawet najwcześniejszym momentom ludzkiego życia towarzyszy nierozwiązalna plątanina wierzeń i rytuałów. Skupiają się one wokół wszystkich ważnych wydarzeń w życiu, krystalizują się i tworzą twardą skorupę formalizmu i rytualizmu — ale w jakim celu? Skoro nie jesteśmy w stanie zdefiniować kultu i wiary przez odwołanie się do ich przedmiotu, może uda się nam uchwycić ich funkcje.

Dokładniejsza analiza faktów już na początku umożliwia nam dokonanie wstępnej, dwupunktowej klasyfikacji. Porównajmy rytuał zapobiegający śmierci podczas połogu z innym typowym obyczajem, mianowicie z ceremonią organizowaną w celu uczczenia narodzin dziecka. Pierwszy z tych rytuałów jest środkiem do osiągnięcia ściśle zdefiniowanego, praktycznego celu, który znany jest wszystkim uczestnikom rytuału. Każdy miejscowy informator potrafi go łatwo wskazać. Ceremonia odprawiana po narodzinach, jak na przykład ceremonia prezentacji nowo narodzonego dziecka lub uroczystość będąca wyrazem radości z tego wydarzenia, nie ma żadnego celu: nie jest środkiem do celu, jest celem samym w sobie. Stanowi wyraz uczuć matki, ojca, krewnych, całej społeczności, ale nie zapowiada żadnego przyszłego wydarzenia, które miałaby wywołać lub któremu miałaby zapobiec. Różnica między tymi ceremoniami posłuży nam *prima facie* do odróżnienia magii od religii. Idea i cel leżące u podłoża czynności magicznej są zawsze jasne, bezpośrednie i określone, natomiast u podstaw ceremonii religijnej nie leży żaden zamiar, który byłby skierowany na mające nastąpić później wydarzenie. Socjolog jest w stanie uchwycić jedynie funkcję takiej czynności, jej socjologiczny *raison d'être*. Tubylec zawsze potrafi wskazać cel rytuału magicznego, ale gdy chodzi o ceremonię religijną, powie, iż jest ona wykonywana dlatego, że taki jest zwyczaj, że została ludziom nakazana, albo też opowie wyjaśniający ją mit.

W celu lepszego zrozumienia natury i funkcji pierwotnych ceremonii religijnych przeanalizujemy ceremonie inicjacji. W swych rozlicznych formach wykazują one pewne uderzające podobieństwa. Nowicjusze muszą przejść krótszy lub dłuższy okres odosobnienia i przygotowań. Później następuje właściwa inicjacja, podczas której młodzież, po przejściu różnych prób, na koniec jest poddawana rytuałowi okaleczenia: w formie bardziej łagodnej jest to drobne nacięcie na ciele lub wybicie zęba; w formie bardziej drastycznej — obrzezanie; w formie najbardziej okrutnej i niebezpiecznej — operacja, taka jak subincyzacja praktykowana w niektórych plemionach australijskich. Próba taka zazwyczaj wiąże się z ideą śmierci i ponownych narodzin osoby poddanej inicjacji, co niekiedy jest odgrywane w mimetycznym przedstawieniu. Mniej okazały i dramatyczny, ale w istocie ważniejszy jest drugi — obok próby — zasadniczy aspekt inicjacji: systematyczne kształcenie młodzieży w zakresie uświęconego mitu i tradycji, stopniowe odsłanianie tajemnic plemiennych i ujawnianie świętych przedmiotów.

Próbie i wyjawianiu tajemnic plemiennych towarzyszy zazwyczaj wiara, że zostały one ustanowione przez jednego lub kilku legendarnych przodków czy bohaterów kulturowych albo też przez Istotę Wyższą o ponadludzkim charakterze. Czasami mówi się, że Istota ta połyka młodych ludzi lub zabija ich, a następnie wskrzesza jako osoby w pełni już wtajemniczone. Głos jej imituje dźwięk warkotki, co ma wywołać lęk wśród kobiet i dzieci, które nie są poddawane inicjacji. Dzięki tym wierzeniom inicjacja wiąże nowicjuszy z siłami i istotami wyższymi, takimi jak Duchy Opiekuńcze i Bóstwa Opiekuńcze Indian północnoamerykańskich, Plemienny Wszechojciec niektórych australijskich aborygenów, Mitologiczni Bohaterowie Melanezji i innych krajów świata. Obok poddawania próbie i przekazywania tradycji jest to trzeci zasadniczy element rytuałów wejścia w wiek męski.

Zastanówmy się teraz, jaka jest socjologiczna funkcja tych obyczajów, jaką rolę odgrywają one w podtrzymywaniu i rozwoju cywilizacji. Przekonaliśmy się, że w trakcie tych ceremonii młodzież poznaje uświęcone tradycje w najbardziej wstrząsających okolicznościach przygotowań i prób i na mocy sankcji pochodzących od Istoty Nadprzyrodzonej. Światło plemiennego objawienia spływa na młodzież z mroku strachu, niedostatku i fizycznego bólu.

Musimy pamiętać, że w warunkach pierwotnych tradycja jest wartością najwyższą dla społeczności i że nic nie jest tak ważne, jak konformizm i konserwatyzm członków tej społeczności. Porządek społeczny i cywilizacja mogą pozostać nienaruszone tylko dzięki skrupulatnemu stosowaniu zasad zawartych w nauce i wiedzy przekazanej przez poprzednie pokolenia. Każde zaniedbanie w tej dziedzinie osłabia zwartość grupy, a równocześnie wystawia dorobek kulturowy na tak wielkie niebezpieczeństwo, że nawet samo jego istnienie jest zagrożone. W okresie tym człowiek nie wynalazł jeszcze niezwykle złożonego aparatu współczesnej nauki, który dziś umożliwia utrwalanie wyników doświadczeń w postaci niezniszczalnych modeli, sprawdzanie ich wciąż od nowa, stopniowe przekształcanie w coraz lepsze formy, ciągłe wzbogacanie ich przez nowe elementy. Wiedza człowieka pierwotnego, struktura społeczna, obyczaje i wierzenia stanowią bezcenny, zdobyty niezwykłym kosztem plon doświadczeń jego przodków, który należy za wszelką cenę zachować. Spośród wszystkich wartości najwyższą stanowi więc wierność tradycji i społeczeństwo, które swoją tradycję uświęca, zyskuje ogromną przewagę siły i trwałości. Wierzenia i praktyki otaczające tradycję nimbem świętości i naznaczające ją piętnem nadprzyrodzoności stanowią przeto „wartość przetrwania" dla tego typu cywilizacji, w którym się rozwinęły.

Możemy więc już ustalić główną funkcję ceremonii inicjacyjnych: w społeczeństwach pierwotnych ceremonie inicjacji stanowią rytualny i dramatyczny wyraz najwyższej mocy i wartości tradycji; służą one także wpajaniu tej mocy i wartości każdemu pokoleniu, a równocześnie są niezwykle skutecznym sposobem przekazywania nauki plemiennej, zapewniania trwałości tradycji oraz utrzymywania zwartości plemienia.

Nadal jednak pozostaje otwarte pytanie: „Jaka jest relacja między czysto fizjologicznym faktem dojrzewania, który ceremonie inicjacji akcentują, a społecznym i religijnym aspektem tych ceremonii?" Widzimy od razu, że religia poza „sakralizacją przełomowych momentów życia" pełni dużo szerszą — nieskończenie szerszą — funkcję. Wydarzenie o charakterze biologicznym przekształca w proces społeczny. Biologiczne dojrzewanie uzupełnia szeroko rozumianym pojęciem wejścia w wiek męski, który wiąże się z obowiązkami, przywilejami, odpowiedzialnością, a przede wszystkim ze znajomością tradycji i kontaktem ze świętymi przedmiotami i istotami. W rytuałach o charakterze religijnym zawiera się więc element twórczy. Akt rytualny zatwierdza nie tylko wydarzenie społeczne z życia jednostki, ale także jej duchowe przeistoczenie i choć obie te okoliczności są związane ze zjawiskiem biologicznym, to ze względu na swą wagę i znaczenie daleko poza nie wykraczają.

Inicjacja jest typowym aktem religijnym. Jej analiza umożliwia nam uchwycenie, w jaki sposób ceremonia zlewa się ze swym celem, w jaki sposób cel jest realizowany przez samo dopełnienie czynności. Równocześnie poznajemy funkcję tego rodzaju czynności w społeczeństwie, a jest nią tworzenie nawyków myślowych i zwyczajów społecznych mających niezwykłą wartość dla grupy i jej cywilizacji.

Inny typ ceremonii religijnej, rytuał małżeństwa, jest także celem samym w sobie. Fakt o charakterze pierwotnie biologicznym, związek mężczyzny i kobiety na okres całego życia, partnerstwo w miłości, wspólnocie ekonomicznej, prokreacji i wychowaniu dzieci, zostaje uzupełniony więzią usankcjonowaną przez czynniki nadprzyrodzone. Współczesna antropologia uczy, wbrew dawniejszym fantastycznym hipotezom dotyczącym „promiskuityzmu" i „małżeństwa grupowego", że związek ten — małżeństwo monogamiczne — istniał zawsze w społeczeństwach ludzkich. Dzięki nadaniu małżeństwu monogamicznemu charakteru wartości i świętości religia oferuje kulturze ludzkiej jeszcze jeden dar. Te rozważania prowadzą nas do analizy dwóch bardzo istotnych potrzeb człowieka: prokreacji i odżywiania się.

OPATRZNOŚĆ W ŻYCIU CZŁOWIEKA PIERWOTNEGO

Prokreacja i odżywianie się to żywotne potrzeby człowieka, które zajmują pierwszą i najwyższą pozycję w hierarchii. Często dostrzegano, a nawet czasami nadmiernie akcentowano ich związek z wierzeniami i praktykami religijnymi. Szczególnie sprawy płci, począwszy od niektórych starszych autorów aż do przedstawicieli szkoły psychoanalitycznej, były często uważane za podstawowe źródło religii. W rzeczywistości jednak odgrywają one zdumiewająco nikłą rolę w religii, zważywszy na ich siłę i niebezpieczeństwa, które za sobą niosą w życiu człowieka. Obok magii miłości i wykorzystywania seksu w pewnych ceremoniach magicznych — a więc zjawisk nie należących do sfery religii — trzeba tu jedynie wspomnieć akty rozwiązłości, jakie mają miejsce w czasie uroczystości żniwnych czy przy okazji innych spotkań publicznych, fakty prostytucji sakralnej, a w stadium barbarzyństwa i cywilizacji niższej — kult bóstw fallicznych. Wbrew oczekiwaniom w stadium dzikości kulty seksualne odgrywają nieznaczną rolę. Trzeba również pamiętać o tym, że ceremonialne akty wyuzdania seksualnego nie służą tylko zaspokajaniu żądzy, ale są wyrazem czci dla sił wpływających na zdolności rozrodcze człowieka i na urodzaj w przyrodzie, a więc sił, od których zależy samo istnienie społeczeństwa i kultury. Religia, która jest trwałym źródłem kontroli moralnej, ma zróżnicowany zasięg oddziaływania, ale jest stale czujna. Kieruje więc uwagę na te siły, najpierw po prostu włączając je do sfery swych zainteresowań, później poddając je stłumieniu, a w końcu wprowadzając ideał czystości i uświęcając ascetyzm.

Przechodząc do kwestii odżywiania się, najpierw musimy zwrócić uwagę na to, że wśród ludzi pierwotnych akt spożywania obwarowany jest etykietą, specjalnymi zaleceniami i zakazami, towarzyszy mu ogólne napięcie emocjonalne, którego stopień jest nam zupełnie nieznany. Obok magii pożywienia, która ma na celu zapewnienie jego obfitości lub zapobieżenie niedostatkom — nie mówiąc już o niezliczonych formach praktyk magicznych towarzyszących produkcji żywności — pożywienie ma również duże znaczenie w ceremoniach o ściśle religijnym charakterze. Wśród ludów rolniczych bardzo ważną rolę odgrywa rytualna ofiara z pierwszych płodów, ceremonie żniwne, wielkie święta okresowe, podczas których gromadzi się, wystawia na pokaz i w ten lub inny sposób sakralizuje zbiory. Z kolei myśliwi i rybacy świętują obfite łowy albo otwarcie sezonu podczas uroczystości i ceremonii, w których jadło traktuje się w sposób rytualny, zwierzęta zjednuje się sobie i oddaje im cześć. Wszystkie tego rodzaju akty wyrażają radość społeczności, przekonanie o wielkiej wartości pożywienia. Przez takie akty religia konsekruje pełną czci postawę człowieka wobec chleba powszedniego.

Dla człowieka pierwotnego, nawet w najbardziej sprzyjających warunkach, gdy nie grozi mu głód, obfitość pożywienia jest zasadniczym czynnikiem normalnego życia. Oznacza możliwość wyjścia poza codzienne troski, zwracania baczniejszej uwagi na dawne, duchowe aspekty cywilizacji. Jeśli więc przyjmiemy, że pożywienie jest głównym łącznikiem między człowiekiem i jego otoczeniem, że otrzymując je odczuwa on działanie sił przeznaczenia i opatrzności, to uświadomimy sobie kulturowe, mało tego, biologiczne znaczenie religii pierwotnej w sakralizacji pożywienia. Będziemy w stanie dostrzec w niej zarodek tego, co w wyższych formach religii rozwinęło się w poczuciu uzależnienia od Opatrzności, wdzięczności dla niej i zaufania do niej.

Ofiara i komunia, te dwie zasadnicze formy rytualnego udzielania pożywienia, ukazują się nam w nowym świetle na tle wczesnej postawy człowieka, pełnej religijnej czci wobec uzależnionej od Opatrzności obfitości jadła. Z punktu widzenia współczesnej wiedzy dotyczącej psychologicznych aspektów pierwotnej ekonomii [9] idea dawania, znaczenie przypisywane wymianie podarunków we wszystkich stadiach kontaktu społecznego, odgrywa bez wątpienia — wbrew dzisiejszej niepopularności tej teorii — niezwykle ważną rolę w akcie ofiary religijnej. Ponieważ wśród ludów pierwotnych dawanie podarunków jest normalną czynnością towarzyszącą wszelkim stosunkom społecznym, duchy, które odwiedzają wioskę, demony, które nawiedzają święte miejsce, i bóstwa, które przybywają, otrzymują swoją należność, uczestniczą w podziale przedmiotów ofiarnych wybranych z ogólnej obfitości dóbr, tak jak wszyscy inni goście i gospodarze. Ale u podłoża tego obyczaju leży jeszcze głębszy czynnik religijny. Ponieważ dla człowieka dzikiego pożywienie jest dowodem dobroczynności tego świata, ponieważ obfitość daje mu pierwsze, najbardziej elementarne przeczucie Opatrzności, dzieląc się ofiarnym pożywieniem ze swymi duchami i bóstwami, dzieli się on z nimi również dobroczynną siłą swojej Opatrzności, którą już czuje, ale której jeszcze nie rozumie. Tak więc w społeczeństwach pierwotnych źródeł darów ofiarnych należy szukać w psychicznym aspekcie dawania, które ma na celu połączenie się w dobroczynnej obfitości.

Sakramentalny posiłek to tylko jeszcze jeden przejaw tej samej postawy umysłowej realizowanej w najwłaściwszy sposób przez akt, który umożliwia zachowanie i odnawianie życia — akt jedzenia. Wydaje się jednak, że rytuał ten występuje niezwykle rzadko wśród dzikich znajdujących się na niższym poziomie rozwoju, a sakrament komunii rozpowszechniony na tym szczeblu rozwoju kulturowego, na którym już nie występują psychologiczne aspekty jedzenia charakterystyczne dla człowieka pierwotnego,

---

[9] Por. *ibid.*, passim, por. też B. Malinowski, *The Primitive Economics [of the Trobriand Islanders]*, „The Economic Journal" 1921 [t. 31, nr 121] oraz wspomnienia prof. R. Thurnwalda *Die Gestaltung der Wirtschaftsentwicklung aus ihren Anfangen heraus* (w: *Erinnerungsgabe für Max Weber*, 1923).

nabiera innego znaczenia symbolicznego i mistycznego. Jedynym zapewne przykładem uczty sakramentalnej, której występowanie stwierdzono i którą opisano bardziej szczegółowo, jest „sakrament totemiczny" plemion środkowoaustralijskich, ale ten przypadek wymaga dodatkowej interpretacji.

WYBIÓRCZE ZAINTERESOWANIE CZŁOWIEKA PRZYRODĄ

W ten sposób dochodzimy do totemizmu, który pokrótce zdefiniowaliśmy już w części pierwszej. Jak można było zauważyć, w odniesieniu do totemizmu trzeba zadać następujące pytania. Po pierwsze, dlaczego plemię ludzi pierwotnych wybiera swój totem z ograniczonej liczby gatunków, głównie zwierząt i roślin, i na podstawie jakich kryteriów dokonuje tego wyboru? Po drugie, dlaczego to nastawienie wybiórcze wyraża się w wierze w pokrewieństwo, w kultach pomnażania, a przede wszystkim w zakazach, czyli tabu totemicznych, a równocześnie w nakazach dopełniania rytualnej uczty, jak w wypadku australijskiego „sakramentu totemicznego"? I wreszcie po trzecie, dlaczego zgodnie z podziałem przyrody na ograniczoną liczbę gatunków przebiega podział plemienia na klany odpowiadające tym gatunkom?

Przedstawiony powyżej zarys psychicznego aspektu postawy człowieka pierwotnego wobec pożywienia i jego obfitości oraz przyjęta przez nas zasada mówiąca o praktycznym i pragmatycznym światopoglądzie człowieka prowadzą nas bezpośrednio do odpowiedzi na te pytania. Stwierdziliśmy, że pożywienie jest głównym łącznikiem między człowiekiem pierwotnym a Opatrznością. Potrzeba pożywienia i pragnienie jego obfitości skłoniły człowieka do podejmowania działań ekonomicznych, do zbierania, polowania, łowienia, i obdarzyły te działania zróżnicowanymi i silnymi emocjami. Zainteresowanie członków plemienia skupia się na wielu gatunkach zwierząt i roślin, które stanowią ich podstawowe pożywienie. Dla człowieka pierwotnego przyroda jest żywą spiżarnią, do której — szczególnie dotyczy to niższych stadiów rozwoju kulturowego — musi się on bezpośrednio udać, by zebrać, ugotować i zjeść coś, gdy jest głodny. Droga prowadząca z dżungli do żołądka człowieka dzikiego i dalej, do jego umysłu, jest bardzo krótka, a świat jest dla niego ogólnym tłem, na którym pojawiają się użyteczne, a przede wszystkim jadalne gatunki zwierząt i roślin. Jeśli ktoś mieszkał w dżungli razem z dzikimi, uczestniczył w wyprawach zbierackich lub myśliwskich, żeglował z nimi po lagunach albo też spędzał księżycowe noce na piaszczystym wybrzeżu w oczekiwaniu na ławice ryb lub pojawienie się żółwia, wie, jak żywe i wybiórcze jest zainteresowanie człowieka dzikiego, jak ściśle przylega ono do sygnałów, znaków oraz zwyczajów i cech specyficznych łupu, nie reagując zupełnie na bodźce innego rodzaju. Każdy gatunek będący zwyczajowo przedmiotem oddziaływania staje się jądrem, wokół którego skupiają się wszelkie zainteresowania, impulsy i emocje plemienia. Wokół każdego takiego gatunku rozwijają się uczucia o charakterze społecznym, uczucia, które w sposób naturalny znajdują wyraz w folklorze, wierzeniach i rytuałach.

Trzeba również pamiętać o tym, że ten sam rodzaj impulsu, który rodzi zachwyt małych dzieci nad ptakami, ich żywe zainteresowanie zwierzętami i wstręt do gadów, powoduje, że człowiek pierwotny przypisuje zwierzętom najwyższą rangę. Zwierzęta są w zasadzie podobne do ludzi (poruszają się, wydają dźwięki, uzewnętrzniają uczucia, mają ciała i twarze), ale są też wyposażone w wyższą moc (ptaki fruwają w powietrzu, ryby pływają pod wodą, gady odnawiają skórę i życie, potrafią znikać w ziemi). Dzięki temu zwierzęta, ten bezpośredni łącznik między człowiekiem i przyrodą, często przewyższający go siłą, zręcznością i sprytem, zwykle będące jego koniecznym łupem uzyskują wyjątkowe miejsce w światopoglądzie człowieka dzikiego.

Człowiek pierwotny jest głęboko zainteresowany wyglądem i właściwościami dzikich zwierząt; pragnie je posiadać, a więc opanować je jako użyteczne i jadalne; czasami je podziwia i boi się ich. Wszystkie te zainteresowania spotykają się i wzmacniając się wzajemnie wywołują ten sam skutek: selekcję przedmiotu głównych zainteresowań człowieka — ograniczonej liczby gatunków, najpierw zwierząt, później warzyw; przedmioty nieożywione i wytworzone przez człowieka stanowią niewątpliwie tylko drugorzędną kategorię wprowadzonych przez analogię obiektów nie mających nic wspólnego z istotą totemizmu.

Sposób, w jaki człowiek interesuje się gatunkami totemicznymi, pozwala wyraźnie określić, jakiego typu wierzeń i kultów można na danym terenie oczekiwać. Ponieważ człowiek chce panować nad niebezpiecznymi, pożytecznymi lub jadalnymi gatunkami, jego dążenie musi prowadzić do wiary w posiadanie specjalnej władzy nad nimi, w pokrewieństwo z nimi, we wspólną istotę człowieka i dzikiego zwierzęcia lub rośliny. Tego rodzaju wiara z jednej strony implikuje pewne względy i ograniczenia, z których najbardziej oczywisty jest zakaz zabijania i jedzenia, a z drugiej — wyposaża człowieka w ponadnaturalną moc rytualnego wpływu na obfitość gatunku, na jego wzrost liczebny i żywotność.

Rytuał ten prowadzi do magicznych aktów, które przysparzają dostatku. Magia, jak teraz zobaczymy, we wszystkich swoich przejawach dąży do specjalizacji, wyłączności, odrębności i dziedziczności w ramach rodziny lub klanu. W totemizmie magiczne pomnażanie każdego gatunku w sposób naturalny staje się obowiązkiem i przywilejem jakiegoś specjalisty, któremu asystuje rodzina. Z biegiem czasu rodziny przekształcają się w klany, a wódz każdego z nich zostaje głównym czarownikiem totemu. Totemizm w swojej najbardziej elementarnej formie, takiej, jaką można znaleźć w środkowej Australii, jest systemem wspólnych działań magicznych, zestawem różnych kultów praktycznych, z których każdy ma swoją własną bazę społeczną, ale z których wszystkie mają jeden wspólny cel: zapewnienie plemieniu obfitości pożywienia. Tak więc społeczny aspekt totemizmu można wyjaśnić ogólnymi pierwotnymi zasadami socjologii magii. Istnienie klanów totemicznych i ich współzależność z kultem i wiarą są jedynie przykładem podziału magii oraz tendencji do dziedziczenia określonego rytuału magicznego przez jedną rodzinę. Wyjaśnienie to, choć nieco skrótowe, jest próbą wykazania, że w kontekście organizacji społecznej, wiary i kultu totemizm nie jest jakimś dziwacznym wytworem, przypadkowym rezultatem jakiegoś specyficznego wypadku czy układu czynników, ale jest naturalnym następstwem warunków naturalnych.

Okazuje się, że w ten sposób odpowiedzieliśmy na nasze pytania: wybiórcze zainteresowanie człowieka ograniczoną liczbą gatunków zwierząt i roślin oraz sposób, w jaki to zainteresowanie jest rytualnie uzewnętrzniane i społecznie warunkowane, okazują się naturalnym rezultatem pierwotnej egzystencji, spontanicznej postawy dzikiego wobec przedmiotów naturalnych i jego głównych zajęć. Z punktu widzenia przeżycia sprawą najwyższej wagi jest to, aby zainteresowanie człowieka praktycznie nieodzownymi dla niego gatunkami nigdy nie osłabło, aby jego wiara w zdolność panowania nad nimi dawała mu siłę i wytrwałość w przedsięwzięciach i pobudzała go do obserwacji zwyczajów i charakteru zwierząt i roślin oraz do poszerzania wiedzy o nich. Totemizm okazuje się więc błogosławieństwem udzielonym przez religię zmaganiom człowieka pierwotnego z przydatnym mu otoczeniem, jego „walce o byt". Równocześnie totemizm rozwija pełen czci stosunek człowieka do zwierząt i roślin, od których jest uzależniony, którym jest w jakimś sensie wdzięczny, a których niszczenie jest jednak dla niego koniecznością. A wszystko wypływa z wiary w pokrewieństwo człowieka z tymi siłami natury, na które przede wszystkim musi liczyć. Tak więc odkrywamy wartość moralną i znaczenie biologiczne totemizmu, choć jest on systemem wierzeń, praktyk i porządku społecznego, które na pierwszy rzut oka wydają się dziecinnym, zbytecznym i poniżającym kaprysem człowieka pierwotnego.

ŚMIERĆ I REINTEGRACJA GRUPY

Wśród wszelkich źródeł religii największe znaczenie ma najgłębszy i ostateczny przełom ludzkiego życia — śmierć. Śmierć otwiera bramę na tamten świat nie tylko w sensie dosłownym. Zgodnie z większością teorii wczesnych form religii religia niemal w całości, jeżeli nie w całości, wywodziła się ze śmierci — i w tym względzie poglądy ortodoksyjne są całkowicie słuszne. Człowiek musi zawsze żyć w cieniu śmierci, a ten, kto kurczowo trzyma się życia i cieszy się jego pełnią, musi lękać się groźby jego końca. Ten zaś, kto staje w obliczu śmierci, odwraca się w kierunku obietnicy życia. Śmierć i jej zaprzeczenie — Nieśmiertelność — stanowiły zawsze, tak jak i dzisiaj stanowią, najbardziej bolesny przedmiot ludzkich przeczuć. Niezwykła złożoność emocjonalnych reakcji człowieka na życie z konieczności znajduje odpowiednik w jego postawie wobec śmierci. Ale to, co w życiu jest rozciągnięte w czasie i ujawnia się pod wpływem doświadczeń i wydarzeń, u jego schyłku kondensuje się w jednym momencie przełomowym, który wywołuje potężny i złożony wybuch reakcji religijnych.

Postawa nawet najbardziej pierwotnych ludów wobec śmierci jest nieskończenie bardziej złożona i, co mogę dodać, bliższa naszej własnej, niż to się powszechnie przypuszcza. Antropologowie często twierdzą, że dominującym uczuciem tych, którzy pozostali przy życiu, jest przerażenie na widok zwłok oraz strach przed duchem. Ta dwojaka postawa została uznana przez nie byle jaki autorytet, bo samego Wilhelma Wundta, za faktyczne źródło wszelkich religijnych wierzeń i praktyk. To twierdzenie jest jednak tylko na wpół prawdziwe, co znaczy, że wcale nie jest prawdziwe. Emocje towarzyszące śmierci są niezwykle złożone, a nawet przeciwstawne; dominujące elementy: miłość do zmarłego i odraza do zwłok, silne przywiązanie do indywidualności ciągle jeszcze tkwiącej w ciele i zniewalający strach przed makabryczną rzeczą, która pozostała, mieszają się ze sobą i wpływają na siebie wzajemnie. Odzwierciedla się to w spontanicznych zachowaniach i rytuałach towarzyszących śmierci. W czuwaniu przy zwłokach, w sposobie usuwania ich, w ceremoniach popogrzebowych i organizowanych ku czci zmarłego najbliżsi krewni: matka opłakująca syna, wdowa — męża, dziecko — rodziców zawsze ujawniają wstręt i strach zmieszane z głęboką miłością, ale uczucia negatywne nigdy nie występują samodzielnie ani nawet nie dominują.

Działania powiązane ze śmiercią wykazują uderzające podobieństwo w całym świecie. Gdy zbliża się czyjaś śmierć, najbliżsi krewni, a czasem nawet cała społeczność, zbierają się przy łożu umierającego, a umieranie, ten najbardziej intymny akt, jakiego człowiek może dokonać, przekształca się w wydarzenie publiczne, ogólnoplemienne. Z reguły od razu daje się zaobserwować pewne zróżnicowanie, gdyż niektórzy krewni czuwają przy umierającym, inni czynią przygotowania do nadchodzącego końca i jego następstw, jeszcze inni odprawiają zapewne jakieś akty religijne w świętym miejscu. W niektórych częściach Melanezji prawdziwi krewni muszą się trzymać z dala, a posługi pogrzebowe wykonywane są wyłącznie przez osoby spokrewnione ze zmarłym przez małżeństwo, natomiast w niektórych plemionach australijskich porządek ten ulega odwróceniu.

Gdy tylko nastąpi śmierć, ciało się myje, namaszcza i przyozdabia, czasami wypełnia się otwory w ciele, a ręce i nogi związuje. Następnie wystawia się je na widok publiczny i wówczas zaczyna się najważniejsza faza, bezpośrednia żałoba. Tych, którzy byli wśród dzikich świadkami śmierci i jej następstw i mogą porównać te wydarzenia z ich odpowiednikami wśród innych ludów niecywilizowanych, musiało uderzyć zasadnicze podobieństwo podejmowanych działań. Zawsze spotyka się bardziej lub mniej powszechny i dramatyczny wybuch smutku, żalu i rozpaczy, który wśród dzikich często przeradza się w kaleczenie ciała i wyrywanie włosów. Zawsze dzieje się to na oczach innych i łączy się z widocznymi oznakami żałoby, takimi jak białe lub czarne malowidła na ciele, ogolone lub rozwichrzone włosy, dziwaczny lub podarty ubiór.

Bezpośrednia żałoba odbywa się w pobliżu zwłok. Ponieważ nikt ich nie unika ani się ich nie obawia, zazwyczaj stają się one centrum nabożnej uwagi. Często są obiektem rytualnych pieszczot lub czci. Czasami zwłoki układa się na kolanach osoby siedzącej, która głaszcze je i przytula. Równocześnie postępowanie to jest zwykle uważane za niebezpieczny i budzący odrazę obowiązek, który musi być spełniony pewnym kosztem. Po jakimś czasie zwłoki trzeba usunąć. Pochowanie w otwartym lub zamkniętym grobie; wystawienie w grocie lub na platformie skalnej, w wydrążonym drzewie lub na ziemi w jakimś dzikim, opuszczonym miejscu; spalenie lub puszczenie na wodę w czółnie — to najczęściej stosowane formy usuwania zwłok.

Doszliśmy do najistotniejszej zapewne sprawy, dwoistej, przeciwstawnej tendencji — z jednej strony do zachowania ciała i utrzymania go w nie zmienionej postaci lub zachowania jego części, a z drugiej — do pozbycia się go, uwolnienia się od niego, całkowitego zniweczenia go. Mumifikacja i palenie to dwa przeciwstawne przejawy tej dwoistej tendencji. Nie można uważać mumifikacji ani palenia zwłok, ani którejkolwiek z form pośrednich za zwykłe cechy uboczne wiary, za historycznie uwarunkowane cechy tej lub innej kultury, cechy, które stały się powszechne tylko dzięki rozprzestrzenianiu się i kontaktom. Nie można dlatego, że w tych obyczajach wyraźnie uwidacznia się zasadnicza postawa psychiczna pozostałego przy życiu krewnego, przyjaciela czy kochanka: tęsknota za wszystkim tym, co pozostało po zmarłej osobie, oraz wstręt i strach wywołany odrażającą przemianą wywołaną przez śmierć.

Krańcową, interesującą formą będącą przejawem tej dwoistej postawy jest makabryczny kanibalizm pochówkowy, obyczaj uczestniczenia w uczcie, podczas której spożywa się mięso zmarłej osoby. Uczestnictwo w takiej uczcie wywołuje wielką odrazę i strach, którym zwykle towarzyszą gwałtowne wymioty. Równocześnie uważa się ją za najwyższy akt czci, miłości i oddania. W rzeczywistości spełnienie tego obrzędu uważa się za tak święty obowiązek, że wśród Melanezyjczyków z Nowej Gwinei, gdzie badałem go i widziałem na własne oczy, praktykuje się go nadal, ale w sekrecie, gdyż jest surowo karany przez rząd białych. Nacieranie ciała tłuszczem zmarłego, rozpowszechnione w Australii i Papui, jest prawdopodobnie tylko odmianą tego obyczaju.

We wszystkich takich rytuałach występuje chęć podtrzymania więzi ze zmarłym i równoczesna tendencja do jej zerwania. W związku z tym rytuały pogrzebowe uważane są za nieczyste i plamiące, kontakt ze zwłokami — za kalający i niebezpieczny, a ci, którzy biorą w nich udział, muszą umyć ciało, usunąć wszelkie ślady kontaktu ze zwłokami i dokonać rytualnego oczyszczenia. Rytuał żałobny zmusza człowieka do pokonania obrzydzenia, do zapanowania nad strachem, przyczynia się do zwycięstwa pobożności i uczucia przywiązania, a zarazem wiary w życie przyszłe i w nieśmiertelność duszy.

I tu dochodzimy do jednej z najważniejszych funkcji kultu religijnego. W powyższej analizie położyłem nacisk na bezpośrednie siły emocjonalne zrodzone z kontaktu ze śmiercią i ze zwłokami, gdyż to one przede wszystkim najsilniej determinują zachowania tych, którzy pozostali przy życiu. Ale w powiązaniu z tymi emocjami i na ich podłożu rodzi się idea ducha, wiara w nowe życie, w które wszedł zmarły. I tu powracamy do problemu animizmu, od którego rozpoczęliśmy naszą analizę faktów z zakresu religii pierwotnej. Co jest istotą ducha i jakie są psychologiczne źródła wiary w niego?

Dziki bardzo boi się śmierci, prawdopodobnie ze względu na głęboko zakorzenione instynkty właściwe człowiekowi i zwierzęciu. Nie chce więc uznać jej za koniec, nie jest w stanie stawić czoła idei zupełnego nieistnienia, unicestwienia. I tu przychodzi mu z pomocą idea ducha i duchowej egzystencji, poparta takimi doświadczeniami, jak te, które wykrył i opisał Tylor. Chwytając się jej, człowiek uzyskuje pokrzepiającą wiarę w duchowe trwanie i w życie po śmierci. Ale wierze tej zagraża złożona, dwoista gra nadziei i strachu, które zawsze rodzą się w obliczu śmierci. Pokrzepiającemu głosowi nadziei i głębokiemu pragnieniu nieśmiertelności oraz trudności czy wręcz niezdolności do podporządkowania się śmierci przeciwstawiają się potężne i straszliwe przeczucia. Zmysłowo postrzegane dowody, odrażający rozkład zwłok, widoczny zanik indywidualności, najwyraźniej mimowolne uczucia strachu i przerażenia podsuwają człowiekowi — niezależnie od stadium rozwoju kulturowego — obraz unicestwienia, za którym kryją się obawy i przeczucia. I tu, w tę rozgrywkę między siłami emocjonalnymi, w ten nadrzędny dylemat życia i śmierci ostatecznej, wkracza religia, dając pierwszeństwo wierze o charakterze pozytywnym, poglądom dającym pociechę, kulturowo wartościowej wierze w nieśmiertelność, w istnienie ducha niezależnego od ciała i w trwanie życia po śmierci. Poprzez rozmaite ceremonie odprawiane przy okazji śmierci, poprzez uczczenie pamięci zmarłego lub jednoczenie się z nim, poprzez oddawanie czci duchom zmarłych religia tworzy istotę wiary w zbawienie i nadaje jej kształt.

Tak więc wiara w nieśmiertelność jest wynikiem głębokiego emocjonalnego objawienia, ujednoliconego przez religię, a nie przez doktrynę pierwotnej filozofii. Przekonanie człowieka o trwałości życia jest jednym z najwyższych darów religii, która ocenia i wybiera lepszą z dwóch możliwości podsuwanych przez instynkt samozachowawczy: nadzieję, że życie jest trwałe i strach przed unicestwieniem. Wiara w duchy jest skutkiem wiary w nieśmiertelność. Materia, z której składają się duchy, to pełnokrwista namiętność i pragnienie życia, a nie widmowa substancja, która nawiedza sny i wyobraźnię. Religia chroni człowieka przed poddaniem się śmierci i destrukcji, wystarcza jej do tego obserwacja snów, marzeń i wizji. Rzeczywiste jądro animizmu spoczywa w najgłębiej emocjonalnym zjawisku natury ludzkiej człowieka, w woli życia.

Dlatego też rytuały żałobne, rytualne zachowania bezpośrednio po śmierci, można traktować jako wzory działań religijnych, natomiast wiarę w nieśmiertelność, w trwałość życia i w istnienie tamtego świata można uznać za prototypy aktu wiary religijnej. Tak jak w ceremoniach religijnych opisanych wcześniej, tak i tutaj spotykamy samowystarczalne akty, których cel osiąga się przez samo ich dokonanie. Rytualna rozpacz, egzekwie, akty żałoby wyrażają ból osób osieroconych i uczucie straty całej grupy. Uzewnętrzniają i potęgują naturalne wzruszenie tych, którzy pozostali przy życiu; zjawisko przyrodnicze przekształcają w wydarzenie społeczne. Choć aktami żałoby, mimiką rozpaczliwego lamentu, sposobami obchodzenia się ze zwłokami i usuwania ich nie osiąga się żadnego wyższego celu, to pełnią one ważną funkcję i mają wielką wartość dla kultury pierwotnej.

Na czym ta funkcja polega? Ceremonie inicjacyjne uświęcają tradycję; kulty pożywienia, sakrament i ofiara prowadzą do zjednoczenia się człowieka z Opatrznością, z dobroczynnymi siłami obfitości; totemizm ujednolica praktyczną, przydatną postawę wybiórczego zainteresowania człowieka otoczeniem. Jeśli przyjęte tu założenie o biologicznej funkcji religii jest słuszne, to w pewnym stopniu podobną rolę odgrywa cały rytuał żałobny.

Śmierć mężczyzny lub kobiety w grupie ludzi pierwotnych składającej się z niewielu członków jest wydarzeniem o nie byle jakim znaczeniu. Najbliżsi krewni i przyjaciele poruszeni są tym faktem do głębi. Mała społeczność zostaje poważnie okaleczona stratą jednego ze swych członków, zwłaszcza jeśli odgrywał on ważną rolę. Całe to wydarzenie przerywa normalny tok życia i wstrząsa moralnymi podstawami społeczności. W przedstawionym powyżej opisie podkreśliliśmy silną tendencję do poddawania się strachowi i przerażeniu, do porzucania zwłok, do ucieczki z wioski, do niszczenia całego mienia zmarłego; wszystkie te impulsy istnieją i gdyby dano im upust, stałyby się niezwykle niebezpieczne i doprowadziłyby do dezintegracji grupy, do zniszczenia materialnych podstaw kultury pierwotnej. W społeczności ludzi pierwotnych śmierć oznacza więc wiele więcej niż tylko odejście jednego z jej członków. Poruszając część nieograniczonych sił instynktu samozachowawczego zagraża spójności i solidarności grupy, a od nich wszak zależy organizacja społeczności, jej tradycja i wreszcie cała kultura. Gdyby człowiek pierwotny zawsze poddawał się dezintegrującym impulsom swojej reakcji na śmierć, ciągłość tradycji i istnienie cywilizacji materialnej stałyby się niemożliwe.

Widzieliśmy już, w jaki sposób religia — przez sakralizację, a więc ujednolicenie innego zespołu impulsów — składa człowiekowi dar integracji umysłowej. Dokładnie tę samą funkcję pełni ona w odniesieniu do całej grupy. Ceremonie związane ze śmiercią, które wiążą osoby pozostałe przy życiu ze zmarłym i przykuwają je do miejsca śmierci, wiara w istnienie duchów, w ich dobroczynne wpływy lub wrogie zamiary, w obowiązek odprawiania wielu ceremonii dla uczczenia pamięci zmarłego lub o charakterze ofiarnym — wszystko to neutralizuje działanie odśrodkowych sił strachu, przerażenia, demoralizacji i dostarcza najskuteczniejszego środka reintegracji zachwianej solidarności grupy i przywrócenia jej zasad moralnych.

Krótko mówiąc, religia zapewnia zwycięstwo tradycji i kultury nad czysto negatywną reakcją zagrożonych instynktów.

Naszą analizę głównych typów aktów religijnych zakończyliśmy omówieniem rytuałów związanych ze śmiercią. Nicią przewodnią naszych rozważań były przełomowe momenty życia ludzkiego, ale przy okazji omówiliśmy też problemy uboczne, takie jak totemizm, kulty pożywienia i prokreacji, ofiarę i sakrament, kulty ku czci przodków i kulty duchów. Do jednego z wymienionych już typów aktów religijnych musimy jednak raz jeszcze powrócić, mam tu na myśli okresowe święta i ceremonie o charakterze społecznym lub plemiennym. I teraz właśnie przejdziemy do analizy tego zagadnienia.

IV. PUBLICZNY I PLEMIENNY CHARAKTER KULTÓW PIERWOTNYCH

Uroczysty i publiczny charakter ceremonii kultowych jest wyróżniającą się cechą religii w ogóle. Większość uświęconych aktów ma miejsce w społeczności wiernych: uroczyste zebranie wiernych zjednoczonych w modlitwie, ofierze, błaganiu czy dziękczynieniu jest w rzeczywistości prototypem ceremonii religijnej. Religia potrzebuje społeczności jako całości po to, by członkowie mogli wspólnie czcić święte przedmioty i bóstwa, a społeczność potrzebuje religii, by utrzymać prawo moralne i porządek.

W społecznościach pierwotnych publiczny charakter nabożeństw, kompromis między wiarą religijną i organizacją społeczną, jest co najmniej tak samo widoczny, jak w kulturach bardziej rozwiniętych. Wystarczy rzut oka na przedstawiony przez nas wcześniej wykaz zjawisk religijnych, by przekonać się, że ceremonie towarzyszące narodzinom, rytuały inicjacji, dbałość o zmarłego, pogrzeb, akty żałoby i akty ku czci zmarłego, ofiary i rytuały totemiczne mają charakter publiczny i zbiorowy, często wpływają na plemię jako całość i pochłaniają przez pewien czas całą jego energię. Ów publiczny charakter, gromadzenie się dużej liczby osób, przejawia się przede wszystkim w dorocznych lub okresowych świętach, które organizuje się w czasach obfitości, w czasie żniw albo w pełni sezonu polowań lub połowów. Święta te pozwalają ludziom pogrążyć się w radosnym nastroju, cieszyć się obfitością plonów i łupów, spotkać się z przyjaciółmi i krewnymi, zgromadzić społeczność w pełnym składzie i czynić to wszystko w atmosferze szczęścia i harmonii. Podczas takich uroczystości zmarli składają wizyty: duchy przodków i zmarłych krewnych powracają, przyjmują dary i ofiarne libacje. Wraz z żyjącymi uczestniczą w aktach kultowych i cieszą się świętem. A jeśli nawet nie złożą wizyty żyjącym, to ci i tak czczą ich pamięć w jakiejś formie kultu przodków. Tego rodzaju święta organizowane są często, odprawia się przy ich okazji także rytuały zebranych plonów i inne kulty wegetacji. Niezależnie jednak od innych okoliczności związanych z tymi uroczystościami trzeba pamiętać, że religia wymaga okresowych, cyklicznie powtarzających się świąt z licznie zgromadzoną publicznością, atmosferą radości, odświętnymi ozdobami, obfitością jadła i złagodzeniem zasad moralnych i tabu. Członkowie plemienia zbierają się razem, zmniejszają stosowane na co dzień ograniczenia, a zwłaszcza bariery konwencjonalnej powściągliwości w stosunkach społecznych i seksualnych. Żądze zostają zaspokojone, a nawet wzmocnione, wszyscy wspólnie uczestniczą w przyjemnościach, popisują się przed innymi wszystkim, co dobre, i dzielą się tym w ogólnej atmosferze wspaniałomyślności. Zainteresowaniu obfitością dóbr materialnych towarzyszy zainteresowanie mnogością ludzi, społecznością wiernych, plemieniem jako całością.

W ramach okresowych świątecznych zgromadzeń pojawia się wiele innych, ściśle społecznych zjawisk: plemienny charakter niemal wszystkich ceremonii religijnych, społeczny uniwersalizm zasad moralnych, upowszechnianie się grzechu, znaczenie czystej umowności i tradycji w pierwotnych formach religii i moralności, a przede wszystkim utożsamianie się całego plemienia jako jednostki społecznej ze swoją religią, co oznacza nieobecność jakichkolwiek form sekciarstwa religijnego, odstępstw czy herezji w wierze pierwotnej.

SPOŁECZEŃSTWO JAKO KWINTESENCJA BOGA

Wszystkie te fakty, a szczególnie ten ostatni, wskazują, że religia jest sprawą plemienną, i przypomina się nam słynne stwierdzenie Williama Robertsona Smitha, że religia pierwotna jest sprawą społeczności, a nie jednostki. Ten przesadny pogląd zawiera jednak sporo prawdy, ale w nauce stwierdzenie, że coś jest prawdziwe, oraz wykrycie prawdy i jej ujawnienie nie są bynajmniej tym samym. Robertson Smith w gruncie rzeczy niewiele zrobił w tym zakresie poza tym, że sformułował ważne pytania: „Dlaczego człowiek pierwotny odprawia swoje ceremonie publicznie?", „Jaka jest wzajemna relacja między społeczeństwem a prawdą objawnioną w religii i czczoną w jej ramach?"

Niektórzy współcześni antropologowie udzielili na te pytania, jak wiemy, kategorycznej, pozornie ostatecznej i niezwykle prostej odpowiedzi. Profesor Durkheim i kontynuatorzy jego poglądów utrzymują, że religia jest zjawiskiem społecznym, ponieważ wszelkie jej Istoty, jej Bóg czy Bogowie, Materiał, z którego zrobione są wszystkie przedmioty religijne, to nic innego, jak tylko zdeifikowane Społeczeństwo.

Wydaje się, że ta teoria świetnie wyjaśnia publiczny charakter kultu, natchnienie i pokrzepienie, jakie uzyskuje człowiek — zwierzę społeczne — dzięki uczestnictwu w zbiorowości wiernych, nietolerancję, jaką wykazuje religia, szczególnie w swoich pierwotnych przejawach, siłę zasad moralnych i tym podobne fakty. Jest też zgodna z naszą współczesną orientacją demokratyczną, która w naukach społecznych przybrała formę tendencji do wyjaśniania wszystkiego w kategoriach „sił zbiorowych", a nie „sił indywidualnych". Teoria ta, która powoduje, że *vox populi* staje się *vox Dei*, wydaje się trzeźwą, naukową prawdą i w związku z tym musi odpowiadać nowoczesnemu człowiekowi.

Po pewnym namyśle nasuwają się jednak uwagi krytyczne, i to bardzo poważne. Każdy, kto głęboko i szczerze doświadczył religii, wie, że najsilniejszych przeżyć religijnych doznaje się w chwilach samotności, koncentracji i skupienia, z dala od świata, a nie w stanie rozterki wywołanej przez tłum. Czy religia pierwotna może więc być tak zupełnie pozbawiona natchnienia, którego doznaje się w samotności? Każdy, kto zna ludzi pierwotnych, albo bezpośrednio, albo z wnikliwej lektury, będzie znał odpowiedź na to pytanie. Fakty takie, jak odosobnienie nowicjuszy przed inicjacją, ich osobiste, indywidualne zmagania w czasie odbywania prób, zjednoczenie z duchami, bóstwami i siłami nadprzyrodzonymi w odludnych miejscach, świadczą o częstym przeżywaniu religii pierwotnej w samotności. Dalej, jak widzieliśmy wcześniej, nie da się wyjaśnić wiary w nieśmiertelność bez odwołania się do jednostkowych religijnych ram odniesienia, do tego, że człowiek oczekuje własnej śmierci w strachu i smutku. Religia pierwotna ma też swoich proroków, jasnowidzów, wróżbiarzy i interpretatorów wierzeń. Wszystkie te okoliczności, choć oczywiście nie dowodzą, że religia ma wyłącznie indywidualny wymiar, powodują, że trudno jest zrozumieć, jak można było ją uznać za mającą tylko wymiar *społeczny*.

I dalej, jeśli chodzi o zasady moralne, to w przeciwieństwie do zasad prawnych i obyczajowych są one wzmacniane przez sumienie. Człowiek dziki przestrzega tabu nie ze strachu przed karą wymierzaną przez społeczność czy przed opinią publiczną. Powstrzymuje się od złamania go częściowo dlatego, że obawia się bezpośrednich, złych konsekwencji wynikających z woli bóstwa czy sił nadprzyrodzonych, ale głównie dlatego, że nie pozwala mu na to jego własne poczucie odpowiedzialności i sumienie. Zakazane zwierzę totemiczne, kazirodczy lub zakazany stosunek seksualny, działanie i pożywienie będące tabu są dla niego wręcz odrażające. Widziałem i czułem, że dzicy wzbraniają się przed zakazanym postępkiem z takim samym wstrętem i niesmakiem, jak religijny chrześcijanin przed popełnieniem czynu, który uważa za grzeszny. Oczywiście tego rodzaju postawa wykształca się pod wpływem społeczeństwa w tym sensie, że zakazane jest napiętnowane jako straszne i odrażające przez tradycję. Ale jest to postawa jednostkowa, oddziałująca poprzez jednostkowe siły umysłu. Nie jest więc ani wyłącznie społeczna, ani wyłącznie indywidualna, ale i taka, i taka jednocześnie.

Profesor Durkheim usiłował sformułować swoją frapującą teorię, mówiącą, że Społeczeństwo jest surowcem, z którego powstaje Bóg, w drodze analizy pierwotnych uroczystości plemiennych. W szczególności badał sezonowe ceremonie odprawiane w środkowej Australii. Podczas ich trwania „wielka zbiorowa ekscytacja w okresach zgromadzeń" rodzi wszelkie zjawiska religijne, a „idea religii powstaje z takiej ekscytacji". Profesor Durkheim kładzie więc nacisk na wzburzenie emocjonalne, na egzaltację, na potęgowanie się mocy, jakie odczuwa każda jednostka uczestnicząca w takim zgromadzeniu. Wystarczy jednak chwila zastanowienia, by stwierdzić, że nawet w społecznościach pierwotnych wzrost emocji i poczucie większej jednostkowej siły nie ograniczają się bynajmniej do sytuacji zgromadzenia czy tłumu. Kochanek w obecności swojej umiłowanej, śmiały poszukiwacz przygód pokonujący strach w obliczu rzeczywistego niebezpieczeństwa, myśliwy w starciu z dzikim zwierzem, rzemieślnik tworzący arcydzieło będą się czuć odmienieni, podniesieni na duchu, wyposażeni w siły wyższe bez względu na to, czy będą dzicy, czy cywilizowani. I bez wątpienia wiele z tych samotnych doświadczeń, kiedy człowiek przeczuwa śmierć, przeżywa mękę niepokoju, egzaltację szczęściem, rodzi wiele religijnego natchnienia. Choć większość ceremonii ma charakter publiczny, duża część religijnego objawienia występuje w samotności.

Z drugiej strony w społeczeństwach pierwotnych istnieje wiele działań zbiorowych, które charakteryzują się takim samym stopniem podniecenia i namiętności, jak każda ceremonia religijna, nie mają one jednak żadnego zabarwienia religijnego. Jak zaobserwowałem w Melanezji, pracy zbiorowej w ogrodach, kiedy ludzi ogarnia chęć współzawodnictwa i zapał do pracy, kiedy śpiewają rytmiczne pieśni, wydają okrzyki radości i rzucają wezwanie do rywalizacji, towarzyszy duży ładunek „zbiorowej ekscytacji". Jest ona jednak całkowicie świecka, a społeczność, która „uzewnętrznia się" przy takich czy innych publicznych zdarzeniach, nie zyskuje majestatu świętości ani boskiego wyglądu. Bitwa, regaty żeglarskie, wielkie spotkanie plemienne w celach handlowych, australijskie świeckie pokrzepienie, wioskowa bijatyka — to zarówno ze społecznego, jak i psychologicznego punktu widzenia przede wszystkim przykłady ekscytacji tłumu. Ale przy żadnej z tych okazji nie rodzi się religia. Tak więc *zbiorowe* i *religijne*, choć zderzają się ze sobą, nie są wcale współmierne. Genezy wielu wierzeń i religijnego natchnienia trzeba szukać w samotnych doświadczeniach człowieka, natomiast wiele zgromadzeń i ekscytacji nie ma ani religijnego znaczenia, ani religijnych konsekwencji.

Gdybyśmy jeszcze bardziej rozszerzyli definicję „społeczeństwa" i uznali je za stałą, trwającą dzięki tradycji i kulturze całość, w której każda kolejna generacja rodzi się z poprzedniej i jest kształtowana na jej podobieństwo przez społeczne dziedzictwo cywilizacji — czyż nie moglibyśmy wówczas uznać Społeczeństwa za prototyp Pana Boga? Ale nawet w takiej sytuacji fakty z życia ludzi pierwotnych będą przeczyć tej teorii. Tradycja zawiera bowiem całokształt norm i obyczajów społecznych, zasad sztuki i wiedzy, zakazy, zalecenia, legendy i mity i tylko część z nich ma charakter religijny, reszta jest całkowicie świecka. Jak dowiedzieliśmy się z drugiej części tego eseju, empiryczna i racjonalna wiedza człowieka pierwotnego o przyrodzie, która jest podstawą jego sztuki i rzemiosła, jego przedsięwzięć ekonomicznych i możliwości budowlanych, tworzy autonomiczną sferę w ramach tradycji społecznej. Społeczeństwo jako stróż tradycji świeckiej, stróż *profanum*, nie może być zasadą religijną ani bóstwem, gdyż miejscem tego bóstwa jest wyłącznie sfera *sacrum*. Ponadto stwierdziliśmy, że jednym z głównych zadań religii pierwotnej, zwłaszcza w ceremoniach inicjacyjnych i misteriach plemiennych, jest uświęcenie religijnej części tradycji. Jest więc jasne, że religia nie może czerpać całej swojej świętości ze źródła, które jest uświęcone właśnie przez religię.

Właściwie tylko zręczna gra słów i dwutorowa sofistyka argumentacji pozwalają na utożsamienie „społeczeństwa" z tym, co Boskie czy Święte. Jeśli rzeczywiście postawimy znak równości między *społecznym* i *moralnym*, jeśli rozszerzymy to pojęcie tak, że obejmie wszelkie wierzenia, zasady postępowania, wszelkie nakazy sumienia, jeśli uosobimy Siłę Moralną i uznamy ją za Duszę Zbiorową, to nie będzie nam trzeba wielkich umiejętności dialektycznych, by obronić tezę, która Społeczeństwo utożsamia z Panem Bogiem. Ponieważ jednak zasady moralne stanowią tylko część tradycyjnego dziedzictwa człowieka, ponieważ moralność nie jest tożsama z Mocą Istnienia, z której zgodnie z przekonaniem wyrasta, ponieważ, wreszcie, metafizyczne pojęcie „Dusza Zbiorowa" jest bezużyteczne dla antropologii, musimy odrzucić socjologiczną teorię religii.

Podsumowując, nie da się zaakceptować poglądów Durkheima i przedstawicieli jego szkoły. Po pierwsze w społeczeństwach pierwotnych religia w znacznym stopniu wypływa ze źródeł czysto indywidualnych. Po drugie społeczeństwo jako tłum nie zawsze jest czynnikiem wywołującym wierzenia religijne czy choćby religijne stany umysłu, a ekscytacja zbiorowa ma często całkowicie świecki charakter. Po trzecie tradycja, suma pewnych zasad i osiągnięć kulturowych, obejmuje, a w społeczeństwach pierwotnych bardzo mocno od siebie uzależnia zarówno *Sacrum*, jak i *Profanum*. Wreszcie personifikacja społeczeństwa — „Dusza Zbiorowa" — nie znajduje żadnego uzasadnienia w faktach i jest sprzeczna z metodologią nauk społecznych.

MORALNA SKUTECZNOŚĆ WIERZEŃ DZIKICH

Chcąc mimo wszystko oddać sprawiedliwość Williamowi Robertsonowi Smithowi, Émile'owi Durkheimowi i ich szkole, pragnę zaznaczyć, że ujawnili oni wiele istotnych cech religii pierwotnej. Przede wszystkim dzięki wyolbrzymieniu społecznego aspektu wiary pierwotnej sformułowali wiele najistotniejszych pytań: „Dlaczego większość aktów religijnych ma w społecznościach pierwotnych charakter zbiorowy i jest odprawiana publicznie?", „Jaką rolę odgrywa społeczeństwo w ustalaniu zasad postępowania moralnego?", „Dlaczego nie tylko moralność, ale także wierzenia, mitologia i cała uświęcona tradycja obowiązują wszystkich członków plemienia pierwotnego?" Innymi słowy: „Dlaczego w każdym plemieniu występuje tylko jeden zespół wierzeń religijnych i dlaczego nigdy nie toleruje się odmienności opinii?"

Aby odpowiedzieć na te pytania, musimy powrócić do naszej analizy zjawisk religijnych, przypomnieć niektóre z naszych wniosków i zwrócić szczególną uwagę na sposób, w jaki wyrażana jest wiara i ustalane są zasady moralne w religii pierwotnej.

Zacznijmy od aktu religijnego *par excellence*, od ceremonii związanej ze śmiercią. Tu potrzeba religii wynika z momentu przełomowego dla jednostki, śmierci, która zagraża człowiekowi. Nigdy bardziej jednostka nie potrzebuje pokrzepienia ze strony wiary i rytuału niż w sakramencie ostatniego namaszczenia, gdy otrzymuje ostateczne pocieszenie w ostatniej fazie życia, w akcie, który jest nieomal powszechny w religiach pierwotnych. Akt ten ma służyć pokonaniu wszechogarniającego strachu, druzgocącego zwątpienia, od którego człowiek pierwotny wcale nie jest bardziej wolny niż człowiek cywilizowany. Akt ten potwierdza jego nadzieję, że istnieje życie pozagrobowe, że nie jest ono gorsze niż życie ziemskie, a nawet lepsze. Cały rytuał jest wyrazem wiary, postawy emocjonalnej, której umierający potrzebuje, która przynosi mu największe pocieszenie w sytuacji tej ostatecznej walki. I ta afirmacja nadziei znajduje oparcie w zebranym zgromadzeniu i w przepychu uroczystego rytuału. We wszelkich bowiem społecznościach pierwotnych śmierć, jak widzieliśmy, zmusza całą społeczność do zebrania się, do towarzyszenia umierającemu i do wypełniania obowiązków wobec niego. Oczywiście obowiązki te nie rodzą żadnego współczucia dla umierającego — doprowadziłoby to jedynie do dezintegrującej paniki. Przeciwnie, zasada postępowania rytualnego wyklucza niektóre najsilniejsze emocje, których ofiarą mógłby paść umierający. W rzeczywistości całe zachowanie grupy wyraża nadzieję na zbawienie i nieśmiertelność, to znaczy wyraża tylko jedną spośród wzajemnie sprzecznych emocji jednostki.

Po śmierci, choć główny bohater już odszedł, tragedia jeszcze się nie kończy. Na scenie pozostają osieroceni; zarówno dzicy, jak i cywilizowani cierpią tak samo i przeżywają niebezpieczne zachwianie równowagi psychicznej. Przeprowadziliśmy już analizę tego stanu i stwierdziliśmy, że targani przez strach i pobożność, cześć i przerażenie, miłość i odrazę znajdują się w stanie umysłu, który może prowadzić do dezintegracji psychicznej. Z tego stanu religia wyciąga jednostkę za pomocą czegoś, co można nazwać duchowym współuczestnictwem w uświęconych rytuałach żałobnych. Zauważyliśmy, że w rytuałach tych przejawia się dogmat o trwaniu życia po śmierci, a także określona postawa moralna wobec zmarłego. Zwłoki, a wraz z nimi osoba zmarłego, są potencjalnym przedmiotem, który rodzi zarówno przerażenie, jak i tkliwą miłość. Religia umacnia drugą część tej dwoistej postawy, czyniąc ciało zmarłego obiektem świętych obowiązków. Więź między zmarłym i tymi, którzy pozostali przy życiu, zostaje utrzymana, co jest niezwykle ważne dla zachowania ciągłości kultury i dla ochrony tradycji. Widzimy więc, że cała społeczność przestrzega nakazów uświęconej tradycji, ale i tym razem zostały one wprowadzone dla dobra tylko niektórych jednostek, tych osieroconych, zrodziły się z jednostkowego konfliktu i są środkami do jego rozwiązania. Trzeba również pamiętać, że to, co każdy przeżywa w takiej chwili, przygotowuje go do własnej śmierci. Wiara w nieśmiertelność, której doświadczył w wyniku śmierci matki czy ojca, pozwala mu wyraźniej uświadomić sobie swoje własne przyszłe życie.

W tym wszystkim musimy wprowadzić klarowne rozróżnienie wiary i etyki rytuału z jednej strony i środków wprowadzających je w życie oraz metody, dzięki której jednostka uzyskuje religijne pocieszenie, z drugiej. Zbawienna wiara w duchowe życie po śmierci jest już wpisana w umysł jednostki; nie jest wytworem społeczeństwa. Suma wrodzonych skłonności, zwanych zazwyczaj „instynktem samozachowawczym", stanowi źródło tej wiary. Jak widzieliśmy, wiara w nieśmiertelność jest ściśle powiązana z trudnością pogodzenia się z własnym unicestwieniem czy z unicestwieniem bliskiej i kochanej osoby. Skłonność ta powoduje, że idea ostatecznego zniknięcia ludzkiej indywidualności staje się nienawistna, niemożliwa do przyjęcia i społecznie destruktywna. Ale idea ta i strach z nią związany zawsze się odzywają w doświadczenu jednostki i religia może je wyeliminować tylko przez zaprzeczenie im w rytuale.

Czy wpływ na to ma Opatrzność bezpośrednio kierująca losem człowieka, czy też proces selekcji naturalnej, dzięki któremu trwa i upowszechnia się kultura kształtująca wiarę w nieśmiertelność i rytuał z nią związany — to problem do rozstrzygnięcia dla teologa lub metafizyka. Jeśli chodzi o antropologa, to wystarczy, gdy wskaże, jaką wartość dla społecznej integracji i trwałości kultury mają pewne zjawiska. Widzimy w każdym razie, że w tej dziedzinie religia wybiera jedną z dwóch możliwości podsuwanych człowiekowi przez jego wyposażenie instynktowne.

Do wprowadzenia tego wyboru w życie konieczne jest społeczeństwo. Opuszczony członek grupy, sam ogarnięty smutkiem i strachem, nie jest w stanie polegać wyłącznie na swych własnych siłach. W drodze indywidualnego wysiłku nie byłby zdolny zastosować dogmatu w odniesieniu do własnej osoby. I wtedy wkracza grupa. Inni członkowie, których nieszczęście nie dotknęło bezpośrednio, którzy nie przeżywają rozterki metafizycznej, są w stanie reagować na ten kryzys zgodnie z zaleceniami porządku religijnego. Dzięki temu przynoszą ukojenie osobie dotkniętej tragedią i prowadzą ją przez przynoszące pociechę doświadczenia ceremonii religijnej. Zawsze łatwiej jest znieść nieszczęścia innych, tak więc cała grupa, której większość nie znalazła się w szponach strachu i przerażenia, jest w stanie pomóc cierpiącej mniejszości. Przechodząc przez ceremonie religijne, osierocona jednostka doświadcza przemiany dzięki objawieniu nieśmiertelności, zjednoczeniu z osobą ukochaną, dzięki porządkowi tamtego świata. Religia wydaje rozkazy za pośrednictwem aktów kultu, a grupa rozkazy te wykonuje.

Jak widzieliśmy, pocieszenie, jakie przynosi rytuał, nie jest czymś sztucznym, wytworzonym na tę tylko okazję. Jest ono rezultatem dwóch przeciwstawnych skłonności zawartych we wrodzonej człowiekowi emocjonalnej reakcji na śmierć, postawa religijna polega jedynie na wyborze i rytualnym potwierdzeniu słuszności jednej z tych możliwości — nadziei na życie przyszłe. I w tym zakresie publiczne uczestnictwo w rytuale daje ważne i znaczące świadectwo prawdziwości tej wiary. Publiczna uroczystość i ceremonia są skuteczne dzięki naśladownictwu, dzięki dostojeństwu jednomyślnej akceptacji, dzięki wrażeniu, jakie wywierają zbiorowe zachowania. Poważna i dostojna ceremonia zawsze wciąga nawet nie zainteresowanego obserwatora, a więc tym bardziej zaangażowanego uczestnika.

Trzeba jednak z naciskiem podkreślić różnicę między współdziałaniem zbiorowości — jako jedyną techniką konieczną do wprowadzenia wiary w życie — a tworzeniem wiary i samoobjawianiem się społeczeństwa. Społeczność szerzy wiele ostatecznych prawd i daje moralne pokrzepienie swym członkom, ale nie daje im niejasnego i próżnego zapewnienia swej własnej świętości.

W rytuałach religijnych innego rodzaju, w ceremoniach inicjacji, rytuał dowodzi istnienia pewnej siły czy osoby, od której pochodzi prawo plemienne i która jest odpowiedzialna za zasady moralne wpajane nowicjuszowi. Aby wiara była imponująca, potężna i majestatyczna, ceremonie są odprawiane z wielkim przepychem, a przygotowania wymagają trudu i wielu prób. Wywołuje to niezapomniane, wyjątkowe w życiu jednostki przeżycie, dzięki któremu uczy się ona doktryn tradycji plemiennej oraz zasad moralnych. Całe plemię się mobilizuje i uruchamia swój autorytet, by świadczyć na rzecz mocy i prawdziwości spraw objawionych. Podobnie jak w wypadku śmierci, tak i tutaj mamy do czynienia z momentem przełomowym w indywidualnym życiu i z konfliktem psychicznym z nim związanym. W okresie pokwitania młody człowiek musi sprawdzić swą siłę fizyczną, aby dorównać swej dojrzałości seksualnej i aby zająć odpowiednią pozycję w plemieniu. To przynosi mu nadzieje, przywileje i pokusy, a równocześnie obarcza pewnymi ciężarami. Właściwe rozwiązanie tego konfliktu zależy od postępowania zgodnego z tradycją, podporządkowania się moralnym zasadom seksualnym plemienia i obowiązkom związanym z wejściem w wiek męski, a to właśnie osiąga się dzięki ceremoniom inicjacyjnym.

Publiczny charakter tych ceremonii służy zarówno potwierdzeniu wielkości najwyższego prawodawcy, jak i osiągnięciu jednomyślności w nauce moralności. Tak więc ceremonie stają się formą intensywnej edukacji o charakterze religijnym. Jak w każdym nauczaniu, przekazywane zasady są po prostu wybierane z naturalnego wyposażenia człowieka, utrwalane i akcentowane. I tu także aspekt publiczny jest tylko kwestią techniki, a przekazywana treść nie jest wytworem społeczeństwa, ale istnieje w jednostce.

W wypadku jeszcze innych kultów, takich jak święto plonów, zgromadzenia totemiczne, ofiary z pierwszych plonów czy ceremonialne wystawianie na pokaz pożywienia, stwierdzamy, że religia uświęca obfitość i zaopatrzenie oraz wykształca postawę czci wobec dobroczynnych sił zewnętrznych. Tutaj także publiczny charakter kultu jest niezbędny jako jedyny czynnik, który umożliwia ustalenie wartości pożywienia, jego gromadzenie i obfitość. Wartość pożywienia ustala się przez pokazywanie go wszystkim, przez podziw wszystkich, przez rywalizację wszystkich wytwórców. Każda bowiem wartość, czy to religijna, czy ekonomiczna, musi mieć znaczenie powszechne. Ale i w tym wypadku mamy do czynienia tylko z wyborem i utrwaleniem jednej z dwóch możliwych reakcji indywidualnych. Nagromadzone pożywienie może zostać albo zmarnowane, albo przechowane. Może albo być zachętą do natychmiastowej nierozważnej konsumpcji i lekceważenia przyszłości, albo pobudzać człowieka do poszukiwania sposobów zabezpieczenia bogactwa i wykorzystania go do wyższych celów kulturowych. Religia zatwierdza kulturowo wartościową postawę i wzmacnia ją przez publiczne wprowadzanie w życie.

Publiczny charakter tego rodzaju świąt umożliwia realizację jeszcze jednego społecznie ważnego zadania. Członkowie każdej grupy, która stanowi jednostkę kulturową, muszą od czasu do czasu spotykać się ze sobą, a tego rodzaju kontakt, oprócz dobroczynnego wzmacniania więzi społecznych, obfituje również w niebezpieczeństwa starć. Niebezpieczeństwo to wzrasta, gdy ludzie spotykają się w okresach napięć, niedostatku i głodu, kiedy ich potrzeby nie są zaspokojone, a popęd seksualny gotów nad nimi zapanować. Świąteczne plemienne zgromadzenia w okresach obfitości, kiedy każdy jest w harmonii z naturą, a więc także z innymi ludźmi, przybierają natomiast charakter spotkań o moralnej atmosferze. Chodzi mi tu o atmosferę ogólnej harmonii i dobroczynności. Przypadki rozwiązłości seksualnej, które zdarzają się przy okazji tego rodzaju zgromadzeń, a także złagodzenie zasad regulujących stosunki seksualne i pewnych ograniczeń etykiety prawdopodobnie powstają w taki sam sposób. Gdyby nie zostały wyeliminowane wszelkie przyczyny kłótni i nieporozumień, duże zebranie plemienne nie mogłoby się spokojnie skończyć. Moralna wartość harmonii i dobrej woli okazuje się wyższa niż czysto negatywnych tabu, które trzymają w ryzach podstawowe instynkty człowieka. Najwyższą wartością jest miłosierdzie i w religiach, zarówno pierwotnych, jak i bardziej rozwiniętych, usprawiedliwia wiele grzechów; ba, nawet je unieważnia.

Nie jest chyba potrzebna dalsza szczegółowa analiza innych typów aktów religijnych. Totemizm — religia klanu, która potwierdza wspólne pochodzenie od zwierzęcia totemicznego lub wspólne z nim pokrewieństwo, głosi ideę zbiorowej władzy klanu nad jego zasadami oraz narzuca wszystkim członkom klanu wspólne totemiczne tabu i pełen czci stosunek do gatunków totemicznych — musi oczywiście osiągać swój punkt kulminacyjny w ceremoniach publicznych i mieć wyraźnie społeczny charakter. Kult przodków, którego celem jest jednoczenie w jeden zespół wiernych rodziny, krewnych w linii prostej czy plemienia, z samej swej istoty doprowadza do ich spotkania przy okazji ceremonii publicznej, gdyż inaczej nie pełniłby wcale swojej funkcji. Duchy opiekuńcze grup lokalnych, plemion lub miast, bogowie mający określone sfery oddziaływania, bóstwa strzegące określonych zawodów czy miejscowości muszą wszystkie — z samej definicji — być przedmiotem czci reprezentantów jakiejś wioski, plemienia, miasta, zawodu czy polityki.

Kulty z pogranicza magii i religii, takie jak ceremonie *intichiuma*, publiczne rytuały ogrodowe, ceremonie związane z połowami i polowaniem, muszą być oczywiście odprawiane publicznie, ponieważ, odróżniając się wyraźnie od wszelkich działań praktycznych, które inaugurują lub którym towarzyszą, są ich odpowiednikami. Współpraca w jakimś praktycznym przedsięwzięciu ma swój odpowiednik we wspólnej ceremonii. Ceremonie pełnią swoją kulturową funkcję już tylko dzięki temu, że jednoczą grupę działających we wspólnym akcie czci religijnej.

Zamiast więc analizować konkretne typy ceremonii religijnych, możemy sformułować tezę posługując się argumentem abstrakcyjnym; ponieważ religia ogniskuje się wokół istotnych czynności życiowych i ponieważ wszystkie te czynności wymagają zainteresowania publicznego ze strony grupy zjednoczonej przez współpracę, każda ceremonia religijna musi mieć charakter publiczny i musi być odprawiana przez grupę. Wszelkie momenty przełomowe w życiu człowieka, wszelkie ważne przedsięwzięcia wywołują zbiorowe zainteresowanie społeczności pierwotnych i mają swoje odpowiedniki w ceremoniach magicznych lub religijnych. Ta sama grupa ludzi, którzy współdziałają w określonym przedsięwzięciu lub łączą się w trudnych chwilach życia, wspólnie odprawia także ceremonię. Abstrakcyjna argumentacja tego rodzaju, nawet gdyby była przekonująca, nie pozwoli nam jednak poznać prawdziwych mechanizmów kierujących publicznym odprawianiem aktów religijnych tak, jak pozwala na to dokładny opis.

SPOŁECZNY I JEDNOSTKOWY WKŁAD W RELIGIĘ PIERWOTNĄ

Narzuca się nam więc wniosek, że w społecznościach pierwotnych rozgłos jest niezbędny dla objawienia religijnego, ale społeczność ani nie tworzy prawd religijnych, ani tym bardziej nie jest przedmiotem samoobjawienia. Konieczność publicznego *mise en scène* dogmatów oraz zbiorowego wdrażania praw moralnych wynika z kilku przyczyn. Podsumujmy je.

Po pierwsze współpraca zbiorowa jest konieczna do otoczenia rzeczy świętych i istot nadprzyrodzonych uroczystym majestatem. Społeczność angażując się całym sercem w odprawianie różnych rytuałów, wywołuje atmosferę jednolitej wiary. W tym zbiorowym działaniu ci, którzy w danym momencie nie potrzebują pociechy, jaką niesie wiara, ani potwierdzenia prawd tej wiary, pomagają potrzebującym jej. Złe, niszczące siły przeznaczenia podlegają rozłożeniu dzięki systemowi wzajemnej pomocy w duchowym nieszczęściu i napięciu. W okresie żałoby, w kryzysie dojrzewania, gdy zagraża niebezpieczeństwo i zło, gdy pomyślność może obrócić się na dobre lub złe, religia ujednolica właściwy sposób myślenia i działania, a społeczeństwo przyjmuje werdykt i jednomyślnie go powtarza.

Po drugie w społeczeństwach pierwotnych publiczne przedstawianie dogmatu religijnego jest konieczne dla zachowania obyczajów. Jak widzieliśmy, każdy element wiary wywiera wpływ moralny. A zasady moralne, aby w ogóle mogły oddziaływać, muszą być powszechne. Trwałość więzi społecznej, wzajemność usług i obowiązków, możliwość współpracy w każdym społeczeństwie zasadzają się na tym, że każdy jego członek wie, jakie są oczekiwania wobec niego, to znaczy, krótko mówiąc, że istnieją powszechne normy postępowania. Żadna zasada moralna nie będzie funkcjonować, jeśli się jej nie uzna za pewną albo nie będzie można na niej polegać. W społecznościach pierwotnych, w których niemal zupełnie nie istnieje prawo narzucone przez sądy i kary, automatyczna, samodziałająca zasada moralna ma największe znaczenie dla kształtowania podstaw pierwotnej organizacji i kultury. Sytuacja taka jest możliwa tylko w społeczeństwach, w których nie istnieje prywatne nauczanie moralności, nie ma jednostkowych kodeksów postępowania i honoru, nie ma szkół etyki ani różnic opinii moralnych. Nauczanie moralności musi być otwarte, publiczne i powszechne.

I wreszcie po trzecie przekazywanie i przechowywanie uświęconej tradycji wymaga rozgłosu lub przynajmniej zbiorowego uczestnictwa w ceremoniach. Najważniejsze dla każdej religii jest to, by jej dogmaty były uważane za absolutnie niezmienne i niepodważalne i jako takie traktowane. Wierzący musi być głęboko przekonany o tym, że to, co mu wskazano jako prawdę, jest przechowywane i przekazywane w takiej samej formie, w jakiej zostało otrzymane, oceniane jako niemożliwe do zafałszowania lub zmiany. Każda religia musi mieć swoich rzeczywistych, godnych zaufania gwarantów, którzy ręczą za jej autentyczność. Wiemy, że w wypadku religii bardziej rozwiniętych sprawą niezwykle istotną jest autentyczność świętych tekstów, niezwykła troska o czystość tych tekstów i prawdziwość ich interpretacji. Krajowcy natomiast muszą polegać na pamięci i choć nie mają ani książek, ani zapisów, ani zespołu teologów, w takim samym stopniu troszczą się o czystość swoich tekstów i chronią je przed zmianami i nieścisłościami. Istnieje tylko jeden czynnik, który zapobiega ciągłemu zrywaniu świętej nici: uczestnictwo wielu ludzi w przechowywaniu tradycji. Publiczne odgrywanie mitu w niektórych plemionach, oficjalne recytowanie świętych przypowieści przy różnych okazjach, materializowanie fragmentów wierzeń w uświęconych ceremoniach, ochrona elementów tradycji przez specjalnie do tego powołane organy: tajne stowarzyszenia, klany totemiczne, rady starszych — wszystko to są środki, które służą ochronie doktryny religii pierwotnej. Zauważyliśmy, że kiedy doktryna nie jest powszechna w plemieniu, wówczas istnieje specjalny typ organizacji społecznej, który służy jej przechowywaniu.

Niniejsze rozważania wyjaśniają także ortodoksyjny charakter religii pierwotnych i usprawiedliwiają ich nietolerancję. W społeczności pierwotnej nie tylko zasady moralne, ale także dogmaty religijne muszą być takie same dla wszystkich członków. Dopóki wierzenia dzikich uważano za próżne przesądy, za fikcję, za dziecinne lub chorobliwe wytwory fantazji albo w najlepszym wypadku za surową formę spekulacji filozoficznej, dopóty trudno było zrozumieć, dlaczego dziki tak uporczywie i tak wiernie się ich trzymał. Kiedy jednak już wiemy, że każdy kanon wiary dzikiego jest jego siłą życiową, że doktryna jest właśnie czynnikiem cementującym strukturę społeczną — ponieważ z tej właśnie doktryny bierze się cała moralność, spójność społeczna i opanowanie psychiczne — łatwo jest pojąć, dlaczego nie może on pozwolić sobie na tolerancję. Staje się też jasne, że gdy zaczniesz wyszydzać jego „przesądy", podważysz całą jego moralność, nie będąc w stanie dać mu nic w zamian.

Widzimy więc jasno potrzebę całkowicie otwartego i zbiorowego charakteru aktów religijnych i uniwersalności zasad moralnych, uświadamiamy sobie również, dlaczego jest ona o wiele bardziej wyeksponowana w religiach pierwotnych niż w cywilizowanych. Powszechne uczestnictwo i społeczne zainteresowanie sprawami religii dają się więc wyjaśnić wyraźnymi, konkretnymi, empirycznymi przyczynami i nie ma tu miejsca dla Istoty, ujawniającej się wiernym w masce przebiegłości, okrytej tajemnicą i zwodniczej już w samym akcie objawienia. Faktem jest, że wkład społeczeństwa w ustanawianie religii jest warunkiem koniecznym, ale niewystarczającym, i bez analizy umysłowości jednostkowej nie możemy zrobić ani kroku w kierunku zrozumienia religii.

Na początku naszych rozważań nad zjawiskami religijnymi, w części trzeciej, wprowadziliśmy rozróżnienie magii i religii; później jednak rytuały magiczne pozostawiliśmy na boku i teraz musimy powrócić do tej ważnej dziedziny życia pierwotnego.

V. SZTUKA MAGII I MOC WIARY

Magia — już samo to słowo wydaje się odkrywać bezmiar niezgłębionych i nieoczekiwanych możliwości! Nawet dla ludzi nie tęskniących za sprawami tajemnymi, za skrótami wiodącymi do „ezoterycznej prawdy", nie podzielających tego niezdrowego zainteresowania, któremu tak często służy obecnie niewczesne ożywianie na wpół zrozumiałych dawnych wierzeń i kultów, serwowanych pod nazwą „teozofia", „spirytyzm" lub „spirytualizm", a także rozmaitych pseudo- „nauk", -logii i -izmów; nawet dla ściśle naukowych umysłów problematyka magii jest szczególnie pociągająca. Prawdopodobnie dzieje się tak dlatego, że z jednej strony mamy nadzieję znaleźć w magii istotę pragnień i mądrości człowieka pierwotnego; bez względu na to, w czym tkwi ta istota, warto ją poznać. Z drugiej zaś strony wydaje się, że magia powoduje u każdego człowieka wyzwolenie pewnych ukrytych sił umysłu, głęboko zakorzenionej ufności w to, co nadprzyrodzone, pewnych drzemiących wierzeń w tajemnicze możliwości jednostki ludzkiej. Świadczy o tym moc, jaką mają słowa *magia, czary, zaklęcie, oczarować, zaczarować* w poezji, w której trwa najdłużej i objawia się najjaskrawiej ich wewnętrzna treść i siła wyzwalanych przez nie uczuć.

Gdy socjolog przystępuje do badania magii tam, gdzie dzierży ona najwyższą władzę, gdzie nawet dziś występuje we w pełni rozwiniętej formie (wśród współczesnych dzikich epoki kamiennej), ku swemu rozczarowaniu znajduje tylko zupełnie trzeźwą, prozaiczną, a nawet niezręczną sztukę, uprawianą dla czysto praktycznych celów, rządzącą się surowymi i niezbyt głębokimi wierzeniami, realizowaną za pomocą prostej i monotonnej techniki. Wskazywaliśmy na to już w podanej wyżej definicji magii, w której w celu odróżnienia jej od religii opisaliśmy ją jako zespół czysto praktycznych czynności będących środkiem do osiągnięcia celu. Było tak też wówczas, gdy próbowaliśmy wyodrębnić magię z nauki i sztuki użytkowej, z którymi jest ona tak silnie powiązana i do których pozornie jest tak podobna, iż wyróżnienie zasadniczo odmiennej postawy umysłu i specyficznie rytualnego charakteru czynności właściwych tylko magii wymaga niejakiego wysiłku. Każdy antropolog terenowy wie z własnego doświadczenia, że magia pierwotna jest niezwykle monotonna i nieciekawa, dysponuje ściśle ograniczonymi środkami działania, jest obwarowana wierzeniami i skrępowana przez swoje podstawowe założenia. Wystarczy prześledzić jeden rytuał, zbadać jedną formułę magiczną, uchwycić na jednym przykładzie zasady magicznego wierzenia, sztuki i socjologii, aby zorientować się we wszelkich działaniach danego plemienia. Co więcej, po dokonaniu pewnych uzupełnień można osiedlić się w dowolnym punkcie globu ziemskiego i praktykować magię, jeśli się będzie miało szczęście pokładać wiarę w tę pożądaną umiejętność.

RYTUAŁ I ZAKLĘCIE

Skoncentrujmy się teraz na typowej czynności magicznej, takiej, która jest dobrze znana i ogólnie uważana za wzorcową — na czynności z zakresu czarnej magii. Spośród kilku rodzajów czarnej magii spotykanych u dzikich najbardziej rozpowszechnione są chyba czary polegające na celowaniu magiczną strzałką. Ostro zakończoną kość lub patyk, strzałę lub kość pacierzową jakiegoś zwierzęcia wbija się, rzuca lub skierowuje rytualnie za pomocą gestów na człowieka, który ma zostać zabity przez czary. Rozliczne przepisy dotyczące wykonania tego rodzaju rytuału można znaleźć w orientalnych i starożytnych księgach magicznych, w sprawozdaniach etnograficznych i opowieściach podróżników. Trudno natomiast spotkać opis kontekstu emocjonalnego, gestów i wypowiedzi czarownika podczas wykonywania tego rytuału. A te właśnie elementy są najistotniejsze. Gdyby ktoś z nas znalazł się nagle gdzieś w Melanezji i miał sposobność obserwowania czarownika w działaniu, nie wiedząc dokładnie, na co patrzy, mógłby przypuszczać, że ma do czynienia z lunatykiem lub człowiekiem działającym pod wpływem niepohamowanego gniewu. W zasadniczej części rytuału bowiem czarownik powinien nie tylko wymierzyć ostrze kości w swoją ofiarę, ale także — okazując silną nienawiść i gniew — przeszyć nią powietrze, obracać nią imitując wwiercanie do rany, a następnie cofnąć nagłym szarpnięciem. W rytuale tym nie tylko odtwarza się więc akt przemocy i zakłucia, trzeba także odegrać uczucie gniewu.

Dramatyczne wyrażenie uczuć stanowi treść tej czynności, a co ona przedstawia? Gdyby przedstawiany był jej cel, wówczas czarownik musiałby imitować śmierć ofiary. Odtwarzany jest zatem tylko stan emocjonalny działającego, stan, który ściśle odpowiada danej sytuacji i który trzeba mimetycznie odegrać.

Na podstawie własnych doświadczeń, a także innych materiałów źródłowych mógłbym przytoczyć liczne przykłady podobnych rytuałów. I tak w innych rodzajach czarnej magii czarownik rytualnie rani, kaleczy lub niszczy podobiznę ofiary lub przedmiot, który ją symbolizuje; ten rytuał jest przede wszystkim czystym wyrazem nienawiści i gniewu. W magii miłości, gdy wykonawca rzeczywiście lub symbolicznie przytula, głaszcze, pieści ukochaną osobę lub przedmiot ją symbolizujący, odtwarza zachowania zrozpaczonego kochanka, który owładnięty namiętnością utracił zdrowy rozsądek. W magii wojny w mniej lub bardziej bezpośredniej formie wyrażane są gniew, szał atakowania, pasja wojownicza. W magii przerażenia, podczas egzorcyzmów skierowanych przeciwko mocom ciemności i zła, czarownik zachowuje się tak, jakby sam był owładnięty uczuciem strachu lub przynajmniej jakby je gwałtownie zwalczał. Treścią tego rytuału są najczęściej krzyki, wymachiwanie bronią, zapalanie pochodni. Sam obserwowałem rytuał odpierania złych mocy ciemności, podczas którego wykonawca drżał w sposób ustalony rytuałem, a zaklęcie wypowiadał powoli, jak gdyby był sparaliżowany strachem. Strach ten ogarniał również zbliżającego się czarownika i odpychał go.

Wszystkie tego rodzaju czynności, które zazwyczaj uzasadnia i wyjaśnia jakaś reguła magiczna, *prima facie* wyrażają uczucia. Użyte substancje i przedmioty często również służą temu celowi. W czarnej magii są to sztylety, ostro zakończone raniące przedmioty, brzydko pachnące lub trujące substancje. W magii miłości — perfumy, kwiaty, środki odurzające; w magii ekonomicznej — kosztowności. Wszystkie te przedmioty są powiązane z celem danej magii przede wszystkim przez uczucia, a nie przez idee.

Prócz rytuałów, w których dominuje element wyrażania uczuć, istnieją również takie, w których czynność magiczna zapowiada pewien skutek, a więc — posługując się terminem sir Jamesa Frazera — rytuał imituje swój cel. W rytuale z zakresu czarnej magii, jaki zaobserwowałem u ludów Melanezji, czarownik wypowiadając zakończenie zaklęcia zniża głos, wydaje śmiertelne rzężenie i upada na ziemię naśladując śmiertelne drgawki. Ponieważ ten aspekt magii i powiązany z nim aspekt magii przenośnej zostały znakomicie opisane i wyczerpująco udokumentowane przez Frazera, nie ma potrzeby przytaczania dalszych przykładów. Sir James wykazał również, iż wraz z rozwojem magicznej pseudonauki rozwinęła się specjalna wiedza o substancjach magicznych oparta na pokrewieństwie i powinowactwie, na idei podobieństwa i przenoszenia.

Istnieją jednak również poczynania rytualne, w których nie ma ani imitacji, ani zapowiedzi i które nie wyrażają żadnych szczególnych idei czy emocji. Są rytuały tak proste, że można je określić jako bezpośrednie zastosowanie mocy magicznej. Przykładem niech będzie rytuał, podczas którego wykonawca wstaje i bezpośrednio zwracając się do wiatru powoduje, że ten nagle się zrywa. W innym rytuale wykonawca przenosi zaklęcie na jakąś substancję materialną, którą stosuje wobec przedmiotu lub osoby poddawanej później czarom. Przedmioty materialne wykorzystywane w takim rytuale mają ściśle określone cechy — substancja musi być łatwa do zdobycia i przechowywania, musi też dobrze przyswajać moc magiczną, naczynie, w którym przechowuje się ją do czasu użycia, także musi być odpowiednie.

Czym jednak jest moc magiczna, która ujawnia się w każdym rytuale magicznym? Bez względu na to, czy jest to czynność magiczna wyrażająca pewne uczucia, czy rytuał imitacji i zapowiedzi przyszłego wydarzenia, czy też akt prostego narzucania woli, każdy ten akt charakteryzuje jedna cecha: zawsze siła magii, jej moc, musi zostać przeniesiona na przedmiot poddawany działaniu czarów. Cóż to więc jest? Krótko mówiąc, jest to zawsze moc zawarta w zaklęciu, stąd też najważniejszym elementem magii — trzeba to jeszcze raz podkreślić — jest właśnie to zaklęcie. Zaklęcie stanowi tajemną część magii, przenoszone jest na mocy magicznych powiązań, znane tylko temu, kto magię uprawia. Tubylcy uważają, że znać magię, to znaczy znać zaklęcie. Analiza jakiejkolwiek czynności magicznej zawsze wykaże, że rytuał koncentruje się na wypowiadaniu zaklęcia. Formuła jest więc zawsze istotą magicznego przedstawienia.

Badanie tekstów i formuł magii pierwotnej ujawnia istnienie trzech typowych elementów wiążących się z wiarą w skuteczność magii. Po pierwsze są to efekty fonetyczne, a więc naśladowanie dźwięków wydawanych przez zjawiska przyrodnicze, na przykład świstu wiatru, huku grzmotów, ryku morza, głosów różnych zwierząt. Dźwięki te symbolizują pewne zjawiska, uważa się więc, że można te zjawiska magicznie wywołać. Mogą one także wyrażać pewne stany emocjonalne wiążące się z pragnieniem, które ma być realizowane za pomocą magii.

Drugim elementem wyróżniającym się w pierwotnych zaklęciach są słowa, które wypowiada się po to, by wybłagać pożądany cel, oznajmić, jaki jest ten cel, albo też domagać się go. Dlatego też czarownik wymienia wszystkie objawy choroby, którą chce wywołać, albo też w śmiercionośnej formule opisuje śmierć swej ofiary. W magii uzdrawiającej opisuje słowami idealny stan zdrowia i siły fizycznej. W magii ekonomicznej opisuje się wzrost roślin, zbliżanie się stad zwierząt i przypływanie ławic ryb. Czarownik używa też słów i zdań wyrażających uczucia, pod których wpływem odprawia magię, a także wykonuje czynności obrazujące te uczucia. Groźnym głosem wymienia czarownik kolejno takie czasowniki, jak „łamię — wykręcam — palę — niszczę", a przy każdym z nich dodaje jakąś część ciała lub organ wewnętrzny swojej ofiary. Zaklęcia konstruowane są więc na podstawie tego samego wzoru co rytuały, a słowa dobiera się dla tych samych celów co substancje magiczne.

Po trzecie w prawie każdym zaklęciu występuje element, który nie ma odpowiednika w rytuale. Mam tu na myśli aluzje mitologiczne, odniesienia do przodków i bohaterów kulturowych, od których ta magia pochodzi. Ten właśnie element prowadzi nas do sprawy najistotniejszej, do tradycyjnego kontekstu magii.

TRADYCJA MAGII

Podkreślaliśmy już niejednokrotnie, że tradycja sprawuje najwyższą władzę w cywilizacji pierwotnej, że nawarstwia się wokół rytuału i kultu magicznego. Istnienie każdej magii jest wyjaśniane w formie jakiejś opowieści. Mówi się w niej o tym, kiedy i gdzie człowiek wszedł w posiadanie magii, w jaki sposób stała się ona własnością grupy lokalnej, rodziny albo klanu. Opowieść nie zawiera jednakże genezy magii. Magia bowiem nigdy nie „powstała", nigdy nie została stworzona ani wymyślona. Po prostu od początku „była" zasadniczym dodatkiem do tych zjawisk i procesów, które żywo interesują człowieka, a które jednak wymykają się jego zwyczajnym, racjonalnym wysiłkom. Zaklęcie i rytuał oraz przedmiot, nad którym panują, są sobie współczesne.

W środkowej Australii magia, jak i wszystko inne, jest spuścizną po czasach *alcheringa*. W Melanezji cała magia pochodzi z czasów, kiedy ludzkość żyła pod ziemią, a magia była naturalną wiedzą przodków człowieka. W społeczeństwach bardziej rozwiniętych magię wywodzi się często od duchów i demonów, ale nawet one z reguły pierwotnie otrzymały ją, a nie wymyśliły. Wiara w pierwotne naturalne istnienie magii jest więc powszechna. Wierze tej towarzyszy przekonanie, że tylko dzięki całkowicie nie zmienionemu, identycznemu przekazowi magia zachowuje swoją skuteczność. Najdrobniejsze nawet odstępstwo od oryginalnego wzoru mogłoby spowodować fatalne skutki. Istnieje więc zasadniczy związek między przedmiotem a jego magią. Magia jest właściwością rzeczy, a raczej związku między człowiekiem a rzeczą, bo choć nie została stworzona przez człowieka, to istnieje zawsze dla człowieka. W każdej tradycji, w każdej mitologii magia była zawsze w posiadaniu człowieka dzięki wiedzy człowieka lub istoty podobnej człowiekowi. Implikuje istnienie zarówno uprawiającego ją czarownika, jak i przedmiotu, który ma być poddany czarom, oraz środków stosowanych przy realizacji tych czarów. Jest częścią naturalnego wyposażenia pierwotnej ludzkości, jak *mura-mura* lub *alcheringa* w Australii, ludzie żyjący pod ziemią w Melanezji, ludzie Złotego Wieku magii na całym świecie.

Magia ma ludzkie właściwości nie tylko przez swoją formę, ale także przez treść, odnosi się bowiem głównie do ludzkich działań i stanów, polowania, ogrodnictwa, rybołówstwa, handlu, miłości, choroby i śmierci. Skierowana jest nie tyle na przyrodę, ile na związek człowieka z przyrodą i na czynności człowieka, które na tę przyrodę oddziałują. Co więcej, w ludzkiej wyobraźni skutki magii nie są produktem przyrody, która została poddana działaniu czarów, ale czymś, czego przyroda sama nie jest w stanie wytworzyć, co ma charakter wyłącznie magiczny i jest wynikiem oddziaływania mocy zawartej w magii. Objawy ciężkiej choroby, przejawy namiętnej miłości, dążenie do dokonania ceremonialnej wymiany dóbr i inne tego rodzaju stany ludzkiego organizmu i umysłu są bezpośrednim efektem działania zaklęcia i rytuału. Magia nie wywodzi się więc z obserwacji przyrody ani ze znajomości jej praw, ale stanowi pierwotne wyposażenie człowieka, które można poznać tylko dzięki tradycji. Potwierdza ponadto autonomiczną moc człowieka, dzięki której może on wywoływać pożądane skutki.

Moc magii nie jest więc mocą uniwersalną zawierającą się we wszystkim, krążącą wedle własnej lub cudzej woli. Magia jest szczególną, niepowtarzalną siłą, jedyną w swoim rodzaju mocą, właściwą tylko człowiekowi, wyzwolić ją może tylko jego sztuka magiczna, uzewnętrznić jego głos, przenieść — dopełnienie rytuału.

Trzeba też zaznaczyć, iż ciało człowieka, będące nośnikiem magii, musi spełniać wiele warunków. Czarownik jest więc obowiązany przestrzegać wszelkiego rodzaju tabu, gdyż w przeciwnym razie zaklęcie utraciłoby swą skuteczność. W niektórych częściach świata, na przykład w Melanezji, zaklęcie mieści się w brzuchu czarownika, gdzie prócz pożywienia magazynowana jest też pamięć. W razie konieczności zostaje przesunięte do krtani, która jest z kolei siedliskiem inteligencji, a następnie wyzwolone za pomocą głosu — głównego organu umysłu ludzkiego. Magia nie tylko jest z natury własnością człowieka, ale spoczywa w człowieku w sensie dosłownym i może być przekazywana tylko człowiekowi przez człowieka zgodnie z bardzo ścisłymi zasadami magicznych powiązań, inicjacji i nauki. Nigdy nie uważa się magii za siłę przyrody, tkwiącą w rzeczach i działającą niezależnie od człowieka, siłę, którą mógłby on poznać i której mógłby się nauczyć w taki sam sposób, w jaki zdobywa swą codzienną wiedzę o przyrodzie.

MANA I MOC MAGII

Wszystkie teorie, w których przyjmuje się, że *mana* lub podobne pojęcia leżą u podłoża magii, wskazują więc błędny kierunek. Jeśli bowiem moc magii tkwi wyłącznie w człowieku, który może nią władać w ściśle określonych warunkach i w sposób wyznaczony przez tradycję, to z pewnością nie jest to taka siła, jaką opisuje doktor Robert H. Codrington: „*Mana* nie skupia się wyłącznie w jednej rzeczy i może być przenoszona na prawie wszystko [Ponadto *mana*] działa we wszystkich kierunkach dla dobra i zła [...], przejawia się w postaci siły fizycznej lub jakiejkolwiek mocy i doskonałości człowieka". W ujęciu Codringtona siła ta jest więc zupełnym przeciwieństwem mocy magicznej, o której jest mowa w mitologii dzikich, która przejawia się w ich zachowaniach i w strukturze ich formuł magicznych. Rzeczywista moc magii, co wiem z moich doświadczeń w Melanezji, tkwi wyłącznie w zaklęciu i w związanym z nim rytuale, nie może zostać „przeniesiona" na wszystko, gdyż przeniesienie to może nastąpić tylko w drodze ściśle określonego postępowania. Nie działa „we wszystkich kierunkach", ale w kierunkach ściśle wyznaczonych przez tradycję. Nie przejawia się też w postaci siły fizycznej, gdyż jej wpływ na moc i doskonałość człowieka jest ściśle określony i ograniczony.

Pojęcia analogiczne do *mana* spotykane wśród Indian północnoamerykańskich również nie mogą mieć nic wspólnego z ograniczoną, konkretną mocą magii. O *wakan* Dakotów czytamy: „Całe życie jest *wakan*. *Wakan* to także wszystko, co przejawia siłę, czy to w działaniu, jak wiatry i dryfujące chmury, czy też w pasywnym trwaniu, jak przydrożny głaz [...]. Obejmuje wszystko to, co tajemnicze, co posiada tajemną moc, wszystko to, co święte". Wśród Irokezów funkcjonuje natomiast pojęcie *orenda*: „Człowiek o nierozwiniętym umyśle uważa, że jest to potęga, która charakteryzuje wszystko [...], skały, wodę, przypływy i odpływy, rośliny i drzewa, zwierzęta i ludzi, wiatr i burze, chmury, grzmoty i pioruny [...], że siła ta jest przyczyną wszystkich zjawisk, wszelkiej aktywności w jego otoczeniu".

Po ustaleniu, na czym polega istota mocy magicznej, nie musimy już podkreślać, że pojęcia typu *mana* niewiele mają wspólnego ze specyficzną siłą zawierającą się w magicznym zaklęciu i rytuale. Stwierdziliśmy, że myślą przewodnią każdej wiary w magię jest wyraźne odróżnienie tradycyjnej mocy magii od wszelkich innych sił i mocy, które cechują człowieka i przyrodę. Pojęcia takie, jak *wakan*, *orenda* i *mana*, obejmujące prócz mocy magicznej także inne typy sił i mocy, są jedynie przykładem najwcześniejszych uogólnień pierwotnych pojęć metafizycznych, których w słowniku dzikiego jest więcej. Są one niezwykle istotne jako klucz do zrozumienia mentalności człowieka pierwotnego, ale na poziomie naszych danych pozwalają jedynie na postawienie problemu dotyczącego relacji między dawnymi pojęciami „siły", „tego co nadprzyrodzone" i „mocy magicznej". Mając do dyspozycji jedynie skrótowe informacje, nie możemy określić pierwotnego znaczenia takich złożonych pojęć, jak „siła fizyczna" i „nadprzyrodzona skuteczność". Wydaje się, że w Ameryce większą rolę odgrywa pierwsze z tych pojęć, w Oceanii zaś — drugie. Podejmując jakiekolwiek próby zrozumienia mentalności krajowców, należy, moim zdaniem, najpierw zbadać i opisać typy zachowań, a słownictwo wyjaśnić obserwując obyczaje i sposób życia. W nauce język to najbardziej zawodny przewodnik, a w antropologii stosowanie „argumentu ontologicznego" jest szczególnie niebezpieczne.

Teoria, która głosi, że *mana* stanowi istotę magii i religii, była tak znakomicie broniona i tak brawurowo stosowana, że trzeba było poświęcić nieco więcej uwagi temu zagadnieniu. Nasza wiedza o *mana*, zwłaszcza w Melanezji, nie potwierdza tej teorii, przede wszystkim zaś prawie zupełnie nie mamy danych, które ilustrowałyby sposób, w jaki *mana* łączy się z kultem i systemem wierzeń religijnych i magicznych.

Jedno jest pewne: u podłoża magii nie leży abstrakcyjne wyobrażenie uniwersalnej mocy stosowanej później w konkretnych przypadkach. Magia bez wątpienia powstawała niezależnie, w wielu rzeczywistych sytuacjach. Każdy typ magii powstał w wyniku innej sytuacji i związanych z nią napięć emocjonalnych. Jest więc wynikiem spontanicznego biegu myśli i spontanicznej reakcji człowieka. W wyniku jednakowego przebiegu procesów myślowych człowieka w każdym z tych przypadków powstały pewne uniwersalne cechy magii i pewne ogólne wyobrażenia, które leżą u podstaw magicznego myślenia i zachowania się człowieka. Kolej teraz na analizę umiejscowienia magii i wynikających z niego doświadczeń.

MAGIA I DOŚWIADCZENIE

Dotąd koncentrowaliśmy się głównie na wyobrażeniach i poglądach na magię reprezentowanych przez krajowców. Dowiedzieliśmy się, że człowiek pierwotny po prostu uważa, że magia daje człowiekowi władzę nad pewnymi rzeczami. Teraz więc trzeba przeanalizować tę wiarę z punktu widzenia socjologa. Przypomnijmy sobie rodzaj sytuacji, w której magia występuje. Człowiek realizując serię działań praktycznych, znajduje się w sytuacji, w której te działania zostają przerwane: myśliwemu umyka zwierzyna, żeglarz traci pomyślny wiatr, budowniczy czółna trafia na materiał, którego wytrzymałości nie zna, osoba zupełnie zdrowa nagle czuje, że opuszczają ją siły. Co człowiek zwykle robi w takiej sytuacji, pomijając odwołanie się do magii, wiary i rytuału? Zawiedziony w swej wiedzy, doświadczeniach i umiejętnościach technicznych człowiek uświadamia sobie przede wszystkim swoją bezsilność. Pragnienie osiągnięcia zamierzonego celu staje się jednak jeszcze silniejsze, a niepokój, strach i nadzieja rodzą w jego organizmie napięcie skłaniające do aktywności. Bez względu na to, czy będzie to człowiek dziki czy cywilizowany, czy będzie znał magię, czy też nie będzie w ogóle wiedział o jej istnieniu, w żadnym wypadku nie pogodzi się z tym, co dyktuje mu w tej sytuacji rozum — z zachowaniem biernej bezczynności. Jego system nerwowy i cały organizm skłonią go do podjęcia jakiejś działalności zastępczej. Opętany wizją upragnionego celu będzie go widział i czuł. Zacznie wykonywać czynność, którą zasugeruje mu nadzieja i podyktuje uczucie tak silnej namiętności.

Pod wpływem bezsilnej wściekłości czy nienawiści człowiek bezwiednie zaciska pięści i wyobraża sobie, że zadaje ciosy swemu przeciwnikowi, równocześnie mamrocząc przekleństwa i rzucając słowa nienawiści i gniewu. Zakochany, cierpiąc z powodu swej nieosiągalnej lub nieugiętej ukochanej, widzi ją w wyobraźni, rozmawia z nią, błaga o uczucia lub żąda ich, a gdy wydaje mu się, że został przyjęty, przytula ją do siebie w marzeniach. Rybak lub myśliwy, który niepokoi się o wynik swoich łowów, wyobraża sobie, że sieci jego są pełne łupu, że włócznia dosięgła zwierzyny. Wymienia przy tym nazwy zwierząt, opisuje wizje wspaniałych łowów, a czasem za pomocą gestów odgrywa pełne sukcesu polowanie. Człowiek, który zgubił nocą drogę w lesie lub w dżungli, ogarnięty zabobonnym strachem widzi otaczające go groźne demony, mówi do nich, stara się je powstrzymać, przestraszyć lub kuli się z przerażenia, jak zwierzę próbujące ocalić swoje życie symulując śmierć.

Tego rodzaju reakcje są zupełnie naturalnym sposobem zachowania się człowieka pod wpływem silnych uczuć lub obsesyjnych pragnień. Sytuacje tego typu uruchamiają bowiem uniwersalny mechanizm psychofizjologiczny. Wywołują reakcję, którą można nazwać rozwiniętą w czynie i słowie manifestacją uczuć. Stąd bierze się wygrażanie i przekleństwa bezsilnego gniewu, odruchowe żądanie urzeczywistnienia pragnień w sytuacji bez wyjścia, gesty namiętnej pieszczoty itp. Wszystkie te spontaniczne czynności i słowa zapowiadają realizację upragnionego celu; człowiek albo wyraża uczucia za pomocą nie kontrolowanych gestów, albo zamienia je w słowa, w których daje upust pragnieniu i przesądza osiągnięcie celu.

Na czym polega proces czysto intelektualny, jakie przekonania rodzą się w sytuacji takiego spontanicznego wyładowania uczuć w słowach i czynach? Najpierw pojawia się obraz upragnionego celu, znienawidzonej osoby, niebezpieczeństwa lub ducha. Każdy z tych obrazów łączy się ze specyficznym uczuciem, możemy więc założyć istnienie postawy aktywności wobec tego obrazu. Gdy uczucie osiąga punkt kulminacyjny i człowiek traci panowanie nad sobą, wówczas wypowiadane słowa i żywiołowe zachowanie wyzwalają powstrzymywane napięcie fizjologiczne. Jednak nad tymi wybuchami dominuje wyobrażenie celu. Stanowi ono siłę motoryczną reakcji, porządkuje słowa i czyny i skierowuje je na określony zamiar. Działanie zastępcze, dające ujście namiętności i wynikające z niemocy, ma subiektywnie całą wartość rzeczywistego działania, do którego uczucie doprowadziłoby w sposób naturalny, gdyby nie zostało powstrzymane.

Po rozładowaniu napięcia przez słowa i gesty obsesyjne wizje upragnionego celu znikają, wydaje się on łatwiejszy od osiągnięcia, a człowiek odzyskuje równowagę wewnętrzną i znowu jest w zgodzie z życiem. Jest teraz przeświadczony o tym, że przekleństwa i gesty nienawiści dosięgły znienawidzonej osoby i ugodziły w cel, że błagania o miłość zostały wysłuchane, a wymarzone uściski odwzajemnione, że wyobrażenie osiągnięcia sukcesu musiało wpłynąć pozytywnie na realizację zamiaru. W sytuacji budzącej strach, gdy uczucie, które doprowadziło do szaleńczych zachowań, stopniowo zamiera, człowiek sądzi, że przyczyny strachu zostały właśnie przez te zachowania usunięte. Krótko mówiąc, silne przeżycie emocjonalne, które samo się wyładowuje dzięki czysto subiektywnemu strumieniowi obrazów, słów i zachowań, pozostawia głębokie przekonanie o swej realności. Człowiek jest przeświadczony, że rzeczywiście osiągnął jakiś cel praktyczny dzięki sile, jaka została mu objawiona. Wydaje się, żc siła ta, zrodzona z psychicznego i fizjologicznego opętania, ma źródło poza człowiekiem. Stąd też człowiek pierwotny, a także każdy inny człowiek niewykształcony i naiwny uważa, że spontaniczne zaklęcie, spontaniczny rytuał i spontaniczna wiara w ich skuteczność są wynikiem bezpośredniego objawienia zesłanego z zewnętrznych i niewątpliwie pozaludzkich źródeł.

Gdy porównujemy spontaniczny rytuał i werbalizację ogarniających człowieka namiętności i pragnień z utrwalonym przez tradycję rytuałem magicznym oraz zasadami odnoszącymi się do zaklęć i substancji magicznych, uderzające podobieństwo obu tych form sugeruje, że nie są one od siebie niezależne. Rytuały magiczne, większość zasad magii, większość zaklęć i substancji magicznych zostały objawione w chwilach przeżyć emocjonalnych ogarniających człowieka, gdy jego życie instynktowne i dążenia praktyczne znalazły się w impasie na skutek luk i braków istniejących w zawsze niedoskonałym murze kultury, który człowiek stawia między sobą a pokusami i niebezpieczeństwami otaczającymi go w życiu. Moim zdaniem stanowi to nie jedno ze źródeł, ale główne źródło wierzenia magicznego.

Stąd też większość rytuałów magicznych ma odpowiedniki w formie spontanicznych rytuałów będących manifestacją uczuć lub zapowiadających realizację upragnionego celu. Większość elementów zaklęć magicznych, nakazów, błagań, metafor ma swoje odpowiedniki w formie naturalnego potoku słów, przekleństw, usilnych próśb, egzorcyzmów, opisów nie spełnionych marzeń. Wiara w skuteczność magii ma swój odpowiednik w iluzjach zrodzonych przez subiektywne przeżycie, pojawiających się przelotnie w każdym racjonalnym umyśle człowieka cywilizowanego, a silnych i przekonujących u człowieka niewykształconego, zwłaszcza w dzikim umyśle człowieka pierwotnego.

Wiara i praktyki magiczne nie biorą się więc z powietrza, ale są wynikiem rzeczywistych przeżyć, w trakcie których człowiek doznaje objawienia swojej mocy osiągnięcia upragnionego celu. Pojawia się więc pytanie: „Jaki jest związek między obietnicą realizacji celu zawartą w takim doświadczeniu a rzeczywistym jej spełnieniem?” Co prawda człowiek pierwotny może uznać złudne obietnice magii za wiarygodne, ale jak się to dzieje, iż z biegiem czasu nie podlegają one falsyfikacji?

Odpowiedź jest następująca. Po pierwsze powszechnie wiadomo, że w pamięci człowieka pozytywne przypadki przysłaniają negatywne. Jeden zysk może łatwo zrównoważyć nawet kilka strat. Tak więc przykłady potwierdzające wiarygodność magii wyłaniają się o wiele wyraźniej niż negujące ją. Są też jednak i okoliczności inne, które dzięki rzeczywistym lub pozornym dowodom potwierdzają wiarygodność magii. Stwierdziliśmy, że rytuał magiczny musiał powstać dzięki objawieniu w trakcie rzeczywistego przeżycia. Człowiek, który podczas takiego przeżycia pojął, wyraził słowami i przekazał swoim współplemieńcom istotę magicznego działania — działając, pamiętajmy, w najlepszej wierze — musiał być genialny. Ci, którzy odziedziczyli po nim i sprawowali magię, wzmacniając ją i rozwijając, choć wierzyli, że postępują po prostu zgodnie z tradycją, zawsze musieli być ludźmi o dużej inteligencji, energii i przedsiębiorczości. Musieli być ludźmi, którzy we wszelkich okolicznościach odnoszą sukces. Zostało już empirycznie stwierdzone, że we wszystkich społecznościach dzikich magia idzie w parze z nieprzeciętną osobowością. Zbiega się więc z sukcesem osobistym, zdolnościami, odwagą i inteligencją. Nic więc dziwnego, że uważa się ją za źródło sukcesu.

Osobista sława czarownika i jej znaczenie we wzmacnianiu wiary w skuteczność magii prowadzą do powstania interesującego zjawiska, któremu można nadać miano *współczesnej mitologii magii*. Wokół każdego czarownika powstaje otoczka zmyślonych opowieści o cudownych uzdrowieniach lub pozbawianiu życia, o łowach, zwycięstwach, podbojach miłosnych. W każdej społeczności dzikich takie opowieści stanowią trzon wiary w magię. W połączeniu z osobistymi przeżyciami emocjonalnymi każdego człowieka ta wieczna kronika cudownych wydarzeń chroni magię przed wszelkimi wątpliwościami. Każdy wybitny czarownik, prócz swych zagwarantowanych tradycją roszczeń, prócz powiązań ze swymi poprzednikami, daje osobiste gwarancje w dokonywaniu cudów.

Wynika z tego, że mit nie jest martwym produktem minionych czasów przekazywanym tylko w formie czczej narracji. Jest żywą siłą, która stale powoduje powstawanie nowych zjawisk i stale dostarcza nowych dowodów prawdziwości magii. Magia zyskuje swój blask dzięki tradycji, ale także tworzy swój klimat przez stale odradzający się mit. Obok zbioru utrwalonych już legend, ujednoliconych i tworzących folklor plemienia, występuje także nurt opowiadań podobnych do tych o czasach mitologicznych. Magia jest zatem pomostem łączącym pierwotną sztukę Złotego Wieku z dzisiejszą zdolnością dokonywania cudów. Dlatego też formuły magiczne są pełne mitycznych aluzji, których wypowiedzenie wyzwala dawne moce i przenosi je na aktualne wydarzenia.

Rzuca to nowe światło również na rolę i znaczenie mitologii.

Mit nie jest pierwotną formą spekulacji na temat pochodzenia rzeczy powstałą w wyniku zainteresowań o charakterze filozoficznym. Nie jest też rezultatem rozważań o przyrodzie — symbolicznym przedstawieniem praw, które nią rządzą. Jest opowieścią o jednym historycznym wydarzeniu, które raz na zawsze gwarantuje prawdziwość danej formy magii. W niektórych przypadkach jest to rzeczywisty opis magicznego objawienia pochodzący bezpośrednio od pierwszego człowieka, który poznał magię w dramatycznych okolicznościach. Częściej jest to tylko opowieść o tym, w jaki sposób magia stała się własnością klanu, społeczności lub plemienia. W każdym jednak przypadku mit stanowi gwarancję prawdziwości magii, podaje genezę jej powiązań, sankcjonuje jej prawo do doniosłości. Widzimy więc, że jest naturalnym rezultatem wiary człowieka. Każda bowiem siła, jeśli ludzie mają w nią wierzyć, musi dawać dowody swej skuteczności, musi oddziaływać, działania jej muszą być znane. Każda wiara musi rodzić mitologię, ponieważ nie ma wiary bez cudów, a główny mit oddaje tylko pierwotny cud magii.

Możemy tu od razu dodać, że mit może się odnosić nie tylko do magii, ale także do każdej innej formy siły społecznej lub roszczeń społecznych. Zawsze bowiem służy wyjaśnieniu nadzwyczajnych przywilejów lub obowiązków, wielkich nierówności społecznych, konsekwencji wynikających z zajmowania bardzo wysokiej lub bardzo niskiej pozycji społecznej. Również wierzenia i moc religii znajdują wyjaśnienie swoich źródeł w mitologii. Mit religijny będzie jednakże raczej wyraźnym dogmatem, wiarą w istnienie innego świata, w akt stworzenia, w istotę świętości, skomponowanym w formie opowieści. Mit społeczny, zwłaszcza w kulturach pierwotnych, łączy się zazwyczaj z legendami o źródłach mocy magicznej. Można bez przesady powiedzieć, że w społeczeństwach pierwotnych najbardziej typową i najbardziej rozwiniętą formą mitologii jest mitologia związana z magią, a funkcją mitu jest nie wyjaśnienie, ale dawanie gwarancji, nie zaspokajanie ciekawości, ale budzenie zaufania, nie snucie niestworzonych historii, ale utrwalanie wątku niezależnego od współczesnych wydarzeń. Funkcja mitu jest często równie ważna jak funkcja wiary. Na głęboki związek mitu i kultu i na pragmatyczną funkcję mitu w umacnianiu wiary trzeba było położyć szczególny nacisk, ponieważ do tej pory najczęściej koncentrowano się na etiologicznej lub wyjaśniającej teorii mitu.

MAGIA I NAUKA

Dygresja w dziedzinę mitologii była konieczna, ponieważ stwierdziliśmy, że mit jest wywoływany realnym lub wyobrażonym sukcesem działania magicznego. Cóż jednak się dzieje w przypadkach niepowodzeń? Mimo ogromnej siły, jaką magia czerpie ze spontanicznej wiary i rytuałów związanych z głębokim pragnieniem lub zablokowaną emocją, mimo mocy, jaką uzyskuje dzięki prestiżowi osobistemu, znaczeniu społecznemu i wspólnym sukcesom czarownika i uczestników rytuałów magicznych, zdarzają się przecież niepowodzenia i cel nie zostaje osiągnięty. Przypuszczenie, że dziki nie zdaje sobie sprawy z tych przypadków i nie próbuje ich wyjaśnić, oznaczałoby, iż nie docenia się jego inteligencji, zdolności logicznego myślenia i wyciągania wniosków z doświadczeń.

Działanie magiczne musi przede wszystkim odbywać się w ściśle określonych warunkach. Należy dokładnie zapamiętać zaklęcie, bezbłędnie odtworzyć rytuał, skrupulatnie przestrzegać tabu i praktyk nakazanych przez czarownika. Jeśli którykolwiek z tych elementów zostanie zaniedbany, działanie magiczne okaże się nieskuteczne. Z drugiej jednak strony, jeśli nawet czynność magiczna zostanie wykonana w idealny sposób, jej skuteczność może zostać zniweczona: każda magia może mieć swoją przeciwmagię. Jeśli magia, jak wykazaliśmy, powstaje w wyniku zderzenia się nieodpartego pragnienia człowieka z kaprysami losu, to każde pragnienie — bez względu na to, czy ma prowadzić do pozytywnego czy negatywnego celu — może, a nawet musi mieć swoją magię. Dzisiaj wszelkie społeczne i materialne ambicje, wysiłki, by chwycić szczęście i zyskać łaskawość losu, człowiek urzeczywistnia w atmosferze rywalizacji, zawiści i wzajemnej niechęci. Szczęście, posiadane dobra, a nawet zdrowie są bowiem wyznacznikami pozycji i przedmiotem porównań. Jeśli twój sąsiad ma więcej bydła, więcej żon, jest zdrowszy i potężniejszy od ciebie, wówczas ze wszystkim tym, co posiadasz i czym jesteś, czujesz się od niego gorszy. Natura człowieka jest taka, że jego pragnienia mogą być zaspokojone zarówno przez własny sukces, jak i przez niepowodzenia innych. Takiej społecznej grze dążeń i przeciwdążeń, ambicji i niechęci, sukcesów i zawiści odpowiada gra magii i przeciwmagii, magii białej i magii czarnej.

W Melanezji, gdzie badałem ten problem bezpośrednio, nie ma ani jednego działania magicznego, któremu nie towarzyszy przekonanie o istnieniu jego przeciwdziałania. Jeśli ma ono większą moc, niweczy skuteczność pierwszego. W niektórych typach magii, na przykład w magii uzdrawiającej i magii choroby, formuły magiczne wręcz występują parami. Czarownik ucząc się sposobu wywoływania określonej choroby, równocześnie przyswaja sobie formułę i rytuał, które mogą zupełnie zlikwidować skutki złej magii. W magii miłości istnieje wiara, że jeśli, chcąc zdobyć względy tej samej osoby, wypowie się równocześnie dwie formuły, to ta formuła, która będzie silniejsza, przezwycięży słabszą. Ponadto istnieją dodatkowe zaklęcia, które wypowiada się po to, by oddalić uczucia cudzej kochanki lub żony. Trudno jednoznacznie stwierdzić, czy owa dwoistość magii jest na całym świecie tak konsekwentnie realizowana, jak na Trobriandach, jest jednak pewne, że wszędzie istnieją jej bliźniacze siły: biała i czarna, pozytywna i negatywna. Niepowodzenia magii można więc zawsze przypisać zawodnej pamięci, niedbałości w wykonywaniu rytuału i w przestrzeganiu tabu i co równie ważne, spełnieniu przeciwmagii przez kogoś innego.

Możemy teraz dokładnej przedstawić zarysowaną wcześniej relację między magią i nauką. Podobieństwo magii do nauki wyraża się w tym, że ma ona zawsze określony cel, ściśle związany z instynktami, potrzebami i dążeniami człowieka. Sztuka magiczna jest więc skierowana na realizację celów praktycznych. Podobnie jak inne formy sztuki i rzemiosła rządzi się teorią, systemem zasad, które określają, w jaki sposób należy przeprowadzić działanie, aby było skuteczne. Analizując zaklęcia, rytuały i substancje magiczne, stwierdziliśmy, że są one podporządkowane licznym założeniom ogólnym. Zarówno nauka, jak i magia rozwijają specjalną technikę. W magii, tak jak i w innych formach sztuki, człowiek może zniweczyć rezultat swojej wcześniejszej działalności lub naprawić szkodę, którą wyrządził. Wydaje się, że magia czarna i biała ściślej odpowiadają sobie ilościowo, a następstwa czarów są o wiele skuteczniej likwidowane przez przeciwczary, niż to jest możliwe w wypadku jakiejkolwiek sztuki użytkowej czy rzemiosła. Magia i nauka wykazują zatem pewne podobieństwa i za sir Jamesem Frazerem możemy magię trafnie określić mianem pseudonauki.

Nietrudno wyśledzić fałszywą postać tej pseudonauki. Nauka, nawet w formie prymitywnej wiedzy człowieka dzikiego, ma za podstawę uniwersalne doświadczenie życia codziennego, doświadczenie zdobywane w procesie walki człowieka z przyrodą o byt i bezpieczeństwo, oparte na obserwacji i utrwalone przez rozum. Podstawą magii natomiast jest specyficzne przeżywanie stanów emocjonalnych, w których człowiek obserwuje nie przyrodę, lecz samego siebie, w których prawdę poznaje nie poprzez rozum, lecz poprzez grę uczuć we własnym organizmie. Nauka opiera się na przekonaniu o słuszności korzystania z doświadczeń, wysiłków i posługiwania się rozumem, magia zaś — na wierze, że nadzieja nie może zawieść, a pragnienie oszukać. Teorie naukowe są narzucone przez logikę, magiczne — przez kojarzenie wyobrażeń pod wpływem pragnień. Jest empirycznie sprawdzone, że cała wiedza racjonalna i cała wiedza magiczna zawierają się w innych typach tradycji, innych kontekstach społecznych i wyrażają się w innych typach działań, a dzicy bez trudu dostrzegają wszystkie te różnice. Wiedza racjonalna tworzy sferę *profanum*, magiczna natomiast — otoczona obrzędami, tajemnicami i tabu — stanowi połowę sfery *sacrum*.

MAGIA I RELIGIA

Zarówno magia, jak i religia powstają i funkcjonują w sytuacjach stresu emocjonalnego: w przełomowych momentach życia, w chwilach niepowodzeń w ważnych przedsięwzięciach, w obliczu śmierci i inicjacji, nieszczęśliwej miłości i nienasyconej nienawiści. Zarówno magia, jak i religia dają możliwość ucieczki z takich sytuacji, z których praktycznie nie ma wyjścia, jak tylko przez rytuał i wiarę w sferę rzeczy nadprzyrodzonych. W religii sfera ta obejmuje wiarę w duchy, dusze, pierwotne przeczucie opatrzności, opiekunów tajemnic plemiennych; w magii — wiarę w pierwotną siłę i skuteczność magii. Zarówno magia, jak i religia znajdują oparcie w tradycji mitologicznej, funkcjonują w atmosferze cudowności, stale objawiając swoją moc dokonywania cudów. Obie obwarowane są obrządkami i tabu i to właśnie oddziela ich działania od działań świata *profanum*.

A czym magia różni się od religii? Jako punkt wyjścia naszych rozważań przyjęliśmy rozróżnienie najbardziej wyraźne i najłatwiej uchwytne: w ramach sfery *sacrum* zdefiniowaliśmy magię jako sztukę praktyczną składającą się z czynności będących środkami do osiągnięcia określonych celów, które mają nastąpić później, religię natomiast jako zespół czynności samowystarczalnych, stanowiących cel sam w sobie. Możemy teraz przeanalizować tę różnicę bardziej dogłębnie. Praktyczna sztuka magii ma swoją ograniczoną, ściśle określoną technikę: zaklęcie, rytuał i warunki, które musi spełnić osoba wykonująca czynność magiczną, tworzą jej niezmienną trójcę. Religia, ze względu na złożoność postaci i celów, nie dysponuje tak prostą techniką, a jej jedności nie można dostrzec ani w formie jej czynności, ani też w jednolitości jej treści, lecz raczej w funkcji, którą pełni, i w wartości wiary i rytuału. Dalej, wiara w magię, zgodnie z jej praktycznym charakterem, jest niezwykle prosta. Jest zawsze potwierdzeniem ludzkiej zdolności do wywoływania określonych skutków dzięki określonemu zaklęciu i rytuałowi. Wiara religijna natomiast obejmuje cały świat zjawisk nadprzyrodzonych. Panteon duchów i demonów, dobroczynne moce totemu, duchy opiekuńcze, plemienny wszechojciec, wizja przyszłego życia — wszystko to składa się na drugą, ponadnaturalną rzeczywistość człowieka pierwotnego. Mitologia religijna jest również bardziej zróżnicowana i złożona, a także bardziej twórcza. Skupia się zazwyczaj na różnych dogmatach wiary i rozwija je w kosmogonie, w opowieści o bohaterach kulturowych, w relacje o dokonaniach bogów i półbogów. Mitologia magiczna, pomijając jej wartość, jest ustawicznym chełpieniem się pradawnymi osiągnięciami człowieka.

Magia, jako szczególna umiejętność osiągania szczególnych celów, we wszystkich swoich przejawach stała się kiedyś własnością człowieka i musiała być przekazywana bezpośrednio z pokolenia na pokolenie. Dlatego też od najdawniejszych czasów pozostaje w rękach specjalistów, a pierwszą profesją rodzaju ludzkiego jest zawód czarownika lub czarownicy. Religia natomiast w warunkach pierwotnych jest sprawą wszystkich, w której wszyscy w równej mierze biorą czynny udział. Każdy członek plemienia musi przebyć rytuał inicjacji, później sam wtajemnicza innych. Każdy opłakuje, lamentuje, kopie grób i czci pamięć; we właściwym czasie przychodzi jego kolej, sam jest opłakiwany, a pamięć jego czczona. Duchy są dla wszystkich i każdy zostaje duchem. Jedyna specjalizacja w religii — wczesny mediumizm spirytualistyczny — nie jest zawodem, lecz osobistym darem. W magii istotną rolę gra magia czarna i biała, w religii natomiast na poziomie pierwotnym istnieje tylko niewielka różnica między dobrem i złem, między siłami dobroczynnymi i wrogimi. Wynika to między innymi z tego, że magia ma charakter praktyczny, jej celem jest osiąganie bezpośrednich, ilościowych rezultatów. Wczesna religia natomiast, choć w istocie swej jest duchowa, ma do czynienia z nieuchronnością, z nieodwracalnymi wydarzeniami, z siłami i istotami nadprzyrodzonymi, tak więc odwracanie skutków działalności człowieka nie mieści się w jej zakresie. W świetle badań antropologicznych teza głosząca, że bogów we wszechświecie zrodził strach człowieka, jest bez wątpienia fałszywa.

Chcąc uchwycić różnicę między religią i magią, a także uzyskać jasny obraz trójelementowej konstelacji magii, religii i nauki, przeanalizujemy krótko ich funkcje kulturowe. Funkcja i wartość wiedzy pierwotnej zostały już określone i w istocie nietrudno je pojąć. Dzięki zaznajomieniu człowieka z otoczeniem, dzięki umożliwieniu mu korzystania z sił przyrody nauka — wiedza pierwotna — obdarzyła go ogromną przewagą biologiczną, stawiając go wysoko ponad wszystkimi istotami. Funkcję i wartość religii wyjaśniliśmy w przedstawionym wcześniej przeglądzie wierzeń i kultów dzikich. Wykazaliśmy, że wiara religijna kształtuje, utrwala i uwydatnia wszelkie cenne postawy umysłu, takie jak szacunek dla tradycji, zgodne współistnienie ze środowiskiem, odwaga i ufność w walce z trudnościami i w obliczu śmierci. Wiara ta, przejawiająca się w kulcie i obrządku i przez nie podtrzymywana, ma niezwykłe znaczenie biologiczne i dzięki temu objawia człowiekowi pierwotnemu prawdę w szerszym, pragmatycznym znaczeniu tego słowa.

A na czym polega funkcja kulturowa magii? Zauważyliśmy już, że wszelkie instynkty i uczucia, wszelkie działania praktyczne prowadzą człowieka do impasu, do sytuacji, w której w najbardziej istotnym momencie ujawniają się luki w jego wiedzy i ograniczenia zdolności obserwacji i rozumowania. Człowiek reaguje wówczas spontanicznymi wybuchami, podczas których rodzą się najbardziej elementarne sposoby zachowania i najbardziej elementarna wiara w ich skuteczność. Magia opanowuje tego rodzaju wierzenia i elementarne rytuały i ujednolica je, tworząc niezmienne, tradycyjne formy. Dostarcza więc człowiekowi pierwotnemu gotowe rytualne działania i wierzenia, a także określoną technikę myślenia i postępowania, która wypełnia niebezpieczne luki pojawiające się podczas każdego ważnego przedsięwzięcia lub w sytuacji krytycznej. Daje człowiekowi pewność siebie w realizacji ważnych zadań, pozwala zachować równowagę i integralność umysłu w porywach gniewu i nienawiści, w smutku nie odwzajemnionej miłości, w chwilach rozpaczy i lęku. Funkcją magii jest rytualizacja ludzkiego optymizmu, umacnianie wiary w zwycięstwo nadziei nad strachem. Magia akcentuje wyższość ufności nad zwątpieniem, nieugiętości nad wahaniem, optymizmu nad pesymizmem.

Patrząc z góry i z dystansu, z naszej wysokiej i bezpiecznej pozycji osiągniętej dzięki rozwiniętej cywilizacji łatwo dostrzegamy całą surowość i niestosowność magii. Jednak bez mocy i przewodnictwa magii człowiek pierwotny nie byłby w stanie tak opanować praktycznych trudności ani podnieść się na wyższe poziomy kultury. Stąd bierze się powszechne występowanie magii w społeczeństwach pierwotnych i jej niebywały wpływ. Dlatego też magia niezmiennie towarzyszy każdej ważnej działalności. Moim zdaniem powinniśmy widzieć magię jako ucieleśnienie wzniosłej fantazji nadziei, która jak dotąd była najlepszą szkołą ludzkiego charakteru.

NAUKA I RELIGIA

Przedmiotem mojej wypowiedzi będzie religia pierwotna i nauka pierwotna oraz ich wzajemna relacja. Będę mówił jako antropolog, a antropologia, jak wiecie, to nauka o człowieku w ogóle, a o człowieku pierwotnym czy dzikim w szczególności.

Badania porównawcze religii i początków nauki wchodzą więc w zakres mojej specjalności jako jeden z jej najważniejszych przedmiotów. Zwracając się tu do was czuję się zobowiązany nie tylko przedstawić mój własny pogląd na związek między nauką i religią, ale także poinformować was o opinii przyjętej przez naukę specjalizującą się w badaniu tego związku. Postaram się zaprowadzić was do źródeł wiary znajdujących się w sercu człowieka pierwotnego. Postaram się również pokazać najwcześniejsze próby podejmowane przez umysł człowieka, aby ogarnąć rzeczywistość, czyli początki nauki.

Czy człowiek pierwotny ma swoją religię? A może jest on tylko owładnięty dzikimi przesądami, tkwi w mrokach pogaństwa? Na te pytania można odpowiedzieć w sposób kategoryczny: zarówno wierzenia i praktyki religijne, jak i moralność religijna istnieją wśród dzikich.

Czy człowiek pierwotny ma więc również swoją naukę? Oczywiście. Angażuje swoje zmysły i umysł, wnikliwie obserwuje i wyciąga poprawne wnioski. W ten sposób tworzy wiedzę oraz tradycję wiedzy — to znaczy prawdziwą naukę.

Najważniejszą rzeczą, której nauczymy się z tego wykładu, będzie to, że religia i nauka istniały od samego początku i że każda z nich zajmowała oddzielne miejsce w działalności człowieka. Każda ma swoje własne zadania i swoją własną dziedzinę. Do nas należy teraz stwierdzenie, jakie zadania stoją przed religią, a jakie przed nauką.

A więc, czym jest religia pierwotna? Czytelnik klasycznych prac Edwarda B. Tylora i lorda Avebury, Andrew Langa, Williama Robertsona Smitha czy Jamesa G. Frazera bez trudności odpowie: religia pierwotna składa się z animizmu, totemizmu, kultu przyrody, kultu przodków i innych podobnych elementów. Wszystko to bardzo dobrze brzmi i jest może nawet bardzo pierwotne, ale co właściwie znaczy?

Animizm to wiara w duszę ludzką, w jej trwanie po śmierci. Dlatego animizm prowadzi do kultu zmarłych. Głosi on też, że Przyroda jest ożywiana przez istoty duchowe. Mówiąc po prostu, ta wiara dzikich to nic innego, jak tylko wiara w nieśmiertelność i w duchowy aspekt świata. Nie ma więc w tym nic ani dziwnego, ani dzikiego — w gruncie rzeczy wielu z nas wierząc w nieśmiertelną duszę człowieka i w jej trwanie po śmierci jest animistami.

W jaki sposób powstał pierwotny animizm? Antropologowie starszej daty powiedzieliby wam, że dziki zastanawiając się nad marzeniami, wizjami, stanami kataleptycznymi i starając się je wszystkie wyjaśnić, dochodzi do teorii duszy. Ja jednak wolałbym wam pokazać, jak animizm funkcjonuje i co czyni człowiekowi.

Przenieście się ze mną na chwilę na małą wyspę na dalekich morzach południowych i cofnijcie się w czasie o kilka lat. Mój tutejszy przyjaciel, mieszkaniec wysp melanezyjskich, leży na łożu śmierci; zdaje sobie z tego sprawę, podobnie jak jego krewni i przyjaciele. Choć są to tylko ludzie dzicy, są tak samo poruszeni, jak byłby każdy z nas w takiej sytuacji. Zebranych przy łożu śmierci łączą silne uczucia. Strach i smutek wyraźnie malują się na twarzach umierającego i jego przyjaciół.

Czy ulegają tym uczuciom? Czy poddają się przerażeniu, które towarzyszy śmierci? Nie! Oczywiście są poruszeni, ale kieruje nimi konkretny cel. Wykonują pewne czynności przepisane przez tradycję, dzięki którym są w stanie zbawić umierającego, to znaczy bezpiecznie przeprowadzić jego duszę na tamten świat i zapewnić jej tam szczęśliwy byt.

Przykryli umierającego ozdobami i kwiatami; wokół niego umieścili owoce i przygotowane dania. Na jego ciele ułożyli wszystko, co mieli najcenniejsze. Wszystko to — czy też raczej duchową część tego — weźmie on ze sobą w podróż na tamten świat. Podają mu wiadomości, aby przekazał je tym, którzy odeszli wcześniej. Niektórym spośród zebranych przy łożu śmierci wydaje się, że słyszą głosy pochodzące z tamtego świata. Umierającego otacza atmosfera uznania. Zanurza się w nieśmiertelność, w zjednoczenie dwóch światów. Ci, których ma za moment opuścić, biorą go za rękę i prowadzą przez granicę oddzielającą te światy. Gdy śmierć się przybliża, krewni i przyjaciele skupiają się przy umierającym, obejmują go, pocierają jego ciało kosztownościami i sakramentalnymi darami, wypowiadają rytualne słowa pocieszenia. Przypominało mi to bardzo Ostatnie Namaszczenie i Wiatyk, sakramenty udzielane zgodnie z religią mojej młodości, religią rzymskokatolicką.

W końcu przychodzi śmierć; główny aktor odchodzi na zawsze. Jest to najbardziej przerażający i najświętszy moment wszelkich doświadczeń religijnych. Bezradność człowieka i beznadziejność wydarzenia bezlitośnie ukazują się wszystkim, którzy osobiście w tym uczestniczą. Czy religia jest jedynie wyrazem tego strachu i przerażenia, tego smutku i rozpaczy? Czy rzeczywiście religia ze swymi bogami powstała ze strachu, jak sugeruje słynne powiedzenie łacińskie i tak wiele uczonych teorii?

Nie. Także w tej sytuacji religia każe człowiekowi działać, i to działać twórczo. W porywie bezgranicznej rozpaczy ci, którzy pozostali przy życiu, rzucają się na zwłoki, pieszczą je, wybuchają głośnym płaczem. Ogarnia ich szaleństwo zrytualizowanego smutku. Wyrywają sobie włosy, ranią swoje ciała, biegają wokoło niszcząc przedmioty, które są ich własnością.

Ale wszystko to odbywa się w sposób uporządkowany, przewidziany, ściśle określony przez tradycję. Co więcej, wszystko to jest duchowo znaczące i moralnie efektywne. Pomaga tym, którzy żyją, i duszy zmarłego. Religia nigdy nie działa negatywnie; nigdy nie pozwala człowiekowi poddać się przerażeniu, zwątpieniu czy rozpaczy. Rytuał religijny i wiara, która go potwierdza, przekształcają śmierć z doświadczenia najbardziej wstrząsającego w doświadczenie majestatyczne i poważne, ale nigdy beznadziejne.

W obyczajach i sposobach działania związanych z pogrzebem zauważamy tę samą zasadę: przerażenie, które budzą zwłoki, i strach przed umarłym zostają przezwyciężone, to, co po umarłym pozostało, zostaje uświęcone, a straszliwy problem śmierci — rozwiązany. Rodzi się bowiem dziwny konflikt między chęcią zachowania zwłok i pozbycia się ich. W wypadku mumifikacji ciało jest przechowywane tak długo, jak tylko jest to możliwe; w wypadku kremacji — zostaje całkowicie zniszczone. W niezliczonych odmianach pośrednich i mieszanych powstaje konflikt i dylemat. Kochasz ciało zmarłego i swoją miłość wyrażasz w sposób rytualny, nie odstępując go, równocześnie odczuwasz wstręt i okazujesz to odcinając wszystko, co miało jakikolwiek kontakt ze śmiercią, od życia. Taki to właśnie konflikt rytualny znajdujemy w środkowej Australii i w południowej Europie, w starożytnym Egipcie czy Babilonii, a także w Melanezji.

Ten rytualny konflikt wyraża coś bardzo głębokiego i autentycznego. Śmierć zawsze musi pozostać tajemnicza i zawsze musi rodzić konflikt w duszy człowieka. W kategoriach ziemskich jest przerażającym końcem ludzkiego życia. Oznacza przemianę ukochanej osoby w coś straszliwego, rozkładającego się. Zmienia dobroczynną istotę w złośliwego i niebezpiecznego ducha. Śmierć więc albo niweczy całkowicie znaczenie ludzkiego życia, albo też musi zostać przeobrażona i uzyskać zupełnie nowe znaczenie.

Dzięki temu właśnie konflikt i chaos rzucają zbawcze światło prawdy religijnej. Objawia ona człowiekowi, że śmierć nie oznacza końca, że główne źródło indywidualności nadal istnieje, że ci, którzy pozostają, mają możliwość utrzymania kontaktu z odchodzącym duchem.

Animizm — wiara w nieśmiertelność duszy — jest nie tylko doktryną filozoficzną; jest rezultatem głęboko emocjonalnego objawienia. W animizmie religia ujednolica wiarę, która przynosi pocieszenie i zbawienie, i w ten sposób rozwiązuje dylemat życia i śmierci, trwania i rozkładu.

W różnych ceremonach odprawianych przy okazji śmierci, gdy

się ona zbliża i gdy już nastąpi, w różnych sposobach pozbywania się zwłok i rytuałach pogrzebowych, w ceremoniach dla uczczenia pamięci zmarłego i prowadzących do zjednoczenia się z nim, a chyba przede wszystkim w kulcie przodków zawiera się żywa wiara w nieśmiertelność duszy, afirmacja rzeczywistego istnienia duchowego.

Najważniejszy moment przełomowy w życiu — Śmierć — zostaje w ten sposób w skali całej ludzkości uświęcony i opatrzony sakramentem. Religia udziela też błogosławieństwa innym przełomom życiowym i wyjątkowym wydarzeniom egzystencji człowieka. Urodziny, dojrzewanie, małżeństwo, rodzicielstwo również zostają uświęcone przez rytuały religijne i praktyki etyczne. Egzystencja człowieka zostaje w ten sposób ujęta we wspaniałe, sakramentalne ramy, które stanowią najważniejsze przejawy religii i powody do jej chwały. Główne wydarzenia z życia człowieka zostają otoczone atmosferą świętości, stają się powszechne, moralnie doniosłe i duchowo wiążące. Uświęcając przełomowe momenty życia, religia pierwotna wcale nie wkracza na grunt nauki pierwotnej w stopniu większym niż na przykład chrześcijaństwo w sakramencie Chrztu, Bierzmowania, Małżeństwa czy Ostatniego Namaszczenia w zakres funkcji fizyka, chemika czy historyka.

Ale co zrobić z rzeczywiście pierwotnymi aspektami pogaństwa? Weźmy na przykład magię lub fetyszyzm. Oczywiście w tym wypadku człowiek pierwotny okazuje się zabobonny, tak jak i wtedy, gdy okazuje cześć zwierzętom, roślinom czy przedmiotom totemicznym. A czy jest możliwe, by nauka szła ramię w ramię z tymi wszystkimi magicznymi *hokus pokus* i pogańskim kultem patyka, kamienia czy zwierzęcia?

Aby odpowiedzieć na te pytania, musimy się zastanowić nad tym, czym człowiek pierwotny naprawdę interesuje się w swoim otoczeniu. Po pierwsze, i przede wszystkim, musi jeść, a otaczająca go przyroda jest jego żywą spiżarnią. Jest on uzależniony od otaczającego go świata, od surowców, pomyślnych wiatrów, dostępnych dróg, słońca i deszczu. Czasami przyroda jest dla niego przyjazna, ale zdarza się, że staje się niesforna, niebezpieczna, zagraża mu dzikimi zwierzętami, trującymi roślinami, burzami i wypadkami. A człowiek pierwotny jest w znacznie wyższym stopniu niż my zdany na łaskę tego, co niespodziewane.

Najważniejszą rzeczą, z której musimy zdać sobie sprawę, jest to, że człowiek pierwotny w pełni wykorzystuje cały zasób swojej wiedzy. Należy odrzucić pogląd, że człowiek dziki jest dzieckiem lub wariatem, mistykiem lub głupcem. Widziałem pierwotnego myśliwego w akcji: zna on swoje zwierzęta i ich obyczaje; zna właściwości swojej broni, siłę dzidy i lot bumerangu. Powierzyłem swoje życie dzikim żeglarzom i ich delikatnym statkom pływającym po niebezpiecznych morzach i w trudnych warunkach. Znają oni wiatr i pogodę, zasady stabilności, przypływy i odpływy w prawdziwie rzetelny, to znaczy naukowy sposób. Tylko dzięki temu, że jest w stanie należycie obserwować i jasno myśleć, człowiek pierwotny potrafi przy użyciu swych prostych narzędzi i dzięki organiczonej współpracy opanować przyrodę tak efektywnie, jak to rzeczywiście czyni.

Wierzę, że brzmi to przekonująco, ale nie jest to ani oczywiste dla współczesnej nauki, ani powszechnie przez nią uznawane. Profesor Thomas H. Huxley w swoim pierwszym wykładzie przedstawił nam wspaniałe streszczenie poglądów współczesnych antropologów na ten temat, jednak nawet nie wspominał o nauce pierwotnej. Zarówno on sam, jak i większość współczesnych badaczy zgadza się z koncepcją sir Jamesa Frazera mówiącą o tożsamości wczesnej magii i pierwotnej nauki. Inni wielce uczeni antropologowie idą nawet dalej i twierdzą, że człowiekowi dzikiemu niedostępna jest logika, obserwacja czy myślenie empiryczne. W niektórych najnowszych teoriach zrobiono z niego nawet nieuleczalnie zabobonną, mistyczną i — by posłużyć się nowomodnym terminem technicznym — „prelogiczną" istotę. Wszystko to są ładne teksty i przyjemne lektury (dają nam poczucie, że jesteśmy prawdziwie cywilizowani i „lepsi"), ale nie ukazują prawdy o faktach. Nauka, w takim samym stopniu pierwotna, jak cywilizowana, stanowi trwałe osiągnięcie ludzkiego umysłu, ujęte w tradycję wiedzy racjonalnej i służące celom praktycznym. Z chwilą, gdy człowiek pierwotny rzeczywiście opanuje siły przyrody i siły swojej własnej natury, polega wówczas na nauce i tylko na niej.

Prawdą jest, że nauka się rozwija, że współczesna nauka wyrosła nadspodziewanie ze swych skromnych korzeni. Nauka jest świadoma swej mocy i swego ciągłego rozwoju; dumna ze swego bezlitosnego podboju dziedzin, które do tej pory były we władaniu mistycyzmu i spekulacji czy też religijnego dogmatyzmu. Czasami staje się więc arogancka i agresywna. Tym bardziej że często musiała być w defensywie. Religia i magia nie zawsze uznają zasługi nauki ani nie ustępują łaskawie i mądrze. Mieliśmy przecież fundamentalistów od czasu, gdy poddawano torturom Galileusza, aż do czasu nieco mniej dramatycznych, choć bardziej udramatyzowanych wystąpień nieżyjącego już Williama J. Bryana. Oczywiście fundamentalizm istnieje również u pierwotnych dzikich, gdyż ich tradycyjna rutyna, usankcjonowana magicznie lub religijnie, przeciwstawia się wszelkim innowacjom i zmianom. Jednak na etapie *dzikości* fundamentalizm jest na ogół siłą dobroczynną, choć zwykle niezbyt przyjemną.

Powtarzam, dziki trzyma się kurczowo swojej nauki, nawet jeśli to ona nad nim panuje. Czasami jednak ta nauka go zawodzi. Czy nasza nauka, z której jesteśmy tak bardzo dumni i której tak bardzo ufamy, nigdy nie opuszcza nas w krytycznej chwili? Nie ujarzmiła jeszcze szczęścia, przypadku i wypadku. Nie potrafi zapobiec trzęsieniom ziemi i głodom, wojnom, zbrodniom ani chorobom. Tak więc nawet my, ty i ja, gdy jesteśmy za bardzo zdani na łaskę losu, stajemy się przesądni i odwołujemy się do magii. Ty i ja mamy nasze maskotki i talizmany, nasze znaki i wróżby, nasze małe rytuały z solą i lustrami, nowiem i drabiną. Śmiejemy się z nich, ale praktykujemy je dużo bardziej poważnie, niż mogłyby to sugerować nasze uśmiechy. Nie można ich też uznać za nieistotne pozostałości z pradawnych czasów, ponieważ wyrosły tak samo bujnie na najbardziej współczesnej glebie natury ludzkiej, jak i na najbardziej pierwotnej.

Widzimy nawet wielkie systemy nowoczesnej magii, utylitarnych wierzeń, które kiełkują na naszych własnych oczach. Weźmy na przykład scjentyzm czy na powrót ostatnio uznawaną astrologię, leczenie wiarą czy teozofię, jasnowidztwo czy objawienia medium i seanse przy wirującym stoliku nazywane seansami spirytystycznymi. Wszystko to są nowe, silne, żywotne formy nowoczesnych, cywilizowanych wierzeń. Wszystkie są autentyczną reakcją na prawdziwą potrzebę. Ale w moim odczuciu przypominają raczej pierwotną magię niż religię, zarówno w tym, czym są, jak i w tym, co robią. Mimo to uważam je za godne szacunku, ponieważ wydają się nieodzowne.

W kontekście kultury pierwotnej mieści się również pierwotna magia, przez którą dziki stara się okiełznać szczęście i przekupić przypadek, stosując zaklęcie, rytuał i tabu. Magia rozwija się wszędzie tam, gdzie człowiek nie jest w stanie kontrolować przypadku za pomocą nauki. Rozwija się podczas polowania, łowienia ryb. w czasach wojny i w okresach miłości, podczas kierowania wiatrem, deszczem i słońcem, przy regulowaniu wszelkich niebezpiecznych przedsięwzięć, a przede wszystkim w obliczu choroby i w cieniu śmierci.

Musimy strzec się przed błędnym założeniem, że magia jest odpowiednikiem nauki pierwotnej. Magia nigdy się nie pojawia w sytuacjach, w których człowiek pierwotny radzi sobie z łatwością dzięki wiedzy, umiejętnościom manualnym i wysiłkowi cielesnemu. Człowiek pierwotny nigdy nie kopie ziemi za pomocą magii, nie rzuca dzidy posługując się rytuałem ani nie żegluje czółnem stosując zaklęcie.

W Melanezji badałem szeroko rozwinięty i złożony system magii ogrodowej. Najpierw ziemia została ogólnie pobłogosławiona, aby była urodzajna; następnie działki zostały wykarczowane z zastosowaniem doskonale racjonalnych i praktycznych procedur. Potem odprawiono drugą ceremonię magiczną, by okadzić wykarczowaną ziemię i w ten sposób zapobiec rdzy, szkodnikom i insektom. Później znów nastąpiło sadzenie, wykonane umiejętnie, praktycznie i naukowo. Ale kiedy rośliny zakiełkowały i nie można było zrobić nic więcej, niż tylko mieć nadzieję, że wszystko dobrze pójdzie, znów włączono magię w kolejnych ceremoniach, których celem było spowodowanie, by plony były silne i dobre. Tak więc przez całą tę serię działań rytuały mieszały się z pracą, przy czym oba aspekty, racjonalny i magiczny, były od siebie ściśle oddzielone. To samo dotyczy innych form magii melanezyjskiej, a także magii na całym świecie.

Widzicie więc, jaki jest stosunek magii pierwotnej do nauki pierwotnej: wspomagają się wzajemnie i współdziałają ze sobą, ale żadna z nich nie wkracza na grunt drugiej. Widzicie również użyteczność i funkcję magii. Z punktu widzenia socjologii jest ona siłą organizującą, porządkuje działania praktyczne, nadaje im rytm i sprawuje nad nimi kontrolę. Czarownik staje się naturalnym przywódcą i często zostaje wodzem lub królem. Na płaszczyźnie jednostkowej magia daje człowiekowi poczucie pewności i pozwala mu działać stanowczo w obliczu przeciwności losu i różnych trudności.

Magia ma więc do spełnienia swoje własne zadanie kulturowe. Ma wartość dla człowieka pierwotnego i kultury pierwotnej, a zakres, w którym działa, oraz jej funkcje są różne od zakresu i funkcji nauki pierwotnej.

Różni się ona również od religii, ponieważ człowiek odnosi się do przyrody nie tylko w sposób magiczny i naukowy, ale także religijny. Dla człowieka pierwotnego zasadniczymi potrzebami w normalnym życiu są obfitość pożywienia i ogólny dobrobyt materialny. Są one również warunkiem wszelkiego postępu duchowego. Ale obfitość pożywienia i dóbr dana jest człowiekowi niezależnie od jego wysiłków, a często także od magii. Człowiek pierwotny, tak jak i cywilizowany, odczuwa istnienie autonomicznego celu w przyrodzie, który czasami nagradza, a czasami karze i niezmiennie podąża swoją własną tajemniczą drogą. Człowiek w sposób naturalny zwraca się w kierunku tego celu czy opatrzności; personifikuje go i stara się go sobie zjednać. Takie są podstawy kultu przyrody przybierającego rozmaite formy, z których najbardziej pierwotną jest prawdopodobnie totemizm. Każdy jednak kult przyrody implikuje deifikację sił przyrody, wprowadzenie do wszechświata celu, opatrzności, osobistego przewodnika.

Nasz krótki, choć jak sądzę przekonujący wgląd w dramat człowieka pierwotnego wykazuje jedno: dwoma zasadniczymi źródłami inspiracji religijnej są pragnienie nieśmiertelności i pragnienie zjednoczenia się z Bogiem. Stwierdzając to czuję, że staję w opozycji do większości współczesnych teorii. Profesor Thomas H. Huxley, który przedstawił tak doskonałe streszczenie dzisiejszych poglądów, powiedział nam wyraźnie, że Bóg i nieśmiertelność nie odgrywają żadnej roli w religii pierwotnej. Ale moim zdaniem są to dwie potrzeby, które wszyscy odczuwamy, które człowiek odczuwał zawsze, kiedy nie mógł stawić czoła swemu przeznaczeniu. W tym wszystkim religia nie jest jedynie emocjonalnym podnieceniem, a tym bardziej interpretacją intelektualną. Religia obiecuje człowiekowi nieśmiertelność i objawia mu jego Boga lub bogów. I to właśnie ta aktywna i twórcza strona religii wydaje mi się najważniejsza i na nią kładę największy nacisk. Dlatego też badania porównawcze religii zmuszają nas do uznania religii za najważniejszą siłę sprawczą kultury ludzkiej. Religia powoduje, że człowiek dokonuje największych czynów, do jakich jest zdolny, i daje człowiekowi to, czego nic innego dać mu nie może; daje mu spokój i szczęście, harmonię i poczucie istnienia celu; i daje mu to wszystko w formie absolutnej.

Mogliście zauważyć, że przez cały czas mówiłem o religii w ogóle, łącząc religię pierwotną i cywilizowaną i podkreślając występujące między nimi podobieństwa. Nie chciałbym jednak, abyście zapomnieli o wszystkim tym, co w religii pierwotnej jest brutalne, okrutne i niskie, o ciężkich próbach i ohydzie inicjacji, o straszliwych rytuałach śmierci, odrażających i morderczych, o rozpuście i poniżeniu towarzyszącym ceremonii małżeństwa. Wszystko to i jeszcze więcej można by przytoczyć sporządzając poważne oskarżenie przeciwko pierwotnemu pogaństwu. Ale przecież okrucieństwa i ciężkie próby często funkcjonują jako sprawdziany wytrzymałości. Są one dodatkowym czynnikiem w moralnym kształceniu samokontroli. Rozpusta towarzysząca zaślubinom to często ostatni zryw przedmałżeńskiej wolności, pożegnanie z tym, co od tej pory będzie zakazane. Rytuał śmierci służy podkreśleniu jej majestatu i solidarności umarłego z tymi, którzy zostają zabici po to, by mu towarzyszyć.

Z kolei czarna magia, która polega na manipulowaniu zdrowiem i życiem, a także bogactwem i szczęściem innych, na pierwszy rzut oka wydaje się czymś z gruntu złym, często jednak wykorzystuje się ją w dobrych celach i ma ona swoje dobre i podnoszące na duchu strony. Powoduje, że choroby i rozkład wydają się dziełem człowieka, czymś sztucznym, a więc uleczalnym. Faktem jest, że wszyscy dzicy czarownicy potrafią zarówno leczyć, jak i zabijać. Ponadto czarna magia, choć często stosowana ze złej woli, dla gnębienia i szantażu, jest dużo częściej wykorzystywana jako instrument surowej sprawiedliwości. Używana jest po to, by naprawiać krzywdy i popierać istniejącą władzę i przywileje. Jest siłą konserwatywną, a w związku z tym jest cenna dla społeczności ludzi pierwotnych. Czarna magia działa jak obosieczny, ostry miecz, gotowy do wymierzania sprawiedliwości i popełniania zbrodni, ale w warunkach życia ludzi pierwotnych jest bardzo pożyteczna. Przy tym wszystkim nie chciałbym jednak zbyt pochopnie usprawiedliwiać mroków pierwotnego pogaństwa. Religia pierwotna bowiem ma też swoje ciemne strony. Tak jak i nasze religie. Chciałbym tu jednak podkreślić, że religia, nawet w swych najgorszych aspektach, nigdy nie jest całkowicie bezużyteczna ani z gruntu zła. Nawet w jej najskromniejszych formach tli się iskra boskości, a kiedy mówię o „boskości", mam na myśli punkt widzenia wierzącego, a nie mój własny. Jako antropolog, mogę mówić o „boskości" tylko o tyle, o ile ujawnia się ona człowiekowi i w człowieku.

Porównawcza nauka o religii nie ma prawa głosić absolutnej, transcendentalnej prawdy żadnej religii. Ponieważ objawienie religijne jest doświadczeniem w istocie wykraczającym poza zakres nauki i obie te sfery są suwerenne, żadna z nich nie może świadczyć za drugą lub przeciwko niej. Wypowiadając się jako antropolog, muszę się więc zgodzić ze stwierdzeniem powtarzanym przez innych autorów tej serii wykładów [1], że religia i nauka nie muszą być w sytuacji otwartego konfliktu, ponieważ ich indywidualne cele i zakresy działania są rozłączne i niezależne.

Może jednak chcielibyście poznać moje własne zdanie na temat związku między nauką i religią. Wypowiem się więc nie jako specjalista, ale po prostu jako człowiek, który myśli i czuje.

---

[1] Mowa o wykładach nadanych przez British Broadcasting Corporation.

Osobiście jestem agnostykiem. To znaczy nie jestem w stanie zaprzeczyć istnieniu Boga; nie mam również skłonności, by to zrobić, a tym bardziej, by utrzymywać, że wiara w Boga jest niepotrzebna. Mam też gorącą nadzieję, że istnieje życie po śmierci i bardzo chciałbym uzyskać jakieś tego potwierdzenie. Ale przy tym wszystkim nie jestem w stanie zaakceptować żadnej pozytywnej religii — chrześcijańskiej ani żadnej innej. Nie jestem w stanie wierzyć w istnienie Opatrzności w żadnym tego słowa znaczeniu, nie jestem też przekonany o jednostkowej nieśmiertelności.

Widzicie więc, że głęboko się różnię od ufnego racjonalisty czy osoby niewierzącej reprezentującej poprzednie generacje. Wszyscy znamy historię Pierre'a Simona de Laplace'a i jego dyskusji z Napoleonem I o systemie Mechaniki Niebieskiej. Cesarz zapytał go: „Jakie miejsce przypisałeś Bogu w swoim systemie?" „Panie, odpowiedział, jest to hipoteza, której potrzeby nigdy nie odczuwałem". Jest to dumna odpowiedź ufnego ateisty, ale nie brzmi ona prawdziwie dla skromnego agnostyka. Przeciwnie, powiedziałbym, że Bóg jest rzeczywistością, a nie hipotezą, i to rzeczywistością, której bardzo potrzebuję, choć potrzeby tej nie potrafię zaspokoić. Typowy racjonalista powiada: „Nie wiem i nie dbam o to". Tragiczny agnostyk natomiast odpowie: „Nie mogę wiedzieć, ale czuję głęboką i nieodpartą potrzebę wiary, dowodu i objawienia". Dla mnie osobiście i dla wielu osób podobnych do mnie nic nie ma takiego znaczenia, jak odpowiedź na palące pytania: „Czy będę żyć, czy też zniknę jak bańka mydlana?", „Jaki jest cel, sens i rezultat całej tej walki i cierpienia?". Zwątpienie zawarte w tych dwóch pytaniach tkwi w nas i wpływa na wszystkie nasze myśli i uczucia. Współczesny agnostycyzm jest tragicznym i wstrząsającym stanem umysłu. Odrzucenie agnostycyzmu jako łatwej i płytkiej ucieczki od obowiązków moralnych i dyscypliny narzucanych przez religię to niegodny i powierzchowny sposób potraktowania go.

Czy za to, że jestem agnostykiem i że agnostykami są inni, którzy myślą podobnie do mnie, odpowiedzialna jest nauka? Sądzę, że tak i dlatego jej nie kocham, choć muszę pozostać jej lojalnym sługą. Nauka zajmuje się prawdą i dowodem, wykształca poczucie krytycyzmu i pasję wobec pełnego doświadczenia, które wykracza poza jej własną ograniczoną dziedzinę. Prawdę religijną natomiast potwierdzają dwa źródła doświadczenia. Przede wszystkim mamy pierwotne objawienie, przekazywane w nauce religii. Taka jest podstawa wielkich religii historycznych, w szczególności chrześcijaństwa. Poza tym istnieją współczesne cuda i objawienia, na których bazuje większość nowomodnych wierzeń. Nauka oduczyła nas akceptowania w sposób niekwestionowany prawdy z drugiej ręki — prawdy tradycji czy ewangelii. Jeśli istniało kiedykolwiek rzeczywiste doświadczenie, jeśli została w nim objawiona prawda o istnieniu Boga, to buntuję się przeciwko założeniu, że było ono udziałem moich mitologicznych przodków w niejasnej przeszłości i przeciwko temu, że nie jest mi to dziś łaskawie udostępnione i to w sposób tak przekonujący, bym nie miał żadnych wątpliwości i nie mógł niczego kwestionować. Osoba wierząca powiedziałaby, że oczywiście doznaje objawienia prawdy religijnej. Mogę na to jedynie odpowiedzieć, że wydaje mi się, iż w tym właśnie miejscu rozciąga się przepaść nie do pokonania między wiarą i agnostycyzmem.

Ponadto porównawcza nauka o religii wykazuje, że te same odwieczne pragnienia duszy ludzkiej były zaspokajane przez różnorodne oczywiste fikcje, które funkcjonowały tak samo jak wznioślejsze prawdy religijne naszej własnej kultury. Tak więc realność wierzeń religijnych, bez względu na to, jak bardzo cenilibyśmy jej wartość, okazuje się niemal instrumentem wytworzonym dla specjalnej potrzeby. Trucizna pragmatyzmu — prawda mierzona użytecznością — wkracza dziś w badania porównawcze religii, a także we wszelką filozofię i naukę, a pragmatyzm oznacza śmierć zarówno religii, jak i metafizyki.

Z drugiej jednak strony, kiedy przechodzę do nowoczesnych form objawienia, do współczesnych cudów, do uzdrawiania wiarą, do spirytualistycznych mediów, do wróżenia z ręki, do mosiężnych wotów Josepha Smitha czy wizji pani Mary Baker Eddy, wszystkie moje obyczaje naukowe odnoszące się do metody i dowodu podnoszą protest. Wartość dowodową wszystkich tych sztucznych objawień, tego tajemnego kontaktu z zaświatami uważam za nieprzekonywającą, a to estetyczne czy emocjonalne doświadczenie za zupełnie nieatrakcyjne. Nie mogę też uznać wewnętrznego objawienia boskości za system ideałów — tak jak to uczynił profesor Haldane w wygłoszonym wcześniej wykładzie. Jego Bóg jest zbyt abstrakcyjny, zbyt bezosobowy, aby mógł zaspokoić moje pragnienie rzeczywistego związku z osobistym Przewodnikiem po Wszechświecie. Wiara tego typu nie zawiera w ogóle gwarancji życia jednostki po śmierci. A bez własnego Boga i wiary w nieśmiertelność nie mogę wyobrazić sobie żadnej religii. Ponadto, czy prawdą jest, że ideały prawdy, piękna i dobroci w istocie jednoczą wszystkich lub choćby większość ludzi? Czy nasz nowoczesny świat ze swymi niszczącymi wojnami, nienawiścią rasową, narodową i klasową, ze swoją nikczemną chciwością i masowym wyzyskiem rzeczywiście kieruje się tym wewnętrznym i uniwersalnym, podobnym u wszystkich ludzi objawieniem prawdy i harmonii? Nie widzę śladów tego rodzaju kontroli. Dużo bliższe są mi ustalone, tradycyjne wierzenia, które są bardziej przekonywające estetycznie i moralnie — i dla nich mam wiele szacunku.

Czy istnieje więc jakaś nadzieja pokonania tej najgłębszej przepaści między tragicznym agnostycyzmem i wiarą? Nie wiem. Czy jest na to jakieś lekarstwo? Na to pytanie też nie potrafię odpowiedzieć. Może nam chyba pomóc tylko coraz więcej uczciwości, więcej szczerości i więcej otwartości.

Właśnie w tym duchu opisałem wam moje stanowisko, gdyż czułem się w obowiązku mówić szczerze i otwarcie. Ci z was, którzy mają szczęście być wierzącymi czy też mają takie samo szczęście być niewierzącymi, nie stwierdzą chyba występowania żadnych akcentów misyjnych w moim wyznaniu wiary. Całe moje doświadczenie naukowe wykazuje, że nie ma ani żadnych podstaw, ani powodów do konfliktu między nauką i religią, ale dzięki moim własnym doświadczeniom stwierdziłem, że nauka jest niebezpieczna, nawet jeśli nie niszczy wiary zupełnie. I chociaż nie jestem w stanie czcić żadnego bóstwa, to doszedłem do tego, że czczę, a w każdym razie szanuję religię.

We wszelkich swoich przejawach — animizmie i totemizmie, kultach przyrody i kultach przodków, modlitwach do Opatrzności i udzielaniu sakramentów — religia, cywilizowana czy pierwotna, daje człowiekowi coś, czego nie może mu dać ani nauka, ani magia.

Religia daje człowiekowi nadzieję nieśmiertelności i rytualne środki jej osiągania, objawia istnienie Boga czy Opatrzności i mówi, w jaki sposób można osiągnąć zjednoczenie, potwierdza znaczenie świata i celu użycia, a dzięki sakramentom pozwala człowiekowi osiągnąć większą pełnię życia. Religia pozwala człowiekowi zapanować nad losem, nawet gdy nauka daje mu kontrolę nad siłami przyrody, a magia — nad przypadkiem, szczęściem i wypadkiem.

PODSTAWY WIARY I MORALNOŚCI

Antropologiczna analiza pierwotnych wierzeń i zachowań ze szczególnym uwzględnieniem podstawowych problemów religii i etyki

PRZEDMOWA

Antropologia to nauka porównawcza o kulturach ludzkich. Często uważana jest za badanie okresu dzikości i jego egzotycznych ekstrawagancji. Współczesne wydarzenia w historii świata zrodziły w nas jednak wątpliwości, czy da się wyznaczyć wyraźną linię podziału między kulturą a dzikością. Badacz instytucji i obyczajów ludzkich odczuwa w zakresie metody coraz mniejsze skłonności do ograniczania się do tak zwanych kultur pierwotnych czy prostych. Skłania się on ku pierwotności współczesnej cywilizacji, ku zaletom i wiedzy, jakimi charakteryzują się na tym świecie prostsi ludzie. Przez sam ten fakt Nauka o Człowieku musi czegoś uczyć.

Ściśle naukowym zadaniem antropologii jest jednak ukazanie istoty instytucji ludzkich możliwe dzięki badaniom porównawczym. Studia oparte na indukcji odkrywające istotne podobieństwa, które leżą u podstaw odmian wynikających z przypadku, ujawniają charakter prawa i religii, własności i współpracy, zasług i zaufania moralnego; umożliwiają również sformułowanie poprawnych definicji takich instytucji, jak małżeństwo, rodzina, kościół i państwo. To, co jest im wszystkim wspólne, quod semper, quod ubique, quod ab initio, *oczywiście stanowi o istocie ich charakteru. We wszystkim tym Nauka o Człowieku stopniowo zbliża się do innych nauk, przede wszystkim ścisłych i przyrodniczych.*

Dla wielu myślących mężczyzn i kobiet jednym z najważniejszych pytań jest dziś pytanie o miejsce, jakie zajmuje religia w naszej nowoczesnej kulturze. Czy jej wpływ słabnie? Czy zawiodła nas na przykład podczas ostatniej wojny i w czasie ustalania warunków pokoju po jej zakończeniu? Czy stopniowo ustępuje z do-

minującej pozycji, którą powinna zajmować w naszym życiu publicznym i w sferze naszych prywatnych trosk? Religia spotyka się dziś z częstymi atakami, natrafia na rozliczne i oczywiste niebezpieczeństwa i przeszkody. Ale tu znów nauka porównawcza o cywilizacji uczy, że trzonem całego zdrowego życia zbiorowego była zawsze silna i żywa wiara. A co z naszą własną cywilizacją? Czy nie nastąpiło pewne przesunięcie funkcji i treści wiary religijnej? Czy nie obserwujemy rosnącej przewagi zewnętrznych politycznych i ekonomicznych dogmatów nad prawdami duchowymi, na których opierało się chrześcijaństwo? Czy prawdą jest, że niektóre nowoczesne ruchy polityczne, komunizm czy faszyzm, wiara w zbawczą moc państwa totalitarnego i nowych mesjaszów w brązowych, czerwonych lub czarnych koszulach stają się pod względem formy i funkcji rzeczywistymi religiami współczesnego świata?

Ujmując tę sprawę z naukowego punktu widzenia, musimy najpierw jasno zdefiniować pojęcie religii. Można to najłatwiej osiągnąć dzięki porównawczym badaniom zjawisk religijnych prowadzonym w duchu antropologicznym. Tego rodzaju badania wykażą, że w wypadku religii forma, funkcja i istota nie mają charakteru arbitralnego. Na podstawie badań dawnych religii, pierwotnych i rozwiniętych, dojdziemy do przekonania, że religia ma specyficzną rolę do odegrania w każdej kulturze ludzkiej, że w zasadniczy sposób wiąże się z wiarą w Opatrzność, w nieśmiertelność i w moralny sens świata i że wiara ta z kolei wymaga pewnych technik ekspresji, technik, które umożliwiają zjednoczenie się z absolutem i modlitwę, objawienie i cud; wreszcie, każda religia implikuje jakąś nagrodę za cnotę i karę za grzech.

Analiza, która zostanie przedstawiona w tych wykładach, nauczy myślącego czytelnika, że we wszystkich przejawach religii mieszają się ze sobą istota i ekspresja. Jest więc tragicznym błędem stosowanie technik religijnych w odniesienu do celów, które są zewnętrzne wobec prawdziwej wiary, do celów stronniczych, politycznych czy ekonomicznych. Zdrowe życie społeczne musi się opierać na prawdziwie religijnym systemie wartości, to znaczy takim, który odzwierciedla objawienie nam istnienia duchowego i moral-

nego porządku. Nie znaczy to, że wszyscy członkowie społeczeństwa kontrolowanego przez wierzenia i etykę religijną powinni być fanatykami czy choćby wierzącymi praktykującymi. Apelowanie o stosowanie zasad etycznych i o uznanie wartości duchowych w życiu publicznym i polityce narodowej nie jest równoznaczne z deklaracją przynależności do jakiegokolwiek systemu metafizycznego czy dogmatycznego.

Ja sam nie jestem w stanie uznać żadnej religii objawionej, ani chrześcijańskiej, ani innej. Ale nawet agnostyk musi żyć wierząc. W naszym wypadku — przedwojennych racjonalistów i liberałów — wierząc w ludzkość i siłę jej postępu. Wiara ta pozwala nam pracować w wolności myśli i niezależności inicjatywy dla postępu nauki i dla stworzenia wspólnoty wolnych istot ludzkich. Pozwala nam posługiwać się naszymi intelektualnymi i artystycznymi zdolnościami, gdyż chronią nas instytucje demokratyczne; dzięki temu jesteśmy w stanie zadbać o dobrobyt następnych pokoleń. Wiara ta, jako wiara chrześcijan, doznała brutalnego wstrząsu na skutek wojny i jej konsekwencji. Nauka ucierpiała. Została zniewolona i podporządkowana celom politycznym i stronniczym. Nauka, podobnie jak chrześcijaństwo, zawiodła nas jako podstawa etyki i twórczych działań. Tak więc jako racjonalista i człowiek wierzący w rozwój osobowości człowieka i w liberalną wspólnotę wolnych ludzi jestem w takim samym położeniu, jak wierzący chrześcijanie. Najwyższy czas, by dawna, dziś w gruncie rzeczy nierealna, nienawiść między nauką i religią wygasła i by połączyły się one przeciwko wspólnemu wrogowi. Moim zdaniem, tym wspólnym wrogiem jest planowe nadużywanie przemocy na szeroką skalę oraz organizowanie się narodów dla bezcelowej i destrukcyjnej walki między członkami czegoś, co w rzeczywistości jest wspólnotą, zjednoczoną interesami ekonomicznymi, kulturowymi i etycznymi.

Przez jakiś czas pracowałem nad sformułowaniem pełnego uzasadnienia mojej wiary w wartość religii. Stosownie do mego antropologicznego celu zajęty byłem zbieraniem materiałów do książki czy pamiętnika, w którym chciałem przeanalizować przede wszystkim techniki ekspresji religijnej w micie i dogmacie, rytuale i ce-

remoniach, w etyce i społecznym wpływie wiary [1]. *Kiedy zaproszono mnie, bym wygłosił serię wykładów w ramach Riddell Memorial Lectures w sesji 1934 - 1945, stwierdziłem, że zakres moich badań dobrze pasuje do przedstawionych mi warunków: „Przedmiotem wykładów ma być relacja między religią a współczesnym rozwojem Myśli [...] ze szczególnym podkreśleniem i nawiązaniem do wpływu tego rozwoju na etykę i doktrynę chrześcijaństwa". Postanowiłem przedstawić wstępne wyniki moich badań i na ich podstawie wykazać integracyjną funkcję chrześcijaństwa w naszej kulturze. Tekst opublikowanych tu wykładów należy uważać za wstępne przedstawienie moich wniosków, udokumentowanych najbardziej istotnymi i wymownymi faktami. Pragnę wyrazić wdzięczność Committee of the Riddell Memorial Lectures za gotowość wydania w rozszerzonej formie przedstawionych tu materiałów i konkluzji. Ponieważ jednak szersza publikacja będzie miała charakter ściśle techniczny i będzie adresowana głównie do specjalistów z dziedziny antropologii i historii religii, przedstawione tu wykłady w żadnym wypadku nie będą w niej powtórzone* [1a].

B. M.

Department of Anthropology
University of London

I. TRZY ASPEKTY RELIGII

Religia jest trudnym i opornym przedmiotem badań. Wydaje się bowiem bezcelowe kwestionowanie tego, co zawiera odpowiedzi na wszystkie pytania. Trudno jest zastosować chłód logiki wobec tego, co można zaakceptować jedynie przez całkowite poddanie

---

[1] Przy zbieraniu ogromnej ilości materiałów, tylko częściowo wykorzystanych w tej pracy, ogromnie pomogły mi pp. I. Harris i N. Cohen, których współpraca była możliwa dzięki hojności Rockefeller Foundation.

[1a] O ile wiadomo, takiej „szerszej publikacji" Malinowski nie przygotował.

serca. Wydaje się zupełnie niemożliwe, by ogarnąć rozumem to, co otacza ludzkość miłością i najwyższą mądrością.

Ateiście wcale nie jest łatwiej badać religię niż osobie głęboko wierzącej. Racjonalista odrzuca realność doświadczenia religijnego. Dla niego religia jest tajemnicą, nad którą może się uśmiechnąć, którą może być zaintrygowany, ale której przez samo uznanie faktu jej istnienia nie może zgłębić. Bardzo trudno jest badać fakty, które wydają się jedynie pułapką, złudzeniem czy oszustwem. Ale nawet będąc racjonalistą, jakżeż mógłby on odrzucić fakty, które kształtowały istotę prawdy i szczęścia milionów i setek milionów ludzi przez tysiące lat?

Wierzący również nie jest w stanie podjąć się prowadzenia bezstronnych badań. Dla niego jedna religia, jego własna, nie stanowi problemu. Jest Prawdą, całą Prawdą i tylko Prawdą. Szczególnie jeśli będzie on fundamentalistą, to znaczy człowiekiem niezdolnym do zrozumienia podstaw wiary, po prostu odrzuci większość zjawisk religijnych jako „przesądy", a swoje własne poglądy uzna za Prawdę Absolutną. Jednak każdy, łącznie z fanatycznym fundamentalistą, może się przez moment zastanowić nad tym, że jego Opatrzność zechciała łaskawie pozwolić poznać Prawdę małej części ludzkości, a resztę tej ludzkości utrzymuje w stanie wiecznej ciemności i błędu i w ten sposób skazuje na wieczne potępienie. Istnieje chyba jednak możliwość bardziej skromnego podejścia do wszystkich faktów wiary polegającego na tym, że naukowiec bada te fakty z sympatią, co powoduje, że staje się niemal wierzącym, ale równocześnie z bezstronnością, która nie pozwala mu na odrzucenie wszystkich innych religii jako błędnych wobec uznania jednej za prawdziwą.

Z takim właśnie nastawieniem antropolog powinien podchodzić do religii pierwotnej, jeśli ma się przyczynić do wyjaśnienia kryzysów religijnych w naszym nowoczesnym świecie. Zawsze musimy mieć na względzie związek między wiarą a życiem ludzkim, dążeniami, trudnościami i nadziejami. Wierzenia, które tak często odrzucamy jako „przesądy", jako przejaw dzikiej brutalności ludzi pierwotnych czy „mentalności prelogicznej", musi się zrozumieć, to znaczy wyjawić ich kulturowo wartościowy trzon. Ale wiara nie jest alfą i omegą religii. Trzeba zdać sobie sprawę z tego, że człowiek przekształca swoje zaufanie do sił duchowych w działanie, że w modlitwie i ceremoniale, w rytuale i sakramencie zawsze stara się utrzymać kontakt z rzeczywistością nadprzyrodzoną, której istnienie potwierdza dogmatem. Z kolei zobaczymy, że każda religia, nawet najskromniejsza, podaje wskazówki co do dobrego życia, zawsze dostarcza swym wiernym systemu etycznego.

Każda religia, pierwotna czy rozwinięta, ma więc trzy główne aspekty: dogmatyczny, rytualny i etyczny. Ale sam podział na te trzy aspekty czy ich wyróżnienie nie wystarcza. Sprawą równie ważną jest uchwycenie zasadniczych wzajemnych związków między tymi trzema aspektami, stwierdzenie, że są one faktycznie tylko trzema stronami tego samego zasadniczego faktu. Przez system dogmatów człowiek potwierdza istnienie Opatrzności, duchów czy sił nadprzyrodzonych. W rytuale religijnym czci on te istoty i wchodzi z nimi w kontakt, gdyż objawienie implikuje możliwość i konieczność tego rodzaju kontaktu. Duchy, duchy przodków i bogowie nie chcą być ignorowani przez człowieka, a on z kolei potrzebuje ich towarzystwa. Zależność od sił wyższych implikuje dalsze wzajemne uzależnianie się człowieka od swego sąsiada. Nie jesteśmy bowiem w stanie czcić wspólnie, jeśli nie jesteśmy złączeni wspólną więzią wzajemnego zaufania i pomocy, to znaczy miłosierdzia i miłości. Jeśli Bóg stworzył człowieka na podobieństwo swoje, to jedno podobieństwo Boga nie może poniżać, profanować czy niszczyć drugiego.

Analizując dogmatykę, szczególnie na płaszczyźnie religii pierwotnych, spotkamy coś, co można by określić mianem tajemnicy mitu. We wszystkich religiach, łącznie z chrześcijaństwem i judaizmem, stwierdzamy, że każdy dogmat wiary, każda dogmatyczna afirmacja mają tendencję do występowania w otoczce długiej narracji. Innymi słowy, abstrakcyjny system zasad dogmatycznych jest zawsze powiązany z uświęconą historią.

Dawniej drugorzędne cechy, ekstrawagancje i osobliwości mitologii najsilniej przykuwały uwagę badaczy mitologii i pobudzały chęć wyjaśniania ich. Przypowieści są czasami brutalne lub nawet odrażające. W ramach prowadzonej przez nas analizy nietrudno nam będzie to zrozumieć. Wierzenia religijne wnikają głęboko w zasadnicze fakty życia, z których najistotniejsze to urodzaj i prokreacja. Inną cechą charakteryzującą mit jest częste odwoływanie się do zjawisk przyrody, do właściwości krajobrazu, do osobliwych zwyczajów zwierząt i roślin. W teoriach naukowych najczęściej wyjaśniano to przyjmując założenie, że mitologia jest nauką pierwotną i że jej zasadnicza funkcja polega na wyjaśnianiu zjawisk przyrody i tajemnic wszechświata. Tego rodzaju teorie będziemy musieli w większości odrzucić albo przynajmnej skorygować. Człowiek pierwotny ma swoją naukę, tak jak i religię; mit nie służy wyjaśnianiu zjawisk, ale raczej regulowaniu działań ludzkich.

W moim odczuciu zasadniczym problemem mitu jest jego stosunek do dogmatu, fakt, że mit jest przeobrażeniem aktu wiary w opowiadanie o konkretnym cudzie. Dlaczego jest to konieczne? Mam nadzieję wykazać w trakcie tej analizy, że jest to wynik samej istoty życia i wiary. Wiara zawsze się opiera na pierwotnym objawieniu, a objawienie jest konkretnym wydarzeniem. W objawieniu Bóg lub duchy przodków, lub bohaterowie kulturowi tworzą i kształtują wszechświat, ujawniają człowiekowi swoją wolę i siłę. To wszystko jest procesem doczesnym, konkretnym następstwem działań, zestawem przedstawień dramatycznych. Z kolei człowiek reaguje na tę manifestację ponadnaturalnej siły, buntuje się przeciw niej i grzeszy, zdobywa wiedzę, traci łaskę i ponownie ją odzyskuje. Nic więc dziwnego, że większość systemów dogmatycznych przybiera postać uświęconej tradycji, zbioru przypowieści ustalających początek rzeczy i w ten sposób potwierdzających ich prawdziwość. Dalej, ponieważ mit opowiada o tym, jak Opatrzność stworzyła człowieka i objawiła mu swą prawdziwość, zazwyczaj znajdujemy w nim również wskazówki co do tego, jak człowiek powinien Opatrzność czcić, aby pozostać z nią w kontakcie.

W ten sposób analiza mitu prowadzi nas bezpośrednio do kwestii rytuału. Tu również nie będziemy zatrzymywać się nad sensacyjnymi cechami charakteryzującymi szczegóły. Od razu przejdziemy do zasadniczego i centralnego problemu: „Dlaczego rytuał?" Moglibyśmy rozpocząć od radykalnego, purytańskiego lekceważenia i odrzucenia wszelkiego rytualizmu, byłby to bowiem głos rozsądku w przeciwieństwie do zmysłowej, niemal fizjologicznej postawy naiwnej wiary. Kadzidła, obrazy, procesje, fajerwerki są tak samo niezrozumiałe i w związku z tym odrażające dla wysoce wyrafinowanego i refleksyjnego typu świadomości religijnej, jak i dla antyreligijnego racjonalisty. Dla rozumu, czystego czy też wysublimowanego w uczuciach religijnych, rytualizm jest zawsze odmianą bałwochwalstwa, nawrotem do magii. Dla beznamiętnego badacza wszelkich religii, który nie zamierza lekceważyć religii rzymskokatolickiej z tego powodu, że odczuwa głęboki podziw dla religii kwakrów, ani odrzucić totemizmu, gdyż zdaje sobie sprawę, jak daleki jest on od religii Izraela, rytuał nadal pozostaje problemem. Dlaczego człowiek musi wyrażać tak proste afirmacje, jak wiara w nieśmiertelność duszy, w realność świata duchowego, błazeństwami, udramatyzowanymi przedstawieniami, tańcem, muzyką, kadzidłami, bogactwem i powszechnością rozwiniętych działań zbiorowych, które często zużywają ogromną ilość energii i materii plemiennej czy narodowej?

W tym miejscu nasza dyskusja nie będzie tylko walką z wiatrakami. Dotychczasowe naukowe podejście do rytuału, pierwotnego i cywilizowanego, nie wydaje mi się dość zadowalające. Przykładowo, koncepcja pierwotnej magii jako „błędnej techniki naukowej" nie oddaje w pełni kulturowej wartości magii. Ale jeden z największych współczesnych antropologów, sir James Frazer, w pewnej mierze poparł tę koncepcję. Teoria Freuda, według której magia oznacza wiarę człowieka pierwotnego we „wszechmoc myśli", również ujmuje rytuał pierwotny jako wielkie pragmatyczne samooszustwo. Sam uważam, że każdy akt rytualny, od pierwotnej magii australijskiej do procesji z okazji Bożego Ciała, od ceremonii inicjacyjnej do Mszy Świętej, jest tradycyjnie odtwarzanym cudem. W czasie trwania tego cudu bieg ludzkiego życia i naturalnych wydarzeń zostaje zmodyfikowany dzięki działaniu sił nadprzyrodzonych, które wyzwala uświęcony, tradycyjnie ujednolicony akt grupy wierzących lub przywódcy religijnego. Fakt, że każdy rytuał religijny musi zawierać element cudu, nie może być uznany za wynik naiwności ludzkiej, pierwotnej głupoty (*Urdummheit*) ani też za ślepy zaułek pierwotnej pseudonauki. Dla nas stanowi on istotę wiary religijnej. Człowiek potrzebuje cudów nie dlatego, że jest zaślepiony pierwotną głupotą, trikami stosowanymi przez kler czy też dlatego, że zażył „opium dla mas", ale dlatego, że na każdym etapie swego rozwoju zdaje on sobie sprawę z tego, że moc jego ciała i umysłu jest ograniczona. To raczej uświadomienie sobie ograniczeń praktycznych i intelektualnych, a nie uleganie iluzji „wszechmocy umysłu" prowadzi człowieka do rytualizmu, powoduje, że odtwarza on cuda, których wykonalność uznał dzięki mitologii.

Zagadka etyki — pytanie, dlaczego każda religia ma swoje zasady moralne — jest prostsza. Dlaczego, by być obyczajnym i cnotliwym, człowiek musi wierzyć zarówno w Diabła, jak i w Boga, zarówno w demony, jak i duchy, w złą wolę i dobroczynność duchów przodków? Jest to znowu zestaw pojęć teoretycznych i błędnych koncepcji podyktowanych wrogością wobec religii lub popieraniem sekciarstwa. Aby się obronić przed powierzchownym poglądem, że sadystyczny kler wynalazł ogień piekielny, aby zastraszyć wiernych i skłonić ich do uległości, musimy się postarać rzeczywiście zrozumieć zjawisko. Przy całej naszej sympatii dla postawy religijnej będziemy również musieli odrzucić teologiczny pogląd, zgodnie z którym moralność musi się wiązać z dogmatem, gdyż zostały one dane ludzkości w Jednym Prawdziwym Objawieniu. Właściwa odpowiedź na nasze pytanie leży w społecznym charakterze religii. Wielu myślicieli kierujących się wiedzą naukową i zdrowym rozsądkiem z pewnością stwierdziło, że każda zorganizowana wiara implikuje istnienie wspólnoty wiernych. Ale i w tym wypadku nauka powoli przyjmowała to, co dyktuje prosty i zdrowy rozum. Edward Tylor i Adolf Bastian, Max Müller i Wilhelm Mannhardt traktują systemy religijne tak, jakby były one wytworami filozoficznymi lub literackimi. Inicjatywę włączenia społecznego aspektu religii do badań podjął szkocki duchowny i uczony, William Robertson Smith. Rozwinął ją precyzyjnie, ale z przesadą francuski filozof i socjolog, Émile Drukheim.

Naprawdę zdrowa zasada metodologiczna powiada, że oddawanie czci w religii zawsze ma charakter zbiorowy, ponieważ odnosi się do wspólnych trosk zbiorowości. I tutaj, jak wykaże nasza analiza, pojawia się element etyczny ściśle związany z wszelkimi działaniami religijnymi. Zawsze wymagają one wysiłku, dyscypliny i podporządkowania się jednostki dobru społeczności. Tabu, nabożeństwa, praktyki religijne są natury moralnej, nie tylko dlatego, że są wyrazem poddania się człowieka siłom duchowym, ale także dlatego, że odzwierciedlają poświęcenie osobistej wygody dla dobra ogółu. Istnieje jednak także inny aspekt etyczny, który — jak zobaczymy — powoduje, że wszystkie religie są natury moralnej. Każdy kult wiąże się z określoną grupą wiernych: kult przodków zasadza się głównie na rodzinie, czasami również na szerszej grupie, na klanie, czasami przybiera charakter plemienny, gdy duch przodka jest duchem wodza. Członkowie grupy wyznawców mają naturalne zobowiązania wobec siebie nawzajem. Poczucie wspólnej odpowiedzialności, wzajemnego miłosierdzia i dobrej woli wyrasta z tej samej podstawowej idei i tego samego uczucia, które skłaniają członków klanu, braci czy członków plemienia do spełniania wspólnych praktyk. Jestem bratem mojego współplemieńca lub krewnym członka mojego klanu totemicznego, ponieważ wszyscy pochodzimy od tej samej istoty, którą czcimy w naszych ceremoniach, dla której się poświęcamy i do której się modlimy. Musimy jedynie zmienić słowo *pochodzimy* na *jesteśmy stworzeni*, aby przejść do religii przyjmujących za swoją naczelną zasadę braterstwo ludzi, którzy zawdzięczają swoje istnienie Stwórcy i zwracają się do niego słowami: „Ojcze nasz, który jesteś w niebie". Koncepcja kościoła jako wielkiej rodziny tkwi w najgłębszej naturze religii.

Wnioski te mogą się wydawać proste, gdy się je bezpośrednio sformułuje. Fundamentalne prawdy naukowe z zakresu fizyki i biologii, podobnie jak i nauki o człowieku, nigdy nie są wyszukane. Jednak, jak wykażę później, nawet teraz zarówno antropolog, jak i misjonarz negują etykę pogan.

Mam nadzieję, że przestudiowanie kolejnych wykładów dostarczy czytelnikowi tego, co można nazwać poprawnymi teoretycznymi ramami oceny innych zjawisk religijnych, pierwotnych i ucywilizowanych, starożytnych i nowoczesnych, zdrowych i patologicznych.

II. SOCJOLOGICZNA DEFINICJA MITU

Zasadniczy problem mitu został już sformułowany, a jego rozwiązanie zapowiedziane. Ten problem to pytanie, dlaczego dogmat ma tendencję do rozwijania się w opowiadanie. Zasugerowana odpowiedź brzmiała następująco: skoro wszystkie dogmaty zostały objawione, musi się o objawieniu opowiadać, aby prawda dogmatów znalazła podstawy w fakcie historycznym. Zajrzyjmy do zbioru materiałów, takich jak *The Golden Bough* Frazera czy jego *Folk-Lore in the Old Testament* [2], a zobaczymy, że moje twierdzenie znajdzie pełne uzasadnienie. Wiara w Opatrzność i w Wielkiego Architekta Wszechświata jest zawarta w niezliczonych kosmologiach mitologicznych. U wybrzeży Pacyfiku i na wielu jego wyspach możemy się dowiedzieć o tym, jak świat został wyłowiony z morza lub uformowany z mułu. Na innych znów kontynentach dowiadujemy się, jak różne fragmenty wszechświata powstawały kolejno z chaosu, jak ziemia została rzucona z przestrzeni kosmicznej lub z ciemności przez boskiego stwórcę. Szeroki wachlarz wierzeń, którym zazwyczaj nadaje się miano „kultu przyrody", również ma bogatą mitologię przodków totemicznych: mitologię niegdysiejszego pojawienia się i nadprzyrodzonego — choć nie zawsze moralnego — postępowania bogów przyrody [3].

Bez wątpienia wszystkie przypowieści o stworzeniu, pierwszym pojawieniu się człowieka, o utracie przez niego ziemskiej nieśmiertelności i przeniesieniu się po śmierci na tamten świat do pewnego stopnia potwierdzają istnienie świata, człowieka, życia po śmierci. Nie są to jednak wyjaśnienia naukowe. Nie są przyjmowane jako elementy zwykłej wiedzy. Ludzie uważają je za święte, włączają je do religijnych tajemnic, ofiar i ceremonii. Tworzą one podstawy nie tylko wiary, ale także religijnego prawa. Opowiedzenie o tym,

---

[2] J. G. Frazer: *The Golden Bough: A Study in Magic and Religion* (pełny opis tej pracy znajduje się w przypisie pierwszym na s. 15 niniejszego tomu); *Folk-Lore in the Old Testament. Studies in Comparative Religion, Legend and Law*, London 1918, 3 t.

[3] Por. też s. 355 niniejszego tomu.

jak Bóg stworzył świat, oznacza przyznanie, że jest On nie tylko przyczyną, ale i kresem wszelkiej egzystencji, dawcą wszystkiego, co dobre, i źródłem wszelkich praw życia. Opowiedzenie o tym, jak człowiek utracił ziemską nieśmiertelność i został obdarowany życiem po śmierci, jest tożsame z przekazaniem dogmatu o nieśmiertelności duszy i w ten sposób ustanowieniem podstaw kultu przodków, a także rytuału pogrzebu i żałoby. Opisanie tego, jak kiedyś ludzie powstali ze zwierząt, daje uzasadnienie więzów totemicznych między członkami klanu, którzy nadal uchodzą za spokrewnionych z określonymi gatunkami zwierząt i dzięki temu mogą te gatunki kontrolować za pomocą rytuału i magii.

Nawet powierzchowna analiza wystarcza, by stwierdzić, że mit jest żywą rzeczywistością, funkcjonuje w rytuale i etyce, jest dramatycznie przekonywający jako podstawa dogmatu. Chyba najlepszym sposobem wykazania znaczenia mitu jako uzasadnienia wierzeń, rytuału i etyki jest dokładne przeanalizowanie jednego przykładu. Dostarczy nam on tego, co w języku kina można nazwać „zbliżeniem". Przedstawię pokrótce, jak zostałem zmuszony do przyjęcia tej teorii dzięki przeżyciom, których doświadczyłem w trakcie moich badań terenowych w Melanezji.

Kiedy pojechałem tam po raz pierwszy, wiedziałem, że dobry etnograf musi kolekcjonować „folklor". Gdy byłem już w stanie posługiwać się miejscowym językiem, skrzętnie zapisywałem wszystkie opowieści przekazywane mi przez tubylców. Zbierałem opowiadania o wilkołakach i latających czółnach, o złośliwych macochach i odważnych żeglarzach, o początkach magii i dziwnych wybrykach skąpych nierządnic. Stopniowo jednak uświadomiłem sobie, że sami tubylcy zdają sobie sprawę z istoty przedstawienia, której ciągle nie mogłem uchwycić; zbierałem bowiem teksty, ale brak było kontekstów. Z biegiem czasu stwierdziłem, że sposób, w jaki opowieść jest przekazywana i przyjmowana przez słuchaczy, okoliczności, w jakich się to odbywa, a także bezpośrednie i pośrednie konsekwencje takiego opowiadania są prawie tak samo ważne jak sam tekst.

Brakowało mi nie tylko kontekstu sytuacji, ale często również kontekstu dalszych informacji i komentarzy, których mogliby udzielić tubylcy[4]. Po opowiedzeniu mi jakiejś ważnej czy uświęconej historii narrator często kontynuował opowieść, mówiąc coś, co wydawało mi się wyłącznie przejawem jego gadatliwości. Wciąż pamiętam, jak po raz pierwszy opowiedziano mi mit o kazirodczym stosunku brata i siostry[5]. Po zakończeniu tego tragicznego opowiadania mój przyjaciel należący do społeczności, która „posiadała" ten mit, zaczął się chwalić: opowiedział mi, dzięki czemu oni, i tylko oni, mają moc właściwego stosowania magii miłości wiążącej się z tym mitem; dzięki czemu mają oni prawo do pobierania opłaty od społeczności sąsiednich; dlaczego pewne miejsca na ich terytorium są ważne z punktu widzenia poprawnego stosowania tej magii. Myśląc, że narrator po prostu chce się „wygadać", przerwałem mu i powiedziałem, że jeśli jeszcze nie skończył opowiadania, to niech kontynuuje, ale jeśli nie ma już nic do dodania, to nie jestem zainteresowany jego chełpliwością. Dopiero później uświadomiłem sobie, że w tym właśnie chełpieniu się leży chyba najważniejszy aspekt mitu. Mój informator z charakterystyczną dumą po prostu stwierdzał, w jaki sposób mit działa jako podstawa poprawnego odprawiania magii, w jaki sposób nadaje on prawo posiadania i kontroli magii członkom społeczności, w której magia się zrodziła i z której czerpie swoją cudowną moc. Krótko mówiąc, informował mnie o społecznej funkcji mitu w naiwny, konkretny i bardzo osobisty sposób. W trakcie badań wykryłem, że tego rodzaju epilogi czy dodatki do narracji bardzo często pozwalają na nowe i nieoczekiwane spojrzenia na rytuał, na pozycję i przywileje

---

[4] Czytelnik, który zna *Ogrody koralowe i ich magię* [*Studium metod uprawy ziemi oraz obrzędów towarzyszących rolnictwu na Wyspach Trobrianda* (oryg. 1935), *Dzieła*, t. 4: *Opis ogrodnictwa*, tłum. A. Bydłoń, Warszawa 1986; *Dzieła*, t. 5: *Język magii i ogrodnictwa*, tłum. B. Leś, Warszawa 1987], a zwłaszcza analizę lingwistyczną przedstawioną w tomie drugim, wie, co oznacza termin „kontekst sytuacji", oraz rozumie jego teoretyczne znaczenie w etnograficznym ujęciu mowy ludzkiej i folkloru.

[5] Por. *Życie seksualne dzikich w północno-zachodniej Melanezji* [(oryg. 1929), tłum. J. Chałasiński, A. Waligórski, w: *Dzieła*, t. 2, Warszawa 1980], rozdz. 14 oraz *Seks i stłumienie w społeczności dzikich* [(oryg. 1927), tłum. Z. Mach, w: *Dzieła*, t. 6, Warszawa 1987], cz. 2, rozdz. 4.

społeczności, klanów i jednostek oraz na sposób, w jaki w miejscowych wierzeniach została ustalona wartość magii.

Kiedy lepiej poznałem język miejscowy, musiałem dokonać rozróżnienia pewnych kategorii folkloru i oprzeć to rozróżnienie nie tyle na odmienności tekstów, ile raczej na ich tle kulturowym [6]. Stwierdziłem, że istnieje kategoria opowieści, które można nazwać bajkami lub opowiadaniami ludowymi. Tubylcy nazywają je *kukwanebu*. Są one opowiadane w porze deszczowej, kiedy większość ludzi nie opuszcza wioski i, zwłaszcza wieczorami, nie ma nic do roboty. Są one opowiadane wyłącznie dla rozrywki. Ich przedmiotem są groteskowe, nadprzyrodzone i często sprośne wydarzenia, które tubylcom ukazują się w takim samym świetle, jak słuchaczowi europejskiemu. Opowiadania te składają się na plemienną fikcję — narracje służą wyłącznie rozrywce — i nie przekazuje się w nich żadnych ważnych prawd, zasad moralnych ani wskazówek rytualnych.

Druga kategoria, nazywana *libwogwo*, składa się z legend historycznych, w które się wierzy i które są zwykle opowiadane po to, by podkreślić lub zdefiniować status społeczności, klanu lub rodziny. Z reguły opowiadania te zawierają niewiele elementów rzeczywiście nadprzyrodzonych czy przesadnych albo nie zawierają ich wcale, choć nie zawsze są wolne od wyolbrzymień w wątku bohaterskim.

Istnieje też trzecia kategoria opowieści mających bardzo poważny cel i związanych z wierzeniami religijnymi, porządkiem społecznym i problemami moralnymi, a także z rytuałem. Przypowieści te, podobnie jak bajki, charakteryzują się silnym rysem ponadnaturalności. W tym jednak wypadku ponadnaturalność nie jest jedynie grą wyobraźni ani błahym spełnieniem marzeń, ale jest cudem, w który się mocno wierzy, co więcej, cudem, który najpewniej będzie odtworzony w formie częściowej i zmodyfikowanej przez rytuał tubylczej magii i religii.

Istnieje więc specjalna kategoria opowieści uważanych za świę-

---

[6] Por. *Mit w psychice człowieka pierwotnego* [s. 304 - 314 niniejszego tomu].

te, ujętych w rytuał, zasady moralne i organizację społeczną i stanowiących integralną i skuteczną część religii i magii. Przypowieści te nie są wynikiem czczego zainteresowania, nie są historycznym sprawozdaniem z przebiegu zwykłych wydarzeń. Dla tubylców stanowią one stwierdzenie wyższej i ważniejszej prawdy, pierwotnej rzeczywistości, która jest nadal uważana za wzór i podstawę dzisiejszego życia. Znajomość mitologicznej przeszłości dostarcza człowiekowi bodźca, a także uzasadnienia dla rytualnych i moralnych działań; dostarcza mu zestawu wskazówek co do właściwego odprawiania uświęconych czynów [7].

Gdybym chciał was pokrótce przekonać o poprawności moich wniosków i gdybym miał możliwość przeniesienia was na jakiś czas na Wyspy Trobrianda, wówczas najpierw sprawiłbym, byście wzięli udział w typowym zebraniu, podczas którego opowiada się bajki. Znaleźlibyście się w wesołym towarzystwie ludzi siedzących wokół ogniska o zmierzchu lub w nocy, czasami wykonujących jakieś prace ręczne i słuchających opowieści, które znają niemal na pamięć, ale na które zawsze reagują przerywaniem, dowcipami i śmiechem. Wielu mężczyzn i wiele kobiet „posiada" rozliczne bajki, to znaczy opowieści, które należą do nich na mocy obyczaju i praktyki. W opowieści te często wplecione są piosenki, do których chóralnie przyłączają się inni tubylcy. Dowcipy są często sprośne, a słuchacze reagują na nie i uzupełniają dodatkowymi uwagami.

W zupełnie innym kontekście usłyszelibyście legendy tubylców opowiadane w sposób naturalny i spontaniczny na co dzień. Powinniśmy odwiedzić odległą społeczność i tam, prawdopodobnie na historycznym miejscu lub w odniesieniu do prawa własności do innej wioski, lub dla połechtania dumy jakiegoś podklanu, usłyszelibyśmy opowieść mającą wszelkie znamiona sprawozdania historycznego. Przypowieści tego typu opowiada się czasami podczas żeglowania po morzach lub, tak jak dawniej, podczas walk między

[7] Pełniejszą analizę tych trzech rodzajów narracji znajdzie czytelnik na s. 304 - 309 niniejszego tomu.

dwiema grupami wiosek. Usłyszymy wówczas o słynnych czynach bohaterskich, o rozbiciach statków i wyratowaniach, o zwycięstwach i zaciętych walkach [8].

Dopiero jednak w czasie uroczystości plemiennych i ceremonii magicznych nadchodzi odpowiednia pora na opowiadanie najświętszych przypowieści. I tak podczas świętowania plonów starsi przypominają młodszym, że duchy ich przodków wkrótce powrócą ze świata podziemnego, aby odwiedzić swoją wioskę. W tym okresie częściej niż w jakimkolwiek innym zaznacza się dogmatyczna istota trobriandzkiej wiary w los duszy po śmierci, charakter świata podziemnego oraz różne formy jednoczenia się żywych i umarłych. Realność świata duchów uwidacznia się, zarówno w postawach psychicznych, jak i w rozmowach tubylców, także w chwili czyjejś śmierci lub podczas wielkiego ceremonialnego rozdzielania bogactwa dla uczczenia pamięci niedawno zmarłej osoby [9].

Tak więc podczas żniw i później, w okresie *Milamala*, gdy duchy przybywają do wioski i osiedlają się w niej na kilka tygodni — wiszą u drzew lub myszkują pod domach, siedzą na wysokich platformach specjalnie dla nich zbudowanych, przyglądają się tańcom i korzystają z duchowej substancji zawartej w pożywieniu i kosztownościach dla nich przygotowanych — konieczna się staje znajomość całego systemu dogmatycznego dotyczącego duchów i to ją właśnie starsi przekazują młodszym. Każdy, kto jeszcze o tym nie słyszał, dowiaduje się, że po śmierci człowieka jego duch udaje się na Tumę, na tamten świat, który kojarzy się z małą wysepką o tej samej nazwie. Musi on przejść przez małą szczelinę w skale, która jest przejściem na tamten świat. Po drodze spotka Topiletę, strażnika świata duchów, którego trzeba obdarować duchową sub-

[8] Kilka takich opowiadań znajdzie czytelnik w moich *Argonautach Zachodniego Pacyfiku* [*Relacje o poczynaniach i przygodach krajowców z Nowej Gwinei* (oryg. 1922), tłum. B. Olszewska-Dyoniziak, S. Szynkiewicz, *Dzieła*, t. 3, Warszawa 1980], w *The Melanesians of British New Guinea* [Cambridge 1910] prof. C. G. Seligmana oraz w *Sorcerers of Dobu* R. F. Fortune'a [London 1932].

[9] Pełniejszą dokumentację wiary tubylców w świat duchów można znaleźć w moim artykule zatytułowanym *Baloma — duchy zmarłych na Wyspach Trobrianda* [s. 148 - 273 niniejszego tomu].

stancją zawartą w kosztownościach pokrywających ciało zmarłego. Kiedy minie już wejście i zadowoli strażnika zmarłych, zostanie przyjęty przez przyjaciół i krewnych, którym przekaże wiadomości ze świata żywych. Wówczas rozpocznie swoje drugie życie oparte na wzorach życia poprzedniego.

Aby utrzymać kontakt z ponadnaturalną rzeczywistością i wydarzeniami święta *Milamala*, konieczne jest, by każdy znał sposób życia i zachowania się duchów: w jaki sposób ujawniają one swoją obecność i w jaki sposób żywi mogą się z nim zetknąć; w jaki sposób ujawniają swój gniew i radość. Mówiąc ogólnie, przestrzeganie tradycji i obyczajów przynosi duchom przodków zadowolenie, a lekceważenie gniewa je. Reguły zachowania się ludzi w stosunku do duchów i ich reakcja na nie są podane nie w formie abstrakcyjnych zasad i dyrektyw, ale w formie opowieści o jakimś wydarzeniu. Czasami jest to wydarzenie aktualne, czasami bardzo dawne, zawsze zawiera morał i ustala precedens. Opowieści te często mają tylko wymiar lokalny. W jednej z wiosek opowiedziano mi, że trzy lata wcześniej duchy zepsuły cały sezon świętowania i tańców przez wywołanie złej pogody, zniszczenie plonów i zesłanie na ludzi chorób, ponieważ społeczność nie była posłuszna swemu wodzowi, który chciał, by odprawiano magię połowów zgodnie z dawnym obyczajem. Gdzie indziej niewłaściwe odprawienie wielkiego święta żałobnego z winy wodza zirytowało duchy, które okazały niezadowolenie zsyłając serię kataklizmów.

III. ŚWIAT DUCHÓW W MICIE I OBRZĘDZIE

Poza tego rodzaju pomniejszymi lokalnymi mitami i ponad nimi istnieje jedna lub dwie przypowieści odnoszące się do bardzo dawnych czasów i zarysowujące niektóre z podstawowych zasad wierzeń tubylców. Samego istnienia innego świata i umiejscowienia go pod ziemią — by tak rzec: w innym wymiarze — dowodzi opowieść, którą można nazwać trobriandzkim „mitem mitów", o pierwszym przybyciu istot ludzkich na ziemię. Dawno temu ludzkość wiodła żywot podobny do tego, jaki obecnie prowadzą duchy pod ziemią, w świecie cieni różnym od tego świata. Stamtąd wydostała się na ziemię, wyłaniając się w miejscach zwanych dzisiaj „otworami" lub „domami" [10].

Okoliczności przerwanej egzystencji, to znaczy śmierci i dalszego życia później, zawiera przypowieść o pierwotnej nieśmiertelności, o jej utracie i częściowym jej odzyskaniu dzięki życiu pośmiertnemu. Pierwotnie każdy potrafił się odmłodzić w procesie zrzucania skóry obserwowanym obecnie wśród węży i innych gadów. Mogłoby tak być aż do dzisiaj, gdyby nie błąd lub pomyłka niewinnej dziewczyny. Stało się to w wiosce Bwadela. Stara kobieta, która mieszkała tam z córką i wnuczką, poszła pewnego dnia dokonać zwyczajowego zabiegu odmłodzenia. Zdjęła skórę i wrzuciła ją w nurt wody, który jej jednak nie porwał, ponieważ utknęła na krzaku. Przemieniona w młodą dziewczynę kobieta wróciła do wnuczki siedzącej w oddali. Ale dziewczynka nie rozpoznała jej. Zamiast przywitać babkę, przestraszona odesłała ją precz — co jest poważną zniewagą u Trobriandczyków. Stara kobieta, zmartwiona i zła, poszła do strumienia, wzięła swoją starą skórę, włożyła ponownie i powróciła stara i pomarszczona. Od tej chwili, na mocy przekleństwa rzuconego przez starą kobietę na córkę i wnuczkę, raz na zawsze ludzie utracili zdolność odmładzania się [11]. Jest rzeczą charakterystyczną, że w społeczeństwie matrylinearnym jedno z najważniejszych i najbardziej dramatycznych wydarzeń w historii ludzkości miało miejsce między kobietami reprezentującymi trzy pokolenia. Jest równeż charakterystyczne, że drobne, lokalne wydarzenie stało się przyczyną nieszczęścia całej ludzkości, podobnie jak wydarzenie, które miało miejsce w małym ogrodzie gdzieś w Mezopotamii, zaważyło na życiu ogromnej części ludzkości wierzącej w *Stary Testament*. Oczywiście ta przypowieść zyskuje pełne znaczenie dopiero w kontekście wierzeń na temat śmierci, nieśmiertelności i związku między żyjącymi i umarłymi.

---

[10] Dokładniejszy opis mitu o pierwszym pojawieniu się istot ludzkich na ziemi znajdzie czytelnik na s. 314 - 315 niniejszego tomu.

[11] Opis mitu o utracie nieśmiertelności znajdzie czytelnik także na s. 330 niniejszego tomu.

Ten ostatni element przypowieści uzupełnia inny mit. Chociaż istoty ludzkie utraciły nieśmiertelność i ostatecznie umierały, to jednak duchy pozostawały w wiosce i uczestniczyły w normalnym życiu, tak jak czynią to obecnie, corocznie powracając do wioski po żniwach. Dopiero wtedy, gdy jeden biedny, niewidzialny duch myszkujący podczas posiłku i zbierający okruchy został poparzony gorącym rosołem, nastąpił nowy przełom. Gdy duch matki — znów była to kobieta — czynił wymówki, córka odpowiedziała mu: „Och, myślałam, że cię tu nie ma, myślałam, że wracasz tylko po żniwach". Staruszka, nie tylko poparzona, ale obrażona i zmartwiona, rzekła: „Dobrze, pójdę na Tumę i będę żyć pod ziemią". Od tego czasu duchy muszą przebywać w swoim świecie i powracają tylko raz do roku [12].

Istnieje też inny zestaw wierzeń, bez których nie da się zrozumieć postawy Trobriandczyków wobec życia i śmierci i życia po śmierci. Krajowcy wcale nie uważają śmierci za wydarzenie konieczne, nierozerwalnie związane z procesem życia i kończące je w sposób naturalny. Chociaż przyznają, że niektórzy ludzie mogą umrzeć ze starości lub w wyniku wypadku, ale w trakcie badań ani razu nie zetknąłem się z konkretnym przypadkiem „śmierci naturalnej". Każda choroba jest uważana za wynik czarnej magii. Stary człowiek może być bardziej podatny na działanie czarnej magii, ale rzeczywistą przyczyną jego śmierci są zawsze określone czary, na karb których zrzuca się również wszystkie nieszczęśliwe wypadki. Tutaj mamy również bogatą mitologię. Istnieje wiele opowieści o tym, jak czarnoksięstwo zostało przekazane ludzkości. Nie sięgają one aż tak daleko w przeszłość, ponieważ Trobriandczyk wierzy, iż czarna magia zawsze istniała poza jego regionem i uważa, że trzeba opowiadać jedynie o tym, jak przedostała się na archipelag Trobrianda. Jedna z opowieści mówi o tym, jak krab dostał się drogą powietrzną z wyspy leżącej na południu, w pobliżu zasadniczej części Nowej Gwinei i wylądował w północnej części głównej wyspy trobriandzkiej, w okolicy cieszącej się opinią

[12] Opis tego mitu znajduje się na s. 336 niniejszego tomu.

terenu, na którym czary są najbardziej skuteczne. Krab nauczył członków miejscowego klanu, w jaki sposób czarować i zabijać innych i wiedza ta do dzisiaj utrzymuje się wśród członków tego klanu. Na południu wyspy dowiadujemy się z kolei, jak złe i złośliwe stworzenie podróżowało w wydrążonym bambusie i zostało wyrzucone przez morze w południowej części głównej wyspy. W jeszcze innej opowieści słyszymy o wielkim drzewie, które zamieszkiwały złośliwe demony. Gdy drzewo przewróciło się, jego wierzchołek oparł się na najbardziej na południe wysuniętej części Trobriandów, w której natychmiast zamieszkali ludzie uprawiający magię [13].

Mitologia czarnoksięstwa tłumaczy to, że Czarna Magia rozwija się w najbardziej skutecznej formie w dwóch okręgach: tam, gdzie spadł krab, i tam, gdzie dotarły z południa złe istoty. Ale na opowiadanie to nie składa się tylko wyjaśnienie. Stanowi ono socjologiczny dokument dla tutejszych mieszkańców, którzy część swego dochodu i niemal cały swój prestiż czerpią z tego, że są uznanymi czarodziejami okręgu. Za odpowiednim wynagrodezniem uczą oni czarów również innych.

Streściłem krótko najważniejsze przypowieści odnoszące się do śmierci i jej przyczyn, do życia po śmierci i nieśmiertelności oraz do związku żywych i umarłych. Gdybyśmy wzięli oddzielnie jedną z tych opowieści, na pierwszy rzut oka mogłoby się wydawać, że jest to po prostu opowiadanie relacjonowane po to, by „wyjaśnić” utratę nieśmiertelności, przeniesienie się duchów do innego świata, pojawienie się czarnej magii, wypadki choroby i śmierci. Do pewnego stopnia jest to prawda, ponieważ jeśli nasza teoria jest słuszna, istotą mitu jest to, że służy on jako precedens, a każdy precedens zawiera element wyjaśnienia, gdyż jest prototypem następnych przypadków.

Precedens nie jest jednak wyjaśnieniem w naukowym tego słowa znaczeniu; nie zdaje sprawy z występowania kolejnych wy-

---

[13] Opisy mitów o przedostaniu się czarnej magii na Wyspy Trobrianda znajdują się także na s. 332 - 333 niniejszego tomu.

darzeń w kategoriach przyczyny i skutku czy choćby motywu i konsekwencji. W pewnym sensie jest zupełnym przeciwieństwem wyjaśnienia naukowego, gdyż opowiada o całkowitej zmianie porządku wszechświata na skutek pojedynczego dramatycznego wydarzenia. Pokazuje, w jaki sposób wybuch emocji w sercu obrażonej i zranionej kobiety skłania ją do odrzucenia dobrodziejstwa nieśmiertelności, do poddania się odrażającemu starzeniu się i śmierci, a wszystko po to, by rzucić na przyszłe pokolenia przekleństwo utraty nieśmiertelności. Krótko mówiąc, mit nie ma charakteru pseudonaukowego; jest historią tego, co ponadnaturalne. Zawsze nawiązuje do wyjątkowego przerwania biegu historii świata i ludzkości.

Jedynie posługując się niejasnym pojęciem „wyjaśnienie", jesteśmy w stanie obronić etiologiczną teorię mitu. Jeśli zdamy sobie sprawę z tej niejasności, to nic nie stanie na przeszkodzie, by w pełni wykazać, jak dalece i w jakim stopniu mit rzeczywiście zaspokaja dążenie do wyjaśnienia czy uzasadnienia. Okazuje się, że mit wyjaśnia w tym sensie, że jako precedens ustala nowe procedury: albo jako akt twórczy rodzi nową rzeczywistość, albo jako cud daje świadectwo czemuś, czemu świadectwa dać nie może wiedza naukowa. Mitologia stanowi więc uzupełnienie, ale nie substytut tego, co można nazwać zwyczajną wiedzą lub nauką człowieka pierwotnego. Prawdą jest, że ukazanie się Matki Boskiej Bernadecie Soubirous wyjaśnia cuda, które dzieją się w Lourdes, ale musimy odróżnić tego rodzaju wyjaśnienie od aksjomatów biologii, uogólnień bakteriologii i empirycznych zasad wiedzy medycznej. Ci, którzy uznają mitologię pierwotną za równoważną nauce, powinni się zastanowić nad relacją naszych własnych mitów do naszych dyscyplin naukowych. Prawdopodobnie największym błędem etiologicznej teorii mitu jest odrzucenie istnienia wiedzy pierwotnej. Tak zwani ludzie pierwotni odróżniają jednak to, co naturalne, od tego, co ponadnaturalne. Wyjaśniają nie przez opowiadanie bajek, ale przez odwoływanie się do doświadczenia, logiki i zdrowego rozsądku, tak jak i my to czynimy. Ponieważ dysponują swoją własną nauką, mitologia nie może stanowić dla nich systemu wyjaśniania w naukowym tego pojęcia znaczeniu. Jeśli z kolei spróbujemy wyraźniej zdefiniować sposób, w jaki mit *daje świadectwo* porządku wszechświata i życia człowieka, od razu zauważymy, że mit pełni szczególną funkcję: stanowi podstawę wierzeń i ustala precedens dla cudów rytuału i magii.

Z naszej analizy możemy wyciągnąć dalszy wniosek. Błędem jest wziąć z narracji jedno wydarzenie czy jedną narrację w izolacji od innych. Dopiero kiedy bierzemy pod uwagę cały cykl opowiadań związanych ze śmiercią i życiem po śmierci i kiedy umieszczamy ten cykl w kontekście rytualnego zachowania krajowców i ich postaw moralnych, wówczas oddajemy sprawiedliwość kulturowemu charakterowi i kulturowej roli mitu. Proponowana tu teoria mitu implikuje więc odmienne traktowanie rzeczywistości empirycznej; przypisuje mitowi funkcję inną niż funkcja wyjaśniania czy alegorii; wykazuje, że cały kompleks praktyk kulturowych, wierzeń i mitów stanowi wyraz pragmatycznej postawy człowieka wobec życia i jego zmiennych kolei; nawiązuje do emocji człowieka, jego przeczuć i zrytualizowanych zachowań, w których te postawy umysłowe znajdują wyraz.

Uzasadnię to jeszcze mocniej krótkim streszczeniem innych przykładów mitów trobriandzkich. Jeśli z teoretycznego punktu widzenia poprawnie ujmujemy fakty, to powinniśmy znaleźć święte przypowieści wszędzie tam, gdzie w grę wchodzi ważny dogmat, żywy rytuał lub jakiś zasadniczy proces etyczny. Człowiek chyba najbardziej troszczy się — obok zdrowia, choroby i bezpieczeństwa — o dwie rzeczy: zaspokojenie głodu i popędu seksualnego. Jeśli chodzi o pierwszą z tych potrzeb, złożony i rozwinięty system procesów mających na celu zapewnienie pożywienia pośredniczy między przyrodą i solidnym posiłkiem człowieka. Trobriandczycy zapewniają sobie pożywienie na kilka sposobów, z których dwa są najważniejsze. Po pierwsze zbierają owoce w dżungli i uprawiają bulwy w ogrodach; po drugie łowią ryby w morzu i w lagunie. Uprawa warzyw jest wysoce rozwinięta i dostarcza podstawowego pożywienia. W związku z tym rolnictwo jest zasadniczym przedmiotem zainteresowania, gdyż sukces w ogrodnictwie oznacza obfitość i bogactwo, niepowodzenie natomiast — biedę i głód. Istnieją dwa rodzaje działań związanych z poprawą zbiorów: racjonalne i magiczne. Co do magii, istnieje mitologia opowiadająca o tym, jak bohater kulturowy, Tudava, wprowadził pierwotny podział plonów wraz z rytuałami i formułami magicznymi mającymi na celu poprawę zbiorów. W okręgach, w których był gorąco przyjmowany, pozostawił urodzajne ogrody, a okręgi, które przyjęły go z wrogością, ukarał, dając im jałową ziemię i ubogie ogrody. Ta mitologia służy wzmocnieniu zaufania tubylców do magii. Obok głównego mitu o bohaterze kulturowym istnieją pomniejsze mity lokalne, czasami bardzo krótkie i zwięzłe, ale bardzo ważne, mity, w których członkowie społeczności opowiadają o tym, jak powstał ich własny system lokalny i dlaczego jest on tak bardzo skuteczny. Ponieważ jednak wątek ten rozwinąłem już gdzie indziej, nie będę teraz analizować dokładniej tego aspektu magii i mitu [14].

Również rybołówstwo ma rozwinięty system magii i związane z nim mity opowiadające o tym, jak zostało wprowadzone łowienie czerwonego cefala, również przez bohatera kulturowego, Tudavę; o tym, jak zaczęto łowienie rekina i jak powstała towarzysząca temu magia w jednej z wiosek na północnym wybrzeżu. Na Trobriandach można zaobserwować interesującą prawidłowość, jeśli chodzi o rybołówstwo. Wszędzie tam, gdzie przedsięwzięcie tego rodzaju jest niebezpieczne, a jego wynik niepewny, istnieje szeroko robudowana magia i związana z nią mitologia. Z kolei tam, gdzie łowi się przy użyciu trucizny, gdzie sukces jest gwarantowany, a ludzkie umiejętności, wytrwałość i odwaga nie są poddawane próbie, nie ma ani magii, ani mitologii. W wypadku drobniejszych przedsięwzięć ekonomicznych, takich jak sztuka i rzemiosło, polowanie, zbieranie korzeni i owoców, również nie można stwierdzić występowania magii ani mitologii.

Wracając raz jeszcze do głównego źródła pożywienia, to znaczy do ziemi i jej płodów, obserwujemy, że istnieje jeden zasadniczy warunek urodzaju: odpowiednia ilość deszczu i słońca. Ponieważ w tej części świata nigdy nie grozi nadmiar deszczu, a od czasu do czasu zdarzają się susze, głównym powodem niepokoju staje

---

[14] Por. B. Malinowski, *Ogrody koralowe.*

się to, czy deszcz spadnie w odpowiedniej porze. Jeśli dłużej niż przez rok nie ma deszczu, cały okręg cierpi suszę i grozi mu głód. Tubylcy opowiadają historię dramatycznych lat ciężkiego głodu, a suszę i towarzyszący jej głód zawsze przypisuje się działaniu magii. Magią deszczu i słońca dysponuje jedna i tylko jedna osoba, to znaczy naczelny wódz okręgu. W związku z tym jest on głównym dobroczyńcą całego plemienia, gdy wszystko układa się pomyślnie, pomimo że jest władny wymierzyć karę, gdy poddani dają mu powody do niezadowolenia. Złożony i rozwinięty system magii deszczu i suszy także opiera się na micie. Mit ten opowiada o tym, jak deszcz zrodził się z kobiety; jak należy go przechowywać w jednym lub dwóch uświęconych miejscach, pełniących odtąd ważną rolę w rytuale magicznym; w jaki sposób przywilej stosowania tej magii został nadany klanowi Tabalu, z którego wywodzą się główni przywódcy okręgu. Z wielu względów ta właśnie magia jest zasadniczym źródłem władzy politycznej i osobistego prestiżu wodza.

Najbardziej ambitne przedsięwzięcie morskie tubylców — wymiana kosztowności, zwana *kula* — również powiązane jest z systemem praktyk magicznych i z wieloma mitami [15].

Miłość, podobnie jak głód czy strach przed śmiercią, obfituje w silne emocje, niepokoje i przeczucia. Nie zawsze miłość przebiega gładko. Nie dziwi nas więc, że z miłością wiąże się mitologia i magia. Opowieść o kazirodczej przygodzie miłosnej brata i siostry wywołanej przypadkowym, niewłaściwym zastosowaniem substancji magicznej nie wyjaśnia istnienia miłości ani nawet stosowania magii miłości. Dostarcza ona ważkiego precedensu i daje określonej społeczności prawo do stosowania tej magii.[16]

To „zbliżenie" mitologii trobriandzkiej pozwoliło nam dostrzec — na podstawie jednego przykładu — kulturowy charakter mitu. Mitologia, system świętych przypowieści, ustala organizację spo-

---

[15] Por. B. Malinowski, *Argonauci Zachodniego Pacyfiku*, gdzie podany został pełny opis *kula* i jej magii.

[16] Szczegóły mitu o powstaniu magii miłości znajdzie czytelnik w pracy B. Malinowskiego *Seks i stłumienie w społeczności dzikich* oraz na s. 345 niniejszego tomu.

łeczną i precedens rytuału religijnego. W ten sposób mitologia leży u podstaw wszystkich wierzeń, szczególnie wierzeń dotyczących życia po śmierci i cudownej mocy magii i ceremonii. Święte przypowieści Trobriandczyków ujawniają, w jaki sposób ludzkość ulegała wielkości przodków i bohaterów kulturowych; jak na skutek dramatycznych wydarzeń ustalał się nowy porządek i jak nowe reguły były wprowadzane w życie człowieka; jak moc magiczna została przekazana człowiekowi i jak była ona wykorzystywana lub nadużywana. Nasza analiza dowiodła również, że — przynajmniej w Melanezji — mit musi być badany w kontekście życia społecznego. Mit nie żyje samym mitem, żyje dzięki temu, że wpływa na sztukę i taniec, organizację społeczną i działania ekonomiczne — bezpośrednio lub pośrednio przez związany z nimi rytuał. Życie mitu nie polega więc na jego opowiadaniu, ale na tym, że jest on w pełni wprowadzony do obyczajów i ceremonii plemiennych.

IV. ŚWIĘTA PRZYPOWIEŚĆ I JEJ KONTEKST KULTUROWY

Odejdźmy na moment od szczegółowych technik etnografii i zobaczmy, jakie znaczenie mają nasze wnioski do istoty religii w ogóle. Przede wszystkim przedstawione przez nas fakty ukazują nam jedną prawdę co do struktury religii trobriandzkiej. Mit, rytuał i etyka to bez wątpienia jedynie trzy aspekty tego samego podstawowego zjawiska: głębokiego przekonania o istnieniu rzeczywistości duchowej, którą człowiek stara się kontrolować i przez którą człowiek jest też kontrolowany. Dogmat, rytuał i etyka są więc nierozłączne. Spójrzcie na powyżej przedstawione fakty dotyczące mitologicznego cyklu śmierci, nieśmiertelności i świata duchów. Zaczęliśmy od opowieści, ale natychmiast musieliśmy przejść do analizy działań skierowanych na przedmiot tych opowieści, to znaczy do analizy rytuału. Podczas *Milamala* widzimy, że rytuał dawania i brania — ofiary składane duchom i ich reakcja — jest wyrazem prawdy zawartej w mitologii. I w tym miejscu natychmiast wkracza etyka, ponieważ duchy i ich reakcje zdefiniowane są przez zasady moralne. Ofiary składa się duchom swoich własnych krewnych, a one okazują zadowolenie lub niezadowolenie przez ponadnaturalne symptomy. Ale duchy oczekują nie tylko darów materialnych, ale także dobrego zachowania. Ogólnie duchy uważane są za strażników tradycji. Okazują zadowolenie, gdy ludzie postępują zgodnie z obyczajami, skrupulatnie odprawiają magię i przestrzegają tabu, stosują się do zasad życia rodzinnego, pokrewieństwa oraz organizacji plemiennej. Dwie zasadnicze odpowiedzi, jakie można zawsze uzyskać na pytanie, dlaczego przestrzega się obyczajów i nakazów tradycji, to: „Od dawna tak jest ustalone" lub też „Duchy gniewałyby się, gdybyśmy nie przestrzegali obyczajów". Gdybyśmy chcieli koniecznie się dowiedzieć, kto tak „ustalił od dawna", od razu opowiedziano by nam odpowiedni mit albo też usłyszelibyśmy: „Nasi przodkowie w dawnych czasach zawsze tak robili. Teraz żyją jako duchy w innym świecie. Chcą, byśmy zachowywali się tak samo, jak zachowywali się oni. Gniewają się i robią złe rzeczy, jeśli nie przestrzegamy obyczajów". Innymi słowy, ogólna zasada przestrzegania obyczajów ma swoje duchowe poparcie. Wiąże się ona bezpośrednio z całokształtem tradycji i z odtwarzaniem tej tradycji w rytuale. Jeśli odbierzecie tubylcom ich wiarę w realność ich uświęconej wiedzy, zniszczycie ich poczucie istnienia świata duchowego, jaki dla nich istnieje i jaki na nich oddziałuje, to podważycie cały ich światopogląd moralny.

Analiza norm i praktyk związanych ze śmiercią, pogrzebem i żałobą wykazuje istnienie ścisłej współzależności między zachowaniem moralnym skierowanym na żyjących i umarłych, praktyką rytualną a wiarą dogmatyczną. W momencie śmierci jednostki na jej najbliższych krewnych spada wielka ilość obowiązków żałobnych [17]. Z socjologicznego punktu widzenia istota tych obowiązków polega na ponownej afirmacji więzi małżeńskiej i obowiązków dzieci wobec rodziców. Krótko mówiąc, moralny aspekt rytuału żałobnego polega na religijnym rozwinięciu etycznych zasad zacho-

---

[17] Por. B. Malinowski: *Życie seksualne dzikich*, rozdz. 4; *Zwyczaj i zbrodnia w społeczności dzikich* (oryg. 1926), tłum. J. Obrębski, w: *Dzieła*, t. 2, s. 32 - 33 [por. także s. 402 - 404 niniejszego tomu].

wania się członków rodziny, szerszej grupy krewnych oraz klanu. Później, kiedy duchy stale, okresowo lub sezonowo kontaktują się z żywymi, więzi rodzinne i inne typy stosunków społecznych realizowane w życiu przenoszone są również na te duchy.

Tego rodzaju związek między żywymi i umarłymi, oparty na wzorach życia ziemskiego, można znaleźć wszędzie tam, gdzie istnieje wiara w duchy lub jakakolwiek forma kultu przodków. W chrześcijańskiej Europie w dniu Wszystkich Świętych, gdy ludzie zależnie od przynależności do określonej sekty lub narodu wspominają umarłych przy grobach lub uczestniczą w nabożeństwach żałobnych w kościele, mamy do czynienia z tego rodzaju duchową interakcją między człowiekiem i zmarłymi członkami jego rodziny. Umarły uzależniony jest od modlitw, mszy lub co najmniej gorącej pamięci tych, którzy pozostali przy życiu. Żywi zwracają się do umarłych o wstawiennictwo w Niebie. Podobnie Afrykańczyk żyje w świecie uzależnionym na dobre i na złe od duchów przodków, które są dawcami zarówno szczęścia, jak i niepowodzenia. Zdrowie i choroba, obfitość pożywienia i głód, zwycięstwo i klęska — wszystko to przypisuje się odpowiednio dobrej woli lub niechęci ze strony duchów przodków.

Wzajemny stosunek żywych i umarłych przybiera trzy formy. We wszystkich formach kultu przodków wiara zasadza się na specyficznej mitologii, która odwołuje się do tradycji rodzinnej, znajomości imion, powierzchowności i bohaterskich czynów przodków w linii bezpośredniej, szczególnie w aspekcie cudowności. Podstawę stanowi rytuał składania ofiary i oddawania czci przodkom. Rytuał z kolei z konieczności wiąże się z etyką: przodkowie w postaci duchów, podobnie jak żyjący rodzice, karzą za złe zachowanie i brak szacunku, a nagradzają za zachowanie dobre i spełnianie obowiązków wobec nich. Wszystko to wykracza już poza Trobriandy: nasze wnioski odnoszą się też do Komunii Świętej w chrześcijaństwie, do kultu przodków w Chinach czy starożytnym Rzymie, w Afryce Bantu czy u Indian Pueblo, w Australii czy w Egipcie faraonów.

I tu możemy dostrzec, że istota wiary religijnej nie ma charakteru arbitralnego. Wypływa ona z konieczności życiowych. Jakie jest źródło wszystkich wierzeń związanych z duszą ludzką, z życiem po śmierci, z duchowymi elementami wszechświata? Moim zdaniem wszystkie zjawiska określane za pomocą takich pojęć, jak „animizm", „kult przodków" czy „wiara w dusze i duchy" mają swe źródło we właściwej człowiekowi postawie wobec śmierci. Tu nie chodzi jedynie o filozoficzną refleksję nad zjawiskiem śmierci ani o czystą ciekawość, ani o obserwację marzeń, zjaw czy transów, które rzeczywiście mają znaczenie. Śmierć oznacza zniknięcie czyjejś indywidualności albo zniknięcie tych, którzy są blisko, którzy są kochani, którzy byli przyjaciółmi i partnerami w życiu. Jest więc faktem, który zawsze będzie niweczył ludzkie rozumienie świata i w zasadniczy sposób naruszał strukturę emocjonalną człowieka. Jest faktem, o którym ani nauka, ani filozofia racjonalna nic nie są w stanie powiedzieć. Przecina wszelkie rachuby człowieka. Udaremnia wszelkie praktyczne i racjonalne jego wysiłki.

I w tym miejscu wkracza religijne objawienie i potwierdza istnienie życia po śmierci, nieśmiertelność duszy, możliwość związku między żyjącymi i umarłymi. To objawienie nadaje życiu sens i rozwiązuje sprzeczności i konflikty związane z krótkotrwałością ludzkiej egzystencji na ziemi. Ponadto religia nie tylko jest jałową pociechą dla myśli i uczuć potwierdzającą abstrakcyjne prawdy. Za pośrednictwem prawd objawionych i na ich podstawie religia mówi człowiekowi, jak ma się zachowywać, jak wejść w kontakt z umarłymi, jak polepszyć ich byt i w zamian pozyskać ich łaskę i pomoc. Rytuał żałobny odtwarza prawdę mówiącą o nieśmiertelności. A ponieważ stosunek między żywymi i umarłymi opiera się na moralnej zasadzie dawania i brania, ponieważ przenosi uczucie i wzajemną pomoc z tego świata przez linię dzielącą oba światy, dostarcza ponadnaturalnych sankcji dla etyki rodzinnej. Miłość rodziców do dzieci, która ma swe źródła w fizjologii reprodukcji, uzyskuje dodatkowy wymiar. Rodzice szanują swoje dzieci i muszą się nimi opiekować także dlatego, że po śmierci będą uzależnieni od ich posług. Dzieci wyrastają w ramach systemu, który uczy je, że rodzice i przodkowie nie tylko rozdzielają rzeczy dobre na tym świecie, ale że również po śmierci, dysponując ponadnaturalną mocą, będą mogli pomagać lub szkodzić.

Zatrzymałem się na tym jednym aspekcie religii, który ilustruje chyba najważniejszy mit Trobriandczyków i ich najbardziej rozwinięty rytuał, ponieważ jestem przekonany, że troska o nieśmiertelność duszy jest jednym z dwóch głównych źródeł inspiracji religijnej. Wiara ta nie jest w swej istocie doktryną filozoficzną. Nie wkracza w sferę wiedzy. Jest ona wynikiem najgłębszych pragnień człowieka, rezultatem pragnienia trwałości w ludzkim życiu i tradycyjnego stosunku między pokoleniami, który leży u podłoża kultury ludzkiej. Ceremonie i rytuały, które odprawiane są bezpośrednio po czyjejś śmierci, posługi pełnione podczas pogrzebu, czczenie pamięci zmarłego i utrzymywanie kontaktu z nim to uniwersalne i chyba najbardziej rzucające się w oczy zjawiska religijne. Są one wyrazem tego jednego, głównego źródła wiary — pragnienia nieśmiertelności.

A co z innymi mitami i ceremoniami, które spotkaliśmy podczas naszej krótkiej obserwacji religii trobriandzkiej? Składają się one przede wszystkim z mitologii związanej z magią — magią miłości i magią ogrodów, magią wojny i magią ceremonialnej wymiany, magią polowania, magią połowów i magią żeglowania. W tym wypadku mamy do czynienia z zupełnie innym elementem dogmatycznym. Afirmacja zawarta w tym typie mitu odwołuje się do pierwotnej mocy, dzięki której człowiek władał siłami natury — nie pokonanymi i nie do pokonania. Tak więc jeden mit opowiada o tym, jak deszcz zrodził się z kobiety i jak w związku z tym ona i jej krewni, mając naturę deszczu, są w stanie całkowicie nad nim panować. Narodzenie się deszczu było wydarzeniem cudownym i dzięki temu cudowi człowiek mający określone pochodzenie został wyposażony w moc dokonywania pomniejszych cudów. W ten sam sposób niektórzy ludzie przynieśli ze sobą magię miłości. Inny mit opowiada o tym, jak moc magii miłości ujawniła się jednego razu przez złamanie najsilniejszego zakazu, zakazu kazirodztwa między bratem i siostrą. Cud ten, odrażający i równocześnie wspaniały, stanowi wzór, dzięki któremu — zgodnie z wierzeniami — możliwe jest dziś dokonywanie cudów pomniejszych. W przedsięwzięciach zależnych od dobrze ugruntowanej wiedzy, od praktyki i ciężkiej pracy magia stosowana jest tylko po to, by pokonać te siły i czynniki, którymi rządzi wyłącznie przypadek. Tak więc w rolnictwie, w polowaniach i połowach, podczas wojny i niebezpiecznego żeglowania magia wpływa w sposób duchowy na to, czego człowiek nie może osiągnąć własnym wysiłkiem. W tym wypadku związek mitologicznie uzasadnionego dogmatu i rytuału jest tak bliski, jak w wypadku łączności duchowej żywych i umarłych. Tylko dlatego, że człowiek potrzebuje magii w sytuacji, gdy zawodzą go własne siły, musi wierzyć w swoją magiczną moc, którą gwarantuje mu mit. Z drugiej strony pradawny mit o cudzie magicznym potwierdzany jest i powtarzany w każdym następnym akcie magicznym.

Jaki jest wspólny mianownik wszystkich tych wierzeń w magiczną moc człowieka pierwotnego i współczesnego? Wierzenia te mają ten sam charakter, co nasza wiara w Opatrzność. Niemal w każdym micie, który gwarantuje skuteczność magii, następuje afirmacja fundamentalnej więzi łączącej człowieka z siłami przyrody i przeznaczenia. Mitologia, która wyznacza wspólne pochodzenie określonej rodziny ludzkiej od deszczu czy urodzaju roślin, od gatunków zwierząt czy wiatru, ustala wzajemny związek między człowiekiem i tymi elementami otoczenia. Podporządkowuje te siły deszczu, pogody, urodzaju, wegetacji i fauny, których człowiek potrzebuje, ale których nie jest w stanie opanować praktycznie, nadzwyczajnej, ponadnaturalnej kontroli. Bez względu na to, czy ten typ wierzeń nazwiemy totemizmem czy zoolatrią, manizmem czy preanimizmem, prowadzą one do jednego zasadniczego celu. Humanizują świat zewnętrzny, prowadzą do harmonii między człowiekiem a jego otoczeniem i przeznaczeniem. Odnosi on dzięki temu wrażenie istnienia aktywnej Opatrzności w otaczającym go wszechświecie.

Jest sprawą bardzo ważną, aby w tym miejscu uświadomić sobie, iż cała magia trobriandzka — a dotyczy to również totemizmu w środkowej Australii, rytuału urodzaju Indian Pueblo, ceremonii deszczu boskich królów Afryki — pozostaje całkowicie poza formalnym zakresem nauki. Jest nieodzownym uzupełnieniem czy odpowiednikiem praktycznych działań człowieka, ale nigdy tych działań nie zakłóca ani nie udaremnia.

V. TOTEMICZNE CUDA PUSTYNI

Musimy jednak teraz przejść do innego zakresu zagadnień etnograficznych i raz jeszcze przeanalizować fakty. Niestety niewiele kultur poddano wszechstronnym badaniom, tak nieodzownym dla wyczerpujących analiz funkcjonalnych, to znaczy analiz wzajemnego oddziaływania religii i życia codziennego, magii i ekonomii. Wiemy jednak bardzo dużo na temat wierzeń i praktyk religijnych małej grupy ludzi żyjących w środkowej Australii, głównie dzięki pionierskiej pracy Baldwina Spencera i Francisa J. Gillena. Życie codzienne mężczyzn i kobiet związane ze zdobywaniem pożywienia, z rozrywką i zwykłymi zajęciami opiera się na innym typie tradycji. Istnieje zestaw przekazywanych z pokolenia na pokolenie reguł, które się odnoszą do sposobu, w jaki ludzie żyją w swoich małych chatkach, krzeszą ogień, zbierają pożywienie i gotują je, kochają się i kłócą. Na tę świecką tradycję składają się częściowo zasady obyczajowe lub prawne wyznaczające sposób, w jaki realizowane jest życie społeczne. Ale tradycja ta zawiera również zasady techniki i postępowania wobec otoczenia. Ten właśnie aspekt świeckiej tradycji jest odpowiednikiem wiedzy czy nauki. Zasady, które tu znajdujemy, są zupełnie niezależne od magii, od sankcji nadprzyrodzonych i nigdy nie towarzyszy im żaden pierwiastek ceremonialny czy rytualny. Kiedy tubylec ma wykonać narzędzie, nie odwołuje się do magii. Postępuje w sposób ściśle empiryczny, to znaczy naukowy, jeśli chodzi o dobór materiału, sposób, w jaki wykuwa, przycina i poleruje ostrze. W takiej sytuacji polega on całkowicie na swoich umiejętnościach, na rozumie i wytrzymałości. Bez przesady można stwierdzić, że zawsze wtedy, gdy wystarcza wiedza, tubylec polega wyłącznie na nej. Jeśli chcecie poznać zakres tego rodzaju wiedzy oraz umiejętności praktycznych koniecznych do wytworzenia aparatu technologicznego mieszkańców środkowej Australii, zapoznajcie się z rozdziałami dwudziestym szóstym i dwudziestym siódmym drugiego tomu pracy Spencera i Gillena *The Arunta* [18]. Autorzy opi-

---

[18] B. Spencer, F. J. Gillen, *The Arunta: A Study of a Stone Age People*, London 1927, 2 t.

sują tam rozsądny dobór materiałów koniecznych do sporządzenia dwóch rodzajów siekierek: toczonej (*ground axe*) i łupanej (*chipped axe*). Stwierdzają, że z jednej strony „kształt i wykończenie zależą po prostu od dostępnego materiału", a z drugiej oprawianie w trzonek — pod względem techniki i materiału — zależy od celu, dla którego narzędzie jest wykonywane. O tym, że tradycja świecka jest elastyczna, selektywna i mądra, a także że ma dobre podstawy, świadczy to, że tubylec zawsze przyswaja sobie każdy nowy i odpowiedni materiał. „Nawet wśród plemion, które miały bardzo znikomy kontakt z białym człowiekiem, żelazo zaczyna zastępować kamień". Można też dodać, że szkło butelkowe szybko zastępuje kwarc lub obsydian, tkane materiały używane są zamiast skór zwierzęcych czy łyka, a puszki po nafcie, zarówno w Australii, jak i gdzie indziej, stają się najbardziej powszechnie używanymi naczyniami na wodę.

Organizując polowanie tubylec również przestrzega zasad całkowicie świeckiej tradycji. Wykazuje się ogromnym zasobem umiejętności, a także znacznym zakresem wiedzy, podchodząc dużego lub małego kangura, goniąc emu lub euro. Zna obyczaje zwierząt, wie, gdzie się znajdują ich wodopoje, zna cechy charakterystyczne terenu. Jego zdolność znalezienia drogi w miejscu, gdzie Europejczyk mógłby się zgubić, znalezienia ukrytych zasobów wody lub pożywienia niedostępnych białemu człowiekowi znane są powszechnie z historii najwcześniejszych badań prowadzonych na terytorium Australii.

Krótko mówiąc, mieszkaniec środkowej Australii posiada autentyczną naukę czy też wiedzę, to znaczy tradycję całkowicie kontrolowaną przez doświadczenie i umysł, na którą zupełnie nie mają wpływu elementy mistyczne. Podkreślam ten fakt, ponieważ aby zrozumieć to, co nadprzyrodzone, musimy najpierw zbadać, w jaki sposób w danej kulturze definiowane jest to, co naturalne. Rozróżnienie tych dwóch aspektów ma, jak sądzę, charakter uniwersalny. Błędem jest przypuszczać, że na wczesnym etapie rozwoju człowiek żył w pogmatwanym świecie, w którym to, co realne, mieszało się z tym, co nierealne, gdzie mistycyzm i rozum dawały się tak wymieniać, jak fałszywe i prawdziwe monety w zdezorganizowanym kraju. Dla nas najbardziej zasadniczą cechą rytuału magicznego i religijnego jest to że wkracza on do akcji jedynie wtedy, gdy zawodzi wiedza. Ceremoniał nawiązujący do tego, co nadnaturalne, wyrasta z życia, ale nigdy nie udaremnia praktycznych wysiłków człowieka. Odprawiając rytuał magiczny lub religijny, człowiek stara się odtworzyć cud nie dlatego, że ignoruje ograniczenia swojej własnej mocy umysłowej, ale przeciwnie, dlatego że jest ich w pełni świadom. Robiąc jeszcze jeden krok naprzód stwierdzam, że konieczne jest uświadomienie sobie tego faktu, jeśli chcemy raz na zawsze przyjąć, że religia ma swój własny przedmiot, swoje własne pełnoprawne pole rozwoju, że nigdy nie wkracza ona w sferę, w której powinna dominować nauka, rozum i doświadczenie. Dzisiaj prawda ta jest ważna, może nie tyle ze względu na zderzenie się nauki z religią, ile ze względu na to, że doktryny polityczne, ekonomiczne i pseudokulturowe typu faszystowskiego czy komunistycznego wkraczają na teren zarezerwowany wyłącznie dla religii.

Badani przez nas ludzie z epoki kamiennej, mieszkańcy środkowej Australii, nie popełniają tego rodzaju błędu. Uświęcona tradycja odnosi się wyłącznie do takich spraw, których nie da się rozwiązać przy użyciu doświadczenia i rozumu. Mieszkaniec środkowej Australii może się kierować doskonałą wiedzą podczas polowania i zbieractwa, poszukiwania wody i sporządzania narzędzi, jednej rzeczy nie potrafi jednak kontrolować, to znaczy urodzaju, który zależy przecież od opadów deszczu. Jeśli opady są wystarczające, to „jakby na skutek działania magii pierwotnie jałowa ziemia pokrywa się bujną roślinnością", pełno wokoło roślin, owadów, torbaczy i ptaków i dobrobyt tubylca jest zagwarantowany. Z drugiej jednak strony, jeśli opady deszczu są zbyt skąpe, zwierzęta i rośliny się nie rozmnażają, a tubylec staje w obliczu głodu i nędzy.

Teraz, aby docenić zasadniczą różnicę między techniką życia magicznego i ceremonialnego z jednej strony i zwykłych działań ekonomicznych z drugiej, raz jeszcze dokonajmy szczegółowego opisu pewnej ceremonii totemicznej. Gdybyśmy przybyli w odpowiedniej porze roku, przed nadejściem pory deszczowej, gdzieś w okolice Alice Springs w środkowej Australii, moglibyśmy być świadkami typowej ceremonii totemicznej związanej z totemem czarodziejskiej larwy i obserwować zachowanie się ludzi odmienne od normalnych, codziennych, rutynowych zajęć. Ci, którzy mają wziąć udział w ceremonii, muszą po cichu opuścić wioskę. Podkradają się do miejsca spotkania, które wprawdzie nie jest zbyt odległe, ale nie powinno być znane nikomu, kto nie należy do danej grupy totemicznej. W wiosce pozostaje tylko kilka należących do grupy starszych osób, które pilnują tego, co się w niej dzieje. Uczestnicy ceremonii są więc grupą ludzi zjednoczonych więzią tożsamości totemicznej; wszyscy stanowią inkarnacje mitologicznych przodków, którzy kiedyś włóczyli się po kraju i odprawiali ceremonie identyczne z tymi, jakie dziś odprawiają ich potomkowie. Grupa uczestników jest zorganizowana: ma swojego przywódcę, jest zróżnicowana pod względem wieku, stopnia inicjacji i stopnia znajomości tradycji.

Ludzie wkładają stroje zupełnie inne od tych, które noszą na co dzień, zachowują się inaczej i przejawiają inne postawy psychiczne. Nikomu nie wolno nosić broni ani ozdób; wszyscy muszą być nieuzbrojeni, nadzy, muszą zdjąć nawet opaski na włosy będące częścią stroju, który mężczyźni noszą stale. Jedynie osobom bardzo starym wolno jeść, inni — jak nam powiedziano — nie mogą do końca ceremonii w ogóle tknąć pożywienia. Nawet jeśli upolują jakąś zwierzynę, muszą przekazać ją ludziom starszym. Określona jest nie tylko pora roku, w jakiej odbywa się ceremonia, ale także pora dnia. Zaczynają o zmierzchu, by pierwszą noc móc spędzić w specjalnym obozie. Podobnie jak czas, również miejsce jest ściśle określone przez tradycję, która w tym wypadku, jak i w każdym innym, dokładnie naśladuje mitologiczny precedens.

W istocie, ponieważ cały kraj został stworzony w ścisłym związku ze sprawami i zainteresowaniami ludzi, a przede wszystkim z ich przesądami związanymi z ceremoniami, istnieje coś, co można nazwać geografią totemiczną lub przynajmniej topografią specyficznie uświęconych miejsc, określonych w wyniku danych działań ceremonialnych [19]:

„Każda wyróżniająca się (a także wiele nieistotnych) naturalna cecha tego kawałka kraju — najbardziej malowniczej części ogromnego centralnego obszaru kontynentu — ma swoją historię. Przykładowo, stare, zeschnięte drzewo gumowe z ogromnym konarem wystającym mniej więcej w połowie pnia dokładnie wskazuje miejsce, w którym wypełniony jajami człowiek *alcheringa* pojawił się po przekształceniu się z czarodziejskiej larwy" [20].

W tej właśnie scenerii, nasyconej wspomnieniami tradycyjnych działań przodków, odbywa się ceremonia.

Każde działanie przodków było twórczym cudem, który wywołał albo jakąś stałą cechę krajobrazu, albo powstanie świętego narzędzia, albo też bezpośrednio przyniósł zwierzęta i rośliny. Działo się tak dlatego, że czas przodków totemicznych wypełniony był głównie ustanawianiem cudów totemicznych, czyli ceremonii, dzięki którym zostali stworzeni ludzie przynależący do różnych gatunków roślin i zwierząt. A rytuały odprawiane dzisiaj nie są niczym innym, jak tylko powtórzeniem, tak dokładnym, jak tylko jest to możliwe, dawnych cudów, których tradycja jest podtrzymywana z pokolenia na pokolenie nie tylko w pamięci, ale także właśnie dzięki temu, że rytuały są rokrocznie odprawiane — a przez to ich dramatyczna istota utrwala się w zachowaniach ludzkich.

Cel tych ceremonii jest taki sam, jak dawniej, technika ich odprawiania jest identyczna, podobnie jak organizacja społeczna, na

---

[19] Patrz *ibid.*, t. 1, rozdz. 5, gdzie opisane jest powstawanie krajobrazu w wyniku twórczych aktów pierwotnych budowniczych świata. Na s. 88 - 91 podano szczegółowy opis — wraz z planami i wykresami — miejsca, w którym obecnie jest odprawiana ceremonia. Należy go porównać z opisem ceremonii zawartym w tymże tomie (s. 148 - 153). Mitologiczną opowieść o tym, jak powstał krajobraz i ceremonia, można znaleźć na s. 326 - 334. Podaję tę informację, ponieważ autorzy nie dają odsyłaczy. Fakt, że nie są oni świadomi ważności związku między mitem, ceremonią i duchową istotą krajobrazu, podnosi dokumentacyjną wartość ich materiałów.

[20] *Ibid.*, t. 1, s. 327.

której są oparte. Wynika to stąd, że jak już wspomniałem, nawet członkowie dzisiejszych grup totemicznych są inkarnacjami ludzi, którzy żyli w okresie Złotego Wieku. Osłabił się jedynie poziom cudowności dzisiejszych ceremonii. Dziś grupa totemiczna nie jest w stanie tworzyć gór i kanionów, nowych gatunków zwierząt czy ludzi, nie może zmienić kształtu człowieka czy przyrody. Jedyną rzeczą, jakiej może dokonać, jest przyczynienie się do pomnożenia swoich gatunków totemicznych.

Przyłączmy się raz jeszcze do naszego klanu czarodziejskiej larwy i przyjrzyjmy się ceremonialnym zachowaniom jego członków o poranku, kiedy rozpoczynają swój dobroczynny rytuał. Przede wszystkim muszą się oni zaopatrzyć w narzędzia liturgiczne; mężczyźni muszą narwać gałązek eukaliptusa, a ich przywódca przynieść małą drewnianą rynienkę. Symbolizuje ona *meimba*, święte naczynie, w którym bohater kulturowy imieniem Intwailiuka nosił zestaw swoich duchów i świętych warkotek. Mitologiczne naczynie, pierwotna *meimba*, miało cudowne właściwości najwyższego stopnia; jego dzisiejszy odpowiednik — jak zobaczymy — zachował jeszcze część magicznej mocy. Zaopatrzeni w przedmioty liturgiczne tubylcy prowadzeni przez przywódcę idą drogą, którą kiedyś podążał Intwailiuka, przodek totemiczny, twórca tej ceremonii, a także krajobrazu. Dochodzą do Wielkiej Jaskini znajdującej się wysoko w zachodniej ścianie wąwozu. Wbrew nazwie jest to jedynie płytka grota, w której znajduje się duży kawał kwarcytu otoczony mniejszymi kamyczkami. Oczywiście zostały one również stworzone na mocy cudu przez bohatera kulturowego, a przedstawiają ogromne ciało czarodziejskiej larwy, która jest zwierzęciem totemicznym grupy; małe kamyczki to jaja. Przywódca grupy zaczyna śpiewać pieśni uderzając drewnianą rynienką w kamień, inni uderzają weń gałązkami i także śpiewają. Nie znamy tekstu tych pieśni, ale autorzy mówią, że są w nich zawarte słowa zachęcające do znoszenia jaj. Później następują skomplikowane działania: kamienie ceremonialne uderza się gałązkami i rynienką; przywódca podnosi jeden z małych kamyczków i uderza każdego mężczyznę w brzuch, mówiąc: „Zjadłeś dużo pożywienia". Uderzenie kamienia powoduje powstanie larw; magiczne pieśni zachęcają zwierzę do składania jaj; rytuał uderzania w brzuch nawiązuje do sytości, która jest wynikiem obfitości larw, co jest zasadniczym przedmiotem tej magii.

Trudno jest przedstawić szczegółowo wszystkie akty ceremonialne. Musielibyśmy dalej śpiewać z tubylcami w miejscu, w którym przodek totemiczny gotował, sproszkowywał i zjadał larwę. Był on wielkim producentem i równocześnie gigantycznym konsumentem swego totemu. Następnie musielibyśmy obejrzeć rysunki [21], które zostały zrobione na skałach, ale nie przez Intwailiukę, przodka totemicznego, tylko przez Numbakullę, Pierwszego Stwórcę. Rysunki te, jeśli chodzi o ścisłość, również nawiązują do kolejnych wydarzeń związanych z proleptycznymi czy profetycznymi aktami tworzenia, dzięki którym Pierwszy Stwórca antycypował przyszłość. Przodek totemiczny, Intwailiuka, stawał w tym miejscu i rzucał o powierzchnię skały rozlicznymi świętymi warkotkami; akt ten jest obecnie imitowany przez przywódcę grupy. Choć nikt nie powiedział tego wprost, z pewnością przyczynia się to również do pomnożenia larw. Członkowie grupy odwiedzają przy okazji również wiele innych miejsc cermonialnych; znów śpiewają odprawiając rytualne działania będące imitacją aktów dokonywanych przez przodka; przywódca stale powtarza: „Zjadłeś dużo pożywienia", magicznie antycypując obfitość. Jest chyba około dziesięciu takich miejsc i w każdym z nich powtarza się tę samą ceremonię. Później grupa wykonawców totemicznych powraca do głównego obozu i niedaleko od niego spotyka się z pozostałymi mieszkańcami — zarówno mężczyznami, jak i kobietami — którzy odgrywają odtąd drugorzędną rolę w kolejnych poczynaniach.

Trzeba tu wspomnieć jeden element tych ostatnich działań. W czasie, gdy grupa wykonawców totemicznych znajdowała się poza wioską, zbudowano długą, wąską chatę imitującą poczwarkę, z której wyłoni się w pełni dojrzały owad. Gdy grupa powraca, ludzie spoza grupy totemicznej oraz kobiety z grupy zbierają się za tą chatą-poczwarką. Rozdzielają się na trzy grupy: jedna składa

[21] *Ibid.*, t. 1, rys. 44.

się z mężczyzn spoza grupy totemicznej, druga z kobiet z grupy totemicznej, a trzecia z kobiet spoza tej grupy. Podczas tego rodzaju ceremonii zawsze wyraźnie widać zróżnicowanie totemiczne i klasowe. W tym momencie w chacie-poczwarce i wokół niej ma miejsce bardzo ważny punkt ceremonii: mężczyźni wchodzą do chaty i wychodzą z niej, śpiewają pieśni o zwierzętach w różnych okresach ich rozwoju i o świętych kamieniach wyposażonych w magiczną moc, stworzonych w dawnych, mitologicznych czasach.

Najbardziej charakterystyczną cechą kolejnej fazy ceremonii, w której uczestniczą wszyscy, jest ceremonialny czy magiczny rytuał dawania i brania. Można go zrozumieć jedynie przez odniesienie do organizacji społecznej tubylców i do pewnych ekonomicznych zasad ich ceremonii. Rytuały mające na celu pomnożenie gatunków totemicznych mogą być odprawiane wyłącznie przez członków klanu. Jest to nie tylko ich przywilej, ale również obowiązek wobec całej społeczności. Tubylcy wierzą głęboko w to, że urodzaj roślin i płodność zwierząt zależą od współpracy magicznej klanów totemicznych. Większość totemów to jadalne zwierzęta i rośliny. Właściwie wszystkie ważne rodzaje pożywienia można znaleźć na liście totemów. Nie można więc wątpić w to, że z ekonomicznego punktu widzenia współpraca totemiczna jest dla tubylców warunkiem koniecznym istnienia ludności. W systemie społecznym Aruntów najbardziej istotne jest więc to, że każdy klan odprawia ceremonię na rzecz reszty społeczności. Chociaż jedzenie totemu nie jest całkowicie zakazane, człowiek jada go rzadko lub nie je go wcale. Nie wolno mu natomiast jeść najlepszej części swego zwierzęcia totemicznego, gdy jest ono duże i mięsiste, jak na przykład emu czy duży lub mały kangur [22]. Dlatego też klan jako całość tylko w niewielkim stopniu korzysta z tego rodzaju ceremonii lub nie korzysta z niej wcale.

Dalszą część ceremonii, która jest właśnie odprawiana, trzeba rozważyć na tle owej totemicznej współpracy. Wykonawcy totemiczni są oczekiwani przez pozostałych członków społeczności. Po

---

[22] Patrz *ibid.*, s. 80 - 87.

przybyciu zostają przywitani i otrzymują wcześniej ugotowane dla nich pożywienie, w zamian za które rozdają oczekującym ozdoby. Przywódca mówi: „Zakończyliśmy naszą ceremonię pomnażania. *Mulyanuka* [mężczyźni nie należący do grupy totemicznej] muszą dostać te rzeczy, gdyż w przeciwnym razie ceremonia nie będzie skuteczna i spadnie na nas nieszczęście". Wtedy zbliżają się mężczyźni nie należący do grupy i otrzymują różne przedmioty [23].

Zależność dzisiejszych ceremonii religijnych od ponadnaturalnej rzeczywistości Złotego Wieku przejawia się w każdym szczególe powyższej relacji. Jeśli chodzi o charakter aktów ceremonialnych, to znaczy rytuałów magicznych, od razu możemy zauważyć, że nie mają one nic wspólnego z żadnym praktycznym zajęciem. Nazwanie tego rodzaju magii pseudonauką czy pierwotnym odpowiednikiem nauki nie jest trafne. W wielu szczegółowych aktach ceremonialnych pojawia się element imitacji, ale nie jest to naśladowanie zwierząt ani imitacja oparta na przyrodoznawstwie. Jest to imitacja zachowań odziedziczonych po przodkach i zasadza się na uświęconej tradycji mitu. Tubylec identyfikuje się ze swoim zwierzęciem totemicznym, ale nie jest to identyfikacja dzisiejszego człowieka z kangurem, emu czy larwą istniejącymi obecnie. W swoim ceremonialnym istnieniu człowiek staje się *alcheringa*, to znaczy przodkiem totemicznym, i działa jako *alcheringa*. Człowiek czarodziejskiej larwy wraca do okresu Złotego Wieku, kiedy to — jak się przypuszcza — mężczyźni i kobiety tego klanu „pełni byli jaj zastąpionych teraz okrągłymi kamyczkami uformowanymi przez wodę", z których wiele, jak widzieliśmy, jest rzeczywiście wykorzystywanych podczas ceremonii. Żaden akt tej ceremonii ani żaden akt jakiejkolwiek innej ceremonii totemicznej odprawianej w środkowej Australii nie jest naśladowaniem jakichś gatunków zwierząt, ale imitacją pierwotnych ponadnaturalnych pół zwierząt,

[23] Pełny opis tej ceremonii znajduje się w pracach B. Spencera i F. J. Gillena *The Native Tribes* [*of Central Australia*, London 1899] (s. 170 i nast.) oraz *The Arunta* (t. 1, s. 148 i nast.). Zaglądając do tej drugiej, późniejszej pracy, badacz z zainteresowaniem stwierdzi, że w komentarzach położony jest nawet jeszcze silniejszy nacisk na zależność rytuału od tradycji.

pół ludzi, o których uczy mitologia i które były przodkami dzisiejszego klanu.

Alcheringa byli twórczy w sensie ponadnaturalnym; moc i wpływ magii też są twórcze i ponadnaturalne w tym samym sensie, ale z dużo mniejszą intensywnością. Dla Aruntów tym, co ponadnaturalne, jest moc, którą w pełni posiadali przodkowie totemiczni, ponieważ byli w stanie tworzyć świat, przekształcać krajobraz, tworzyć ludzi, zwierzęta i rośliny oraz ustanawiać porządek społeczny, obyczaje i ceremonie. Z mocy tej człowiek korzysta jedynie w tych działaniach, które mają charakter ceremonialny i które zostały przekazane przez *alcheringa*. We wszystkim innym człowiek może osiągnąć tylko to, co zdobędzie dzięki ciężkiej pracy, umiejętnościom i wiedzy empirycznej.

Analiza plemion ze środkowej Australii potwierdza naszą teorię mitu i uświęconej tradycji. Pozwala wyprowadzić wniosek, który kładzie nacisk na istnienie głębokiej różnicy między aktami magii i religii z jednej strony i aktami opartymi na wiedzy z drugiej. Rozróżnienie to jest niezbędne dla naszej teorii mitu, również implikuje tę teorię. Jest dla nas coraz bardziej oczywiste, że uświęcona tradycja niczego nie wyjaśnia, lecz mówi, w jaki sposób rzeczy zostały stworzone. Nie jest wyjaśnieniem naukowym, lecz prawdą religijną.

Pójdźmy jeszcze o krok dalej. Jakie jest miejsce ceremonii, magii, rytuału, religii czy jakkolwiek to sobie nazwiemy w ogólnym schemacie kultury? W jaki sposób cały rytuał totemiczny wpływa na życie plemienne w środkowej Australii? Z jednego punktu widzenia musimy, idąc śladami Edwarda B. Tylora, zaklasyfikować te zjawiska do kategorii złudzeń lub przesądów. Są w nich jednak zawarte elementy, które należy potraktować w inny sposób. Biorąc pod uwagę mitologię i rytuał tubylców łącznie, widzimy, że zawierają one dwa elementy. Z dogmatycznego punktu widzenia stworzenie świata, naturalne pokrewieństwo między ludźmi, zwierzętami i roślinami, reinterpretacja krajobrazu i wszystkich cech przyrody w kategoriach zainteresowań człowieka tworzą bardzo silną więź człowieka z jego otoczeniem. I tu znowu mamy do czynienia z wiarą bardzo podobną do naszej wiary w dobroczynną Opatrzność, której odpowiednik znaleźliśmy również na Trobriandach. Mieszkaniec środkowej Australii, żyjący w jałowym, niegościnnym, wrogim kraju, wytworzył system wierzeń, który uczłowieczył jego otoczenie. Mitologia i jej dogmatyczna treść ustalają przede wszystkim ścisłe pokrewieństwo między społecznie zorganizowanymi grupami tubylców a szeroką gamą gatunków zwierząt i roślin obejmującą większość gatunków pożytecznych dla człowieka, a może nawet wszystkie. Ograniczony zakres wiedzy mieszkańca środkowej Australii pozwala mu jedynie zbierać rośliny, larwy i małe torbacze oraz polować na większe zwierzęta. Pozwala mu wytwarzać narzędzia potrzebne do tych celów, a także ubrania i ozdoby odpowiednie do istniejącego klimatu. Gdy wiedza go zawodzi, kiedy naukowo logiczny i empirycznie zorientowany umysł mówi mu, że wysiłki podejmowane przez ciało i rozum nie przyniosą rezultatów, wówczas wkracza uświęcona tradycja.

Mówiąc w kategoriach pragmatycznych, tradycja ta pomaga mu w efektywnym realizowaniu działań praktycznych. W porze deszczowej, kiedy to korzystna pogoda spełni jego oczekiwania albo też susza zniweczy wszelkie jego nadzieje, krajowiec, zamiast czekać w próżnej i demoralizującej bezczynności, spędza czas na odprawianiu ceremonii totemicznych. Mitologia uczy go, że ceremonie te przyczynią się do spełnienia jego nadziei. Totemizm, który nie jest wcale szkodliwą iluzją odciągającą energię tubylca od pożytecznych przedsięwzięć, wpływa na integrację umysłu jednostki i na organizację działań zbiorowych skierowanych na pożądany cel. Magia jest systemem zbiorowej sugestii, która w momentach krytycznych informuje mieszkańca środkowej Australii, że wszystko będzie dobrze, jeśli tylko człowiek będzie przestrzegać wymogów tradycji i zjednoczy się z ponadnaturalną istotą tego świata.

Zauważyliśmy, że ceremonie pomnażania totemicznego opierają się na moralnej zasadzie współdziałania wszystkich grup totemicznych w świadczeniu usług na rzecz całej społeczności. To, że z racjonalnego punktu widzenia korzyści z nich płynące są iluzoryczne, nie deprecjonuje czynnika etycznego, jaki zawiera się w tych działaniach bezinteresownie wykonywanych dla dobra innych. Można posunąć się nawet dalej i wykazać, że rytuał totemiczny mieszkańców środkowej Australii wywiera silny wpływ na rozwój czysto ekonomicznych wartości. Ceremonie te wykształcają bowiem cechę zapobiegliwości, regularności i organizacji wysiłku; prawdopodobnie angażują one najszerszy wymiar działań zbiorowych podejmowanych przez tubylców. To, że ściśle religijne ceremonie przyczyniły się do powstania brygad pracy, przygotowywanych do pracy systematycznej, do podporządkowania się przywództwu jednego człowieka, do podejmowania pracy dla dobra całej społeczności z bezpośrednim odniesieniem do celów praktycznych, ma niebagatelne znaczenie dla ewolucji ekonomicznej [24].

Rozwodzę się nad tym, ponieważ rzeczywiste znaczenie tak zwanej metody funkcjonalnej we współczesnej antropologii polega na prowadzeniu równoległych badań nad wzajemnie zależnymi zjawiskami i aspektami życia plemiennego. Zasada funkcjonalna uczy, że jeśli chcemy zrozumieć magię, musimy wyjść poza magię i badać rytuał ekonomiczny w kontekście tych działań praktycznych, w ramach których jest on faktycznie osadzony. Zasadę tę, której teoretyczne znaczenie poznałem po raz pierwszy dzięki wspaniałym materiałom zebranym przez Spencera i Gillena, zastosowałem później w badaniach terenowych.

Dla zrozumienia magii melanezyjskiej nie ma chyba ważniejszej prawdy niż ta, która mówi o wpływie magii na działania praktyczne i o sposobie, w jaki jest ona przez nie determinowana. Ci, którzy przejrzeli kilka moich książek (*Argonautów Zachodniego Pacyfiku*, a zwłaszcza *Ogrody koralowe*), wiedzą, że magia jest przede wszystkim siłą integrującą i organizującą. Sprzyja duchowemu wzmocnieniu umysłu jednostki oraz dyscyplinie i przygotowaniu

---

[24] Była to teza mojego pierwszego artykułu napisanego po angielsku zatytułowanego *The Economic Aspect of the «Intichiuma» Ceremonies* opublikowanego w *Festskrift tillägnad Edward Westermarck i Anleding av hans femitioårsdag den 20 november 1912*, Helsingfors 1912.

grupy, które konieczne są zawsze, gdy tubylcy stają w obliczu zadań trudnych i niemożliwych do opanowania przez wiedzę czy umiejętności. Weźmy dla przykładu ich żeglarstwo. Przy budowie czółna, organizowaniu załogi, wyborze pory roku, szlaku i techniki żeglowania polegają oni na racjonalnej tradycji. Ale zmienne koleje losu podczas żeglowania — wiatr i pogoda, rafy i cisze morskie — są poza kontrolą zarówno Trobriandczyka, jak i Europejczyka. Do pewnego stopnia poza kontrolą jest też wytrzymałość materiału użytego na czółno oraz element ludzki, który Trobriandczyk może spotkać na końcu wyprawy. Ze względu na te nieoczekiwane i nie kontrolowalne czynniki istnieje właśnie magia: mgły i wiatru, rozbicia statku i wrogości, sukcesu w handlu i dobroczynności potencjalnych wrogów. Na płaszczyźnie jednostkowej magia ta oznacza zaufanie, optymizm i gotowość. Na płaszczyźnie społecznej podkreśla prestiż tego, kto ją posiada. Przysparza mu dodatkowej mocy i nadaje siłę organizacji społecznej załogi i wszystkim uczestnikom wyprawy.

To samo dotyczy rolnictwa, nad którym rozwodziłem się szczegółowo, niemal do znudzenia. Magia nigdy nie wkracza w dziedzinę działań racjonalnych i praktycznych. Wysiłek oparty na inteligencji i racjonalna wytrwałość z jednej strony i szczęście z drugiej — to dwie wzajemnie wykluczające się sfery. Ale dzięki magii praca staje się przyjemniejsza i piękniejsza; magia wprowadza do zbiorowych działań podejmowanych przez grupę ogrodników rytm, punktualność, dyscyplinę i porządek; dostarcza też tej grupie przywódcę.

Materiały australijskie wykazują, że cechy ekonomiczne mogą się wykształcić dzięki magii przez przewidywanie ich późniejszej użyteczności dla zorganizowanych działań produkcyjnych. Natomiast warunki, które zastaliśmy na Wyspach Trobrianda, ukazują nam w pełni wykształconą funkcję ekonomiczną magii. Stadium pośrednie rozwoju tej funkcji możemy chyba znaleźć w ceremoniach urodzaju Indian Peublo, które przedstawimy bardzo skrótowo, ukazując jedynie, że funkcjonalny charakter mitu i rytuału tych Indian jest zgodny z tokiem naszych rozważań.

VI. PRZYKŁADY Z INNYCH OBSZARÓW ETNOGRAFICZNYCH

Przedstawiając krótko i w prosty sposób teorię antropologiczną, najlepiej jest zawsze zilustrować przyjęte zasady podając kilka przykładów pochodzących z dobrze znanych i szczegółowo opisanych obszarów. Moje wnioski wyprowadziłem na podstawie materiałów ze środkowej Australii, ponieważ były one wyjątkowo dobre, oraz z Wysp Trobrianda, ponieważ znam ten teren z moich osobistych doświadczeń. Czy jednak przedstawiona tu teoria ma szersze zastosowanie?

Starałem się wykazać, że istota religii, to znaczy jej przedmiot, nie ma charakteru arbitralnego. Bliźniacze wierzenia w nieśmiertelność i w Opatrzność wyrastają z konieczności związanych z życiem człowieka. Wkraczają one jako wszechmocne, dobroczynne siły kulturowe, integrujące umysł jednostki i organizujące grupę społeczną. Ponadto jak widzieliśmy, te dwa typy wierzeń nie byłyby żywotne, gdyby były wyłącznie abstrakcyjnymi formułami. Przyjmuje się je, gdyż stanowią minione i obecne doświadczenia człowieka. Każda religia zasadza się na prawdzie objawionej, ponieważ człowiek, aby zaakceptować porządek ponadnaturalny, musi stwierdzić, że jest on rzeczywisty. Objawienie może być aktualne: cuda muszą się zdarzać i zdarzają się w każdej żywej religii. Z reguły jednak największe cuda religii pochodzą z przeszłości. Są one przekazywane na mocy wiekowej tradycji. Konformizm, całkowite podporządkowanie się wymogom tradycji to chyba najważniejsza siła moralna każdego zdrowego społeczeństwa, czy to pierwotnego, czy cywilizowanego. Istnienie tego rodzaju etycznego wpływu stwierdziliśmy w wierze w życie duchowe i w siłę magiczną zarówno na terenie środkowej Australii, jak i na Trobriandach. Innym aktywnym i pragmatycznym przejawem każdej wiary religijnej jest odtwarzanie ograniczonej liczby cudów magii i rytuału.

W pewnym sensie właśnie pojęcie cudu stanowi trzon mojej koncepcji teoretycznej. Słowo „cud" w teologii odnosi się tylko do bardziej spektakularnych wydarzeń, przede wszystkim do namacalnych, konkretnych, zmysłowo postrzegalnych działań siły nadprzyrodzonej, które wykraczają poza ustalony bieg przyrody.

W związku z tym teolog zalicza do cudów przemienienie wody w wino w Kanie, pomnożenie chleba i ryb, wskrzeszenie Łazarza, ale nie uznaje za cud ponadnaturalnego procesu, który zachodzi w trakcie udzielania sakramentu [25]. Wydarzenia te teolog uważa bowiem za zgodne z prawami tego, co ponadnaturalne.

Twierdzę jednak, że antropolog lub jakikolwiek badacz historii religii musi przedefiniować surowy, ludowy język, który zdaje się akceptować w takiej sytuacji teolog. Dla umysłu naukowego każde wydarzenie, w którym przejawia się działanie sił nadprzyrodzonych — czy to widoczne dla oka, czy poznawane za pośrednictwem wiary — musi należeć do tej samej kategorii. Przykładowo: przemienienie ziemskiej substancji chleba i wina w prawdziwe ciało i krew Jezusa Chrystusa jest cudem z tego względu, że zakłada się jego Rzeczywistą Obecność. Dalej, całkowita przemiana substancji duszy ludzkiej podczas sakramentu rozgrzeszenia jest takim samym cudem, jak zupełna zmiana metabolizmu na skutek na przykład zetknięcia z wodą z Lourdes. W pewnym sensie podejście naukowe jest tu bardziej religijne i pełne czci niż podejście teologiczne. Antropolog zdecydowanie odcina się od niewiernego Tomasza i od teologa; umieszcza rzeczywistość duchową, której istnienie zakłada wiara religijna, na tej samej płaszczyźnie, co rzeczywistość materialną dostępną zmysłowo. Naukowiec w swoich analizach uwzględnia cały kontekst kulturowy i postawę wierzącego. Kreśli linię podziału, ale nie na podstawie naiwnych, surowych kryteriów wzroku, słuchu, dotyku czy zapachu przeciwstawianych doświadczeniu mistycznemu. Linię demarkacyjną trzeba w sposób naukowy nakreślić między zjawiskami, na które składają się wyłącznie wydarzenia fizyczne, a zjawiskami, w których jako przyczyna lub skutek interweniują siły nadprzyrodzone.

Chciałbym zilustrować mój punkt widzenia, przywołując cud w Bolsenie. Mamy tu oryginalny mit, nie tylko zapisany przez autorów katolickich, ale również zmaterializowany w formie jed-

---

[25] Patrz hasła *Miracles*, w: [*Encyclopaedia of Religion and Ethics*], J. Hastings (red.) [Edinburgh 1908 - 1921, 12 t.] oraz *The Catholic Encyclopedia* [C. G. Herbermann *et. al.* (red.), New York 1907 - 1914, 16 t.].

nego z najwspanialszych kościołów chrześcijańskich oraz na kilku najsłynniejszych obrazach, z których na uwagę zasługuje zwłaszcza *Stanza* Rafaela. Ci którzy widzieli ten obraz, a zwłaszcza krwawiącą hostię, ci, którzy byli w katedrze w Orvieto, gdzie prawdziwość cudu potwierdza święta relikwia i gdzie przedstawiono go na freskach i emaliach, mogli zauważyć, w jaki sposób mit zostaje przełożony na monumentalne dzieła sztuki. Przypowieść mówi o tym, jak czeski ksiądz, odnoszący się sceptycznie do doktryny przemienienia, został przekonany o jej prawdziwości na mocy cudu, który mu się przydarzył, kiedy odprawiał Mszę Świętą w mieście Bolsena. W momencie konsekracji, gdy wypowiadał odpowiednie słowa, przeżył chwilę zwątpienia i wtedy zdarzył się cud. W kielichu pojawiła się krew; hostia pokryła się kroplami krwi; wszyscy wierni widzieli to na własne oczy. Ten widoczny przejaw Rzeczywistej Obecności tak wstrząsnął całym chrześcijaństwem, że papież nie tylko kazał wybudować katedrę w Orvieto, ale również ustanowił święto Bożego Ciała. W tym jednym wydarzeniu zawiera się rytualna konsekwencja mitu.

Naprawdę ważna jest jednak relacja między zwyczajnym cudem konsekracji a jego spektakularnym przejawem w Bolsenie. Z religijnego punktu widzenia herezją byłoby stwierdzenie, że prawdziwy cud naszej religii — Rzeczywista Obecność ciała i krwi Jezusa Chrystusa — był przy tej jednej okazji bardziej prawdziwy, realny czy autentyczny niż przy innych okazjach [26]. Cud nie zmienił niczego w prawdziwej substancji rzeczywistości mistycznej. Był jedynie znakiem, ale człowiek naprawdę wierzący nie potrzebuje nawet tego znaku, ponieważ znakiem jest sam sakrament. Gdzież jest więc cud? Jego realność tkwi w niewidzialnej łasce powodującej, iż Sakrament Przemienienia staje się kwintesencją wszystkiego, w co wierzy katolik: wcielenie Drugiej Osoby Trójcy, Jej ofiara złożona na Kalwarii oraz ustanowienie sakramentu, dzięki któremu Ona stale pojawia się od nowa na ziemi i łączy z każdym wierzącym w Sakramencie Komunii.

---

[26] Piszę to oczywiście jako dobry antropolog i jako osoba wychowana zgodnie z rzymskokatolickim światopoglądem.

Już na podstawie tego przykładu widzimy, że jedyna naukowo poprawna definicja ujmuje cud jako wydarzenie, podczas którego dzięki aktom rytualnym tworzy się rzeczywistość nadprzyrodzona. Cud magii, wypowiadanie słów i wykonywanie gestów to siły ponadnaturalne, które na mocy ponadnaturalnych mechanizmów wywołują naturalne wydarzenia. Cuda ofiary czy sakramentu także zawierają słowa i gesty, które wywołują wydarzenia równie realne i prawdziwe, choć jednocześnie ponadzmysłowe, ponieważ są one duchowe w swej istocie. Ich realność musi potwierdzić się w doświadczeniu: wiemy, że Sakrament Komunii jest prawdziwy dlatego, że został ustanowiony przez Jezusa Chrystusa podczas Ostatniej Wieczerzy, a także dlatego, że wierzący podczas każdej komunii doświadcza w sposób mistyczny boskiej łaski, która pochodzi ze zjednoczenia się z Bogiem. Wiemy, że cuda, jakie się zdarzają w Lourdes, są prawdziwe dlatego, że istnieje tradycja opowiadająca o cudownych uzdrowieniach, ale przede wszystkim dlatego, że biednej dziewczynie pasącej owce ukazała się Matka Boska.

I w ten sposób dochodzimy od razu do samej istoty mitu: jak to już często podkreślałem, mit jest przede wszystkim afirmacją pierwotnych cudów. Sądzę, że byłoby interesujące przeanalizować z tego punktu widzenia inne przykłady wierzeń i rytuałów. Bez wątpienia w niektórych religiach element nadprzyrodzony jest niemal nieistotny. Weźmy dla przykładu obszar, który znam wprawdzie tylko z czterotygodniowej wizyty, ale po którym byłem oprowadzany przez doświadczonego antropologa, przebywającą tam przez dwa lata doktor Audrey I. Richards. Winien jestem jej wdzięczność za informacje, których udzieliła mi na miejscu, a także w Londynie. Życie religijne Bembów z północnej Rodezji jest pozbawione czegokolwiek, co by można było zaklasyfikować do kategorii zjawisk wyraźnie cudownych. Rzadko proszą nawet o określony rezultat modlitwy, ofiary czy rytuału. Proszą oni duchy przodków o ogólne błogosławieństwo, o pokój, zdrowie i urodzajność ziemi. „Obyśmy żyli w pokoju, dajcie nam życie, dajcie nam dzieci". Błagają duchy w sposób ogólny, by wpłynęły na dobrobyt grupy, uleczyły choroby lub sprowadziły deszcz.

Ponieważ brak w tym wypadku jednoznacznej prośby czy też

próby wywołania określonego skutku, nie istnieje właściwie potrzeba empirycznego świadectwa ich rezultatów. W związku z tym mitologia Bembów jest niezwykle uboga. Ale nawet oni mają legendarny cykl opowiadań o pierwszym człowieku, który wkroczył z północnego zachodu na terytorium obecnie zamieszkiwane przez to plemię. Człowiek ten, Lucelenganga, otrzymał od Najwyższego Boga wiedzę z zakresu medycyny i magii. Wcześniej: „Wszystkie magiczne drzewa i zioła rosły na naszym terytorium, ale nie wiedzieliśmy, jak ich używać". Tradycja powstała dzięki temu, że Lucelenganga dobrał sobie najbardziej inteligentnych ludzi spośród żyjących i nauczył ich magii uzdrawiającej. Legendarne tło istnieje nie tylko w opowiadaniu, ale także w rytuale. Lekarz-czarownik, *shinganga*, kiedy wykopuje dzisiaj zioła i korzenie, przywołuje Lezę, Najwyższego Boga, a kiedy sporządza lekarstwo lub wróży, wówczas wzywa imię Lucelengangi. Lekarz-czarownik wypowiada następujące słowa: „Ty, Lucelengango, który pozostawiłeś ślady stóp na skałach, a także ślady twego psa, daj moc mojemu lekarstwu". Albo też powtarza te same wstępne słowa, a dalej mówi „[...] spraw, by słowa mojej wróżby były prawdziwe". Lekarz-czarownik musi również wymienić imiona rzeczywistych przodków lub poprzedników, od których odkupił lub otrzymał wiedzę o stosowaniu leków. Ślady stóp, wspomniane w zaklęciu, odnoszą się do naturalnych cech krajobrazu, które krajowcy nadal pokazują i które miał pozostawić Lucelenganga, kiedy ciężkim krokiem szedł po raz pierwszy przez ich kraj.

Mamy tu więc do czynienia nie z całkowitym brakiem mitologii, ale raczej z mitologią zredukowaną do pewnego zarysu. Występuje tu to samo nawiązanie — rzeczowe i ograniczone — do ciągłości tradycji, to samo odwołanie do boskich źródeł siły nadprzyrodzonej. Wyliczanie imion poprzedników i przodków to, nawiasem mówiąc, bardzo istotna cecha melanezyjskiego języka magii [27].

Na podstawie moich krótkotrwałych i raczej powierzchownych

---

[27] Patrz B. Malinowski, *Ogrody koralowe i ich magia*, t. 2, cz. 3: *Etnograficzna teoria słowa magicznego* i cz. 4: *Formuły magiczne*.

badań, które przeprowadziłem wśród plemion Afryki Wschodniej, doszedłem do wniosku, że mitologia wprawdzie nie jest tam zupełnie nieobecna, ale odgrywa dużo mniejszą rolę niż w Melanezji czy środkowej Australii. Ale w tym wypadku tylko bardzo staranna analiza właściwości rytuału i jego nadprzyrodzonego kontekstu z bezpośrednim odniesieniem do tego, co można by nazwać historycznym zapisem efektów rytuału, może dostarczyć zadowalającej odpowiedzi. Mitologia rozwija się nie tylko w mglistej, odległej przeszłości, istnieje również żywa, współczesna mitologia opowiadająca o współczesnych cudach i ponadnaturalnych przejawach boskiej siły. W Lourdes tego rodzaju mitologia udokumentowana jest w naukowo poświadczonej kronice cudownych uzdrowień. Przejawy siły nadprzyrodzonej, którą dysponują święci, spisane są z kolei w kronikach rzymskokatolickiej hagiologii. Tego rodzaju zapisy muszą być przechowywane, ponieważ kanonizacja świętych jest uwarunkowana wystąpieniem co najmniej dwóch dobrze udokumentowanych cudów. Scjentyści, spirytualiści, leczący wiarą, wróżący z ręki przyciągają i przykuwają do siebie wiernych lub klientów dzięki rzekomo empirycznie dowiedzionym lub przypisywanym sobie cudom.

Jeśli zdefiniujemy mit jako uświęconą tradycję, która istnieje po to, by świadczyć o realności jakiegoś specyficznego środka, kanału czy mechanizmu wprawiającego w ruch to, co ponadnaturalne, to stanie się jasne, że dyskusja o tym, czy istnieją mity nie związane z religią, jest bez sensu. Z drugiej jednak strony tak samo jałowe byłoby badanie rytuałów religijnych czy etyki religijnej bez próby wykrycia, do jakiego stopnia zawarte w nich dogmaty są wyposażone w empiryczne i historyczne dowody wystąpienia pewnych wydarzeń, które uważamy za jedyną pełnoprawną sferę mitologii czy uświęconej tradycji.

Dlatego też przyjęty przez nas w odniesieniu do mitu punkt widzenia kładzie nacisk na to, czy mit jest definiowany w kategoriach czysto mechanicznych i formalnych, czy też funkcjonalnych, to znaczy, przez funkcję, jaką pełni w kulturze. Dopóki dominować będzie podejście czysto formalne, dopóty w etnografii będziemy mieć kolekcje „folkloru” i opisy „rytuałów” i „ceremonii" zupełnie ze sobą nie powiązane. Trudno więc będzie udowodnić słuszność przedstawionej tu teorii, czy też zaakceptować istnienie żywej rzeczywistości religijnej w tak sztucznie podzielonym materiale. Ten formalny punkt widzenia, na który tyle narzekam, nadal dominuje. Nawet kompetentny antropolog amerykański mówi nam, że jest rzeczą zupełnie niemożliwą „dokonywać uogólnień co do stopnia dynamizmu mitu w religii" [28]. Ta błędna koncepcja jest po prostu wynikiem formalnej — i z mojego punktu widzenia jałowej — definicji terminu „mit". Autorka twierdzi zresztą, że „wydaje się, iż związany z mleczarstwem rytuał plemienia Toda nie ma poparcia w micie, a imiona bogów, które wymienia się w modlitwach, pełnią taką funkcję, jak abrakadabra" [29]. Ale badacz, który spojrzy do źródła, to znaczy do książki Williama H. R. Riversa poświęconej Todom [30], zobaczy, że znajomość mitologii jest nieodzowna do zrozumienia ceremonii i modlitw związanych z mleczarstwem i z wioską. Modlitwy zawierają „odniesienia do różnych wydarzeń z życia bogów i wielu punktów tych modlitw nie można byłoby zrozumieć bez znajomości ich życia". Bóg Todów jest wyraźnie antropomorficzny, żyje takim samym życiem, jak współczesny Toda i troszczy się o swoje mleczarnie i bawoły. Relacja między życiem dzisiejszym i tłem mitologicznym jest tak ścisła, że plemię Toda uważa swoje uświęcone mleczarnie za własność bogów, a na mleczarzy patrzy jak na księży. Rivers informuje nas, że był „taki okres, w którym bogowie i ludzie mieszkali w górach razem. Bogowie rządzili ludźmi, nakazywali im określony sposób życia i dali początek różnym obyczajom tych ludzi". Dalej zaś pisze: „Zgodnie z tradycją najbardziej święte mleczarnie [...] pochodzą z czasów, kiedy bogowie byli aktywni na ziemi i sami byli mleczarzami".

Myślę, że to wystarczy, by wykazać, jak źle krytykująca mnie autorka dobrała negatywny przykład, by udowodnić niesłuszność

---

[28] R. Benedict, *Myth*, w: *Encyclopaedia of Social Science*, New York 1933.

[29] *Ibid.*

[30] W. H. R. Rivers, *The Todas* [London 1906], s. 182 i nast., s. 246.

mojej teorii. Gdybyśmy się zaangażowali w specjalistyczną dyskusję antropologiczną, wówczas byłoby możliwe, a nawet wskazane bardziej szczegółowe przeanalizowanie materiałów dotyczących Todów przedstawionych przez Riversa. Materiały te potwierdziłyby naszą teorię mitu i jego relacji do rytuału oraz zasadniczą korelację między etyką i religią. Moglibyśmy przedyskutować niektóre interesujące partie materiału zebranego przez profesora Alfreda R. Radcliffe-Browna na temat mitologii i rytuału religijnego mieszkańców Andamanów i ich wzajemnego wpływu. Miałbym ochotę spierać się z tym autorem na temat jego teoretycznej interpretacji mitu, ponieważ uważa on mit za formę pierwotnej filozofii, dzięki której człowiek pierwotny ustala swój system wartości społecznych. Radcliffe-Brown nie próbuje jednak zbadać współzależności tego systemu z działaniami praktycznymi.

Mitologia polinezyjska i miejsce, jakie zajmuje ona w religii, szczególnie łatwo poddają się funkcjonalnej analizie etycznego i kulturowego wpływu tradycji.

Jednakże obszar, na który chciałbym zwrócić uwagę specjalisty i o którym chciałbym powiedzieć kilka słów przeciętnemu czytelnikowi, to obszar znany w etnografii jako Pueblo. Na popularność Indian Pueblo wpłynęły prace Davida H. Lawrence'a i Aldousa Huxleya, przepych archeologicznej przeszłości, nadal widocznej we wspaniałych ruinach, oraz legendarne opowiadania, które krążyły wokół nich już od czasów najwcześniejszych wypraw hiszpańskich. Na temat tych ludzi mamy również rzeczywiście dobre materiały antropologiczne oraz — co jest ważne dla laika — kilka doskonałych opisów ich zasadniczych cech kulturowych i społecznych [31].

---

[31] Dobry, krótki i wyczerpujący opis jednej z grup Indian Pueblo podaje G. P. Murdock w *Our Primitive Contemporaries* (New York 1934). Rozdział *Indianie Pueblo z Nowego Meksyku* z książki dr R. Benedict *Wzory kultury* (tłum. J. Prokopiuk, Warszawa 1966) zawiera bardzo żywy opis oparty częściowo na jej własnych obserwacjach. Moje krótkie badania zostały wzbogacone informacjami hojnie użyczonymi mi przez p. Robertową Aitken (p. Barbara z domu Freire-Marecco), która prowadziła intensywne badania Tewów z First Mesa. Podczas krótkiej wizyty tam i w innych osa-

Religia tych Indian jest całkowicie owładnięta ich zależnością od deszczu i słońca, ich zależnością od pól, a także pragnieniem, by ich kobiety były płodne. Religia wyraża się częściowo w ceremoniach publicznych, a częściowo w osobistych modlitwach i ofiarach. Są one skierowane do istot nadludzkich związanych z takimi zjawiskami przyrody, jak słońce, ziemia, ogień i woda. Właśnie tych istot dotyczy bogato rozwinięta mitologia.

Istnieje jednak również inna kategoria istot nadprzyrodzonych, Kachina, które uważane są za przodków, a których widzialni przedstawiciele pojawiają się podczas ceremonii pod postacią tancerzy w maskach. Z socjologicznego punktu widzenia większość ceremonii jest związana z organizowaniem się Indian Pueblo w bractwa religijne lub grupy kapłanów. Często noszą one nazwy zwierząt lub przedmiotów czci i utrzymują, że są w sposób mistyczny powiązane z wężem i ogniem, z antylopą i błyskawicą. Powiązania te udokumentowane są w opowiadaniach, które składają się na mitologię tubylców.

Aby przedstawić krótki zarys istoty religii Indian Hopi, najlepiej będzie posłużyć się słowami George'a P. Murdocka, który bez z góry przyjętych sądów teoretycznych zgodnych z naszą tezą opisuje istniejący stan rzeczy, używając określeń niemal identycznych z przyjętymi w niniejszym eseju:

> „Hopiowie, lud rolniczy zamieszkujący chłodny i jałowy region, przede wszystkim potrzebują ciepła i deszczu, aby uprawiać zboża. Dlatego też jest rzeczą zrozumiałą, że czczą Boga Niebios, który przynosi deszcz, Boginię Ziemi, która żywi ziarno, Boga Słońca, który powoduje dojrzewanie zbóż, a także specjalną Matkę Zboża i Boga Wzrostu czy

---

dach Pueblo miałem szczęście być naocznym świadkiem tańców Kachinów w Oraibi, które wywarły na mnie szczególne wrażenie. Prace J. W. Fewkesa, H. R. Votha i E. S. Curtisa, choć wartościowe, cierpią na „błędną anatomię", zupełne oderwanie mitologii od rytuału oraz traktowanie rytuału tak, jakby był odprawiany przez marionetki. Dobrą rekompensatę za to stanowi krótka, lecz doskonała monografia dr. H. K. Haeberlina *The Idea of Fertilization in the Culture of the Pueblo Indians* [American Anthropological Association. Memoir nr 31, Lancaster] 1916, która jest jedną z pionierskich prac z zakresu antropologii funkcjonalnej.

Kiełkowania. Najważniejsze, letnie deszcze są gwałtowne i ulewne, połączone z burzami, padają w nieregularnych i nieprzewidzianych odstępach czasu; czasami opadów tych nie ma w ogóle, zdarza się też, że niespodziewany o tej porze roku mróz lub ostry wiatr niszczy uprawy. W związku z tym egzystencja człowieka zależy od przypadku, który bywa tak gwałtowny i pozornie arbitralny, że siły nadprzyrodzone wydają się w takim samym stopniu kapryśne, jak i wszechmocne. Jest więc zupełnie naturalne, że Hopiowie podejmują wysiłki, aby te niewidoczne siły opanować przez zjednywanie ich sobie lub przymuszanie" [32].

Trzeba tylko jeszcze dodać, że wszelkie wysiłki podejmowane po to, by opanować Niewidzialne Moce, są zgodne z zaleceniami wywodzącymi się w większości z mitologicznej przeszłości.

Funkcja religii Hopiów jest identyczna z funkcją, którą ustaliliśmy na podstawie materiałów trobriandzkich i którą wykryliśmy także w środkowej Australii. Ta identyczność funkcji religii wynika z tego, że Pueblo również zakładają istnienie ogromnego świata nadprzyrodzonego, który nakłada się na ich rzeczywistość empiryczną. Zjednywanie sobie świata nadprzyrodzonego za pomocą rytuału, ustalanie związku między człowiekiem i Wszechświatem poprzez przestrzeganie zasad etycznych to połowa wszystkich działań Indian Pueblo. Czynnik etyczny stanowi zasadniczy element ich religii:

„[...] przewaga Pueblów nad wieloma plemionami pierwotnymi przejawia się w tym, że jak mówią ich legendy i stale powtarzają kapłani, «modlitwa nie jest skuteczna, jeśli serce nie jest dobre»" [33].

Analizując kolejno szczegółowe opisy rytuałów Pueblów zawarte w dziełach Edwarda S. Curtisa, Jesse W. Fewkesa czy Henry

---

[32] G. P. Murdock, *Our Primitive Contemporaries*, s. 348.

[33] M. R. Coolidge, *The Rainmakers* (*Indians of Arizona and New Mexico*), 1929, s. 204. Ten sam autor mówi również o dobroci, bezinteresowności, prawdomówności, szacunku dla własności, rodziny i synowskich obowiązków wśród tubylców i potwierdza, że zalety te są „[...] ściśle powiązane z religijnymi wierzeniami i zachowaniami, a nie z ich głównym przedmiotem". Zgodziłbym się z drugą częścią tego sformułowania, ale związek etyki z wierzeniem i rytuałem religijnym jest zbyt często pomijany w teoriach i obserwacjach etnograficznych.

R. Votha, możemy zauważyć, że wewnętrzną czystość serca Indianie ci osiągają dzięki przestrzeganiu całego systemu oczyszczania, abstynencji oraz dzięki ścisłemu kontrolowaniu emocji.

„Jednym ze zobowiązań, które spoczywa na każdym kapłanie lub na mężczyźnie pełniącym obrzędową funkcję, jest to, by nie dał się opanować uczuciu gniewu" [34].

Cnota i moralność w normalnym, codziennym życiu są również wyposażone w sankcje nadprzyrodzone. Cudzołóstwo w tym samym stopniu, co niewłaściwe odprawianie ceremonii, może być przyczyną nieurodzaju. Warto też odnotować, że tego rodzaju zasady moralne opierają się na mitologii. Jeden z głównych bohaterów kulturowych tego ludu, Alosaka, był — jak podaje jeden z mitów — tak oburzony tym, że jego żona została uwiedziona i tym, że ludzie porywali kobiety i atakowali osoby starsze, że opuścił tę ziemię zabierając cudowną obfitość, którą przyniósł ze sobą, i powrócił do swej matki, Kobiety Ziemi. *Motyw* etyczny można znaleźć w całej mitologii Pueblów. Uprzejmość, dobra wola i ofiary składane bogom przez bohaterów kulturowych są nagradzane; złe uczynki są karane.

Nie mogę jednak zagłębiać się w szczegóły mitu i rytuału i muszę zadowolić się krótkim stwierdzeniem, że w kulturze Pueblów nie tylko mit i rytuał są ściśle powiązane ze sobą i z etyką, ale również cała religia jest produktem ubocznym procesu przystosowywania się człowieka do otoczenia.

---

[34] R. Benedict, *Wzory kultury*, s. 130. Autorka dodaje, że: „Nie jest to zakaz mający na celu ułatwienie porozumienia ze sprawiedliwym bogiem, do którego zbliżyć się mogą tylko ludzie czystego serca, lecz raczej oznaka skupienia się na sprawach nadprzyrodzonych, stan ducha, który zobowiązuje bogów i nie pozwala im odmówić wejścia w układy. Ma on także magiczne działanie". Nie mogę zgodzić się z tą argumentacją. To właśnie fakt, że konieczna jest pełna koncentracja umysłu, a także wyłączenie wszelkich namiętności w chwili, gdy zbliżamy się do Boga, jest w istocie zasadą moralną. Fakt, że w celu uzyskania skutku magicznego musimy całą naszą uwagę skupić na duchowym zjednoczeniu, wymaga tego, co każdy teolog, a także antropolog czy człowiek z ulicy nazwałby „czystym sercem".

VII. WNIOSKI DOTYCZĄCE ANATOMII I PATOLOGII RELIGII

Na podstawie naszych krótkich obserwacji etnograficznych możemy wyciągnąć wniosek, że naukowe badanie religii jest możliwe, gdyż wszystkie religie zawierają pewne elementy wspólne, jeśli chodzi o istotę, formę i funkcję. Zauważyliśmy, że każda zorganizowana forma wiary musi dysponować własnym aparatem, dzięki któremu manifestuje swoją istotę. Musi też istnieć system dogmatyczny wspierany przez mitologię lub uświęconą tradycję, rozwinięty rytuał, za pośrednictwem którego człowiek wpływa na swoją wiarę i związek z siłami niewidocznego świata, musi też istnieć kodeks zasad etycznych, który wiąże wierzących i determinuje ich zachowania wobec siebie i wobec rzeczy będących przedmiotem czci. Tę strukturę czy formę religii możemy spotkać zarówno w totemizmie i animizmie, w kulcie przodków, jak i w najbardziej rozwiniętych systemach monoteistycznych.

Ponadto stwierdzamy, że w każdym systemie religijnym istnieje wewnętrznie spójna treść, która znajduje swój naturalny wyraz w religijnej procedurze rytuału i etyki, a uprawomocnienie — w uświęconej przeszłości. Ta treść to po prostu wiara w Opatrzność i Nieśmiertelność. Przez wiarę w Opatrzność rozumiemy mistyczne przekonanie o tym, że we wszechświecie istnieją siły czy osoby, które kierują człowiekiem, które są przychylne losom człowieka i które człowiek może sobie zjednywać. To pojęcie w pełni pokrywa się z chrześcijańską wiarą w Boga — Jednego i Niepodzielnego, choć obecnego w Trzech Osobach — który stworzył świat i do dziś nim kieruje. Obejmuje ono również rozmaite formy politeizmu: wiarę w duchy przodków i duchy opiekuńcze. Nawet tak zwane religie totemiczne, zasadzające się na przekonaniu, że porządek społeczny i kulturowy człowieka ma swój odpowiednik w wymiarze duchowym, dzięki czemu człowiek może wpływać na siły przyrody decydujące o urodzaju i działające w jego środowisku, są to jedynie prymitywne formy wiary w Opatrzność. Pozwalają one bowiem człowiekowi wejść w kontakt z duchową istotą zwierząt i roślin, oddawać im cześć i spełniać obowiązki wobec nich w zamian za to, że zaspokajają jego potrzeby. W naszych bardziej rozwiniętych religiach wiara w Nieśmiertelność podobna jest do wiary występującej w bardziej pierwotnych wierzeniach, z których część mówi jedynie o ograniczonym życiu po śmierci, inne natomiast zakładają stałą nieśmiertelność dzięki powtarzającym się aktom reinkarnacji.

Istota religii jest więc głęboko zakorzeniona w życiu człowieka; wyrasta z konieczności, przed którymi staje on w życiu. Innymi słowy, w każdym społeczeństwie ludzkim religia pełni określoną funkcję kulturową. To nie banał. W stwierdzeniu tym zawiera się naukowe odparcie ataków na religię ze strony mniej oświeconych racjonalistów. Jeśli religia jest niezbędna dla integracji społeczności właśnie dlatego, że zaspokaja potrzeby duchowe podsuwając człowiekowi pewne prawdy i ucząc go, w jaki sposób prawdy te powinien wykorzystywać, to nie można uważać religii za oszustwo, za „opium dla mas", za wynalazek kleru, kapitalistów czy innych obrońców określonych interesów.

Naukowe badanie religii implikuje przede wszystkim prowadzenie jasnej analizy sposobu, w jaki wyrasta ona z konieczności, przed którymi człowiek staje w życiu. Jedno podejście polega na badaniu sakramentów, to znaczy tych aktów religijnych, które konsekrują przełomowe momenty ludzkiego życia — narodziny, dojrzewanie, małżeństwo i przede wszystkim śmierć. Dzięki nim religia nadaje sens i kierunek życiu i wartość osobowości. Przywiązuje jednostkę do innych członków rodziny, klanu czy plemienia i utrzymuje ją w stałym kontakcie ze światem duchowym.

Inne podejście empiryczne ukazuje, w jaki sposób zjawiska magiczne i religijne są bezpośrednio narzucane człowiekowi przez stresy i napięcia towarzyszące życiu oraz przez konieczność stawania czoła nierównym szansom; w jaki sposób wiara i rytuał muszą towarzyszyć ciemniejszym, bardziej niebezpiecznym i bardziej tragicznym aspektom praktycznych działań człowieka. W tym wypadku trzeba dokładnie zanalizować materialne podstawy życia człowieka. Rolnictwo, które jest przede wszystkim uzależnione od deszczu i słońca, prowadzi do rozwoju magii urodzaju, do skomplikowanych rytuałów towarzyszących zasiewom, kwitnieniu, żniwom i pierwszym plonom i do ustanowienia instytucji boskich królów i wodzów. Pierwotne zbieractwo pożywienia prowadzi do ceremonii typu *intichiuma*. Ryzykowne przedsięwzięcia, takie jak polowanie czy łowienie ryb, żeglarstwo i handel w dalekich regionach, rodzą swój własny typ rytuału, wiary i zasad etycznych. Zmienne koleje losu towarzyszące wojnie i miłości są również zaopatrzone w rozwiniętą magię. Bez wątpienia religia łączy wszystkie te elementy w ogromną różnorodność mozaikowych wzorów. Zadaniem nauki jest wykrycie wspólnych elementów, choć raczej do artysty lub mistyka należy przedstawianie lub pielęgnowanie poszczególnych zjawisk. Ja jednak zaryzykowałbym stwierdzenie, że nie istnieje żaden przejaw religii, który nie byłby mocno osadzony w ludzkich emocjach zawsze wyrastających z dążeń i zmienności losu towarzyszących życiu.

W każdym akcie rytualnym, w każdej zasadzie postępowania i w każdej formie wiary występują więc dwa typy afirmacji. Jeden to afirmacja istnienia sił przychylnych człowiekowi, gotowych mu pomagać pod warunkiem, że będzie postępował zgodnie z tradycją, która uczy go, jak ma im służyć, jak ma je zaklinać i zjednywać. Jest to wiara w Opatrzność i wiara ta towarzyszy człowiekowi, ponieważ wzmaga jego zdolność do działania, gotowość do organizowania działań w warunkach, kiedy musi spotykać i zwalczać nie tylko zwykłe siły przyrody, ale także przypadek, zły los i tajemnicze, nieprzewidziane wyroki przeznaczenia.

Drugi typ afirmacji to wiara, że poza krótkotrwałym życiem ziemskim istnieje możliwość kompensaty w innej formie istnienia. Dzięki tej wierze człowiek może działać i liczyć na coś, co jest poza jego własnymi siłami i ograniczeniami, spodziewać się, że jego prace będą kontynuować następcy, i być przekonanym, iż będzie nadal w stanie im się przyglądać i pomagać z tamtego świata. W ten sposób zostają zrekompensowane cierpienia i wysiłki, niesprawiedliwości i nierówności życia ziemskiego. Widzimy tu raz jeszcze, że duchowa siła zawarta w tym wierzeniu nie tylko sprzyja integracji osobowości jednostki, ale także jest konieczna dla spójności struktury społecznej. Wpływ moralny i społeczny tego wierzenia zauważamy zwłaszcza wtedy, gdy przyjmuje ono formę kultu przodków i zjednoczenia się ze zmarłymi.

W swych najgłębszych podstawach, a także w ostatecznych skutkach wiara w Opatrzność i Nieśmiertelność są od siebie uzależnione. Zgodnie z wyższymi formami religii człowiek żyje po to, by zjednoczyć się z Bogiem. W niższych formach religii czczeni przodkowie są często w sposób mistyczny utożsamiani z siłami tkwiącymi w otoczeniu, tak jest w totemizmie. Czasami są oni zarówno przodkami, jak i dawcami urodzaju, jak Kachina wśród Indian Pueblo. Przodkowie mogą być też czczeni jako bóstwa czy choćby bohaterowie kulturowi.

Jedność religii, jeśli chodzi o istotę, formę i funkcję można znaleźć wszędzie. Rozwój religii polega zapewne na wzroście przewagi czynnika etycznego i na wzmocnionym połączeniu dwóch zasadniczych czynników każdej wiary — poczucia istnienia Opatrzności i wiary w Nieśmiertelność.

Wyciąganie wniosków w odniesieniu do wydarzeń współczesnych pozostawiam już refleksji czytelnika. Czy religia, w znaczeniu które jej nadaliśmy — to znaczy jako afirmacja istnienia etycznej Opatrzności, nieśmiertelności, transcendentnej wartości i sensu ludzkiego życia — jest martwa? Czy ustępuje ona innym wierzeniom, może mniej wymagającym, może bardziej bezpośrednio nagradzającym i prostacko zadowalającym, wierzeniom, które jednak nie potrafią zaspokoić ludzkiego dążenia do Absolutu, nie potrafią dać odpowiedzi na zagadki ludzkiej egzystencji ani przekazać zasad etycznych, które mogą być jedynie formułowane przez istotę lub istoty uważane za wolne od ludzkich emocji, walk i słabości? Czy religia podporządkuje swoje wierzenia, rytuały i zasady etyczne mieszaninie przesądów i nauki, ekonomii i łatwowierności, polityki i narodowych megalomagii? Dogmatyczne dowody na te nowe formy mistycyzmu są banalne, płytkie i bezpośrednio zaspokajają najniższe instynkty mas. Odnosi się to do wiary w absolutną wyższość jednej rasy i w jej prawo do znęcania się nad wszystkimi innymi, do wiary w świętość egoizmu w ramach własnej narodowości, do przekonania o wartości wojny i zbiorowej brutalności, do wiary w to, że tylko praca fizyczna daje pełne prawo do życia i że cała kultura i życie publiczne społeczności muszą być podporządkowane interesom robotników przemysłowych.

Ci z nas, którzy wierzą w kulturę i w wartość religii, choć może nie w poszczególne jej dogmaty, muszą mieć nadzieję, że obecne nadużywanie aparatu religijnego dla partykularnych i doktrynerskich celów nie oznacza zdrowego rozwoju religii, ale jest jednym z wielu zjawisk patologii kultury zagrażających rozwojowi naszego powojennego społeczeństwa zachodniego. Jeśli tak jest, wobec tego te nowe pseudoreligie skazane są na zagładę. Miejmy nadzieję, że całe nasze społeczeństwo nie zostanie przez nie doprowadzone do destrukcji. Działajmy na rzecz podtrzymania wiecznych prawd, które wyprowadziły ludzkość z barbarzyństwa i przywiodły ją do kultury, a których utrata grozi nam chyba powrotem do barbarzyństwa. Racjonalista i agnostyk muszą przyznać, że nawet jeśli sami nie potrafią zaakceptować tych prawd, muszą przynajmniej przyznać, że są one nieodzownym pragmatycznym wymysłem, bez którego cywilizacja nie mogłaby istnieć.

NOTA BIBLIOGRAFICZNA

TOTEMIZM I EGZOGAMIA (Z POWODU KSIĄŻKI J. G. FRAZERA, D.C.L., L.L.D., F.B.A.: *TOTEMISM AND EXOGAMY*, 4 VOLS. LONDON 1910.), „Lud" [cz. 1] 1911, t. 17, z. 2, s. 31 - 56; [cz. 2] 1912, t. 18, s. 14 - 57; [cz. 3] 1913, t. 19, s. 153 - 171.

NAUKA I PRZESĄD U LUDÓW PIERWOTNYCH, tłum. Dorota Praszałowicz z: SCIENCE AND SUPERSTITION OF PRIMITIVE MANKIND [recenzja z: J. G. Frazer, *The Golden Bough*], „Nature" 1923, t. 111, s. 658 - 662.

POGŁĘBIONA KRYTYKA *BIBLII*, tłum. Dorota Praszałowicz z: THE DEEPER CRITICISM OF THE *BIBLE* [recenzja z: J. G. Frazer, *Folk-Lore in the Old Testament*], „Nature" 1924, t. 113, s. 633 - 634.

JESZCZE RAZ O TOTEMIZMIE, tłum. Dorota Praszałowicz z: FRAZER ON TOTEMISM [recenzja z: J. G. Frazer, *Totemica. A Supplement to «Totemism and Exogamy»*], „Nature" 1938, t. 141, s. 489 - 491.

O STUDIACH ÉMILE'A DURKHEIMA, tłum. Dorota Praszałowicz z: É. DURKHEIM, *LES FORMES ÉLÉMENTAIRES DE LA VIE RELIGIEUSE* [recenzja], „Folk-Lore" 1913, t. 24, s. 525 - 531.

O STUDIACH MITOLOGICZNYCH, tłum. Dorota Praszałowicz z: THE LIFE OF MYTH [recenzja z: U. Holmberg, *The Mythology of All Races*], „The Saturday Review of Literature" 1928, t. 4, nr 37, s. 738 - 739.

BALOMA — DUCHY ZMARŁYCH NA WYSPACH TROBRIANDA, tłum. Dorota Praszałowicz z: *BALOMA*: THE SPIRITS OF THE DEAD IN THE TROBRIAND ISLANDS, „The Journal of the Royal Anthropological Institute of Great Britain and Ireland" 1916, t. 46, s. 353 - 430.

POLOWANIE NA DUCHY NA MORZACH POŁUDNIOWYCH, tłum. Dorota Praszałowicz z: SPIRIT HUNTING IN THE SOUTH SEAS, „The Realist" 1929, t. 2, s. 398 - 417.

MIT W PSYCHICE CZŁOWIEKA PIERWOTNEGO, tłum. Barbara Leś z: MYTH IN PRIMITIVE PSYCHOLOGY, London - New York 1926, Psyche Miniatures.

MIT JAKO DRAMATYCZNA FORMA DOGMATU, tłum. Barbara Leś z: MYTH AS A DRAMATIC DEVELOPMENT OF DOGMA, w: *Sex, Culture and Myth*, New York 1962, s. 245 - 255.

MAGIA, NAUKA I RELIGIA, tłum. Barbara Leś z: MAGIC, SCIENCE AND RELIGION, w: *Science, Religion and Reality*, J. A. Needham (red.), London - New York - Toronto 1925, s. 19 - 84.

NAUKA I RELIGIA, tłum. Barbara Leś z: SCIENCE AND RELIGION, „The Listener" 1930, t. 4 (October 29), nr 94, s. 683 - 684, 716 - 717. Wykład w BBC.

PODSTAWY WIARY I MORALNOŚCI, tłum. Barbara Leś z: THE FOUNDATIONS OF FAITH AND MORALS. AN ANTHROPOLOGICAL ANALYSIS OF PRIMITIVE BELIEFS AND CONDUCT WITH SPECIAL REFERENCE TO THE FUNDAMENTAL PROBLEMS OF RELIGION AND ETHICS, London 1936.

INDEKS OSÓB

(Opracowała *Ewa Pajestka-Kojder*)

W indeksie zastosowano następujące skróty: bibl. — postać biblijna, B.M. — Bronisław Malinowski, boh. kult. — bohater kulturowy, k. — kobieta, kl. — klan, m. — mężczyzna, mit. — postać z mitologii greckiej, postać z mitologii krajowców, pkl. — podklan, pl. — plemię, prz. — przodek, w. — wódz.

Imiona krajowców i postaci z ich kultury wyróżniono kursywą.

INDEKS RZECZOWY

(Opracował *Dariusz Niedźwiedzki*)

INDEKS GEOGRAFICZNY

(Opracował *Dariusz Niedźwiedzki*)

PAŃSTWOWE WYDAWNICTWO NAUKOWE

Wydanie pierwsze. Arkuszy wydawniczych 30,5
Arkuszy drukarskich 34,0
Papier druk. sat. kl. III, 80 g, 61×86 cm
Oddano do składania w grudniu 1989 roku
Podpisano do druku w październiku 1990 roku
Druk ukończono w listopadzie 1990 roku
Zamówienie nr 70989/89

ZAKŁADY GRAFICZNE W POZNANIU